Juridicum – Schriften zu Recht und Digitalisierung

Die Augsburger Schriftenreihe „Juridicum – Schriften zu Recht und Digitalisierung" ist der Veröffentlichung von innovativen Forschungsbeiträgen gewidmet, die sich mit der Bewältigung rechtlicher Herausforderungen im Zeitalter der Digitalisierung auseinandersetzen. Die Reihe konzentriert sich auf zentrale Aspekte wie Datenschutz- und Datenrecht, IT-Recht, Cybersecurity und Künstliche Intelligenz, nimmt aber auch alle anderen sachverwandten Gebiete mit in den Blick. Die Beiträge bieten Einblicke in vielfältige rechtliche Dynamiken, die von Vertrags- und Haftungsfragen bis hin zur juristischen Auseinandersetzung mit neuen Technologien und deren Regulierung reichen.

Julius Konstantin Jurgschat

Künstliche Intelligenz bei Dolmetsch- und Übersetzungsleistungen im Strafverfahren

Kritik am Status quo und Potenziale moderner Technologien

Springer

Julius Konstantin Jurgschat
Rechtswissenschaftliche Fakultät
Universität Münster
Münster, Deutschland

Zugleich Inauguraldissertation zur Erlangung des akademischen Grades eines Doktors der Rechte durch die Rechtswissenschaftliche Fakultät der Universität Münster.

Erster Berichterstatter: Professor Dr. Frank Zimmermann
Zweiter Berichterstatter: Professor Dr. Michael Heghmanns

Tag der mündlichen Prüfung: 14. Juli 2026

Name des Dekans: Professor Dr. Mark Deiters

ISSN 3005-1606 ISSN 3005-1614 (electronic)
Juridicum – Schriften zu Recht und Digitalisierung
ISBN 978-3-658-52618-4 ISBN 978-3-658-52619-1 (eBook)
https://doi.org/10.1007/978-3-658-52619-1

Die Deutsche Nationalbibliothek verzeichnet diese Publikation in der Deutschen Nationalbibliografie; detaillierte bibliografische Daten sind im Internet über https://portal.dnb.de abrufbar.

Planung/Lektorat: Deborah Priß
Springer ist ein Imprint der eingetragenen Gesellschaft Springer Fachmedien Wiesbaden GmbH und ist ein Teil von Springer Nature.
Die Anschrift der Gesellschaft ist: Abraham-Lincoln-Str. 46, 65189 Wiesbaden, Germany

Vorwort

Mein besonderer Dank gilt meinem Doktorvater Prof. Frank Zimmermann für die Betreuung und Förderung dieser Dissertation. Die zahlreichen Gespräche, Anregungen und Diskussionen haben die Arbeit inhaltlich wesentlich geprägt und entscheidend zu ihrem Gelingen beigetragen. Zudem danke ich ihm herzlich für die Übernahme der Begutachtung. Ebenso danke ich Prof. Michael Heghmanns für die freundliche Übernahme der Zweitbegutachtung.

Mein Dank gilt darüber hinaus meiner Familie und meinen Freunden, die mich während der Promotionszeit begleitet, unterstützt und mir stets Rückhalt gegeben haben. Besonders danken möchte ich Anna Klingseisen für ihre Unterstützung während der gesamten Entstehungszeit dieser Arbeit.

Die Dissertation entstand in einer Zeit tiefgreifender Entwicklungen im Bereich der Künstlichen Intelligenz. Zu Beginn der Arbeit war Künstliche Intelligenz zwar bereits Gegenstand fachlicher Diskussionen, konkrete Anwendungen im Alltag und Berufsleben waren jedoch noch deutlich weniger präsent. Während des Entstehungsprozesses rückten Systeme wie *ChatGPT* zunehmend in den öffentlichen Fokus und verbreiteten sich in kurzer Zeit in zahlreichen Lebens- und Arbeitsbereichen. Diese Dynamik zeigt eindrücklich, welches Veränderungspotenzial mit Künstlicher Intelligenz verbunden ist. Neben den damit verbundenen Risiken eröffnen sich zugleich erhebliche Chancen, gerade auch für Rechtsprechung und Rechtsanwendung, die eine fortlaufende wissenschaftliche und rechtliche Auseinandersetzung erforderlich machen.

Die Arbeit wurde zwischen 2021 und 2024 erstellt und spiegelt daher im Wesentlichen den technischen und rechtlichen Stand bis Dezember 2024 wider. Einzelne Entscheidungen und Veröffentlichungen konnten bis Mai 2026 noch berücksichtigt werden; Kommentarliteratur und Internetquellen wurden zuletzt im Mai 2026 auf ihre Aktualität geprüft.

Essen, im Mai 2026

Julius Konstantin Jurgschat

Interessenkonflikt Der/die Autor*in hat keine relevanten Interessenskonflikte im Zusammenhang mit dieser Publikation.

Inhaltsverzeichnis

Einleitung

A. Einführung

Die Bedeutung von Übersetzungen und Dolmetschleistungen im Strafverfahren nimmt ständig zu. Aufgrund der Globalisierung und der fortschreitenden Möglichkeiten moderner Kommunikationsmittel treten fremdsprachige Sachverhalte und sprachunkundige Personen immer häufiger im Strafverfahren auf. Insbesondere bei umfangreichen Verfahren im Bereich der Wirtschaftskriminalität oder der organisierten Kriminalität stellt dies die Beteiligten vor Herausforderungen.[1] Die Justizbehörden stehen bei der Erstellung von Translationen unter Kosten- und Zeitdruck. Dies führt zwangsläufig zu einem Selektionszwang bei der Auswahl der zu erstellenden Translationen.

Sprachunkundige beschuldigte Personen leiden unter diesen Folgen. Anstelle schriftlicher Übersetzungen von verfahrensrelevanten Dokumenten erhalten diese etwa bloß eine mündliche Zusammenfassung des Inhalts (vgl. § 187 Abs. 2 Satz 4 GVG). Oftmals wird das Recht auf Translationsleistungen auf das gerade so ausreichende Maß reduziert.[2] Unzureichende Leistungen können in der Folge zu gefährlichen Missverständnissen führen und die Möglichkeiten zur Ausübung der Verfahrensrechte empfindlich beeinträchtigen.[3]

Der Bedarf an Translationen von Beweismitteln und bei Ermittlungsmaßnahmen nimmt ebenfalls zu. Der Umfang potenziell beweiserheblicher Dokumente steigt immer mehr an, auch da sich diese in digitaler Form einfacher und umfangreicher beschlagnahmen lassen.[4] Im Rahmen der Ermittlungen zu den sog. *Panama Papers* wurden so etwa von den französischen Behörden insgesamt circa 2,78 Terabyte an Dateien sichergestellt und mit den deutschen Behörden geteilt, wobei der Anteil der deutschsprachigen Dokumente bei unter 0,1 % lag.[5]

Die Staatsanwaltschaft ist dazu gehalten, das Ermittlungsverfahren möglichst zügig durchzuführen (vgl. § 160 StPO, Art. 6 Abs. 1 EMRK) und mit im Hauptverfahren verwertbaren Ergebnissen abzuschließen.[6] Das Gericht ist ebenfalls an den Beschleunigungsgrundsatz gebunden. Die Anfertigung der fürs Verständnis erforderlichen

---

[1] *Hugger/Weiß*, Strafverfolgung über Grenzen hinweg bleibt ein Thema, Börsen-Zeitung, 23.11.2024, S. 14; *Bornscheuer/Beck*, DiRZ 2023, 388, 389.
[2] *Fingas*, European Criminal Law Review 2019, 178, 178; *Beukelmann*, NJW-Spezial 2020, 568.
[3] *Schmidt*, Verteidigung von Ausländern, 4. Aufl. 2016, Rn. 460; *Schumann*, Polizei 2018, 49, 53.
[4] Vgl. *Fährmann*, MMR 2020, 228, 228; *Wackernagel/Graßie*, NStZ 2021, 12, 12; *Cordes/Reichling*, NStZ 2022, 712, 712.
[5] *Schattauer*, So knackten BKA-Fahnder das weltweit größte Daten-Rätsel der Kriminalgeschichte, Focus Online, 30.04.2019, abrufbar unter: https://www.focus.de/politik/sicherheitsreport/so-knackten-bka-fahnder-das-groesste-daten-raetsel-der-kriminalgeschichte_id_10644251.html (zuletzt abgerufen am: 30.05.2026).
[6] *Kölbel/Neßeler* in: MünchKomm-StPO, 2. Aufl. 2024, § 170 Rn. 9.

J. K. Jurgschat, *Künstliche Intelligenz bei Dolmetsch- und Übersetzungsleistungen im Strafverfahren*, Juridicum – Schriften zu Recht und Digitalisierung,
https://doi.org/10.1007/978-3-658-52619-1_1

Übersetzungen kann die Ermittlungen erheblich verzögern. Die branchenübliche Tagesleistung eines Translators für die Anfertigung von Übersetzungen liegt zwischen fünf und zehn Seiten.[7] Umfangreiche Übersetzungen erfordern – wie auch im Rahmen der Verfahrenskommunikation – einen nicht unbeachtlichen Zeitbedarf. Daraus folgt auch auf dieser Ebene nicht selten ein gewisser Selektionszwang.

Dies wirft die Frage auf, ob Anwendungen für maschinelle Translationen geeignete technische Hilfsmittel darstellen, welche an oder neben die Stelle der menschlichen Berufsträger treten könnten.[8] In den vergangenen Jahren wurden bei maschinellen Translationen erhebliche Erfolge erzielt und in einigen Bereichen kann bereits eine Parität zu menschlichen Leistungen erreicht werden. Zudem zeigt sich der Gesetzgeber offen bezüglich technischer Entwicklungen. So wurde etwa im Herbst 2023 ein Gesetzesentwurf eingebracht, durch welchen mittels Künstlicher Intelligenz („KI") automatische Transkriptionen im Rahmen der Hauptverhandlung erstellt werden sollen.[9]

Der Bundestag hat festgestellt, dass es staatliche Aufgabe ist, „*die strafprozessualen Vorschriften laufend auf ihre Tauglichkeit, Zeitgemäßheit und Effektivität hin zu überprüfen und das bestehende Regelungsgefüge unter Wahrung der genannten Ziele des Strafverfahrens an die sich ändernden Rahmenbedingungen anzupassen*".[10]

Besonders bei Ermittlungsmaßnahmen wird überlegt, ob der Einsatz von KI-Anwendungen als staatliche Pflicht gesehen werden könnte. Solche werden teils als milderes Mittel angesehen, sodass der Eingriff in rechtlich geschützte Positionen reduziert und die staatliche Strafverfolgung effektiver ausgestaltet würde.[11]

Vor diesem Hintergrund stellt sich auch die Frage, wie zeitgemäß und effektiv die derzeitigen Vorgaben zu Translationen im Strafverfahren sind sowie welche Problematiken derzeit bestehen und welche Anpassungen erforderlich sind.

---

[7] Wobei eine Seite aus 30 Zeilen á 55 Zeichen besteht; vgl. *Gradinčević-Savić*, Babel 66, 2 (2020), 172, 175.

[8] *Beukelmann*, NJW-Spezial 2020, 568: „*Kern des Problems ist die Tatsache, dass der Staat die Kosten für Dolmetschen und Übersetzen grundsätzlich nicht beim Verurteilten beitreiben kann ([...]). Deswegen leistet der Staat zulasten des Beschuldigten nur das Nötigste. Es bleibt zu hoffen, dass die Technik das Problem kleiner werden lässt. Denn Internetseiten und Apps bieten zunehmend eine passable Übersetzung auch von Fachtexten.*"; *Meyer* in: Karpenstein/Mayer, EMRK, 3. Aufl. 2022, Art. 6 Rn. 260: „*Die Gewährung einer schriftlichen Übersetzung fällt in den Schutzbereich von [Art. 6 Abs. 3] lit. e [EMRK] ([...]). Der Gerichtshof schreckt aber davor zurück, die Mindestgarantie effektiv fortzuentwickeln und den nationalen Justizsystem erhebliche Kosten und längere Verfahrensdauern zuzumuten. Es bleibt abzuwarten, ob sich die Situation mit fortschreitender Verbesserung von (kostengünstigen) Übersetzungsalgorithmen entspannt.*"; vgl. ferner *Staffler*, ZStrR 2020, 21, 47 f.

[9] BT-Drucks. 20/9359.

[10] BT-Drucks. 18/11277, S. 13.

[11] Vgl. zu Online-Durchsuchungen: *Gleizer* in: Digitalisierung, Automatisierung, KI und Recht, 2020, S. 555; vgl. zu TKÜ-Maßnahmen: *Esser/Reißmann*, StV 2021, 527, 530.

B. Ziel der Untersuchung

Das Ziel des ersten Teils ist es, die verschiedenen Translationsleistungen im Strafverfahren einzuordnen und die jeweiligen Voraussetzungen und konkreten Ausgestaltungen aufzuzeigen. Hierbei ist grundsätzlich zu unterscheiden zwischen Translationen für die Verfahrenskommunikation und solchen für die Beweismittelerhebung und -verwertung. In diesem Rahmen sollen die jeweiligen Arten sowie die konkreten Vorgaben dargestellt werden. Insbesondere Translationen im Rahmen von Ermittlungsmaßnahmen und von Beweismitteln sind bislang nur fragmentarisch rechtlich eingeordnet. Ferner sollen Unzulänglichkeiten des derzeitigen Standes sowie Lösungswege aufgezeigt werden. Ein besonderes Augenmerk liegt dabei auf der Tauglichkeit, Zeitgemäßheit und Effektivität der derzeitigen Ausgestaltung.
Im zweiten Teil soll die Frage beantwortet werden, ob maschinelle Translationen für die derzeitigen Problematiken einen Lösungsweg darstellen könnten und ob diese mit den derzeitigen Rahmenbedingungen vereinbar sind bzw. inwieweit sie angepasst werden sollten.

C. Gang der Darstellung

Der erste Teil beginnt mit einer allgemeinen Begriffsbestimmung von Übersetzungs- und Dolmetschleistungen aus einer linguistischen Perspektive, gefolgt von einer rechtlichen Einordnung der einzelnen Modalitäten. Es wird aufgezeigt, warum Translationen zwecks Verfahrenskommunikation sowie solche für die Beweisgewinnung bzw. -verwertung unterschieden werden müssen. Hieran schließt sich eine detailliertere Bestandsaufnahme an. Kritikpunkte werden jeweils am Schluss aufgezeigt.
Im zweiten Teil werden zunächst die Grundbegriffe und -funktionsweisen zu dem Thema Künstliche Intelligenz und maschinelle Translation sowie die grundsätzlichen rechtlichen Vorgaben für die allgemeine Verwendung von KI-Anwendungen dargestellt. Zudem wird festgestellt, dass bei der Justiz bereits die erforderliche technische und organisatorische Grundausstattung für den Einsatz maschineller Translationen vorhanden ist. Die folgende Untersuchung, ob der Einsatz mit den konkreten gesetzlichen Vorgaben zu Translationen vereinbar ist, erfolgt, wie bereits im ersten Teil, getrennt nach dem Zweck der Verfahrenskommunikation und der Beweistranslation. Nach einer Untersuchung des jeweiligen *de lege lata* erfolgt eine Abwägung und ein Vorschlag für Änderungen im Stand *de lege ferenda*.

Erster Teil: Die derzeitigen Rahmenbedingungen für Translationen

A. Begriffsbestimmungen aus der linguistischen Perspektive

I. Allgemeines

Übersetzungen und Dolmetschleistungen lassen sich unter dem Oberbegriff Translationen zusammenfassen.[1] Hierbei werden auftragsgebunden Inhalte einer Sprache unter Bewahrung des Informationsgehaltes in eine andere Sprache übertragen. Inhaltliche Veränderungen sollten dabei idealerweise nur dann vorgenommen werden, wenn diese zwingend für das Verständnis erforderlich sind, etwa aufgrund kultur-, sprachpaar- oder textspezifischer Besonderheiten.[2] Die Translation ist ein Spezialfall der Sprachmittlung. Daher wird in Normen häufig auch der Begriff der Sprachmittlung verwendet.[3] Die Sprachmittlung ist jedoch umfassender und bezieht alle Erscheinungsformen von vermittelnder Kommunikation zwischen verschiedenen Sprachen ein, auch etwa die Synchronisation von Filmen.[4]

II. Abgrenzung der Translationsarten

Im Alltag werden die Begriffe Übersetzen und Dolmetschen oftmals deckungsgleich verwendet, was zu einer Vermischung führt.[5] Tatsächlich ist die Abgrenzung nicht so eindeutig, wie es auf den ersten Blick erscheinen mag.[6] Verschiedene Berufsverbände,[7] die Europäische

---

[1] *Kade* in: Studien zur Übersetzungswissenschaft, 1971, S. 7; *Snell-Hornby* in: Handbuch Translation, 2. Aufl. 1999, S. 232.

[2] *Lörscher* in: Übersetzung, 2004, S. 260 f.

[3] Vgl. etwa die amtlichen Überschriften von § 17 AsylG oder § 39 JustG Bln.

[4] *Lörscher* in: Übersetzung, 2004, S. 280.

[5] Vgl. *Brannan*, "Identifying written translation in criminal proceedings as a separate right: scope and supervision under European law", 2013, S. 2; *Cebulla*, Sprachmittlung und Datenschutz, 2015, S. 37; *De Mas*, Interpreting and Translation: Meeting the Legal Rights of Non-Native Citizens, 2000, S. 6, abrufbar unter: http://www.tradulex.com/Actes2000/De%20Mas.pdf (zuletzt abgerufen am: 30.05.2026); *Kotzurek*, eucrim 2020, 314, 315.

[6] *Schleiermacher* in: Abhandlungen der Königlichen Akademie der Wissenschaften in Berlin, 1816, S. 143 ff.

[7] *ATICOM – Fachverband der Berufsübersetzer und Berufsdolmetscher e.V.*, Fragen und Antworten, Stand: unbekannt, abrufbar unter: https://web.archive.org/web/20230610205540/https://aticom.de/service/fragen-und-antworten/ (zuletzt abgerufen am: 30.05.2026); *BDÜ*, Berufsbild Dolmetscher und Übersetzer, Stand: unbekannt, abrufbar unter: https://bdue.de/der-beruf (zuletzt abgerufen am: 30.05.2026); *ADÜ Nord*, Berufsbild Dolmetschen und Übersetzen, Stand: unbekannt, abrufbar unter: https://adue-nord.de/berufsbild-dolmetschen-und-uebersetzen/ (zuletzt abgerufen am: 30.05.2026); *Transforum*, Berufsfelder Übersetzen und Dolmetschen, Stand: 10.2023, S. 7 f., abrufbar unter: https://www.transforum.de/files/2018/12/Berufsbild_Transforum_2018.pdf (zuletzt abgerufen am: 10.12.2023).

J. K. Jurgschat, *Künstliche Intelligenz bei Dolmetsch- und Übersetzungsleistungen im Strafverfahren*, Juridicum – Schriften zu Recht und Digitalisierung,
https://doi.org/10.1007/978-3-658-52619-1_2

Kommission[8] oder auch Landesgesetzgeber[9] differenzieren zunächst nach dem *Kriterium der Schriftlichkeit und Mündlichkeit*. Beim Übersetzen wird das (gesprochene oder) geschriebene Wort schriftlich übersetzt und beim Dolmetschen das gesprochene (oder geschriebene) Wort mündlich übertragen. Das Festhalten an der reinen Unterscheidung nach der Mündlichkeit oder Schriftlichkeit ist in vielen Fällen zu undifferenziert.[10] Dies gilt insbesondere, wenn im Gesetz auf beide Modalitäten individuell Bezug genommen wird, etwa in § 187 GVG oder der Richtlinie 2010/64/EU. Die Abgrenzung zwischen den beiden Translationsmodalitäten lässt sich unter Berücksichtigung der folgenden Faktoren eindeutiger gestalten:

Das Ausgangsprodukt für Übersetzungen liegt in fixierter *Form* vor, gleich ob als schriftlicher Text oder als Tonaufnahme.[11] Dies hat zur Folge, dass es mehrfach gelesen oder akustisch vernommen werden kann und so vor dem eigentlichen Sprachtransfer zunächst der komplette Inhalt und Kontext erfasst werden kann. Weiterhin kann das Translat überarbeitet und korrigiert, aber auch nachträglich kontrolliert werden.

Beim Dolmetschen hingegen liegt ein flüchtiges Ausgangsprodukt vor.[12] Bei der Übertragung ist der komplette Inhalt sowie Kontext noch nicht bekannt oder er kann zumindest aufgrund der äußeren Umstände, insbesondere beim Simultandolmetschen, nicht vorab in Gänze erfasst werden.[13] Auch ist das Translat beim Dolmetschen aufgrund der flüchtigen Ausgangsquelle nur bedingt kontrollier- oder korrigierbar.

Ferner unterscheidet sich oft der *Empfängerkreis* des Translats. Eine Übersetzung wird in der Regel für einen Gebrauch zu einem unbekannten Zeitpunkt produziert. Dieser kann zeitnah, aber auch erst in einigen Tagen oder Monaten erfolgen. Bei einer Übersetzung ist zudem nicht unbedingt eindeutig, welches Vorwissen die späteren Adressaten mitbringen.

Das Dolmetschen erfolgt hingegen für einen unverzüglichen Gebrauch.[14] Bei der Produktion ist die Adressatengruppe für das Translat bekannt und es kann davon ausgegangen werden, dass dieser Zielgruppe auch der Kontext des Inhalts bekannt ist. Zumeist sind hierbei die Adressaten

---

[8] *Europäische Kommission*, Konferenzdolmetschen – Arten des Dolmetschens und fachspezifische Terminologie, Stand: unbekannt, abrufbar unter: https://commission.europa.eu/about-european-commission/departments-and-executive-agencies/interpretation/conference-interpreting-types-and-terminology_de (zuletzt abgerufen am: 30.05.2026).

[9] Vgl. § 33 Abs. 2 JustG NRW a. F.; § 39 Abs. 1 Satz 2 JustG Bln: „*Die Tätigkeit der Dolmetscherinnen und Dolmetscher umfasst die mündliche Sprachübertragung und diejenige mittels Gebärdensprache, die der Übersetzerinnen und Übersetzer die schriftliche Sprachübertragung.*"

[10] Vgl. auch die Kritik von *Simon* in: LR-StPO, 27. Aufl. 2022, GVG § 185 Rn. 2.

[11] *Bausch* in: Lexikon der Germanistischen Linguistik, 1980, 797 f.

[12] *Bausch* in: Lexikon der Germanistischen Linguistik, 1980, 799.

[13] *Bausch* in: Lexikon der Germanistischen Linguistik, 1980, 799.

[14] Zum gesamten: *Lörscher* in: Übersetzung, 2004, S. 261; *Prunč*, Einführung in die Translationswissenschaften, 5. Aufl. 2005, S. 10; *Snell-Hornby* in: Handbuch Translation, 2. Aufl. 1999, S. 232; *Stähle*, Vom Übersetzen zum Simultandolmetschen, 2009, S. 77 ff.; *Schleiermacher* in: Abhandlungen der Königlichen Akademie der Wissenschaften in Berlin, 1816, S. 145; 148.

des ursprünglichen Inhaltes auch die Adressaten der Übertragung. Weiterhin kann beim Dolmetschen direkt die Reaktion der Empfänger erfasst werden, wodurch erkennbar ist, ob der Inhalt verständlich ist oder ob bei der Produkterstellung nachjustiert werden muss.

III. Übersetzen

1. Grundtechniken beim Übersetzen

Beim Übersetzen bestehen grundsätzlich zwei Verfahren: die wörtliche, original belassende Übersetzung und die nichtwörtliche, sinngemäße (bzw. einbürgernde) Übersetzung.[15] Bei wörtlichen Übersetzungen werden Ausdrücke entweder komplett unverändert übernommen, Glied-für-Glied übertragen oder zumindest die Wortstellung innerhalb des Satzes nicht verändert. Bei nicht feststehenden Begriffen kann dies dazu führen, dass das Translat nur schwer verständlich ist oder dieses nicht die gewünschte Wirkung entfaltet. Daher sind nichtwörtliche Übersetzungen oftmals zielführender, bei denen Wortarten, Perspektiven sowie Satzstrukturen angepasst werden oder die Situation in eine vergleichbare Situation der Zielkultur übertragen werden.

2. Herausforderungen beim Übersetzen

Besonders dann, wenn keine eindeutige Übertragung von der Ausgangs- in die Zielsprache möglich ist und Anpassungen vorgenommen werden müssen, können diverse Herausforderungen auftreten.[16] Bei der Vornahme dieser Anpassungen treten häufig ähnliche Problematiken auf. *Kautz* teilt diese in kulturspezifische, pragmatische und sprachpaarspezifische Problematiken ein.[17]

Kulturspezifische Übersetzungsprobleme ergeben sich, wenn die Ausgangs- und Zielkultur über eine zu geringe Schnittmenge verfügen, sodass es keine wirklich zutreffenden Entsprechungen der Wörter oder beabsichtigten Aussagen gibt.[18] Solche Übersetzungsprobleme resultieren besonders aus kulturell unterschiedlichen Gewohnheiten,

---

[15] Zum gesamten: *Schleiermacher* in: Abhandlungen der Königlichen Akademie der Wissenschaften in Berlin, 1816, S. 150 ff.; *Schreiber*, Grundlagen der Übersetzungswissenschaft, 2. Aufl. 2017, S. 51.

[16] *Öncü*, Probleme interkultureller Kommunikation bei Gerichtsverhandlungen mit Türken und Deutschen, 2011, S. 69; *Kautz*, Handbuch Didaktik des Übersetzens und Dolmetschens, 2000, S. 119 ff.

[17] *Kautz*, Handbuch Didaktik des Übersetzens und Dolmetschens, 2000, S. 119.

[18] *Rovere* in: Handbuch Sprache im Recht, 2017, S. 312; *Öncü*, Probleme interkultureller Kommunikation bei Gerichtsverhandlungen mit Türken und Deutschen, 2011, S. 70; *Kautz*, Handbuch Didaktik des Übersetzens und Dolmetschens, 2000, S. 122 f.

Erwartungen, Normen oder Konventionen bei der Kommunikation.[19] Auch unterschiedliche Rechtssysteme können zu solchen kulturspezifischen Übersetzungsschwierigkeiten beitragen.[20] *Pragmatische* Übersetzungsprobleme ergeben sich aus abweichenden Kommunikationssituationen in den Sprachen.[21] So können die jeweiligen Übersetzungsaufträge für Herausforderungen sorgen, vor allem, wenn das Translat eine andere Funktion erfüllen soll als das Original, etwa bei einem bestimmten Verfasser- oder Adressatenbezug sowie Ort-, Zeit- oder Anlassbezug. *Kautz* nennt als Beispiel eine Urteilsübersetzung, wobei häufig nur der Tenor sowie die Begründung im Wesentlichen zu übersetzen sei, sodass sich die Zielfunktion der Übersetzung ändert, da diese in dem Fall lediglich informieren und keinen kompletten wörtlichen Transfer leisten soll.[22]

Sprachpaarspezifische Übersetzungsprobleme ergeben sich schließlich aus Unterschieden in der Lexik, Syntax und den jeweiligen Sprachstilen.[23] So bestehen zahlreiche Begriffe, für welche es in anderen Sprachen keine oder mehrdeutige Entsprechungen gibt. Ein klassisches Beispiel ist das deutsche Wort *Minijob*, das in vielen Sprachen als unübersetzbar gilt, mangels passender Äquivalente.[24] In den Fällen ist eine wörtliche Übersetzung unmöglich. Es kann nur eine definitorische Umschreibung vorgenommen werden. Auch kann bei einigen Begriffen eine exakte Übersetzung wichtig sein und für Herausforderungen sorgen. Dies ist insbesondere relevant, wenn eine unpräzise Übersetzung zu juristisch relevanten Unterschieden führt, obwohl die Begriffe von der Allgemeinheit jedoch oftmals simultan verwendet werden. Dies ist etwa bei Rechtsbegriffen des alltäglichen Lebens der Fall, beispielsweise *Eigentum* und *Besitz* oder *Leihe* und *Miete*.

IV. Dolmetschen

1. Grundtechniken beim Dolmetschen

Beim Dolmetschen bestehen zwei verschiedene Grundtechniken: das konsekutive und das simultane Dolmetschen.[25] Das Dolmetschen kann hierbei entweder nur einseitig von der

---

[19] *Öncü*, Probleme interkultureller Kommunikation bei Gerichtsverhandlungen mit Türken und Deutschen, 2011, S. 70.

[20] *Rovere* in: Handbuch Sprache im Recht, 2017, S. 317.

[21] *Kautz*, Handbuch Didaktik des Übersetzens und Dolmetschens, 2000, S. 120 ff.

[22] *Kautz*, Handbuch Didaktik des Übersetzens und Dolmetschens, 2000, S. 120.

[23] *Kautz*, Handbuch Didaktik des Übersetzens und Dolmetschens 2000: S. 124 ff.; *Öncü*, Probleme interkultureller Kommunikation bei Gerichtsverhandlungen mit Türken und Deutschen, 2011, S. 71.

[24] *Rovere* in: Handbuch Sprache im Recht, 2017, S. 312.

[25] *Lankisch*, Der Dolmetscher in der Hauptverhandlung, 2004, S. 42; *Kautz*, Handbuch Didaktik des Übersetzens und Dolmetschens, 2000, S. 290 f.; *Schreiber*, Grundlagen der Übersetzungswissenschaft, 2. Aufl. 2017, S. 80.

Ausgangssprache in die Zielsprache erfolgen oder wechselnd zwischen den beiden Sprachen (sog. bilaterales Dolmetschen).

a. Konsekutivdolmetschen

Beim Konsekutivdolmetschen erfolgt die Übertragung in zwei Phasen. Zunächst wird in der Zuhörphase der Inhalt in der Ausgangssprache gesprochen, während die dolmetschende Person den Inhalt gedanklich aufnimmt oder sich Notizen hierzu anfertigt. Sobald die Inhaltswiedergabe in der Ausgangssprache beendet bzw. pausiert wird, erfolgt die Übertragung in der Reformulierungsphase.[26] Die Übertragungspausen können nach jedem Wort, Satz oder Absatz erfolgen – je nach Informationsdichte und Relevanz.[27] Die Vorteile des Konsekutivdolmetschens liegen darin, dass die dolmetschende Person voll in das Kommunikationsgeschehen eingebunden wird und so den Kontext sowie Sinngehalt einzelner Aussagen besser erfassen kann. Weiterhin entscheidet diese bei der Übertragung selbständig über das Sprechtempo der Übertragung, was die Qualität der Übertragung erhöhen kann. Als Nachteil entstehen durch dieses Verfahren längere Gesprächspausen, welche den Gesprächsfluss erheblich beeinträchtigen.[28]

b. Simultandolmetschen

Beim Simultandolmetschen treten diese Pausen nicht auf. Die Übertragung erfolgt zeitgleich mit der Produktion des Ausgangstextes.[29] Die dolmetschende Person muss dabei gleichzeitig zuhören, das Gesprochene verstehen und übertragen und die nächsten Wörter bereits wieder erfassen.[30] Der Zeitersparnis steht eine höhere Belastung der ausführenden Person gegenüber, welche durchgängig hochkonzentriert arbeiten muss.[31] Nach einer halben Stunde sollte eine Pause eingelegt werden oder eine andere Person übernehmen.[32]

Die Umsetzung des Simultandolmetschens erfolgt hierbei entweder durch Flüsterdolmetschen (sog. *Chuchotage*), wobei die dolmetschende Person in Hörweite des Sprechenden ist und dann entweder der Empfangsperson die Translation über Mikrofon und Kopfhörer einspricht oder ihr direkt ins Ohr flüstert.[33] Ferner kann die dolmetschende Person ihre Tätigkeit über eine

---

[26] Vgl. *Kautz*, Handbuch Didaktik des Übersetzens und Dolmetschens, 2000, S. 296 ff.

[27] *Le Féal/Déjean* in: Handbuch Translation, 2. Aufl. 1999, S. 305 f.; *Schreiber*, Grundlagen der Übersetzungswissenschaft, 2. Aufl. 2017, S. 78 f.; *Stähle*, Vom Übersetzen zum Simultandolmetschen, 2009, S. 41.

[28] *Le Féal/Déjean* in: Handbuch Translation, 2. Aufl. 1999, S. 305 f.

[29] *Kautz*, Handbuch Didaktik des Übersetzens und Dolmetschens, 2000, S. 340.

[30] *Pöchhacker* in: Handbuch Translation, 2. Aufl. 1999, S. 301 f.; *Stähle*, Vom Übersetzen zum Simultandolmetschen, 2009, S. 273 ff.

[31] *Kautz*, Handbuch Didaktik des Übersetzens und Dolmetschens, 2000, S. 341

[32] *Pöchhacker* in: Handbuch Translation, 2. Aufl. 1999, S. 303.

[33] *Stähle*, Vom Übersetzen zum Simultandolmetschen, 2009, S. 46 f.

Dolmetschanlage ausüben, was etwa bei größeren Konferenzen oder Zusammentreffen präferiert wird. Die dolmetschende Person sitzt hierbei in einer schallisolierten Dolmetschkabine, wo sie das Gesprochene zeitgleich hört und über ein Mikrofon an die Empfänger überträgt, wobei allerdings eine gewisse Anonymisierung und Technisierung der Dolmetschenden eintritt.[34] Der zweite Fall ist bei Dolmetschleistungen im Strafverfahren äußerst selten und allenfalls bei zwischen- oder überstaatlichen Gerichten anzutreffen, wie beim Europäischen Gerichtshof (EuGH) oder Europäischen Gerichtshof für Menschenrechte (EGMR).

c. Sukzessivdolmetschen

Wenn für eine unmittelbare Übertragung zwischen Ausgangs- und Zielsprache keine Person zur Verfügung steht, wird das Verfahren des Sukzessivdolmetschens (auch Kettendolmetschen) angewendet. Die Übertragung erfolgt hier mittels einer vorherigen Übertragung in eine zwischengeschaltete dritte sog. *Relais*-Sprache.[35] So erfolgt zunächst etwa eine Übertragung vom Deutschen ins Englische und im zweiten Schritt vom Englischen ins Spanische, wenn keine dolmetschende Person für das Sprachpaar Deutsch-Spanisch verfügbar ist.

2. Herausforderungen beim Dolmetschen

Beim Dolmetschen im Bereich der Justiz bestehen zusätzliche Herausforderungen.[36] In der Regel erfolgt die Dolmetschleistung bilateral, d. h. die Informationen müssen in beide Richtungen und teilweise simultan übertragen werden, wobei sich die Gefahr für kulturelle Missverständnisse verdoppelt.[37] Dies gilt insbesondere vor dem Hintergrund, dass häufig zwischen den verschiedenen Sprechern bedeutende kulturelle und soziale Unterschiede liegen.[38] Anders als beim Konferenzdolmetschen besitzen die jeweiligen Beteiligten ein unterschiedliches Vorwissen und verwenden ein unterschiedliches (Fach-)Vokabular.[39] Bei Vernehmungen können Erschwernisse auftreten, da die Beteiligten kulturell bedingt verschiedene Erwartungen an die Situation haben oder verschiedene Gesprächsstrategien

---

[34] So kritisiert von *Pöchhacker* in: Handbuch Translation, 2. Aufl. 1999, S. 303.
[35] *Lankisch*, Der Dolmetscher in der Hauptverhandlung, 2004, S. 47.
[36] Zu den generellen Übersetzungsproblematiken vgl. Abschnitt A.III.
[37] *Rovere* in: Handbuch Sprache im Recht, 2017, S. 325.
[38] *Rovere* in: Handbuch Sprache im Recht, 2017, S. 324; *Kautz*, Handbuch Didaktik des Übersetzens und Dolmetschens, 2000, S. 338; vgl. auch zu nonverbalen kulturellen Missverständnissen: *Karaboga et al.*, Automatisierte Erkennung von Stimme, Sprache und Gesicht, 2022, S. 175; *Elfenbein/Ambady*, Psychological bulletin 2002, 203, 203 ff.
[39] *Rovere* in: Handbuch Sprache im Recht, 2017, S. 324.

verwenden; aber auch unterschiedliche verbale und nonverbale Mittel einsetzen, welche zutreffend übertragen werden müssen.[40]
Auch kann es passieren, dass die dolmetschende Person komplexe Sachverhalte, welche durch einen Sachverständigen vorgetragen werden, ohne die Möglichkeit zur Vorbereitung spontan übertragen muss. Besonders bei der Übertragung von Fachtermini ist hier ein überaus hohes Allgemein- und Spezialwissen Voraussetzung.[41]
Zudem liegen oftmals erschwerte Rahmenbedingungen vor. Häufig ist bereits die Akustik der Gerichtssäle ungünstig für ein optimales Hören und Sprechen. Dies gilt insbesondere vor dem Hintergrund, dass die gesamte Gerichtsöffentlichkeit die Redebeiträge verstehen soll. Hinzu kommt nicht selten eine für das Dolmetschen ungünstige Platzierung. Für Dolmetschende ist kein fester Platz bei Vernehmungen und Gerichtsverhandlungen vorgesehen, die Sitzposition kann sich aber auf den Erfolg der Tätigkeit auswirken.[42]
Außerdem sollte zugunsten der beschuldigten Person möglichst umfassende Übertragungen erfolgen, aber auch Missverständnisse, insbesondere kulturell bedingte, unter Beachtung der Neutralität geklärt werden.[43]

V. Qualifizierung

Weder für das Dolmetschen noch für das Übersetzen besteht in Deutschland ein Berufsschutz.[44] Dies hat zur Folge, dass grundsätzlich jede Person diese Tätigkeiten ausüben könnte, auch ohne eine entsprechende Qualifizierung.[45] Eine Petition der Berufsverbände, mit dem Ziel Berufszugangsregelungen zu schaffen, verlief erfolglos.[46] Grundsätzlich sollten die Translatoren ausreichende kulturspezifische Kenntnisse und die erforderlichen Sprachkenntnisse aufweisen sowie die entsprechenden Translationstechniken hinreichend beherrschen, um diese Tätigkeiten auszuüben.[47] Die Ausbildung kann auf vielen Wegen erfolgen. So gibt es spezialisierte Studiengänge, IHK-Prüfungen oder zahlreiche Möglichkeiten

---

[40] *Öncü*, Probleme interkultureller Kommunikation bei Gerichtsverhandlungen mit Türken und Deutschen, 2011, S. 66.
[41] *Rovere* in: Handbuch Sprache im Recht, 2017, S. 325; *Öncü*, Probleme interkultureller Kommunikation bei Gerichtsverhandlungen mit Türken und Deutschen, 2011, S. 53 f.
[42] Hierzu *Schumann*, Polizei 2018, 49, 50 f.; *Kotzurek*, eucrim 2020, 314, 315 f.
[43] *Driesen/Petersen/Rühl*, Gerichtsdolmetschen, 2. Aufl. 2018, S. 23.
[44] *BDÜ*, Wie wird man Dolmetscher oder Übersetzer?, Stand: unbekannt, abrufbar unter: https://bdue.de/der-beruf/wege-zum-beruf (zuletzt abgerufen am: 30.05.2026); *Stanek*, Dolmetschen bei der Polizei, 2011, S. 32.
[45] Vgl. *Kautz*, Handbuch Didaktik des Übersetzens und Dolmetschens, 2000, S. 419 f.; *Sommer*, Effektive Strafverteidigung, 5. Aufl. 2023, Kap. 3 Rn. 367 ff.
[46] Vgl. *Antosik*, Petition zum Schutz der Berufsbezeichnung Übersetzer/Dolmetscher gescheitert, uepo.de, 08.09.2010, abrufbar unter: https://uepo.de/2010/09/08/petition-zum-schutz-der-berufsbezeichnung-uebersetzer-dolmetscher-gescheitert/ (zuletzt abgerufen am: 30.05.2026).
[47] *Lankisch*, Der Dolmetscher in der Hauptverhandlung, 2004, S. 47.

für Quereinsteiger.[48] Jedoch muss bedacht werden, dass gerade bei hierzulande seltenen Sprachen häufig keine einschlägigen Ausbildungs- oder Qualifizierungsmöglichkeiten gegeben sind.[49] Für Personen, welche als Gerichtsdolmetscher oder -übersetzer tätig werden möchten, besteht zudem die Möglichkeit einer allgemeinen Beeidigung, Bestellung bzw. Ermächtigung, welche an bestimmte Bedingungen geknüpft ist.[50]

VI. Qualitätskriterien

Wie die Qualität von Translationsleistungen gemessen werden kann, ist in den Translationswissenschaften umstritten.[51] Es stellt sich die Herausforderung, dass Translationen rein objektiv nur schwer bewertbar sind[52] und dass ihre Bewertung auch von den individuellen Anforderungen der jeweiligen Kunden abhängen.[53]

Regelmäßig wird die Qualität danach bemessen, wie hoch die Äquivalenz sowie die Adäquanz der Translation im Vergleich zum Ursprungsinhalt ist. Bei der Äquivalenz wird die Ähnlichkeit der Wiedergabe des Inhaltes nach semantisch orientierten Kriterien bewertet.[54] Es kann sprachbedingt keine absolute Gleichwertigkeit erreicht werden, sondern nur eine möglichst hohe Annäherung.[55] Bei der Adäquanz stellt sich die Frage inwieweit die Aussage, unter Berücksichtigung der Zielsprache, Zielkultur und Kommunikationssituation, transferiert worden ist.[56]

Zur Qualitätssicherung von Übersetzungs- und Dolmetschleistungen bestehen zudem Berufs- und Ehrenordnungen der Berufsverbände[57] sowie einschlägige DIN-Normierungen[58].

VII. Einsatz technischer Hilfsmittel

Auch bei „konventionellen" Translationen werden technische Hilfsmittel eingesetzt, wobei verschiedene Abstufungen vorzunehmen sind. Eine Translation kann komplett vom Menschen, ohne jegliche technische Hilfe durchgeführt werden, aber auch vollautomatisch durch eine KI-Anwendung (maschinelle Translation oder auch *Fully Automated Machine Translation*

---

[48] *BDÜ*, Wie wird man Dolmetscher oder Übersetzer?, Stand: unbekannt.
[49] *Stanek*, Dolmetschen bei der Polizei, 2011, S. 36 f.; *Sauerwein*, MDÜ 2007, Ausgabe 5, 10, 11.
[50] Hierzu Abschnitt C.I.3.b.bb.
[51] *Thome*, Übersetzen als interlinguales und interkulturelles Sprachhandeln, 2012, S. 310 f.; *Schnierer*, Qualitätssicherung, 2019, S. 21 ff., jeweils mit weiterführenden Details.
[52] *Bittner* in: Translationsforschung, 2014, S. 21 ff.
[53] *Sandrini*, Translationspolitik für Regional- oder Minderheitensprachen, 2018, S. 256 ff.
[54] *Schubert* in: Handbuch Mehrsprachigkeit, 2022, S. 431 f., m. w. N.
[55] *Schreiber*, Grundlagen der Übersetzungswissenschaft, 2017, S. 56; *Thome*, Übersetzen als interlinguales und interkulturelles Sprachhandeln, 2012, S. 310 f., jeweils m. w. N.
[56] *Schubert* in: Handbuch Mehrsprachigkeit, 2022, S. 431 f., m. w. N.
[57] Vgl. etwa *BDÜ*, Berufs- und Ehrenordnung, 22./23.04.2014, abrufbar unter: https://bdue.de/der-bdue/statuten/berufs-und-ehrenordnung (zuletzt abgerufen am: 30.05.2026).
[58] Vgl. DIN EN ISO 17100 (Übersetzungsdienstleistungen - Anforderungen an Übersetzungsdienstleistungen); DIN ISO 20228:2020-21 (Dolmetschen im Rechtswesen).

(„FAMT“)). Zwischen diesen beiden Extrempunkten gibt es zahlreiche Abstufungen, welche unter dem Oberbegriff *Computer Assisted Translation* („CAT“) zusammengefasst werden.

Eine maschinelle Translation wird in der Praxis von den Berufsträgern häufig unter eigener Verantwortung in der Vorbereitungsphase verwendet für die Anfertigung einer ersten Rohübersetzung. Diese werden anschließend von den Berufsträgern nachbearbeitet, um die Qualität zu erhöhen, indem mögliche grammatische oder stilistische Fehler ausgeglichen werden (sog. Post-Editing).[59] Zudem werden diese Anwendungen verwendet, wenn keine druckreife Übertragung notwendig ist, sondern eine sog. Informativübersetzung (auch Arbeitsübersetzung genannt) ausreicht. Hierbei handelt es sich um eine unkorrigierte Rohübersetzung, auf deren Basis die Auftraggebenden bereits einen Überblick über den Sinn und Inhalt des fremdsprachigen Textes gewinnen (sog. Gisting) und so eine Entscheidung treffen können, ob überhaupt ein Post-Editing für eine druckreife Übersetzung gewünscht wird.[60]

Wenn die Technik den Menschen nur unterstützt, liegt eine sog. *Machine Aided Human Translation* („MAHT“) vor.[61] Wenn im Wesentlichen der Computer die Übersetzung übernimmt und der Mensch nur Vor- oder Nachbereitungen übernimmt, ist dies eine sog. *Human Aided Machine Translation* („HAMT“). Die einzelnen Abgrenzungen sind dabei fließend.

Bei den CAT-Methoden werden verschiedenste Teilsysteme verwendet, um die Akteure zu unterstützen. Dies können etwa Transition-Memory-Systeme, Terminologie-Datenbanken, Rechtschreib- und Grammatikkontrollen oder Wörterbücher sein.[62] Transition-Memory-Systeme stellen die interne und externe Rekurrenz der Begriffsverwendungen sicher, also einen kongruenten Wortgebrauch innerhalb und zwischen mehreren Dokumenten.[63] Die Terminologie-Datenbanken sind häufig im Internet allgemein zugänglich, wie die Terminologie-Datenbank der Europäischen Union[64] oder Datenbanken des Bundessprachenamts der Bundeswehr[65]. Auch werden für Translationen KI-basierte

[59] Vgl. DIN EN ISO 17100:2015, S. 7; DIN EN ISO 18587:2018, S. 14 ff. (Übersetzungsdienstleistungen - Posteditieren maschinell erstellter Übersetzungen – Anforderungen); im Detail *Wels*, Mensch versus neuronale Maschine, 2024, S. 251 ff.
[60] *Schreiber*, Grundlagen der Übersetzungswissenschaft, 2. Aufl. 2017, S. 69.
[61] Zum gesamten: *Austermühl*, Electronic tools for translators, 2001, S. 10; *Hutchins/Somers*, An introduction to machine translation, 1992, S. 10; *Schreiber*, Grundlagen der Übersetzungswissenschaft, 2. Aufl. 2017, S. 68.
[62] *Cebulla*, Sprachmittlung und Datenschutz, 2015, S. 142; *Schreiber*, Grundlagen der Übersetzungswissenschaft, 2. Aufl. 2017, S. 71.
[63] *Cebulla*, Sprachmittlung und Datenschutz, 2015, S. 142; *Schreiber*, Grundlagen der Übersetzungswissenschaft, 2. Aufl. 2017, S. 71.
[64] *IATE*, About IATE, Stand: unbekannt, abrufbar unter: iate.europa.eu/about (zuletzt abgerufen am: 30.05.2026).
[65] *Kunze*, Corona-Glossar in sieben Sprachen veröffentlicht, bundeswehr.de, 10.08.2020, abrufbar unter: https://web.archive.org/web/20240624160629/https://www.bundeswehr.de/de/organisation/personal/organisation

Spracherkennungsprogramme verwendet, um gesprochene Inhalte zur Erleichterung der Arbeit automatisiert in Textinhalte umzuwandeln.[66]

-/das-bundessprachenamt/bundessprachenamt/news-rund-um-das-bundessprachenamt/corona-glossar-in-sieben-sprachen-veroeffentlicht-1104036 (zuletzt abgerufen am: 30.05.2026).

[66] *Cebulla*, Sprachmittlung und Datenschutz, 2015, S. 143.

B. Rechtliche Einordnung der Translationsarten

Translationen lassen sich grundsätzlich zwei verschiedenen Zwecken zuordnen. Zum einen erfolgen Translationen mit dem Ziel, die Kommunikation im Strafverfahren zu ermöglichen („Verfahrenstranslation“) und zum anderen, um Beweisstücke und fremdsprachige Sachverhalte im Rahmen der Ermittlungen und Verhandlungen den Justizbehörden und Gerichten zugänglich zu machen („Beweistranslation“).[1] Je nach Zweck sind verschiedene gesetzliche Grundlagen einschlägig und die jeweiligen Verfahrensrollen der beauftragten Translatoren unterscheiden sich. Bei einer Verfahrenstranslation nehmen die Translatoren als „*Beteiligte eigener Art*“ am Verfahren teil, primär nach den Regelungen des Gerichtsverfassungsgesetzes. Beweistranslationen hingegen werden durch Sachverständige als „*Gehilfen des Richters*“ bzw. der Ermittlungsbehörden vorgenommen, primär nach den Regelungen der Strafprozessordnung. Auch bestehen Situationen, in denen keine eindeutige Einordnung getroffen werden kann.

I. Die Gerichtssprache und der Umgang mit Fremdsprachen

Die Gerichtssprache legt nicht nur die Sprache des Gerichts fest, sondern regelt zugleich auch die Grundsätze für die gemeinsame Kommunikation zwischen den Verfahrensbeteiligten.[2] Auch wenn die Gerichtssprache gemäß § 184 Satz 1 GVG deutsch ist, bestehen nach Satz 2 Ausnahmen für Gebiete, in welchen die sorbische Sprache gesprochen wird.[3] Zudem sind Dialekte zulässig. Dies gilt jedoch nur, soweit diese allgemein verständlich sind.[4] Ferner können Fachausdrücke und Eigennamen, etwa Firmennamen, Orts- und Vertragsbezeichnungen[5] sowie übliche Fremdwörter[6] in anderen Sprachen verwendet werden.

---

[1] Angelehnt an: *Beling*, Deutsches Reichsstrafprozessrecht, 1928, S. 146 f., Fn. 1: „*Beweisdolmetscher*“ und „*Verkehrsdolmetscher*“.

[2] *Boe*, ZStW 134 (2022), 926, 959; *Oğlakcıoğlu* in: MünchKomm-StPO, 2. Aufl. 2025, GVG § 184 Rn. 1; *Papenfuß*, GVRZ 2023, 5; *Weith*, Gerichtssprachenproblematik im Straf- und Bußgeldverfahren, 1991, S. 26 ff.

[3] Der Satz 2 ist durch eine Rechtsbereinigung (Erstes Gesetz über die Bereinigung von Bundesrecht, BGBl. 2006 I. S. 866) dem GVG hinzugefügt worden. Ursprünglich stand dieser im Einigungsvertrag (Anl. I Kap. III Sachg. A, Abs. 3 Maßgb 1 Buchst. R). Vgl. auch *Oğlakcıoğlu* in: MünchKomm-StPO, 2. Aufl. 2025, GVG § 184 Rn. 16 Fn. 63.

[4] *Frister* in: SK-StPO, 6. Aufl. 2023, GVG § 184 Rn. 6; *Oğlakcıoğlu* in: MünchKomm-StPO, 2. Aufl. 2025, GVG § 184 Rn. 9; *Rosenau* in: SSW-StPO, 6. Aufl. 2025, GVG § 184 Rn. 3; *Weith*, Gerichtssprachenproblematik im Straf- und Bußgeldverfahren, 1991, S. 30.

[5] BGH, Urteil vom 09.11.2011, Az.: 1 StR 302/11 = NStZ 2012, 523 Rn. 30 ff.; *Weith*, Gerichtssprachenproblematik im Straf- und Bußgeldverfahren, 1991, S. 30 f.

[6] OLG Hamm, Beschluss vom 22.04.2010, Az.: 2 RVs 13/10 = NStZ-RR 2010, 348, 348 (hier medizinische Fachausdrücke auf Latein); *Oğlakcıoğlu* in: MünchKomm-StPO, 2. Aufl. 2025, GVG § 184 Rn. 8; *Weith*, Gerichtssprachenproblematik im Straf- und Bußgeldverfahren, 1991, S. 30 f.

Die Gerichtssprache ist für jede Kommunikationsrichtung relevant, d. h. vom Gericht an die Verfahrensbeteiligten, aber auch von den Verfahrensbeteiligten zum Gericht.[7] Auch gilt sie bei sämtlichen Kommunikationsmodalitäten, also sowohl im schriftlichen als auch im mündlichen Bereich.[8]

1. Grundsätzlicher Zweck der Gerichtssprache

Der verfolgte Zweck der Gerichtssprache hat sich mit der Zeit gewandelt. Bei Erlass des Gerichtsverfassungsgesetzes wurde primär die Rechts- und Reichsvereinheitlichung vor einem nationalstaatlichen Hintergrund verfolgt.[9] Heute verfolgt die Gerichtssprache weitere Zwecke. Durch eine einheitliche Gerichtssprache soll das Verfahren vereinfacht und beschleunigt sowie die Wahrheitsfindung gefördert werden, indem die Rechtsklarheit und -sicherheit gestärkt wird.[10] Hierdurch sollen sämtliche Eingaben direkt verständlich sein, ohne dass es zunächst einer zeitaufwändigen Erforschung des Inhalts durch eine fachkundige Person bedarf.[11] Zudem wird der Anspruch auf rechtliches Gehör verwirklicht sowie die Öffentlichkeitsmaxime gestärkt, indem die gesamte interessierte Allgemeinheit so die Möglichkeit erhält, den Inhalt der Verhandlungen zu verstehen, unabhängig etwaiger Fremdsprachenkenntnisse.[12]

2. Unmittelbare Bindungswirkung der Gerichtssprache

Die Festlegung des § 184 Satz 1 GVG ist bei Beteiligung eines Gerichtes in allen Stadien des Strafverfahrens zwingender Natur. Die Gerichtssprache ist in dem Fall von Amts wegen zu beachten und kann nicht der Verfügungsgewalt Einzelner unterworfen werden.[13]

Mit Wirkung zum 1. April 2024 wurden sowohl die Landesregierungen durch § 184a GVG n. F. ermächtigt, die Möglichkeit, die englische Sprache für Verfahren bezüglich internationaler Handelssachen zuzulassen, als auch durch § 184b GVG n. F. der BGH für bestimmte

[7] *Allgayer* in: BeckOK-GVG, Stand: 15.08.2025, § 184 Rn. 2 ff.; *Papenfuß*, GVRZ 2023, 5.

[8] BGH, Urteil vom 17.05.1984, Az.: 4 StR 139/84 = BGHSt 32, 344; BGH, Beschluss vom 14.07.1981, Az.: 1 StR 815/80 = BGHSt 30, 182, 182 f.; *Allgayer* in: BeckOK-GVG, Stand: 15.08.2025, § 184 Rn. 2 ff.; *Papenfuß*, GVRZ 2023, 5; *Weith*, Gerichtssprachenproblematik im Straf- und Bußgeldverfahren, 1991, S. 26 f.

[9] *Oğlakcıoğlu* in: MünchKomm-StPO, 2. Aufl. 2025, GVG § 184 Rn. 2; vgl. auch die Gesetzesbegründung in *Hahn*, Die gesammten Materialien zu den Reichs-Justizgesetzen, Band 1, Abtheilung 1, 1879, S. 176; *Boe*, ZStW 134 (2022), 926, 959; *Meyer*, ZStW 93 (1981), 507, 519.

[10] BGH, Beschluss vom 14.07.1981, Az.: 1 StR 815/80 = BGHSt 30, 182, 183; *Eschelbach*, HRRS 2007, 466, 468; *Oğlakcıoğlu* in: MünchKomm-StPO, 2. Aufl. 2025, GVG § 184 Rn. 2; *Frister* in: SK-StPO, 6. Aufl. 2023, GVG § 184 Rn. 1.

[11] BGH, Beschluss vom 14.07.1981, Az.: 1 StR 815/80 = BGHSt 30, 182, 183.

[12] *Frister* in: SK-StPO, 6. Aufl. 2023, GVG § 184 Rn. 1; *Jessnitzer*, Dolmetscher, 1982, S. 54; *Rosenau* in: SSW-StPO, 6. Aufl. 2025, GVG § 184 Rn. 1.

[13] BGH, Beschluss vom 14.07.1981, Az.: 1 StR 815/80 = BGHSt 30, 182, 182; RG, Urteil vom 08.05.1933, Az.: 10 TB. 107/31 = RGSt 67, 221, 223; *Boe*, ZStW 134 (2022), 926, 958 f.; *Frister* in: SK-StPO, 6. Aufl. 2023, GVG § 184 Rn. 1; *Oğlakcıoğlu* in: MünchKomm-StPO, 2. Aufl. 2025, GVG § 184 Rn. 7.

anschließende Verfahren vor den Zivilsenaten.[14] Vor dieser Gesetzesänderung haben bereits einige Gerichte, wie das Oberlandesgericht Köln sowie die Landgerichte in diesem Bezirk[15], das Landgericht Berlin[16] und das Landgericht Hamburg[17] probeweise englischsprachige Kammern eingerichtet. Um diese Ausnahme von der in § 184 Satz 1 GVG festgelegten Gerichtssprache zu begründen, haben sich die Gerichte auf eine Gesetzeslücke berufen, wonach gemäß § 185 Abs. 2 GVG auf Dolmetschleistungen verzichtet werden kann, wenn alle Beteiligten der Fremdsprache ausreichend mächtig sind und damit einverstanden sind.[18] Alternativ erfolgte im Zivilprozess zudem eine Herleitung der Möglichkeit über eine teleologische Extension des § 128 Abs. 2 Satz 1 ZPO. Da auf eine mündliche Verhandlung verzichtet und damit die Öffentlichkeit mittelbar ausgeschlossen werden kann, sollte als Minus auch eine einvernehmliche fremdsprachige Verhandlung zulässig sein.[19]

Für das Strafverfahren wurden solche Gesetzesvorhaben bislang nicht angestrebt. Auch ist eine Berufung auf die Ausnahmeregelung des § 185 Abs. 2 GVG sowie § 128 Abs. 2 ZPO, aufgrund des im Strafverfahren besonders relevanten Öffentlichkeitsprinzips, kritisch zu sehen.[20] In Anbetracht der jüngsten Gesetzesänderung mit der Festlegung restriktiverer Ausnahmeelemente in §§ 184a ff. GVG n. F. ist für diese Überlegungen im Strafverfahren nun noch weniger Raum.

In Verfahrensteilen ohne Gerichtsbeteiligung, etwa bei Vernehmungen durch die Staatsanwaltschaft oder Ermittlungsbeamte im Ermittlungsverfahren, besteht keine zwingende Geltung der *Gerichts*sprache. Vernehmungen sind direkt in Englisch oder anderen Sprachen möglich, sofern diese von den Teilnehmenden beherrscht werden.[21]

---

[14] BGBl. 2024 I Nr. 302.

[15] *LTO*, Erste Verhandlung auf Englisch beim LG Bonn, LTO.de, 07.05.2010, abrufbar unter: https://www.lto.de/recht/nachrichten/n/gerichte-erste-verhandlung-auf-englisch-beim-lg-bonn/ (zuletzt abgerufen am: 30.05.2026).

[16] *LG Berlin*, Internationale Kammern beim Landgericht Berlin II, Stand: unbekannt, https://www.berlin.de/gerichte/landgericht-zivil/das-gericht/zustaendigkeiten/internationale-kammern/artikel.1546518.php (zuletzt abgerufen am: 30.05.2026).

[17] Justiz-Portal Hamburg, Verhandlungen in englischer Sprache, Stand: unbekannt, https://justiz.hamburg.de/gerichte/landgericht-hamburg/englischsprachige-verhandlungen/verhandlungen-in-englischer-sprache-576328 (zuletzt abgerufen am: 30.05.2026).

[18] *LG Berlin*, Internationale Kammern beim Landgericht Berlin II, Stand: unbekannt, https://www.berlin.de/gerichte/landgericht-zivil/das-gericht/zustaendigkeiten/internationale-kammern/artikel.1546518.php(zuletzt abgerufen am: 30.05.2026); *Pabst* in: MünchKomm-ZPO, 6. Aufl. 2022, GVG § 184 Rn. 16; kritisch hierzu *Meier*, WM 2018, 1827, 1828 f.: Der Gesetzgeber wollte Verhandlungen in einer fremden Sprache bei Schaffung des Gerichtsverfassungsgesetzes gerade verhindern.

[19] *Meier*, WM 2018, 1827, 1829 f.

[20] *Armbrüster*, NJW 2011, 812, 815; *Simon* in: LR-StPO, 27. Aufl. 2022, GVG § 185 Rn. 9; *Jessnitzer*, Dolmetscher, 1982, S. 55 f.; *Rosenau* in: SSW-StPO, 6. Aufl. 2025, GVG § 184 Rn. 1; *Weith*, Gerichtssprachenproblematik im Straf- und Bußgeldverfahren, 1991, S. 57.

[21] *Hoffmann/Mildeberger*, StraFo 2004, 412, 412 f.; *Lässig*, Deutsch als Gerichts- und Amtssprache, 1980, S. 19; *Oğlakcıoğlu* in: MünchKomm-StPO, 2. Aufl. 2025, GVG § 184 Rn. 13; *Schmidt*, Verteidigung von Ausländern, 4. Aufl. 2016, Rn. 275.

Das Spracherfordernis bindet aber die Staatsanwaltschaft bei der Klageerhebung. In dem Moment wird schließlich ein Gericht beteiligt. Wenn ein fremdsprachiger Text teilweise oder ganz ohne Übersetzung integraler Bestandteil der öffentlichen Anklage ist, so ist diese aufgrund des Verstoßes gegen die Gerichtssprache unwirksam.[22] Dies ist eine Konsequenz des Gebots der prozessualen Gleichbehandlung aller Rechtsunterworfenen.[23]

II. Welchen Zweck verfolgen Verfahrenstranslationen?

Bei Verfahrenstranslationen werden die mündlichen Äußerungen der Verfahrensbeteiligten während der Verhandlungen und Vernehmungen übertragen sowie die schriftlichen Äußerungen, welche im Rahmen des Prozessverkehrs anfallen, übersetzt. Ziel ist es, die Kommunikation sowie den Informationsfluss zu ermöglichen.[24] Die Translatoren sind keiner speziellen Sphäre zugeordnet, sondern fungieren vielmehr als „Brücke"[25] und nehmen damit eine Mittlerfunktion ein.[26]

Durch diese Funktion wird das Sprachrisiko, welches den sprachunkundigen Beteiligten durch die Festlegung der Gerichtssprache in § 184 Satz 1 GVG auferlegt wird, ein Stück weit beseitigt. Durch die Festlegung der Gerichtssprache erfolgt eine Erschwernis für Sprachunkundige sowie eine potenzielle mittelbare Diskriminierung, insbesondere vor dem Hintergrund der Bedeutung des Unmittelbarkeits- und Mündlichkeitsgrundsatzes im Strafprozess.[27] So wird auch das Prinzip der Waffengleichheit (*Fair-Trial*-Grundsatz) gesichert, indem die Teilhabe und eine effektive Verteidigung ermöglicht wird.[28] Ferner wird die Subjektstellung der Sprachunkundigen, insbesondere der Beschuldigten, im Prozess gesichert.[29] Ohne Translationen besteht die Gefahr, dass Sprachunkundige zu „unverstandenen" Objekten degradiert werden, die aufgrund der Sprachbarriere keine relevante Einwirkungsmöglichkeiten auf das Verfahren haben.[30] Auch würde ihnen die Möglichkeit genommen werden, persönliche Eindrücke und Aussagen in der eigenen Sprache auszudrücken,

---

[22] *Eschelbach*, HRRS 2007, 466, 468; *Kulhanek*: Die Sprach- und Ortsfremdheit von Beschuldigten im Strafverfahren, 2019, S. 64.

[23] *Eschelbach*, HRRS 2007, 466, 468.

[24] *Beling*, Deutsches Reichsstrafprozessrecht, 1928, S. 146 f.; *Ingerl*, Sprachrisiko im Verfahren, 1988, S. 11, S. 65; *Kranjčić*, „… dass er treu und gewissenhaft übertragen werde.", 2010, S. 13; *Lankisch*, Der Dolmetscher in der Hauptverhandlung, 2004, S. 62; *Eschelbach*, HRRS 2007, 466, 469; *Makepeace*, StV 2020, 570, 570; *Jessnitzer*, Dolmetscher, 1982, S. 1; *Katholnigg*, Strafgerichtsverfassungsrecht, 3. Aufl. 1999, GVG § 185 Rn. 2.

[25] RG, Urteil vom 18.06.1942, Az.: 3 D 260/42 = RGSt 76, 177, 178; *Kulhanek*, Die Sprach- und Ortsfremdheit von Beschuldigten im Strafverfahren, 2019, S. 48; *Lankisch*, Der Dolmetscher in der Hauptverhandlung, 2004, S. 62 f.

[26] *Rogall* in: SK-StPO, 5. Aufl. 2018, Vor § 72 Rn. 9.

[27] *Kulhanek*, NStZ 2020, 563, 564.

[28] *Staffler*, ZStrR 2020, 21, 22 f.

[29] *Christl*, NStZ 2014, 376, 376, m. w. N.

[30] BVerfG, Beschluss vom 17.05.1983, Az.: 2 BvR 731/80 = NJW 1983, 2762, 2765; *Oğlakcıoğlu* in: MünchKomm-StPO, 2. Aufl. 2025, GVG § 185 Rn. 12; *Christl*, NStZ 2014, 376, 376.

was besonders im Hinblick auf die identitätsprägenden Funktion der eigenen Sprache kritisch ist.[31]

Es können auch mittelbar zugunsten deutschsprachiger Beteiligter Translationen erfolgen. Dies ist ausnahmsweise dann der Fall, wenn fremdsprachige Ermittlungsergebnisse vorliegen.

Im Rahmen der Verfahrenstranslation geht es – anders als bei Sachverständigengutachten – nicht darum, dass die Translatoren aus eigenem Wissensstoff weitere Grundlagen für die Urteilsfindung schaffen.[32]

III. Welchen Zweck verfolgen Beweistranslationen?

Im Rahmen der Beweistranslation werden Translatoren als „klassische" Sachverständige tätig.[33] Beim Translat handelt es sich um Sachverständigengutachten, welches dem Gericht und den Ermittlungspersonen fremdsprachige Inhalte zugänglich machen soll, da diesen ansonsten die für das Verständnis notwendige Sachkunde (Fremdsprachenkompetenz) fehlt.[34] Anders als zum Zwecke der Verfahrenskommunikation liegt der Schwerpunkt hier bei der Informationsgewinnung.[35] Die Befundgrundlage für diese Gutachten sind fremdsprachige mündliche oder schriftliche Äußerungen, welche außerhalb der Verhandlungssphäre (bzw. Vernehmungssphäre im Ermittlungsverfahren) herrühren, etwa aus Ermittlungsmaßnahmen oder beschlagnahmten Urkunden.[36]

Die Translatoren geben durch ihre Gutachten eine eigene Prozesserklärung ab und vermitteln nicht die direkten Erklärungen zwischen den unmittelbaren Beteiligten. Daher fungieren die Berufsträger in der Hauptverhandlung auch als persönliche Beweismittel.[37] Allerdings können die Translate auch, wie die ursprüngliche Urkunde oder fremdsprachige Quelle, als Urkunde direkt verlesen werden.[38]

Beweistranslationen sind von den Gutachten der Kultursachverständigen[39] abzugrenzen. Die Gutachten, welche Kultursachverständige erstellen, haben nicht nur den Zweck einen fremdsprachigen Inhalt zugänglich zu machen, sondern einen darüberhinausgehenden Auftrag.

---

[31] Vgl. *Baer/Markard* in: Huber/Voßkuhle, GG, 8. Aufl. 2024, Art. 3 Rn. 485.
[32] *Stanek*, Dolmetschen bei der Polizei, 2011, S. 56.
[33] BGH, Urteil vom 29.05.1985, Az.: 2 StR 804/84 = NStZ 1985, 466; OLG Hamm, Beschluss vom 21.02.2019, Az.: 4 Ws 150/18 = WKRS 2019, 15510.
[34] Vgl. *Rogall* in: SK-StPO, 5. Aufl. 2018, Vor § 72 Rn. 78.
[35] Vgl. *Capus/Havlka*, trans-kom 2021, 175, 187.
[36] Vgl. *Allgayer* in: BeckOK-GVG, Stand: 15.08.2025, § 185 Rn. 2.
[37] *Beling*, Deutsches Reichsstrafprozessrecht, 1928, S. 146 f.
[38] BGH, Urteil vom 03.03.1977, Az.: 2 StR 390/76 = BGHSt 27, 135, 137; RG, Urteil vom 05.06.1917, Az.: V 354/17 = RGSt 51, 93, 94 (unbeglaubigte Übersetzung); RG, Urteil vom 02.10.1903, Az.: 4135/02 = RGSt 36, 371, 372; *Diemer* in: KK-StPO, 9. Aufl. 2023, § 249 Rn. 15; *Kreicker* in: MünchKomm-StPO, 2. Aufl. 2024, § 249 Rn. 17.
[39] Oft auch als Sprachsachverständige bezeichnet.

Es sollen erläuternde Ausführungen, etwa zu kulturellen oder religiösen Besonderheiten und Bräuchen, aber auch zu der Bedeutung von bestimmten Ausdrücken oder Redewendungen gemacht werden.[40] Diese Gutachten werden erstellt, um den hinter der „einfachen" Aussage verborgenen Sinngehalt für die weiteren Ermittlungsmaßnahmen oder Beweiswürdigungen zugänglich zu machen. Kultursachverständige sollen die vorliegenden Inhalte, vor dem Hintergrund unterschiedlicher kultureller Besonderheiten, interpretieren und analysieren, um auf dieser Grundlage entsprechende Erläuterungen zu liefern.[41] Ihre Tätigkeit geht damit über die „einfache" Sprachmittlung hinaus.[42]

IV. Rechtliche Einordnung

Aufgrund dieser unterschiedlichen Funktionen zwischen Verfahrenstranslationen und Beweistranslationen bekleiden die jeweiligen Translatoren verschiedene rechtliche Funktionen. Nach der heute herrschenden Meinung haben die Translatoren, welche zur Kommunikationsermöglichung im Verfahren tätig werden, eine Stellung als „*Beteiligte eigener Art*".[43] Hierbei handelt es sich um eine neutrale Position zwischen den Beteiligten. Die Translatoren, welche Beweise und Erkenntnisse zugänglich machen sollen, werden hingegen als Sachverständige eingeordnet. Sachverständige kompensieren dabei die fehlende Sachkenntnis und werden im Hauptverfahren als „*Gehilfe des Richters*" tätig.[44]

1. Einordnung der Berufsträger in der Rechtsprechung

Nicht immer hatten die Translatoren für die Verfahrenstranslation eine solche Sonderstellung. Zunächst wurden auch sie als Sachverständige angesehen. So hieß es etwa in der Gesetzesbegründung zum Gerichtsverfassungsgesetz (1879), dass „*der Dolmetscher* […] *ein Sachverständiger* [ist], *den das Gericht von Amtswegen zuzieht.*"[45]

---

[40] OLG Schleswig, Beschluss vom 23.03.2015, Az.: 1 Ws 79/15 (39/15) = BeckRS 2015, 11001 Rn. 12; *Lankisch*, Der Dolmetscher in der Hauptverhandlung, 2004, S. 74.

[41] OLG Stuttgart, Beschluss vom 28.02.2020, Az.: 4 Ws 45/20 Rn. 17 = BeckRS 2020, 7399 Rn. 12 f.; OLG Stuttgart, Beschluss vom 14.04.2019, Az.: 1 Ws 52, 56, 57/19 = BeckRS 2019, 14366; OLG Düsseldorf, Beschluss vom 12.10.1999, Az.: 1 Ws 352, 356-357/99 = NStZ-RR 2000, 96.

[42] *Bleutge* in: BeckOK-KostenR, Stand: 01.03.2026, JVEG § 11 Rn. 1.

[43] *Eisenberg*, Beweisrecht der StPO, 10. Aufl. 2017, Rn. 1517; *Jessnitzer*, Dolmetscher, 1982, S. 17; *Schmitt* in: Schmitt/Köhler, StPO, 69. Aufl. 2026, GVG § 185 Rn. 7; *Neubeck* in: KMR-StPO, 130 EL, Stand: 01.08.2024, Vor § 72, Rn. 16; *Hadamitzky* in: KK-StPO, 9. Aufl. 2023, Vor § 72 Rn. 9; *Rogall* in: SK-StPO, 5. Aufl. 2018, Vor § 72 Rn. 96; „*Hilfsperson des Gerichts und nicht Sachverständiger*": *Rosenau* in: SSW-StPO, 6. Aufl. 2025, GVG § 185 Rn. 8.

[44] RG, Urteil vom 01.12.1922, Az.: IV 457/22 = RGSt 57, 158, 158; BGH, Urteil vom 24.06.1952, Az.: 1 StR 130/52 = BGHSt 3, 27, 28; BGH, Urteil vom 08.03.1955, Az.: 5 StR 49/55 = BGHSt 7, 238, 239; BGH, Urteil vom 07.06.1956, Az.: 3 StR 136/56 = BGHSt 9, 292, 293 f.; BGH, Beschluss vom 19.08.1993, Az.: 4 StR 627/92 = BGHSt 39, 291, 297; *Hetzer*, Wahrheitsfindung im Strafprozeß, 1982, S. 100.

[45] *Hahn*, Die gesammten Materialien zu den Reichs-Justizgesetzen, Band 1, Abtheilung 1, 1879, S. 177 (Beratungen zum § 152 GVG-E, der heutige § 186 GVG).

Auch der erste und dritte Strafsenat des Reichsgerichts (RG) haben sich 1883 und 1894 dieser Einordnung zunächst angeschlossen, vgl.:

> „*Der Dolmetscher aber hat innerhalb des strafprozessualen Gebietes ausweislich der Motive zu § 187 G.V.G.'s und der speziellen Vorschrift des § 193 a.a.O. im allgemeinen die Natur eines Sachverständigen* […]*“*[46]

Der zweite Strafsenat des RG nahm 1886 hingegen bereits eine differenziertere Einordnung vor. Demnach unterscheide sich der Dolmetscher von den Sachverständigen bereits im juristisch-technischen Sinn:

> „*Möge auch der Dolmetscher als Sachverständiger im weiteren Sinn* […] *gelten können, die §§ 187-193 unterscheiden sie von den Sachverständigen im juristisch-technischen Sinn“.*[47]

Zudem bestehe eine wesentlich andere Rolle als die eines Sachverständigen:

> „[…] *eine wesentlich andere* [Stellung zum Gericht] *als die der Zeugen und solcher Sachverständiger, welche, wie die Zeugen, zum Zwecke der Beweisaufnahme vernommen werden, um für die Schuldfrage erhebliche Tatumstände festzustellen. Das Gesetz stellt sie keineswegs anderen Sachverständigen gleich.“*[48]

Durch den Bundesgerichtshof (BGH) wurde 1950 erstmals klargestellt, dass ein Dolmetscher, welcher zur Verfahrenskommunikation bestellt wurde, auch nur diese übernehmen soll. Nimmt dieser Translationen von Beweisen vor, würde er seine Rolle wechseln und eine Sachverständigentätigkeit vornehmen:

> „*Um die Erfüllung dieser Aufgabe* [Ermöglichung des Prozessverkehrs] *geht es nicht, wenn es sich darum handelt, den Sinn einer außerhalb des Prozeßverkehrs abgegebenen fremdsprachigen Äußerung zu ermitteln. Geht dem Gericht die eigene Sachkunde ab, um den Sinn einer solchen fremdsprachigen Äußerung zu verstehen, und zieht es deshalb einen Sprachkundigen zu seiner Unterstützung hinzu, so wird dieser wie jeder*

[46] RG, Urteil vom 02.07.1883, Az.: 1198/83 = RGSt 9, 51, 53; so auch RG, Urteil vom 19.04.1894, Az.: 4168/93 = RGSt 25, 354, 354.
[47] RG, Entscheidung vom 26.01.1886, zit. nach *Kallee*, Der Uebersetzer im Strafprozess, 1911, S. 9.
[48] RG, Entscheidung vom 19.03.1886, zit. nach *Kallee*, Der Uebersetzer im Strafprozess, 1911, S. 9.

andere, der dem Gericht die fehlende Sachkunde auf irgendeinem Gebiete vermittelt, als Sachverständiger tätig".49

2. Einordnung der Berufsträger in der Literatur

In der Literatur war bereits früh anerkannt, dass die Translationen, welche zur Kommunikationsermöglichung im Verfahren erfolgen, anders behandelt werden müssen als solche zum Verständnis von Beweisen.

So hat *Kleinfeller* bereits 1885 unter anderem als Unterschied vorgetragen, dass ein Sachverständiger Schlüsse aus Tatsachen vorträgt, womit auch eine subjektive Komponente vorhanden ist, wohingegen der Dolmetscher im Sinne des Gerichtsverfassungsgesetzes lediglich objektiv übertragen soll.[50]

Auch *Beling* betonte 1928 die unterschiedlichen Funktionen. So sei der Dolmetscher im Sinne des Gerichtsverfassungsgesetzes dem Prozessgericht nicht so zugeordnet wie ein Sachverständiger, sondern stehe „*im Dienste des Prozesses schlecht hin*". Ferner betont er, dass bei Beweistranslationen eigene Prozesserklärungen abgegeben, bei der Verfahrenstranslation jedoch nur die Erklärungen anderer beteiligter Personen vermittelt werden.[51]

Dem schließt sich auch *Kallee* in seinen Ausführungen an, mit Verweis auf die unterschiedlichen gesetzlichen Regelungen. Die gesonderte Regelung in den §§ 185 ff. GVG wäre ansonsten nicht notwendig, wenn es sich hierbei um einen „regulären" Sachverständigen handeln würde. Auch wird in § 272 Nr. 2 StPO der Dolmetscher zusammen mit dem Richter, Gerichtsschreiber und weiteren Personen genannt; der Sachverständige findet hingegen keine Erwähnung in einem solch engen Kontext zu den Gerichtspersonen.[52] Ferner verweist *Kallee* auf die unterschiedlichen Eidesformeln (heute geregelt) in § 189 Abs. 1 Satz 1 GVG und § 79 Abs. 2 Hs. 2 StPO.[53] Während bei einer Translation nach dem Gerichtsverfassungsgesetz verpflichtend ein Voreid geleistet werden muss (§ 189 Abs. 1 GVG, soweit keine allgemeine Vereidigung nach § 189 Abs. 2 GVG vorliegt), ist dies bei einem Translator nach den §§ 72 ff. StPO ins Ermessen des Gerichts gestellt. Auch wird kein Vor- sondern ein Nacheid abgenommen, § 79 Abs. 2 StPO. Zudem unterscheidet sich die Eidesformel. Nach § 189 Abs. 1

---

[49] BGH, Urteil vom 28.11.1950, Az.: 2 StR 50/50 = BGHSt, 1, 4, 6 f.; vgl. auch BGH, Beschluss vom 25.02.1993, Az.: 3 StR 346/82 (S) = GA 1983, 361; BGH, Urteil vom 07.07.1997, Az.: 5 StR 17/97 = NStZ 1998, 159, 159; vgl. ferner BGH, Urteil vom 22.12.1964, Az.: 1 StR 509/64 = NJW 1965, 643; BGH, Urteil vom 25.08.1977, Az.: 4 StR 229/77 = juris, Rn. 13; und (bei Hörgeschädigten): BGH, Urteil vom 24.04.1997, Az.: 4 StR 23/97 = BGHSt 43, 62, 65.

[50] *Kleinfeller,* Die Functionen des Vorsitzenden und sein Verhältnis zum Gericht, 1885, S. 98 f.

[51] *Beling*, Deutsches Reichsstrafprozessrecht, 1928, S. 146.

[52] *Kallee*, Der Uebersetzer im Strafprozess, 1911, S. 18.

[53] *Kallee*, Der Uebersetzer im Strafprozess, 1911, S. 19.

GVG muss geschworen werden, dass „*treu und gewissenhaft*" übertragen wird, im Rahmen des § 79 Abs. 2 StPO hingegen „*unparteiisch*" und „*nach bestem Wissen und Gewissen*".
Heute sind in der Literatur die verschiedenen Prozessstellungen und Einordnungen anerkannt,[54] welche auch aufgrund der potenziellen bestehenden Interessenkonflikte notwendig sind. Insoweit nehmen die Translatoren, welche die Verfahrenstranslationen vornehmen, in dem Spannungsgefüge der prozessualen Waffengleichheit mit ihrer neutralen Position eine wichtige Sonderrolle ein.

3. Schwierigkeiten bei der Einordnung in der Praxis

Die Differenzierung hat zur Folge, dass bei Verfahrens- und Beweistranslationen unterschiedliche Regelungen anzuwenden sind. Im Wesentlichen finden die Verfahrenstranslationen ihre gesetzlichen Grundlagen in den §§ 185 ff. GVG und die Beweistranslationen in den Regelungen für Sachverständige unter den §§ 72 ff. StPO.[55]
Die Einordnung der Translationen bei den Einlassungen Beschuldigter scheint vergleichsweise unkompliziert zu sein. Diese Stellungnahmen sind oftmals entscheidend für den Verlauf der Ermittlungen und der Hauptverhandlung. Hierbei sind neben den Angaben zur Sache auch die Angaben zur eigenen Person relevant, welche im Rahmen des § 46 StGB in die Strafzumessungserwägungen einfließen. Beschuldigte sind nicht Beweismittel im engeren Sinn und zudem Adressaten einer Reihe von Rechten, welche ein faires Verfahren gewährleisten. Hier steht klar die Verfahrenskommunikation im Vordergrund.
Es besteht jedoch eine Reihe an Situationen, in denen keine eindeutige Zuordnung möglich ist oder eine ungenaue Einordnung vorgenommen wird, wie folgendes Beispiel zeigt:
Das Oberlandesgericht Schleswig stufte die Übertragung von Tonbandmitschnitten während der Hauptverhandlung als Dolmetschleistung i. S. d. § 185 GVG ein: „*Auch die mündliche Übertragung von Tonbandmitschnitten, die in einer Hauptverhandlung vorgespielt werden, ist eine Dolmetscherleistung.*"[56] Der Senat bezog sich hierbei als Beleg jedoch auf eine Entscheidung des Kammergerichts, welches in der zitierten Entscheidung folgendes ausführt: „*Die Übersetzung* […] *durch Abspielen in Augenschein genommenen TKÜ-Mitschnitte war*

[54] *Eisenberg*, Beweisrecht der StPO, 10. Aufl. 2017, Rn. 1517; *Jessnitzer*, Dolmetscher, 1982, S. 17; *Schmitt* in: Schmitt/Köhler, StPO, 69. Aufl. 2026, GVG § 185 Rn. 7; *Neubeck* in: KMR-StPO, 130. EL, Stand: 01.08.2024, Vor § 72, Rn. 16; *Hadamitzky* in: KK-StPO, 9. Aufl. 2023, Vor § 72 Rn. 9; *Rogall* in: SK-StPO, 5. Aufl. 2018, Vor § 72 Rn. 96; „*Hilfsperson des Gerichts und nicht Sachverständiger*": *Rosenau* in: SSW-StPO, 6. Aufl. 2025, GVG § 185 Rn. 8; a. A. *Schellhammer*, Zivilprozess, 16. Aufl. 2020, Rn. 646: Einordnung von Dolmetscher und Übersetzer i. S. d. §§ 185 ff. GVG als Sachverständige.
[55] Vgl. auch BGH, Urteil vom 28.11.1950, Az.: 2 StR 50/50 = BGHSt, 1, 4, 6 f.: *Rogall* in: SK-StPO, 5. Aufl. 2018, Vor § 72 Rn. 96.
[56] OLG Schleswig, Beschluss vom 23.03.2015, Az.: 1 Ws 79/15 (39/15) = BeckRS 2015, 11001 Rn. 9.

danach Sachverständigentätigkeit.“[57] Zudem wurde dann durch das Oberlandesgericht eine Abgrenzung zwischen Dolmetschern und Übersetzern (sowie Sprachsachverständigen) unter Rückgriff auf die jeweiligen Wikipedia-Artikel vorgenommen,[58] um am Ende widersprüchlich zu den vorherigen Erkenntnissen festzustellen, dass „*eine Übersetzungsleistung erbracht*“ wurde.[59]

a. Einordnung bei Zweifelsfällen am Beispiel der Zeugenaussagen

Probleme ergeben sich, wenn die Kommunikation primär durch Beweiszwecke geprägt ist, wie bei der Kommunikation mit sprachunkundigen Zeugen oder Sachverständigen. Zeugen benötigen Übersetzungsleistungen, um den Ablauf des Verfahrens sowie die Belehrungen, insbesondere bezüglich des Zeugnisverweigerungsrechts, zu verstehen. Darüber hinaus ist es wichtig, dass ihre eigenen Beobachtungen korrekt als Zeugenaussagen in das Ermittlungsverfahren oder die Beweisaufnahme des Gerichts aufgenommen werden. Grundsätzlich steht bei Zeugen die Informationsgewinnung auf Beweisebene im Vordergrund, anders als bei Beschuldigten, bei denen die effektive Wahrnehmung der Beschuldigtenrechte die Translation prägt.

Im Ergebnis sollten bei Fällen, in denen eine zweiseitige Kommunikation sowie verfahrensbezogene Informationen, wie Belehrungen, gemittelt werden, die Regelungen des Gerichtsverfassungsgesetzes als speziellere Regelungen angewendet werden. Diese Kommunikation sollte als Verfahrenskommunikation eingestuft werden. Hierfür sprechen vor allem die Verweise in § 161a Abs. 5 StPO (Zeugen und Sachverständige) und in § 163a Abs. 4 StPO (Beschuldigte), wonach die Regelungen des Gerichtsverfassungsgesetzes entsprechend gelten. Unabhängig davon, ob es sich um eine beschuldigte Person oder um einen Zeugen handelt, muss die Übertragung neutral erfolgen und es steht die Sprachmittlung einer unmittelbaren Aussage im Vordergrund.

Wenn spezielle Fragen bezüglich kultureller oder religiöser Besonderheiten einer Aussage aufgeklärt werden sollen, muss in einem solchen Fall ein Kultursachverständiger beauftragt werden. Dessen Auftrag liegt aber nicht in der unmittelbaren Sprachmittlung, sondern in der Erforschung weitergehender, über die einfache Aussage hinausgehender Informationen.

---

[57] KG, Beschluss vom 15.02.2011, Az.: 1 Ws 2/11 = BeckRS 2011, 15257.

[58] OLG Schleswig, Beschluss vom 23.03.2015, Az.: 1 Ws 79/15 (39/15) = BeckRS 2015, 11001 Rn. 11 f.

[59] OLG Schleswig, Beschluss vom 23.03.2015, Az.: 1 Ws 79/15 (39/15) = BeckRS 2015, 11001 Rn. 13.

b. Doppeltätigkeit als Verfahrens- sowie Beweistranslator

Ein weiteres Problem wirft der Fall auf, wenn Dolmetschende sowohl für die Verfahrenstranslation als auch für die Beweistranslation gleichzeitig tätig wurden. So kommt es in der Praxis vor, dass Dolmetschende, welche für die Verfahrenstranslation bestellt wurden, zusätzlich auch Urkunden oder ähnliche Beweismittel aus der Zielsprache ins Deutsche übertragen sollen. In dem Fall gilt, dass diese zusätzlich zu der Dometschtätigkeit i. S. d. GVG auch als Sachverständige bestellt und belehrt werden müssten.[60] Dies hat die Konsequenz, dass ein Verfahrenstranslator eine deutsche Urkunde in die jeweilige Fremdsprache übertragen darf, soll er hingegen eine fremdsprachige Urkunde in die Gerichtssprache übertragen, muss er als Beweistranslator bestellt werden. Dies gilt insbesondere, wenn zusätzlich Erörterungen bestimmter Ausdrücke vorgenommen werden, etwa zu kulturellen Aspekten oder sprachlichen Einordnungen.

Graf ist entgegen der aufgezeigten Ansicht dafür, zumindest für mündliche Übertragungen von Tonbandaufzeichnungen vor Gericht, keine Differenzierung vorzunehmen. Hierbei stützt er sich darauf, dass es faktisch keinen Unterschied mache, ob ein Dolmetscher eine Erklärung einer Person vor Ort oder eine Aufzeichnung überträgt, und führt aus, dass das Gericht so keinen zweiten Dolmetschenden als Sachverständigen beauftragen müsse.[61] Dies mag zutreffend sein, wenn zwischen den Beteiligten weitere Diskussionen über den Gehalt des Dokumentes oder Aufzeichnung erfolgen, welche verdolmetscht werden. Dann erfolgt eine Verfahrenstranslation. Dies gilt jedoch nicht, wenn erstmalig eine Übersetzung oder Übertragung vorgenommen wird, um ein Beweisstück in die Gerichtssprache zu transferieren. Hierbei sind die unterschiedlichen Prozessrollen zu beachten. Bei einer Doppelrolle besteht das Risiko, dass die Berufsträger ihre neutrale Position verlassen, wenn sie zusätzlich in der Funktion als unmittelbares Beweismittel in Form von Sachverständigen auftreten.

In der Praxis sind solche Fälle aus verfahrensökonomischen Gründen oftmals dennoch nicht vermeidbar. Wenn Dolmetschende, welche für die Verfahrenskommunikation bestellt wurden, zusätzlich als Sachverständige tätig werden, hierbei aber nicht gesondert belehrt (§§ 72, 57 StPO) oder beeidigt (§ 79 Abs. 1 StPO) werden, stellt dies einen Verfahrensfehler dar.[62] Hierbei

---

[60] BGH, Urteil vom 22.12.1964, Az.: 1 StR 509/64 = NJW 1965, 643; BGH, Urteil vom 07.07.1997, Az.: 5 StR 17/97 = NStZ 1998, 159, 159; *Oğlakcıoğlu* in: MünchKomm-StPO, 2. Aufl. 2025, GVG § 185 Rn. 25.

[61] *Graf* in: BeckOK-StPO, Stand: 02.04.2026, § 100a Rn. 192.

[62] BGH, Urteil vom 22.12.1964, Az.: 1 StR 509/64 = NJW 1965, 643; BGH, Urteil vom 07.07.1997, Az.: 5 StR 17/97 = NStZ 1998, 159, 159.

handelt es sich jedoch lediglich um Ordnungsvorschriften, die nicht den Rechtskreis der Beschuldigten unmittelbar berühren und deren Verletzung daher keine Folgen auslösen.[63]

---

[63] BGH, Urteil vom 22.12.1964, Az.: 1 StR 509/64 = NJW 1965, 643; BGH, Urteil vom 07.07.1997, Az.: 5 StR 17/97 = NStZ 1998, 159, 159.

C. Status quo der Translationen bei der Verfahrenskommunikation und Kritik

I. Bestandsaufnahme

1. Welche Rechts- und Anspruchsgrundlagen bestehen für Translationsleistungen?

Die Verfahrenskommunikation erfolgt grundsätzlich in der Gerichtssprache. Beherrscht eine am Strafverfahren beteiligte Person diese nicht, müssen die auftretenden Sprachhindernisse durch Übersetzungs- und Dolmetschleistungen überwunden werden.[1] Je nach Art der Beteiligung am Verfahren sowie des jeweiligen Verfahrensstandes ergibt sich eine unterschiedliche Intensität der gebotenen Unterstützungsleistung.

a. Die wesentlichen Rechtsgrundlagen im Überblick

Die wesentlichen Rechtsgrundlagen für Translationsleistungen im Rahmen der Verfahrenskommunikation sind im Gerichtsverfassungsgesetz verankert. Kernnormen sind dabei § 185 Abs. 1 GVG sowie § 187 GVG. § 185 Abs. 1 GVG bestimmt, dass bei Verhandlungen mit Personen, die der deutschen Sprache nicht mächtig sind, ein Dolmetscher hinzuzuziehen ist. § 187 GVG trifft ergänzende Regelungen für Translationsleistungen zur Wahrnehmung strafprozessualer Rechte. Darüber hinaus trifft das Gerichtsverfassungsgesetz Aussagen zur Eidesleistung bzw. Beeidigung (§ 189 GVG) und dazu, dass auch Dolmetschleistungen durch die Urkundsbeamten der Geschäftsstelle erbracht werden können (§ 190 GVG) oder wie die Ausschließung oder Ablehnung erfolgt (§ 191 GVG).

In der Strafprozessordnung finden sich nur partielle Regelungen. So bestimmt etwa § 114a Satz 1 StPO, dass bei einem Haftbefehl eine Übersetzung auszuhändigen ist, oder § 259 StPO, dass aus den Schlussvorträgen zumindest die Anträge mittels Dolmetschleistung bekanntgegeben werden müssen. Ansonsten erfolgen stellenweise die Anordnung einer entsprechenden Anwendbarkeit des § 185 GVG (etwa in § 161 Abs. 5 StPO für Zeugenvernehmungen durch die Staatsanwaltschaft oder § 163 Abs. 7 StPO bei polizeilichen Ermittlungen) bzw. des § 187 GVG (etwa in § 114b Abs. 3 Satz 2 StPO für die Belehrung bei einer Verhaftung oder in § 163a Abs. 5 StPO bei einer Vernehmung).

In anderen Gesetzen wie dem Gesetz über die allgemeine Beeidigung von gerichtlichen Dolmetschern (GDolmG) oder dem Gesetz über die Vergütung von Sachverständigen, Dolmetscherinnen, Dolmetschern, Übersetzerinnen und Übersetzern sowie die Entschädigung von ehrenamtlichen Richterinnen, ehrenamtlichen Richtern, Zeuginnen, Zeugen und Dritten

---

[1] *Oğlakcıoğlu* in: Gerechtigkeit aus der Ferne?, 2023, S. 171, 171.

(JVEG) sowie in landesrechtlichen Regelungen finden sich Ausführungen zur Beeidigung und Vergütung der Sprachmittler.
Bei der Auslegung sind insbesondere die unionsrechtlichen Vorgaben aus der Richtlinie 2010/64/EU über das Recht auf Dolmetschleistungen und Übersetzungen in Strafverfahren zu berücksichtigen. Diese Richtlinie dient der Stärkung von Verfahrensrechten im Strafverfahren im Rahmen des sog. Stockholmer Programms[2] und zielt auf die Vereinheitlichung des Rechts auf Dolmetsch- und Übersetzungsleistungen ab.[3] Sie sieht ein Recht auf Dolmetschleistungen (Art. 2) sowie ein Recht auf Übersetzungen der wesentlichen Unterlagen (Art. 3) im Strafverfahren vor. Diese Leistungen sollen kostenfrei (Art. 4) und mit einer ausreichenden Qualität (Art. 5) gewährleistet werden. Weiterhin sieht die Richtlinie Weiterbildungsmaßnahmen für am Strafverfahren beteiligte Richter, Staatsanwälte sowie Justizbedienstete vor (Art. 6).
Die Umsetzung der Richtlinie in nationales Recht erfolgte 2013 durch das Gesetz zur Stärkung der Verfahrensrechte von Beschuldigten im Strafverfahren, durch welches bestehende Informations- und Teilhaberechte gestärkt werden sollten.[4] Die größte Veränderung erfolgte dabei durch die Einfügung des § 187 GVG (Art. 1 Nr. 1 des Umsetzungsgesetzes). Der geänderte § 187 GVG konkretisiert dabei gerade den Anspruch auf Übersetzungsleistungen im Strafverfahren und setzt damit zum Teil[5] die Vorgaben aus Art. 2 und Art. 3 der Richtlinie um. Weiterhin wurde eine Verschwiegenheitsverpflichtung in § 189 Abs. 4 GVG ergänzt (Art. 1 Nr. 2 des Umsetzungsgesetzes). Zudem wurden durch Art. 2 des Umsetzungsgesetzes in der Strafprozessordnung zahlreiche Verweise auf den neu geschaffenen § 187 GVG eingefügt, so etwa in § 163 Abs. 5 StPO. Für die Vorgabe aus Art. 5 Abs. 2 der Richtlinie zur Sicherstellung der Qualität wurde eine zentrale Datenbank[6] geschaffen, welche nach ihrer Eigenbeschreibung *„die in den einzelnen Ländern der Bundesrepublik Deutschland allgemein beeidigten, öffentlich bestellten bzw. allgemein ermächtigten Dolmetscherinnen und Dolmetscher sowie Übersetzerinnen und Übersetzer“*[7] aufführt.[8] Unklar bleibt, wie mit mangelhaften Leistungen

---

[2] Erwägungsgrund Nr. 10 f. der Richtlinie 2010/64/EU. Im Rahmen des Stockholmer Programms wurden verschiedene Richtlinien für eine gemeinsame Innen- und Sicherheitspolitik geschaffen.
[3] Erwägungsgrund Nr. 14 der Richtlinie 2010/64/EU.
[4] BGBl. 2013 I Nr. 34, S. 1937 ff.; BT-Drucks. 17/12578, S. 7 ff.
[5] Insbesondere in dem Regel-Ausnahme-System in § 187 Abs. 2 GVG wird eine nur unzureichende Umsetzung der Richtlinie gesehen, vgl. *Kotzurek*, eucrim 2020, 314, 317.
[6] Abrufbar unter: https://www.justiz-dolmetscher.de/.
[7] So die Eigenbeschreibung unter https://www.justiz-dolmetscher.de/Recherche/, Stand: 18.10.2024 (zuletzt abgerufen am 30.05.2026).
[8] BT-Drucks. 17/12578, S. 7.

umzugehen ist.[9] Ebenso wurde keine Regelung zu den in Art. 6 der Richtlinie 2010/64/EU vorgesehenen Weiterbildungsmaßnahmen getroffen.
Neben der Richtlinie 2010/64/EU ergeben sich weitere Vorgaben in der Richtlinie 2012/13/EU über das Recht auf Belehrung und Unterrichtung in Strafverfahren (etwa in Art. 3 Abs. 1 lit. d) sowie der Richtlinie 2012/29/EU über Mindeststandards für die Rechte, die Unterstützung und den Schutz von Opfern von Straftaten (etwa in Art. 7).
Im Grundgesetz finden sich nur allgemeine Vorgaben und Grundsätze, wie die Gewährleistung des Rechts auf richterliches Gehör (Art. 103 Abs. 1 GG), die Belehrungspflicht in Art. 104 Abs. 3 GG oder der fair-trial-Grundsatz (Art. 2 Abs. 1 i. V. m. Art. 1 Abs. 1 GG).
In der Europäischen Menschenrechtskonvention ist in Art. 6 Abs. 3 lit. e EMRK das Recht auf Dolmetschleistungen vorgesehen. Zusätzlich müssen Belehrungen und Unterrichtungen in einer verständlichen Sprache erfolgen (Art. 5 Abs. 2, Art. 6 Abs. 3 lit. a EMRK). Die EU-Grundrechtecharta nimmt, neben den allgemeinen Verfahrensrechten (Art. 47 ff. GrCh), auf die Garantien der EMRK Bezug (Art. 52 Abs. 3 GrCh). Der Internationale Pakt über bürgerliche und politische Rechte (IPbpR) sieht parallel zur EMRK ebenfalls ein Recht auf Dolmetschleistungen (Art. 14 Abs. 3 lit. f) sowie zur Unterrichtung über Anschuldigungen in einer verständlichen Sprache (Art. 14 Abs. 3 lit. a) vor.

b. Was sind die wesentlichen Anspruchsgrundlagen für Übersetzungsleistungen?

aa. Übersetzungen für sprachunkundige Personen

(1) In Richtung der sprachunkundigen Personen

Schriftstücke, welche vom Gericht herrühren, sind grundsätzlich auf Deutsch zu verfassen. Aus rechtsstaatlichen Erwägungen und um ein faires Verfahren zu gewährleisten, ist es jedoch geboten, dass Schriftstücke über wesentliche Verfahrensvorgänge samt Übersetzung zugestellt werden oder diese zumindest (in der Verhandlung) mündlich übertragen werden.[10] Gemäß § 187 Abs. 1 und 2 GVG sind bestimmte Schriftstücke, wie Ladungen, freiheitsentziehende Anordnungen sowie Anklageschriften, Strafbefehle oder nicht rechtskräftige Urteile mit einer Übersetzung auszufertigen.
Auch aus Art. 5 und Art. 6 EMRK kann sich ein schriftlicher Übersetzungsanspruch herleiten lassen. Ferner existieren in der Strafprozessordnung Verweisungen auf die oben genannten Regelungen im Gerichtsverfassungsgesetz (etwa § 163a Abs. 5 StPO) sowie weitere spezielle

---

[9] Vgl. *Kotzurek*, eucrim 2020, 314, 318.
[10] *Allgayer* in: BeckOK-GVG, Stand: 15.08.2025, § 184 Rn. 3; *Diemer* in: KK-StPO, 9. Aufl. 2023, GVG § 184 Rn. 3; *Frister* in: SK-StPO, 6. Aufl. 2023, GVG § 184 Rn. 5.

Vorgaben, etwa dass ein Haftbefehl samt Übersetzung übergeben werden soll (§ 114a Satz 1 StPO).

(2) Aus Richtung der sprachunkundigen Personen

Anders als bei Beweismitteln, wo Übersetzungen aufgrund der richterlichen Aufklärungsmaxime (§ 240 Abs. 2 StPO) angefertigt werden müssen, sofern diese verwertet werden sollen, ist die Lage bei schriftlichen Äußerungen der beschuldigten Sprachunkundigen, welche an das Gericht oder Ermittlungsbehörden gerichtet sind, unklar.[11]

Die Schwierigkeiten ergeben sich daraus, dass die Regelungen des Gerichtsverfassungsgesetzes nur die Empfängerperspektive der sprachunkundigen Personen einnehmen. Die Senderperspektive bleibt offen.[12]

Für Übersetzungen schriftlicher Verfahrensäußerungen soll nach dem BGH ein Anspruch aus Art. 6 Abs. 3 lit. e EMRK bestehen.[13] Ob dies auch für verfahrenserhebliche Äußerungen gilt – welche außerhalb einer Verhandlung abgegeben werden – wie etwa Rechtsmittel, bleibt umstritten. Zum einen wird dafür plädiert, dass aufgrund der Vorgabe in § 184 GVG nur Eingaben in deutscher Sprache beachtlich sind, also keine fremdsprachigen Eingaben.[14] Bei fehlendem Verschulden für etwaige Fristversäumnisse soll in solchen Fällen die Möglichkeit der Wiedereinsetzung in den vorigen Stand für Ausgleich sorgen.[15]

Auf der anderen Seite wird vertreten, dass Übersetzungen veranlasst werden müssen, da nach § 187 Abs. 1 Satz 1 GVG die Wahrnehmung der strafprozessualen Rechte zu ermöglichen ist. Dies soll durch eine kostenfreie Übersetzung geschehen.[16] Eine solche sei auch erforderlich, um das rechtliche Gehör (Art. 103 Abs. 1 GG) zu wahren und eine Benachteiligung aufgrund der Sprache (Art. 3 Abs. 3 Satz 1, Alt. 4 GG) zu verhindern.[17] Der EuGH sieht hierzu, aufgrund des Art. 3 Abs. 3 der Richtlinie 2010/64/EU, eine Ausnahme. Demnach sollen wesentliche

[11] Vgl. *Oğlakcıoğlu* in: MünchKomm-StPO, 2. Aufl. 2025, GVG § 187 Rn. 61.
[12] *Oğlakcıoğlu* in: MünchKomm-StPO, 2. Aufl. 2025, GVG § 187 Rn. 55 f.; *Schmidt,* Verteidigung von Ausländern,4. Aufl. 2016, Rn. 323.
[13] BGH, Beschluss vom 26.10.2000, Az.: 3 StR 6/00 = BGHSt 46, 178, 184.
[14] BGH, Beschluss vom 14.07.1981, Az.: 1 StR 815/80 = BGHSt 30, 182, 183; OLG Düsseldorf, Beschluss vom 20.08.1999, Az.: 1 Ws 371–99 = NStZ-RR 1999, 364; *Schmidt/Schiemann* in: HeidelbergerKomm-StPO, 7. Aufl. 2023, GVG § 184 Rn. 2, m. w. N.; a. A.: OLG Frankfurt/Main, Beschluss vom 13.03.1979, Az.: 20 W 102/79 = NJW 1980, 1173.
[15] BVerfG, Beschluss vom 10.06.1975, Az.: 2 BvR 1074/74 = BVerfGE 40, 95; *Schmidt/Schiemann* in: HeidelbergerKomm-StPO, 7. Aufl. 2023, GVG § 184 Rn. 2.
[16] *Frister* in: SK-StPO, 6. Aufl. 2023, GVG § 187 Rn. 5; *Staudinger*, StV 2002, 327, 328; *Schmidt,* Verteidigung von Ausländern, 4. Aufl. 2016, Rn. 323; *E. Schneider,* MDR 1979, 534, 535; *Simon* in: LR-StPO, 27. Aufl. 2022, GVG § 184 Rn. 9 ff.
[17] Im Detail hierzu: *Frister* in: SK-StPO, 6. Aufl. 2023, GVG § 184 Rn. 3; § 187 Rn. 5.

Dokumente auch rechtlich erheblich sein, selbst wenn sie nicht in der Gerichtssprache eingereicht werden.[18]

Der BGH schließt sich dem jedoch nur für den Fall unverteidigter Personen an, da die Verteidigungsrechte bei einem vorhandenen Rechtsbeistand bereits ausreichend gewahrt seien.[19] Dies ist überzeugend. Eine grundsätzliche Beachtlichkeit fremdsprachiger Eingaben würde eine tiefgreifende Änderung des Gesetzes erfordern. Auch die Regelungen in § 23 Abs. 2 VwVfG, § 19 Abs. 2 Satz 3 SGB X oder § 87 Abs. 2 AO, wonach grundsätzlich Übersetzungen verlangt werden können und in Ausnahmefällen die Behörden eigenständig solche beauftragen können, zeigen, dass diese Annahme nicht als allgemeiner Rechtsgedanke auf das Strafverfahren anzuwenden ist.[20] Dies ist aus Gründen der Rechtsklarheit und Rechtssicherheit notwendig. So ist sichergestellt, dass schriftliche Eingaben dem Gericht sowie den weiteren am Verfahren Beteiligten im Zeitpunkt des Zugangs aus sich selbst heraus verständlich sind und nicht erst eine *„zeitraubenden Erforschung [des] Inhalts durch Einschaltung verfahrensfremder Personen"* erforderlich ist.[21] Andernfalls würde etwa der Ablauf einer Rechtsmittelfrist schwer bestimmbar. Dies würde gerade für den Angeklagten eine große Belastung bedeuten, etwa bei fremdsprachigen Privat- oder Nebenklägern, welche möglicherweise ebenfalls Rechtsmittel einlegen können.[22] Ferner darf die Wirksamkeit einer Prozesshandlung nicht vom Zufall abhängen, etwa, dass die Erklärung nur wirksam ist, da der Richter die Sprache zufällig beherrscht oder nicht.[23] Als Ausgleich von möglichen Nachteilen soll es bei der Möglichkeit der Wiedereinsetzung in den vorigen Stand bleiben.[24]

bb. Übersetzungen für Deutschsprachige

Deutschsprachige (beschuldigte) Personen haben grundsätzlich keinen unmittelbaren Translationsanspruch. Die Normen des Gerichtsverfassungsgesetzes und der EMRK stellen im Wortlaut ausdrücklich auf Personen ab, welche *„der deutschen Sprache nicht mächtig sind"*, vgl. §§ 185 Abs. 1 Satz 1, 187 Abs. 1 Satz 1 GVG, bzw. *„die Verhandlungssprache des Gerichts nicht versteh*[en] *oder* [sprechen]", Art. 6 Abs. 3 lit. e EMRK. Dasselbe gilt für die

[18] EuGH, Urteil vom 15.10.2015, Az.: C 216/14 = NJW 2016, 303 Rn. 49 ff.
[19] BGH, Beschluss vom 09.02.2017, Az.: StB 2/17 = NStZ 2017, 601, 602.
[20] Vgl. BGH, Beschluss vom 14.07.1981, Az.: 1 StR 815/80 = BGHSt 30, 182, 184.
[21] BGH, Beschluss vom 14.07.1981, Az.: 1 StR 815/80 = BGHSt 30, 182, 183.
[22] BGH, Beschluss vom 13.09.2005, Az.: 3 StR 310/05 = juris, Rn. 2; BGH, Beschluss vom 14.07.1981, Az.: 1 StR 815/80 = BGHSt 30, 182, 183.
[23] BGH, Beschluss vom 14.07.1981, Az.: 1 StR 815/80 = BGHSt 30, 182, 183; OLG Düsseldorf, Beschluss vom 20.08.1999, Az.: 1 Ws 371/99 = NStZ-RR 1999, 364; *Eschelbach*, HRRS 2007, 466, 467.
[24] BGH, Beschluss vom 14.07.1981, Az.: 1 StR 815/80 = BGHSt 30, 182, 185.

Vorgaben der Richtlinie 2010/64/EU (vgl. Art. 2 Abs. 1, Art. 3 Abs. 1). Ein unmittelbarer Anspruch auf Translationsleistungen ist nicht vorgesehen.

Relevanz kann ein Translationsanspruch grundsätzlich auch nur bei fremdsprachigen Beweismitteln wie Urkunden oder Aufzeichnungen von Gesprächen in einer fremden Sprache erlangen. Äußerungen dritter Personen müssen innerhalb des Verfahrens, etwa bei der Gerichtsverhandlung, bereits aufgrund des § 184 Satz 1 GVG ins Deutsche übertragen werden. Wenn fremdsprachige Beweisstücke vorliegen und Bestandteil der Ermittlungsakte sind, so besteht nur ein Anspruch auf Einsicht in die bereits vorhandenen Translationen oder Zusammenfassungen im Rahmen des Akteneinsichtsrechts gemäß § 147 StPO.[25] Ein unmittelbarer Anspruch auf Anfertigung weiterer Unterlagen besteht nicht.[26] Ein solcher Anspruch kann sich höchstens mittelbar ergeben, wenn Behörden die Translationen von Amts wegen anfertigen müssen, um Sachverhalte aufzuklären (§§ 160 Abs. 1, 244 Abs. 2 StPO)[27] oder die beschuldigte Person einen begründeten Beweiserhebungsantrag stellt (§§ 163a Abs. 2, 244 Abs. 3, 4 StPO).[28]

Eine Ausnahme von diesem Grundsatz besteht allerdings, wenn Ermittlungsergebnisse in einer fremden Sprache vorliegen, welche aufgrund eines Rechtshilfeersuchens in dieser Sprache eingebracht wurden.[29] In dem Fall besteht die Möglichkeit zur Kostenübernahme der Translationskosten gemäß § 464c StPO analog. Dies gilt insbesondere, wenn die Person sich in dem ursprünglichen Land der Strafverfolgung auf Art. 6 Abs. 3 lit. e EMRK hätte berufen können und da sonst die Gefahr besteht, die Grundfreiheit der Freizügigkeit zu beeinträchtigen, wenn Unionsbürger sich sorgen müssten, sämtliche Translationskosten zu tragen, wenn im EU-Ausland ein Verfahren eingeleitet wird.

c. Was sind die wesentlichen Anspruchsgrundlagen für Dolmetschleistungen?

Der Anspruch auf Dolmetschleistungen ergibt sich primär aus § 185 Abs. 1 Satz 1 sowie § 187 Abs. 1 Satz 1 GVG.

---

[25] BGH, Urteil vom 09.11.2011, Az.: 1 StR 302/11 = NStZ 2012, 523, 525 Rn. 33 f.;
BGH, Urteil vom 18.06.2009, Az.: 3 StR 89/09 = BeckRS 2009, 20293 Rn. 21; BGH, Beschluss vom 04.12.2007, Az.: 3 StR 404/07 = NStZ 2008, 230; OLG Koblenz, Beschluss vom 30.06.1995, Az.: 1 Ws 322/95 = NStZ 1995, 611; *Kämpfer/Travers* in: MünchKomm-StPO, 2. Aufl. 2023, § 147 Rn. 4; *Michalke*, NJW 2013, 2334, 2335; *Schlothauer* in: MAH StV, 3. Aufl. 2022, § 3 Rn. 57; *H. Schneider* in: KK-StPO, 9. Aufl. 2023, § 199 Rn. 8; *Wohlers/Schlegel*, NStZ 2010, 486, 488.

[26] BGH, Beschluss vom 04.12.2007, Az.: 3 StR 404/07 = NStZ 2008, 230; OLG Koblenz, Beschluss vom 30.06.1995, Az.: 1 Ws 322/95 = NStZ 1995, 611; *Kämpfer/Travers* in: MünchKomm-StPO, 2. Aufl. 2023, § 147 Rn. 4; *Michalke*, NJW 2013, 2334, 2335; *Wohlers/Schlegel*, NStZ 2010, 486, 488.

[27] BGH, Urteil vom 09.11.2011, Az.: 1 StR 302/11 = NStZ 2012, 523, 525 Rn. 33, 34; *Wohlers/Schlegel*, NStZ 2010, 486, 488.

[28] Wohlers/Schlegel, NStZ 2010, 486, 488.

[29] Zum gesamten: LG Trier, Beschluss vom 13.10.2008, Az.: 5 Qs 86/08 = NStZ-RR 2009, 159, 159; *Niesler* in: BeckOK-StPO, Stand: 01.01.2026, § 464c Rn. 2.

Der § 185 GVG gilt für das gesamte *gerichtliche* Verfahren. Hierunter ist jeder Termin zu verstehen, in dem eine mündliche Kommunikation zwischen Gericht und Verfahrensbeteiligten erfolgt.[30] Neben der Kommunikation mit Richtern ist auch die Kommunikation mit Rechtspflegern oder Urkundsbeamten der Geschäftsstelle von § 185 GVG erfasst.[31] In diesen Fällen gilt § 185 GVG abschließend.[32]

Aus § 187 Abs. 1 Satz 1 GVG ergibt sich insbesondere für polizeiliche und staatsanwaltliche Vernehmungen im Ermittlungsverfahren ein Anspruch auf Dolmetschleistungen, vgl. § 163a Abs. 5 StPO[33] sowie für die Kommunikation mit der eigenen Verteidigung.[34] Der § 187 GVG gilt ausschließlich im Strafverfahren und erweitert, beziehungsweise konkretisiert die Rechte aus § 185 GVG. Der Anspruch aus § 187 GVG gilt unmittelbar nur für die beschuldigte Person (Abs. 1) sowie Nebenklagende (Abs. 5). Er gilt nicht für jegliche andere Beteiligte, wie dies beim § 185 GVG der Fall ist.[35] Zudem trifft § 259 StPO eine Sonderregelung für die Übertragung der Schlussvorträge, welche allerdings inzwischen keine eigenständige Bedeutung mehr besitzt.[36]

Für Vernehmungen durch die Staatsanwaltschaft oder Polizei ordnet § 161a Abs. 5 bzw. § 163 Abs. 7 StPO für Zeugen und Sachverständige eine entsprechende Anwendbarkeit des § 185 Abs. 1 und 2 GVG an. Es besteht kein umfassender Translationsanspruch, sondern nur soweit dies zur Ausübung der strafprozessualen Rechte erforderlich ist. Der weitergehende Anspruch nach § 187 GVG, für Situationen außerhalb der gerichtlichen Verhandlungen, besteht hingegen grundsätzlich nur für die beschuldigte Person sowie Nebenklagende.[37]

---

[30] *Allgayer* in: BeckOK-GVG, Stand: 15.08.2025, § 185 Rn. 1; *Frister* in: SK-StPO, 6. Aufl. 2023, GVG § 185 Rn. 2; *Oğlakcıoğlu* in: MünchKomm-StPO, 2. Aufl. 2025, GVG § 185 Rn. 32; *Rosenau* in: SSW-StPO, 6. Aufl. 2025, GVG § 185 Rn. 2; a. A. eingeschränkte Geltung auf Fälle, wo die Stichhaltigkeit eines strafrechtlichen Vorwurfs behandelt wird: OLG Düsseldorf, Beschluss vom 03.05.2000, Az.: 4 Ausl (A) 160/00 - 58/00 III = NStZ-RR 2001; *Diemer* in: KK-StPO, 9. Aufl. 2023, GVG § 185 Rn. 1.

[31] BayObLG, Beschluss vom 04.02.1977, Az.: 3 Z 12/77 = Rpfleger 1977, 133, 133 f.; *Katholnigg*, Strafgerichtsverfassungsrecht, 3. Aufl. 1999, GVG § 185 Rn. 1; *Mayer* in: Kissel/Mayer, GVG, 10. Aufl. 2021, § 185 Rn. 3; *Oğlakcıoğlu* in: MünchKomm-StPO, 2. Aufl. 2025, GVG § 185 Rn. 32; *Rosenau* in: SSW-StPO, 6. Aufl. 2025, GVG § 185 Rn. 2.

[32] BGH, Beschluss vom 08.08.2017, Az.: 1 StR 671/16 = NJW 2017, 3797 Rn. 5; *Rosenau* in: SSW-StPO, 6. Aufl. 2025, GVG § 185 Rn. 2, § 187 Rn. 1; *Simon* in: LR-StPO, 27. Aufl. 2022, GVG § 187 Rn. 2. *Kulhanek* in: KMR-StPO, 116. EL, Stand: 07.09.2022, Einleitung, Rn. 196.

[33] BGH, Beschluss vom 08.08.2017, Az.: 1 StR 671/16 = NJW 2017, 3797, 3797 Rn. 5; BT-Drucks. 17/12578, S. 10; *Simon* in: LR-StPO, 27. Aufl. 2022, GVG § 185 Rn. 7; *Weingarten* in: KK-StPO, 9. Aufl. 2023, § 163a Rn. 30b.

[34] BGH, Beschluss vom 08.07.2024, Az.: 5 StR 236/24 = NStZ-RR 2024, 315; *Frister* in: SK-StPO, 6. Aufl. 2023, GVG § 187 Rn. 2.

[35] Vgl. *Oğlakcıoğlu* in: MünchKomm-StPO, 2. Aufl. 2025, GVG § 187 Rn. 1.

[36] *Oğlakcıoğlu* in: MünchKomm-StPO, 2. Aufl. 2024, § 259 Rn. 1; *Tiemann* in: KK-StPO, 9. Aufl. 2023, § 259 Rn. 1; *Stuckenberg* in: LR-StPO, 27. Aufl. 2021, § 259 Rn. 1, 6.

[37] *Papenfuß*, GVRZ 2023, 5.

Auch Art. 5 und 6 EMRK (insbesondere Art. 6 Abs. 3 lit. e EMRK) gewähren einen Anspruch auf Dolmetschleistungen.

d. Sonderregelungen

Neben den allgemeinen Anspruchsgrundlagen können sich aus spezialgesetzlichen Regelungen weitergehende Translationsansprüche ergeben. So gewährleisten verschiedene Freundschafts-, Handels- und Schifffahrtsverträge, welche die Bundesrepublik mit anderen Staaten abgeschlossen hat,[38] oder das NATO-Truppenstatut[39] (Art. VII Abs. 9 lit. f.) Ansprüche auf Translationsleistungen.

2. Wie bemisst sich die Sprachkunde?

a. Keine Sprachkunde

Ein Anspruch auf Translationsleistungen besteht bei einer fehlenden Sprachmacht über die deutsche Sprache. Diese Sprachmacht kann nicht nur bei der beschuldigten Person fehlen, sondern auch bei anderen Akteuren, wie Nebenklagende, Zeugen oder Sachverständigen sowie gesetzlichen Vertretern oder Beiständen der beschuldigten Person.[40] Auch deutsche Staatsbürger können eine unzureichende Sprachkenntnis besitzen.[41]

Die Feststellung der sprachlichen Fähigkeiten steht im Ermessen der jeweils beteiligten Behörde.[42] Im Ermittlungsverfahren erfolgt die Einschätzung grundsätzlich durch die jeweilige Ermittlungsperson, welche diese bei der ersten Vernehmung vorzunehmen und ggf. aktenkundig zu machen haben, vgl. Nr. 181 Abs. 1 RiStBV. In der Hauptverhandlung liegt die Einschätzung der Sprachfertigkeiten im freien richterlichen Ermessen des Gerichts.[43]

Die Ermittlungsperson sowie das Gericht müssen prüfen, ob ein adäquates Gespräch möglich ist, an welchem die betroffene Person hinreichend partizipieren kann.[44] Die sprachunkundige

---

[38] Vgl. etwa: Art. 4 Abs. 2 Satz 5 und 6 Freundschafts- Handels- und Schiffahrtsvertrag vom 21.11.1957 zwischen der Bundesrepublik Deutschland und der Italienische Republik, verkündet am 26.08.1959 (BGBl. II, S. 950): „*Jede Verfahrenshandlung hat unter Beteiligung eines Dolmetschers stattzufinden, wenn dies erforderlich erscheint. Ein Dolmetscher ist immer hinzuzuziehen, wenn der Beschuldigte es beantragt, und zwar auch bei der Vernehmung durch die Polizeibehörden.“;* vgl. für weitere bilaterale Abkommen: *Schmidt*, Verteidigung von Ausländern, 4. Aufl. 2016, Rn. 279 sowie für weitere Details: *Lässig,* Deutsch als Gerichts- und Amtssprache, 1980, S. 42; *Weith*, Gerichtssprachenproblematik im Straf- und Bußgeldverfahren, 1991, S. 61.

[39] "*Whenever a member of a force or civilian component of a dependent is prosecuted under the jurisdiction of a receiving State he shall be entitled* […] *if he considers it necessary, to have the services of a competent interpreter* […]."

[40] *Jessnitzer*, Dolmetscher, 1982, S. 71.

[41] RG, Urteil vom 10.01.1880, Az.: 840/79 = RGSt 1, 137, 13; *Jessnitzer*, Dolmetscher, 1982, S. 72.

[42] Vgl. EGMR, Urteil vom 28.08.2018, Az.: 59868/08 (Vizgirda / Slowenien) = NLMR 2018, 347, 349.

[43] BGH, Urteil vom 11.11.1952, Az.: 1 StR 484/52 = BGHSt 3, 285, 286; OLG Frankfurt/Main, Urteil vom 09.07.1952, Az.: 1 Ss 230/52 = NJW 1952, 1310, 1310; *Frister* in: SK-StPO, 6. Aufl. 2023, GVG § 187 Rn. 17; *Rosenau* in: SSW-StPO, 6. Aufl. 2025, GVG § 185 Rn. 5.

[44] *Donk* in: Hermeneutische Polizeiforschung, 2003, S. 105 f.

Person sollte bei der Feststellung ihrer Sprachfertigkeiten zudem keine „grenzenlose Gleichgültigkeit“ walten lassen, sondern aktiv an einer sachgerechten Einschätzung ihrer Sprachkompetenz mitwirken und im Anschluss auch die Unterstützung durch Translatoren in Anspruch nehmen.[45]

Die Einschätzung über das „Ob“ der Gewährung von Translationsleistungen hängt zudem von weiteren Faktoren ab, wie der Art und Schwere der Tatvorwürfe oder der Komplexität der jeweiligen Beweisfragen.[46] Es muss ein faires Verfahren gewährleistet sein. Für den Umfang der Zuziehung ist zunächst zu prüfen, ob die sprachunkundige Person komplett sprachunkundig ist oder die Gerichtssprache zumindest partiell beherrscht. Sofern die Person komplett sprachunkundig ist, wird eine Dolmetschleistung grundsätzlich umfassend hinzugezogen und es werden die erforderlichen schriftlichen Übersetzungen veranlasst. In dem Fall erfolgt für die Frage des „Obs“ eine Ermessensreduzierung auf Null.[47]

Schwierigkeiten bestehen, da sich die Sprachfähigkeit nicht „metrisch“ messen lässt.[48] *Staffler* schlägt als Lösung für das Bewertungsproblem eine Einstufung mittels des sog. gemeinsamen Referenzrahmens für Sprachen (GER) vor, wobei mindestens das Sprachniveau B1, bei komplexen Sachverhalten B2, vorliegen sollte.[49] Diese Lösung gibt konkrete Hilfestellung zur Einstufung und bietet die Möglichkeit die Einschätzung objektiver darzustellen und nachvollziehen zu können. Sie wird jedoch, aus Gründen der Praktikabilität, nicht in jedem Einzelfall umsetzbar sein.[50] *Oğlakcıoğlu* sieht zudem bereits das Sprachniveau A2 („Grundlegende Kenntnisse“) mit dem Telos der Norm als vereinbar an und stellt daher fest, dass eine solche pauschale Einordnung nicht immer zielführend sei.[51]

Durch einige Spezialgesetze wird den Justizbehörden das Ermessen entzogen und die beschuldigte Person kann selbst entscheiden, ob sie Translationsleistungen für erforderlich hält.[52] Solche absoluten Ansprüche ergeben sich etwa aus Art. VII Abs. 9 (f) NATO-

---

[45] *Kulhanek*, Die Sprach- und Ortsfremdheit von Beschuldigten im Strafverfahren, 2019, S. 46.
[46] *Kulhanek*, Die Sprach- und Ortsfremdheit von Beschuldigten im Strafverfahren, 2019, S. 55.
[47] BVerfG, Beschluss vom 17.05.1983, Az.: 2 BvR 731/80 = BVerfGE 64, 135, 145 ff.; RG, Urteil vom 14.06.1910, Az.: I 467/10 = RGSt 43, 441, 442 f. („[S]*o ist* […] *ein Dolmetscher hinzuzuziehen*“); *Lankisch*, Der Dolmetscher in der Hauptverhandlung, 2004, S. 120 f.
[48] *Gaede*, Fairness als Teilhabe, 2007, S. 287 f.; *Villiger*, Hdb. EMRK, 3. Aufl. 2020, Rn. 604; *Staffler*, ZStrR 2020, 21, 36.
[49] *Staffler*, ZStrR 2020, 21, 40 f.
[50] *Oğlakcıoğlu* in: Gerechtigkeit aus der Ferne?, 2023, S. 171, 180.
[51] *Oğlakcıoğlu* in: Gerechtigkeit aus der Ferne?, 2023, S. 171, 180 f.
[52] *Schmidt*, Verteidigung von Ausländern, 4. Aufl. 2016, Rn. 279, mit Nennung weiterer Rechtsgrundlagen.

Truppenstatut oder aus Art. III Abs. 2 Satz 3 lit. d) des Freundschafts-, Handels- und Schifffahrtsvertrags mit den USA[53].[54]

Bei seltenen Sprachen kann der Fall auftreten, dass keine geeigneten Translatoren in der Muttersprache verfügbar sind. In diesem Fall ist zu prüfen, ob die betroffene Person eine Drittsprache, für die Translatoren zur Verfügung stehen, ausreichend beherrscht.[55]

b. Teilweise Sprachkunde

Zwischen der vollständigen Sprachunkundigkeit und der vollständigen Sprachkundigkeit bestehen zahlreiche Abstufungen, sodass es auch bei einer teilweisen Sprachkundigkeit geboten erscheinen kann, Translationsleistungen zu gewähren.[56] Eine solche liegt vor, wenn die betroffene Person die deutsche Sprache zwar grundsätzlich versteht, aber dennoch die wesentlichen Verfahrensvorgänge nicht nachvollziehen oder sich nur unzulänglich ausdrücken kann.[57] Bei einer teilweisen Sprachkundigkeit kann es geboten sein, eine Translationsleistung nur für einen Teilbereich des Verfahrens zur Verfügung zu stellen.[58] Der Umfang der notwendigen Hinzuziehung liegt hierbei im pflichtgemäßen Ermessen des Gerichts[59] bzw. der zuständigen Ermittlungsbehörde, welche sich insbesondere davon zu leiten hat, inwieweit die sprachlichen Fertigkeiten genügen, um der Verhandlung zu folgen und die Mitwirkungsrechte wahrzunehmen.[60]

Bei teilweise sprachkundigen Personen wird in der Praxis häufig aus vermeintlich prozessökonomischen Gründen auf die Beiziehung von Translatoren verzichtet.[61] Dies kann

---

[53] Freundschafts-, Handels- und Schifffahrtsvertrag zwischen der Bundesrepublik Deutschland und den Vereinigten Staaten von Amerika vom 29. Oktober 1954 (BGBl. 1956 II, S. 487).

[54] Vgl. *Frister* in: SK-StPO, 6. Aufl. 2023, GVG § 185 Rn. 3; *Schmidt*, Verteidigung von Ausländern, 4. Aufl. 2016, Rn. 279; *Simon* in: LR-StPO, 27. Aufl. 2022, GVG § 185 Rn. 5.

[55] Vgl. EGMR, Urteil vom 28.08.2018, Az.: 59868/08 (Vizgirda / Slowenien) = NLMR 2018, 347, 349; BGH, Beschluss vom 11.05.2021, Az.: 5 StR 99/21 = NStZ 2021, 576 sowie Erwägungsgrund 22 der Richtlinie 2010/64/EU.

[56] Vgl. *Brown-Blake*, International Journal on Minority and Group Rights, 13 (2006), 391, 411.

[57] BVerfG, Beschluss vom 17.05.1983, Az.: 2 BvR 731/80 = BVerfGE 64, 135, 146 f.; BGH, Urteil vom 17.01.1984, Az.: 5 StR 755/83 = NStZ 1984, 328; BGH, Urteil vom 11.11.1952, Az.: 1 StR 484/52 = BGHSt 3, 285, 285 f.; OLG München, Beschluss vom 18.11.2013, Az.: 4 StRR 120/13 = StV 2014, 532, 533; OLG Frankfurt/Main, Urteil vom 09.07.1952, Az.: 1 Ss 230/52 = NJW 1952, 1310; *Kulhanek*, Die Sprach- und Ortsfremdheit von Beschuldigten im Strafverfahren, 2019, S. 57; *Lankisch*, Der Dolmetscher in der Hauptverhandlung, 2004, S. 123; *Mayer* in: Kissel/Mayer, GVG, 10. Aufl. 2021, § 185 Rn. 6; *Meyberg* in: BeckOK-StPO, Stand: 01.04.2026, RiStBV Nr. 181 Rn. 7.

[58] BGH, Beschluss vom 26.06.1991, Az.: 2 StR 583/90 = juris, Rn. 4; *Lankisch*, Der Dolmetscher in der Hauptverhandlung, 2004, S. 128.

[59] BGH, Beschluss vom 22.11.2001, Az.: 1 StR 471/01 = NStZ 2002, 275 Rn. 2; BGH, Urteil vom 11.11.1952, Az.: 1 StR 484/52 = BGHSt 3, 285; *Kulhanek*: Die Sprach- und Ortsfremdheit von Beschuldigten im Strafverfahren, 2019, S. 57; *Oğlakcıoğlu* in: MünchKomm-StPO, 2. Aufl. 2025, GVG § 185 Rn. 36; *Rosenau* in: SSW-StPO, 6. Aufl. 2025, GVG § 185 Rn. 5.

[60] BGH, Beschluss vom 26.06.1991, Az.: 2 StR 583/90 = juris, Rn. 5; *Müller,* Polizei 2014, 322, 322; vgl. auch *Brown-Blake*, International Journal on Minority and Group Rights, 13 (2006), 391, 411.

[61] *Wendler/Hoffmann*, Technik und Taktik der Befragung, 2. Aufl. 2015, Rn. 197.

jedoch dazu führen, dass bei den Vernehmungen aufgrund von Verständigungsproblemen unerkannte Missverständnisse entstehen.[62]

3. Durch welche Personen werden die Translationsleistungen vorgenommen?

Die Translationsleistungen können grundsätzlich durch jede geeignete Person ausgeführt werden. Es kommt also jede Person in Betracht, welche die Ausgangs- und Zielsprache in einem solchen Umfang beherrscht, dass sie die Inhalte zuverlässig übersetzen oder übertragen kann.[63] Da kein Berufsschutz für die Bezeichnungen „ÜbersetzerIn“ oder „DolmetscherIn“ besteht, muss nicht zwingend eine qualifizierende Ausbildung oder ein Studium absolviert worden sein.[64] Insbesondere bei seltenen Sprachen oder lokalen Dialekten kann es vorkommen, dass eine entsprechende Qualifizierungsmöglichkeit auch nicht besteht.[65] Die Person, welche beauftragt werden soll, muss auch nicht in der „*Dolmetscher - und Übersetzerdatenbank*“ der Landesjustizverwaltungen[66] („Translatoren-Datenbank“) aufgeführt werden, sondern kann vielmehr – selbst in der Hauptverhandlung noch – für den konkreten Einzelfall vereidigt werden.[67] Bei der Translatoren-Datenbank handelt es sich um eine bundesländerübergreifende Datenbank mit allgemein beeidigten, öffentlich bestellten und/oder allgemein ermächtigten Dolmetschenden und Übersetzenden,[68] welche ihre Qualifizierungen nach den Vorgaben des GDolmG oder (insbesondere bei Übersetzenden) den jeweiligen Landesrechten[69] nachgewiesen haben. Die beauftragte dolmetschende Person kann mit der übersetzenden Person identisch sein.[70]

a. Ermittlungsverfahren

Bei Gesprächen im Ermittlungsverfahren, also üblicherweise zwischen der Staatsanwaltschaft bzw. der Polizei und sprachunkundigen Personen, wie Zeugen oder Beschuldigten, werden Dolmetschende für die Übertragung hinzugezogen.

---

[62] *Wendler/Hoffmann*, Technik und Taktik der Befragung, 2. Aufl. 2015, Rn. 197.
[63] *Frister* in: SK-StPO, 6. Aufl. 2023, GVG § 185 Rn. 8; *Mayer* in: Kissel/Mayer, GVG, 10. Aufl. 2021, § 185 Rn. 16, wonach auch eine „*Heranziehung ‚von der Straße weg‘*“ möglich ist; *Rosenau* in: SSW-StPO, 6. Aufl. 2025, GVG § 185 Rn. 8; *Simon* in: LR-StPO, 27. Aufl. 2022, GVG § 185 Rn. 12.
[64] *Wenske* in: FS Schlothauer, 2018, S. 295.
[65] *Sauerwein*, MDÜ 2007, Ausgabe 5, 10, 11.
[66] Dolmetscher- und Übersetzerdatenbank der Landesjustizverwaltungen, abrufbar unter: https://www.justiz-dolmetscher.de/Recherche/ (Stand und zuletzt abgerufen: 30.05.2026).
[67] *Oğlakcıoğlu* in: MünchKomm-StPO, 2. Aufl. 2025, GVG § 185 Rn. 51.
[68] Vgl. hierzu die Eigenbeschreibung der Dolmetscher- und Übersetzerdatenbank der Landesjustizverwaltungen, abrufbar unter: https://www.justiz-dolmetscher.de/Recherche/ (Stand und zuletzt abgerufen am 30.05.2026).
[69] Für Dolmetschende gilt seit dem 12.12.2024 lediglich das GDolmG; durch landesrechtliche Vorschriften wird z. T. eine entsprechende Anwendbarkeit für Übersetzende geregelt, vgl. etwa § 33 Abs. 2 JustG NRW.
[70] *Schmitt* in: Schmitt/Köhler, StPO, 69. Aufl. 2026, GVG § 185 Rn. 2, m. w. N.

Hierbei werden entweder die Hilfspersonen, welche die betroffenen Personen mitbringen, zur Übertragung herangezogen oder die Ermittlungspersonen beauftragen selbst die Translatoren. Die betroffenen Personen bringen häufig selbst eine andere Person für die Übertragungen mit, etwa Verwandte oder Freunde.[71] Dies erfolgt oftmals bei einem Gespräch mit Beteiligten am Tatort oder bei der Erstberatung mit der Verteidigung.[72] Außerhalb der „Erstgespräche“ sollte hiervon abgesehen werden, da die dolmetschende Person gegebenenfalls aus „falscher Rücksicht“ zur beschuldigten Person die Translationen nur teilweise vornimmt oder die beschuldigte Person etwa in der Gegenwart des Familienmitglieds oder Bekannten nicht alles sagen möchte.[73] Auch durch die Verteidigung kann eine Auswahl getroffen werden.[74]
Zudem muss die Staatsanwaltschaft im Ermittlungsverfahren Übersetzungen beauftragen, etwa für die Anklageschrift.[75]
Bei der Auswahl sollte Wert auf eine qualifizierte Person gelegt werden. Hierbei werden häufig bekannte und bewährte Translatoren beauftragt oder es bestehen Rahmenverträge mit Dolmetsch-Agenturen. Bei Rahmenverträgen kann allerdings die Gefahr bestehen, dass Festpreise und keine individuelle Vergütung nach dem JVEG vereinbart werden, sodass der Preis und nicht die Qualifikation das ausschlaggebende Kriterium bei der Beauftragung darstellen könnte.[76] Gegebenenfalls können die Ermittlungspersonen auch die Translationsleistungen selbst vornehmen oder gar in der entsprechenden Fremdsprache die Gespräche und Schriftwechsel durchführen.[77]

b. Hauptverfahren

Die §§ 185 ff. GVG geben nur zurückhaltend Eckpunkte zur Auswahl von Translatoren im Hauptverfahren. Die Auswahl erfolgt von Amts wegen nach den oben dargestellten Grundsätzen und stellt ein richterliches Geschäft im Rahmen der Verfahrensleitung dar.[78] Die Auswahl erfolgt gemäß § 191 Satz 2 GVG wie bei der Wahl eines geeigneten Sachverständigen[79] und ist grundsätzlich in das Ermessen des Gerichts gestellt.[80] Die zu

---

[71] *Eisenberg*, Beweisrecht, 10. Aufl. 2017, Rn. 532 (mit Kritik aufgrund der unklaren Qualifikation und fehlenden Neutralität).
[72] *Schmidt*, Verteidigung von Ausländern, 4. Aufl. 2016, Rn. 273.
[73] *Schmidt*, Verteidigung von Ausländern, 4. Aufl. 2016, Rn. 273.
[74] *Schmidt*, Verteidigung von Ausländern, 4. Aufl. 2016, Rn. 274; *Rüther*, Strafverteidigung von Ausländern, 1999, Rn. 19.
[75] Vgl. *Heghmanns* in: Das Arbeitsgebiet des Staatsanwalts, 6. Aufl. 2022, Rn. 1085 f.
[76] *Istomina*, Deutsche Polizei 2000, Ausgabe 12, 3.
[77] *Vitzthum*, StV 2001, 264, 265.
[78] *Oğlakcıoğlu* in: MünchKomm-StPO, 2. Aufl. 2025, GVG § 185 Rn. 50.
[79] *Kabbani*, StV 1987, 410, 410.
[80] *Frister* in: SK-StPO, 6. Aufl. 2023, GVG § 185 Rn. 8; *Kulhanek* in: KMR-StPO, 116. EL, Stand: 07.09.2022, Einleitung, Rn. 197; *Rüther*, Strafverteidigung von Ausländern, 1999, Rn. 231; *Schmidt*, Verteidigung von Ausländern, 4. Aufl. 2016, Rn. 277; *Simon* in: LR-StPO, 27. Aufl. 2022, GVG § 185 Rn. 13.

beauftragende Person kann im Einzelfall auch von der beschuldigten Person oder deren Verteidigung empfohlen werden.[81] Der Vorschlag ist jedoch für das Gericht unverbindlich.[82] Insbesondere muss sich das Gericht diesem Vorschlag nicht anschließen, wenn es die Person für ungeeignet hält.[83] Das Gericht muss im Einzelfall die Qualifizierung prüfen und sicherstellen.[84]

Translatoren können zudem gemäß § 191 GVG im gerichtlichen Verfahren abgelehnt oder ausgeschlossen werden, insbesondere bei der Besorgnis der Befangenheit.[85] Das Gericht entscheidet hierüber durch Beschluss.[86]

Alternativ kann in der Hauptverhandlung gemäß § 190 GVG auch ein Urkundsbeamter die Translationstätigkeiten übernehmen.

Für Ermittlungsgerichte gelten die Ausführungen zum Hauptverfahren entsprechend.

4. In welchem Umfang erfolgen Translationsleistungen?

a. Übersetzungen

Der gesamte Schriftverkehr mit dem Gericht hat grundsätzlich in deutscher Sprache zu erfolgen. In welchem Umfang schriftliche Übersetzungen erfolgen, steht grundsätzlich als Maßnahme der Verfahrensleitung im Ermessen des Gerichts[87] bzw. der jeweils handelnden Behörden.

aa. Umfang der Übersetzung bestimmt sich nach einem Stufensystem

Für schriftliche Übersetzungen, insbesondere für solche, die außerhalb der gerichtlichen Verhandlung erstellt werden, sieht § 187 Abs. 2 GVG ein Stufensystem vor. Nach Satz 1 sind in der Regel freiheitsentziehende Anordnungen, Anklageschriften, Strafbefehle und nicht rechtskräftige Urteile zu übersetzen. Hierbei handelt es sich um eine nicht abschließende

---

[81] *Malek*, Verteidigung in der Hauptverhandlung, 5. Aufl. 2017, Rn. 319; *Oğlakcıoğlu* in: MünchKomm-StPO, 2. Aufl. 2025, GVG § 185 Rn. 50; a. A.: Auswahlrecht: LG Duisburg, Beschluss vom 03.06.2008, Az.: 31 Qs 152 Js 263/08 - 82/08 = StraFo 2008, 328; *Schmidt*, Verteidigung von Ausländern, 4. Aufl. 2016, Rn. 274, wonach dem Gericht kein eigenes Auswahlermessen mehr zusteht, wenn die Verteidigung einen Dolmetschenden ausgewählt hat.

[82] *Schmidt/Schiemann* in: HeidelbergerKomm-StPO, 7. Aufl. 2023, GVG § 185 Rn. 7.

[83] Vgl. VG Sigmaringen, Urteil vom 04.02.2002, Az.: 8 K 1846/00 = BeckRS 2004, 24570; *Oğlakcıoğlu* in: MünchKomm-StPO, 2. Aufl. 2025, GVG § 185 Rn. 50; *Schmitt* in: Schmitt/Köhler, StPO, 69. Aufl. 2026, GVG § 185 Rn. 4.

[84] RG, Urteil vom 18.06.1942, Az.: 3 D 260/42 = RGSt 76, 177, 177 f.; *Wenske* in: FS Schlothauer, 2018, S. 293.

[85] *Frister* in: SK-StPO, 6. Aufl. 2023, GVG § 191 Rn. 2.

[86] *Frister* in: SK-StPO, 6. Aufl. 2023, GVG § 191 Rn. 4.

[87] BGH, Beschluss vom 22.01.2018, Az.: 4 StR 506/17 = juris, Rn. 3; BGH, Beschluss vom 18.02.2020, Az.: 3 StR 430/19 = BGHSt 64, 283, 286 Rn. 19; LG Nürnberg-Fürth, Beschluss vom 02.09.2024, Az.; 8 Qs 41/24, Rn. 17.

Aufzählung von Regelbeispielen („*in der Regel*“, § 187 Abs. 2 GVG). Es wird keine generelle Übersetzungsverpflichtung durch § 187 GVG eingeführt.[88]

Ferner kann auf einer zweiten Stufe nach § 187 Abs. 2 Satz 2 GVG eine auszugsweise schriftliche Übersetzung ausreichend sein, solange die prozessualen Rechte gewahrt werden, oder gar nur eine mündliche Zusammenfassung stattfinden, § 187 Abs. 2 Satz 4 GVG. Das „*vollständige Absehen von einer schriftlichen Übersetzung*“[89] nach Satz 4 soll die Regel sein, wenn die angeklagte Person durch einen Verteidiger vertreten wird, § 187 Abs. 2 Satz 5 GVG.[90] Hierbei ist es nach der zugrundeliegenden Richtlinie 2010/64/EU „*nicht erforderlich, Passagen wesentlicher Dokumente, die nicht dafür maßgeblich sind, dass die verdächtigen oder beschuldigten Personen wissen, was ihnen zur Last gelegt wird, zu übersetzen*“ (Art. 3 Abs. 4). Entscheidend ist, dass der Grad genügt, damit die Sachinformationen, welche für das Verständnis des Verfahrens sowie für eine effektive Verteidigung erforderlich sind, übertragen werden.[91]

Der Beschuldigte kann auch ohne vorherige Einholung einer Beiordnung zunächst auf eigene Kosten weitergehende Übersetzungsleistungen in Auftrag geben, trägt dann aber das Risiko der späteren Kostenübernahme.[92]

bb. Welche Unterlagen stellen wesentliche Unterlagen dar?

In § 187 Abs. 2 Satz 1 GVG sind als Regelbeispiele für relevante Unterlagen freiheitsentziehende Anordnungen sowie Anklageschriften, Strafbefehlen und nicht rechtskräftigen Urteilen genannt. Die Richtlinie 2010/64/EU ist weiter gefasst, indem auch jegliches Urteil erfasst wird (Art. 3 Abs. 2 der Richtlinie). Ob eine schriftliche Übersetzung dieser sowie weiterer Unterlagen notwendig ist, entscheidet die zuständige Behörde danach, ob diese im konkreten Fall für die Ausübung der strafprozessualen Rechte notwendig sind (vgl. auch Art. 3 Abs. 3 Satz 1 der Richtlinie).[93] Der beschuldigten Person ist darüber hinaus ein Recht zur Stellung begründeter Anträge eingeräumt (Art. 3 Abs. 3 Satz 2 der Richtlinie).

---

[88] BGH, Beschluss vom 07.12.2020, Az.: 3 StR 519/18 = StV 2021, 627; BGH, Beschluss vom 18.02.2020, Az.: 3 StR 430/19 = BGHSt 64, 283, 286 Rn. 10; BGH, Beschluss vom 13.09.2018, Az.: 1 StR 320/17 = BGHSt 63, 192, 196 Rn. 15 ff.; *Rosenau* in: SSW-StPO, 6. Aufl. 2025, GVG § 187 Rn. 4.

[89] BT-Drucks. 17/12578, S. 12.

[90] BGH, Beschluss vom 18.02.2020, Az.: 3 StR 430/19 = BGHSt 64, 283, 286 Rn. 19; BT-Drucks. 17/12578, S. 12.

[91] *Kranjčić*, NStZ 2011, 657, 661 f.; ferner hierzu noch Abschnitt C.I.5.a.

[92] LG Nürnberg-Fürth, Beschluss vom 02.09.2024, Az.:18 Qs 41/24 = juris, Rn. 15.

[93] *Rosenau* in: SSW-StPO, 6. Aufl. 2025, GVG § 187 Rn. 4; *Simon* in: LR-StPO, 27. Aufl. 2022, GVG § 187 Rn. 4; *Christl*, NStZ 2014, 376, 378.

Gerade bei richterlichen Anordnungen, die im Ermittlungsverfahren getroffen werden, dürfte sich das Ermessen nach der individuellen Bedeutung der Maßnahme für die betroffene Person sowie auf die Grundrechtsrelevanz im Einzelfall richten.[94]

Bei rechtskräftigen Urteilen besteht Uneinigkeit, ob diese übersetzt werden müssen, da sich der Wortlaut des § 187 Abs. 2 GVG ausdrücklich auf „*nicht* rechtskräftige Urteile" bezieht. Das Bundesverfassungsgericht (BVerfG) sowie der BGH haben entschieden, dass Urteile grundsätzlich nicht übersetzt werden müssen, soweit die angeklagte Person entweder verteidigt wird oder das Urteil bereits in Rechtskraft erwachsen ist.[95] Die Entscheidung über die Übersetzung im Einzelfall verbleibt im Ermessen des Gerichtes.[96] Insbesondere bei beschuldigten Personen mit Verteidigung soll bereits aufgrund dieser eine effektive Verteidigung und das faire Verfahren sichergestellt sein. Die angeklagte Person soll die Möglichkeit haben, das Urteil mit der Verteidigung unter Hinzuziehung von Dolmetschleistungen zu besprechen. Dies spiegelt auch das abgestufte System des § 187 Abs. 2 GVG wider.[97] Bei einem berechtigten Interesse sollen aufgrund der Regelbeispielformulierung Ausnahmefälle möglich sein.[98]

Dies gilt nach dem *Oberlandesgericht Hamm* auch für die Ermittlungsakten, welche ebenfalls nur im Einzelfall übersetzt werden,

> *„wenn deren Verständnis und/oder genaue Kenntnis für eine sachgerechte Verteidigung und damit für ein faires Verfahren erforderlich sind. Dabei ist nach Auffassung des Senats entscheidend für den Anspruch des Beschuldigten auf kostenfreie Übersetzung, daß gerade die wortgetreue Übertragung in seiner Muttersprache erforderlich ist, damit der Beschuldigte sich sachgerecht verteidigen kann."*[99]

---

[94] *Oğlakcıoğlu* in: MünchKomm-StPO, 2. Aufl. 2025, GVG § 187 Rn. 53.

[95] BVerfG, Beschluss vom 17.05.1983, Az.: 2 BvR 731/80 = BVerfGE 64, 135, 150 ff.; BGH, Urteil vom 18.02.2020, Az.: 3 StR 430/19 = NJW 2020, 2041 Rn. 7.

[96] BGH, Beschluss vom 13.09.2018, Az.: 1 StR 320/17 = BGHSt 63, 192, 192; BGH, Beschluss vom 22.01.2018, Az.: 4 StR 506/17 = juris, Rn. 3.

[97] BVerfG, Beschluss vom 17.05.1983, Az.: 2 BvR 731/80 = BVerfGE 64, 135, 150 ff.; BGH, Beschluss vom 18.02.2020, Az.: 3 StR 430/19 = NJW 2020, 2041 Rn. 8 ff. (mit weiteren Ausführungen bei Abwesenheit der angeklagten Person); BGH, Beschluss vom 22.01.2018, Az.: 4 StR 506/17 = juris, Rn. 5; OLG Braunschweig, Beschluss vom 11.05.2016, Az.: 1 Ws 82/16 = WKRS 2016, 16792; OLG Stuttgart, Beschluss vom 09.01.2014, Az.: 6 - 2 StE 2/12 = StV 2014, 536.

[98] BT-Drucks. 17/12578, S. 12; Andeutung in BGH, Beschluss vom 22.01.2018, Az.: 4 StR 506/17 = juris, Rn. 7.

[99] OLG Hamm, Beschluss vom 16.02.1999, Az.: 2 Ws 595–98 = NStZ-RR 1999, 158, 159; vgl. ferner LG Osnabrück, Beschluss vom 07.09.2012, Az.: 1 Qs 710 Js 10748/11 - 57/12 = BeckRS 2012, 213725 Rn. 5; *Oğlakcıoğlu* in: MünchKomm-StPO, 2. Aufl. 2025, GVG § 187 Rn. 33.

So werden etwa die Übersetzung von belastenden wie entlastenden Zeugenaussagen, Sachverständigengutachten, Verschriftlichungen von TKÜ-Protokollen oder Ermittlungsvermerken von Polizisten befürwortet.[100]

b. Dolmetschleistungen

Dolmetschleistungen können zum einen für die Kommunikation mit den Ermittlungsbehörden und dem Gericht, aber auch für eine solche mit der eigenen Verteidigung erforderlich werden. Bei der Kommunikation mit den Justizbehörden liegt eine institutionalisierte, asymmetrische Kommunikationssituation vor, in deren Rahmen das Gespräch im Wesentlichen durch die staatlichen Akteure gesteuert wird.[101]

aa. Ermittlungsverfahren

Für das (außergerichtliche) Ermittlungsverfahren besteht kein einheitliches Meinungsbild über den Umfang der Dolmetschleistungen.[102] Der Anspruch auf Dolmetschleistungen besteht grundsätzlich für beschuldigte Personen nur in einem solchen Umfang, wie dies zur Ausübung der strafprozessualen Rechte erforderlich ist, vgl. § 187 Abs. 1 Satz 1 GVG.[103] Was erforderlich ist, hat sich am jeweiligen Einzelfall zu orientieren.[104] Grundsätzlich ist bei sämtlichen Terminen, in denen ein mündliches Gespräch erfolgt, eine Dolmetschleistung zu gewähren.[105] Dies gilt etwa bei der Vorführung festgenommener Personen vor dem Haftrichter (Art. 104 Abs. 3 GG, §§ 115, 115a StPO), der mündlichen Haftprüfung (§§ 117-118b StPO) oder der richterlichen oder polizeilichen Vernehmung von beschuldigten Personen, Zeugen oder Sachverständigen (§§ 161a Abs. 5; 163 Abs.7; 168c f.; 223-225 StPO). Dies erfolgt zum einen vom Deutschen in die Fremdsprache, damit die betroffene sprachunkundige Person partizipieren kann, anderseits von der Fremdsprache ins Deutsche, damit die betroffenen Behörden oder Akteure das Gesagte verstehen können. Dolmetschleistungen haben auch zur Ermöglichung der Kommunikation zwischen der beschuldigten Person und deren Verteidigung zu erfolgen.[106]

---

[100] *Schulte* in: MAH StV, 3. Aufl. 2022, § 18 Rn. 80.
[101] *Sauerwein*, MDÜ 2007, Ausgabe 5, 10, 12.
[102] BVerfG, Beschluss vom 17.05.1983, Az.: 2 BvR 731/80 = BVerfGE 64, 135, 146; *Kranjčić*, NStZ 2011, 657, 658.
[103] *Rosenau* in: SSW-StPO, 6. Aufl. 2025, GVG § 187 Rn. 4; *Simon* in: LR-StPO, 27. Aufl. 2022, GVG § 187 Rn. 4; *Malek*, Verteidigung in der Hauptverhandlung, 5. Aufl. 2017, Rn. 321.
[104] *Weith*, Gerichtssprachenproblematik im Straf- und Bußgeldverfahren, 1991, S. 53; vgl. auch *Staffler*, ZStrR 2020, 21, 32.
[105] BVerfG, Beschluss vom 17.05.1983, Az.: 2 BvR 731/80 = BVerfGE 64, 135, 147.
[106] LG Freiburg, Beschluss vom 23.09.2011, Az.: 6 Qs 44/11 = NStZ-RR 2012, 292; *Frister* in: SK-StPO, 6. Aufl. 2023, GVG § 187 Rn. 2; *Rosenau* in: SSW-StPO, 6. Aufl. 2025, GVG § 187 Rn. 4.

bb. Hauptverfahren

Auch für das Hauptverfahren besteht keine gesetzliche Regelung über den Umfang.[107] Eine Ausnahme stellt der § 259 StPO dar, welcher eine einschränkende Sonderregel für die Schlussvorträge der Hauptverhandlung festlegt. Dieser hat jedoch in der Praxis an Bedeutung verloren.[108] Der Umfang der Dolmetschleistungen richtet sich nach den konkreten Umständen des Einzelfalls und der jeweiligen Prozesssituation.[109] So kann etwa auch der Grad der jeweiligen Sprach(un)kenntnis den Umfang beeinflussen.
Grundsätzlich hat das RG bereits im Jahr 1942 hierzu Folgendes festgestellt:

> *„Aufgabe des Dolmetschers, der zur Hauptverhandlung mit einem sprachfremden Angeklagten zugezogen wird, ist es, dem Angeklagten den Gang der Verhandlung und die wesentlichen Verfahrensvorgänge verständlich zu machen und dem Gerichte die Erklärungen zu übertragen, die der Angeklagte abgibt.“*[110]

Der BGH hat im Jahr 1965 zum Umfang ausgeführt, dass

> *„nur [ein] Anspruch darauf [besteht], daß der Dolmetscher den wesentlichen Inhalt der wichtigsten Verhandlungsteile in eine für ihn verständliche Sprache überträgt.“*[111]

Das BVerfG hat 1983 für den Umfang der zu übertragenden mündlichen Bestandteile eine Präzisierung vorgenommen: Die Übertragungen müssen in einem solchen Umfang erfolgen, dass die sprachunkundige angeklagte Person in die Lage versetzt wird, alle sie betreffenden Verfahrensvorgänge zu verstehen und sich verständlich zu machen. Ansonsten besteht die Gefahr, die sprachunkundige Person zu einem „*unverstandenen Objekt des Verfahrens herabzuwürdigen*“.[112] Diese grundsätzlichen Einschätzungen gelten bis heute fort.

(1) Übertragungen in Richtung der angeklagten Person

So müssen laut BVerfG folgende Bestandteile Richtung der angeklagten Person übertragen werden: die Verlesung des Anklagesatzes (§ 243 Abs. 3 StPO), der Hinweis zur Freiheit, sich

---

[107] RG, Urteil vom 14.06.1910, Az.: I 467/10 = RGSt 43, 441, 442; RG, Urteil vom 10.01.1880, Az.: 840/79 = RGSt 1, 137, 138; *Malek*, Verteidigung in der Hauptverhandlung, 5. Aufl. 2017, Rn. 321.
[108] *Oğlakcıoğlu* in: MünchKomm-StPO, 2. Aufl. 2024, § 259 Rn. 1; *Tiemann* in: KK-StPO, 9. Aufl. 2023, § 259 Rn. 1; *Stuckenberg* in: LR-StPO, 27. Aufl. 2021, § 259 Rn. 1, 6.
[109] *Frister* in: SK-StPO, 6. Aufl. 2023, GVG § 185 Rn. 12.
[110] RG, Urteil vom 18.06.1942, Az.: 3 D 260/42 = RGSt 76, 177, 178.
[111] BGH, Urteil vom 25.01.1965, Az.: 1 StR 491/65 = BeckRS 1965, 117.
[112] BVerfG, Beschluss vom 17.05.1983, Az.: 2 BvR 731/80 = BVerfGE 64, 135, 145; 148 f.; ferner: *Kranjčić*, NStZ 2011, 657, 658.

zu äußern oder zu schweigen (§ 243 Abs. 4 StPO), die gestellten Fragen an die Person selbst (§ 243 Abs. 2, 4 StPO) oder an Mitangeklagte, Zeugen und Sachverständige sowie deren Erklärungen (§§ 240, 257 StPO), die Verlesungen von Urkunden, Anträgen, gerichtlicher Entscheidungen sowie Hinweise und Schlussvorträge (§ 258 StPO), unter der Einschränkung des § 259 StPO, wonach eine sinngemäße Übertragung ausreichen kann.[113] Einige Stimmen in der Literatur befürworten, dass die angeklagte Person jede gewünschte Stelle des Verfahrens übertragen bekommen soll oder befürworten Einschränkungen, etwa eine Übertragung von Sachverständigengutachten nur in gekürzter Fassung, ähnlich wie § 259 StPO dies für die Schlussvorträge vorsieht.[114] Die Bestimmung des konkreten Umfangs der Übertragung im Einzelfall liegt letztlich im Ermessen des Gerichts.[115] Dieses Ermessen muss sich an den oben genannten Grundsätzen, anhand der Bedeutung der einzelnen Übertragungen für das Verfahren und die Rechte der betroffenen Person, orientieren. Gerade Hinweise, etwa der Hinweis auf die Veränderung eines rechtlichen Gesichtspunktes (§ 265 Abs. 1 StPO), oder Belehrungen, wie die über das Aussageverweigerungsrecht (§ 243 Abs. 5 Satz 1 StPO), sollten aufgrund deren hoher verfassungsrechtlicher Bedeutung[116] für ein optimales Verständnis möglichst umfangreich und wörtlich übertragen werden, damit diese ihre bezweckten Wirkungen entfalten können. Bei anderen Übertragungen kann auch ein geringerer Umfang genügen, etwa bei Sachverständigengutachten, wo es nur relevant ist, dass der wesentliche Inhalt vermittelt wird.

(2) Übertragungen in Richtung des Gerichts

In Richtung des Gerichts müssen alle Anträge und Erklärungen der angeklagten Person sowie deren letztes Wort (§ 258 Abs. 3 StPO) übertragen werden. Nur so kann das rechtliche Gehör gewährleistet werden und das Gericht eine sachgerechte Wahrheitsfindung betreiben.[117]

(3) Übertragungen in Richtung weiterer Personen

Auch bei Beteiligung sprachunkundiger dritter Personen müssen Dolmetschleistungen gewährleistet werden, § 185 Abs. 1 Satz 1 GVG. Zu dem Umfang der Übertragungen bestehen

---

[113] BVerfG, Beschluss vom 17.05.1983, Az.: 2 BvR 731/80 = BVerfGE 64, 135, 148 f.; *Kranjčić*, NStZ 2011, 657, 658; vgl. auch *Schmidt/Schiemann* in: HeidelbergerKomm-StPO, 7. Aufl. 2023, GVG § 185 Rn. 3.
[114] *Wolf* in: Wolf, Kriminalität im Grenzgebiet, Bd. 3, 2000, S. 137; *Kabbani*, StV 1987, 410, 411 f.
[115] Vgl. *Rosenau* in: SSW-StPO, 6. Aufl. 2025, GVG § 185 Rn. 5.
[116] Etwa für § 265 Abs. 1 StPO als Ausgestaltung des rechtlichen Gehörs (Art. 103 Abs. 1 GG): *Velten* in: SK-StPO, 6. Aufl. 2026, § 265 Rn. 5; oder für § 243 Abs. 5 Satz 1 StPO als Ausgestaltung des Rechtsstaatsprinzips (Art. 20 Abs. 3 GG) und des Persönlichkeitsrechts (Art. 2 Abs. 1 i. V. m. Art. 1 Abs. 1 GG): *Frister* in: SK-StPO, 6. Aufl. 2024, § 243 Rn. 56.
[117] BVerfG, Beschluss vom 17.05.1983, Az.: 2 BvR 731/80 = BVerfGE 64, 135, 148 f.; *Kranjčić*, NStZ 2011, 657, 658.

keine Konkretisierungen. Da anders als bei der angeklagten Person (grundsätzlich) keine staatliche Sanktion droht, ist das Maß der Übertragung zum Teil erheblich geringer.[118]
Aus Richtung sprachunkundiger Zeugen, Sachverständiger oder anderer dritter Personen an das Gericht müssen die Erklärungen in einem solchen Umfang übertragen werden, dass es zu keinen sprachbedingten Beeinträchtigungen der Sachverhaltsaufklärung kommt.[119] In die Gegenrichtung beschränkt sich eine Übertragung auf das zur Kommunikation notwendige Maß, insbesondere die Verfahrensteile, die erforderlich sind für deren Grundverständnis und spätere Aussage.[120] Weiterhin müssen die erforderlichen Belehrungen oder Hinweise, etwa zum Zeugnis-/Auskunftsverweigerungsrecht (§ 52 Abs. 3 Satz 1; § 55 Abs. 2 StPO) oder über strafrechtliche Folgen einer Falschaussage (§ 57 Satz 1 StPO), übertragen werden. Die Ausgestaltung liegt bei einer deutschsprachigen Belehrung im Ermessen des Gerichts, hat sich aber an das Verständnis der betroffenen Person anzupassen,[121] damit diese ihre Pflichten und Rechte versteht.[122] Bezüglich der Übertragung in die Zielsprache sollte dies ebenfalls die ermessenstragende Maßgabe sein. Für Nebenklagende besteht ein umfangreicherer Anspruch. Die Vorgaben aus § 187 Abs. 1 GVG sind entsprechend anwendbar, soweit dies für die Ausübung deren strafprozessualer Rechte erforderlich ist (§ 187 Abs. 4 GVG).
Der mit Wirkung zum 3. August 2024 eingeführte § 185 Abs. 4 GVG sieht die Möglichkeit von Dolmetschleistungen zugunsten fremdsprachiger Medienangehöriger vor.[123]

5. Wie sollten die Translationsleistungen erfolgen?

a. Übersetzungen

aa. Allgemeine Vorgaben zur Herstellung der Übersetzung

Das Gesetz enthält keine Vorgaben, *wie* Übersetzungen konkret erfolgen sollen. Grundsätzlich müssen die Übersetzungsleistungen nicht vor Ort erbracht werden, sondern können auch in den Büros der Berufsträger angefertigt werden. Diese sind weitestgehend bei der Ausgestaltung ihrer Tätigkeit frei.[124] Die Übersetzung wird in der Regel unter freier Zeiteinteilung und mittels

---

[118] *Kranjčić*, NStZ 2011, 657, 658; *Meyer*, ZStW 93 (1981), 507, 522; vgl. auch *Simon* in: LR-StPO, 27. Aufl. 2022, GVG § 187 Rn. 23.
[119] BayObLG, Beschluss vom 24.09.2004, Az.: 1 St RR 143/04 = NStZ-RR 2005, 178, 179.
[120] Vgl. RG, Urteil vom 11.09.1900, Az.: D 3265/00 = GA 1900, 384; *Jessnitzer*, Dolmetscher, 1982, S. 74; *Lankisch*, Der Dolmetscher in der Hauptverhandlung, 2004, S. 119.
[121] BayObLG, Urteil vom 08.11.1979, Az.: RReg. 3 St 267/78 = NJW 1979, 2624, 2625; *Maier* in: MünchKomm-StPO, 2. Aufl. 2023, § 55 Rn. 97; *Huber* in: BeckOK-StPO, Stand: 01.04.2026, § 57 Rn. 2.
[122] *Huber* in: BeckOK-StPO, Stand: 1.10.2024, § 57 Rn. 2.
[123] Eingeführt durch Art. 4 Nr. 4 des Gesetzes zur Fortentwicklung des Völkerstrafrechts vom 30.07.2024 (BGBl. 2024 I Nr. 255)
[124] Vgl. *Oğlakcıoğlu* in: Gerechtigkeit aus der Ferne?, 2023, S. 171, 181 ff.

selbst ausgewählter Hilfsmittel vorgenommen.[125] Zu diesen Hilfsmitteln können auch maschinelle Übersetzungsprogramme zählen.[126]

Die Übersetzung sollte grundsätzlich das vollständige Ausgangsschriftstück umfassen, insbesondere bei relevanten Unterlagen.[127] Die konkrete Ausgestaltung ist einzelfallabhängig.[128] Das abgestufte System in § 187 Abs. 2 GVG sowie die Maßgaben der Rechtsprechung geben zu erkennen, dass auch nur wesentliche Inhalte übersetzt werden können oder gar eine mündliche Zusammenfassung ausreichend sein kann.[129] Dies deutet darauf hin, dass primär lediglich das Verständnis des Inhaltes und die damit verbundene Möglichkeit der Wahrnehmung der strafprozessualen Rechte sichergestellt werden.[130] Auch die EMRK trifft keine besonderen Konkretisierungen hinsichtlich der Gestaltung und Anfertigung von Übersetzungen. In einer Entscheidung hat der EGMR zu der Frage des Übersetzungsumfangs abstrakt festgestellt, dass die beschuldigte Person Beweisstücke und amtliche Schriftstücke im Verfahren lediglich in einem solchen Umfang übersetzt verlangen kann, sodass diese verstehen kann, was ihr vorgeworfen wird und sie so ihre Version der Ereignisse vortragen kann.[131] Der EuGH sowie der BGH haben sich dieser Entscheidung angeschlossen:

> EuGH: „*Wie sich auch aus der Rechtsprechung des EGMR ergibt, braucht nämlich, um die Anforderungen an ein faires Verfahren zu erfüllen, lediglich sichergestellt zu werden, dass der Beschuldigte verstehen kann, was ihm vorgeworfen wird und sich verteidigen kann; eine schriftliche Übersetzung jedes schriftlichen Beweises oder jedes Aktenstücks wird nicht verlangt.*“[132]

> BGH: „*Um die Anforderungen an ein faires Verfahren zu erfüllen, bedarf es danach nicht der schriftlichen Übersetzung jedes Beweises oder jeden*

---

[125] *Gradinčević-Savić*, Babel 66, 2 (2020), 172, 175.
[126] Hierzu Abschnitt A.VII.
[127] *Frister* in: SK-StPO, 6. Aufl. 2023, GVG § 187 Rn. 7; *Rosenau* in: SSW-StPO, 6. Aufl. 2025, GVG § 187 Rn. 5; *Schmidt/Schiemann* in: HeidelbergerKomm-StPO, 7. Aufl. 2023, GVG § 187 Rn. 2.
[128] Vgl. die uneinheitliche Rechtsprechung: OLG Braunschweig, Beschluss vom 11.05.2016, Az.: 1 Ws 82/16= NStZ-RR 2016, 253; OLG Hamm, Beschluss vom 11.03.2014, Az.: 2 Ws 40/14 = Hamm StV 2014, 534; OLG Nürnberg, Beschluss vom 03.03.2014, Az.: 2 Ws 63/14 = NStZ-RR 2014, 183; 183 f.; OLG Stuttgart, Beschluss vom 09.01.2014, Az.: 6 - 2 StE 2/12 = StV 2014, 536; *Schmidt/Schiemann* in: HeidelbergerKomm-StPO, 7. Aufl. 2023, GVG § 187 Rn. 2.
[129] Vgl. OLG Hamm, Beschluss vom 16.02.1999, Az.: 2 Ws 595–98 = NStZ-RR 1999, 158, 159; *Christl*, NStZ 2014, 376, 378.
[130] *Makepeace*, StV 2020, 570, 572; *Rosenau* in: SSW-StPO, 6. Aufl. 2025, GVG § 187 Rn. 6.
[131] EGMR, Urteil vom 19.12.1989, Az.: 9783/82 (Kamasinski / Österreich) = BeckRS 1989, 113179 Rn. 74 („*However, paragraph 3 (e) (art. 6-3-e) does not go so far as to require a written translation of all items of written evidence or official documents in the procedure. The interpretation assistance provided should be such as to enable the defendant to have knowledge of the case against him and to defend himself, notably by being able to put before the court his version of the events.*“); *Allgayer* in: BeckOK-GVG, Stand: 15.08.2025, § 187 Rn. 3.
[132] EuGH, Urteil vom 15.10.2015, Az.: C-216/14 = NJW 2016, 303 Rn. 39.

> *Aktenstücks, es ist lediglich sicherzustellen, dass der Beschuldigte verstehen kann, was ihm vorgeworfen wird und sich verteidigen kann."*[133]

Eine wortlautgetreue Übersetzung ist nur dann notwendig, wenn es gerade auf den Wortlaut des jeweiligen Schriftstückes ankommt.[134] In anderen Fällen kann auch eine Übersetzung in einer sprachlich ungenauen Qualität ausreichend sein, wenn diese zumindest den Sinngehalt der Erklärung übermittelt, solange die eigene Verteidigung angemessen vorbereitet werden kann, so der EGMR in einer Sache, wo der Angeklagte sich gegen eine mangelhafte Übersetzung der Schlussanträge der belgischen Staatsanwaltschaft wendete.[135] Dies gilt etwa auch für die Übersetzung von TKÜ-Protokollen. Hierzu hat das LG Nürnberg-Fürth festgestellt, dass es zum einen mangels eines Rechts „*auf eine umfassende Aufklärung der Tatsachen*" auch keinen Anspruch auf eine „*vollständige und wortgetreue Übersetzung der abgehörten Gespräche*" gibt.[136] Zum anderen gibt es auch kein Recht auf eine Aktenerweiterung im Rahmen des fairen Verfahrens nach Art. 6 Abs. 1 Satz 1 EMRK, aus dem ein Anspruch zur Fertigung weiterer Wortprotokolle hergeleitet werden könnte.[137] Dies gilt selbst vor dem Hintergrund, dass bei „*sinngemäßen Wiedergaben* […] *der wesentliche Inhalt und der Kontext, sowie die Nuancen der Gespräche verloren* [geht], *was eine fundierte und faire Beurteilung des Inhalts erschwer*[t]".[138]

bb. Qualitätsanforderungen an die Übersetzungsleistung

(1) Vorgaben aus der EMRK

Soweit aus Art. 6 Abs. 3 lit. e EMRK ein Anspruch auf schriftliche Übersetzungen hergeleitet werden kann,[139] sind die Qualitätsanforderungen an diese gering. Übersetzungsleistungen müssen lediglich den allgemeinen Sinngehalt (sog. *Gisting*) des Textes erkennen lassen:

---

[133] BGH, Beschluss vom 13.09.2018, Az.: 1 StR 320/17 = NJW 2018, 3790 Rn. 27.

[134] EGMR, Entscheidung vom 12.01.2010, Az.: 22738/08 (H. K. / Belgien), zit. nach: *Brannan*, "Identifying written translation in criminal proceedings as a separate right: scope and supervision under European law", 2013, S. 10; *Frister* in: SK-StPO, 6. Aufl. 2023, GVG § 187 Rn. 7.

[135] EGMR, Entscheidung vom 12.01.2010, Az.: 22738/08 (H. K. / Belgien), zit. nach: *Brannan*, "Identifying written translation in criminal proceedings as a separate right: scope and supervision under European law", 2013, S. 10 ("*In H.K. v. Belgium (2010) the applicant, a Lebanese national still facing trial on fraud charges, had obtained a written translation into Armenian of the prosecutor's final submissions but complained about the poor quality. The Court observed that, according to the experts whose opinion had been sought by the applicant himself, he must have understood the gist of the translation (this also being the conclusion of the Belgian courts), even though it was clearly far from accurate."*)

[136] LG Nürnberg-Fürth, Beschluss vom 02.09.2024, Az.: 18 Qs 41/24 = juris, Rn. 26.

[137] LG Nürnberg-Fürth, Beschluss vom 02.09.2024, Az.: 18 Qs 41/24 = juris, Rn. 28: „*Das Verlangen nach Fertigung zusätzlicher Wortprotokolle stellte ein Begehren nach Aktenerweiterung dar, auf die kein Anspruch besteht.*"

[138] LG Nürnberg-Fürth, Beschluss vom 02.09.2024, Az.: 18 Qs 41/24 = juris, Rn. 25.

[139] Hierzu noch im Teil 2 unter Abschnitt C.I.1.a.aa.

„Schließlich geht aus den Akten und insbesondere aus den auf Initiative des Beschwerdeführers erstellten "Gutachten" klar hervor, dass der allgemeine Sinn des Textes der Anordnungen in einer Sprache zugänglich ist, die er versteht, auch wenn ihm die Genauigkeit bestimmter Begriffe entgangen sein mag.“[140]

(2) Vorgaben aus der Richtlinie 2010/64/EU

Aus Art. 3 Abs. 5 und 9 sowie Art. 5 der Richtlinie 2010/64/EU ergibt sich für Übersetzungsleistungen ebenfalls nur ein Mindeststandard. Es ist vorgesehen, dass die *„Qualität der Übersetzung für die Gewährleistung eines fairen Verfahrens“* (Art. 3 Abs. 3) ausreichend sein muss. Hierzu muss diese eine solche Qualität aufweisen, *„dass verdächtige oder beschuldigte Personen wissen, was ihnen zur Last gelegt wird, und imstande sind, ihre Verteidigungsrechte wahrzunehmen.“* (Art. 3 Abs. 9). Ferner sollen gemäß Art. 5 Maßnahmen zur Qualitätssicherung, wie die Einrichtung eines Registers (Art. 5 Abs. 2) vorgenommen werden. Die Vorgaben bleiben auslegungsbedürftig und geben nur eine grobe Richtung vor. Theoretisch kann auch eine unpräzise oder unvollständige Übersetzung dafür sorgen, dass die Verteidigungsrechte ausgeübt werden können und die Informationen in einem bloß *ausreichenden* Umfang verstanden werden.[141]

(3) Vorgaben des Bundesrechts

(a) Gerichtsverfassungsgesetz

Das Gerichtsverfassungsgesetz stellt keine unmittelbaren Anforderungen an die Qualität der Translationen oder Kriterien für die Messung und Sicherstellung dieser auf.[142] Es besteht lediglich die Vorgabe, dass Übersetzungen die Wahrnehmung der strafprozessualen Rechte ermöglichen müssen (vgl. § 187 Abs. 1 GVG). Maßstäbe, welche über das zur Richtlinie 2010/64/EU Festgestellte hinausgehen, ergeben sich hieraus nicht.

---

[140] EGMR, Entscheidung vom 12.01.2010, Az.: 22738/08, (H.K. / Belgien), maschinelle Übersetzung aus dem Französischen: *„Enfin, il ressort clairement du dossier, et notamment des « expertises » faites à l'initiative du requérant, que le sens général du texte des réquisitions est accessible dans une langue qu'il comprend même si la précision de certains termes a pu lui échapper."* Hierzu auch *Brannan*, “Identifying written translation in criminal proceedings as a separate right: scope and supervision under European law”, 2013, S. 10; *Staffler*, ZStrR 2020, 21, 43.

[141] Vgl. hierzu den zurückgezogenen Kommissionsvorschlag für einen Rahmenbeschluss über bestimmte Verfahrensrechte im Strafverfahren, KOM(2004) 328 endgültig, Ziff. 67, wonach es durch Translationen nur möglich sein muss, die Art und den Grund der Beschuldigungen zu verstehen.

[142] *Schulte* in: MAH StV, 3. Aufl. 2022, § 18 Rn. 38; *Oğlakcıoğlu* in: MünchKomm-StPO, 2. Aufl. 2026, GVG § 185 Rn. 45; *Oğlakcıoğlu* in: Gerechtigkeit aus der Ferne?, 2023, S. 171, 182 f.; *Mayer* in: Kissel/Mayer, GVG, 10. Aufl. 2021, § 185 Rn. 10; *Kotzurek*, eucrim 2020, 314, 318.

Auch ein Rückgriff auf den Eid in § 189 Abs. 1 Satz 1 GVG – unabhängig von der Frage, ob dieser aufgrund des Wortlautes für Übersetzende anwendbar ist[143] – wonach Dolmetschende *„treu und gewissenhaft"* die Übertragungen vorzunehmen haben, bleibt unergiebig. Hierzu muss die Person einen Voreid leisten.[144] Aus dem Eid lassen sich aber nur schwer konkretisierbare Qualitätsanforderungen entnehmen.[145] Es besteht auch kein Verfahren, um einen Dolmetschenden aufgrund unzureichender Leistung abzulehnen[146].

(b) Gesetz über die allgemeine Beeidigung von gerichtlichen Dolmetschern (GDolmG)

Aus dem GDolmG ergeben sich für Qualitätsanforderungen von Übersetzungsleistungen ebenfalls keine weiteren Hinweise. Das GDolmG ist nicht unmittelbar für Übersetzungsleistungen anzuwenden. Der Wortlaut des § 189 Abs. 1 GVG und der auf das GDolmG verweisende § 189 Abs. 2 GVG beziehen sich nur auf Dolmetscher. Der Abs. 4 sowie § 187 GVG oder die Richtlinie 2010/64/EU differenzieren hingegen klar zwischen Übersetzungs- und Dolmetschleistungen. Zudem bezieht sich das GDolmG inhaltlich nur auf Dolmetschleistungen.

Für Übersetzungsleistungen wird teilweise landesrechtlich eine entsprechende Anwendung angeordnet[147] oder es bestehen gesonderte landesrechtliche Regelungen zur allgemeinen Vereidigung bzw. Bestellung.[148] Aber auch bei einer entsprechenden Anwendung des GDolmG ergeben sich aus diesem keine weiteren Erkenntnisse zu der Frage, was eine ausreichende Leistung von Übersetzenden darstellt. Zwar müssen für eine allgemeine Vereidigung Fachkenntnisse nachgewiesen werden (vgl. § 3 Abs. 1 Nr. 6, Abs. 2; § 4 GDolmG), welche auf die vorhandenen Kompetenzen schließen lassen.[149] Diese bieten jedoch ebenfalls nur eine Gewähr für einen Mindeststandard.[150] Die Fachkenntnisse der Sprache nach § 3 Abs. 1 Nr. 6 GDolmG können durch ein staatliches oder staatlich anerkanntes Prüfungsamt oder auch durch eine andere staatlich oder staatlich anerkannte Prüfung für den Beruf belegt werden. Ferner

---

[143] § 189 Abs. 1 spricht nur vom „Dolmetscher", wohingegen der Absatz 4 Dolmetschende und Übersetzende nennt. Hieraus könnte sich der Umkehrschluss herleiten lassen, dass der Absatz 1 gerade für Übersetzende nicht gelten soll.

[144] *Frister* in: SK-StPO, 6. Aufl. 2023, GVG § 189 Rn. 4; *Rosenau* in: SSW-StPO, 6. Aufl. 2025, GVG § 189 Rn. 3.

[145] *Oğlakcıoğlu* in: Gerechtigkeit aus der Ferne?, 2023, S. 171, 182.

[146] *Makepeace*, StV 2020, 570, 571.

[147] Vgl. Art. 59 Abs. 1 AGGVG (Bayern); § 33 Abs. 2 JustG (NRW).

[148] Vgl. § 23 NJG (Niedersachsen); Landtag NRW, LT-Drucks. 18/1289, S. 29.

[149] Vgl. BVerwG, Urteil vom 16.01.2007, Az.: 6 C 15/06 = NJW 2007, 1478 Rn. 23; *Oğlakcıoğlu* in: MünchKomm-StPO, 2. Aufl. 2025, GVG § 189 Rn. 4; *Kulhanek* in: KMR-StPO, 116. EL, Stand: 07.09.2022, Einleitung, Rn. 198.

[150] *Schulte* in: MAH StV, 3. Aufl. 2022, § 18 Rn. 38; vgl. auch BGH, Urteil vom 25.01.1965, Az.: 1 StR 491/65 = BeckRS 1965, 117.

werden gleichwertige Prüfungen, welche im Ausland abgenommen wurden, ebenfalls anerkannt.

Die Vorgaben knüpfen nur an die persönlichen und fachlichen Eigenschaften der ausübenden Person an, geben aber keine Auskunft über die Anforderungen an das spätere Translat selbst oder dessen Qualität. Auch ist aufgrund des Umkehrschlusses aus § 189 Abs. 1 und 2 GVG zu beachten, dass eine Person ohne allgemeine Vereidigung tätig werden darf. Es besteht keine Pflicht zur vorrangigen Bestellung von allgemein vereidigten Translatoren.[151]

Weiterhin ist zu beachten, dass eine Beeidigungsnotwendigkeit nach § 189 GVG generell nur bei gerichtlichen Verhandlungen in Betracht kommt[152] und sich das GDolmG auch auf diese Konstellation beschränkt (vgl. § 1 GDolmG: *„zur Sprachenübertragung in Gerichtsverhandlungen“*).[153] Dies ergibt sich bereits daraus, dass die Ermittlungsbehörden zum einen keinen Eid abnehmen dürfen[154] und zum anderen auch, da weitere Bestimmungen fehlen, wann, wie konkret und durch wen solche Vereidigungen erfolgen sollten.[155]

(4) Vorgaben des Landesrechts

Für Übersetzungsleistungen sehen einige Landesgesetzgeber vor, dass in Anlehnung an § 142 Abs. 3 Satz 2, 3 ZPO[156] durch die übersetzende Person eine Bescheinigung erfolgen soll, dass die Übersetzung richtig und vollständig ist (vgl. Art. 62 Abs. 1 BayAGGVG; § 28e Abs. 1 BrAGGVG; § 26 Abs. 1 NJG; § 34 Abs. 1 JustG NRW; § 75 Abs. 1 SHLJH; § 21 Abs. 1 ThürAGGVG). Allerdings erfolgen diese sog. Vollständigkeitsvermerke nur durch – je nach Landesrecht – öffentlich bestellte, allgemein beeidigte oder ermächtigte Übersetzende. Solche staatlichen Akte sind keine Voraussetzung, um vor Gerichten oder Ermittlungsbehörden Übersetzungsleistungen zu erbringen. Vielmehr handelt es sich um Kann-Vorschriften, welche unter anderem die allgemeine Qualität anheben und sicherstellen sollen (vgl. etwa: § 28a Abs. 2 BrAGGVG: Übersetzende *„können […] allgemein ermächtigt werden“* oder § 74 Abs. 1

[151] BT-Drucks. 19/14747, S. 45; *Rosenau* in: SSW-StPO, 6. Aufl. 2025, GVG § 189 Rn. 7; kritisiert durch *BDÜ*, Positionspapier zur Umsetzung des GDolmG, Februar 2022, S. 2, abrufbar unter: https://bdue.de/fileadmin/files/PDF/Positionspapiere/BDUe_PP_Gerichtsdolmetschergesetz_2022.pdf (zuletzt abgerufen am: 30.05.2026).

[152] BGH, Urteil vom 08.03.1968, Az.: 4 StR 615/67 = BGHSt 22, 118, 120; *Allgayer* in: BeckOK-GVG, Stand: 15.08.2025, § 189 Rn. 1; *Frister* in: SK-StPO, 6. Aufl. 2023, GVG § 189 Rn. 2; *Kulhanek*, Die Sprach- und Ortsfremdheit von Beschuldigten in Strafverfahren, 2019, S. 82; *Simon* in: LR-StPO, 27. Aufl. 2022, GVG § 189 Rn. 1; a. A. *Oğlakcıoğlu* in: MünchKomm-StPO, 2. Aufl. 2025, GVG § 189 Rn. 10: auch für kontradiktorische Verfahrensabschnitte bei der Staatsanwaltschaft.

[153] *Kulhanek* in: KMR-StPO, 116. EL, Stand: 07.09.2022, Einleitung, Rn. 198.

[154] *Kulhanek*, Die Sprach- und Ortsfremdheit von Beschuldigten in Strafverfahren, 2019, S. 82; vgl. auch BGH, Urteil vom 08.03.1968, Az.: 4 StR 615/67 = BGHSt 22, 118, 210 (*„die für eine Vernehmung durch den Richter geltenden Verfahrensvorschriften* [müssen] *nicht beachtet* [werden bei einer polizeilichen Vernehmung]“).

[155] *Frister* in: SK-StPO, 6. Aufl. 2023, GVG § 189 Rn. 3; *Simon* in: LR-StPO, 27. Aufl. 2022, GVG § 189 Rn. 1.

[156] Vgl. *v. Häfen* in: BeckOK-GVG, Stand: 15.02.2026, NJG § 26 Rn. 1.

SHLJH: „*Zur schriftlichen Sprachübertragung für gerichtliche und staatsanwaltliche Zwecke können Übersetzerinnen oder Übersetzer ermächtigt werden.*“).

(5) Zwischenergebnis und Sicherstellung der Qualität in der Praxis

Die Frage, welche konkreten Anforderungen an eine Übersetzung zu stellen sind, wird – nach den vorstehenden Feststellungen – von der Rechtsprechung und den Gesetzgeber(n) nicht eindeutig gelöst.[157] Im Ergebnis muss der Inhalt verständlich sein und dem wesentlichen Inhalt nach übermittelt werden. Eine wörtliche oder hochqualitative Translation wird hingegen nicht gefordert.

Die Pflicht zur Sicherstellung der ausreichenden Qualität und Qualifizierung liegt letztlich bei den Strafverfolgungsbehörden[158] bzw. dem jeweiligen Gericht (etwa im Rahmen des § 244 Abs. 2 StPO).[159] Dies gilt insbesondere hinsichtlich der wesentlichen Vollständigkeit und Richtigkeit der Translationen.[160] Aber auch der Verteidiger sollte die Arbeit einer kritischen Qualitätskontrolle zu unterziehen.[161] Das Gericht, aber auch die Verteidiger, müssen mangels eigener Sprachkenntnis und mangels objektiver Kontrollkriterien im Ergebnis auf die Richtigkeit der Übersetzungen vertrauen, sollten jedoch bei entsprechenden Reaktionen der Beteiligten, welche beide Sprachen beherrschen (oder der komplett Sprachunkundigen) weitere Nachforschungen anstellen.[162]

Die Bemessung der Qualität sollte nach einem endnutzerorientierten Anspruch erfolgen.[163] Bei den Translationsleistungen steht das Interesse der sprachunkundigen Personen sowie der Justizbehörden im Vordergrund, aufgrund der Translationen die Inhalte zu verstehen. Die Leistung muss ein faires Verfahren sichern können und Kommunikationsschwierigkeiten weitestgehend reduzieren. Gerade bei schriftlichen Übersetzungen kann dies bereits erreicht werden, wenn die Translation lediglich ein hohes inhaltliches Verständnis vermittelt, ohne dass es auf eine absolute sprachliche Präzision ankommt.

---

[157] Vgl. Kritik von *Meyer* in: Karpenstein/Mayer, EMRK, 3. Aufl. 2022, Art. 6 Rn. 261.

[158] EGMR, Urteil vom 19.12.1989, Az.: 9783/82 (Kamasinski / Österreich) = BeckRS 1989, 113179 Rn. 74; *Meyer* in: SK-StPO, 5. Aufl. 2019, EMRK Art. 6 Rn. 530.

[159] RG, Urteil vom 18.06.1942, Az.: 3 D 260/42 = RGSt 76, 177, 177 f.; *Wenske* in: FS Schlothauer, 2018, S. 293; *Schulte* in: MAH StV, 3 Aufl. 2022, § 18 Rn. 57; *Kulhanek* in: KMR-StPO, 116. EL, Stand: 07.09.2022, Einleitung, Rn. 199; *Kulhanek*, NStZ 2020, 563, 564; *Oğlakcıoğlu* in: MünchKomm-StPO, 2. Aufl. 2025, GVG § 185 Rn. 71; vgl auch EGMR, Urteil vom 19.12.1989, Az.: 9783/82 (Kamasinski / Österreich) = BeckRS 1989, 113179 Rn. 74, wonach ein Anspruch bestehen kann, auf eine Kontrolle der Adäquatheit der Übersetzung.

[160] *Basdorf* in: GS Meyer, 1990, S. 22. Vgl. einer Würdigung im Urteil in LG Münster, Urteil vom 08.01.2024, Az.: 7 KLs-6 Js 167/16-2/20, Rn. 912, 1037.

[161] Vgl. *Malek*, Verteidigung in der Hauptverhandlung, 5. Aufl. 2017, Teil 4 Rn. 324.

[162] Vgl. *Kulhanek* in: KMR-StPO, 116. EL, Stand: 07.09.2022, Einleitung, Rn. 199.

[163] Vgl. hierzu *Sandrini*, Translationspolitik für Regional- oder Minderheitensprachen, 2018, S. 256 ff.

b. Dolmetschleistungen

aa. Allgemeine Vorgaben zur Herstellung des Translats

Wie die mündliche Übertragung zu erfolgen hat, ist ebenfalls nicht geregelt und weitestgehend der dolmetschenden Person selbst überlassen.[164] Zur Tätigkeit selbst gibt es nahezu keine gesetzlichen Vorgaben.[165] Auch der Dolmetschereid, wonach „*treu und gewissenhaft*“ zu übertragen ist, gibt keine weiteren Aussagen zu den konkreten Modalitäten.[166] Jedenfalls muss die Übertragung nicht zwingend in die Muttersprache geschehen, sondern es kann auch eine sog. Relaissprache verwendet werden.[167]

Die Leitlinie für die Dolmetschenden sollte sein, dass durch ihre Leistungen die Sprachbarrieren aufgehoben werden. Die Dolmetschenden sollten im Idealbild hierbei im Hintergrund agieren, sodass die eigentliche Kommunikation zwischen den jeweiligen Gesprächspartnern möglichst unmittelbar zustande kommt.[168] Während des Gespräches, welches gedolmetscht wird, soll keine eigenständige Nebenkommunikation entstehen.[169] Lässt sich eine Nebenkommunikation nicht vermeiden, weil ausnahmsweise Rückfragen erforderlich sind, da ansonsten keine eindeutige Translation möglich ist, so muss diese transparent für beide Gesprächsparteien erfolgen.[170] Auch sind der Verdolmetschung keine Erklärungen oder Erläuterungen oder Handlungs-bzw. Antworthinweise hinzuzufügen.[171] Im Rahmen der Vermittlung ist es nicht erforderlich, dass juristisch oder technisch komplexe Sachverhalte für einen Laien verständlich aufbereitet werden.[172] Ein Transfer in dieser Tiefe des Verstehens ist nicht erforderlich. Es ist vorgesehen, dass die beschuldigte Person, welche Deutsch nicht beherrscht, durch die Verdolmetschung in eine Situation versetzt wird, in der diese einem

---

[164] *Oğlakcıoğlu* in: Gerechtigkeit aus der Ferne?, 2023, S. 171, 181.

[165] RG, Urteil vom 14.06.1910, Az.: I 467/10 = RGSt 43, 441, 443; RG, Urteil vom 02.06.1883, Az.: 1198/83 = RGSt 9, 51, 52; *Lankisch*, Der Dolmetscher in der Hauptverhandlung, 2004, S. 149; *Kallee*, Der Uebersetzer im Strafprozess, 1911, S. 43; v. *Kapff*, Der Dolmetscher im Prozess, 1911, S. 73; *Kempf* in: Wolf, Kriminalität im Grenzgebiet, Bd. 3, 2000, S. 247; *Kranjčić*, „…dass er treu und gewissenhaft übertragen werde.“, 2010, S. 13; 49; *Oğlakcıoğlu* in: MünchKomm-StPO, 2. Aufl. 2025, GVG § 185 Rn. 52; *Schulte* in: MAH StV, 3. Aufl. 2022, § 18 Rn. 45.

[166] *Kabbani*, StV 1987, 410, 412; *Kranjčić*, „…dass er treu und gewissenhaft übertragen werde.“, 2010, S. 41 f.; *Stanek*, Dolmetschen bei der Polizei, 2011, S. 55.

[167] *Kulhanek*: Die Sprach- und Ortsfremdheit von Beschuldigten im Strafverfahren, 2019, S. 322; *Oğlakcıoğlu* in: MünchKomm-StPO, 2. Aufl. 2025, GVG § 185 Rn. 42.

[168] *Wendler/Hoffmann*, Technik und Taktik der Befragung, 2. Aufl. 2015, Rn. 191.

[169] *Wendler/Hoffmann*, Technik und Taktik der Befragung, 2. Aufl. 2015, Rn. 194.

[170] *Wendler/Hoffmann*, Technik und Taktik der Befragung, 2. Aufl. 2015, Rn. 191.

[171] *BDÜ Berlin-Brandenburg*, Leitlinie Gerichtsdolmetschen für allgemein beeidigte Dolmetscher, Stand: 03.2021 S. 11: „*Klarstellend sei vermerkt: Auf keinen Fall fügt der Dolmetscher seiner Verdolmetschung Erklärungen oder Erläuterungen hinzu, suggeriert Handlungs- oder Antworthinweise, führt Privatgespräche in den Pausen usw. Dies verbietet die neutrale und professionelle Berufsausübung*“.

[172] Zum gesamten Kranjčić, NStZ 2011, 657, 662.

deutschen Beschuldigten gleichgestellt ist. Dieser würde komplexe Sachverhalte ebenfalls nicht in einer verständlichen Weise erklärt bekommen – ohne, dass dieser Nachfragen stellen müsste.

(1) Wahl der Dolmetschtechnik

. Die konkrete Technik sollte sich nach dem jeweiligen Einzelfall richten.[173] So ist oftmals bei einer Befragung der sprachunkundigen Person selbst eine konsekutive Übertragung zielführender und bei Ausführungen anderer Personen, deren Übertragung aus Verständnisgründen erfolgt, die simultane Übertragung geeigneter und zeitsparender.[174] Grundsätzlich hat die dolmetschende Person die Wahl zwischen der konsekutiven und simultanen Dolmetschtechnik, außer in der Beauftragung oder in der Verhandlung wird eine bestimmte Technik angeordnet.[175]

(2) Wortgetreue oder sinngemäße Übertragung

Es bleibt offen, ob eine wortgetreue Übertragung oder eine sinngemäße Übertragung zielführender ist.[176] Auch wenn keine Pflicht zur wörtlichen Übertragung besteht,[177] sollte diese bei Translationen Richtung Ermittlungspersonen und Gericht bevorzugt werden.[178] Eine sachgerechte Beurteilung des Aussageinhaltes ist so am ehesten möglich.[179] Zudem besteht ein geringeres Risiko, dass die dolmetschende Person eigene Wertungen oder Gewichtungen einbringt.[180] Das Gericht kann bei einer wörtlichen Übertragung seine die Leitungsfunktion am besten wahrnehmen.[181] Bei der Übertragung in Richtung der beschuldigten Person hängt die Art der Übertragung vom jeweiligen Einzelfall ab. Beim Tenor der Entscheidung, Anträgen oder entscheidungserheblichen Vorträgen sollte so eine wörtliche Übertragung erfolgen,[182] da dadurch eine Gewähr für eine unverfälschte und vollständige Wiedergabe des tatsächlichen

---

[173] *BDÜ Berlin-Brandenburg*, Leitlinie Gerichtsdolmetschen für allgemein beeidigte Dolmetscher, Stand: 03.2021 S. 10; *Driesen/Petersen/Rühl*, Gerichtsdolmetschen, 2. Aufl. 2018, S. 25 ff.

[174] *BDÜ Berlin-Brandenburg*, Leitlinie Gerichtsdolmetschen für allgemein beeidigte Dolmetscher, Stand: 03.2021, S. 10 f.; *Driesen/Petersen/Rühl*, Gerichtsdolmetschen, 2. Aufl. 2018, S. 8 ff.; *Lankisch*, Der Dolmetscher in der Hauptverhandlung, 2004, S. 45; mit jeweils ausführlicheren Einzelfalldarstellungen.

[175] *BDÜ Berlin-Brandenburg*, Leitlinie Gerichtsdolmetschen für allgemein beeidigte Dolmetscher, Stand: 03.2021, S. 10 f.

[176] *Kulhanek*: Die Sprach- und Ortsfremdheit von Beschuldigten im Strafverfahren, 2019, S. 50 f.; sowie *Kranjčić*, NStZ 2011, 657 mit weiteren Ausführungen.

[177] EGMR, Urteil vom 19.12.1989, Az.: 9783/82 (Kamasinski / Österreich) = BeckRS 1989, 113179 Rn. 83; *Gaede*, Fairness als Teilhabe, 2007, S. 288; *Strate*, StV 1981, 46, 46 f.

[178] Vgl. *Rovere* in: Handbuch Sprache im Recht, 2017, S. 324.

[179] BVerfG, Beschluss vom 17.05.1983, Az.: 2 BvR 731/80 = BVerfGE 64, 135, 148; a. A.: Übertragungen jedenfalls nach wesentlichem Inhalt: RG, Urteil vom 14.06.1910, Az.: I 467/10 = RGSt 43, 441, 443.

[180] *Eisenberg*, Beweisrecht, 10. Aufl. 2017, Rn. 1517a.

[181] *Mayer* in: Kissel/Mayer, GVG, 10. Aufl. 2021, § 185 Rn. 11.

[182] BVerfG, Beschluss vom 17.05.1983, Az.: 2 BvR 731/80 = BVerfGE 64, 135, 148; *Mayer* in: Kissel/Mayer, GVG, 10. Aufl. 2021, § 185 Rn. 10.

Erklärungsinhaltes am ehesten gegeben ist[183] und die betroffene Person so eher in die Lage versetzt wird, die Informationen eigenständig zu prüfen und zu bewerten.[184]

(3) Verhalten bei Missverständnissen oder Scheitern der Kommunikation

Grundsätzlich ist es nicht Sache der dolmetschenden Person auf Unklarheiten einzugehen; dies ist Aufgabe der jeweiligen Adressaten, welche entsprechende Rückfragen an den eigentlichen Gesprächspartner stellen sollten.[185] Bei einer gerichtlichen Verhandlung hat das Gericht im Rahmen des § 244 Abs. 2 StPO sicherzustellen, dass die wesentlichen Informationen übertragen werden,[186] weitergehende Kontrollen erfolgen grundsätzlich nicht. Unzureichende Verständnismöglichkeiten oder -schwierigkeiten müssen durch die angeklagte Person oder deren Verteidigung während der Verhandlung gerügt werden.[187]

Die dolmetschende Person interveniert allein in Situationen, in denen die Kommunikation ansonsten aufgrund von Missverständnissen zum Scheitern verurteilt wäre.[188] Diese Vorgehensweise ist jedoch nur in Ausnahmefällen angemessen, da sie andernfalls ihre neutrale Position aufgibt und in den Gesprächsfluss eingreifen muss.[189] Um ein Eingreifen zu vermeiden, empfiehlt der Landesverband Berlin-Brandenburg des BDÜ in der „Leitlinie Gerichtsdolmetschen" folgendes Vorgehen:

> *„7.1 Direkte Verdolmetschung: So haben die Verfahrensbeteiligten eine Chance, nachzufragen und das Missverständnis selbst zu klären.*
>
> *7.2 Falls 7.1 ohne Erfolg: Der Dolmetscher weist auf das Missverständnis hin, das Gericht kann es selbst beheben.*
>
> *7.3 Falls 7.2 ohne Erfolg: Scheitert die Kommunikation erneut, bittet der Dolmetscher um Erlaubnis, selbst eine knappe Erklärung zu geben. Scheitert*

---

[183] *Lankisch*, Der Dolmetscher in der Hauptverhandlung, 2004, S. 149 f.

[184] *Kabbani*, StV 1987, 410, 411; *Strate*, StV 1981, 46, 47.

[185] *BDÜ Berlin-Brandenburg*, Leitlinie Gerichtsdolmetschen für allgemein beeidigte Dolmetscher, Stand: 03.2021, S. 12, abrufbar unter: https://bb.bdue.de/fileadmin/verbaende/bb/Dateien/PDF-Dateien/sonstiges/BB_Leitlinie_Gerichtsdolmetschen.pdf (zuletzt abgerufen am 31.12.2024); *Wendler/Hoffmann*, Technik und Taktik der Befragung, 2. Aufl. 2015, Rn. 194.

[186] *Oğlakcıoğlu* in: MünchKomm-StPO, 2. Aufl. 2025, GVG § 185 Rn. 71.

[187] BGH, Beschluss vom 19.03.1997, Az.: 3 StR 80/97 = WKRS 1997, 18989.

[188] *BDÜ Berlin-Brandenburg*, Leitlinie Gerichtsdolmetschen für allgemein beeidigte Dolmetscher, Stand: 03.2021, S. 8 f., 12.

[189] *BDÜ Berlin-Brandenburg*, Leitlinie Gerichtsdolmetschen für allgemein beeidigte Dolmetscher, Stand: 03.2021, S. 12.

> *die Kommunikation aufgrund einer Sprachbarriere, muss der Dolmetscher dies dem Gericht mitteilen und vom Auftrag zurücktreten.*"[190]

Hierzu stellt der Landesverband auch klar, dass es nicht die Aufgabe der dolmetschenden Person ist, eine „*Bewertung der Situation oder Wertungen über die Person*" vorzunehmen und diese „*insbesondere kein Sachverständiger für das Herkunftsland des zu Verdolmetschenden und die dortigen Gepflogenheiten*" ist.[191] Dies ist Aufgabe von Kultursachverständigen.[192]

bb. Qualitätsanforderungen an die Dolmetschleistung

(1) Vorgaben aus der EMRK

Aus der EMRK ergeben sich keine unmittelbaren Anforderungen an die Qualität von Dolmetschleistungen. Es muss lediglich sichergestellt sein, dass ein faires Verfahren gewährleistet ist.[193] Hierbei kann jedoch eine große Spannbreite bezüglich der Qualität bestehen.

(2) Vorgaben aus der Richtlinie 2010/64/EU

Wie bei Übersetzungsleistungen bleibt die Richtlinie 2010/64/EU bei Dolmetschleistungen hinsichtlich der Qualitätsanforderungen vage. Aus Art. 2 Abs. 8 ergibt sich ebenfalls nur ein Mindeststandard: Die „*zur Verfügung gestellte Dolmetschleistungen müssen eine für die Gewährleistung eines fairen Verfahrens ausreichende Qualität aufweisen, wobei insbesondere sicherzustellen ist, dass verdächtige oder beschuldigte Personen wissen, was ihnen zur Last gelegt wird, und imstande sind, ihre Verteidigungsrechte wahrzunehmen.*" Auch hier dürfte gelten, dass selbst unpräzise und unvollständige Übertragungen die Informationen in einem ausreichenden Maße übermitteln.

(3) Vorgaben des Bundesrechts

Aus dem Gerichtsverfassungsgesetz ergeben sich für Dolmetschleistungen, wie bereits bei Übersetzungsleistungen, ebenfalls keine unmittelbaren Anforderungen an die Qualität der

---

[190] *BDÜ Berlin-Brandenburg*, Leitlinie Gerichtsdolmetschen für allgemein beeidigte Dolmetscher, Stand: 03.2021, S. 12.

[191] *BDÜ Berlin-Brandenburg*, Leitlinie Gerichtsdolmetschen für allgemein beeidigte Dolmetscher, Stand: 03.2021, S. 8.

[192] Hierzu Abschnitt B.III.

[193] *Gaede* in: MünchKomm-StPO, 2. Aufl. 2025, EMRK Art. 6 Rn. 274;
EGMR, Urteil vom 14.01.2003, Az.: 26891/95 (Lagerblom / Schweden) = BeckRS 2003, 158266 Rn. 61: „*The interpretation assistance provided should be such as to enable the accused to have knowledge of the case against him and to defend himself, notably by being able to put before the court his version of the events.*"

Translationen oder Kriterien für die Messung und Sicherstellung dieser.[194] So stellt *Oğlakcıoğlu* fest, dass *„keine ‚qualitativ hochwertige' Dolmetschleistung"* garantiert wird und sogar Übertragungsfehler, durch welche eine Aussage unrichtig, unvollständig oder sinnentstellend wird, nicht unmittelbar zu einer Verletzung des § 185 GVG führt.[195] Das Gerichtsverfassungsgesetz fordert in § 189 Abs. 1 Satz 1 lediglich, dass die Übertragung *„treu und gewissenhaft"* erfolgt. Aus dem dort geregelten Eid lässt sich aber, unter Verweis auf die Feststellungen bei Übersetzungsleistungen, nur schwer eine konkretisierbare Qualitätsanforderung entnehmen.[196]

Alternativ zu der Beeidigung in der Verhandlung selbst, kann eine allgemeine Beeidigung gemäß § 189 Abs. 2 GVG erfolgen. Auf diese kann sich die Person berufen und muss nicht bei jeder Zuziehung erneut vereidigt werden.[197] Die allgemeine Beeidigung richtet sich für dolmetschende Personen seit dem 12. Dezember 2024 nur noch nach dem bundeseinheitlichen GDolmG.[198] Hieraus ergeben sich jedoch, wie bereits oben festgestellt,[199] keine weiteren konkreten Hinweise.

(4) Zwischenergebnis und Sicherstellung der Qualität in der Praxis

Der Gesetzgeber stellt keine unmittelbaren Anforderungen an die Qualität der Dolmetschleistungen und auch keine Kriterien zur Messung und Sicherstellung dieser auf.[200] Gemäß § 185 Abs. 1 Satz 2 GVG ist vorgesehen, dass im Protokoll oder in einer Anlage Aussagen und Erklärungen in fremder Sprache niedergeschrieben werden oder dem Protokoll eine Übersetzung beigefügt werden soll (Satz 3), sofern das Gericht dies für erforderlich erachtet.[201] Falls dies erfolgt, wird hierdurch jedoch weder die Vollständigkeit noch die Richtigkeit der Übertragung bewiesen.[202] Eine standesrechtliche Pflicht zur Dokumentation

---

[194] *Schulte* in: MAH StV, 3. Aufl. 2022, § 18 Rn. 38; *Oğlakcıoğlu* in: MünchKomm-StPO, 2. Aufl. 2025, GVG § 185 Rn. 45; *Oğlakcıoğlu* in: Gerechtigkeit aus der Ferne?, 2023, S. 171, 182 f.; *Mayer* in: Kissel/Mayer, GVG, 10. Aufl. 2021, § 185 Rn. 10; *Kotzurek*, eucrim 2020, 314, 318.

[195] *Oğlakcıoğlu* in: MünchKomm-StPO, 2. Aufl. 2025, GVG § 185 Rn. 45.

[196] *Oğlakcıoğlu* in: Gerechtigkeit aus der Ferne?, 2023, S. 171, 182.

[197] *Frister* in: SK-StPO, 6. Aufl. 2023, GVG § 189 Rn. 7; *Rosenau* in: SSW-StPO, 6. Aufl. 2025, GVG § 189 Rn. 4.

[198] Art. 10 des Gesetzes zur Modernisierung des Strafverfahrens vom 10.12.2019 (BGBl. I S. 2121); *Allgayer* in: BeckOK-GVG, Stand: 15.08.2025, § 189 Rn. 3, 5.

[199] Hierzu Abschnitt C.I.5.a.bb.(3)(b).

[200] *Schulte* in: MAH StV, 3. Aufl. 2022, § 18 Rn. 38; *Oğlakcıoğlu* in: MünchKomm-StPO, 2. Aufl. 2025, GVG § 185 Rn. 45; *Mayer* in: Kissel/Mayer, GVG, 10. Aufl. 2021, § 185 Rn. 10.

[201] Wortlaut des § 185 Abs. 1 Satz 2 GVG; BGH, 04.09.1990 - 5 StR 234/90 = WKRS 1990, 11791 Rn. 4: *„Denn der Umstand, daß ein vom Gericht gemäß § 185 Abs. 1 Satz 1 GVG hinzugezogener Dolmetscher den der deutschen Sprache nicht mächtigen Angeklagten durch vollständige und richtige Übersetzung über die in der Hauptverhandlung zur Sprache gekommenen Umstände unterrichtet hat, ist nicht protokollpflichtig."*

[202] RG, Urteil vom 14.06.1910, Az.: I 467/10 = RGSt 43, 441, 442; *Allgayer* in: BeckOK-GVG, Stand: 15.08.2025, § 185 Rn. 8; *Diemer* in: KK-StPO, 9. Aufl. 2023, GVG § 185 Rn. 6; *Frister* in: SK-StPO, 6. Aufl. 2023, GVG § 185 Rn. 13 f.

durch die Berufsträger besteht ebenfalls nicht.[203] Solche schriftlichen Dokumentationen wären auch aus Gründen der Verschwiegenheitsverpflichtung (§ 189 Abs. 4 Satz 1 GVG) problematisch.

Letztlich orientiert sich die Qualität am verfolgten Zweck der Dolmetschleistungen. Sie müssen eine solche Qualität aufweisen, dass die Sprachbarriere so weit wie möglich reduziert und eine Verständigung ermöglicht wird. Beide Seiten müssen den wesentlichen Inhalt dabei richtig erfassen können. Nach *Lankisch* besteht bei Dolmetschleistungen in der Praxis häufig die Gefahr einer bloß „halbherzigen Eignungskontrolle“.[204] Im Ergebnis muss mangels eigener Sprachkenntnisse und mangels objektiver Kontrollkriterien auf die Richtigkeit der Übertragungen vertraut werden, aber es sollte, wie auch bei Übersetzungen, auch auf die Reaktionen der sprachkundigen Beteiligten abgestellt werden.[205] Dies gilt insbesondere, wenn Unstimmigkeiten beim Umfang oder in der Art und Weise der Translationen auftreten.[206] Solche Unklarheiten können etwa ein langes Zögern des Dolmetschenden sein, was auf Mängel beim Vokabular hinweisen kann, aber auch wenn der Beitrag des sprachunkundigen und der des Dolmetschenden vom inhaltlichen und zeitlichen Umfang her nicht übereinstimmen kann.[207] So kommen in der Praxis Fälle vor, in denen der Sprachunkundige mehrere Minuten etwas ausführt, was mit einem kurzen „Ja“ transferiert wird. Ein weiteres negatives Kriterium liegt vor, wenn die Antwort offensichtlich nicht zur gestellten Frage passt.[208] In dem Fall sollten gezielte Nachfragen, sowohl durch das Gericht als auch durch die Verteidigung, gestellt werden, um Unklarheiten aufzuklären.[209]

6. Rechtsschutzmöglichkeiten

a. Bei fehlenden Translationsleistungen

Es liegt ein absoluter Revisionsgrund nach § 338 Nr. 5 StPO vor, wenn in der Hauptverhandlung einer sprachunkundigen angeklagten Person überhaupt keine Translationsleistung zur Seite gestellt wird oder wesentliche Teile nicht übersetzt bzw.

---

[203] So etwa nicht vorgesehen in: *BDÜ Berlin-Brandenburg*, Leitlinie Gerichtsdolmetschen für allgemein beeidigte Dolmetscher, Stand: 03.2021, abrufbar unter: https://bb.bdue.de/fileadmin/verbaende/bb/Dateien/PDF-Dateien/sonstiges/BB_Leitlinie_Gerichtsdolmetschen.pdf (zuletzt abgerufen am 31.12.2024).

[204] *Lankisch*, Der Dolmetscher in der Hauptverhandlung, 2004, S. 48 ff.

[205] *Kulhanek* in: KMR-StPO, 116. EL, Stand: 07.09.2022, Einleitung, Rn. 199.

[206] *Kulhanek* in: KMR-StPO, 116. EL, Stand: 07.09.2022, Einleitung, Rn. 199.

[207] *Schmidt*, Verteidigung von Ausländern, 4. Aufl. 2016, Rn. 471; *Malek*, Verteidigung in der Hauptverhandlung, 5. Aufl. 2017, Teil 4 Rn. 324.

[208] *Schmidt*, Verteidigung von Ausländern, 4. Aufl. 2016, Rn. 471.

[209] *Malek*, Verteidigung in der Hauptverhandlung, 5. Aufl. 2017, Teil 4 Rn. 324.

übertragen wurden.[210] Dies gilt auch, wenn ein sprachunkundiger Zeuge ohne Dolmetscher vernommen wird.[211] Bei teilweise sprachkundigen angeklagten Personen oder Zeugen ist dies dem Ermessen des Gerichts überlassen und kann daher nur ggf. einen relativen Revisionsgrund begründen.[212] In dem Fall müssen jedoch die Tatsachen, aus denen sich die Notwendigkeit einer Dolmetscherhinzuziehung für das Gericht hätten ergeben müssen, konkret und detailliert vorgetragen werden.[213] Hierzu gehört ein Vortrag zum Umfang der sprachlichen Fähigkeiten des Betroffenen und was Gegenstand des betroffenen Verhandlungsteils war, zu dessen Mitwirkung es eines Dolmetschenden bedurft hätte.[214]

Eine dolmetschende Person wird ferner aufgrund des Grundsatzes der Rollentrennung als abwesend fingiert, soweit diese selbst als Zeuge vernommen wird.[215] In dem Moment kann die Person, welche auf die Sprachübertragungen angewiesen ist, nicht aktiv am Prozess partizipieren und wird so zu einem verhandlungsunfähigen Prozessobjekt degradiert.[216]

b. Bei mangelhafter Qualität

Der BGH hat in einer Entscheidung, in der eine unzulängliche Übertragung einer Vernehmung eines Zeugen angegriffen wurde, festgestellt, dass unzureichende oder bloß mangelhafte Qualität nicht durch ein Revisionsverfahren nachprüfbar ist:

> *„Ob die Übertragung richtig und vollständig war, hatte der Tatrichter nach pflichtgemäßem Ermessen zu entscheiden, das im Revisionsverfahren grundsätzlich nicht nachprüfbar ist.“*[217]

---

[210] BVerfG, Beschluss vom 17.05.1983, Az.: 2 BvR 731/80 = BVerfGE 64, 135, 149; BGH, Beschluss vom 22.11.2001, Az.: 1 StR 471/01 = NStZ 2002, 275 Rn. 2; BGH, Urteil vom 11.11.1952, Az.: 1 StR 484/52 = BGHSt 3, 285, 286; RG, Urteil vom 11.09.1900, Az.: D 3265/00 = GA 1900, 384; BayObLG, Beschluss vom 24.09.2004, Az.: 1 St RR 143/04 = NStZ-RR 2005, 178, 179; *Kulhanek*: Die Sprach- und Ortsfremdheit von Beschuldigten im Strafverfahren, 2019, S. 59; *Schmidt/Schiemann* in: HeidelbergerKomm-StPO, 7. Aufl. 2023, GVG § 185 Rn. 13.

[211] BayObLG, Beschluss vom 24.09.2004, Az.: 1 St RR 143/04 = NStZ-RR 2005, 178, 179.

[212] BGH, Beschluss vom 22.11.2001, Az.: 1 StR 471/01 = NStZ 2002, 275 Rn. 2; BGH, Beschluss vom 26.06.1991, Az.: 2 StR 583/90 = WKRS 1991, 12063 Rn. 4; BGH, Urteil vom 11.11.1952, Az.: 1 StR 484/52 = BGHSt 3, 285, 286; RG, Urteil vom 06.07.1903, Az.: D. 2525/03 = GA 1903, 394, 394 f.; OLG Stuttgart, Urteil vom 18.09.2006, Az.: 1 Ss 392/06 = NJW 2006, 3797; *Schmidt/Schliemann* in: HeidelbergerKomm-StPO, 7. Aufl. 2023, GVG § 185 Rn. 13.

[213] BGH, Beschluss vom 22.10.2002, Az.: 1 StR 298/02 = NStZ 2003, 218, 219; KG, Beschluss vom 22.08.2025, Az.: 3 ORbs 160/25 = BeckRS 2025, 31532; KG, Beschluss vom 27.11.2019, Az.: 161 Ss 151/19 = NStZ 2020, 563 Rn. 5; *Kulhanek*, NStZ 2020, 563, 564; *Oğlakcıoğlu* in: MünchKomm-StPO, 2. Aufl. 2025, GVG § 185 Rn. 68.

[214] KG, Beschluss vom 22.08.2025, Az.: 3 ORbs 160/25 = BeckRS 2025, 31532.

[215] *Kindhäuser/Schumann*, Strafprozessrecht: 7. Aufl. 2023, § 31 Rn. 43.

[216] *Oğlakcıoğlu* in: MünchKomm-StPO, 2. Aufl. 2025, GVG § 184 Rn. 13; vgl. auch *Meyer* in: Karpenstein/Mayer, EMRK, 3. Aufl. 2022, Art. 6 Rn. 217.

[217] BGH, Urteil vom 18.05.1976, Az.: 5 StR 529/75 = WKRS 1976, 12559 Rn. 9; *Basdorf* in: GS Meyer, 1990, S. 22; *Kulhanek* in: KMR-StPO, 116. EL, Stand: 07.09.2022, Einleitung, Rn. 200.

Etwas anderes gilt nur, wenn substantiiert dargelegt werden kann, dass aufgrund der fehlerhaften Qualität eine sachgerechte Verteidigung nicht mehr gewährleistet werden konnte (vgl. § 338 Nr. 8 StPO).[218] Hierzu bedarf es eines konkreten Tatsachenvortrags zu Mängeln und deren Auswirkungen auf die Möglichkeiten der angeklagten Person dem Gang der Verhandlung zu folgen und selbst zu partizipieren.[219] Dies gilt auch für Übersetzungen.[220] In der Regel scheitert die Revision, da dieser Vortrag nicht gelingt.[221] Auch müsste ein solcher Mangel bereits in der Verhandlung, in der der Mangel auftritt, eingewendet werden.[222] Bei einer mangelhaften Übersetzung, etwa einer Anklage, muss diese ebenfalls in der Hauptverhandlung gerügt werden und ein Aussetzungsantrag nach § 265 Abs. 4 StPO gestellt werden.[223]

Bewusst unrichtige Translationen können auch Folgen für die dolmetschende Person haben. Diese kann sich zum einen wegen Meineid (§ 154 StGB),[224] Begünstigung (§ 257 StGB) oder Strafvereitelung (§ 258 StGB) strafbar machen[225] und zum anderen zivilrechtlichen Ersatzpflichten aussetzen.

c. Weitere Gründe

Die Auswahl der konkreten Person kann nur auf Ermessensfehler hin geprüft werden.[226] Weiterhin kann eine fehlende Beeidigung der Translatoren eine Revision begründen.[227] Wenn die dolmetschende Person „bloß" befangen ist und dies erst später offensichtlich wird, muss nicht die gesamte Beweisaufnahme wiederholt werden, sondern nur insoweit, wie die

---

218 BGH, Beschluss vom 08.08.2017, Az.: 1 StR 671/16 = NJW 2017, 3797 Rn. 7 f.; *Frister* in: SK-StPO, 6. Aufl. 2023, § 185 Rn. 18.

219 BGH, Beschluss vom 08.08.2017, Az.: 1 StR 671/16 = NJW 2017, 3797 Rn. 8; BGH, Urteil vom 23.01.1985, Az.: 1 StR 722/84 = NStZ 1985, 376, 376 f.; vgl. auch KG, Beschluss vom 27.11.2019, Az.: 161 Ss 151/19 = NStZ 2020, 563 Rn. 5; *Kulhanek* in: KMR-StPO, 116. EL, Stand: 07.09.2022, Einleitung, Rn. 200; im Detail zum notwendigen Vortrag: *Schlothauer/Wollschläger/Piel,* Verteidigung im Revisionsverfahren, 4. Aufl. 2024, Rn. 597

220 BGH, Beschluss vom 27.11.2018, Az.: 3 StR 339/18 = NStZ-RR, 2019, 57; Kulhanek, NStZ 2020, 563, 564.

221 BGH, Beschluss vom 08.08.2017, Az.: 1 StR 671/16 = NJW 2017, 3797 Rn. 9 *„Worin konkret die Mängel der Simultanübersetzung bestanden haben sollen und wie sich dies auf die Aufgabenerfüllung des Dolmetschers ausgewirkt haben soll, legt die Revision nicht dar. Erst recht fehlt es an konkretem Tatsachenvortrag zu den Auswirkungen auf die Verteidigungsmöglichkeiten des Angeklagten.*"; BGH, Beschluss vom 19.03.1997, Az.: 3 StR 80/97 = WKRS 1997, 18989; KG, Beschluss vom 27.11.2019, Az.: 161 Ss 151/19 = NStZ 2020, 563 Rn. 5.

222 BGH, Beschluss vom 19.03.1997, Az.: 3 StR 80/97 = WKRS 1997, 18989: *„Eine Verletzung dieser Pflicht und damit ein relativer Revisionsgrund nach § 337 StPO i.V. mit § 185 GVG kann bereits deswegen nicht festgestellt werden, da weder der Angeklagte noch sein Verteidiger in der Hauptverhandlung eine unzureichende Verständigungsmöglichkeit geltend gemacht haben.*"

223 OLG Düsseldorf, Beschluss vom 29.10.1984, Az.: 5 Ss 369/84 = Az.: 289/834 I; *Simon* in: LR-StPO, 22. Aufl. 2022, GVG § 187 Rn. 31. Vgl. auch zur Aussetzungspflicht bei mangelhaften Übersetzungen BGH, Beschluss vom 21.02.2024, Az.: 3 StR 373/23 = BeckRS 2023, 12090.

224 BGH, Urteil vom 09.04.1953, Az.: 5 StR 824/52 = BGHSt 4, 154, 154.

225 *Simon* in: LR-StPO, 22. Aufl. 2022, GVG § 185 Rn. 31.

226 OLG Frankfurt/Main, Urteil vom 09.07.1952, Az.: 1 Ss 230/52 = NJW 1952, 1310, 1310; *Frister* in: SK-StPO, 6. Aufl. 2023, § 185 Rn. 18; *Diemer* in: KK-StPO, 9. Aufl. 2023, GVG § 185 Rn. 7.

227 Revision bei fehlender Beeidigung: BGH, Beschluss vom 06.06.2019, Az.: 1 StR 190/19 = NStZ 2020, 103, 103; OLG Hamm, Beschluss vom 20.01.2004, Az.: 1 Ss 2/04 = juris, Rn. 9.

gerichtliche Entscheidung auf der Arbeit des Dolmetschenden beruht und erst ab dem Zeitpunkt der Entstehung des Ablehnungsgrundes.[228]

7. Zwischenergebnis

Der primäre Anknüpfungspunkt für die Frage, ob Verfahrenstranslationen gewährt werden, ist die Sprachkunde. Die Sprachkunde muss solche Defizite aufweisen, dass andernfalls nicht mit der Wahrnehmung der strafprozessualen Rechte gerechnet werden kann. Ob dies der Fall ist, müssen die Ermittlungspersonen und Gerichte feststellen. In dem Fall müssen diese einen geeigneten Translator für Dolmetsch- und Übersetzungsleistungen beauftragen. Die konkrete Ausgestaltung der Translationsleistungen ist nicht geregelt und steht ebenfalls im Ermessen der Justizbehörden. Es besteht kein vollumfänglicher Anspruch, gerade Übersetzungsleistungen können auch nur zusammenfassend oder auf die wesentlichen Inhalte beschränkt erfolgen. Der Umfang der Leistungen sollte das allgemeine Verständnis sowie die Wahrnehmung der Verteidigungsrechte sicherstellen. Konkrete Vorgaben zur Qualitätssicherstellung oder ein konkreter Maßstab für die Qualität bestehen ebenfalls nicht.

II. Kritik und Lösungsvorschläge

1. Die sprachunkundigen Personen sollten mehr Mitwirkungsrechte erhalten bei Entscheidungen über Translationsleistungen

a. Entscheidungskompetenz über Ausgestaltung liegt derzeit bei Justizbehörden

Derzeit liegt die Entscheidungskompetenz bezüglich der konkreten Ausgestaltung der Translationsleistungen weitestgehend bei den jeweiligen Justizbehörden.[229] Es ist in deren Ermessen gestellt, welche Translationsleistungen erforderlich sind und durch welche Person sowie in welchem Umfang diese erfolgen, damit die beschuldigte Person sich effektiv verteidigen kann. Diese handeln hierbei aus einer ex-ante Perspektive, wobei schwer abzuschätzen ist, welche Übersetzungen die beschuldigte Person zur Ausübung ihrer Rechte konkret benötigen wird.[230] Zutreffend kritisiert *Oğlakcıoğlu* diese Situation als unbefriedigend, auch da häufig nicht danach entschieden wird, *„ob die Übersetzungsleistung „erforderlich“, sondern ob diese noch „praxisgerecht“ (iSv prozessökonomisch) ist.“*[231] Diese Kritik lässt sich auf die Entscheidungen der Ermittlungsbehörden übertragen. Die sprachunkundige Person kann

[228] *Schulte* in: MAH StV, 3. Aufl. 2022, § 18 Rn. 57.
[229] LG Nürnberg-Fürth, Beschluss vom 02.09.2024, Az.: 8 Qs 41/24, Rn. 17.
[230] *Eisenberg*, JR 2013, 442, 445; *Oğlakcıoğlu* in: MünchKomm-StPO, 2. Aufl. 2025, GVG § 187 Rn. 24; vgl. auch dieselbe Kritik zur vergleichbaren österreichischen Rechtslage: *Herbst/Wess*, ZWF 2016, 197, 200.
[231] *Oğlakcıoğlu* in: MünchKomm-StPO, 2. Aufl. 2025, GVG § 187 Rn. 24.

lediglich Anregungen geben. Auch sind die zahlreichen zu treffenden Ermessensentscheidungen bezüglich der Translationsleistungen zumeist nur eingeschränkt durch Rechtsmittel angreifbar, wenn Anhaltspunkte für eine ermessensfehlerhafte Entscheidung vorliegen.[232] Vielmehr sollte insbesondere bezüglich des Translationsumfangs sowie der Translationsweise die betroffene sprachunkundige Person ein eigenes, gleichberechtigtes und effektives Mitspracherecht erlangen. Die daraus hervorrufbaren prozessökonomischen Risiken könnten durch die Verwendung von maschinellen Translationen reduziert werden.

b. Entwicklungstendenz zugunsten der beschuldigten Personen

In der Gesetzgebung ist eine Tendenz erkennbar, wodurch die Rechte sprachunkundiger Personen gestärkt werden. Nachdem lange Zeit der Anspruch auf schriftliche Übersetzungen als solcher sowie der konkrete Umfang in Streit standen, hat sich seit der Umsetzung der Richtlinie 2010/64/EU mehr Klarheit und eine Ausweitung der – für ein faires Verfahren – garantierten Rechte ergeben. Ebenso war es zur Jahrtausendwende noch unklar, ob Dolmetschleistungen für verfahrensvorbereitende Gespräche mit einem Wahlverteidiger gestellt werden müssen,[233] was heute unbestritten ist. Ein weiterer Schritt wäre es, der Verfahrensrolle der Translatoren – als neutrale Personen *sui generis* – mehr Wirkung zu verleihen, indem beide Kommunikationsseiten einen gleichberechtigten Einfluss auf den Mittler gewinnen und dadurch die einseitige Bestimmungsmacht der staatlichen Einrichtungen reduziert wird.

c. Mehr Mitbestimmung der Beschuldigten fördert die prozessuale Rolle der Translatoren

Mehr Einfluss der Beschuldigten würde dem Selbstverständnis vieler Translatoren, welche im Strafverfahren tätig werden, gerecht werden. Genauso wie die Dolmetschenden bei Gesprächen möglichst im Hintergrund verschwinden sollen, so sollen diese eine strikte neutrale Rolle einnehmen.[234] Die Translatoren sind nicht einem bestimmten „Lager“ zugeordnet, sie leisten vielmehr allen Beteiligten den gleichen Dienst, indem sie eine gleichberechtigte

[232] KG, Beschluss vom 27.11.2019, Az.: 161 Ss 151/19, Rn. 7 = *Kulhanek*, NStZ 2020, 563, 564.
[233] Vgl. hierzu: OLG Hamm, Beschluss vom 04.01.1994, Az.: 3 Ws 660/93 = WKRS 1994, 12890; LG Oldenburg, Beschluss vom 05.10.1998, Az.: 1 Qs 96-98 = NStZ-RR 1999, 149; noch ablehnend dagegen: OLG Düsseldorf, Beschluss vom 06.12.1988, Az.: 1 Ws 1142/1194/88 = NJW 1989, 677, 678; OLG Zweibrücken, Beschluss vom 19.12.1979, Az.: 1 Ws 377/79 = NJW 1980, 2143.
[234] OLG Nürnberg, Beschluss vom 06.04.1999, Az.: 5 W 786/9 = MDR 1999, 823; *Frister* in: SK-StPO, 6. Aufl. 2023, GVG § 191 Rn. 2.

Kommunikation ermöglichen.[235] Entsprechend sollten auch sämtliche Beteiligte auf die Rahmenbedingungen Einfluss nehmen können.[236] Zugleich haben die Translatoren jedoch aufgrund ihrer Mittlerfunktion große Möglichkeiten, auf den Gesprächsablauf einzuwirken.[237] Daher müssen sie gegenüber allen Beteiligten gleich loyal und distanziert handeln.[238] Dies wird auch in den Berufskodizes für Gerichtstranslatoren deutlich.[239] So sollen keine persönlichen Stellungnahmen erfolgen, der Auftrag ist allein die Sprachübermittlung.[240] Die beauftragte Person soll keine eigenen Interessen verfolgen und nicht für die Beschuldigten ergänzend sprechen, soweit dies nicht für das Verständnis der Aussage zwingend erforderlich ist.[241] Ebenso soll sie die Übertragung nicht um eigene Stellungnahmen ergänzen, wie bei einer Anzweiflung der Plausibilität.[242] Insbesondere sind (im theoretischen Ideal), etwa bei Vernehmungen, ergänzende Zwischenfragen ausnahmslos unzulässig.[243] Auch sonstige Interkommunikationen (etwa mit den Beschuldigten während einer Vernehmungspause) sind aufgrund mangelnder Steuerbarkeit zu unterlassen.[244] Die neutrale Rolle ist auch in Verhandlungspausen einzuhalten.[245]

---

[235] *Schmitt* in: Schmitt/Köhler, StPO, 69. Aufl. 2026, GVG § 185 Rn. 7; *Oğlakcıoğlu* in: MünchKomm-StPO, 2. Aufl. 2025, GVG § 185 Rn. 18; *Kulhanek*, Die Sprach- und Ortsfremdheit von Beschuldigten im Strafverfahren, 2019, S. 48 f.: *Kulhanek*, NStZ 2020, 563, 564; *Kulhanek* in: KMR-StPO, 116. EL, Stand: 07.09.2022, Einleitung, Rn. 195.

[236] Für ein Auswahlrecht des Beschuldigten bereits: LG Duisburg, Beschluss vom 03.06.2008, Az.: 31 Qs 152 Js 263/08, 82/08 = BeckRS 2010, 17723.

[237] *Pöchhacker* in: Kaindl/Pöllabauer/Mikić, Dolmetschen als Dienst am Menschen, 2021, S. 57, 64.

[238] *Schreiber* in: Kaindl/Pöllabauer/Mikić, Dolmetschen als Dienst am Menschen, 2021, S. 135 ff.; *Kadrić*, Gerichts- und Behördendolmetschen, 2019, S. 77; *Schulte* in: MAH StV, 3. Aufl. 2022, §18 Rn. 40.

[239] *„Legal interpreters and legal translators shall remain neutral and also maintain the appearance of impartiality, avoiding any undue contacts with either witnesses, defendants and their families or members of the legal professions.“*, EULITA, EULITA Code of Professional Ethics, 06.04.2013, S. 3, abrufbar unter: https://eulita.eu/en-code-ethics (zuletzt abgerufen am: 30.05.2026): "*Court interpreters and translators are to remain impartial and neutral in proceedings where they serve, and must maintain the appearance of impartiality and neutrality, avoiding unnecessary contact with the parties. Court interpreters and translators shall abstain from comment on matters in which they serve.*" National *NAJIT*, Code of Ethics and Professional Responsibilities, 2016, abrufbar unter: https://najit.org/wp-content/uploads/2016/09/NAJITCodeofEthicsFINAL.pdf (zuletzt abgerufen am: 30.05.2026).

[240] OLG Nürnberg, Beschluss vom 06.04.1999, Az.: 5 W 786–99 = NJW-RR 1999, 1515; *Frister* in: SK-StPO, 6. Aufl. 2023, GVG § 191 Rn. 2; *Schumann*, Polizei 2018, 49, 51; *Donk* in: Hermeneutische Polizeiforschung, 2003, S 108.

[241] *Ellscheid* in: Grewendorf, Rechtskultur als Sprachkultur, 1992, S. 278; v. *Kapff*, Der Dolmetscher im Prozess, 1911, S. 75; *Simon* in: LR-StPO, 27. Aufl. 2022, GVG § 185 Rn. 15.

[242] LG Darmstadt, Beschluss vom 23.01.1990, Az.: 19 Js 23700/88 – 1 KLs = StV 1990, 258; *Frister* in: SK-StPO, 6. Aufl. 2023, GVG § 191 Rn. 2.

[243] *Artkämper* in: Wolf, Kriminalität im Grenzgebiet, Bd. 3, 2000, S. 185 f.; *Schumann*, Polizei 2018, 49, 54; *Donk* in: Hermeneutische Polizeiforschung, 2003, S. 108.

[244] *Kulhanek*: Die Sprach- und Ortsfremdheit von Beschuldigten im Strafverfahren, 2019, S. 48; *Artkämper* in: Wolf, Kriminalität im Grenzgebiet, Bd. 3, 2000, S. 186.

[245] *Stanek*, Dolmetschen bei der Polizei, 2011, S. 75; vgl. auch hierzu etwa auch die Berufsordnung der EULITA, Code of Professional Ethics, 06.04.2023, S. 2 f.

In der Praxis kommt es häufig zur Interkommunikation mit Beschuldigten, mit zum Teil erheblichen Folgen für das Verfahren.[246] So kommt es vor, dass Translatoren ihre neutrale Rolle verlassen und als „Hilfspolizisten" im Interesse der Ermittlungspersonen tätig werden oder zugunsten der beschuldigten Person als „Hilfsanwalt".[247] Wenn beide Seiten auf die Rahmenbedingungen einwirken können, bestünde die Möglichkeit, dass diese Gefahr deutlich gesenkt und die vorgesehene neutrale Stellung gestärkt wird.
Die sprachunkundigen Personen, insbesondere Beschuldigte, sollten daher für ein möglichst faires Verfahren ein größeres Mitspracherecht erhalten.

2. Der Einsatz von qualifizierten Berufsträgern als wirklicher Regelfall

Für Übersetzungs- und Dolmetschleistungen besteht kein Berufsschutz. Dies hat zur Folge, dass grundsätzlich jede Person, welche das relevante Sprachpaar auf einem hinreichenden Niveau beherrscht, als Translator im Strafverfahren tätig werden kann – unabhängig von einer Ausbildung oder anderweitigen Qualifikation.[248] Es besteht kein Zwang oder Vorranggebot für die Justizbehörden, auf allgemein vereidigte Dolmetschende oder Übersetzende[249] zurückzugreifen.[250] In der Praxis kommt es daher vor, dass auf Laiendolmetscher zurückgegriffen wird, insbesondere bei Translationsleistungen auf Ebene der polizeilichen Tätigkeit.[251] Zum Teil übernehmen – unter Berufung auf § 185 Abs. 2 GVG – auch

---

[246] Vgl. hierzu folgende Pressemeldungen: *Unbekannt*, Polizeidolmetscherin warnt Mutter des Verdächtigen – Zu 70 Tagessätzen verurteilt in: Westfalenpost vom 06.09.2019, zitiert nach und abrufbar unter: https://uepo.de/2019/11/01/polizeidolmetscherin-warnt-mutter-des-verdaechtigen-zu-70-tagessaetzen-verurteilt/ (zuletzt abgerufen am: 30.05.2026); *R. Schneider*, Gerichtsdolmetscher wegen Befangenheit entlassen, weil er auf Zeugenbeeinflussung aufmerksam machte, Hannoversche Allgemeine Zeitung, 19.05.2019, zitiert nach und abrufbar unter: https://uepo.de/2019/05/31/gerichtsdolmetscher-wegen-befangenheit-entlassen-weil-er-auf-zeugenbeeinflussung-aufmerksam-machte/; *R. Schneider*, Gerichtsdolmetscherin ermittelt auf eigene Faust – Wegen Befangenheit entlassen, Rheinische Post, 14.03.2014, zitiert nach und abrufbar unter: https://uepo.de/2014/03/28/gerichtsdolmetscherin-ermittelt-auf-eigene-faust-wegen-befangenheit-entlassen/ (sämtliche zuletzt abgerufen am: 30.05.2026).

[247] *Schmidt*, Verteidigung von Ausländern, 4. Aufl. 2016, Rn. 275; *Hermanutz et al.*, Polizeiliche Vernehmung und Glaubhaftigkeit, 3. Aufl. 2011, S. 114 f.; *Hermanutz/Litzcke/Kroll*, Strukturierte Vernehmung und Glaubhaftigkeit, 4. Aufl. 2018, S. 41; *Donk/Schröer*, MschrKrim (Sonderheft) 1999, S73, S78; vgl. auch Studie hierzu: *Donk*, ZfR 15 (1994), 37 ff; *Vitzthum*, StV 2001, 264, 265.

[248] *Frister* in: SK-StPO, 6. Aufl. 2023, GVG § 185 Rn. 8; *Kabbani*, StV 1987, 410, 411; *Kulhanek*, Die Sprach- und Ortsfremdheit von Beschuldigten in Strafverfahren, 2019, S. 82, 85; *Mayer* in: Kissel/Mayer, GVG, 10. Aufl. 2021, § 185 Rn. 16 („*Heranziehung von der Straße weg*"); *Malek*, Verteidigung in der Hauptverhandlung, 5. Aufl. 2017, Rn. 318; *Schmidt*, Verteidigung von Ausländern, 4. Aufl. 2016, Rn. 267.

[249] Erfasst sind hier auch allgemein öffentlich bestellte bzw. allgemein ermächtigte Übersetzende.

[250] *Kotzurek*, eucrim 2020, 314, 318.

[251] Vgl. Stellungnahme des Innenministeriums von Baden-Württemberg zu der Frage der Qualifikation von Translatoren, Landtag-BW, LT-Drucks. 14/2073, S. 4:: „*Die Polizeidienststellen sind im Rahmen der wirtschaftlichen Haushaltsführung angehalten, nach festgestellter Qualifikation den jeweils günstigsten Dienstleister in Anspruch zu nehmen. Deshalb stehen akademische Abschlüsse bei der Auswahl der Sprachmittler nicht im Vordergrund.*"; *Kulhanek*, Die Sprach- und Ortsfremdheit von Beschuldigten in Strafverfahren, 2019, S. 85; *Lankisch*, Der Dolmetscher in der Hauptverhandlung, 2004, S. 47; *Schmidt*, Verteidigung von Ausländern, 4. Aufl. 2016, Rn. 269; *Stanek*, Dolmetschen bei der Polizei, 2011, S. 21; *Cebulla*, Sprachmittlung und Datenschutz, 2015, S. 107 ff.; *VVU*, VVU-Mitteilung 2008, Ausgabe 6, 13 f.

Ermittlungsbeamten selbst die Sprachmittlung.[252] Aufgrund der hohen Bedeutung der Translationen für ein erfolgreiches und faires Strafverfahren sowie der erschwerten Kontrolle – insbesondere bei Dolmetschleistungen – sollten hier strenge Vorgaben gelten. Die Kosten für Translationen sind als Teil des *fair trial*-Prinzips (vgl. Art. 6 Abs. 3 lit. e EMRK) Bestandteil der „*Organisationskosten eines fairen Kriminaljustizsystemes*".[253] Dies gilt auch unabhängig von den Vermögensverhältnissen der sprachunkundigen Person oder einer etwaigen späteren Verurteilung.[254]

a. Warum sollten strengere Anforderungen an die Auswahl gestellt werden?

aa. Insbesondere Dolmetschleistungen sind anspruchsvolle Tätigkeiten

Translationsleistungen sind für die Verteidigungsrechte und Partizipationsmöglichkeiten von sprachunkundigen Personen unentbehrlich. Die Kommunikation und die Teilnahme am Verfahren werden erst durch diese möglich. Beschuldigte Personen können nur aufgrund von Translationsleistungen inhaltlich vom Verfahrensstoff und -gang erfahren, sich entsprechend vorbereiten und ihre Stellungnahmen abgeben. Hierfür sind jedoch ausreichende Translationsleistungen erforderlich. Besonders die dolmetschenden Personen haben eine herausragende Stellung im Verfahren und einen bedeutenden faktischen Einfluss auf den Ausgang des Verfahrens.[255]

Hinzu kommt, dass neben den generell ausreichenden Fremdsprachkenntnissen die Beherrschung der rechts- und verfahrensbezogenen Fachsprache sowie eine gewisse praktische Erfahrung über die Abläufe von erheblicher Bedeutung sind, um eine ausreichende Translationsleistung zu gewährleisten.[256] Solche Fachkenntnisse liegen jedoch gerade bei Laien im Regelfall nicht vor.[257]

Zudem sind die äußeren Besonderheiten beim Verfahrensdolmetschen äußerst anspruchsvoll. So müssen neben den grundlegenden sprachlichen Kompetenzen auch spezifische

---

[252] Vgl. BayObLG, Beschluss vom 13.11.1997, Az.: 4 St RR 239/97 = StV 2001, 264, in dem Fall hat eine Polizeibeamtin die Vernehmung auf Polnisch durchgeführt.

[253] *Meyer* in: SK-StPO, 5. Aufl. 2019, ERMK Art. 6 Rn. 543.

[254] *Meyer* in: SK-StPO, 5. Aufl. 2019, ERMK Art. 6 Rn. 532; diese Kostenfreiheit gilt jedoch nicht für Translationskosten, welche im Rahmen der Sachaufklärung anfallen. Hierzu gehören etwa die Kosten für die Dolmetschleistungen für die Vernehmung von Zeugen oder für die Übersetzungen von Beweismitteln. In diesem Fall stellen die Kosten gerichtliche Auslagen gemäß §§ 464a, 465 StPO dar und sind im Falle einer Verurteilung durch die verurteilte Person zu erstatten, vgl. hierzu *Simon* in: LR-StPO, 27. Aufl. 2022, GVG § 185 Rn. 27; § 187 Rn. 30.[254]

[255] *Lankisch*, Der Dolmetscher in der Hauptverhandlung, 2004, S. 47; *Kabbani,* StV 1987, 410, 411.

[256] *Kulhanek* in: KMR-StPO, 116. EL, Stand: 07.09.2022, Einleitung, Rn. 197; *Christl*, NStZ 2014, 376, 381; *Driesen/Petersen/Rühl*, Gerichtsdolmetschen, 2. Aufl. 2018, S. 27; *Kulhanek,* Die Sprach- und Ortsfremdheit von Beschuldigten im Strafverfahren, 2019, S. 82; *Braun* in: Videoconference and remote interpreting in criminal proceeding, 2012, S. 305 f.

[257] Vgl. *Stanek*, Dolmetschen bei der Polizei, 2011, S. 21 ff.

soziolinguistische Kompetenzen beherrscht werden. Dies gilt insbesondere, da die jeweilige Fremdsprache nicht auf die Hochsprache begrenzt ist, sondern zahlreiche soziale und geographische Besonderheiten erfassen kann.[258] Auch erfolgen Dolmetschleistungen in der Regel bilateral, d. h. wechselnd in beide Richtungen. Hierbei steigt die Gefahr potenzieller kulturell bedingter Missverständnisse erheblich an.[259] Durch diese Herausforderungen kann insbesondere bei Laiendolmetschern die Konzentration im Laufe einer Vernehmung oder Verhandlung abnehmen, wodurch ungewollte Fehler oder Ungenauigkeiten auftreten.[260] Speziell bei Vernehmungssituationen, welche asymmetrische Kommunikationssituationen darstellen,[261] können Defizite zulasten der sprachunkundigen Personen gehen. Im Rahmen von Vernehmungen wird insbesondere ein kritischer Blick auf die Glaubwürdigkeit der vernommenen beschuldigten Personen oder Zeugen sowie die Glaubhaftigkeit der jeweiligen Aussagen geworfen. Die Aussagen werden anhand verschiedener Faktoren bewertet, etwa nach Detailgrad, Homogenität, Gefühlsbeteiligung oder ob etwaige Inkonsistenzen vorliegen.[262] Bei sprachunkundigen Personen hängt die Aussagebeurteilung maßgeblich von den Translationsleistungen ab.[263] Laien können ein solches hochwertiges Ergebnis regelmäßig nicht erbringen.[264]

bb. Translationsleistungen sind nur schwer kontrollierbar

Ebenfalls eine Herausforderung, welche sich primär beim Dolmetschen stellt, ist die Überprüfbarkeit der Leistung. Die Qualität ist nur erschwert kontrollierbar, vor allem, da der Ausgangstext bei Dolmetschleistungen im Regelfall vergänglich ist.[265] *Meyer* beschreibt insoweit zutreffend, dass die Dolmetschleistung eine gewisse „*Black Box*“ darstellt, insbesondere im Vergleich zu schriftlichen Übersetzungen, welche Fehlerüberprüfungen und -korrekturen besser zugänglich sind.[266] Defizite, sei es aus Unaufmerksamkeit, „Jagdeifer“ zugunsten einer Seite oder bloßer Gleichgültigkeit, bleiben oftmals unerkannt, insbesondere wenn die restlichen Beteiligten der betroffenen Fremdsprache nicht mächtig sind.[267] Es kann

---

258 *Rovere* in: Handbuch Sprache im Recht, 2017, S. 324.
259 *Rovere* in: Handbuch Sprache im Recht, 2017, S. 325.
260 Vgl. *Wendler/Hoffmann*, Technik und Taktik der Befragung, 2. Aufl. 2015, Rn. 192.
261 *Sauerwein*, MDÜ 2007, Ausgabe 5, 10, 12.
262 Vgl. mit weiteren Ausführungen *Krauthan*, Psychologisches Grundwissen für die Polizei, 5. Aufl. 2013, S. 224 f.; *Arntzen*, Psychologie der Zeugenaussage. 5. Aufl. 2011, S. 25 ff.
263 *Jansen*, Zeuge und Aussagepsychologie, 3. Aufl. 2022, Teil 1, Rn. 43.
264 *Stanek*, Dolmetschen bei der Polizei, 2011, S. 22.
265 *Wenske* in: FS Schlothauer, 2018, S. 295; *Wendler/Hoffmann*, Technik und Taktik der Befragung, 2. Aufl. 2015, Rn. 192; *Malek*, Verteidigung in der Hauptverhandlung, 5. Aufl. 2017, Rn. 324; *Kotzurek*, eucrim 2020, 314, 318.
266 *Meyer* in: Karpenstein/Mayer, EMRK, 3. Aufl. 2022, Art. 6 Rn. 261; *Staffler*, ZStrR 2020, 21, 28 f.
267 LG Berlin, Beschluss vom 13.12.1993, Az.: 503-18/93 = StV 1994, 180, 180; *Lankisch*, Der Dolmetscher in der Hauptverhandlung, 2004, S. 47.

passieren, dass das Translat weniger Details oder Informationen enthält, um die Translation kürzer zu halten, aus vermeintlicher Rücksicht auf die Zeit der anderen Beteiligten.[268] Liegen solche nicht erkennbaren Anpassungen vor, drohen Translationsfehler, welche zumeist im späteren Verlauf nicht mehr korrigierbar sind.[269] Insbesondere bei der Kommunikation mit der Polizei finden Leistungskontrollen nur in einem geringen Maße statt.[270] Auch die Gerichts- und Vernehmungsprotokolle werden in der Regel nur auf Deutsch geführt (vgl. § 185 Abs. 1 Satz 2 GVG), sodass das Gesagte mit seinem ursprünglichen Inhalt im Nachhinein nahezu nicht reproduzierbar ist.[271]

So sah etwa der Regierungsentwurf aus junger Vergangenheit zur Dokumentation von Hauptverhandlungen (DokHVG) in § 273 Abs. 3 StPO-Entwurf nur eine automatische Transkription deutschsprachiger Inhalte vor. Weiterhin heißt es in der Regierungsbegründung, dass *„Fragen der ‚richtigen' Übersetzung weiterhin in der Hauptverh*andlung *zu klären* [sind] *und* […] *nicht im Nachgang mit Hilfe der Dokumentation aufgeworfen werden* [können].“[272] *Bockemühl* kritisiert diesen Entwurf zu Recht und legt ihn so aus, dass zwar kein Transkript erfolgen soll, aber auch kein Aufzeichnungsstopp für das Gesagte bezweckt ist.[273] Vielmehr sollte die Aufzeichnung auch die Qualität der Dolmetschleistungen überprüfbar machen können.[274] Diesen Gefahren kann ein Stück weit begegnet werden, indem grundsätzlich nur ausreichend qualifizierte Berufsträger zum Einsatz kommen.

cc. Rechtsmittel haben in der Regel nur eine geringe Erfolgsaussicht

Bei mangelhaften Dolmetschleistungen im Rahmen der Hauptverhandlung besteht die Möglichkeit, dies als relativen Revisionsgrund vorzubringen.[275] In der Praxis sind die Erfolgsaussichten einer solchen Revision als gering einzuschätzen.[276] So muss zum einen konkret vorgetragen werden, was falsch übertragen wurde und wie sich dies auf die Entscheidungsfindung ausgewirkt haben kann.[277] Zum anderen sollten Zweifel an der Qualität

---

[268] *Artkämper* in: Wolf, Kriminalität im Grenzgebiet, Bd. 3, 2000, S. 185; *Jansen*, Zeuge und Aussagepsychologie, 3. Aufl. 2022, Teil 1, Rn. 42; *Malek*, Verteidigung in der Hauptverhandlung, 5. Aufl. 2017, Rn. 324; *Schmidt*, Verteidigung von Ausländern, 4. Aufl. 2016, Rn. 266; *Stempkowski/Graf* in: Kaindl/Pöllabauer/Mikić, Dolmetschen als Dienst am Menschen, 2021, S. 167.

[269] *Schmidt*, Verteidigung von Ausländern, 4. Aufl. 2016, Rn. 275.

[270] *Stanek*, Dolmetschen bei der Polizei, 2011, S. 11, 21.

[271] *Stanek*, Dolmetschen bei der Polizei, 2011, S. 54.

[272] Regierungsentwurf, BR-Drucks. 227/23, S. 24; BT-Drucks. 20/9359, S. 8.

[273] *Bockemühl*, jurisPR-StrafR 11/2023 Anm. 1.

[274] *Bockemühl*, jurisPR-StrafR 11/2023 Anm. 1.

[275] Vgl. BGH, Beschluss vom 08.08.2017, Az.: 1 StR 671/16 = NJW 2017, 3797; *Makepeace*, StV 2020, 570, 572; *Rosenau* in: SSW-StPO, 6. Aufl. 2025, GVG § 185 Rn. 15.

[276] *Kulhanek*, Die Sprach- und Ortsfremdheit von Beschuldigten in Strafverfahren, 2019, S. 88; *Makepeace*, StV 2020, 570, 572; *Oğlakcıoğlu* in: Gerechtigkeit aus der Ferne?, 2023, S. 171, 183.

[277] BGH, Beschluss vom 08.08.2017, Az.: 1 StR 671/16 = NJW 2017, 3797 Rn. 8; BGH, Urteil vom 23.01.1985, Az.: 1 StR 722/84 = NStZ 1985, 376, 376 f.; RG, Urteil vom 18.06.1942, Az.: 3 D 260/42 = RGSt 76, 177, 178;

bereits in der Hauptverhandlung erhoben werden, sobald sie entdeckt werden.[278] Auch ist zu beachten, dass Gerichte in der Regel bereits eine Übertragung des wesentlichen Inhaltes für ausreichend erachten.[279]

b. Genügt die aktuelle gesetzliche Grundlage?

Die derzeitige Ausgestaltung stellt – wie bereits beschrieben – keine unmittelbaren konkreten Anforderungen an die Qualität der Translationsleistungen bzw. der Translatoren auf.[280] Insbesondere stellt die Eidesleistung nach § 187 Abs. 1 GVG mit dem Inhalt *„treu und gewissenhaft zu übertragen“* keine Garantie für eine hinreichende Qualifizierung dar.[281]

Es können Translatoren bestellt werden, welche in der Translatoren-Datenbank aufgeführt sind. Auch wenn diese Datenbank eigentlich die Vorgaben gemäß Art. 5 Abs. 2 der Richtlinie 2010/64/EU zur Gewährleistung der Qualität der Dolmetschleistungen erfüllen soll,[282] besteht kein Zwang, Berufsträger aus diesem Register zu bestellen. Die Gewähr der Qualität hängt letztlich von der Auswahl durch die Behörde ab, welcher hierbei Ermessen zukommt.[283] Dies ist angesichts der Bedeutung der Translationen für ein faires Verfahren unzureichend. Auch das GDolmG schafft keine Abhilfe. Zwar bestehen vereinheitlichte Zugangsvoraussetzungen, jedoch ist weiterhin keine Möglichkeit der Beanstandung vorgesehen.[284]

c. Lösungsmöglichkeit

Um eine hohe Qualität der Translationsleistungen zu gewährleisten, muss die allgemeine Vereidigung der Regelfall werden.[285] Es würde sich eine ähnliche Regelung wie in § 73 Abs. 2 StPO anbieten, wonach öffentlich bestellte Sachverständige (für gewisse Arten von Gutachten) immer vorrangig zu bestellen sind. Diese Regelung sollte gleichermaßen für Übersetzende und Dolmetschende gelten. Ausnahmen müssen für gesonderte Fälle vorgesehen bleiben, etwa bei

---

Basdorf in: GS Meyer, 1990, S. 22; *Christl*, NStZ 2014, 376, 382; *Kulhanek*, Die Sprach- und Ortsfremdheit von Beschuldigten in Strafverfahren, 2019, S. 88; *Makepeace*, StV 2020, 570, 572; *Schmitt* in: Schmitt/Köhler, StPO, 69. Aufl. 2026, GVG § 185 Rn. 13.

[278] Vgl. BVerwG, Beschluss vom 29.04.1983, Az.: 9 B 1610/81 = NVwZ 1983, 668, 669.

[279] BVerfG, Beschluss vom 17.05.1983, Az.: 2 BvR 731/80 = BVerfGE 64, 135, 148 f. (zum Urteil); RG, Urteil vom 14.06.1910, Az.: I 467/10 = RGSt 43, 441, 443 (wesentliche Bestandteile der Zeugenaussagen); *Makepeace*, StV 2020, 570, 572.

[280] *Schulte* in: MAH StV, 3. Aufl. 2022, § 18 Rn. 38; *Oğlakcıoğlu* in: MünchKomm-StPO, 2. Aufl. 2025, GVG § 185 Rn. 45; *Mayer* in: Kissel/Mayer, GVG, 10. Aufl. 2021, § 185 Rn. 10; *Lankisch*, Der Dolmetscher in der Hauptverhandlung, 2004, S. 48 ff.

[281] *Schulte* in: MAH StV, 3. Aufl. 2022, § 18 Rn. 38; *Oğlakcıoğlu* in: MünchKomm-StPO, 2. Aufl. 2025, GVG § 189 Rn. 4.

[282] BT-Drucks. 17/12578, S. 7; *Oğlakcıoğlu* in: MünchKomm-StPO, 2. Aufl. 2025, GVG § 189 Rn. 4.

[283] *Oğlakcıoğlu* in: MünchKomm-StPO, 2. Aufl. 2025, GVG § 189 Rn. 4.

[284] Hierzu: *Oğlakcıoğlu* in: Gerechtigkeit aus der Ferne?, 2023, S. 171, 184.

[285] *Oğlakcıoğlu* in: MünchKomm-StPO, 2. Aufl. 2025, GVG § 189 Rn. 7.

besonders seltenen Sprachen,[286] oder wenn keine anderweitige Möglichkeit mangels Verfügbarkeit besteht. In einigen Bundesländern bestehen solche Leitlinien zur Bestellung von Translatoren. So ist in Bayern in Nr. 7.1 und 7.2 der DolmÜABek[287] festgelegt, dass grundsätzlich nur öffentlich bestellte oder allgemein beeidigte Translatoren tätig werden sollen, außer in Sonderfällen, wie einer mangelnden Verfügbarkeit oder wenn unverhältnismäßig hohe Kosten anfallen würden.

Weiterhin bietet sich eine Aufzeichnung der Dolmetschleistungen an, um die Vernehmungsabläufe und Translationen nachträglich objektiv überprüfbar zu machen.[288]

3. Der Umfang der schriftlichen Übersetzungen muss erhöht werden, um eine Chancengleichheit herzustellen

a. Schriftliche Übersetzungen erfolgen nur subsidiär

Das Gerichtsverfassungsgesetz begründet mit § 187 GVG keinen generellen Übersetzungsanspruch.[289] Der § 187 Abs. 2 GVG sieht lediglich ein gestuftes System vor. Unter Verweis auf Satz 5 ist die mündliche Übersetzung des wesentlichen Inhaltes in der Praxis der Regelfall, wenn die beschuldigte Person durch einen Verteidiger vertreten wird.[290] Der Gesetzgeber macht keine weiteren Vorgaben, was genau „wesentlich“ ist zur „Wahrung“ der prozessualen Rechte.[291] Viele Schriftstücke werden als nicht wesentlich klassifiziert. In der Praxis führt dies dazu, dass nur auszugsweise Übersetzungen angefertigt werden oder zugunsten einer bloß mündlichen Zusammenfassung auf schriftliche Übersetzungen in Gänze

---

[286] So auch *Oğlakcıoğlu* in: MünchKomm-StPO, 2. Aufl. 2025, GVG § 189 Rn. 7, welcher sich idealerweise für eine externe Prüfungskommission ausspricht in solchen Fällen.

[287] Ausführung von Vorschriften zum Dolmetscher- und Übersetzerwesen (Dolmetscher- und Übersetzerausführungsbekanntmachung – DolmÜABek) Bekanntmachung des Bayerischen Staatsministeriums der Justiz vom 30. März 2023, Az. C3 - 3162 - I - 11967/2021.

[288] Vgl. *Michel*, Die audiovisuelle Aufzeichnung von Beschuldigtenvernehmungen im Ermittlungsverfahren, 2019, S. 111; *Rauf* in: Strafverteidigung ohne Grenzen, 2015, S. 101 f. Hierzu lassen sich auch Parallelen zum Zweck des Entwurfes des DokHVG ziehen, welches eine erhöhte Inhaltsdokumentation der Hauptverhandlung erreichen sollte, BT-Drucks. 20/8096, S. 1.

[289] Vgl. BGH, Beschluss vom 18.02.2020, Az.: 3 StR 430/19 = BGHSt 64, 283, 286 Rn. 10, 290 Rn. 20 f.; BGH, Beschluss vom 13.09.2018, Az.: 1 StR 320/17 = NJW 2018, 3790; *Allgayer* in: BeckOK-GVG, Stand: 15.08.2025, § 187 Rn. 3; *Christl*, NStZ 2014, 376, 378; *Papenfuß*, GVRZ 2023, 5.

[290] BGH, Beschluss vom 22.01.2018, Az.: 4 StR 506/17 = juris, Rn. 5; OLG Hamm, Beschluss vom 26.01.2016, Az.: 1 Ws 8/16 = BeckRS 2016, 6053; OLG Hamm, Beschluss vom 11.03.2014, Az.: 2 Ws 40/14 = NStZ-RR 2014, 217; OLG Stuttgart, Beschluss vom 09.01.2014, Az.: 6 - 2 StE 2/12 = StV 2014, 536; OLG Nürnberg, Beschluss vom 03.03.2014, Az.: 2 Ws 63/14= NStZ-RR 2014, 183, 184; OLG Hamburg, Beschluss vom 06.12.2013, Az.: 2 Ws 253/13 = StV 2014, 534, 535 (Anspruch ist *„grundsätzlich ausgeschlossen“* bei Anwesenheit eines Verteidigers); *Bockemühl*, StV 2014, 537, 538; *Christl*, NStZ 2014, 376, 378; *Makepeace*, StV 2020, 570, 573.

[291] *Oğlakcıoğlu* in: MünchKomm-StPO, 2. Aufl. 2025, GVG § 187 Rn. 21.

verzichtet wird.[292] Dies ist jedoch bei weitem nicht gleich effektiv, wie eine schriftliche Übersetzung.[293]

Zudem kann es in der Untersuchungshaft zu weiteren persönlichen Einschränkungen kommen, wie die Beschränkung der Zahl von Briefen. Wenn diese in einer Fremdsprache verfasst sind, müssen sie zur Kontrolle übersetzt werden. Zu einer Übersetzung kommt es oft jedoch nicht, da die inhaftierte Person die Kosten dafür tragen müsste.[294] Begründet werden diese Maßnahmen zum einen damit, keine „*starren und mit erheblichen Kosten verbundenen umfassenden Übersetzungspflicht[en]*“ zu begründen,[295] sowie um „*auch der Bedeutung des Beschleunigungsgrundsatzes Rechnung*“ zu tragen.[296]

b. Der subsidiäre Charakter führt zu Nachteilen bei der Verteidigungsmöglichkeit

Zum aktuellen Zeitpunkt ist der Umfang der schriftlichen Übersetzungen vielfach eingeschränkt.[297] Sprachkundige beschuldigte Personen haben den entscheidenden Vorteil, dass sie sämtliche Unterlagen bei Bedarf selbständig zur Kenntnis nehmen können. Sprachunkundige haben an dieser Stelle ein erhebliches Informationsdefizit.[298] Der Antrag auf umfangreiche Translationen bedarf eines erheblichen Begründungsaufwands[299] und führt selbst dann nicht immer zum Erfolg. Die Möglichkeit, die eigene Verteidigung effektiv vorzubereiten, ist daher für Sprachunkundige oftmals mangels vollständiger Übersetzungen erschwert.

aa. Ermittlungsakten

Beschuldigte Personen ohne Verteidigung haben gemäß § 147 Abs. 4 Satz 1 StPO ein (ggf. beschränktes)[300] Akteneinsichtsrecht. Entgegen dem Wortlaut des § 147 Abs. 4 Satz 1 StPO

---

[292] Vgl. LG Nürnberg-Fürth, Beschluss vom 02.09.2024, Az.; 8 Qs 41/24, Rn. 17: „*Der Anspruch nach § 187 Abs. 1 S. 1 GVG ist aber auf das zur Wahrnehmung der strafprozessualen Rechte Erforderliche beschränkt.*“

[293] *Fingas*, European Criminal Law Review 2019, 178, 180.

[294] Vgl. BVerfG, Beschluss vom 07.10.2003, Az.: 2 BvR 2118/01 = NJW 2004, 1095, 1096; a. A. generelle Beschränkung möglich: OLG München, Beschluss vom 16.03.1984, Az.: 1 Ws 87/84 = NStZ 1984, 332, 333; *Krauß* in: BeckOK-StPO, Stand: 01.04.2026, § 119 Rn. 33; *Kropp,* JR 2003, 53, 53 f. mit weiteren Details.

[295] BT-Drucks. 17/12578, S. 12; ferner BGH, Urteil vom 09.11.2011, Az.: 1 StR 302/11 = NStZ 2012, 523, 525 Rn. 34; OLG Dresden, Beschluss vom 19.04.2011, Az.: 2 Ws 96/11 = NStZ-RR 2012, 64; *Paeffgen* in: SK-StPO, 6. Aufl. 2024, § 201 Rn. 7; *Simon* in: LR-StPO, 27. Aufl. 2022, GVG § 187 Rn. 10; *Sommer*, Effektive Strafverteidigung, 5. Aufl. 2023, Kap. 3 Rn. 382; *Frister* in: SK-StPO, 6. Aufl. 2023, GVG § 187 Rn. 14

[296] BT-Drucks. 17/12578, S. 12; vgl. auch *Oğlakcıoğlu* in: Gerechtigkeit aus der Ferne?, 2023, S. 171, 187

[297] Siehe hierzu Abschnitt C.I.4.a.

[298] Vgl. *Makepeace*, StV 2020, 570, 572.

[299] Vgl. BT-Drucks. 17/12578, S. 12; BGH, Beschluss vom 18.02.2020, Az.: 3 StR 430/19 = BGHSt 64, 283, 285.

[300] *Willnow* in: KK-StPO, 9. Aufl. 2023, § 147 Rn. 14: Kein Akteneinsichtsrecht, über solche Teile, welche den Untersuchungszweck gefährden oder schutzwürdige Interessen Dritter verletzen könnten.

und der früheren Rechtslage[301] wird dieses Recht inzwischen auch auf Personen mit Verteidigung übertragen.[302]

Unabhängig von einem solchen unmittelbaren Einsichtsrecht in die Ermittlungsakten ist eine Kenntnis des Inhaltes bei der Vorbereitung der Verteidigungsstrategie, zusammen mit dem eigenen Verteidiger oder der eigenen Verteidigerin, von sehr hoher Relevanz. Die wichtigsten Werkzeuge für eine effektive Verteidigung für die Verteidiger sind die Möglichkeiten der Aussageverweigerung der Mandanten sowie die Akteneinsicht.[303] Damit die Möglichkeiten, welche die Akteneinsicht eröffnet, zur vollen Wirksamkeit erwachsen, muss eine Zusammenarbeit mit der beschuldigten Person möglich sein. Daher sollten die Informationen an die beschuldigte Person weitergegeben werden, wobei hierbei die effektivste Möglichkeit in der Weitergabe einer Kopie der Akten liegt.[304] So erhält die beschuldigte Person die Möglichkeit, sich umfassend mit den Vorwürfen auseinanderzusetzen und die entsprechenden Ermittlungsergebnisse in Ruhe zur Kenntnis zu nehmen.[305]

Hierdurch kann in einem zweiten Schritt gemeinsam mit der Verteidigung eine möglichst effektive Verteidigungsstrategie erarbeitet werden. Die beschuldigte Person ist selbst am besten in der Lage, die Unterlagen zu würdigen und auf mögliche Entlastungsmöglichkeiten aufgrund von Unstimmigkeiten hinzuweisen.[306] Auch kann diese die Unterlagen, Aussagen und Ermittlungsergebnisse, aufgrund des persönlichen Hintergrundwissens, einordnen und diese Erkenntnisse mit der Verteidigung teilen.[307]

Unter Berücksichtigung der Bedeutung für die Erarbeitung der Verteidigungsstrategie ist es daher widersprüchlich, dass eine grundsätzliche Übersetzung der Akte selbst nicht verlangt werden kann. Die Akte bzw. Aktenauszüge sind keine genannten wesentlichen Dokumente i. S. d. Richtlinie 2010/64/EU oder des § 187 Abs. 2 Satz 1 GVG. Eine sprachunkundige beschuldigte Person hat höchstens einen Anspruch auf die Übertragungen einzelner Dokumente

---

[301] Vgl. *Wessing/Pfister* in: BeckOK-StPO, Stand: 01.04.2026, § 147 Rn. 2.

[302] EGMR, Urteil vom 25.07.2019, Az.: 1586/15 (R. / Deutschland) = NJW 2020, 3019 Rn. 57; *Thomas/Kämpfer* in: MünchKomm-StPO, 2. Aufl. 2023, § 147 Rn. 52; *Wessing/Pfister* in: BeckOK-StPO, Stand: 01.04.2026, § 147 Rn. 32.

[303] *Bosbach* in: Bosbach/Ackermann/Caba, Verteidigung im Ermittlungsverfahren, 9. Aufl. 2022, Teil 4, Rn. 169, 232.

[304] *Klemke/Elbs*, Einführung in die Praxis der Strafverteidigung, 4. Aufl. 2019, Rn. 395; *Andrejtschitsch/Degenhard* in: BeckRA-HdB, 12. Aufl. 2022, § 11 Rn. 18; *Donath/Mehle*, NJW 2009, 1399, 1399; *Schütrumpf/Würfel* in: MAH StV, 3. Aufl. 2022, § 39 Rn. 10; *Schmidt*, Verteidigung von Ausländern, 4. Aufl. 2016, Rn. 301; Zur Zulässigkeit der Weitergabe der Akte: BGH, Urteil vom 03.10.1979, Az.: 3 StR 264/79 (S) = BGHSt 29, 99, 102.

[305] *Bosbach* in: Bosbach/Ackermann/Caba, Verteidigung im Ermittlungsverfahren, 9. Aufl. 2022, Teil 4, Rn. 209 f.; *Schütrumpf/Würfel* in: MAH StV, 3. Aufl. 2022, § 39 Rn. 10.

[306] Vgl. *Bockemühl*, StV 2014, 536, 539.

[307] *Bosbach* in: Bosbach/Ackermann/Caba, Verteidigung im Ermittlungsverfahren, 9. Aufl. 2022, Teil 4, Rn. 223; *Donath/Mehle*, NJW 2009, 1399, 1399; *Klemke/Elbs*, Einführung in die Praxis der Strafverteidigung, 4. Aufl. 2019, Rn. 395; zur österreichischen Lage: *Bockemühl*, JSt 2014, 224, 225 f.; *Herbst/Wess*, ZWF 2016, 197, 198 f.

der Akte.[308] Dies ist in der Regel nur der Fall, wenn eine Übersetzung dieser Teile für die Hauptverhandlung relevant ist oder es auf den Wortlaut eines betroffenen Dokumentes ankommt.[309] Dabei erfolgt oftmals, unter Verweis auf § 187 Abs. 2 Satz 4 GVG, lediglich eine auszugsweise mündliche Übertragung der Inhalte.[310]

Dieser geringere Umfang ist unter zwei Aspekten ein erheblicher Nachteil für die beschuldigte Person.

Zum einen kann die beschuldigte Person nur in dem Fall eine Gewichtung der Relevanz vornehmen, wenn diese den gesamten Inhalt kennt.[311] Die Beurteilung der Erforderlichkeit der Akteneinsicht und die Bewertung der Inhalte sollte grundsätzlich der Person, welche sich den Vorwürfen ausgesetzt sieht, möglich sein.[312] Ohne Übersetzungen muss eine deutschsprechende Person die Vorauswahl übernehmen. Eine solche Vorselektion, insbesondere durch die Justizbehörden, ist kritisch zu sehen.[313] Hierdurch können etwa unscheinbar erscheinende Aussagen oder Ausführungen in den Akten übersehen werden, welche erst aufgrund des speziellen Hintergrundwissens der beschuldigten Person richtig einsortiert werden können.

Zum anderen kann eine mündliche Zusammenfassung durch Dolmetschleistungen nicht den gleichen Effekt erreichen wie eine schriftliche, um eine effiziente Vorbereitung der Verteidigung zu gewährleisten.[314] Schriftliche Übersetzungen haben den Vorteil, dass diese die Möglichkeit einer intensiven Auseinandersetzung ermöglichen.[315] Bei mündlichen

---

[308] OLG Hamm, Beschluss vom 16.02.1999, Az.: 2 Ws 595/98 = NStZ-RR 1999, 158, 159; OLG Düsseldorf, Beschluss vom 19.03.1986, Az.: 1 Ws 182/86 = JZ 1986, 508; *Böhm* in: MünchKomm-StPO, 2. Aufl. 2023, § 114b Rn. 21; *Meyer* in: Karpenstein/Mayer, EMRK, 3. Aufl. 2022, Art. 6 Rn. 260; *Paeffgen* in: SK-StPO, 6. Aufl. 2024, § 201 Rn. 7; *Sommer*, Effektive Strafverteidigung, 5. Aufl. 2023, Kap. 3 Rn. 382; *Valerius* in: BeckOK-StPO, Stand: 01.04.2026, EMRK Art. 6 Rn. 55; nur partiell: *Oğlakcıoğlu* in: MünchKomm-StPO, 2. Aufl. 2025, GVG § 187 Rn. 33.

[309] OLG Hamburg, Beschluss vom 06.12.2013, Az.: 2 Ws 253/13 = StV 2014, 534; OLG Hamm, Beschluss vom 16.02.1999, Az.: 2 Ws 595/98 = NStZ-RR 1999, 158, 159; LG Osnabrück, Beschluss vom 07.09.2012, Az.: 1 Qs 710 Js 10748/11 - 57/12 = BeckRS 2012, 213725 Rn. 5; *Oğlakcıoğlu in:* MünchKomm-StPO, 2. Aufl. 2025, GVG § 187 Rn. 33; *Frister* in: SK-StPO, 6. Aufl. 2023, GVG § 187 Rn. 14; *Schmidt*, Verteidigung von Ausländern, 4. Aufl. 2016, Rn. 301.

[310] *Kreicker* in: Sieber/Satzger/v. Heintschel-Heinegg, Europäisches Strafrecht, 2. Aufl. 2014, § 51 Rn. 35, m. w. N.; *Malek*, Verteidigung in der Hauptverhandlung, 5. Aufl. 2017, Rn. 322; *Meyer- Harrendorf/König/Voigt* in: HK-EMRK, 5. Aufl. 2023, Art. 6 Rn. 234, m. w. N., insb. Rspr.

[311] *Bockemühl*, StV 2014, 536, 539; *Eisenberg,* JR 2013, 442, 445; *Oğlakcıoğlu* in: MünchKomm-StPO, 2. Aufl. 2025, GVG § 187 Rn. 33 Fn. 84.

[312] BT-Drucks. 18/9416, S. 60*; Wessing/Pfister* in: BeckOK-StPO, Stand: 01.04.2026, § 147 Rn. 2; *Willnow* in: KK-StPO, 9. Aufl. 2023, § 147 Rn. 14.

[313] Vgl. EGMR, Urteil vom 04.04.2017, Az.: 2742/12 (Matanović / Kroatien) = BeckRS 2017, 162588 Rn. 158; *Meyer* in: Karpenstein/Mayer, EMRK, 3. Aufl. 2022, Art. 6 Rn. 199.

[314] Vgl. nur wenn besondere Gründe erkennbar sind: OLG Hamm, Beschluss vom 18.12.2000, Az.: 2 Ws 221/00 = NStZ-RR 2001, 223; *Schmidt*, Verteidigung von Ausländern, 4. Aufl. 2016, Rn. 301 f.

[315] *Rüther*, MschrKrim (Sonderheft) 1999, S86, S90 ff.

Übertragungen muss entweder alles notiert werden, wobei auch Fehler passieren, oder sofort auf die jeweiligen Zusammenfassungen reagiert werden, was äußerst zeitaufwendig sein kann. Erhält die sprachunkundige Person keine entsprechenden schriftlichen Übersetzungen, erfährt sie aufgrund der Sprachbarriere einen erheblichen Rechtsnachteil in ihren Verteidigungsmöglichkeiten.[316]

bb. Rechtskräftige Urteile

Ein weiteres Beispiel für Nachteile für Sprachunkundige sind rechtskräftige Urteile. Auch wenn nach § 37 Abs 3 Satz 1 StPO die Zustellung von Urteilen grundsätzlich für Prozessbeteiligte nach § 187 Abs. 1 und 2 GVG mit Übersetzung erfolgen soll, wurde durch § 187 Abs. 2 Satz 1 GVG bewusst eine „Weiche" gestellt, mit einer Beschränkung auf „nicht rechtskräftige Urteile".[317] Soweit die Rechtskraft eingetreten ist, besteht nach herrschender Ansicht kein Anspruch auf eine kostenfreie schriftliche Übersetzung des Urteils[318]. Dies gilt ebenso bei nicht rechtskräftigen Urteilen, wenn bei der Verkündung eine Verteidigung anwesend ist und die Gründe durch einen Dolmetschenden mitgeteilt wurden.[319] Das BVerfG hat hierzu festgestellt, dass die Revision ohnehin nur durch einen Verteidiger (vgl. § 345 Abs. 2 StPO) eingereicht werden kann und die beschuldigte Person ausreichend Beratung durch den Verteidiger erhalten wird.[320] Dazu heißt es, dass es „[v]*or diesem Hintergrund* […] *rechtsstaatlich nicht geboten* [ist], *dem durch einen Rechtsanwalt verteidigten Angeklagten das angefochtene, schriftlich abgefaßte Urteil in einer ihm verständlichen Sprache bekanntzugeben.*"[321]

Dies benachteiligt die sprachunkundige Person in mehrfacher Hinsicht. So ist die Wahrscheinlichkeit, dass von außerordentlichen Rechtsbehelfen (etwa einen Wiederaufnahmeverfahren oder eine Verfassungsbeschwerde) Gebrauch gemacht wird, deutlich herabgesetzt.[322] Dass die Person unter dem Eindruck des Tenors der Begründung nicht mehr vollständig folgen kann, ist nicht unwahrscheinlich.[323] Auch ein späteres vertieftes

---

[316] *Schmidt*, Verteidigung von Ausländern, 4. Aufl. 2016, Rn. 301; *Schulte* in: MAH StV, 3. Aufl. 2022, § 18 Rn. 81.

[317] BR-Drucks. 816/12, S. 11 f.; vgl. ferner zum § 37 StPO: *Gronke* in: SSW-StPO, 6. Aufl. 2025, § 37 Rn. 60, 63; *Wesslau/Singelnstein* in: SK-StPO, 5. Aufl. 2018, § 37 Rn. 59.

[318] BGH, Beschluss vom 18.02.2020, Az.: 3 StR 430/19 = BGHSt 64, 283, 286 Rn. 10 ff.; OLG Braunschweig, Beschluss vom 11.05.2016, Az.: 1 Ws 82/16 = BeckRS 2016/9258 Rn. 7 ff.; OLG Hamburg, Beschluss vom 18.04.1978, Az.: 1 Ws 145/78 = NJW 1978, 2462; OLG Frankfurt/Main, Beschluss vom 16.10.1979, Az.: 3 Ws 830/79 = NJW 1980, 1238, 1238 f.; OLG Stuttgart, Beschluss vom 25.09.1979, Az.: 1 Ws 304/79 = NJW 1980, 1238; *Mayer* in: Kissel/Mayer, GVG, 10. Aufl. 2021, § 187 Rn. 18; *Gieg* in: KK-StPO, 9. Aufl. 2023, § 464a Rn. 4b; a. A.: *Sieg*, MDR 1981, 281, 281 f.; *Heldmann*, StV 1981, 251, 253.

[319] BGH, Beschluss vom 18.02.2020, Az.: 3 StR 430/19 = BGHSt 64, 283, 287 Rn. 12 ff.

[320] BVerfG, Beschluss vom 17.05.1983, Az.: 2 BvR 731/80 = BVerfGE 64, 135, 152 ff.

[321] BVerfG, Beschluss vom 17.05.1983, Az.: 2 BvR 731/80 = BVerfGE 64, 135, 154.

[322] *A. Schneider*, StV 2015, 379, 380; *Makepeace*, StV 2020, 570, 574.

[323] *Rüther*, Strafverteidigung von Ausländern, 1999, Rn. 280.

Auseinandersetzen mit der Urteilsbegründung sowie der Versuch diese zu verstehen, was für die Bildung des eigenen Rechtsbewusstseins relevant sein kann, ist nicht oder nur erschwert möglich.[324] Vor allem ist das mündliche Besprechen mit der Verteidigung unter Hinzuziehung einer Dolmetschleistung nur in der Theorie eine gleich wirksame Lösung. Es müsste erst ein Termin gefunden werden, in dem beide Seiten sich die Zeit nehmen, zum Teil mehrere hundert Seiten lange Ausführungen zu besprechen und die sprachunkundige Person müsste diese Inhalte behalten.[325] Im Rahmen der Urteilsverkündung werden der sprachunkundigen Person die mündlich mitgeteilten Urteilsgründe häufig nur zusammengefasst übersetzt.

c. Rechtliche Bewertung dieser Nachteile

aa. Ungleichbehandlung und die Gewährleistung eines fairen Verfahrens

Aufgrund dieser Unterschiede besteht eine ungerechtfertigte Ungleichbehandlung i. S. d. Art. 3 Abs. 3 GG.[326] Durch das dort aufgeführte Merkmal „Sprache“ sollen jegliche sprachlichen Minderheiten gegen eine Diskriminierung geschützt werden.[327] Die Festlegung von Deutsch als Gerichtssprache und die Folgen daraus, stellen

zwar keine Ungleichbehandlung aufgrund der Sprache per se dar. Durch Art. 3 Abs. 3 GG wird grundsätzlich nicht die Pflicht begründet, sprachbedingte Erschwernisse, welche im Tatsächlichen auftreten, durch schriftliche Übersetzungen auszugleichen.[328] Es soll nur keine finale Benachteiligung oder Bevorzugung gerade aufgrund der Sprache stattfinden.[329] Laut BGH liegt keine Schlechterstellung vor, wenn bloß eine mündliche Übertragung erfolgt, anstelle einer schriftlichen Übersetzung, da beiden Verfahren gleichwertig seien.[330] Es ist nicht die bestmögliche Verteidigung geschuldet, sondern nur eine effektive Möglichkeit hierzu.[331]
Auf der anderen Seite ist zu beachten, dass die Gesamtresultate der Leistungen sich trotzdem an Art. 3 Abs. 3 Satz 1 GG messen lassen sollten,[332] insbesondere aufgrund der Bedeutung der Sprache für die Entfaltung der eigenen Persönlichkeit.[333] Zudem bietet der Art. 3 Abs. 3 GG

---

[324] *Eisel,* StV 1990, 101, 102; *Makepeace*, StV 2020, 570, 574; *Rüther*, Strafverteidigung von Ausländern, 1999, Rn. 280.
[325] *Oğlakcıoğlu* in: MünchKomm-StPO, 2. Aufl. 2025, GVG § 187 Rn. 26.
[326] So etwa *Makepeace*, StV 2020, 570, 574; *Sieg*, MDR 1981, 281, 282.
[327] *v. Achenbach* in: Dreier, GG, 4. Aufl. 2023, Art. 3 Abs. 2 Rn. 79.
[328] BVerfG, Beschluss vom 17.05.1983, Az.: 2 BvR 731/80 = BVerfGE 64, 135, 157; *Kranjčić*, „…dass er treu und gewissenhaft übertragen werde.“, 2010, S. 20; *Lässig*, Deutsch als Gerichts- und Amtssprache, 1980, S. 95; so auch: *v. Achenbach* in: Dreier, GG, 4. Aufl. 2023, Art. 3 Abs. 2 Rn. 79.
[329] BVerfG, Beschluss vom 25.09.1985, Az.: 2 BvR 881/85= NVwZ 1987, 785; *Kranjčić,* „…dass er treu und gewissenhaft übertragen werde.“, 2010, S. 20; *Lässig,* Deutsch als Gerichts- und Amtssprache, 1980, S. 95.
[330] BGH, Beschluss vom 18.02.2020, Az.: 3 StR 430/19 = BGHSt 64, 283, 296 Rn. 40 f.
[331] BGH, Beschluss vom 18.02.2020, Az.: 3 StR 430/19 = BGHSt 64, 283, 298 Rn. 46.
[332] *Kulhanek*, Die Sprach- und Ortsfremdheit von Beschuldigten im Strafverfahren, 2019, S. 46.
[333] *Meyer*, ZStW 93 (1981), 507, 512.

Schutz vor mittelbaren Diskriminierungen, wobei für Prozessgrundrechte anerkannt ist, dass Sprachvorgaben mittelbar diskriminieren können.[334] Amts- und Gerichtssprachen verfolgen einen legitimen Zweck, sind erforderlich und geeignet und daher grundsätzlich den benachteiligten Personen zumutbar.[335] Jedoch müssen Rechtsverluste durch Übersetzungen oder verlängerte Fristen ausgeglichen werden, sodass Sprachunkundigen keine Nachteile entstehen im Vergleich zu Sprachkundigen.[336] Die derzeitigen Maßnahmen gleichen die Nachteile aufgrund der obigen Feststellungen nicht zureichend aus.
Das BVerfG betrachtet hingegen Nachteile, welche aufgrund von Verständigungsproblemen entstehen, als Frage der Gewährleistung eines rechtsstaatlichen, fairen Verfahrens gemäß Art. 2 Abs. 1 GG i. V. m. Art. 20 Abs. 2 GG.[337] Dieses kann ebenfalls aufgrund der dargestellten Nachteile in der Möglichkeit der Verteidigung verletzt sein.

bb. Umgehung des Anspruchs auf kostenlose Dolmetschleistungen

Nach Art. 6 Abs. 3 lit. e EMRK wird ein Recht auf eine kostenlose Bereitstellung von Dolmetschleistungen gewährt. Es wird argumentiert, dass sowohl die relevanten Unterlagen als auch die Urteile, mit der Verteidigung zusammen – unter Hinzuziehung einer Dolmetschleistung – besprochen werden können. Eine schriftliche Übersetzung sei daher nicht notwendig. Allerdings können Translationsleistungen so indirekt kostenpflichtig werden, da die Einschränkung aus § 187 Abs. 2 Satz 5 GVG ebenfalls bei einer (kostenpflichtigen, zumeist auf Stundenbasis tätig werdenden) Wahlverteidigung eingreift, welche für diese – bei schriftlichen Übersetzungen nicht notwendigen – zeitaufwendigen Besprechungen Kosten in Rechnung stellt.[338] Aber auch bei einer Pflichtverteidigung kann fraglich bleiben, ob diese (aus finanzieller Perspektive) überhaupt eine zeitaufwendige mündliche Besprechung mit den Mandanten durchführen kann.

cc. Unzureichende Umsetzung europäischer Vorgaben

Es ist an dieser Stelle zudem zu kritisieren, dass der deutsche Gesetzgeber durch das Regel-Ausnahme-System in § 187 Abs. 2 GVG den Vorgaben aus der Europäischen Richtlinie nicht

---

[334] BVerfG, Beschluss vom 10.06.1975, Az.: 2 BvR 1074/74 = BVerfGE 40, 95, 98 f.; *Baer/Markard* in: Huber/Voßkuhle, GG, 8. Aufl. 2024, Art. 3 Rn. 487.
[335] Vgl. im Detail: *Baer/Markard* in: Huber/Voßkuhle, GG, 8. Aufl. 2024, Art. 3 Rn. 489.
[336] *Baer/Markard* in: Huber/Voßkuhle, GG, 8. Aufl. 2024, Art. 3 Rn. 492; BVerfG, Beschluss vom 27.08.2003, Az.: 2 BvR 2032/01 = NJW 2004, 50, 51; vgl. auch EGMR, Urteil vom 28.08.2018, Az.: 59868/08 (Vizgirda / Slowenien) = NLMR 2018, 347, 348.
[337] BVerfG, Beschluss vom 17.05.1983, Az.: 2 BvR 731/80 = NJW 1983, 2762, 2763.
[338] *Eisenberg,* JR 2013, 442, 445.

nachkommt,[339] indem u. a. die Gefahr besteht, dass jegliche schriftliche Übersetzungsleistungen verwehrt werden können, sobald eine professionelle Verteidigung vorhanden ist.[340] Nach Art. 3 Abs. 7 der Richtlinie 2010/64/EU können mündliche Zusammenfassungen der wesentlichen Unterlagen anstelle von schriftlichen Übersetzungen als Ausnahmen erfolgen. Die Umsetzung im Gerichtsverfassungsgesetz sieht mündliche Zusammenfassungen jedoch (bei einer Verteidigung) als Regelfall an (§ 187 Abs. 2 Satz 5 GVG).

Zudem ist zu bemängeln, dass die Beschränkung in § 187 Abs. 2 Satz 1 GVG auf lediglich nicht rechtskräftige Urteile hinter den Vorgaben der Richtlinie zurückbleibt.[341] Die Richtlinie 2010/64/EU bestimmt in Art. 3 Abs. 2, dass zu den wesentlichen Unterlagen „jegliches Urteil" gehört. Hiernach sind alle Rechtsbehelfe erfasst, welche die Frage der Strafbarkeit endgültig klären können, wozu auch außerordentliche Rechtsbehelfe wie ein Wiederaufnahmeverfahren oder eine Verfassungsbeschwerde zählen.[342]

d. Lösungsmöglichkeit zur Stärkung der Beschuldigtenrechte

Die Begrenzung des Umfanges der schriftlichen Übersetzung wird primär aus ökonomischen Gründen sowohl auf bundes- als auch auf europäischer Ebene vorgenommen.[343] So sollen Kosten eingespart und das Verfahren beschleunigt werden. Tatsächlich wäre eine vollständige schriftliche Übersetzung von Ermittlungsakten aufgrund des enormen Zeit- und Kostenaufwandes derzeit nur schwer umsetzbar. So werden Akten mit bis zu 600 Seiten noch als „dünne" Akten bezeichnet.[344] Im Zeitraum 2009 bis 2014 hatten etwa bei den Strafkammern

---

[339] Vgl. *Oehmichen* in: Herrnfeld/Esser, Europäische Staatsanwaltschaft, 2022, § 14 Rn. 68; *Kotzurek*, eucrim 2020, 314, 317 f.

[340] Bericht der Kommission an das Europäische Parlament und den Rat über die Umsetzung der Richtlinie 2010/64/EU des Europäischen Parlaments und des Rates vom 20. Oktober 2010 über das Recht auf Dolmetschleistungen und Übersetzungen in Strafverfahren, 18.12.2018 (COM(2018) 857 final), 3.3.7.: „[...] *in manchen Fällen ist unklar, ob* [die mündliche Übersetzung] *in der Praxis der Fall ist, da der Eindruck entsteht, dass mündliche Übersetzungen die Regel sein könnten"; Makepeace*, StV 2020, 570, 574; *Oğlakcıoğlu* in: MünchKomm-StPO, 2. Aufl. 2025, GVG § 187 Rn. 26 f.; *A. Schneider*, StV 2015, 379, 384.

[341] *A. Schneider*, StV 2015, 379, 380, 384.

[342] *Oğlakcıoğlu* in: MünchKomm-StPO, 2. Aufl. 2025, GVG § 187 Rn. 26; *A. Schneider*, StV 2015, 379, 380; *Schulte* in: MAH StV, 3. Aufl. 2022, § 18 Rn. 74 f.

[343] BGH, Beschluss vom 18.02.2020, Az.: 3 StR 430/19 = BGHSt 64, 283, 290; BGH, Urteil vom 09.11.2011, Az.: 1 StR 302/11 = NStZ 2012, 523, 525 Rn. 34; OLG Dresden, Beschluss vom 19.04.2011, Az.: 2 Ws 96/11 = NStZ-RR 2012, 64; *Frister* in: SK-StPO, 6. Aufl. 2023, GVG § 187 Rn. 14; *Makepeace*, StV 2020, 570, 573; *Simon* in: LR-StPO, 27. Aufl. 2022, GVG § 187 Rn. 10; *Sommer*, Effektive Strafverteidigung, 5. Aufl. 2023, Kap. 3 Rn. 382; EU- und EGMR-Ebene: *Cras/Matteis*, eucrim 2010, 153, 160; *Fingas*, European Criminal Law Review 2019, 178, 178; *Hertog*, MonTI 7 (2015): 73, 77 f.; 96; *Meyer* in: Karpenstein/Mayer, EMRK, 3. Aufl. 2022, Art. 6 Rn. 260.

[344] *Ferber*, Strafkammerbericht, 2017, S. 126.

verschiedenster Landgerichte in mehreren Bundesländern, welche in den Strafkammerbericht einbezogen wurden, 24 % aller Akten mehr als 2000 Blatt.[345]
Auch wenn der § 187 GVG keinen generellen Übersetzungsanspruch vermittelt,[346] könnte der Umfang von Übersetzungen erheblich gesteigert werden, wenn der Kosten- und Zeitaspekt reduziert werden könnte. Die beschuldigte Person könnte von einem Mehr an Übersetzungen erheblich profitieren.[347] Dieses prozessökonomische Problem könnte durch technische Hilfsmittel, wie maschinelle Translationen, ausgeglichen werden. Technische Hilfsmittel werden auch bereits an anderer Stelle verwendet. So haben etwa sehbehinderten Menschen gemäß § 191a GVG einen deutlich weitergehenden Anspruch auf Bereitstellung von Unterlagen – inklusive der barrierefreien Zurverfügungstellung der Akten.[348]

4. Anspruch deutschsprachiger Personen auf Übersetzungen fremdsprachiger Beweismittel

Deutschsprachige (beschuldigte) Personen haben grundsätzlich keinen unmittelbaren Anspruch auf Translationsleistungen. Die Dokumente, welche die Verfahrenskommunikation betreffen, sind bereits in Deutsch. Es können jedoch fremdsprachige Dokumente im Rahmen der Beweismittel auftauchen, die im Rahmen einer wirksamen Verteidigung verwendet werden könnten, aber von den Behörden nicht übersetzt wurden, weil diese die Dokumente als unwesentlich eingestuft haben.[349] Im vorliegenden Fall geht es – im Gegensatz zu Sprachunkundigen – nicht darum, einen durch die Festlegung der Gerichtssprache entstehenden Sprachnachteil auszugleichen. Bei Sprachunkundigen sind für das grundlegende Verständnis Translationen erforderlich, um eine Partizipation überhaupt zu ermöglichen. Eine solche ist in diesem Fall aber ohne weiteres möglich. Zudem steht es sprachkundigen Beschuldigten frei, entsprechende Beweisanträge zu stellen, um die Anfertigung von Übersetzungen zu erwirken.[350]

---

[345] *Ferber*, Strafkammerbericht, 2017, S. 126.
[346] BGH, Beschluss vom 18.02.2020, Az.: 3 StR 430/19 = BGHSt 64, 283, 285 Rn. 10; BGH, Beschluss vom 13.09.2018, Az.: 1 StR 320/17 = NJW 2018, 3790, 3790 f.; BGH, Beschluss vom 10.07.2014, Az.: 3 StR 262/14 = NStZ 2014, 725, 726; *Allgayer* in: BeckOK-GVG, Stand: 15.08.2025, § 187 Rn. 3.
[347] Vgl. *Duttge/Kangarani* in: HK-GS, 5. Aufl. 2022, GVG § 187 Rn. 3.
[348] *Oğlakcıoğlu* in: MünchKomm-StPO, 2. Aufl. 2025, GVG § 191a Rn. 13.
[349] Hierzu noch Abschnitt D.1.b.aa und D.I.2.c.
[350] BGH, Urteil vom 22.07.1980, Az.: 1 StR 804/79 = WKRS 1980, 13386 Rn. 12.

D. Status quo der Translationen für Beweismittel- und Ermittlungszwecke und Kritik

Während sich für Translationen im Rahmen der Verfahrenskommunikation spezifische gesetzliche Regelungen aus dem Gerichtsverfassungsgesetz ergeben (sowie den Vorgaben der EMRK und der Richtlinie 2010/64/EU), trifft man bei Beweistranslationen nur auf generelle Regelungen, die für sämtliche Tätigkeiten von Sachverständigen gelten. Im Folgenden sollen daher zunächst die Vorgaben für Beweistranslationen systematisiert werden. Hierbei werden diese getrennt für die Staatsanwaltschaft (und deren Ermittlungspersonen) sowie für Gerichte dargestellt.

Mit der Ausnahme von Vernehmungssituationen, welche insbesondere durch die Grundsätze der Verfahrenskommunikation geprägt sind und daher auch dieser zuzuordnen sind, liegen bei Beweismitteltranslationen in der Regel „einseitige Sachverhalte“ vor, also solche, bei denen keine Dialoge ermöglicht werden müssen. Vielmehr liegen schriftliche Unterlagen oder Kommunikationen zwischen Dritten vor, die die Strafverfolgungsbehörden und Gerichte nur passiv verfolgen, aber nicht aktiv auf Gespräche einwirken.

I. Bestandsaufnahme

1. Translationen auf Ebene der Ermittlungsbehörden

a. Das primäre Ziel der Staatsanwaltschaft

Die Staatsanwaltschaft bestimmt im Wesentlichen das Ermittlungsverfahren. Sie verfolgt das primäre Ziel, einen Sachverhalt so umfassend zu erforschen, dass eine Prognoseentscheidung dahingehend getroffen werden kann, ob ein hinreichender Tatverdacht (vgl. § 170 Abs. 1 StPO) besteht, welcher die Erhebung einer öffentlichen Anklage rechtfertigt. Damit eine Entscheidung getroffen werden kann, muss die Staatsanwaltschaft den Sachverhalt in einem solchen Umfang aufklären, dass nicht mehr mit wesentlichen neuen Erkenntnissen zu rechnen ist und eine sichere Verdachtseinschätzung getroffen werden kann.[1] Bevor die Abschlussverfügung getroffen werden kann, können auch weitere Verdachtsstufen, wie der Anfangsverdacht, für die Einleitung der Ermittlungen, oder der dringende Tatverdacht, für besonders grundrechtsintensive Maßnahmen, relevant werden. Für die Entscheidung über das Vorliegen einer bestimmten Verdachtsstufe können fremdsprachige Inhalte elementare Bedeutung erlangen – aber auch bei unmittelbaren Ermittlungsmaßnahmen.

[1] *Kölbel/Neßeler* in: MünchKomm-StPO, 2. Aufl. 2024, § 170 Rn. 6.

Auch können fremdsprachige Inhalte unmittelbar einen beleidigenden, erpresserischen oder falschen Inhalt enthalten und somit Tatmittel sein oder sie können Planungen und Dokumentationen einer Tat enthalten und somit „verbriefte" Indiz-Tatsachen darstellen.[2]

b. Wie gehen die Ermittlungsbehörden grundsätzlich mit fremdsprachigen Sachverhalten um?

Für die Sachverhaltsaufklärung der Ermittlungsbehörden im Ermittlungsverfahren gilt grundsätzlich das Freibeweisverfahren und der Grundsatz der freien Gestaltung (vgl. § 161 Abs. 1 Satz 1 StPO).[3] Die Staatsanwaltschaft darf für die Prognoseentscheidung, ob ein bestimmter Verdachtsgrad erfüllt ist, alle ihr zugänglichen Informationsquellen, auch fremdsprachige, in ihrem pflichtgemäßen Ermessen würdigen. Sie ist grundsätzlich weder an den Grundsatz der Unmittelbarkeit noch an den Grundsatz der Mündlichkeit gebunden. Bei belastenden Tatsachen sollten dennoch die Regeln des Strengbeweises beachtet werden, damit diese ohne Komplikationen zum Gegenstand der Hauptverhandlung gemacht werden können. Weiterhin müssen hierfür das Prinzip der materiellen Wahrheit, der Beschleunigungsgrundsatz sowie der Grundsatz der Verhältnismäßigkeit beachtet werden.[4] Für die Ermittlungsarbeiten stehen neben der allgemeinen Ermittlungsbefugnis gemäß § 161 Abs. 1 Satz 1 StPO, von der insbesondere Ermittlungsmaßnahmen geringerer Intensität gedeckt sein können, zahlreiche Einzelermächtigungen zur Verfügung, etwa für Durchsuchungen (z. B. § 102 StPO) oder Überwachungsmaßnahmen (z. B. § 100a StPO).[5] Bei allen Ermittlungsmaßnahmen sind die verfassungs- und prozessrechtlichen Handlungsgrenzen zu beachten,[6] insbesondere solche, die bei einer Missachtung ein Beweiserhebungs- oder -verwertungsverbot nach sich ziehen könnten.[7]

aa. Keine zwingende Notwendigkeit von Translationen

Für die Ermittlungsbehörden besteht im Ermittlungsverfahren im Rahmen der reinen Ermittlungstätigkeiten grundsätzlich keine Pflicht zur Anfertigung von Translationen. Solche

---

[2] Vgl. *Eschelbach*, HRRS 2007, 466, 466.

[3] BVerfG, Beschluss vom 18.09.1995, Az.: 2 BvR 103/92 = NJW 1996, 771, 772; *Kölbel/Ibold* in: MünchKomm-StPO, 2. Aufl. 2024, § 160 Rn. 32; *Sackreuther* in: BeckOK-StPO, Stand: 01.04.2026, § 161 Rn. 4; *Weingarten* in: KK-StPO, 9. Aufl. 2023, § 161 Rn. 12.

[4] *Kölbel/Ibold* in: MünchKomm-StPO, 2. Aufl. 2024, § 160 Rn. 33 f.; *Erb* in: LR-StPO, 27. Aufl. 2018, § 160 Rn. 37, 42 ff.

[5] *Kölbel/Ibold* in: MünchKomm-StPO, 2. Aufl. 2024, § 161 Rn. 6.

[6] *Kölbel/Ibold* in: MünchKomm-StPO, 2. Aufl. 2024, § 160 Rn. 32; *Singelnstein*, NStZ 2012, 593, 594.

[7] *Kölbel/Ibold* in: MünchKomm-StPO, 2. Aufl. 2024, § 160 Rn. 36; *Erb* in: LR-StPO, 27. Aufl. 2018, § 160 Rn. 38 f.

erfolgen nur, soweit dies im Rahmen der Sachverhaltsaufklärung zum Verständnis notwendig erscheint.[8]

Die Vorgabe des § 184 Satz 1 GVG („Die *Gerichts*sprache ist deutsch") entfaltet keine unmittelbare Geltungswirkung für die Verfahrensabschnitte, in denen Gerichte nicht direkt involviert sind.[9] Von § 184 Satz 1 GVG werden daher grundsätzlich Beweismittel, welche außerhalb des gerichtlichen Verfahrens entstammen, also auch potenzielle Beweisstücke, nicht erfasst.[10] Selbst in der Anklageschrift können noch fremdsprachige Urkunden (ohne Übersetzung) als Beweisstücke aufgeführt werden, solange diese keine „integralen Bestandteile" der Anklageschrift selbst darstellen.[11] Die deutsche Fassung muss erst im Rahmen der Hauptverhandlung vorliegen und auch nur dann, wenn der Inhalt zur Erfüllung der richterlichen Aufklärungspflicht (§ 244 Abs. 2 StPO) gewürdigt werden soll.[12] Die Entscheidung hierüber obliegt dem Gericht, welches diese zum gegebenen Zeitpunkt trifft. Dies gilt auch für andere fremdsprachige Daten und hat einen primär prozessökonomischen Hintergrund, so die folgende Feststellung des BGH:

> „[Eine Übersetzung bereits vor Anklageergebung] *wäre in vielen Fällen zudem wenig prozessökonomisch. Denn zu diesem Zeitpunkt ist es offen, ob sie im Wege des Strengbeweises in die Hauptverhandlung eingeführt werden müssen. Häufig wird das Tatgericht auf Grund der (namentlich geständigen) Angaben des Angekl. oder auf der Basis der im Übrigen erzielten Beweislage gar nicht oder nur zu einem Teil auf die den erhobenen Vorwurf betreffenden Urkunden zurückgreifen müssen. Erst wenn dies von der Aufklärungspflicht (§ 244 II StPO) geboten wird, sind sie von einem Sachverständigen zu übersetzen (*[…]*). § 184 GVG selbst verlangt jedenfalls nicht, sämtliche anfallenden Aktenteile von Amts wegen in die deutsche Sprache übersetzen zu lassen (*[…]*).*"[13]

Die Einschätzung der Erforderlichkeit von Translationen ist daher in das Ermessen der Ermittlungsbehörden gestellt. Diese müssen grundsätzlich nur dann angefertigt werden, wenn

[8] *Simon* in: LR-StPO, 27. Aufl. 2022, GVG § 184 Rn. 5.

[9] *Oğlakcıoğlu* in: MünchKomm-StPO, 2. Aufl. 2025, GVG § 184 Rn. 13.

[10] BGH, Urteil vom 09.11.2011, Az.: 1 StR 302/11 = NStZ 2012, 523 Rn. 33; *Katholnigg*, Strafgerichtsverfassungsrecht, 3. Aufl. 1999, GVG § 184 Rn. 5; *Simon* in: LR-StPO, 27. Aufl. 2022, GVG § 184 Rn. 5.

[11] BGH, Urteil vom 09.11.2011, Az.: 1 StR 302/11 = NStZ 2012, 523 Rn. 33; *Eschelbach*, HRRS 2007, 466, 469 f.

[12] BGH, Urteil vom 09.11.2011, Az.: 1 StR 302/11 = NStZ 2012, 523 Rn. 34, m. w. N.; *Allgayer* in: BeckOK-GVG, Stand: 15.08.2025, § 184 Rn. 1 („*umfasst sämtliche Bereiche der richterlichen Tätigkeit*"); *Frister* in: SK-StPO, 6. Aufl. 2023, GVG § 184 Rn. 3.

[13] BGH, Urteil vom 09.11.2011, Az.: 1 StR 302/11 = NStZ 2012, 523 Rn. 34.

und soweit solche für das Verständnis des Inhaltes für die konkreten Ermittlungsarbeiten erforderlich sind.

bb. Die Anfertigung der Translationen

Auch die Entscheidung, *wie* die Translationen angefertigt werden sollen, steht im Ermessen der Ermittlungsbehörden. So können die Ermittlungspersonen die Translationsleistungen auch selbst vornehmen. Dies ist in der Praxis, insbesondere bei überschaubaren Sachverhalten, etwa (kurzen) englischsprachigen Inhalten, der Fall. Hierbei kann die Translation auch „rein gedanklich" ohne schriftliche Fixierung erfolgen.

Wenn im Ermittlungsverfahren die Sprachkenntnisse der Ermittlungspersonen für ein Verständnis des Inhaltes nicht genügen und daher eine Translationsleistung für Beweismaterialien benötigt wird, so wird der beauftragte Translator als Sachverständiger (i. S. d. § 161a Abs. 1 Satz 1 i. V. m. §§ 72 ff. StPO) tätig. Anders als zum Zwecke der Prozesskommunikation erfolgt dies nicht nach den Vorgaben des Gerichtsverfassungsgesetzes (§§ 185 ff. GVG).[14]

Da Translatoren wie Sachverständige zu behandeln sind, gilt für ihre Heranziehung die Empfehlung in Nr. 69 Satz 1 RiStBV, wonach eine Zuziehung eines Sachverständigen nur erfolgen soll, wenn dies zur vollständigen Aufklärung des Sachverhalts unentbehrlich ist. Die diesbezügliche Einschätzungsprärogative liegt bei den zuständigen Ermittlungspersonen. Für die Auswahl der mit der Anfertigung betrauten Sachverständigen gelten die Grundsätze entsprechend, welche bei der Verfahrenskommunikation gelten.[15] Damit die Translationen angefertigt werden können, müssen der beauftragten Person die entsprechenden Urkunden oder Augenscheinobjekte wie Ton- bzw. Videoaufnahmen überlassen werden.[16] Die fachliche Durchführung der Begutachtung liegt in der Verantwortung des Sachverständigen, insbesondere steht diesem die Wahl der Methode und der Weg der Erstellung frei.[17] Hierbei bedienen sich Translatoren auch technischer Hilfsmittel, wie Anwendungen zum transkribieren gesprochener Inhalte oder maschinelle Übersetzungen für die Anfertigung von

---

[14] Statt aller: BGH, Urteil vom 07.07.1997, Az.: 5 StR 17/97 = NStZ 1998, 158, 159; BGH, Urteil vom 28.11.1950, Az.: 2 StR 50/50 = BGHSt 1, 4, 6; *Detter/Becker* in: Bockemühl, HdB Strafrecht, 9. Aufl. 2024, Kap. 37 Rn. 5.

[15] Siehe hierzu Abschnitt C.3.

[16] Die Überlassung von Urkunden und Augenscheinobjekten ist nach herrschender Ansicht über den Wortlaut des § 80 StPO hinaus erfasst: *Bosch* in: SSW-StPO, 6. Aufl. 2025, § 80 Rn. 4; *Brauer* in: HeidelbergerKomm-StPO, 7. Aufl. 2023, § 80 Rn. 4; *Hadamitzky* in: KK-StPO, 9. Aufl. 2023, § 80 Rn. 2 f.; *Krause* in: LR-StPO, 27. Aufl. 2018, § 80 Rn. 10; *Monka* in: BeckOK-StPO, Stand: 01.04.2026, § 80 Rn. 1; *Neubeck* in: KMR-StPO, 130. EL, Stand: 01.08.2024, § 80 Rn. 2; *Neuhaus* in: HK-GS, 5. Aufl. 2022, StPO § 80 Rn. 8; *Rogall* in: SK-StPO, 5. Aufl. 2018, § 80 Rn. 15; *Trück* in: MünchKomm-StPO, 2. Aufl. 2023, § 80 Rn. 3.

[17] BGH, Urteil vom 12.02.1998, Az.: 1 StR 588/97 = BGHSt 44, 26, 33; *Monka* in: BeckOK-StPO, Stand: 01.04.2026, § 78 Rn. 4; *Trück* in: MünchKomm-StPO, 2. Aufl. 2023, § 78 Rn. 4 m. w. N.

Informativübersetzungen.[18] Die Anfertigung der Translationen selbst sollte möglichst transparent erfolgen.[19]

c. Der exemplarische Einsatz von Translationen bei Ermittlungsmaßnahmen

Im Folgenden sollen anhand der Wohnungsdurchsuchung sowie der Telekommunikationsüberwachung zwei exemplarische Ermittlungsmaßnahmen aufgezeigt werden, bei denen regelmäßig fremdsprachige Sachverhalte für Herausforderungen sorgen.

aa. Wohnungsdurchsuchungen

Bei Wohnungsdurchsuchungen treten regelmäßig fremdsprachige Sachverhalte auf. Eine Durchsuchung i. S. v. Art. 13 Abs. 2 GG i. V. m. §§ 102 ff. StPO ist ein ziel- und zweckgerichtetes Suchen staatlicher Organe nach Personen und Sachen zur Ermittlung eines Sachverhalts, den der Inhaber der Wohnung von sich aus nicht offenlegen will.[20] Auch wenn die Durchsuchungsanordnung oft mit der Anordnung der Beschlagnahme bzw. Sicherstellung von Beweismitteln verbunden ist, handelt es sich um zwei strafprozessual eigenständige Rechtsinstitute.[21]

(1) Kommunikation mit den betroffenen Personen

Zunächst kann bei Durchsuchungen auf Personen getroffen werden, welche der deutschen Sprache nicht mächtig sind. Diese müssen entsprechend in Kenntnis gesetzt werden und können unter Umständen durch Hinweise das Durchsuchungsziel fördern, wobei es sich hierbei um Fragen der Verfahrenskommunikation handelt.[22] Auch muss die Durchsuchungsanordnung grundsätzlich, als verfahrensrechtliches Schriftstück, nach § 35 StPO mit vollständiger Begründung dem Betroffenen ausgehändigt werden.[23] Aufgrund der Grundrechtsrelevanz einer Durchsuchung, der individuellen Bedeutung der Maßnahme für die beschuldigte Person sowie zur Ermöglichung der fachgerechten Ausübung der strafprozessualen Rechte, sollte dabei zusätzlich eine Übersetzung nach § 187 Abs. 1 GVG bereitgestellt werden.[24]

---

[18] Hierzu Abschnitt A.VII.

[19] Die Herstellung muss im Strafverfahren transparent sein: *Capus/Havlka*, trans-kom 2021, 175, 182.

[20] BVerfG, Beschluss vom 05.05.1987, Az.: 1 BvR 1113/85 = BVerfGE 75, 318, 327; BVerfG, Beschluss vom 13.10.1981, Az.: 1 BvR 280/66 = BVerfGE 32, 54, 73; BVerfG, Beschluss vom 03.04.1979, Az.: 1 BvR 994/76 = BVerfGE 51, 97, 106 f.

[21] BVerfG, Beschluss vom 18.03.2009, Az.: 2 BvR 1036/08 = juris, Rn. 50 f.; *F. Walther*, JA 2010, 32, 32 f.

[22] Hierzu Abschnitt C.

[23] BGH, Beschluss vom 07.11.2002, Az.: 2 BJs 27/02 - 5 - StB 16/2 = NStZ 2003, 273 Rn. 4.

[24] *Oğlakcıoğlu* in: MünchKomm-StPO, 2. Aufl. 2025, GVG § 187 Rn. 53. Die Übersetzung steht jedoch im Ermessen des Gerichts bzw. der Ermittlungsbehörden und ist nicht von den in § 187 Abs. 2 Satz 1 GVG genannten Beispielen ausdrücklich genannt. Vgl. Abschnitt C.I.4.a. allgemein zum Übersetzungsumfang von Dokumenten im Rahmen der Verfahrenskommunikation.

(2) Durchsicht während der Maßnahme

Ein Teil der unmittelbaren Durchsuchung stellt die Durchsicht (§ 110 StPO) dar.[25] Hierbei werden potenzielle Beweismittel auf ihre Beweiserheblichkeit und Verwertbarkeit hin geprüft, um zu entscheiden, ob eine Beschlagnahme erfolgen soll.[26] Dies gilt unabhängig von der Form. Es können nicht nur physische Dokumente, sondern auch gespeicherte Sprachnachrichten, Videos oder digitale Daten (§ 110 Abs. 3 StPO) von der Durchsicht betroffen sein.[27] Die Befugnis zur Durchsicht liegt grundsätzlich nur bei der Staatsanwaltschaft und ihren Ermittlungspersonen[28] und erfolgt in der Regel an Ort und Stelle der Durchsuchung. Wenn eine Durchsicht nicht vor Ort möglich ist, kann eine vorläufige Sicherstellung erfolgen.[29] Diese wird noch als Teil der Durchsuchung selbst gewertet.[30]

Wenn die Staatsanwaltschaft bzw. ihre Ermittlungspersonen nicht in der Lage sind, die Unterlagen zu verstehen, etwa wenn diese verschlüsselt oder in einer anderen Sprache abgefasst sind, können diese Sachverständige hinzuziehen, wozu auch Translatoren gehören.[31] Translatoren können bei der Durchsuchung vor Ort anwesend sein. Die (mündliche) Auskunft der Translatoren versetzt die Ermittlungspersonen in die Lage, den wesentlichen Inhalt der Daten zu verstehen und in der Folge die Beweiserheblichkeit individuell einzustufen. Es darf keine vollständige Übertragung der Auswahl der Unterlagen auf die sachverständige Person erfolgen; die Ermittlungspersonen müssen zunächst eine Vorsichtung durchführen.[32] Dies ist in der Praxis jedoch schwierig, da mangels Verständnisses des Inhaltes lediglich eine Auswahl anhand äußerer Faktoren getroffen werden kann. Bei der Hinzuziehung eines Translators zu den Ermittlungsmaßnahmen muss sichergestellt werden, dass dieser kein eigenes privates oder

---

[25] BVerfG, Beschluss vom 18.03.2009, Az.: 2 BvR 1036/08 = juris; *Hadamitzky* in: KMR-StPO, 119. EL, Stand: 01.02.2023, § 110 Rn. 5.

[26] *Hegmann* in: BeckOK-StPO, Stand: 01.04.2026, § 110 Rn. 6.

[27] BGH, Beschluss vom 05.08.2003, Az.: 2 BJs 11/03-5 - StB 7/03 = NStZ 2003, 670, 671 Rn. 6; *Frister* in: Lisken/Denninger, HdB-Polizeirecht, 7. Aufl. 2021, Kap. F Rn. 26 f.; *Hauschild* in: MünchKomm-StPO, 2. Aufl. 2023, § 110 Rn. 6; *Hegmann* in: BeckOK-StPO, Stand: 01.04.2026, § 110 Rn. 3; *Park*, Durchsuchungen, 5. Aufl. 2022, § 4 Rn. 888 ff.; *Schlothauer* in: MAH StV, 3. Aufl. 2022, § 3 Rn. 111; *Ludewig*, KriPoZ 2019, 293, 298; BVerfG, Beschluss vom 12.04.2005, Az.: 2 BvR 102/02 = BVerfGE 113, 29, 51.

[28] *Hegmann* in: BeckOK-StPO, Stand: 01.04.2026, § 110 Rn. 7; *Wohlers/Jäger* in: SK-StPO, 6. Aufl. 2023, § 110 Rn. 16 Fn. 87.

[29] *Hauschild* in: MünchKomm-StPO, 2. Aufl. 2023, § 110 Rn. 8; *Hegmann* in: BeckOK-StPO, Stand: 01.04.2026, § 110 Rn. 8; *Singelnstein*, NStZ 2012, 593, 597; *Tsambikakis* in: LR-StPO, 27. Aufl. 2019, § 110 Rn. 21, 28; *Gerhold* in: BeckOK-StPO, Stand: 01.04.2026, § 94 Rn. 12; *Zerbes/El-Ghazi*, NStZ 2015, 425, 426; *Peters*, NZWiSt 2017, 465, 466.

[30] *Peters*, NZWiSt 2017, 465, 466 m. w. N.; BVerfG, Beschluss vom 30.01.2002, Az.: 2 BvR 2248/00 = NJW 2002, 1410, 1411; BVerfG, Beschluss vom 18.12.2002, Az.: 2 BvR 1910/02 = NJW 2003, 1513, 1513; BGH, Beschluss vom 07.12.1998, Az.: 5 AR (VS) 2/98 = BGHSt 33, 265, 273.

[31] *Eisenberg*, Beweisrecht, 10. Aufl. 2017, Rn. 2451; *F. Walther*, JA 2010, 33, 38; *Wohlers/Jäger* in: SK-StPO, 6. Aufl. 2023, § 110 Rn. 13; allgemein hierzu: LG München I, Beschluss vom 02.05.1967, Az.: VI Qs 94/67 = MDR 1967, 687, 688; *Park*, Durchsuchung und Beschlagnahme, 5. Aufl. 2002, Rn. 265.

[32] LG Kiel, Beschluss vom 14.08.2006, Az.: 37 Qs 54/06 = NJW 2006, 3224; *Hadamitzky* in: KMR-StPO, 119. EL, Stand: 01.02.2023, § 110 Rn. 11 f.; *Hauschild* in: MünchKomm-StPO, 2. Aufl. 2023, § 110 Rn. 11.

gewerbliches Interesse am konkreten Ergebnis selbst hat; in dem Fall würde der *fair-trial* Grundsatz eine Mitwirkung verbieten.[33]

(3) Auswertung im Anschluss an die Maßnahme

Im Anschluss an die Durchsuchung erfolgt die vertiefte Auswertung der gesicherten Unterlagen. Hierfür können gegebenenfalls weitergehende und detailliertere Translationen erforderlich werden, deren Anfertigungen sich nach den obigen allgemeinen Grundsätzen richten.[34]

bb. Telekommunikationsüberwachung

Ein weiteres Feld im Ermittlungsverfahren, in dem fremdsprachige Inhalte häufig auftreten, sind Observationsmaßnahmen. Die Durchführung von Translationen bei verdeckten Maßnahmen soll nachfolgend anhand der Telekommunikationsüberwachung exemplarisch dargestellt werden. Eine Telekommunikationsüberwachung kann an verschiedene Kommunikationsmittel und -medien, wie E-Mails, Telefonate oder Messenger-Nachrichten, anknüpfen.[35] Auch hier ist es grundsätzlich nicht zwingend, Translationen anfertigen zu lassen. Eine Übersetzung muss erst in der Hauptverhandlung erfolgen, wenn fremdsprachige Inhalte aus einer Telekommunikationsüberwachung dort als Beweismittel eingeführt werden sollen.[36] Translationen können bei TKÜ-Maßnahmen in zwei Stadien erfolgen. Zum einen *während* der Observationsmaßnahme (Erhebungsphase) und zum anderen *nach* der Observationsmaßnahme (Auswertungsphase).

(1) Erhebungsphase

Wenn die eigenen Kenntnisse der Ermittlungspersonen nicht ausreichend sind, können Translatoren hinzugezogen werden. Für die Hinzuziehung der Sprachmittler besteht keine gesonderte gesetzliche Regelung.[37] Die Hinzuziehung ist vielmehr von der zugrundeliegenden Ermächtigung zur verdeckten Maßnahme miterfasst. Jedoch erfolgt in der Regel auf Ebene der Vergütung eine Differenzierung. Eine Translation während der Erhebungsphase wird als Dolmetschleistung i. S. d. § 9 JVEG vergütet.[38] Aufgrund der Wiederhol- und Korrigierbarkeit der auf Datenträgern gespeicherten Aufzeichnungen gilt die Translation in der späteren

---

[33] *Senge*, jurisPR-StrafR 6/2008, Anm. 2; *F. Walther*, JA 2010, 33, 38.
[34] Vgl. Abschnitt D.I.1.b.bb.
[35] Vgl. mit weiteren Ausführungen: *Graf* in: BeckOK-StPO; Stand: 01.10.2024, § 100a Rn. 48 ff.; *Rückert* in: MünchKomm-StPO, 2. Aufl. 2023, § 100a Rn. 87 ff.
[36] BGH, Urteil vom 09.07.1991, Az.: 1 StR 666/90 = StV 1991, 517, 517; *Eschelbach* in: SSW-StPO, 6. Aufl. 2025, § 100a Rn. 35; *Gercke/Grözinger* in: HeidelbergerKomm-StPO, 7. Aufl. 2023, § 100a Rn. 52.
[37] Vgl. *Cebulla*, Sprachmittlung und Datenschutz, 2015, S. 90.
[38] OLG Schleswig, Beschluss vom 23.03.2015, Az.: 1 Ws 79/15 (39/15) = BeckRS 2015, 1100.

Auswertungsphase hingegen als Übersetzungsleistung i. S. d. § 11 JVEG.[39] Diese vergütungsrechtliche Differenzierung ändert jedoch nichts an der Grundeinordnung als Sachverständigentätigkeit, da diese Translationsleistungen hier nicht zur Ermöglichung der Kommunikation erfolgen.[40] Insbesondere nehmen die Ermittlungspersonen nur als stille Zuhörer teil, ohne dass die abgehörten Gesprächspartner hiervon Kenntnis erlangen.[41] Die Translation erfolgt nur in eine Richtung. Es wird keine „Brücke" zur Gesprächsermöglichung geboten.[42]

Die Echtzeittranslationen in der *Erhebungsphase* erfolgen primär, um bei der Observation den durch Art. 10 GG und dem Recht auf die informationelle Selbstbestimmung (Art. 2 Abs. 1 i. V. m. Art. 1 Abs. 1 GG) garantierten Kernbereichsschutz zu wahren (vgl. § 100d Abs. 1 StPO). Es besteht eine Unterbrechungspflicht der Maßnahmen, wenn ein Mandanten-Anwaltsgespräch erfolgt (vgl. § 160a Abs. 1 Satz 1 und 3 StPO),[43] oder wenn die Gespräche der besonders geschützten Intimsphäre unterfallen. Bei Observationsmaßnahmen sind Vorkehrungen zum Schutze dieser Sphäre zu treffen.[44] In der Praxis hören die Ermittlungsbeamten die Gespräche daher häufig unter Beiziehung eines Translators ab. Die jeweils beauftragte Person fertigt Notizen an und gibt kurze mündliche Angaben zu den Gesprächsinhalten, auf deren Grundlage entschieden werden kann, ob die Aufzeichnung andauern darf, sowie um bereits festzulegen, von welchen Inhalten und Sequenzen später ausführliche übersetzte Gesprächsprotokolle angefertigt werden sollen.[45] Wenn Anhaltspunkte für die Betroffenheit des Kernbereiches vorliegen, ist die Maßnahme grundsätzlich sofort zu unterbrechen.[46]

Das BVerfG hat jedoch anerkannt, dass der Kernbereich in der Praxis in diesem absoluten Umfang nicht komplett geschützt werden kann. Bei Observationen können spontan fremde Sprachen auftreten, etwa indem die gesprochene Sprache spontan gewechselt wird oder eine weitere Person hinzutritt. Gerade Dialekte, Slangs, seltene Sprachen und Geheimcodes sind

---

[39] Vgl. *Apfel/Strittmatter/Wölky* in: Praxis des Betäubungsmittelstrafrechts, 1. Aufl. 2013. Kap. 5 Rn. 99.
[40] Vgl. hierzu auch: BGH, Beschluss vom 13.02.2019, Az.: 2 StR 485/18 = juris Rn. 5, 9.
[41] *Capus/Havlka*, trans-kom 2021, 175, 189.
[42] Vgl. generell hierzu: *Capus/Havlka*, trans-kom 2021, 175, 182, 189.
[43] BGH, Urteil vom 05.11.1985, Az.: 2 StR 279/85 = NJW 1986, 1183; LG Düsseldorf, Beschluss vom 15.02.2021, Az.: 10 Qs 46/20 = StV 2022, 374, 375; LG Eilwangen, Beschluss vom 28.05.2013, Az.: 1 Qs 130/12 = NJW-Spezial 2013, 473; *Hauck* in: LR-StPO, 27. Aufl. 2018 § 100a Rn. 182.
[44] BVerfG, Urteil vom 27.07.2005, Az.: 1 BvR 668/04 = BVerfGE 113, 348, 391: für präventive Überwachungen; Der Gesetzgeber geht jedoch auch von einer Geltung dieser Entscheidung im repressiven Bereich aus: BR-Drucks. 275/07, S. 2; ferner *Kleih*, Die strafprozessuale Überwachung der Telekommunikation, 2010, S. 239.
[45] Vergleiche hierzu die Sachverhaltsbeschreibung zu dem Vorgehen bei einer Observationsmaßnahme in: BVerfG, Beschluss vom 07.12.2011, Az.: 2 BvR 2500/09, 2 BvR 1857/10 = BVerfGE 130, 1, 9 f.
[46] BVerfG, Urteil vom 27.07.2005, Az.: 1 BvR 668/04 = BVerfGE 113, 348, 391 f; (vgl. hierzu Anmerkung aus der vorletzten Fußnote); *Roggan,* HdB Innere Sicherheit, 2. Aufl. 2008, S. 123.

nicht sofort identifizierbar oder können für erhebliche Schwierigkeiten sorgen.[47] Auch Hintergrundgeräusche oder eine schlechte Tonqualität können eine spontane Einordnung der Inhalte erschweren, sodass eine zutreffende Beurteilung nur bei wiederholtem Abspielen einer Aufzeichnung möglich ist.[48] Zudem würde bei einer Vorselektion durch die Translatoren eine unzulässige Auslagerung einer Kernaufgabe der Ermittlungsbeamten auf Sachverständige erfolgen. Das BVerfG stellt daher konsequenterweise Folgendes fest:

> *„Ein entsprechendes umfassendes Erhebungsverbot würde die Telekommunikationsüberwachung in einem Maße einschränken, dass eine wirksame Strafverfolgung gerade im Bereich schwerer und schwerster Kriminalität nicht mehr gewährleistet wäre. Der Schutz des Kernbereichs privater Lebensgestaltung ist in diesen Fällen durch einen hinreichenden Grundrechtsschutz in der Auswertungsphase sicherzustellen.“*[49]

Ein Eingriff in den geschützten Kernbereich ist in der Erhebungsphase daher häufig unvermeidlich. Ein Abbruch und eine Löschung der Aufzeichnung, welche in den Kernbereich eingegriffen hat, setzt zwangsläufig aber zunächst die Durchführung eines Eingriffs voraus.[50] Die Beeinträchtigung lässt sich nicht immer effektiv vermeiden, sondern nur mindern.[51]

(2) Auswertungsphase

Zu der *Auswertungsphase* selbst gelten wieder die obigen allgemeinen Ausführungen. Hier empfiehlt es sich, zunächst ein Transkript in der Ausgangssprache anzufertigen und dieses in einem zweiten Schritt schriftlich zu übersetzen.[52] Diese beiden Schritte können auch durch verschiedene Personen durchgeführt werden.[53] Durch die Translationen wird aus einem ursprünglichen Dialog zwischen den abgehörten Personen ein „monologisches“ Beweismittel geschaffen.[54]

---

[47] *Capus/Havlka*, trans-kom 2021, 175, 183; *Edwards*, The practice of court interpreting, 1995, S. 128, 132 f.; *Härdi* in: Obergericht des Kantons Zürich, Der Richter und sein Dolmetscher, 2015, S. 26.
[48] So insgesamt: BVerfG, Beschluss vom 12.10.2011, Az.: 2 BvR 236/08, 2 BvR 237/08, 2 BvR 422/08 = BVerfGE 129, 208, 249; vgl. ferner BT-Drucks. 16/5846, S. 44; *Capus/Havlka*, trans-kom 2021, 175, 189.
[49] BVerfG, Beschluss vom 12.10.2011, Az.: 2 BvR 236/08, 2 BvR 237/08, 2 BvR 422/08 = BVerfGE 129, 208, 248.
[50] *Kleih*, Die strafprozessuale Überwachung der Telekommunikation, 2010, S. 241.
[51] *Kleih*, Die strafprozessuale Überwachung der Telekommunikation, 2010, S. 241.
[52] *Capus/Havlka*, trans-kom 2021, 175, 182; vgl. ferner *Edwards*, The practice of court interpreting, 1995, S. 123.
[53] *Capus/Havlka*, trans-kom 2021, 175, 182 f.
[54] *Capus/Havlka*, trans-kom 2021, 175, 183; *Bucholtz*, Text & Talk, 2009, 503, 519.

d. Zwischenergebnis

Für die Ermittlungspersonen gilt bei Beweistranslationen das Gerichtssprachenpostulat nicht unmittelbar. Ermittlungspersonen können Translationen selbst vornehmen. Die Anfertigung der Translationen kann auch rein gedanklich geschehen. Sofern die Fremdsprachenkenntnisse nicht ausreichend sind, werden die fremdsprachigen Inhalte Translatoren übergeben, welche in der Funktion als Sachverständige die erforderlichen Translationen anfertigen. Zum Teil nehmen diese auch unmittelbar an Ermittlungsmaßnahmen teil, etwa damit im Rahmen der Durchsicht die Relevanz einzelner Unterlagen bestimmt werden kann oder damit bei TKÜ-Maßnahmen der Inhalt verstanden werden kann und kein unerlaubter Eingriff in die Intimsphäre erfolgt.

2. Translationen auf Ebene der Gerichte

a. Das primäre Ziel des Gerichts, Amtsermittlung und die freie Beweiswürdigung

Das Gericht bestimmt den Ablauf des Hauptverfahrens, welches auch der gerichtlichen Leitung unterliegt. Daneben können gerichtliche Entscheidungen im Ermittlungsverfahren notwendig werden, etwa Haftentscheidungen oder bei der Anordnung von Ermittlungsmaßnahmen, welche unter einem richterlichen Vorbehalt stehen.

Das Ziel des Gerichts in der Hauptverhandlung ist es, herauszufinden, ob die beschuldigte Person die ihr zur Last gelegte Tat begangen hat oder nicht.[55] Das Gericht hat den Sachverhalt zu erforschen (Amtsermittlungsgrundsatz, vgl. § 244 Abs. 2 StPO) und muss für eine Verurteilung von der Tatbegehung überzeugt sein (richterliche Überzeugung, § 261 StPO). Diese Überzeugung muss aus dem Inbegriff der Verhandlung gewonnen werden (Unmittelbarkeitsprinzip). Solange der Nachweis der Tatbegehung nicht gelingt, gilt die Unschuldsvermutung (vgl. Art. 6 Abs. 2 EMRK; Art. 14 Abs. 2 IPbpR).

Die Beantwortung der Schuld- und Straffrage kann nur im Rahmen des sog. Strengbeweisverfahrens mittels gesetzlich geregelter Beweismittel erfolgen.[56] Hierzu gehören die sachlichen Beweismittel, Urkunden (§§ 249-256 StPO) und Inaugenscheinnahme (§§ 86-93 StPO) sowie die personalen Beweismittel, Zeugen (§§ 48-71 StPO) und Sachverständige (§§ 86-93 StPO). Die beschuldigte Person selbst stellt kein Beweismittel im eigentlichen Sinne dar, wird jedoch als Beweismittel im weiteren materiellen Sinne gesehen.[57]

---

[55] *Schroeder/Verrel*, Strafprozessrecht, 8. Aufl. 2022, § 29 Rn. 232 f.
[56] *Roxin/Schünemann*, Strafverfahrensrecht, 30. Aufl. 2022, § 24 Rn. 2.
[57] Vgl. BGH, Urteil vom 15.11.1978, Az.: 2 StR 456/78 = BGHSt 28, 196, 198; BGH, Urteil vom 01.04.1952 Az.: 2 StR 754/51= BGHSt 2, 269, 270.

In § 244 Abs. 2 StPO ist der Untersuchungsgrundsatz verankert, wonach alle materiell-rechtlichen und verfahrensrechtlich erheblichen Tatsachen zu ermitteln sind.[58] Diese objektive Grundlage soll die Einschätzung ermöglichen, ob das festgestellte Geschehen mit der Wirklichkeit übereinstimmt.[59] Die Beweismittel sind so weit auszuschöpfen, dass eine Abwägung des Für und Wider auf der Grundlage einer möglichst breiten und zuverlässigen Tatsachengrundlage[60] für eine Entscheidung über Schuld- oder Freispruch möglich ist.[61] Ein allgemeiner Maßstab hinsichtlich des Erforschungsumfangs besteht weder in Literatur noch Rechtsprechung.[62] Es sollten jedoch alle erkennbaren und erreichbaren Erkenntnisquellen ausgeschöpft werden[63] – auch potenzielle fremdsprachige Quellen. Die Sachaufklärung hat erst dann zu enden, wenn das Gericht eine sichere abschließende Entscheidung treffen kann.[64] Die Aufklärungspflicht mit der Beweiserhebung und die richterliche Überzeugungsbildung mit der Beweiswürdigung überschneiden sich dabei.[65]

Die Beweiswürdigung selbst ist im Gegensatz zur Beweiserhebung (v. a. im Strengbeweisverfahren) grundsätzlich frei von Vorgaben, wie diese zu erfolgen hat. Das Gericht ist nicht an Beweiswürdigungsregeln gebunden, sondern die Überzeugung ist subjektiver Natur; das Gericht muss einen hinreichenden Grad an Gewissheit über das jeweilige Beweismittel erlangen.[66] Die Basis für diese richterliche Gesamtüberzeugungsbildung muss jedoch aus dem Inbegriff der Hauptverhandlung stammen[67] und es muss eine hohe objektivierbare Wahrscheinlichkeit der Tat gegeben sein, prüfbar aufgrund objektiver und nachvollziehbarer Kriterien.[68] Grundsätzlich ist der Wert eines Beweismittels aus der Beweiserhebung erst im Rahmen einer abschließenden Gesamtwürdigung unter Berücksichtigung anderer Beweise zu beurteilen.[69]

Im weniger formalistischen Freibeweisverfahren kann sich das Gericht über andere Umstände (etwa das Alter des Zeugen) die Gewissheit einfacher verschaffen. Hier kann auch eine bloße

---

[58] *Julius/Engelstätter* in: HeidelbergerKomm-StPO, 7. Aufl. 2023, § 244 Rn. 10; *Sättele* in: SSW-StPO, 6. Aufl. 2025, § 244 Rn. 24.

[59] BGH, Beschluss vom 27.04.2017, Az.: 2 StR 592/16 = NStZ 2017, 486 f., m. w. N.; *Sättele* in: SSW-StPO, 6. Aufl. 2025, § 244 Rn. 24.

[60] *Sättele* in: SSW-StPO, 6. Aufl. 2025, § 244 Rn. 24; *Sommer* in: AnwK-StPO, 2. Aufl. 2010, § 244 Rn. 24.

[61] *Sättele* in: SSW-StPO, 6. Aufl. 2025, § 244 Rn. 28.

[62] *Sättele* in: SSW-StPO, 6. Aufl. 2025, § 244 Rn. 32; *Sommer* in: AnwK-StPO, 2. Aufl. 2010, § 244 Rn. 24.

[63] *Becker* in: LR-StPO, 27. Aufl. 2019, § 244 Rn. 47; *Sättele* in: SSW-StPO, 6. Aufl. 2025, § 244 Rn. 33.

[64] *Becker* in: LR-StPO, 27. Aufl. 2019, § 244 Rn. 43; *Sättele* in: SSW-StPO, 6. Aufl. 2025, § 244 Rn. 31 ff.

[65] *Krehl* in: KK-StPO, 9. Aufl. 2023, § 244 Rn. 29; *Sättele* in: SSW-StPO, 6. Aufl. 2025, § 244 Rn. 34 f.; *Sommer* in: AnwK-StPO, 2. Aufl. 2010, § 244 Rn. 31; vgl. auch *Frisch*, ZIS 2016, 707, 707.

[66] *Frisch*, ZIS 2016, 707, 710; *Stuckenberg* in: KMR-StPO, 68. EL, Stand: 01.08.2013, § 261 Rn. 17; *Velten* in: SK-StPO, 6. Aufl. 2026, § 261 Rn. 1; *Wimmer*, DRZ 1950, 390, 391.

[67] *Frisch*, ZIS 2016, 707, 711; *Stuckenberg* in: KMR-StPO, 68. EL, Stand: 01.08.2013, § 261 Rn. 3.

[68] OLG Düsseldorf, Urteil vom 25.01.1988, Az.: 5 Ss 443/87, 338/87 I = NStZ 1988, 326; *Baur*, ZIS 2019, 119, 120; *Kargl*, ARSP 2019, 171, 197.

[69] *Velten* in: SK-StPO, 6. Aufl. 2026, § 261 Rn. 1.

Glaubhaftmachung ausreichen.[70] Die Anforderungen liegen dabei im pflichtgemäßen Ermessen des Gerichts.[71] Dies gilt auch für Entscheidungen des Gerichts im Ermittlungsverfahren bei der Feststellung, ob ein entsprechender Tatverdacht besteht, der eine bestimmte Maßnahme rechtfertigt.[72]

b. Grundsätze zum Umgang der Gerichte mit fremdsprachigen Inhalten

Im Rahmen des Streng- sowie Freibeweises können fremdsprachige Sachverhalte auftreten. Anders als für die Ermittlungsbehörden gilt für das Gericht die Festlegung des § 184 Satz 1 GVG über die Gerichtssprache unmittelbar.

Beweismittel müssen, sollen sie in eine Verhandlung eingebracht und gewürdigt werden, grundsätzlich in die deutsche Sprache übertragen werden. Die Wahrheitsfindung muss ohne Sprachbarrieren erfolgen,[73] insbesondere vor dem Hintergrund des Öffentlichkeitsgrundsatzes. Dieser Grundsatz soll unter anderem eine effektive Kontrolle der Gerichte durch die Öffentlichkeit ermöglichen. Hier besteht eine direkte Wechselwirkung zu den Grundsätzen der Mündlichkeit und Unmittelbarkeit.[74] Die Verkündung des Urteils erfolgt *„im Namen des Volkes“*, vgl. § 268 Abs. 1 StPO. Dies schließt die gesamte Öffentlichkeit ein, nicht nur einen sprachkundigen selektierten Personenkreis.[75]

Ferner gebietet es auch das rechtliche Gehör und der *Fair-Trial*-Grundsatz, dass beschuldigte Personen nicht für sie unverständlichen fremdsprachigen Urkunden oder Aussagen ausgesetzt werden.[76] Dies gilt auch für fremdsprachige Urkunden im Selbstleseverfahren nach § 249 Abs. 2 StPO[77].

Das hat jedoch nicht zur Folge, dass sämtliche fremdsprachigen Inhalte zwingend transferiert werden müssten.[78] Der BGH hat hierzu festgestellt, dass die Entscheidung über die Notwendigkeit einer Translation, von der Entscheidung des Gerichts abhängt, ob es die Inhalte im Verfahren als Beweismittel verwenden möchte:

---

[70] *Roxin/Schünemann*, Strafverfahrensrecht, 30. Aufl. 2022, § 24 Rn. 3.

[71] Vgl. *Roxin/Schünemann*, Strafverfahrensrecht, 30. Aufl. 2022, § 24 Rn. 4; *Schroeder/Verrel*, Strafprozessrecht, 8. Aufl. 2022, § 29 Rn. 257.

[72] *Böhm* in: MünchKomm-StPO, 2. Aufl. 2023, § 112 Rn. 29; *Graf* in: KK-StPO, 9. Aufl. 2023, § 112 Rn. 8; *Krauß* in: BeckOK-StPO, Stand: 01.04.2026, § 112 Rn. 17; *Laue* in: HK-GS, 5. Aufl. 2022, StPO § 112 Rn. 5.

[73] *Kulhanek*: Die Sprach- und Ortsfremdheit von Beschuldigten im Strafverfahren, 2019, S. 34; *Simon* in: LR-StPO, 27. Aufl. 2022, Vorbemerkungen vor GVG § 184 Rn. 2.

[74] *Kulhanek*, Die Sprach- und Ortsfremdheit von Beschuldigten im Strafverfahren, 2019, S. 34.

[75] *Kulhanek*, Die Sprach- und Ortsfremdheit von Beschuldigten im Strafverfahren, 2019, S. 35.

[76] *Kulhanek*, Die Sprach- und Ortsfremdheit von Beschuldigten im Strafverfahren, 2019, S. 35.

[77] *Kreicker* in: MünchKomm-StPO, 2. Aufl. 2024, § 249 Rn. 15.

[78] Vgl. *Graf* in: BeckOK-StPO, Stand: 02.04.2026, § 100a Rn. 191.

„Zwar ist die Gerichtssprache deutsch (§ 184 GVG). Das bedeutet jedoch nicht, daß sämtliche anfallenden Aktenteile von Amts wegen in die deutsche Sprache zu übersetzen seien. Vielmehr sind fremdsprachige Urkunden und Schriftstücke nur dann zu übersetzen, wenn sie nach Meinung des Tatrichters, der dabei die Vorschrift des § 244 Abs. 2 StPO zu beachten hat, im Verfahren Verwendung finden sollen.“[79]

Es wird weiterhin unter Verweis auf den Rechtsgedanken des § 185 Abs. 2 GVG vertreten, dass eine Übersetzung nicht notwendig ist, wenn alle an der Beweisaufnahme Beteiligten die Fremdsprache so gut beherrschen, dass sie den Inhalt des jeweiligen Beweisstückes im Urtext auch ohne eine Übersetzung zutreffend und vollständig erfassen können.[80] Dieser Erwägung wird entgegengehalten, dass diese gegen den im Strafverfahren stark ausgeprägten Öffentlichkeitsgrundsatz verstößt, wonach gerade auch die Allgemeinheit den Inhalt verstehen können soll, um eine effektive Kontrolle der Justiz ausüben zu können sowie gegen die fehlende Dispositionsbefugnis über den § 184 Satz 1 GVG.[81] Dem lässt sich zum einen die Möglichkeit des Selbstleseverfahrens (§ 249 Abs. 2 Satz 1 StPO), wodurch die Öffentlichkeit auch bei deutschen Inhalten ausgegrenzt wird, sowie gerade die Ausnahme durch § 185 Abs. 2 GVG für das Gerichtssprachenpostulat entgegenhalten.[82] Auch könnte durch die Verwendung der Originalsprache die Partizipationsmöglichkeit des Angeklagten erhöht werden.[83] Letztlich dürfte es sich bei dieser Ausnahmekonstellation um eine bloß theoretische Möglichkeit handeln, da in der Praxis in der Regel mindestens eine beteiligte Person der Fremdsprache nicht mächtig sein dürfte.[84]

c. Wie werden die Translationen angefertigt?

Die Normen der Strafprozessordnung und des Gerichtsverfassungsgesetzes geben, abgesehen vom Grundsatz des Gerichtssprachenpostulat in § 184 Satz 1 GVG, keine Auskunft darüber,

[79] BGH, Urteil vom 22.07.1980, Az.: 1 StR 804/79 = WKRS 1980, 13386 Rn. 12; vgl. auch *Pfeiffer*, NStZ 1982, 188, 189.
[80] *Kreicker* in: MünchKomm-StPO, 2. Aufl. 2024, § 249 Rn. 15; *Kudlich/Schuhr* in: SSW-StPO, 6. Aufl. 2025, § 249 Rn. 16; *Mosbacher* in: LR-StPO, 27. Aufl. 2019, § 249 Rn. 32; *von Heintschel-Heinegg* in: KMR-StPO, 90. EL, Stand: 01.03.2019, § 249 Rn. 26.
[81] *Schmitt* in: Schmitt/Köhler, StPO, 69. Aufl. 2026, § 249 Rn. 4; *Dallmeyer* in: Alsberg, Der Beweisantrag im Strafprozess, 8. Aufl. 2022, Kap. 3 Rn. 145; *Frister* in: SK-StPO, 6. Aufl. 2026, § 249 Rn. 43; *König/Rössner* in: HK-GS, 5. Auf. 2022, StPO § 249 Rn. 18.
[82] *Mosbacher* in: LR-StPO, 27. Aufl. 2019, § 249 Rn. 32.
[83] *Kudlich* in: SSW-StPO, 6. Aufl. 2025, § 249 Rn. 16.
[84] *Mosbacher* in: LR-StPO, 27. Aufl. 2019, § 249 Rn. 32; *Frister* in: SK-StPO, 6. Aufl. 2026, § 249 Rn. 43.

wie fremdsprachige Beweismittel im gerichtlichen Verfahren zu verwerten sind,[85] so auch die Feststellung des BGH:

> „*Wie das Gericht in einem solchen Falle* [fremdsprachiger Schriftstücke] *zu verfahren hat, darüber fehlen ausdrückliche verfahrensrechtliche Vorschriften.*"[86]

Sowie bereits die Feststellung des RG:

> „*Die Reichsjustizgesetze enthalten keine ausdrückliche Bestimmung darüber, in welcher Weise,* […] *Schriftstücke fremder Sprache in die deutsche Gerichtssprache zu übersetzen sind.*"[87]

In der Praxis bestehen für den Umgang mit fremdsprachigen Beweismitteln mehrere Lösungen:[88] Grundsätzlich ist im Rahmen des Strengbeweises für die Verwertung fremdsprachiger Inhalte ein Sachverständigengutachten notwendig, wobei der fremdsprachige Inhalt des Originals als Befundgrundlage, etwa Urkunden oder Tonbandaufzeichnungen, für das Gutachten dient, welches dann für die Beweisaufnahme verwendet wird.[89] Eine schriftliche Übersetzung ist wie ein Urkundenbeweis zu behandeln. Bei der richterlichen Überzeugung von der inhaltlichen Richtigkeit einer bereits bestehenden Übersetzung, kann aber eine im Ermittlungsverfahren oder außerhalb des Strafverfahrens angefertigte Übersetzung verwertet werden.[90] Der Umfang der Übersetzungen, insbesondere ob eine wörtliche Übersetzung erforderlich ist, hängt vom Einzelfall ab. Die Übersetzung sollte ausführlicher oder gar wörtlich erfolgen, wenn Zweifel über die Bedeutung des Inhaltes für das Verfahren bestehen oder sich diese als entscheidend erweisen könnten. Hingegen genügt bei Inhalten, welchen keine große Relevanz zukommt, die Kenntnis des wesentlichen Inhalts.[91] So können auch Übersetzungen

---

[85] BGH, Urteil vom 24.08.1993, Az.: 1 StR 380/93 = NJW 1993, 3337, 3338; BGH, Urteil vom 28.11.1950, Az.: 2 StR 50/50 = BGHSt 1, 4, 6; RG, Urteil vom 02.07.1883, Az.: 1198/83 = RGSt 9, 51, 52; *Eschelbach*, HRRS 2007, 466, 469; *Jessnitzer*, Dolmetscher, 1982, S. 65.
[86] BGH, Urteil vom 28.11.1950, Az.: 2 StR 50/50 = BGHSt 1, 4, 6.
[87] RG, Urteil vom 02.07.1883, Az.: 1198/83 = RGSt 9, 51, 52.
[88] Vgl. auch *Schmidt*, Verteidigung von Ausländern, 4. Aufl. 2016, Teil 4, Rn. 502.
[89] BGH, Urteil vom 29.05.1986, Az.: 2 StR 804/84 = NStZ 1985, 466; OLG Hamm, Beschluss vom 21.02.2019, Az.: 4 Ws 150/18 = WKRS 2019, 15510; *Eschelbach*, HRRS 2007, 466, 466.
[90] *Burhoff* in: Burhoff, Handbuch für die strafrechtliche Hauptverhandlung, 11. Aufl. 2025, Rn. 3265; BGH, Urteil vom 03.05.1977, Az.: 2 StR 390/76 = BGHSt 27, 135, 137 (mit Nennung von Urkundenübersetzungen als Beispiel); BGH, Beschluss vom 13.10.2005, Az.: 1 StR 386/05 = *Becker*, NStZ-RR, 2007, 131 (Bewertung der Übersetzungsverlesung als „neutral"); *Graf* in: BeckOK-StPO, Stand: 02.04.2026, § 100a Rn. 191.
[91] BGH, Urteil vom 29.05.1985, Az.: 2 StR 804/84 = NStZ 1985, 466.

desselben Dokumentes erheblich voneinander abweichen, solange unter Berücksichtigung anderweitiger verfügbarer Beweismittel die zu beweisende Tatsache klar erkennbar bleibt.[92]
In Ausnahmefällen kann das Gericht auch aufgrund eigener Sachkunde Übersetzungen eigenständig während der Hauptverhandlung in mündlicher Weise vornehmen,[93] wobei dies zum Teil kritisch gesehen wird.[94]
Das Gericht muss im Rahmen der Aufklärungspflicht (§ 244 Abs. 2 StPO) darauf achten, dass keine wesentlichen Informationen durch den Translationsprozess verloren gehen.[95]

aa. Translation ist bereits vorhanden

Das Gericht darf bereits vorhandene Translationen verwerten.[96] Hierbei ist es unerheblich, ob diese im Ermittlungsverfahren (etwa aufgrund der Beauftragung eines Sachverständigen oder durch eine Ermittlungsperson) entstanden sind oder ob sie einen anderen Ursprung haben.[97] Es ist dem Gericht im Rahmen seiner Aufklärungspflicht nach § 244 Abs. 2 StPO und seiner Sachleitungsbefugnis überlassen (vgl. § 238 StPO), wie es solche originär fremdsprachigen Inhalte verwertet und wie es sich von der Qualität der vorliegenden Translation überzeugt.[98] So auch die Feststellung des ersten Strafsenats am BGH:

> *„Nach der Rechtsprechung des BGH ist es dem pflichtgemäßen Ermessen des Gerichts überlassen, auf welche Weise es sich von der Zuverlässigkeit von Übersetzungen überzeugt (BGH, GA 1982, 40; BGH, NStZ 1983, 357 Nr. 26); Vorschriften, wie das formell zu geschehen habe, bestehen nicht.“*[99]

Das Gericht muss am Ende im Rahmen der Beweiswürdigung lediglich von der Richtigkeit der Translation überzeugt sein.[100] Diese Überzeugungsbildung ist erleichtert, wenn die Translation

---

[92] Vgl. BGH, Beschluss vom 16.05.2023, Az.: 3 StR 109/23 = BeckRS 2023, 14864.
[93] Hierzu Abschnitt D.I.2.c.bb.(2)(b).
[94] *Dallmeyer* in: Alsberg, Beweisantrag im Strafprozess, 8. Aufl. 2022, Kap. 3 Rn. 145; kritisch etwa: *Armbrüster*, NJW 2011, 812, 814, da dies nicht mit den Prozessrollen vereinbar sei.
[95] BGH, Beschluss vom 19.03.1997, Az.: 3 StR 80/97 = BGHR Strafsachen, GVG § 185 Auswahl 1; *Oğlakcıoğlu* in: MünchKomm-StPO, 2. Aufl. 2025, GVG § 185 Rn. 71.
[96] *Kreicker* in: MünchKomm-StPO, 2. Aufl. 2024, § 249 Rn. 17.
[97] *Kreicker* in: MünchKomm-StPO, 2. Aufl. 2024, § 249 Rn. 17.
[98] BGH, Beschluss vom 13.02.2019, Az.: 2 StR 485/18 = juris, Rn. 10; BGH, Beschluss vom 27.11.2018, Az.: 3 StR 339/18 = NStZ-RR 2019, 57; BGH, Beschluss vom 09.05.2007, Az.: 1 StR 32/07 = juris, Rn. 52; BGH, Urteil vom 24.08.1993, Az.: 1 StR 380/93 = juris, Rn. 9; BGH, Urteil vom 09.07.1991, Az.: 1 StR 666/90 = NJW 1992, 58, 59.
[99] BGH, Urteil vom 24.08.1993, Az.: 1 StR 380/93 = NJW 1993, 3337, 3337 f.
[100] BGH, Beschluss vom 13.10.2005, Az.: 1 StR 386/05 = *Becker*, NStZ-RR, 2007, 131 (Bewertung der Übersetzungsverlesung als „neutral“); BGH, Urteil vom 03.05.1977, Az.: 2 StR 390/76 = BGHSt 27, 135, 137 (mit Nennung von Urkundenübersetzungen als Beispiel); *Burhoff* in: Burhoff, Handbuch für die strafrechtliche Hauptverhandlung, 11. Aufl. 2025, Rn. 3265.

im Vorhinein durch einen allgemein vereidigten oder öffentlich bestellten Translator angefertigt wurde. In dem Fall darf das Gericht die Richtigkeit bereits im Grundsatz vermuten.[101]

Zur Überzeugungsbildung des Gerichts kann also zum einen die berufliche und fachliche Qualifikation der beauftragten Person herangezogen werden, aber zum anderen auch die Reaktionen anderer Personen, welche die fragliche Sprache beherrschen und deren etwaige Einwände während der Verhandlung gegen die Übersetzung.[102] Wie das Gericht am Ende zu der Überzeugung kommt, dass es die bereits vorhandene Übersetzung verwerten kann, muss in der Urteilsbegründung nicht angegeben werden.[103] Dies gilt auch, wenn die Urschrift, welche übersetzt wurde, nicht verfügbar ist.[104]

Es ist grundsätzlich keine Vernehmung des im Ermittlungsverfahren als Sachverständiger tätig gewordenen Translators notwendig. Die vorhandene Übersetzung kann vielmehr wie eine Urkunde selbst verlesen werden, solange keine Zweifel an der Richtigkeit bestehen.[105]

Dies zeigt auch die überwiegende Ansicht in der Praxis, wonach eine Verlesung der Übersetzung gemäß § 249 StPO erfolgen soll: Für das vorliegende Translat gelten die gleichen Voraussetzungen, welche auch gelten würden, wenn das Original bereits auf Deutsch verfasst gewesen wäre. Das Translat ist in dem Fall *wie* eine Urkunde zu behandeln.[106] Dies gilt vor allem vor dem Hintergrund des deutlich weiteren strafprozessualen Urkundenbegriffs, wonach Urkunden nicht ihren Austeller erkennen lassen müssen oder zwingend eine Beweisfunktion verfolgen müssen.[107] Diese von anderen Sachverständigengutachten abweichende Behandlung, hat ihre Begründung darin, dass eine Urkundenübersetzung keine *individuellen* Wahrnehmungen, Erkenntnisse oder Schlussfolgerungen enthalten soll, sondern vielmehr als

---

[101] *Kreicker* in: MünchKomm-StPO, 2. Aufl. 2024, § 249 Rn. 18.; *Frister* in: SK-StPO, 6. Aufl. 2026, § 249 Rn. 45; *Mosbacher* in: LR-StPO, 27. Aufl. 2019, § 249 Rn. 33a.

[102] Vgl. BGH, Beschluss vom 13.02.2019, Az.: 2 StR 485/18 = juris, Rn. 10 ff.; *Kreicker* in: MünchKomm-StPO, 2. Aufl. 2024, § 249 Rn. 25.

[103] BGH, Beschluss vom 27.11.2018, Az.: 3 StR 339/18 = NStZ-RR 2019, 57 *Mosbacher* in: LR-StPO, 27. Aufl. 2019, § 249 Rn. 33.

[104] *Mosbacher* in: LR-StPO, 27. Aufl. 2019, § 249 Rn. 34.

[105] BGH, Beschluss vom 03.04.2002, Az.: 1 StR 540/01 = juris, Rn. 5 f.; BGH, Urteil vom 03.03.1977, Az.: 2 StR 390/76 = BGHSt 27, 135; 137 m. w. N.; *Kreicker* in: MünchKomm-StPO, 2. Aufl. 2024, § 249 Rn. 19; *Eisenberg*, Beweisrecht, 10. Aufl. 2017, Rn. 2091; *Ganter* in: BeckOK-StPO, Stand: 01.04.2026, § 249 Rn. 11; *Diemer* in: KK-StPO, 9. Aufl. 2023, § 249 Rn. 15; *Frister* in: SK-StPO, 6. Aufl. 2026, § 249 Rn. 10; *Kudlich/Schuhr* in: SSW-StPO, 6. Aufl. 2025, § 249 Rn. 16; *Schmitt* in: Schmitt/Köhler, StPO, 69. Aufl. 2026, § 249 Rn. 4; *Mosbacher* in: LR-StPO, 27. Aufl. 2019, § 249 Rn. 33; a. A. Vernehmung des Übersetzenden als Sachverständigen *Dallmeyer* in: Alsberg, Beweisantrag im Strafprozess, 8. Aufl. 2022, Kap. 3 Rn. 146; *König/Harrendorf* in: HK-GS, 5. Aufl. 2022, StPO § 249 Rn. 17; *Eckstein* in: Hilgendorf/Kudlich/Valerius, Handbuch des Strafrechts, Band 8, 2022, § 52 Rn. 65.

[106] BGH, Urteil vom 03.03.1977, Az.: 2 StR 390/76 = BGHSt 27, 135, 137; RG, Urteil vom 02.10.1903, Az.: 4135/02 = RGSt 36, 371, 372; *Diemer* in: KK-StPO, 9. Aufl. 2023, § 249 Rn. 15; *Kreicker* in: MünchKomm-StPO, 2. Aufl. 2024, § 249 Rn. 17.

[107] *Eckstein* in: Hilgendorf/Kudlich/Valerius, Handbuch des Strafrechts, Band 8, 2022, § 52 Rn. 32 ff. m. w. N.

eine technische Hilfstätigkeit behandelt wird – wie bei der Anfertigung von Auszügen oder der Verschriftlichung von Tonbandaufnahmen.[108] Entscheidend ist der gedankliche Inhalt im fremdsprachlichen Original. Die Translationsleistung hätte auch durch eine andere Person mit dem gleichen Ergebnis erbracht werden können. Zudem ist die vorliegende Translation wiederhol- und nachprüfbar.[109] Es sollte grundsätzlich ein Rückgriff auf den Originalinhalt möglich sein.[110]

Andere Ansichten stimmen dieser Wertung lediglich eingeschränkt zu, etwa nur insoweit, als eine Gleichsetzung der Übersetzung mit dem Original nur für einfache Inhalte oder Konstellationen gelten soll[111] oder die fehlende individuelle Wahrnehmung des Übersetzenden bestritten wird.[112] Insbesondere wird kritisiert, dass es inkonsequent erscheine, die Übersetzer zum einen als Sachverständige einzustufen, auf der anderen Seite aber Ausnahmen bei der prozessualen Behandlung vorzusehen.[113] Vielmehr sollten in dem Fall nur die regulären gesetzlich vorgesehenen Ausnahmen eingreifen, wie ein Absehen bei allseitigem Einverständnis (§ 251 Abs. 1 Nr. 1 StPO) oder wenn die Übersetzung durch einen allgemein vereidigten „Dolmetscher" i. S. d. § 256 Abs. 1 Nr. 1b StPO angefertigt wurde.[114] Jedoch wird auch hier zugegeben, dass es bei der Verlesung einer Übersetzung, welche sich bei den Akten befindet, grundsätzlich keiner Hinzuziehung oder Vernehmung des Übersetzers als Sachverständigen bedarf, solange das Gericht von der Richtigkeit der Übersetzung überzeugt ist.[115]

Hierbei ist auf die Abgrenzung von Translationen durch Sachverständige, welche möglichst ohne Anmerkungen und Interpretationen erfolgen sollten[116] und auf die Tätigkeit von Kultursachverständigen hinzuweisen, welche die Texte tiefergehend interpretieren und Erläuterungen zu Formulierungen sowie Einordnungen, insbesondere im Rahmen des

---

[108] *Diemer* in: KK-StPO, 9. Aufl. 2023, § 249 Rn. 15; *Ganter* in: BeckOK-StPO, Stand: 01.04.2026, § 250 Rn. 17; zu der Verschriftlichung von Tonbandaufnahmen: BGH, Urteil vom 07.10.2008, Az.: 4 StR 272/08 = NStZ 2009, 280, 281.

[109] *Kreicker* in: MünchKomm-StPO, 2. Aufl. 2024, § 249 Rn. 11; 19; *Diemer* in: KK-StPO, 9. Aufl. 2023, § 250 Rn. 6; *Kudlich/Schuhr* in: SSW-StPO, 6. Aufl. 2025, § 250 Rn. 11; § 249 Rn. 16; grds. auch *Eisenberg*, Beweisrecht, 10. Aufl. 2017, Rn. 2091; vgl. BGH, Urteil vom 03.03.1977, Az.: 2 StR 390/76 = BGHSt 27, 135, 137.

[110] *Eisenberg*, Beweisrecht, 10. Aufl. 2017, Rn. 2091.

[111] *Cirner/Sander* in: LR-StPO, 27. Aufl. 2019, § 250 Rn. 10.

[112] *Ganter* in: BeckOK-StPO, Stand: 01.04.2026, § 249 Rn. 11.

[113] *Dallmeyer* in: Alsberg, Beweisantrag im Strafprozess, 8. Aufl. 2022, Kap. 3 Rn. 146.

[114] *Dallmeyer* in: Alsberg, Beweisantrag im Strafprozess, 8. Aufl. 2022, Kap. 3 Rn. 147.

[115] BGH, Urteil vom 24.08.1993, Az.: 1 StR 380/93 = NJW 1993, 3337, 3338; BGH, Urteil vom 25.11.1964, Az.: 2 StR 71/64, BGH, Urteil vom 01.07.1971, Az.: 1 StR 362/70 und BGH, Urteil vom 22.08.1978, Az.: 1 StR 139/78 = zit. nach *Pfeiffer/Miebach*, NStZ 1983, 354, 357 Nr. 26; *Schmitt* in: Schmitt/Köhler, StPO, 69. Aufl. 2026, § 249 Rn. 4; § 250 Rn. 10; *Ganter* in: BeckOK-StPO, Stand: 01.04.2026, § 249 Rn. 11; *Dallmeyer* in: Alsberg, Beweisantrag im Strafprozess, 8. Aufl. 2022, Kap. 3 Rn. 147.

[116] Vgl. hierzu bereits oben unter Abschnitt C.I.5.

kulturellen und religiösen Kontextes vornehmen.[117] Für die Gutachten solcher Kultursachverständigen können sich sachbedingt andere Wertungen ergeben.

bb. Translation ist noch nicht vorhanden

(1) Grundsatz: Sachverständigengutachten

Für den Fall, dass von einem als relevant eingestuften Beweisstück keine Translation vorliegt, wird grundsätzlich ein Sachverständiger mit der Anfertigung einer solchen beauftragt (vgl. §§ 244 Abs. 2, 72 ff. StPO). Das Gericht kann zur Auswahl des Berufsträgers, ebenso wie bei der Verfahrenskommunikation, auf die Translatoren-Datenbank der Länder zurückgreifen. Bei der Auswahl muss das Gericht darauf achten, dass der beauftragte Sachverständige die erforderliche fachliche Sachkunde besitzt, um die fehlenden Kenntnisse zu vermitteln[118] und es muss eine persönliche Eignung gewährleistet sein.[119] Es besteht jedoch kein Zwang für das Gericht allgemein vereidigte oder öffentlich bestellte Translatoren zu beauftragen.[120]

Die Translatoren erhalten die fremdsprachigen Inhalte – wie auch bei der Beauftragung durch die Staatsanwaltschaft – als Befundtatsachen übermittelt und fertigen entweder die Translationen außerhalb der Hauptverhandlung in ihrem Büro an oder nehmen diese unmittelbar während der Verhandlung vor.

(2) Ausnahmen

Die Beauftragung von Sachverständigen kann in Ausnahmefällen entbehrlich sein. So müssen Tatsachen, welche allgemein- oder gerichtskundig sind, nicht separat bewiesen werden.[121] Auch kann ein Gericht auf die Hinzuziehung von Sachverständigen verzichten, wenn es über die notwendigen Fachkenntnisse verfügt.[122]

Es bestehen Ausnahmefälle, in denen das Gesetz zwingend die Hinzuziehung von Sachverständigen vorsieht.[123] Die Hinzuziehung von Translationen bei fremdsprachigen Beweismitteln ist jedoch kein solcher Fall.

---

[117] Vgl. *Oğlakcıoğlu* in: MünchKomm-StPO, 2. Aufl. 2025, GVG § 185 Rn. 25, m. w. N.

[118] *Trück* in: MünchKomm-StPO, 2. Aufl. 2023, § 73 Rn. 18.

[119] *Trück* in: MünchKomm-StPO, 2. Aufl. 2023, § 73 Rn. 19, m. w. N.

[120] BGH, Beschluss vom 10.04.1981, Az.: 3 StR 236/80 = WKRS 1981, 11106 Rn. 9; RG, Urteil vom 05.06.1917, Az.: V 354/17 = RGSt 51, 93, 94; *Kreicker* in: MünchKomm-StPO, 2. Aufl. 2024, § 249 Rn. 18 Fn. 33; *Mosbacher* in: LR-StPO, 27. Aufl. 2019, § 249 Rn. 35.

[121] *Roxin/Schünemann*, Strafverfahrensrecht, 30. Aufl. 2022, § 24 Rn. 6.

[122] *Dallmeyer* in: Alsberg, Beweisantrag im Strafprozess, 8. Aufl. 2022, Kap. 3 Rn. 145.

[123] Dies sind folgende Fälle: zur Einweisung psychiatrisches Krankenhaus, Entziehungsanstalt oder der Anordnung der Sicherungsverwahrung, § 81; zur Beurteilung der Schuldfähigkeit § 80a; zur Leichenschau sowie -öffnung §§ 87 ff.; bei dem Verdacht einer Vergiftung § 91; bei einer Geld- bzw. Wertzeichenfälschung, § 92 sowie Zwecks molekulargenetischer Untersuchungen, §§ 81 f III, 81g III, 4, 81h III 1 StPO; vgl. hierzu auch *Roxin/Schünemann*, Strafverfahrensrecht, 30. Aufl. 2022, § 27 Rn. 11.

(a) Translation ist allgemein- oder gerichtskundig

Grundsätzlich müssen alle entscheidungserheblichen Tatsachen im Rahmen der richterlichen Aufklärungspflicht bewiesen werden, § 244 Abs. 2 StPO. Dies gilt jedoch nicht, wenn die Tatsachen offenkundig, also bereits allgemein- oder gerichtskundig, sind.

Zu allgemeinkundigen Tatsachen gehören unter anderem Naturvorgänge, bekannte historische Ereignisse oder generelle Erkenntnisse, welche verständige Menschen kennen oder ohne besondere Sachkunde aus allgemein zugänglichen zuverlässigen Quellen gewinnen können.[124] Dies bedeutet, dass es zwei Möglichkeiten der Allgemeinkundigkeit gibt: Das, was bekannt ist, und das, was ohne Weiteres ermittelt werden kann..[125]

Ferner können gerichtskundige Tatsachen vorliegen. Dies ist der Fall, wenn das Gericht im Zusammenhang mit amtlichen Tätigkeiten die Tatsachen sicher in Erfahrung gebracht hat, auch im Rahmen eines anderweitigen Verfahrens; privates Wissen der Richter zählt hierzu nicht.[126] Offenkundige Tatsachen haben gemein, dass sie keinen Beweis bedürfen, soweit deren Richtigkeit nicht infrage steht.[127]

Die entsprechende Translation des Ausgangstextes müsste, damit sie allgemeinkundig ist, sich einer bekannten,[128] allgemein zugänglichen und als zuverlässig anerkannten Quelle[129] entnehmen lassen. Ob Translationen von umfassenden Inhalten solche Tatsachen darstellen, könnte kritisch zu sehen sein. Als Tatsachen werden allgemein solche Zustände der Gegenwart oder Vergangenheit verstanden, welche einem objektiven Beweis zugänglich sind. Einzelne Wörter und feststehende Ausdrücke haben eine feste Übersetzung in anderen Sprachen. Translationen beruhen auf festen Erfahrungssätzen.[130] Es ist zu berücksichtigen, dass gerade bei umfangreicheren Texten nicht die eine richtige Übersetzung vorhanden ist, sondern diese vielmehr eine von mehreren Möglichkeiten einer Interpretation des Ausgangstextes darstellt.[131] Daher wird sich allenfalls eine Offenkundigkeit nur bei der Translation einzelner Wörter oder

---

[124] BVerfG, Beschluss vom 03.11.1959, Az.: 1 BvR 13/59 = BVerfGE 10, 177, 183; BGH, Beschluss vom 29.01.1975, Az.: KRB 4/74 = BGHSt 26, 56, 59; BGH, Urteil vom 14.07.1954, Az.: 6 StR 180/54 = BGHSt 6, 292, 293; *Bartel* in: MünchKomm-StPO, 2. Aufl. 2024, § 261 Rn. 28; *Roxin/Schünemann,* Strafverfahrensrecht, 30. Aufl. 2022, § 24 Rn. 9.

[125] *Korte,* Gerichtskundigkeit im Strafprozess, 2007, S. 113; *McCorkle,* Allgemeinkundigkeit, 2018, S. 59.

[126] BGH, Urteil vom 14.07.1954, Az.: 6 StR 180/64 = BGHSt 6, 292, 293; *Bartel* in: MünchKomm-StPO, 2. Aufl. 2024, § 261 Rn. 31; *Roxin/Schünemann*, Strafverfahrensrecht, 30. Aufl. 2022, § 24 Rn. 10.

[127] BGH, Beschluss vom 27.07.2012, Az.: 1 StR 68/12 = NStZ 2013, 121; *Bartel* in: MünchKomm-StPO, 2. Aufl. 2024, § 261 Rn. 27; *Sättele* in: SSW-StPO, 6. Aufl. 2025, § 244 Rn. 31.

[128] *McCorkle,* Allgemeinkundigkeit, 2018, S. 91.

[129] *Graul*, Systematische Untersuchungen zur Offenkundigkeit im Strafprozess, 1996, S. 59 ff., 65 ff.; *McCorkle*, Allgemeinkundigkeit, 2018, S. 89 f.

[130] *Graul*, Systematische Untersuchungen zur Offenkundigkeit im Strafprozess, 1996, S. 137 ff.

[131] *Kranjčić*, NStZ 2011, 657, 660.

bestimmter (feststehender) Ausdrücke ergeben, welche sich in entsprechenden Quellen als Tatsachen nachschlagen lassen oder allgemein bekannt sind.

(b) Eigene Sachkunde des Gerichts

Ein Sachverständiger (also der Translator) hat die Aufgabe, durch seine Sachkunde das Gericht in die Lage zu versetzen, dass es eine richterliche Auswertung der zunächst unverständlichen Tatsachen vornehmen kann.[132] Sofern das Gericht allerdings eine ausreichende eigene Sachkunde über ein Thema besitzt, ist keine Sachverständigenhinzuziehung erforderlich (vgl. § 244 Abs. 4 Satz 1 StPO).[133] Wenn das Gericht auf die Hinzuziehung eines Sachverständigen verzichtet, tritt es jedoch nicht an dessen Stelle, sondern nimmt die Beurteilung selbst vor.[134] Dies gilt insbesondere für leicht anwendbare, gesicherte und strukturierte Erfahrungssätze.[135] Solche liegen vor, wenn sich unter verschiedenen Bedingungen die gleichen Folgen wiederholen, d.h. die Erfahrungssätze in die Form einer Wenn-Dann-Aussage gebracht werden können.[136] Eine gerichtseigene Sachkunde ist abzulehnen, wenn es einer besonderen Ausbildung oder einer dauernden praktischen Betätigung in dem Bereich des Sonderwissens bedarf.[137] Ferner gibt es Fälle, in denen eine Pflicht zur Hinzuziehung eines Sachverständigen besteht.[138]

Bei Fremdsprachen handelt es sich um Erfahrungssätze, in denen das Gericht kraft eigener Sachkunde auf die Hinzuziehung eines Sachverständigen verzichten darf.[139] In der Regel haben bestimmte Wörter und Ausdrücke der Ausgangssprache ihr festes Äquivalent in der Zielsprache. Auch wandeln sich Sprachen nur langsam, so dass keine dauernde Beschäftigung

---

[132] *Becker* in: LR-StPO, 27. Aufl. 2019, § 244 Rn. 68; *Korte*, Gerichtskundigkeit im Strafprozess, 2007, S. 44.

[133] *Roxin/Schünemann*, Strafverfahrensrecht, 30. Aufl. 2022, § 27 Rn. 10; *Sättele* in: SSW-StPO, 6. Aufl. 2025, § 244 Rn. 49.

[134] *Trüg/Habetha* in: MünchKomm-StPO, 2. Aufl. 2024, § 244 Rn. 65.

[135] OLG Hamm, Beschluss vom 01.01.1978, Az.: 4 Ss OWi 1961/77 = NJW 1978, 1210; *Frister* in: SK-StPO, 6. Aufl. 2024, § 244 Rn. 43; *Korte*, Gerichtskundigkeit im Strafprozess, 2007, S. 44 f.; *Krehl* in: KK-StPO, 9. Aufl. 2023; § 244 Rn. 45; *Trüg/Habetha* in: MünchKomm-StPO, 2. Aufl. 2024, § 244 Rn. 67.

[136] *Korte*, Gerichtskundigkeit im Strafprozess, 2007, S. 30.

[137] BGH, Urteil vom 10.01.1984, Az.: VI ZR 122/82 = NJW 1984, 1408, 1408; BGH, Beschluss vom 21.12.1983, Az.: 3 StR 437/83 = *Pfeiffer/Miebach*, NStZ 1984, 211, 211 Rn. 15; BGH, Beschluss vom 29.06.1982, Az.: 1 StR 60/82 = *Pfeiffer/Miebach*, NStZ 1983, 354, 357 Rn. 24; BGH, Urteil vom 22.07.1959, Az.: 4 StR 250/59 = NJW 1959, 2315, 2316; *Becker* in: LR-StPO, 27. Aufl. 2019, § 244 Rn. 70; *Güntge* in: Alsberg, Beweisantrag im Strafprozess, 8. Aufl. 2022, Kap. 6 Rn. 9; *Korte*, Gerichtskundigkeit im Strafprozess, 2007, S. 45; *Trüg/Habetha* in: MünchKomm-StPO, 2. Aufl. 2024, § 244 Rn. 67.

[138] Namentlich zur Einweisung psychiatrisches Krankenhaus, Entziehungsanstalt oder der Anordnung der Sicherungsverwahrung, § 81; zur Beurteilung der Schuldfähigkeit § 80a; zur Leichenschau sowie -öffnung (§§ 87 ff.); bei dem Verdacht einer Vergiftung § 91; bei einer Geld- bzw. Wertzeichenfälschung, § 92 sowie Zwecks molekulargenetischer Untersuchungen, §§ 81 f III, 81g III, 4, 81h III 1 StPO; vgl. auch *Roxin/Schünemann*, Strafverfahrensrecht, 30. Aufl. 2022, § 27 Rn. 11.

[139] *Eisenberg*, Beweisrecht, 10. Aufl. 2017, Rn. 2020; *Dallmeyer* in: Alsberg, Beweisantrag im Strafprozess, 8. Aufl. 2022, Kap. 3 Rn. 145; kritisch hingegen *Armbrüster*, NJW 2011, 812, 814 soweit die Übersetzungsanfertigung der Prozessrolle des Gerichts widersprechen würde.

mit dieser Materie notwendig ist. Bei ausreichenden Grundkenntnissen kann das Wissen flexibel auf neue Sachverhalte angewendet werden.
Im Rahmen der Ersetzung eines Sachverständigengutachtens aufgrund eigener Sachkunde wird vertreten, dass das Gericht grundsätzlich keine Verpflichtung habe, den Prozessbeteiligten eine "*Art Gutachten zu erstatten*" und das Fachwissen im Detail in den Prozess einzuführen.[140] Die Funktion der Beweisaufnahme besteht in der Bildung der Überzeugung des Gerichts über den tatsächlichen Sachverhalt.[141] Dies gilt jedoch nicht bei Übersetzungen von Urkunden. Das Gesetz stellt den Grundsatz auf, dass alle Beteiligten vom Inhalt einer Beweisurkunde Kenntnis erlangen müssen. Unter Berücksichtigung der Vorgabe aus § 249 Abs. 1 Satz 1 StPO sind Urkunden zu verlesen. Ein Absehen hiervon tritt grundsätzlich nur im Selbstleseverfahren ein, wenn auch die übrigen Beteiligten Gelegenheit erhalten, vom Wortlaut der Urkunde Kenntnis zu nehmen, § 249 Abs. 2 Satz 1 StPO. Eine Translation tritt dabei anstelle der fremdsprachigen Urkunde.[142] Wenn eine solche aufgrund der Sachkunde des Gerichts möglich ist, so muss ein Mitglied des Spruchkörpers das Dokument verlesen und in die Gerichtssprache übertragen.[143] Unter Berücksichtigung des Normzweckes, dass den Beteiligten eine Kenntnisnahme des potenziell bedeutsame Beweisstoffs ermöglicht wird,[144] genügt eine mündliche Übertragung. Weiterhin dürfte auch ein Übersetzer als Sachverständiger die Translation mündlich in der Hauptverhandlung erbringen, [145] weshalb keine strengeren Anforderungen an eine Translation aufgrund einer eigenen Sachkunde zu stellen sind.

(aa) Wann hat das Gericht eine eigene Sachkunde?

Das Gericht hat im eigenen pflichtgemäßen Ermessen festzustellen, ob die gerichtseigene Sachkunde ausreichend ist,[146] also, ob die Fremdsprachenkompetenz genügt, um Beweismittel adäquat zu übersetzen. Bestehen Zweifel über die eigene Sachkunde, sollte ein entsprechender Sachverständiger beauftragt werden.[147] Ebenso ist ein Sachverständiger hinzuzuziehen, wenn

---

[140] *Güntge* in: Alsberg, Der Beweisantrag im Strafprozess, 8. Aufl. 2022, Kap. 6 Rn. 36 m. w. N.
[141] *Güntge* in: Alsberg, Der Beweisantrag im Strafprozess, 8. Aufl. 2022, Kap. 6 Rn. 36.
[142] *Kreicker* in: MünchKomm-StPO, 2. Aufl. 2024 § 249 Rn. 17.
[143] *Frister* in: SK-StPO, 6. Aufl. 2026, § 249 Rn. 10; *von Heintschel-Heinegg* in: KMR StPO, Stand: 01.03.2019, § 249 Rn. 26; *Mosbacher* in: LR-StPO, 27. Aufl. 2019, § 249 Rn. 32; *Dallmeyer* in: Alsberg, Der Beweisantrag im Strafprozess, 8. Aufl. 2022, Kap. 3 Rn. 145.
[144] *H. Schneider*, NStZ 2022, 276, 276.
[145] *Kreicker* in: MünchKomm-StPO, 2. Aufl. 2024 § 249 Rn. 16;
[146] Vgl. BGH, Urteil vom 24.06.1952, Az.: 1 StR 130/52 = BGHSt 3, 27, 28; *Arbab-Zadeh*, NJW 1970, 1214, 1215; *Bachler* in: BeckOK-StPO, Stand: 01.04.2026, § 244 Rn. 100; *Becker* in: LR-StPO, 27. Aufl. 2019, § 244 Rn. 69; *Güntge* in: Alsberg, Beweisantrag im Strafprozess, 8. Aufl. 2022, Kap. 6 Rn. 8; *König* in: HK-GS, 5. Aufl. 2022, StPO § 244 Rn. 75; *Krehl* in: KK-StPO, 9. Aufl. 2023, § 244 Rn. 42 und 45; *Trüg/Habetha* in: MünchKomm-StPO, 2. Aufl. 2024, § 244 Rn. 64.
[147] Vgl. BGH, Urteil vom 24.06.1952, Az.: 1 StR 130/52 = BGHSt 3, 27, 28; BGH, Urteil vom 05.07.1955, Az.: 1 StR 195/55 = BGHSt 8, 130, 131; BGH, Urteil vom 21.05.1969, Az.: 4 StR 446/68 = BGHSt 23, 8, 12; BGH, Beschluss vom 13.12.1996, Az.: 3 StR 543/96 = NStZ-RR 1997, 171, 172; *Güntge* in: Alsberg, Beweisantrag im

es wahrscheinlich erscheint, dass bei der Hinzuziehung eines Sachverständigen weiterer Tatsachenstoff aufgedeckt werden wird.[148] Bei einer Überschätzung der eigenen Sachkunde läge, aufgrund eines Verstoßes gegen die richterliche Aufklärungspflicht (§ 244 Abs. 2 StPO), ein Revisionsgrund vor.[149]

Die Annahme der eigenen Sachkunde und die Quelle derselben bedarf innerhalb der Hauptverhandlung grundsätzlich keiner Erörterung,[150] sollte jedoch in den Urteilsgründen entsprechend dargelegt werden. Dies gilt insbesondere, wenn die Beauftragung eines Sachverständigen mit der Begründung der eigenen Sachkunde abgelehnt wurde, da dies revisionsrechtlich nachprüfbar ist.[151]

Die frühere Rechtsprechung hat dem Gericht hier zunächst einen sehr weiten Spielraum überlassen. Dies erfolgte vor allem aufgrund der Motive des Gesetzgebers, wonach der Sachverständige, im Gegensatz zu einem Zeugen, beliebig austauschbar sei, und daher für einen sachkundigen Richter verzichtbar ist.[152] Auch wenn an die eigene Sachkunde des Gerichts heute eher strenge Anforderungen gestellt werden,[153] muss das Gericht die entsprechende Sachkunde nicht „allgemein und umfassend" vorweisen, sondern es genügt, wenn das Wissen zur Beantwortung der konkreten Beweisfrage ausreichend ist.[154] Das bedeutet, dass in gewissen Fällen auch die Grundkenntnisse in einer bestimmten Sprache ausreichend sind, um die entsprechenden Translationen anzufertigen.

(bb) Wie kann sich das Gericht eigene Sachkunde verschaffen?

Das Gesetz trifft keine Regelungen, wie sich das Gericht die entsprechende Sachkunde zu verschaffen hat. Auch entsprechende Richtlinien sind nicht vorhanden. Dem Gericht sind bei

---

Strafprozess, 8. Aufl. 2022, Kap. 6 Rn. 10; *Becker* in: LR-StPO, 27. Aufl. 2019, § 244 Rn. 68; *Krehl* in: KK-StPO, 9. Aufl. 2023, § 244 Rn. 45; *Trüg/Habetha* in: MünchKomm-StPO, 2. Aufl. 2024, § 244 Rn. 65.

[148] BGH, Beschluss vom 20.06.2017, Az.: 4 StR 575/16 = juris, Rn. 3; *Sättele* in: SSW-StPO, 6. Aufl. 2025, § 244 Rn. 249.

[149] *Roxin/Schünemann*, Strafverfahrensrecht, 30. Aufl. 2022, § 27 Rn. 10.

[150] BGH, Beschluss vom 12.10.1999, Az.: 1 StR 109/99 = NStZ 2000, 156, 157; BGH, Beschluss vom 21.10.1997, Az.: 1 StR 578/97 = NStZ 1998, 98; *Becker* in: LR-StPO, 27. Aufl. 2019, § 244 Rn. 69; *König* in: HK-GS, 5. Aufl. 2022, StPO § 244 Rn. 75; *Schmitt* in: Schmitt/Köhler, StPO, 69. Aufl. 2026, § 244 Rn. 73; *Trüg/Habetha* in: MünchKomm-StPO, 2. Aufl. 2024, § 244 Rn. 65.

[151] OLG Hamm, Urteil vom 30.10.1969, Az.: 2 Ss 594/69 = NJW 1970, 907, 908; *Trüg/Habetha* in: MünchKomm-StPO, 2. Aufl. 2024, § 244 Rn. 73.

[152] RG, Urteil vom 01.12.1922, Az.: IV 457/77 = RGSt 57, 158, 158; RG, Urteil vom 05.01.1881, Az.: 3137/80 = RGSt 3, 176; RG, Urteil vom 09.06.1886, Az.: 1752/86 = RGSt 14, 276; *Hahn*, Gesammelten Materialien zur Strafprozessordnung, Band 3, Abtheilung 1, 1885, S. 120; *Dippel*, Stellung des Sachverständigen im Strafprozeß, 1986, S. 27.

[153] BGH, Urteil vom 21.05.1969, Az.: 4 StR 446/68 = BGHSt 23, 8, 12; *Neuhaus* in: HK-GS, 5. Aufl. 2022, StPO § 73 Rn. 4; vgl. auch *Dippel*, Stellung des Sachverständigen im Strafprozeß, 1986, S. 27 ("*Skeptische Prüfung*").

[154] BGH, Urteil vom 18.04.1984, Az.: 2 StR 103/84 = NStZ 1984, 467; BGH, Urteil vom 05.07.1955, Az.: 1 StR 195/55 = BGHSt 8, 130 f.; OLG Hamm, Urteil vom 30.10.1969, Az.: 2 Ss 594/69 = NJW 1970, 907, 908; *Güntge* in: Alsberg, Beweisantrag im Strafprozess, 8. Aufl. 2022, Kap. 6 Rn. 8; *Trüg/Habetha* in: MünchKomm-StPO, 2. Aufl. 2024, § 244 Rn. 66.

der Wahl der Mittel und Wege zur Erlangung der erforderlichen Sachkunde grundsätzlich keine Beschränkungen auferlegt.[155] Es ist unerheblich, ob die Sachkunde aus privaten oder dienstlichen Quellen stammt.[156] Die Sachkunde kann auch im Rahmen der Vorbereitung der Hauptverhandlung erlangt werden[157] oder gar ad-hoc innerhalb dieser,[158] etwa durch Aussagen von (sachverständigen) Zeugen[159] oder durch andere Gutachten.[160] Eine Befragung von Sachverständigen außerhalb der Hauptverhandlung ist hingegen keine probate Quelle, da hierdurch eine gebotene förmliche Vernehmung innerhalb des Strengbeweisverfahrens umgangen würde.[161]

(cc) Bei wem muss die Sachkunde konkret vorhanden sein?

Entscheidend ist, dass die Sachkunde, also die Sprachkunde, bei einem Mitglied des Gerichts tatsächlich vorhanden ist, also auch auf den Fall individuell und flexibel angewendet werden kann.[162] Grundsätzlich ist es ausreichend, wenn bei einem Kollegialgericht ein Mitglied die entsprechende Sachkunde hat und diese den anderen Mitgliedern vermittelt.[163] Dies ergibt sich daraus, dass in einem Gericht nie alle Mitglieder die gleichen Kenntnisse besitzen und einzelne Mitglieder genauso, wie ein Sachverständiger, die restlichen Mitglieder in Kenntnis setzen können.[164]

---

[155] Vgl. hierzu die Ausführungen von *Niemöller*, NStZ 2015, 16, 17.

[156] *Becker* in: LR-StPO, 27. Aufl. 2019, § 244 Rn. 71; *Eisenberg*, Beweisrecht, 10. Aufl. 2017, Rn. 253; *Güntge* in: Alsberg, Beweisantrag im Strafprozess, 8. Aufl. 2022, Kap. 6 Rn. 11; *König* in: HK-GS, 5. Aufl. 2022, StPO § 244 Rn. 75; *Schmitt* in: Schmitt/Köhler, StPO, 69. Aufl. 2026, § 244 Rn. 71; *Trüg/Habetha* in: MünchKomm-StPO, 2. Aufl. 2024, § 244 Rn. 68.

[157] Vgl. BGH, Beschluss vom 13.12.1996, Az.: 3 StR 543/96 = NStZ-RR 1997, 171, 172; BGH, Urteil vom 15.12.1982, Az.: 2 StR 83/82 = NStZ 1983, 325; *Becker* in: LR-StPO, 27. Aufl. 2019, § 244 Rn. 71; *Güntge* in: Alsberg, Beweisantrag im Strafprozess, 8. Aufl. 2022, Kap. 6 Rn. 11; *Krehl* in: KK-StPO, 9. Aufl. 2023, § 244 Rn. 46; *Schmitt* in: Schmitt/Köhler, StPO, 69. Aufl. 2026, § 244 Rn. 71; *Trüg/Habetha* in: MünchKomm-StPO, 2. Aufl. 2024, § 244 Rn. 68.

[158] OLG Hamm, Beschluss vom 06.01.1978, Az.: 4 Ss OWi 1961/77 = NJW 1978, 1210, 1210; *Krehl* in: KK-StPO, 9. Aufl. 2023, § 244 Rn. 46; *Trüg/Habetha* in: MünchKomm-StPO, 2. Aufl. 2024, § 244 Rn. 68.

[159] BGH, Urteil vom 22.01.1998, Az.: 4 StR 100/97 = NStZ 1998, 366, 367; a. A. *Eisenberg*, Beweisrecht, 10. Aufl. 2017, Rn. 254.

[160] Vgl. BGH, Beschluss vom 12.01.2010, Az.: 3 StR 436/09 = NStZ 2010, 586; BGH, Urteil vom 09.05.1989, Az.: VI ZR 268/88 = NJW 1989, 2948, 2948; BGH, Urteil vom 13.03.1985, Az.: 3 StR 8/85 = NStZ 1985, 421, 422; BGH, Urteil vom 18.04.1984, Az.: 2 StR 103/84 = NStZ 1984, 467, 467.

[161] BGH, Beschluss vom 03.07.2018, Az.: 4 StR 621/17 = StV 2019, 811, 812; *Eisenberg*, Beweisrecht, 10. Aufl. 2017, Rn. 253; *Krehl* in: KK-StPO, 9. Aufl. 2023, § 244 Rn. 46; *Neuhaus* in: HK-GS, 5. Aufl. 2022, StPO § 73 Rn. 2; differenzierend nach Zeitpunkt der Kenntniserlangung: *Niemöller*, NStZ 2015, 16, 18 f.

[162] *Dallmeyer* in: Alsberg, Beweisantrag im Strafprozess, 8. Aufl. 2022, Kap. 3 Rn. 145; *Trüg/Habetha* in: MünchKomm-StPO, 2. Aufl. 2024, § 244 Rn. 68; *McCorkle*, Allgemeinkundigkeit, 2018, S. 33 f.; *Meller-Hannich*, ZZP 2016, 263, 266.

[163] BGH, Urteil vom 10.07.1958, Az.: 4 StR 211/58 = BGHSt 12, 18, 19; BGH, Urteil vom 15.12.1982, Az.: 2 StR 83/82 = NStZ 1983, 325; *Schmitt* in: Schmitt/Köhler, StPO, 69. Aufl. 2026, § 244 Rn. 72; *Trüg/Habetha* in: MünchKomm-StPO, 2. Aufl. 2024, § 244 Rn. 72.

[164] *K. Müller*, Der Sachverständige im gerichtlichen Verfahren, 3. Aufl. 1988, Rn. 115.

Im zivilrechtlichen Verfahren ist im Rahmen des § 142 Abs. 3 ZPO umstritten, wer alles Sprachkenntnis haben muss, damit eine Übersetzung durch einen Sachverständigen entfallen kann. Das Meinungsbild geht hier von der Sprachkenntnis eines einzelnen Mitglieds des Gerichts, welches die Urkunde für den Rest übersetzt,[165] über die Sprachkenntnis des gesamten Kollegiums[166] bis zu einem Sprachkenntniserfordernis, welches auch bei den Parteien vorhanden sein muss.[167] Im Ergebnis dürfte der ersten Ansicht der Vorzug zu geben sein, insbesondere vor dem Hintergrund, dass das Gericht, soweit es aus mehreren Richtern besteht, sich also gerade in der Sachkunde gegenseitig ergänzen soll.[168] Dass die Sprachkenntnis eines Richters genügt, gilt daher auch für Strafprozesse.[169]

d. Zwischenergebnis

Gerichte sind im Gegensatz zu den Ermittlungsbehörden an das Gerichtssprachenpostulat gebunden. Die Folge ist, dass Translationen von fremdsprachigen Beweismitteln, welche in die richterliche Überzeugung einfließen sollen, angefertigt werden müssen. Ist eine Translation bereits vorhanden, kann diese unmittelbar verwendet werden. Das Gericht muss sich aber von der Richtigkeit überzeugen. Hierbei ist zu berücksichtigen, dass eine Translation häufig nur ein einzelnes Puzzleteil von vielen ist. Sollte keine Translation vorhanden sein, muss hierfür grundsätzlich ein Translator beauftragt werden. Dies kann unterbleiben, wenn die Translation als solche offenkundig ist oder das Gericht eine eigene ausreichende Sprachsachkunde hat, um die Übertragung selbst vorzunehmen.

II. Kritik und Lösungsvorschläge

1. Der faktische Selektionszwang muss reduziert werden

a. Inwieweit besteht ein Selektionszwang?

Grundsätzlich sind die Ermittlungen erschöpfend und mit größtmöglicher Sorgfalt vorzunehmen.[170] In der Praxis kann diese Handlungsmaxime häufig aus tatsächlichen sowie

---

[165] *Althammer* in: Stein/Jonas, ZPO, 23. Aufl. 2016, § 142 Rn. 49; vgl. ferner BGH, Urteil vom 02.03.1988, Az.: IV b ZB 10/88 = VersR 1988, 836 (wobei das Urteil die Entscheidung die Glaubhaftmachung eines Wiedereinsetzungsgrundes behandelt und nach *Fritsche* (vgl. folgende Fn.) daher nicht verallgemeinerbar sei.

[166] *Fritsche* in: MünchKomm-ZPO, 7. Aufl. 2025, § 142-144 Rn. 19.

[167] *Stadler* in: Musielak/Voit, ZPO, 23. Aufl. 2026, § 142 Rn. 10.

[168] Vgl. *Sarstedt*, JR 1958, 350, 352 (Besprechung von: OLG Köln, Urteil vom 03.01.1958, Az.: SS 434/57).

[169] Vgl. *Dallmeyer* in: Alsberg, Beweisantrag im Strafprozess, 8. Aufl. 2022, Kap. 3 Rn. 145.

[170] *Kölbel/Ibold* in: MünchKomm-StPO, 2. Aufl. 2024, § 160 Rn. 40; a. A. *Deiters* in: SK-StPO, 6. Aufl. 2025, Vorbemerkungen vor § 151 Rn. 8; *Deiters*, Legalitätsprinzip und Normgeltung, 2006, S. 158 ff.: Keine Vorgabe aus Legalitätsprinzip, nur „verdachtsproportionale" von der Deliktsschwere abhängige Sachverhaltserforschung.

prozessökonomischen Gründen nicht erfüllt werden.[171] Insbesondere bei einer minderen Tatschwere wird oftmals nur ein *„gedrosselter"* Ermittlungsaufwand betrieben.[172] Dieses Phänomen ist häufig bei fremdsprachigen Beweismitteln zu beobachten, da die Anfertigung der Translationen überaus zeit- und kostenaufwändig sein kann.

In der Regel bestehen weder die zeitlichen noch finanziellen Ressourcen, alle Daten und Beweismittel auszuwerten; sodass eine gewisse Vorselektion der verfahrenswesentlichen Informationen erfolgt.[173] Gerade bei fremdsprachigen Inhalten besteht die Gefahr, dass die Selektion nicht gezielt, sondern mangels Kenntnis des Inhalts gar willkürlich erfolgt.[174] E sollte auch keine Selektion durch die beauftragten Translatoren selbst erfolgen. In der Theorie sollten alle Dokumente übersetzt werden, damit die jeweilige Ermittlungsperson in eigener Person die Relevanz beurteilen kann.[175] Dass dies in der Praxis nicht umsetzbar ist, liegt auf der Hand. Es kommt daher oft dazu, dass etwa bei Tonaufnahmen nur ein Teil der Gespräche übertragen oder nur eine Auswahl an Dokumenten übersetzt wird. Hierdurch wird jedoch kein vollständiges Gesamtbild des Sachverhaltes ermöglicht, was der Qualität der Ermittlungen abträglich sein kann.[176]

Auch verlässt sich das Gericht häufig auf die Vorauswahl der Ermittlungspersonen und veranlasst keine umfangreichen weiteren Übersetzungen. In dem Fall müsste die beschuldigte Person, soweit sie überhaupt einen inhaltlichen Überblick hat, einen Antrag stellen, um noch unbekannte relevante entlastende Unterlagen aufzudecken.

b. Was sind die Ursachen für den Selektionszwang?

Die selektive Anfertigung von Translationen wird häufig mit prozessökonomischen Notwendigkeiten begründet. Vollständige oder weit umfangreiche Translationen können so aus zeitlichen oder finanziellen Gründen nicht bewerkstelligt werden.

aa. Beschleunigungsgrundsatz

Die Justizbehörden müssen aufgrund des Beschleunigungsgrundsatzes ein Verfahren ohne vermeidbare Verzögerungen durchführen. Dies ergibt sich aus dem verfassungsrechtlich

---

[171] *Bohnert,* Die Abschlussentscheidung des Staatsanwalts, 1992, S. 98 ff.; *Erb* in: LR-StPO, 27. Aufl. 2018, § 160 Rn. 48 ff.; *Erb,* Legalität und Opportunität, 1999, S. 88 f., 174 ff.; *Kölbel/Ibold* in: MünchKomm-StPO, 2. Aufl. 2024, § 160 Rn. 40, 43; *Theile*, Wirtschaftskriminalität und Strafverfolgung, 2009, S. 165 f.

[172] *Kölbel/Ibold* in: MünchKomm-StPO, 2. Aufl. 2024, § 160 Rn. 41; auf Ebene der Polizei werden sog. aussichtslose Sachen nicht durchermittelt: *Dölling* in: Geisler, Das Ermittlungsverhalten der Polizei, 1999, S. 45 ff.

[173] *Momsen/Rackow/Schwarze*, NStZ 2018, 625, 626; *Momsen* in: Cybercrime und -investigation, 2015, S. 75 (*„Offenkundig sind jedoch auch die Ermittlungsbehörden kaum noch in der Lage, das als Beweis gesicherte Datenvolumen verfahrensadäquat zu bewältigen.*").

[174] *Momsen/Rackow/Schwarze*, NStZ 2018, 625, 626.

[175] *Momsen/Rackow/Schwarze*, NStZ 2018, 625, 626; 628.

[176] *Momsen/Rackow/Schwarze*, NStZ 2018, 625, 626.

geschützten Rechtsstaatsprinzip, aber auch aus Art. 6 Abs. 1 Satz 1 a. E. EMRK sowie aus Art. 47 Abs. 2 GRCh.[177] Ein Strafverfahren stellt eine große Belastung für die beteiligten Personen dar. Für die beschuldigte Person können sich große Einschränkungen und Eingriffe, etwa in die Freiheit bei einer Untersuchungshaft, ergeben.[178] Ein Strafverfahren sollte daher nicht unnötig zeitlich in die Länge gezogen werden, sondern so zügig wie möglich abgehandelt werden.[179]

Tatsächlich bestehen bei Translationen zwei Engpässe. Bei Dolmetschleistungen kann es oftmals zu Problemen bei der Verfügbarkeit kommen und bei Übersetzungsleistungen kann die Dauer, welche die Durchführung einer fachgerechten Übersetzung braucht, zu Herausforderungen führen.

(1) Verfügbarkeit

Auch wenn Translatoren beauftragt werden, mit denen die Behörden einen Rahmenvertrag geschlossen haben oder mit solchen, welche sich in die Translatoren-Datenbank eintragen lassen haben, besteht für diese keine Pflicht für eine dauerhafte Verfügbarkeit.[180] Es besteht keine Bestellpflicht aufseiten der Behörden. Daher besteht auch keine Verfügbarkeitspflicht auf Seiten der Translatoren. In Eilfällen sind solche Verzögerungen problematisch.[181] Auswirkungen auf die Ermittlungsarbeit sind möglich, etwa im Rahmen einer Telekommunikations- bzw. Wohnraumüberwachung oder einer Wohnungsdurchsuchung, insbesondere, wenn die Translationen zu Nachtzeiten, Wochenenden oder Feiertagen spontan benötigt werden. Zudem ist zu beachten, dass die Einsatzzeit aus arbeitsmedizinischen Gründen nicht unendlich ist. Bei längeren Maßnahmen oder Vernehmungen kann daher die Beauftragung eines zweiten Translator notwendig werden.[182]

Zusätzlich kann die sehr geringe Verfügbarkeit von Experten für seltene Sprachen oder bestimmte Dialekte eine weitere Hürde für Ermittlungstätigkeiten darstellen.[183] Bei Sprachen, welche in Deutschland nicht geläufig sind, besteht bei Übersetzenden sowie bei Dolmetschenden die Schwierigkeit, qualifizierte Personen für ein spezielles Sprachpaar zu

---

[177] *Murmann* in: Hilgendorf/Kudlich/Valerius, Handbuch des Strafrechts, Bd. 7, 1. Aufl. 2020 § 12, Rn. 17 f.

[178] So etwa hier: BGH, Beschluss vom 04.09.2024, Az.: AK 71/24, Rn. 55 f.: Fortdauer der U-Haft über sechs Monate hinaus aufgrund des Umfangs der zu übersetzenden Dokumente-

[179] *Murmann* in: Hilgendorf/Kudlich/Valerius, Handbuch des Strafrechts, Bd. 7, 1. Aufl. 2020, § 12 Rn. 18; *Valerius* in: Hilgendorf/Kudlich/Valerius, Handbuch des Strafrechts, Bd. 7, 1. Aufl. 2020, § 26 Rn. 3.

[180] *Stanek*, Dolmetschen bei der Polizei, 2011, S. 67.

[181] *Stanek*, Dolmetschen bei der Polizei, 2011, S. 67.

[182] *Gradinčević-Savić*, Babel 66, 2 (2020), 172 176 f., mit weiteren Ausführungen zu den Einsatzzeiten.

[183] *Albrecht/Dorsch/Krüpe,* Rechtswirklichkeit und Effizienz der TKÜ, 2003, S. 15; *Härdi* in: Obergericht des Kantons Zürich, Der Richter und sein Dolmetscher, 2015, S. 26.

finden.[184] So ist etwa für die beiden nach Englisch weltweit am häufigsten gesprochenen Sprachen[185] Mandarin (57 Übersetzende bzw. 38 Dolmetschende) und Hindi (35 Übersetzende bzw. 57 Dolmetschende) die Anzahl der Berufsträger in der Translatoren-Datenbank überschaubar.[186]

Das Verfügbarkeitsproblem kann die Ermittlungsbehörden, insbesondere bei grundrechtsintensiven Maßnahmen, vor besondere Herausforderungen stellen. So muss im Rahmen einer verdeckten Überwachungsmaßnahme sichergestellt werden, dass nicht der höchstpersönliche Lebensbereich der überwachten Personen ausgeforscht wird (vgl. § 100d Abs. 1 StPO). Im Idealfall sollte die Überwachung unverzüglich abgebrochen werden, sobald dies erkennbar der Fall wird. Dies gilt grundsätzlich auch, wenn überraschenderweise während einer Überwachung in eine fremde Sprache gewechselt wird.[187] Ohne Dolmetschende, welche die Gespräche übertragen, ist dies jedoch nicht oder nur schwer möglich.[188] Auch kann die Qualität nicht immer sichergestellt werden; z. T. ist es aufgrund einer hohen Menge an Gesprächen und dem damit verbundenen Zeitaufwand für die Sachverständigen nur möglich, zusammenfassende Inhalts-, jedoch keine Wortlautprotokolle anzufertigen, die beweiskräftiger wären.[189]

(2) Dauer

Die branchenübliche Tagesleistung eines Translators für die Anfertigung von Übersetzungen liegt etwa zwischen fünf und zehn Seiten,[190] bzw. zwischen 2.000 und 3.000 Wörtern.[191]

---

[184] *Wendler* in: Wolf, Kriminalität im Grenzgebiet, Bd. 3, 2000, S. 219, 220.

[185] *Ethnologue*, What are the top 200 most spoken languages?, 2026, abrufbar unter: https://www.ethnologue.com/insights/ethnologue200 (zuletzt abgerufen am: 30.05.2026).

[186] Vgl. hierzu eine Suchanfrage unter https://www.justiz-dolmetscher.de/Recherche/de/Suchen, Schlagwort: „Chinesisch (Mandarin)“ und „Hindi“, Stand: 30.05.2026, wobei Übersetzende zum Teil zeitgleich als Dolmetschende gelistet sind.

[187] Unterbrechungspflicht bereits bei Gefahr: *Wolter/Greco* in: SK-StPO, 6. Aufl. 2023, § 100c Rn. 14; a. A.: *Hartmann* in: HK-GS, 3. Aufl. 2022, StPO § 100d Rn. 11; *Löffelmann*, NJW 2005, 2033, 2034: Grundsätzlich keine „vorsorgliche“ Unterbrechungspflicht der Aufzeichnung bei Fremdsprache die erst später übersetzt werden kann.

[188] *Krey*, FS Schwind, 2006, S. 734; *Roggan*, HdB Innere Sicherheit, 2. Aufl. 2008, S. 123; *Wolter/Greco* in: SK-StPO, 6. Aufl. 2023, § 100c Rn. 14.

[189] *Albrecht/Dorsch/Krüpe*, Rechtswirklichkeit und Effizienz der TKÜ, 2003, S. 15.

[190] Wobei eine Seite aus 30 Zeilen á 55 Zeichen besteht; *Gradinčević-Savić*, Babel 66, 2 (2020), 172, 175.

[191] Vgl. 2000 bis 3000 Wörter: *Gradinčević-Savić*, Babel 66, 2 (2020), 172, 175; 2000 bis 2.500 Wörter: *BDÜ-Thüringen*, Übersetzungen – Was sie als Auftraggeber wissen sollten, Ostthüringer Wirtschaft, November 2015, S. 28, 29, abrufbar unter: https://th.bdue.de/fileadmin/verbaende/th/Dateien/PDF-Dateien/IHK_Gera_November_2015_Uebersetzungen.pdf; ca. 3.000 Wörter: *Lippe*, Was macht eigentlich … eine Übersetzerin?, in Hamburger Abendblatt, 11.12.2010, abrufbar unter: https://www.abendblatt.de/wirtschaft/karriere/article107897728/Was-macht-eigentlich.html; ca. 2.000 Wörter: *Massion*, Was müssen Unternehmen beachten, die Übersetzungen in Auftrag geben möchten?, 28.01.2016, abrufbar unter: https://uepo.de/2016/01/28/was-muessen-unternehmen-beachten-die-uebersetzungen-in-auftrag-geben-moechten/; Ca. 2.000 Wörter: *Riemann*, Übersetzer, Zeit Campus, 22.08.2016, abrufbar unter: https://www.zeit.de/campus/2016-08/uebersetzer-gehalt-selbststaendigkeit-verdienst/komplettansicht, (sämtliche zuletzt abgerufen am: 30.05.2026).

Gerade bei komplexen Unterlagen kann eine Übersetzung mehrere Tage oder gar Wochen dauern. Wird eine beschleunigte Verarbeitung gewünscht, so kann sich dies negativ auf die Übersetzungsqualität auswirken.[192] Aufgrund dieses Zeitfaktors wird der Translationsumfang oftmals auf solche Dokumente beschränkt, welche rein äußerlich besonders belastend (seltener entlastend) wirken. Aber auch die Übertragung von TKÜ-Aufzeichnungen zu einem Wortlautprotokoll kann äußerst zeitaufwendig sein. In einem Fall, welcher vom Oberlandesgericht Hamm zu entscheiden war, wurde pro Gesprächsminute ungefähr 45 Minuten für die Übertragung benötigt.[193]

bb. Kosten

Die Kosten für Translationen treffen den Staat nicht nur im Rahmen der Kommunikationsermöglichung, sondern oftmals auch im Rahmen der Beweiserlangung und -auswertung. Die Honorare werden bei Dolmetschleistungen nach Stunde abgerechnet, wobei hier das Grundhonorar bei 93 Euro pro Stunde liegt (§ 9 Abs. 5 Satz 1 JVEG). Zu Nachtzeiten oder an Sonn- bzw. Feiertagen entsteht ein Aufschlag in Höhe von 20 % (§ 9 Abs. 6 Satz 1 JVEG). Alternativ sind Rahmenverträge möglich (§ 14 JVEG), wobei hierbei die Gefahr besteht, dass bei Preisdumping die Qualität leidet.[194] Die jährlichen Kosten der Bundesländer für Dolmetschleistungen befinden sich im Millionenbereich.[195] So richtet sich etwa das Honorar im Rahmen von TKÜ-Maßnahmen nach § 11 Abs. 4 JVEG, wenn Translatoren die Aufnahmen auf bestimmte Inhalte überprüfen oder ein Wortprotokoll anfertigen sollen. Die Kosten für Translationen im Rahmen von TKÜ-Maßnahmen oder einer akustischen Wohnraumüberwachung können sich je nach Fall auf bis zu 100.000 Euro belaufen.[196] So sind etwa dem Land Berlin zwischen 2014 und 2019 jährlich zwischen 3,59 und 4,78 Millionen Euro Kosten entstanden – allein für die Translationshonorare im Rahmen von Telekommunikationsüberwachungen.[197]

Bei Übersetzungen erfolgt eine Abrechnung nach Umfang der Inhalte. Pro angefangenen 55 Tastenanschlägen fällt ein Honorar von derzeit 1,95 Euro an, wenn nach dem JVEG abgerechnet wird (§ 11 Abs. 1 Satz 1 JVEG). Bei erschwerten Umständen, Dringlichkeit oder seltenen Sprachen kann zusätzlich ein Aufschlag berechnet werden (§ 11 Abs. 1 Satz 2, 3 JVEG). Alternativ ist eine Abrechnung auch hier über Rahmenverträge möglich (§ 14 JVEG).

[192] *Haggenmüller*, Der Europäische Haftbefehl, 2018, S. 102 m. w. N.
[193] OLG Hamm, Beschluss vom 21.02.2019, Az.: 4 Ws 150/18 = WKRS 2019, 15510.
[194] *Cebulla*, Sprachmittlung und Datenschutz, 2015, S. 109 f.; *Schulte* in: MAH StV, 3. Aufl. 2022, § 18 Rn. 43.
[195] So beispielsweise für Hessen, 2021: 9,68 Mio. Euro (Hessischer Landtag, LT-Drucks. 20/9604, S. 2) oder für Baden-Württemberg, 2006: 4,2 Mio. Euro (Landtag BW, LT-Drucks. 14/2073, S. 8).
[196] BT-Drucks. 19/32583, S. 4.
[197] Berliner Abgeordnetenhaus, Drucks. 18/20022, S. 4.

Die Kosten für die Ermittlungs- und Beweistranslationen können zwar bei einer Verurteilung von dem Beschuldigten ersetzt verlangt werden.[198] So können etwa die Kosten für Translationen im Rahmen einer Telekommunikationsüberwachung nach §§ 464a Abs. 1 S. 2, 465 StPO, § 11 Abs. 4 JVEG i. V. m. Nr. 9005 KV GKG verlangt werden,[199] jedoch wird angesichts der möglichen Höhe der Kosten mit einem häufigen Zahlungsausfall zu rechnen sein. Ebenso erfolgt bei einem Freispruch keine Kostenerstattung. Dies führt dazu, dass auch eine entsprechende Selektion vorgenommen wird, um mit den jeweiligen Haushaltsmitteln sorgfältig umzugehen.

c. Warum ist der Selektionszwang problematisch?

Der reduzierte Translationsumfang wird vor allem mit prozessökonomischen Erwägungen begründet. Hierfür fehlt es jedoch an der erforderlichen Rechtsgrundlage. Vielmehr sieht die Strafprozessordnung hierzu die Möglichkeiten der Einstellung und inhaltlichen Beschränkungen des Gegenstands vor (§§ 153 ff. StPO).[200] Auch eine Begründung mit dem Beschleunigungsgrundsatz ist nicht zielführend, da dieser Grundsatz gerade auch dazu dient, die beschuldigte Person zu schützen.[201] Dies darf nicht dazu führen, dass möglicherweise entlastendes Material übersehen wird.

Es ist vorstellbar, dass dieses Problem durch den Einsatz von technischen Hilfsmitteln, wie maschinellen Translationen, erheblich reduziert werden kann.

2. Eingriffe in Grundrechte sowie Reduzierung der Effektivität der Ermittlungen

Ein weiteres Problem besteht darin, dass – insbesondere im Rahmen der Ermittlungen – grundrechtsintensive Maßnahmen vorgenommen werden. So ist etwa bei Telekommunikationsüberwachungen oder bei Wohnungsdurchsuchungen der Richtervorbehalt zu beachten (§ 100e Abs. 1 Satz 1 StPO bzw. § 105 Abs. 1 Satz 1 StPO, Art. 13 Abs. 2 GG), da diese Maßnahmen nicht nur in die Grundrechte (vgl. Art. 10; Art. 13; Art. 2 Abs. 1 i. V. m. Art. 1 Abs. 1 GG) der verdächtigten Personen, sondern auch unbeteiligter Dritter empfindlich eingreifen können.[202]

---

[198] BVerfG, Beschluss vom 07.10. 2003, Az.: 2 BvR 2118/01 = NStZ 2004, 274, Rn. 7 f.; OLG Koblenz, Beschluss vom 03.08.2000, Az.: 2 Ws 486/00 = BeckRS 2000, 7163; *Grommes* in: MünchKomm-StPO, 2. Aufl. 2024, § 464a Rn. 5; *Niesler* in: BeckOK-StPO, Stand: 01.01.2026, § 464a Rn. 4.

[199] OLG Koblenz, Beschluss vom 03.08.2000, Az.: 2 Ws 486/00 = BeckRS 2000, 7163; *Gieg* in: KK-StPO, 9. Aufl. 2023, § 464a Rn. 3; *Grommes* in: MünchKomm-StPO, 2. Aufl. 2024, § 464a Rn. 5; *Niesler* in: BeckOK-StPO, Stand: 01.01.2026, § 464a Rn. 4; *Gieg* in: KK-StPO, 9. Aufl. 2023, § 464a Rn. 3.

[200] *Kölbel/Ibold* in: MünchKomm-StPO, 2. Aufl. 2024, § 160 Rn. 43.

[201] Vgl. *Valerius* in: Hilgendorf/Kudlich/Valerius, Handbuch des Strafrechts, Bd. 7, 1. Aufl. 2020, § 26 Rn. 3.

[202] Vgl. *Rückert* in: MünchKomm-StPO, 2. Aufl. 2023, § 100e Rn. 2; *Hauschild* in: MünchKomm-StPO, 2. Aufl. 2023, § 105 Rn. 6.

Der Eingriff wird umso intensiver, je mehr Personen in die geschützten Bereiche eingreifen.[203] Häufig besteht bei fremdsprachigen Sachverhalten die Notwendigkeit, Translatoren hinzuzuziehen,[204] was die Eingriffsintensität erheblich erhöht. Dies gilt insbesondere, da ohne diese Fachkenntnisse nicht beurteilt werden kann, welcher geschützten Sphäre die jeweiligen Inhalte zuzuordnen sind. So erfahren häufig die beauftragten privaten Dritten im Rahmen der Translation als Erste von Inhalten, welche der besonders sensiblen Intimsphäre zuzuordnen sind. Oftmals können vertrauliche Dokumente nicht vor Ort ausgewertet und übersetzt werden, sondern müssen an die entsprechenden Sachverständigen weitergegeben werden.[205]

Nicht nur aus grundrechtlicher Perspektive ist die Hinzuziehung von weiteren Personen problematisch, sondern auch aus ermittlungstaktischen Gründen. Bei einigen Ermittlungen, vor allem zu hochbrisanten und vertraulichen Themen, sollten möglichst wenige Personen involviert werden und Kenntnis über die Ermittlungen haben. Speziell in solchen Bereichen könnte der Einsatz von maschinellen Translationen bei der unmittelbaren Ermittlungsmaßnahme sinnvoll sein.

Weiterhin erfolgt, insbesondere bei der Beschlagnahme und Sicherstellung oder einer vorläufigen Sicherstellung zwecks Durchsicht, ein Eingriff in das Eigentum der betroffenen Personen. Auch wenn die Staatsanwaltschaft als Herrin des Ermittlungsverfahrens im Grundsatz den Umfang und die konkrete Ausgestaltung der Durchsicht bestimmen kann, muss dieser Eingriff stets verhältnismäßig sein.[206] Die Auswertung zur Entscheidung über die Beschlagnahme hat grundsätzlich unverzüglich zu erfolgen, auch wenn sich der Entscheidungszeitraum bei notwendigen Übersetzungen verlängern kann.[207] Eine Überlastung der Ermittlungsbehörden ist kein Grund für erhebliche Verzögerungen.[208]

---

[203] Vgl. *Cebulla*, Sprachmittlung und Datenschutz, 2015, S. 89; *Brink/Wybitul,* ZD 2014, 225, 230.

[204] Vgl. *Jäger/Wohlers* in: SK-StPO, 6. Aufl. 2023, § 110 Rn. 13.

[205] *Burhoff/Laudon* in: Burhoff, Handbuch für die strafprozessuale Hauptverhandlung, 11. Aufl. 2025, Rn. 3158.

[206] BVerfG, Beschluss vom 30.01.2002, Az.: 2 BvR 2248/00 = NJW 2002, 1410, 1411; BGH, Beschluss vom 03.08.1995, Az.: StB 33 / 95 = NJW 1995, 3397, 3398; *Hadamitzky* in: KMR-StPO, 119. EL, Stand: 01.02.2023, § 110 Rn. 8; *Hauschild* in: MünchKomm-StPO, 2. Aufl. 2023, § 110 Rn. 10.

[207] BGH, Beschluss vom 05.08.2003, Az.: 2 BJs 11/03-5 - StB 7/03 = NStZ 2003, 670 Rn. 8; *Hadamitzky* in: KMR-StPO, 119. EL, Stand: 01.02.2023, § 110 Rn. 8; *Hauschild* in: MünchKomm-StPO, 2. Aufl. 2023, § 110 Rn. 10.

[208] LG Köln, Beschluss vom 17.05.2002, Az.: 109 Qs 219/02 = StV 2002, 413; *Hauschild* in: MünchKomm-StPO, 2. Aufl. 2023, § 110 Rn. 10.

Zweiter Teil: Einsetzbarkeit KI-gestützter Translationen im Strafverfahren

Defizite im Bereich der Translationen im Strafverfahren werden häufig mit der vermeintlichen verfahrensökonomischen Notwendigkeit begründet. Der Einsatz von maschinellen Translationen könnte an dieser Stelle für eine erhebliche Entlastung sorgen.

Derzeit nimmt insbesondere die Erstellung von Übersetzungen einen erheblichen Zeitraum in Anspruch. Der Zeitraum, welche eine KI-gestützte maschinelle Translation für die Anfertigung einer Übersetzung benötigt, ist hingegen vernachlässigbar und liegt bei wenigen Sekunden bis maximal einigen Minuten. Zusätzlich muss bei einem größeren Dokumentenumfang darauf geachtet werden, dass die Begriffe einheitlich und stringent verwendet werden, was normalerweise ebenfalls mit einem bedeutenden Zeitaufwand verbunden ist.[1] Eine maschinelle Übersetzung kann in der Lage sein, Begriffe sehr konsistent, auch über einen großen Seitenumfang hinweg, zu verwenden. Beschuldigte Personen könnten sich bei der Verwendung von maschinellen Übersetzungen schneller einen Überblick darüber verschaffen, was ihnen vorgeworfen wird und so die eigene Verteidigung effektiver vor- und nachbereiten. Weiterhin ist zu berücksichtigen, dass maschinelle Translationsleistungen jederzeit und flexibel abgerufen werden könnten.

Auch die Kosten könnten durch die Verwendung von Softwarelösungen für Translationsvorgänge reduziert werden. Es liegen keine Statistiken vor, aus denen sich die bundesweiten Gesamtkosten für Translationsleistungen ergeben. Es kann jedoch angenommen werden, dass diese nicht unerheblich sind, wie folgende kleinen Anfragen aufzeigen: Dem Land Hessen sind im Jahr 2021 für Dolmetscher beim gerichtlichen Teil der Strafverfahren Kosten in Höhe von EUR 9,68 Mio. entstanden.[2] Die Freie und Hansestadt Hamburg beziffert die Dolmetschkosten für die Jahre 2015 bis 2018 jährlich auf einen Betrag zwischen EUR 4,11 und 5,69 Mio. im Bereich Gerichte, Staatsanwaltschaft und Justizvollzug.[3] Das Land Berlin gibt an, dass allein die Berliner Polizei für Übersetzungen im Rahmen von TKÜ-Maßnahmen Kosten in Höhe von EUR 3,59 bis 4,79 Mio. jährlich (2014–2018) zu verzeichnen hatte.[4]

Zwar sind auch die KI-Anwendungen für maschinelle Translationen nicht kostenlos, sofern sie gewisse Grundanforderungen erfüllen sollen. Jedoch sind die Kosten auf einem wesentlich geringeren Niveau, als sie bei dem Einsatz von menschlichen Translatoren wären. Wenn die

---

[1] *Gradinčević-Savić*, Babel 66, 2 (2020), 172, 175 f.
[2] Hessischer Landtag, Drucks. 20/9604, S. 2.
[3] Bürgerschaft Hamburg, Drucks. 21/14946, S. 2.
[4] Abgeordnetenhaus Berlin, Drucks. 18/20022, S. 4.

J. K. Jurgschat, *Künstliche Intelligenz bei Dolmetsch- und Übersetzungsleistungen im Strafverfahren*, Juridicum – Schriften zu Recht und Digitalisierung,
https://doi.org/10.1007/978-3-658-52619-1_3

Übersetzungsanwendung etwa mittels einer API-Schnittstelle[5] in ein behördliches System implementiert würde,[6] fallen entsprechende Lizenzgebühren an. Zudem fallen Kosten für die Pflege der Anwendung sowie der Qualitätssicherung, etwa durch Stichproben der Arbeitsergebnisse an. Diese stellen jedoch eine wesentlich geringere Kostenbelastung dar als Translationen, welche nach dem JVEG (Grundhonorar von EUR 1,80 pro 55 Zeichen in der Zielsprache, § 11 Abs. 1 Satz 1 JVEG) vergütet werden. Zusätzlich dürften die Länder und der Bund eine gute Verhandlungsposition für bessere Rahmenkonditionen haben.

Es bleibt zu berücksichtigen, dass die notwendigen Unterlagen zunächst in ein Übersetzungsprogramm eingepflegt werden müssen. Dies kann insbesondere bei physischen Dokumenten zunächst zu einem organisatorischen Mehraufwand bei den Behörden sorgen,[7] jedoch sollte sich dieser Aufwand mit der flächendeckenden Einführung der E-Akte erheblich reduzieren lassen. Im Rahmen der E-Akte sollten die entsprechenden Dokumente in einer maschinenlesbaren Form vorliegen. Aufgrund des gesenkten Kostendruckes können dann auch in einem größeren Umfang Unterlagen bereitgestellt werden. Anfänglich sind regelmäßige Nachkontrollen und Qualitätskontrollen notwendig. In einem Verfahren vor dem *Bundespatentgericht* wurde eine Kostenpauschale in Höhe von 0,05 Euro pro Wort zugrunde gelegt und als erstattungsfähig anerkannt, wobei zusätzlich bereits die *„elektronische Umformatierung und OCR-Texterkennung sowie eine nachträgliche inhaltliche Kontrolle der maschinell erstellten Übersetzungsprodukte*" enthalten war.[8]

Dieser Mehraufwand kommt den Beschuldigten zugute, welche sich aufgrund der dann umfassend in einer verständlichen Sprache vorliegenden Dokumente wesentlich effektiver verteidigen könnten, wodurch zudem auch für mehr Waffengleichheit und somit einen faireren Prozess gesorgt würde. Ebenso profitieren die Justizbehörden davon, dass sie Ermittlungen schneller und effektiver durchführen können und auf einer breiteren Faktenlage basierende Entscheidungen treffen könnten.

Im Folgenden soll zum einen untersucht werden, ob maschinelle Translationen bereits unter den derzeitigen konkreten Rechtsgrundlagen im Rahmen von Verfahrens- und Beweistranslationen – anstelle von Menschen – eingesetzt werden können. Zum anderen stellt sich die Frage, welche rechtlichen Änderungen notwendig wären, um einen rechtssicheren

[5] Hierbei handelt es sich um die Möglichkeit, dass verschiedene Programme miteinander kommunizieren können und Daten austauschen können. So könnte etwa eine Anwendung für maschinelle Translationen in Programme, welche von Behörden bereits verwendet werden, eingebunden werden.

[6] Etwa in solche, wie unter Abschnitt B beschrieben.

[7] Vgl. etwa die Auslagen, welche gemäß KV JVKostG Nr. 2000 Abs. 2 für die Umwandlung von Papierdokumenten entstehen.

[8] BPatG, Beschluss vom 06.04.2023, Az.: 6 Ni 57/19 (EP) = GRUR-RS 2023, 11585 Rn. 9, 19.

Einsatz zu gewährleisten. Dies gilt auch vor dem Hintergrund, dass die Translationen nicht für interne Zwecke verwendet werden, sondern darüber hinaus auch zu Kommunikations- oder Beweiszwecken dienen.

Da im Rahmen der Verfahrenskommunikation das Gesetz zwischen Übersetzungen und Dolmetschleistungen differenziert, erfolgt eine getrennte Untersuchung dieser beiden Modalitäten. Diese Untersuchung wird am Beispiel der beschuldigten Person vorgenommen. Bei der Beweistranslation erfolgt hingegen eine Untersuchung getrennt nach Akteuren, wie bereits im ersten Teil. Vorab werden die allgemeinen Begriffe und grundlegenden technischen Funktionsweisen der maschinellen Translation dargestellt sowie die rechtlichen Grundanforderungen für die Verwendung von Künstlicher Intelligenz in der Justiz aufgezeigt.

A. Grundlagen zur KI-gestützten Translation

I. Technische Begriffsbestimmungen

Wenn eine KI-Anwendung Inhalte von einer Sprache in eine andere überträgt, sind hierfür technisch gesehen drei Schritte erforderlich. Dies gilt unabhängig davon, ob eine Übersetzungs- oder Dolmetschleistung erfolgen soll. Zunächst muss die Information inhaltlich von der Anwendung erfasst werden („*Input*"), anschließend wird diese Information verarbeitet und in die Zielsprache übertragen („*Translationsprozess*" bzw. die maschinelle Translation i. e. S.). Im dritten Schritt erfolgt die Ausgabe, etwa als Textdokument oder als Tonsignal beim Echtzeitdolmetschen („*Output*").[1] Die einzelnen Schritte basieren dabei auf Anwendungen, welche mittels Künstlicher Intelligenz arbeiten.

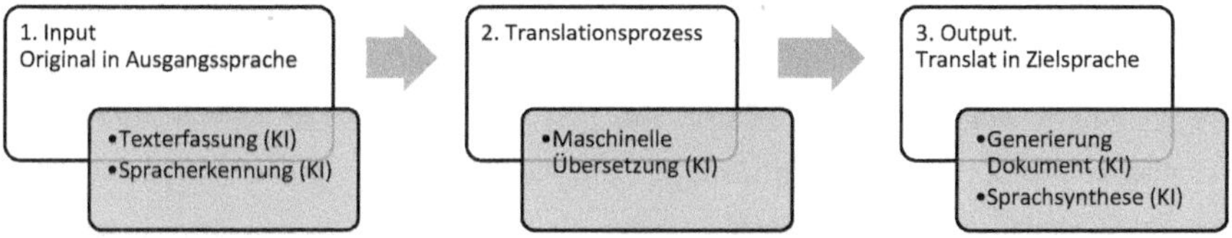

Abbildung 1: Prozesse im Rahmen einer maschinellen Übersetzung

1. Künstliche Intelligenz

a. Was ist Künstliche Intelligenz?

aa. Definition

Für den Begriff „Künstliche Intelligenz" besteht keine einheitlich anerkannte Definition.[2] Es handelt sich hierbei um Softwarelösungen, welche eigenständig komplexe Sachverhalte auswerten und lösen können. Weiterhin können sich KI-Programme eigenständig fortentwickeln, indem sie sich durch ein Trainingsverfahren selbstständig verbessern und so mit der Zeit immer bessere Ergebnisse erzielen. Hierin besteht auch der entscheidende Unterschied zu konventionellen Programmen, welche nach statischen „Wenn-Dann"-Beziehungen arbeiten.[3] Der *Branchenverband Bitkom* und das *Deutsche Forschungszentrum für Künstliche Intelligenz* („DFKI") definieren Künstliche Intelligenz kurz gesagt als:

---

[1] Vgl. *Büttner*, Dolmetschvorbereitung digital, 2021, S. 39.

[2] *DFKI/Bitkom*, Künstliche Intelligenz, 2017, S. 28, abrufbar unter: https://www.dfki.de/fileadmin/user_upload/import/9744_171012-KI-Gipfelpapier-online.pdf (zuletzt abgerufen am: 30.05.2026); vgl. auch *Graichen*, Automatisierung der Justiz, 2022, S. 69 ff.

[3] *DFKI/Bitkom*, Künstliche Intelligenz, 2017, S. 29.

„die Eigenschaft eines IT-Systems, »menschenähnliche«, intelligente Verhaltensweisen zu zeigen“[4]

Die KI-Verordnung[5] stellt auf KI-Systeme ab und definiert diese unter Art. 3 Nr. 1 wie folgt:

"[Ein] *‚KI-System‘* [ist] *ein maschinengestütztes System, das für einen in unterschiedlichem Grade autonomen Betrieb ausgelegt ist und das nach seiner Betriebsaufnahme anpassungsfähig sein kann und das aus den erhaltenen Eingaben für explizite oder implizite Ziele ableitet, wie Ausgaben wie etwa Vorhersagen, Inhalte, Empfehlungen oder Entscheidungen erstellt werden, die physische oder virtuelle Umgebungen beeinflussen können.“*

bb. Anwendungsbereiche

Die Anwendungsbereiche von KI-Anwendungen lassen sich in der Regel einer oder mehreren von vier Kernfähigkeiten zuordnen:[6] der Mustererkennung (d. h. die Erkennung von Regelmäßigkeiten in Sprache oder Bildern), dem maschinellen Lernen (d. h. der Konzept- oder Hypothesenbildung), den Expertensystemen (d. h. die Bewertung von Sachverhalten) sowie dem maschinellen Planen und Handeln (wie dies etwa bei Robotern oder autonomen Fahrzeugen der Fall ist). [7] Die Anwendungen, welche für eine maschinelle Translation erforderlich sind, lassen sich dabei primär der Mustererkennung und dem maschinellen Lernen zuordnen.

Künstliche Intelligenz wird je nach Leistungsfähigkeit in starke und schwache KI unterteilt.[8] Eine starke KI hat die Fähigkeit, *umfassend* komplexe menschliche Fähigkeiten nachzubilden und zu optimieren oder zu übertreffen; dabei handelt es sich *noch* um reine Zukunftsvisionen.[9] Derzeit existieren in der Praxis nur Programme, welche sich der schwachen KI zuordnen lassen. Diese können zwar komplexe Aufgaben bereits auf menschlichem Niveau lösen, aber nur beschränkt auf spezielle Einzelanwendungsfelder.[10] KI-Anwendungen zur Text- und

---

[4] *DFKI/Bitkom*, Künstliche Intelligenz, 2017, S. 28 f.; vgl. auch *McCarthy*, What is artificial intelligence?, 2007, S. 2.

[5] Verordnung (EU) 2024/1689 des Europäischen Parlaments und des Rates vom 13. Juni 2024 zur Festlegung harmonisierter Vorschriften für künstliche Intelligenz und zur Änderung der Verordnungen (EG) Nr. 300/2008, (EU) Nr. 167/2013, (EU) Nr. 168/2013, (EU) 2018/858, (EU) 2018/1139 und (EU) 2019/2144 sowie der Richtlinien 2014/90/EU, (EU) 2016/797 und (EU) 2020/1828 (Verordnung über künstliche Intelligenz).

[6] DFKI/Bitkom, Künstliche Intelligenz, 2017, S. 29, 32.

[7] *Stiemerling* in: Kaulartz/Braegelmann, Rechtshandbuch AI und ML, 2020, Kap. 2.1 Rn. 6.

[8] *DFKI/Bitkom*, Künstliche Intelligenz, 2017, S. 31.

[9] *DFKI/Bitkom*, Künstliche Intelligenz, 2017, S. 28.

[10] *Kreutzer/Sirrenberg*, Künstliche Intelligenz verstehen, 2019, S. 20; *Bundesregierung*, Strategie Künstliche Intelligenz, Stand: November 2018, S. 33; abrufbar unter: https://www.bundesregierung.de/resource/blob/997532/1550276/3f7d3c41c6e05695741273e78b8039f2/2018-11-15-ki-strategie-data.pdf (zuletzt abgerufen am: 30.05.2026).

Spracherkennung sowie für Übersetzungen sind hierbei ebenfalls nur auf bestimmte definierte Anwendungsbereiche anwendbar und stellen daher schwache KI-Anwendungen dar.[11]

b. Wie funktioniert eine Künstliche Intelligenz und wie wird diese trainiert?

aa. Grundlegende Funktionsweise

Ein klassisches Computerprogramm funktioniert nach dem Prinzip ‚wenn (x) dann (y)'.[12] Es werden Daten eingegeben und mittels eines bestimmten statischen Programmcodes wird ein Ergebnis berechnet. Die Informationen, welche eine Künstliche Intelligenz verarbeitet, werden jedoch nicht statisch, sondern durch mehrere Prozesse und Ebenen parallel verarbeitet, so dass es sehr viele parallele „Wenn-Dann"-Strukturen gibt. Anstelle des einfachen Programmcodes, wie bei „normalen" Programmen, werden bei einer KI-Anwendung die Eingangsdaten durch einen selbstlernenden Algorithmus verarbeitet, wodurch das Programm eine Hypothese aufstellt und aufgrund dieser Hypothese auch den Algorithmus anpassen und verbessern kann. Durch Trainingsmaßnahmen können selbständig neue „Wenn-Dann"-Strukturen gebildet werden.

Diese Strukturen werden auch als neuronales Netz beschrieben. Ein neuronales Netz ist dabei folgendermaßen aufgebaut: Zunächst besteht ein sog. *Input-Layer*, wo die Rohdaten, also Informationen aus der Umwelt, Eingang in die Verarbeitung finden. Dies ist vergleichbar mit den Augen oder Ohren des Menschen. Der *Input-Layer* folgen mehrere sog. *Hidden-Layer*, in welchen die Informationen verarbeitet werden und jede Schicht unterschiedlich miteinander verbunden ist, sodass es verschiedenste Knotenpunkte gibt (ähnlich wie Synapsen im menschlichen Gehirn).[13] Jeder Knotenpunkt hat hierbei einen eigenen „Wissensbereich". Am Ende des Prozesses wird das Prozessergebnis in der sog. *Output-Layer* ausgegeben.[14]

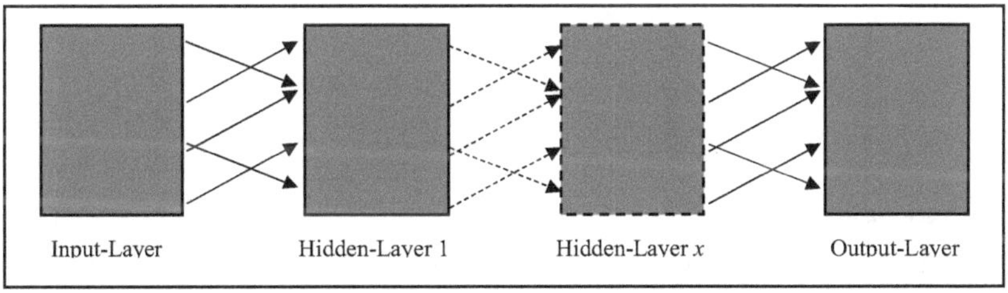

Abbildung 2: Schematische Darstellung eines neuronalen Netzes

---

[11] So hier auch als ausdrückliche Beispiele genannt: *Technische Hochschule Würzburg-Schweinfurt*, Schwache vs. Starke KI, Stand: unbekannt, abrufbar unter: https://ki.thws.de/thematik/starke-vs-schwache-ki-eine-definition/ (zuletzt abgerufen am 31.12.2024).

[12] Zum Ganzen: *Schürholz/Kirste* in: Wittpahl, Künstliche Intelligenz, 2019, S. 21 ff.

[13] Vgl. *Graichen*, Automatisierung der Justiz, 2022, S. 82 ff.

[14] *Kreutzer/Sirrenberg*, Künstliche Intelligenz verstehen, 2019, S. 4 f.

bb. Training

Wie bereits angerissen, ist das Besondere an Künstlicher Intelligenz, dass diese durch sog. Trainingsdaten dazu befähigt wird, auch bei unbekannten Input-Daten selbstständige „Entscheidungen“ zu treffen. Durch das Training werden sog. neuronale Netze gebildet, was bildlich gesprochen mit der Bildung des menschlichen Nervensystems verglichen werden kann.

(1) Trainingsdaten

Damit die einzelnen Verbindungen und Ebenen innerhalb des Programmes entstehen können, muss die KI-Anwendung trainiert werden. Durch dieses Training werden Strukturen angelernt und die Gewichtung einzelner Verbindungen festgelegt. Ziel eines Trainings kann es etwa sein, dass eine Künstliche Intelligenz am Ende ein bestimmtes Objekt auf einem Bild erkennen kann. Abgeschlossen ist das Training, wenn die KI-Anwendung aus unbekannten Daten ein bestimmtes Ergebnis mit hinreichender Wahrscheinlichkeit ermitteln kann.[15] Damit eine KI-Anwendung lernen kann, sind viele Rückkopplungen innerhalb des Algorithmus notwendig. Hierzu bedarf es großer Datenmengen, welche zudem qualitativ hochwertig sein sollten.

Diese Datenmengen können verschiedene Zwecke haben. Im Wesentlichen existieren Trainings-, Validierungs- und Testdaten, welche bei der Entwicklung eine Rolle spielen. In der KI-Verordnung sind Trainingsdaten unter Art. 3 Nr. 29 definiert als solche „*Daten, die zum Trainieren eines KI-Systems verwendet werden, wobei dessen lernbare Parameter angepasst werden*“. Daneben fließen in die Entwicklung einer Künstlichen Intelligenz noch Validierungsdaten (Nr. 30: „*Daten, die zur Evaluation des trainierten KI-Systems und zur Einstellung seiner nicht erlernbaren Parameter und seines Lernprozesses verwendet werden, um unter anderem eine Unter- oder Überanpassung zu vermeiden*“), wobei diese auch Teil des Trainingsdatensatzes sein können oder es sich um separate Daten handeln kann, sowie Testdaten (Nr. 32: „*Daten, die für eine unabhängige Bewertung des KI-Systems verwendet werden, um die erwartete Leistung dieses Systems vor dessen Inverkehrbringen oder Inbetriebnahme zu bestätigen*“) ein.

(2) Trainingsmethoden

Es gibt verschiedene Methoden eine Künstliche Intelligenz zu trainieren. Das sog. überwachte Lernen (*Supervised Machine Learning*), das unüberwachte Lernen (*Unsupervised Machine Learn*ing) und das verstärkende Lernen (*Reinforcement Machine Learning*). Ferner kann zwischen Offline- und Online-Lernsystemen differenziert werden. Bei Ersterem wird die

[15] *Schürholz/Spitzner* in: Wittpahl, Künstliche Intelligenz, 2019, S. 37.

Software zunächst getrennt vom späteren Anwendungsfeld trainiert, bei der anderen Variante wird die Funktion beständig während der Nutzung angepasst.[16]
Beim *Supervised Machine Learning* erhält das Programm Trainingsdaten und kennt bereits die korrekten Ergebnisse.[17] Ziel ist es hierbei eine generelle Regel in Form eines Algorithmus zu finden, welcher Eingangs- und Ausgangsdaten so miteinander verknüpft, dass bei der späteren Verwendung aus unbekannten Eingangsdaten zutreffende Ergebnisse gebildet werden können. Dies kann entweder mittels einer *Regression* ablaufen, bei der aus mehreren Datenwerten der Parameter einer Funktion ermittelt werden soll, um so etwa für ein bestimmtes Modell Wahrscheinlichkeitsvorhersagen für die Zukunft zu treffen. Zum anderen als *Klassifikation*, bei der mehrere verschiedene Werte in verschiedene Klassen eingeteilt werden, um in der Folge einen Wert einem bestimmten Bereich (Klasse) zuzuordnen. Dies erfolgt beispielsweise bei der Ermittlung der Kreditwürdigkeit.
Beim *Unsupervised Machine Learning* sind die Zuordnungen der Eingangsdaten für das Programm unbekannt.[18] Das Programm muss Strukturen in Daten erkennen und diese dann interpretieren. Hierbei erfolgt ein sog. *Clustering*[19] von ähnlichen Daten. Dieses Lernverfahren wird in der Regel etwa bei Empfehlungssystemen im Onlinehandel oder bei Streaming-Plattformen angewendet.
Beim *Reinforced Machine Learning* lernt das Programm direkt aus Erfahrungen.[20] Es besteht hierbei kein optimaler Lösungsweg, sondern das Programm versucht vielmehr nach einem *Trial-and-Error*-Prozess iterativ zu einem guten Ergebnis zu gelangen. Hierbei werden Ergebnisse jedes Mal aufs Neue entweder verworfen oder weiterverfolgt. Bei einem richtigen Ergebnis erhält das Programm ein positives Feedback. Dieses Verfahren wird etwa beim Trainieren von KI-Anwendungen im Bereich der Robotik angewendet.

---

[16] *Stiemerling* in: Kaulartz/Braegelmann, Rechtshandbuch AI und ML, 2020, Kap. 2.1 Rn. 14. *Kreutzer/Sirrenberg*, Künstliche Intelligenz verstehen, 2019, S. 6 ff.
[17] Zum Ganzen: *Kreutzer/Sirrenberg*, Künstliche Intelligenz verstehen, 2019, S. 7; *Schürholz/Kirste* in: Wittpahl, Künstliche Intelligenz, 2019, S. 25 f.; *Aunkofer*, Maschinelles Lernen: Klassifikation vs Regression, Data Science Blog, 20.12.2017, abrufbar unter: https://web.archive.org/web/20240719024933/https://data-science-blog.com/blog/2017/12/20/maschinelles-lernen-klassifikation-vs-regression (zuletzt abgerufen am: 30.05.2026).
[18] Zum Ganzen: *Kreutzer/Sirrenberg*, Künstliche Intelligenz verstehen, 2019, S. 7; *Schürholz/Kirste* in: Wittpahl, Künstliche Intelligenz, 2019, S. 26 ff.
[19] Hierbei werden Gruppen ähnlicher Daten ermittelt, ohne dass feststeht, welches Merkmal die Gemeinsamkeiten oder Unterschiede ausmachen. Bei Klassifizierungen steht hingegen bereits zu Beginn fest, in welche Gruppen die Zuordnung erfolgen soll, vgl. hierzu auch: *Fraunhofer-Gesellschaft* (Hrsg.), Maschinelles Lernen, 20.03.2018, S. 27, abrufbar unter: https://www.bigdata-ai.fraunhofer.de/content/dam/bigdata/de/documents/Publikationen/BMBF_Fraunhofer_ML-Ergebnisbericht_Gesamt.pdf (zuletzt abgerufen am: 30.05.2026).
[20] Zum gesamten: *Kreutzer/Sirrenberg*, Künstliche Intelligenz verstehen, 2019, S. 8; *Schürholz/Kirste* in: Wittpahl, Künstliche Intelligenz, 2019, S. 29; *Kober/Bagnell,/Peters*, The International Journal of Robotics Research 32 (2013), 1238.

Eine spezielle Ausgestaltung des maschinellen Lernens stellt das sog. *Deep Learning* dar.[21] Hierbei besteht eine große Bandbreite an Informationen, aus welchen künstliche neuronale Netze mit diversen hintereinander geschalteten Ebenen erzeugt werden sollen. Die Entscheidungen werden auf verschiedensten Ebenen, mit verschiedensten Gewichtungen, getroffen. Durch das *Deep Learning* werden die einzelnen Schichten so justiert, dass am Ende das Programm einen Algorithmus findet, welcher zu einem zufriedenstellenden Ergebnis führt. Ein solches Lernverfahren ist zum Beispiel bei der Handschrifterkennung hilfreich, bei der viele einzelne Bildpunkte analysiert werden und diese Werte sukzessive mit Inhalt und dem Kontext aus anderen Bildpunkten angereichert und zusammengefügt werden.

c. Welche allgemeinen Schwächen bestehen bei einer Künstlichen Intelligenz?

Zu den typischen Schwächen KI-basierter Anwendungen zählt etwa, dass bei mangelhaften Trainingsdaten ungewollt fehlerhafte Ergebnisse produziert werden, welche möglicherweise sogar diskriminierende Wertungen enthalten.[22] So kommen Programme, welche in der US-Justiz verwendet werden und das Strafmaß berechnen sollen, bei Bevölkerungsgruppen, welche den *People of Colou*r angehören, zu einem höheren Strafmaß als bei anderen Bevölkerungsgruppen.[23] Auch bestehen Probleme, wenn zu wenig Daten verfügbar sind, da dann keine qualitative Wahrscheinlichkeitsvorhersage getroffen werden kann.

Ferner kann das soeben beschriebene Training zu einer fehlenden Transparenz führen, dem sog. *black box*-Problem. Die Künstliche Intelligenz kommt selbständig zu einem bestimmten Ergebnis, es ist jedoch nicht mehr nachvollziehbar, wie oder warum sich genau dieses Ergebnis für die KI-Anwendung als richtig erweist.[24]

2. Anwendungen bei maschinellen Translationen i. w. S.

Für eine maschinelle Translation im weiten Sinne sind mehrere Verarbeitungsschritte erforderlich. Zunächst muss eine Inhaltserfassung (a.) erfolgen, anschließend erfolgt die Translation im engen Sinne (b.) und in einem dritten Schritt erfolgt die Inhaltsausgabe (c.).[25] Ein „reines“ Dolmetschen liegt technisch gesehenen nicht vor aufgrund der

---

[21] Zum gesamten: *Kreutzer/Sirrenberg*, Künstliche Intelligenz verstehen, 2019, S. 8; *Schürholz/Kirste* in: Wittpahl, Künstliche Intelligenz, 2019, S. 29 ff.
[22] Hierzu noch Abschnitt II.2.a.bb.
[23] *Kreutzer/Sirrenberg*, Künstliche Intelligenz verstehen, 2019, S. 10.
[24] Hierzu noch Abschnitt II.2.b.aa.
[25] *Härtel*, Lebende Sprachen 2016, 67, 68 f.

„Zwischenverschriftlichung“ für Verarbeitungszwecke und der Übersetzung dieser Verschriftlichung.[26]

a. Input: Wie erfolgt die Inhaltserfassung?

Damit im Strafverfahren Inhalte von einer Sprache in die jeweilige Zielsprache übertragen werden können, müssen diese zunächst von einer Software erfasst werden. Je nach Herkunft der Inhalte können diese entweder als schriftliche oder gesprochene Inhalte vorliegen. Bei schriftlichen Inhalten kann der Text bereits in digitaler Form vorliegen, beispielsweise als Text- oder PDF-Datei, oder auch physisch als Ausdruck oder handschriftliche Notiz. Bei gesprochenen Inhalten können vorhandene Tonaufzeichnungen vorliegen oder ein Inhalt, der während der Vernehmung bzw. Verhandlung oder bei einer Ermittlungsmaßnahme erst aufgezeichnet wird. Unabhängig von der Ausgangsform müssen diese Informationen für das Programm zunächst verständlich gemacht werden, also in ein für einen Computer lesbares Format übertragen werden.

aa. Texterkennung

(1) Funktionsweise der Texterkennung im Überblick

Wenn ein Text nur analog vorliegt, muss dieser mittels Texterkennung in ein digital lesbares Format umgewandelt werden.[27] Bei der sog. *Optical Character Recognition* („OCR“), bzw. den Weiterentwicklungen *Intelligent Character Recogniton* („ICR“, mittels Kontextanalyse und statistischen Verfahren) oder *Intelligent Word Recognition* („IWR“, insb. bei Schreibschrift) liegt zunächst eine Eingangsdatei vor. Diese kann ein gescanntes Dokument oder auch ein Bild sein. Hierbei handelt es sich technisch gesehen um eine Rastergrafik. Zunächst muss diese für eine Texterkennung vorbereitet werden, was verkürzt beschrieben wie folgt geschieht: Die Grafik wird begradigt und Störungen werden aus der Datei entfernt. Anschließend erfolgt eine „Binärisierung“, d.h. eine Umwandlung in ein Schwarz/Weiß Dokument, wobei in der Folge jeder einzelne Bereich der Grafik einen eigenen Wert hat, ähnlich, wie wenn man an einen Monitor nah herangeht und die Pixel erkennen kann. Der Wert beträgt dann entweder 1 oder 0, je nachdem, ob die Stelle Schwarz oder Weiß ist. Ferner erfolgt eine Layouterkennung, damit die Dokumente anschließend im digitalen Format gleich aussehen und erkannt werden kann,

---

[26] *Ende*, Der Dolmetscher von morgen, Hypotheses, 02.02.2021; abrufbar unter: https://lingdrafts.hypotheses.org/1848 (zuletzt abgerufen am: 30.05.2026).

[27] Zum gesamten: *Dilmegani,* State of OCR technology in 2026: Is it dead or a solved problem?, 05.02.2026, abrufbar unter: https://research.aimultiple.com/ocr/ (zuletzt abgerufen am: 30.05.2026); *IBM*, What Is Optical Character Recognition (OCR)?, 18.04.2024, abrufbar unter: https://www.ibm.com/blog/optical-character-recognition/ (zuletzt abgerufen am: 30.05.2026).

wie der Text verläuft. Sobald die Datei vorbereitet ist, werden Muster erkannt, indem ein Programm Ähnlichkeiten zu Buchstaben abgleicht und Wahrscheinlichkeitsprognosen anstellt. Am Ende liegt ein digitaler Text vor. Zudem kann ein automatisierter Abgleich mit Lexika oder Datenbanken erfolgen, um etwaige Fehler zu korrigieren.

(2) Bewertung der Texterkennung für Translationszwecke im Strafverfahren

Bei Translationen im Strafverfahren können zum einen bereits digitale Textdokumente vorliegen, aber auch eingescannte Dateien und Textinhalte auf Fotos. Letzteres wird häufig bei Ermittlungsmaßnahmen der Fall sein. Die Schriftsätze, welche im Rahmen der Verfahrenskommunikation anfallen, liegen häufig als Textdateien vor und sind daher einfach zu erfassen. Dokumente, welche als (potenzielle) Beweismittel dienen oder Bestandteile der Ermittlungsakte sind, liegen zum Teil bloß handgeschrieben vor und müssten durch eine Texterkennung in ein maschinenlesbares Format gebracht werden.

Gerade zu Anfangszeiten der Texterkennung sind häufiger Fehler aufgetreten, etwa dass anstelle eines „B" eine „13" erkannt wurde.[28] Inzwischen sind solche Programme in der Praxis sehr weit verbreitet und erfolgreich erprobt. So wird bei der Texterkennung – selbst bei handschriftlichen Texten – fast ein menschliches Niveau erreicht.[29]

Die Inhaltsaufnahme von geschriebenen Inhalten dürfte, aufgrund der weiten kommerziellen Verbreitung und fortgeschrittenen Erprobung und Anwendung in der Praxis, bei der Verwendung von maschinellen Translationen eine geringe Hürde darstellen.

bb. Spracherkennung

(1) Funktionsweise der Spracherkennung im Überblick

Wenn das gesprochene Wort übertragen werden soll, müssen die analogen Schallwellen in ein maschinenlesbares Format übertragen werden.[30] Dies erfolgt mittels einer Spracherkennung. Dabei werden zunächst die Schallwellen erkannt und in ein digitales Signal gewandelt, wobei auch Umgebungs- und Störgeräusche herausgefiltert werden. Diese Signale werden anschließend ausgewertet, wobei mittels Sprachmodellen die Wahrscheinlichkeit für bestimmte Wortkombinationen berechnet wird. Hierbei muss zum einen der Inhalt sowie Schlüsselwörter erkannt werden, aber auch der jeweilige Sprecher und dessen Sprache zugeordnet werden.[31]

---

[28] *Peters* in: Kaulartz/Braegelmann, Rechtshandbuch AI und ML, 2020, Kap. 12 Rn. 73.
[29] *Cornelius*, Künstliche Intelligenz, 2019, S. 17.
[30] Zum Ganzen: *Härtel*, Lebende Sprachen 2016, 67, 74 ff. m. w. N.
[31] *Härtel*, Lebende Sprachen 2016, 67, 70 f.; *Euler*, Grundkurs Spracherkennung, 2006, S. 15 f.

(2) Bewertung der Spracherkennung für Translationszwecke im Strafverfahren

(a) Schwächen bei der Spracherkennung

Schwächen liegen bei der Spracherkennung vor allem bei einer sog. diskreten Sprache.[32] Eine solche liegt vor, wenn deutliche Pausen zwischen den einzelnen Wörtern oder Silben gemacht werden. Zudem entstehen Herausforderungen bei einem kontinuierlichen, pausenlosen Sprechen, wo einzelne Wörter ineinander übergehen, bei homophonen Wörtern wie „Meer“ und „mehr“ sowie bei Dialekten. Auch komplizierte Satzstrukturen, Selbstkorrekturen und Störgeräusche in der Umgebung können für Schwierigkeiten sorgen. Genauso bestehen Probleme bei der Erkennung von Eigennamen und Fremdwörtern, welche gelegentlich fehlerhafterweise als ähnlich klingende Wörter interpretiert werden.[33] Weiterhin können nonverbale Elemente nicht erfasst werden.[34] Im Rahmen von Dialogen besteht zudem die Schwierigkeit, die jeweils sprechende Person zu erkennen und die jeweilige Sprache zu identifizieren.[35]

(b) Grundkonstellationen im Strafverfahren

Im Strafverfahren treten grundsätzlich zwei verschiedene Grundkonstellationen bei der Spracherkennung im Rahmen von Translationen auf. Zum einen sind Translationen bei Gesprächen, vornehmlich im Rahmen von Vernehmungs- und Verhandlungssituationen, notwendig. Zum anderen kann im Rahmen der Ermittlungsarbeit eine Translation erforderlich werden, beispielsweise bei der Analyse von Tonaufnahmen, wie Sprachnachrichten, oder der Durchführung von Ermittlungsmaßnahmen, wie Observationen von Wohnräumen oder der Überwachung von Telekommunikation. Beide Grundsituationen können die Spracherkennungsanwendung vor Herausforderungen stellen.

Die Spracherkennung ist bei Vernehmungssituationen einfacher zu bewerkstelligen als bei den heimlich durchgeführten Überwachungsmaßnahmen. Vernehmungen, bei denen Translationen zugunsten der sprachunkundigen Person stattfinden, erfolgen häufig nicht als fließender Dialog, sondern eher nach einem Frage-Antwort-Schema. Das Dolmetschen erfolgt hierbei in der Regel durch Konsekutivdolmetschen.[36] Hierbei entstehen Pausen, welche eine Spracherkennung vereinfachen. Auch sind die Übertragungen vom Deutschen in die Fremdsprache in der Regel einfacher zu bewerkstelligen. So reden zumindest die Gerichtsmitglieder oder

---

[32] Zum Ganzen: *Ende*, Der Dolmetscher von morgen, Hypotheses, 02.02.2021; *Härtel*, Lebende Sprachen 2016, 67, 78 f.
[33] *Härtel*, Lebende Sprachen 2016, 67, 73 f.
[34] *Härtel*, Lebende Sprachen 2016, 67, 83 f.
[35] *Härtel*, Lebende Sprachen 2016, 67, 70; *Euler*, Grundkurs Spracherkennung, 2006, S. 23 ff.
[36] *Kadrić*, Gerichts- und Behördendolmetschen, 2019, S. 98.

Ermittlungsbeamte in der Regel hochdeutsch, ohne Verwendung einer Umgangssprache. Allerdings sind gerade bei Vernehmungssituationen Selbstkorrekturen, welche bei der Aussage erfolgen, sowie die emotionalen Prägungen, wie Wut oder Trauer, nicht seltene zusätzliche Hindernisse,[37] insbesondere unter Beachtung der Stresssituation, welche für beschuldigte Personen oder Zeugen in der Regel besteht.

Anders ist dies bei Ermittlungsmaßnahmen. Während Tondateien, welche als Beweismittel dienen sollen, in der Regel noch gut auswertbar sind, bestehen gerade bei Überwachungsmaßnahmen Herausforderungen. Es kann hier zu plötzlichen Sprachwechseln kommen. Ferner bemühen sich die abgehörten Personen (mangels Kenntnis)[38] nicht darum, in einer besonders klaren Sprache zu sprechen, um eine Translation zu vereinfachen.[39] Auch können technische Schwierigkeiten auftreten, wie eine schlechte Verbindung.[40]

In beiden Grundkonstellationen können zudem viele Störgeräusche, etwa Husten oder Trinkgeräusche, genauso wie unklare Artikulation, die Erkennung der Sprache erschweren. Ferner können Dialekte, Umgangssprache oder gewisse Slangs oder Mehrdeutigkeiten, wie bei der Verwendung von Metaphern oder Ironie,[41] für Schwierigkeiten sorgen. Auch stellen kulturelle Besonderheiten sowie die nonverbale Kommunikation hohe Hürden für eine gute Spracherkennung auf. Zudem sind die technischen Rahmenbedingungen in der Regel nicht perfekt, je nachdem, welches Gerät abgehört wird oder bei Wohnraumüberwachungen, wo das Mikrofon montiert ist.[42]

(c) Bewertung

Trotz dieser skizzierten Herausforderungen ist inzwischen grundsätzlich eine hohe Verlässlichkeit und Genauigkeit gegeben. Spracherkennungssysteme, welche mittels *Deep Learning* trainiert wurden, können Erkennungsraten liefern, welche einem Menschen gleichstehen.[43] Auch in der Praxis gibt es bereits zahlreiche Softwarelösungen, welche in Echtzeit Sprache in Text umwandeln können. Solche Funktionen bestehen etwa beim

[37] *Härtel*, Lebende Sprachen 2016, 67, 78 ff.
[38] *Capus/Havlka*, trans-kom 2021, 175, 189.
[39] *Bucholtz*, Text & Talk, 2009, 503, 510.
[40] *Capus/Havlka*, trans-kom 2021, 175, 189.
[41] *Chakrabarty/Gosh/Poliak/Muresan* in: Findings of the Association for Computational Linguistics: ACL-IJCNLP, 2021, S 3354, 3354 ff.
[42] *Edwards*, The practice of court interpreting, 1995, S. 128.
[43] *Penchikala*, Using Deep Learning Technologies IBM Reaches a New Milestone in Speech Recognition, 31.05.2017, abrufbar unter: https://www.infoq.com/news/2017/03/ibm-speech-recognition/ (zuletzt abgerufen am: 30.05.2026).

Telefonie-Programm „Zoom“, wo automatisch ein Untertitel erzeugt wird,[44] oder im Landtag von Sachsen, wo eine Software verwendet wird, welche selbst bei gesprochenen Inhalten auf Sächsisch eine Echtzeit-Transkription ermöglichen soll.[45].

In der Justiz werden Anwendungen für Spracherkennung bereits verwendet. Gerichtsarbeitsplätze sind so etwa bereits seit 2003 mit Diktierprogrammen, also Software zur Spracherkennung, ausgestattet.[46] Weiterhin hat die Anklagebehörde („*Office of the Prosecutor*“) des Internationalen Strafgerichtshof (IStGH) im Rahmen des Projekts *Harmony* eine Plattform („*OTPLink*“) geschaffen, um Beweismittel mittels KI-Anwendungen auszuwerten und zu verwalten.[47] Diese Plattform verwendet dabei Anwendungen zur automatischen Transkription von Ton und Video-Dateien, welche bei Ermittlungen gesammelt wurden.[48] Ferner bestehen Pilotprojekte, in denen Vernehmungen für Analyse- und Auswertungszwecke automatisiert verschriftlicht werden sollen, wobei auch Störgeräusche, wie Räuspern, automatisch entfernt werden sollen.[49] Zudem besteht ein Gesetzesvorhaben zur Einführung einer KI-basierten automatisierten Transkription von Hauptverhandlungen.[50] Die niedersächsische KI-Strategie sieht etwa Folgendes vor:

> *„In Gerichtsverfahren soll die KI, ohne auf die sprechende Person angelernt werden zu müssen, zuverlässig mehrere Sprachen erkennen und automatisiert Wortprotokolle erzeugen, in denen ein Wechsel der sprechenden Personen sowie Punktion automatisiert erfasst bzw. ergänzt werden. Zudem kann die KI mehrsprachige Untertitel erzeugen, wodurch*

---

[44] *Larkin*, Automatisch erstellte Untertitel von Zoom verfügbar für alle Benutzer mit kostenlosem Konto, 25.09.2021, abrufbar unter: https://blog.zoom.us/de/zoom-auto-generated-captions/ (zuletzt abgerufen am: 30.05.2026).

[45] *Fraunhofer-Gesellschaft*, Live-Subtitling für Deutsch und Englisch, 2019, abrufbar unter: https://www.digitalmedia.fraunhofer.de/de/veranstaltungen/ibc-2019/live_subtitling_2019.html (zuletzt abgerufen am: 30.05.2026).

[46] *Redaktion beck-aktuell*, becklink 89522, 27.03.2003.

[47] *IStGH*, ICC Prosecutor Karim A.A. Khan KC announces launch of advanced evidence submission platform: OTPLink, 24.05.2023, abrufbar unter: https://www.icc-cpi.int/news/icc-prosecutor-karim-aa-khan-kc-announces-launch-advanced-evidence-submission-platform-otplink (zuletzt abgerufen am 29.12.2024).

[48] *Office of the Prosecutor*, Policy on Complementarity and Cooperation, April 2024, Ziff. 66.

[49] *OLG-Arbeitsgruppe*, Einsatz von KI und algorithmischen Systemen in der Justiz, 2022, Anhang S. VIII, abrufbar unter: https://www.justiz.bayern.de/media/images/behoerden-und-gerichte/oberlandesgerichte/nuernberg/einsatz_von_ki_und_algorithmischen_systemen_in_der_justiz.pdf (zuletzt abgerufen am: 30.05.2026).

[50] Vgl. hierzu auch: *BMJ*, Begleitpapier zum DokHVG vom 10.05.2023, S. 3, abrufbar unter: https://www.bmj.de/SharedDocs/Downloads/DE/Gesetzgebung/Dokumente/DokHVG_Hauptverhandlungsdokumentationsgesetz_Begleitpapier.pdf (zuletzt abgerufen am: 30.05.2026); BT-Drucks. 20/9359.

auch der Öffentlichkeit ein barrierefreier Zugang zu Gerichtsverhandlungen ermöglicht wird.“[51]

Aufgrund der Effekte, welche beim zielgerichteten Training einer Künstlichen Intelligenz eintreten, ist besonders für Verhandlungs- und Vernehmungssituationen eine erhebliche Verbesserung zu erwarten.[52]

cc. Strukturierung der Daten

Nachdem die Ausgangsinhalte in digitale Informationen umgewandelt wurden, müssen diese noch für das jeweilige Programm verständlich gemacht werden, damit eine Übertragung in eine andere Sprache erfolgen kann.[53] Gesprochene und geschriebene Sprache stellen unstrukturierte Daten dar. Ein Computerprogramm kann grundsätzlich nur strukturierte Daten verstehen. Durch das sog. *Natural Language Processing* („NLP“), eine Unterkategorie von KI-Programmen, werden Daten entsprechend umgewandelt. Der Prozess der Umwandlung von unstrukturierten Daten in strukturierte wird *Natural Language Understanding* („NLU“) und die Umwandlung von strukturierten in unstrukturierten Daten *Natural Language Generation* („NLG“) genannt. Herausforderungen für KI-Anwendungen sind neben der reinen Sinnerfassung vor allem die Erkennung von Dialekten, Akzenten, seltenen Wörtern sowie Besonderheiten bei der Phonologie und Syntax, aber auch von Ironie, Witzen, Sarkasmus und Wortspielen. Das NLP-Verfahren läuft in mehreren Schritten ab. Zunächst wird der Satz und die einzelnen Wörter segmentiert und dahingehend analysiert, um welche Wortarten es sich handelt und wie der dazugehörige Wortstamm lautet. Auch werden Schlagwörter und die Beziehungen einzelner Wörter zueinander bestimmt, sowie die Pronomen analysiert. Ferner werden feststehende Begriffe festgestellt, wie Marken- oder Stadtnamen.

Die Bundesländer Bayern und Nordrhein-Westfalen arbeiten zusammen an einem „*Generativen Sprachmodell der Justiz (GSJ)*“, um den Einsatz Künstlicher Intelligenz im Justiz-Bereich zu vereinfachen und Anwendungen wie ChatGPT speziell für die Justiz zu ermöglichen.[54] Dieses

---

[51] *Niedersächsisches Ministerium für Wirtschaft, Arbeit, Verkehr und Digitalisierung (Hrsg.),* Die Strategie Niedersachsens zu Künstlichen Intelligenz, Stand: 04.2022, S. 88, abrufbar unter: https://www.stk.niedersachsen.de/download/183511/Anlage_KI-Strategie_Niedersachsen.pdf (zuletzt abgerufen am: 30.05.2026).

[52] So auch *BMJ*, Begleitpapier zum DokHVG vom 10.05.2023, S. 3.

[53] Zum gesamten: *Kuiler* in: Schintler/McNeely, Encyclopedia of Big Data, 2022, S. 680 (Natural Language Processing); *Kreutzer/Sirrenberg*, Künstliche Intelligenz verstehen, 2019, S. 30 f.; vgl. hierzu auch das sog. Vier-Ohren Modell von Schulz von Thun. Eine Nachricht enthält neben dem sachlichen Inhalt auch eine Selbstoffenbarung, Beziehungsinformationen und ein Handlungsappell, welche ein Programm erkennen sollte.

[54] Landesregierung NRW, Einsatz Künstlicher Intelligenz in der Justiz, 26.05.2023, abrufbar unter: https://www.land.nrw/pressemitteilung/einsatz-kuenstlicher-intelligenz-der-justiz-nordrhein-westfalen-und-bayern (zuletzt abgerufen am: 30.05.2026); Bayerisches Staatsministerium der Justiz, Einsatz Künstlicher

Sprachmodell könnte durch eintretende Synergieeffekte auch maschinelle Translationen begünstigen.

b. Der Translationsprozess im engeren Sinne

Die maschinelle Translation ermöglicht es, Inhalte selbständig in eine andere Sprache zu übertragen.

aa. Verschiedene Funktionsweisen der maschinellen Translation i. e. S.

Für die Durchführung einer maschinellen Translation werden verschiedene Ansätze verfolgt. Zunächst wurde ein regelbasierter Ansatz („*Rule Based Machine Translation*", „RBMT") verfolgt, wonach die Übertragungen in andere Sprachen aufgrund linguistischer Regeln und Wörterbüchern erfolgten.[55] Erste gute Erfolge erzielte diese Methode bei Wetterberichten im Jahr 1976, also gerade bei einheitlichen und gleichbleibenden Übertragungen. Allerdings lassen sich hierbei ambivalente Bedeutungen nur schwer auflösen.

Später wurde ein statistisch basierter Ansatz („*Statistical Machine Translation*", „SMT") entwickelt, bei der die Übertragungen aufgrund von Wahrscheinlichkeiten erfolgen, welche auf einer Analyse des Wortes sowie der Satzstellung basieren.[56] So kann zum Beispiel bei mehrdeutigen Wörtern, wie dem Wort „Bank", aufgrund der Satzstellung statistisch vorhergesagt werden, ob eine *Geld*bank oder eine *Park*bank gemeint ist. Das Training erfolgt hierbei nach zwei zweckorientierten Methoden. Zum einen muss die Übertragung die gleiche Bedeutung haben, d. h. der Sinninhalt muss bestehen bleiben (*translation score*). Ferner muss die Übertragung sich flüssig in der Zielsprache anhören (*language score*). Dies erfolgt durch Vergleich von Texten zwischen der Ausgangs- und Zielsprache, so dass die Software herausfindet, wie sich normale Sätze anhören sollten. Nachteilhaft ist, dass die Qualität von Übersetzungsergebnissen einer SMT sehr stark von ihren Trainingsdaten abhängig ist. Oft erfolgt ein Training mittels Daten, welche Institutionen, wie die Vereinten Nationen oder die Einrichtungen der Europäischen Union, in verschiedensten Sprachen bereitstellen. Damit werden gerade bei technischen oder politischen Texten gute Ergebnisse erreicht, in anderen Bereichen jedoch nicht.

Die neuesten Anwendungen basieren auf Grundlage von sog. neuronalen maschinellen Übersetzungen („NMT"). [57] Hier werden übergreifend vollständige Sätze gleichzeitig

---

Intelligenz in der Justiz, 26.05.2023, abrufbar unter: https://www.justiz.bayern.de/presse-und-medien/pressemitteilungen/archiv/2023/101.php (zuletzt abgerufen am 30.05.2026).

[55] Zum gesamten: *Schmalz* in: Wittpahl, Künstliche Intelligenz, 2019, S. 194.

[56] Zum gesamten: *Schmalz* in: Wittpahl, Künstliche Intelligenz, 2019, S. 198.

[57] Zum gesamten: *Schmalz* in: Wittpahl, Künstliche Intelligenz, 2019, S. 198 f.

betrachtet, wobei jedoch anders als beim SMT-Verfahren keine lineare Abhängigkeit, d.h. keine klare Zuweisung zwischen Eingangs- und Ausgangsdaten, besteht. Die Übertragungen erfolgen über mehrere Zwischenstufen und Abstraktionsgrade; jedes Wort wird in seiner Relation zu anderen Wörtern unabhängig von Sprachmodellen betrachtet. Für solche Übertragungen bedarf es keiner Bestimmung der Eingangssprache mehr, eine solche kann regelmäßig selbständig erkannt werden.[58] Vorteil von NMT ist, dass auch sog. *long distance dependencies* beachtet werden können.[59] Das sind Fälle, in denen etwa bei einem sehr langen Satz, das relevante Verb erst am Ende steht. Ferner sind auch sog. *zero shot*-Übersetzungen möglich, also eine Übersetzung von Begriffen zwischen Sprachenpaaren, für die keine direkten Trainingstexte (etwa Deutsch ≠ Afrikaans) vorlagen, aufgrund Trainingsdaten aus anderen Sprachenpaaren (Deutsch-Englisch und Englisch-Afrikaans), bei denen das Programm jedoch sprachübergreifende Verbindungen herstellen kann.

Es existieren zudem hybride Ansätze der oben vorgestellten Methoden, bei denen etwa SMT, mit dem Vorteil der Verwendung fachspezifischer verifizierter Terminologien, mit den Vorteilen von NMT kombiniert werden.[60]

bb. Leistungsfähigkeit und Qualitätsbestimmung von maschinellen Translationen

Nachdem zu Beginn der Entwicklungen von maschinellen Translationsprogrammen zunächst eine starke Resignation eintrat und angezweifelt wurde, ob jemals maschinelle Translationen sinnvoll verwendet werden können,[61] werden inzwischen durch gesteigerte Rechenleistungen und neue technischen Möglichkeiten, wie durch die Verwendung neuronaler Netzwerke bei Künstlicher Intelligenz, große Fortschritte erzielt.[62] In Bereichen, welche speziell trainiert wurden, können paritätische Leistungen zu menschlichen Translationen erreicht werden. Dies ist etwa bereits seit 2018 bei der Adäquanz für Nachrichtenübersetzung bei dem Sprachpaar Mandarin-Englisch der Fall.[63]

---

[58] *Johnson et al.*, Transactions of the Association for Computational Linguistics 2017, 339, 341.

[59] Zum gesamten: *Schmalz* in: Wittpahl, Künstliche Intelligenz, 2019, S. 204; *Johnson u. a.*, Transactions of the Association for Computational Linguistics 2017, 339, 340 f.

[60] *Schmalz* in: Wittpahl, Künstliche Intelligenz, 2019, S. 199.

[61] *Hutchins/Somers*, An introduction to machine translation, 1992, S. 7.

[62] *Rosengrün*, Künstliche Intelligenz zur Einführung, 2021, S. 46; *Cornelius*, Künstliche Intelligenz, 2019, S. 17; *Guckelberger*, Öffentliche Verwaltung im Zeitalter der Digitalisierung, 2019, Rn. 563; *Büttner*, Dolmetschvorbereitung digital, 2021, S. 39.

[63] Nach *Hassan et al.*, Achieving Human Parity on Automatic Chinese to English News Translation, 2018, S. 21 auch für die Sprachflüssigkeit; nach *Läubli/Sennrich/Volk* in: *Proceedings of the 2018 Conference on Empirical Methods in Natural Language Processing*, 2018, 4791, 4793 f. besteht bei der Sprachflüssigkeit noch Handlungsbedarf, wohingegen die Adäquanz der Translationen auf einem gleichen Niveau ist.

Um die Qualität von maschinellen Übersetzungen zu bestimmen, ist die Verwendung des BLEU-Testes (*bilingual evaluation understudy*) am weitesten verbreitet.[64] Hierbei wird verglichen, wie nah die maschinelle Übersetzung an einer Referenzübersetzung liegt. Je höher die Übereinstimmung, desto höher der Wert. Problematisch ist allerdings, dass es in der Praxis nicht die eine richtige Übersetzung gibt und auch Translationen, welche nicht die Referenzübersetzung treffen, linguistisch richtig sein können. Auch menschliche Translatoren könnten aufgrund dieser möglichen Variationen hier häufig keine volle Punktzahl erreichen.[65] Die Leistungsfähigkeit derzeitiger Programme hängt stark von dem individuellen Sprachpaar sowie dem speziellen Verwendungsbereich ab.

Es existieren auch andere Möglichkeiten zur Qualitätsbestimmung, welche die vorgenannten Schwächen ausgleichen sollen. So wurde etwa von dem Deutschen Forschungszentrum für Künstliche Intelligenz (DFKI) eine sog. *Multidimensional Quality Metric* entwickelt, welche sowohl für menschliche als auch für maschinelle Translationen verwendet werden kann.[66] Hierbei werden im Rahmen einer Matrix Flüssigkeit, Genauigkeit, Stil, Terminologie, Richtigkeit und das äußere Format bewertet.[67]

Die Qualitätsbeurteilung von maschinellen Übersetzungen i. e. S. kann in unterschiedlicher Intensität und Qualität erfolgen. So können Beurteilungen willkürlich und lose (Stufe 1), vereinzelt nach einem objektiven Qualitätsmaßstab (Stufe 2), nach einem projektbezogenen Qualitätsmaßstab (Stufe 3), nach festgelegten Kriterien, mit durchgängiger Anwendung und fester Einbindung in die Organisation (Stufe 4) oder zusätzlich mit Feedback und Verbesserungsschleifen zur aktiven Verbesserung der Qualität (Stufe 5) erfolgen.[68] Bei einer Verwendung von maschinellen Translationen in der Justiz könnten sich diese Stufen zur Beurteilung und zur Verbesserung maschineller Translationen übertragen lassen, wobei sich die höchste Stufe anbietet, um eine möglichst große Qualität zu erreichen.

cc. Schwächen maschineller Translationen

Aktuelle Schwächen der maschinellen Translation werden vor allem durch quantitativ oder qualitativ schlechten Trainingsdaten verursacht.[69] In der Regel werden verschiedene allgemein zugängliche Quellen benutzt, um KI-Anwendungen für die maschinelle Translation zu

---

[64] Zum gesamten: *Papineni et al.* in: Proceedings of the 40th Annual Meeting of the Association for Computational Linguistics (ACL), 2002, S. 311 ff.; *Schmalz* in: Wittpahl, Künstliche Intelligenz, 2019, S. 201.

[65] Vgl. *Härtel*, Qualität von Sprachtechnologie messen, Hypotheses, 30.03.2021, abrufbar unter: https://lingdrafts.hypotheses.org/1956 (zuletzt abgerufen am: 30.05.2026).

[66] *Lommel/Burchardt/Uszkoreit*, Proceedings of Translating and the Computer 2013, 1.

[67] *Lommel/Burchardt/Uszkoreit*, Proceedings of Translating and the Computer 2013, 4.

[68] *Sandrini*, Translationspolitik für Regional- oder Minderheitensprachen, 2018, S. 260.

[69] Zum Ganzen: *Kränzler*, Fachübersetzungen mit künstlicher Intelligenz, 2020, S. 3.

trainieren, wobei die Güte der Trainingsdaten nicht zwingend verifiziert wurde. Dies kann zu ungewünschten Diskrepanzen führen, z. B. bei Formen für verschiedene Geschlechter, wenn hauptsächlich Trainingsdaten im generischen Maskulinum vorliegen. Ferner kann eine NMT auch sprachübergreifend arbeiten, wobei sich Fehler aufgrund fehlerhafter Trainingsdaten akkumulieren können. Dies gilt gerade für selten verwendete Sprachen, für die häufig keine ausreichende Menge an unmittelbaren Trainingsdaten in sämtlichen Sprachpaaren verfügbar sind.

Weitere Herausforderungen liegen, wie auch bei der Spracherkennung, bei Dialekten, Akzenten, unvollständigen Sätzen oder Umgangssprache.[70] Der Wert der maschinellen Translation ist stark an die Qualität des eingegebenen Inhalts gebunden. Gerade bei fehlendem kulturellem Kontext können Schwierigkeiten und Fehlinterpretationen auftreten.[71] Auch könnten jedoch bereichsspezifische Systeme verwendet werden, welche mit speziellen Daten eines bestimmten Anwendungsfalls trainiert werden.[72] Für Verständnisübersetzungen sind maschinelle Translationen bereits eine große Hilfestellung.[73] Bei Fachtexten, insbesondere wenn diese öffentlich publiziert werden sollen, bestehen hingegen noch Schwächen.[74]

dd. Bewertung der Umsetzbarkeit maschineller Translationen im Strafverfahren

(1) Translationen wesentlicher schriftlicher Unterlagen zugunsten Sprachunkundiger

Die wesentlichen Dokumente i. S. d. § 187 Abs. 2 GVG werden zumeist bereits in einem elektronischen Format erstellt und sind daher bereits maschinell lesbar.[75] Diese Voraussetzung wird durch die Einführung der E-Akte weiter begünstigt. Ferner haben diese Dokumente gemein, dass sie in der Regel in einer einheitlichen Sprache und Struktur erstellt werden, was die Trainierbarkeit einer Künstlichen Intelligenz erheblich begünstigt.

Die Dokumente, welche an Beschuldigte gerichtet sind, werden in „Behördendeutsch" verfasst. Hierbei werden keine umgangssprachlichen Formulierungen verwendet.[76] Auch sind rhetorische Stilmittel, welche eine Interpretation durch eine maschinelle Translation

[70] *Schmalz* in: Wittpahl, Künstliche Intelligenz, 2019, S. 203 ff.
[71] *Radulescu*, Contemp. Readings L. & Soc. Just. 2015, 60, 62.
[72] *Grabowski*, Der „Alleskönner" Maschinenübersetzung seine Grenzen, Hypotheses, 09.03.2021, abrufbar unter: https://lingdrafts.hypotheses.org/1929 (zuletzt abgerufen am: 30.05.2026); vgl. auch *Kränzler*, Fachübersetzungen mit künstlicher Intelligenz, 2020, S. 5 ff.
[73] *Kränzler*, Fachübersetzungen mit künstlicher Intelligenz, 2020, S. 4.
[74] *Kränzler*, Fachübersetzungen mit künstlicher Intelligenz, 2020, S. 4.
[75] Vgl. *Knierim*, StV-Spezial 2021, 156, 157.
[76] *H. Walther* in: Bessere Verwaltungssprache, 2014, S. 108.

erschweren, nicht vorhanden. Zudem ist die Struktur zwischen den Dokumenten stets sehr ähnlich.

Die in § 187 Abs. 2 Satz 1 GVG als Regelbeispiele genannten Dokumente haben gemein, dass deren Inhalt im Wesentlichen vorgegeben ist und dass sich diese Dokumente in ihren Formulierungen (etwa aufgrund von Vorlagen) weitestgehend ähnlich sind.

Der Inhalt eines *Haftbefehls* im Sinne von § 114 StPO[77] ist stark durch die Vorgaben des § 114 Abs. 2 StPO geprägt. Dies führt dazu, dass Haftbefehle sich vom Aufbau recht ähnlich sind. Auch werden standardisierte Vordrucke verwendet.[78] Ähnliches gilt für *Anklageschriften*. Der Inhalt der Anklageschrift ist ebenfalls im Wesentlichen vorgegeben durch Gesetz (§ 200 StPO) und Richtlinien (Nr. 110 bis Nr. 114 RiStBV). Auch wenn die Form grundsätzlich in das Ermessen der zuständigen Staatsanwaltschaft gestellt ist,[79] wird in der Regel innerhalb Nord- bzw. Süddeutschland der gleiche Aufbau verwendet.[80] Dies ist eine vorteilhafte Ausgangslage für maschinelle Übersetzung. Solche Dokumente lassen sich gut in ein Training einbeziehen und das Ergebnis kann aufgrund der übersichtlichen Zahl an Variationen auch durch ein sog. *Expert-Review*-System evaluiert und korrigiert werden, ähnlich wie dies bereits zur Umsetzung von Patentübersetzungen beim Europäischen Patentamt erfolgt.

Urteile stellen hingegen eine größere Herausforderung dar, da diese abgesehen vom Aufbau (vgl. § 260, § 267 StPO),[81] inhaltlich stark variieren. Hierbei ist jedoch zu beachten, dass bereits eine große Datenmenge an abrufbaren und anonymisierten Urteilen besteht, welche gut für das Training einer Künstlichen Intelligenz verwendet werden könnten. Ebenso wird überlegt, aus den E-Akten-Systemen der Länder spezielle Datenbestände zu schaffen, welche für das Training für KI-Anwendungen verwendet werden können.[82] Im Rahmen des Bund-Länder-Projekts „*Maschinelle Übersetzungsplattform der Justiz*" erfolgt seit 2024 eine Testphase für Translations-Anwendungen.[83] Auch können potenzielle Synergieeffekte entstehen, da an

---

[77] Hier exemplarisch. Es bestehen auch andere freiheitsentziehende Maßnahmen wie die einstweilige Unterbringung, die vorläufige Festnahme, die Hauptverhandlungshaft, die Freiheitsentziehung zur Feststellung der Identität oder etwa die Sicherungshaft, vgl. BT-Drucks. 17/12578, S. 11.

[78] Vgl. Muster Nr. 22 zum Haftbefehl aus den Richtlinien für den Verkehr mit dem Ausland in strafrechtlichen Angelegenheiten, abrufbar unter: https://www.verwaltungsvorschriften-im-internet.de/pdf/BMJ-IIB6-20121205-SF-Muster22.pdf; vgl. ferner Muster zum Europäischen Haftbefehl, abrufbar unter: https://justiz.de/service/formular/dateien/haftbefehl.pdf;jsessionid=5E777E91DDFE6C2A723EC9FE5859EF8D; weitere exemplarische Vordrucke: https://bravors.brandenburg.de/verwaltungsvorschriften/vordruckrstp, (sämtliche Links zuletzt am 30.05.2026 abgerufen).

[79] *Paeffgen* in: SK-StPO, 6. Aufl. 2024, § 200 Rn. 8.

[80] *Eschelbach* in: HdB-StA, 6. Aufl. 2019, 4. Teil Rn. 85; vgl. auch das Muster in *Heghmanns* in: Das Arbeitsgebiet des Staatsanwalts, 6. Aufl. 2022, Rn. 995 ff. sowie im Überblick: *Wolters/Gubitz*, JuS 1999, 792.

[81] *Deutsch* in: Felder/Vogel, Handbuch Sprache im Recht, 2017, S. 105.

[82] *OLG-Arbeitsgruppe*, Einsatz von KI und algorithmischen Systemen in der Justiz, 2022, S. 38.

[83] BJM, Maschinelle Übersetzungsplattform der Justiz, Stand: unbekannt, abrufbar unter: https://www.bmjv.de/DE/themen/digitales/digitalisierung_justiz/digitalisierungsinitiative/laendervorhaben/_doc/artikel_vorhaben_08_maschinell.html (zuletzt abgerufen am: 30.05.2026).

anderer Stelle eine automatische Anonymisierung von Urteilen durch Künstlichen Intelligenz überlegt wird. Für beide Zwecke müssten große Datenmengen zwecks Trainings bereitgestellt werden.[84] Hierfür könnte auf europäische Ressourcen, wie bereits übersetzte Urteile des EuGH in diversen Sprachen, zurückgegriffen werden. So verwenden etwa der Supreme Court von Indien[85] sowie von Bangladesch[86] bereits mit Erfolg[87] maschinelle Übersetzungen, um Urteile in die jeweils diversen (Landes-)Sprachen zu übertragen.

Ferner ist zu beachten, dass die Übersetzungen oftmals nicht wortlautexakt sein müssen, sondern dass es sich hierbei häufig um sog. Informativübersetzungen zugunsten der sprachunkundigen Personen handelt.[88] Bei Informativübersetzungen können maschinelle Übersetzungen bereits heute sehr gute Werte erreichen. So ist etwa bei der Verwendung des Übersetzungsprogramms *DeepL* nach einer Auswertung aus dem Jahr 2019, zwei Jahre nach der Markteinführung, der überwiegende Großteil (84 %) des Inhalts der übersetzten Texte in den Grundzügen erkennbar. Auch wird festgestellt, *„dass DeepL für das Gisting (Verstehen des Inhalts) ein sehr nützliches Hilfsmittel ist*“.[89] Diese Werte dürften inzwischen erheblich höher sein, da die Anwendung in den letzten Jahren erhebliche Verbesserungen erfahren hat.[90]

(2) Translation schriftlicher Eingaben in Richtung Gericht

Für schriftliche Eingaben der sprachunkundigen Beteiligten an das Gericht oder an die Ermittlungspersonen sind geringere Anforderungen zu stellen. So muss sich nur der grobe

---

[84] Vgl. hierzu Abschnitt I.1.b.bb.

[85] *Sinha*, Supreme Court will now translate daily orders and judgments into 9 languages using AI tools, The Print, 26.05.2020, abrufbar unter: https://theprint.in/judiciary/sc-will-now-translate-daily-orders-and-judgments-into-9-languages-using-ai-tools/429597/ (zuletzt abgerufen am: 30.05.2026).

[86] *Hossain*, Supreme Court launches software to translate judgments in Bangla, Dhaka Tribune, 18.02.2021, abrufbar unter: https://www.dhakatribune.com/bangladesh/court/238952/supreme-court-launches-software-to-translate (zuletzt abgerufen am: 31.12.2024).

[87] Die Übersetzungen weisen eine Genauigkeit von 90 % auf, vgl. *Sinha*, Supreme Court will now translate daily orders and judgments into 9 languages using AI tools, The Print, 26.05.2020.

[88] Vgl. hierzu auch folgendes: Es kommt dem Gesetzgeber nicht auf den Wortlaut an, sondern auf das Verständnis. Dies wird auch durch das vorgesehene Stufensystem des § 187 Abs. 2 GVG, welches etwa eine auszugsweise Übersetzung erlaubt, deutlich, vgl. auch BT-Drucks. 17/12578, S. 11 f.; ferner: EGMR, Entscheidung vom 12.01.2010, Az.: 22738/08 (H. K. / Belgien*)*, zit. nach: *Brannan*, “Identifying written translation in criminal proceedings as a separate right: scope and supervision under European law”, 2013, S.10: “*The Court observed that, according to the experts whose opinion had been sought by the applicant himself, he must have understood the gist of the translation (this also being the conclusion of the Belgian courts), even though it was clearly far from accurate*”; LG Nürnberg-Fürth, Beschluss vom 02.09.2024, Az.: 18 Qs 41/24 = juris, Rn. 25, wonach sinngemäße Übersetzungen von TKÜ-Maßnahmen ausreichend sind.

[89] *Gregorio*, Bericht DeepL-Test, 19.11.2019, S. 52, abrufbar unter: https://www.newsd.admin.ch/newsd/message/attachments/59735.pdf (zuletzt abgerufen am: 30.05.2026).

[90] Meta-Analyse zur Qualität von DeepL: *Kamaluddin/Rasyid/Abqoriyyah/Saehu*, Journal of Englisch Education Forum (JEFF), 4, 2, S. 122, 123 ff.: *„Compared to previous systems, DeepL has shown notable improvements in translation accuracy and fluency, making it a top machine translation tool.*“

Inhalt erkennen lassen, um etwa eine wirksame fristwahrende Berücksichtigung zu erwirken.[91] Eine solche Leistung ist möglich.

(3) Translationen von Akten

Die Akten können je nach Deliktsschwere und Ermittlungsumfang sehr umfangreich werden und aufgrund der verschiedensten Inhalte auch eine unterschiedliche inhaltliche Komplexität annehmen. Dies kann eine Herausforderung für eine maschinelle Übersetzung sein.

Derzeit werden bei vielen Gerichten die Akten auch noch in Papierform geführt, sodass es zunächst erforderlich ist, diese für eine maschinelle Übersetzung zu digitalisieren und den Inhalt mittels der oben vorgestellten Methoden maschinell verwertbar zu machen. Die Herausforderungen der inhaltlichen Erfassung werden sich in den nächsten Jahren jedoch reduzieren. Derzeit befindet sich die E-Akte noch in der Einführungsphase, wobei diese grundsätzlich bis Ende 2025 flächendeckend verwendet werden soll.[92] Die Akten können nicht nur einen sehr großen Umfang annehmen, sondern sind, anders als die durch § 187 Abs. 2 Satz 1 GVG empfohlenen Dokumente, variationsreicher in der Struktur und können zudem – gerade bei Beweismitteln – Abkürzungen, Umgangs- oder Geheimsprachen enthalten, was eine Umsetzung durch eine maschinelle Übersetzung wesentlich erschwert. Ein grundlegendes Verständnis des Inhaltes ist jedoch durch maschinelle Übersetzungen vermittelbar, insbesondere, wenn eine KI-Anwendung im Vorhinein durch spezielle E-Akten-Trainingsdaten trainiert wurde. Die Bereitstellung solcher Trainingssätze ist bereits geplant.[93]

(4) Translationen von Beweismitteln

Beweismittel sind ebenfalls inhaltlich und vom Aufbau her sehr variabel. So können Geschäftspapiere vorliegen, welche in einer formellen Sprache gefasst sind, aber auch Chat-Protokolle, welche in einer Umgangssprache sowie unter Zuhilfenahme von Abkürzungen verfasst sind. Gerade im Zusammenhang mit Beweismitteln ist eine allgemeine Einschätzung oft schwierig, da sie stark vom konkreten Einzelfall abhängt. Hier gilt ebenfalls, dass bei der Bereitstellung entsprechender Trainingssätze die Ergebnisse sich erheblich verbessern werden.

---

[91] Vgl. *Schmidt*, Verteidigung von Ausländern, 4. Aufl. 2016, Rn. 323; *E. Schneider,* MDR 1979, 534, 535, mit folgendem Beispiel: Während die „*abgefasste Eingabe – ‚Urteil nix gut; müssen machen kaputt' - als fristwahrend behandelt werden, soll dies für korrekt formulierte* [nicht übersetzte] *Eingaben in einer (dem Richter verständlichen) gängigen europäischen Fremdsprache - etwa Englisch - nicht gelten*".

[92] Vgl. auch *Heeger*, E-Akte: Wo steht die deutsche Justiz?, Tagesspiegel, 14.06.2022, abrufbar unter: https://background.tagesspiegel.de/digitalisierung/e-akte-wo-steht-die-deutsche-justiz (zuletzt abgerufen am: 30.05.2026); *Baum* in: Digitalisierung der gerichtlichen Verfahren und das Prozessrecht, 2018, S. 109 ff.

[93] OLG-Arbeitsgruppe, Einsatz von KI und algorithmischen Systemen in der Justiz, S. 38.

(5) Dolmetschleistungen zwecks Gesprächsermöglichung

Auch wenn nicht unmittelbar eine höchst qualitative Dolmetschleistung gewährleistet wird,[94] muss doch eine effektive Verteidigung möglich sein. Die sprachunkundige Person muss alles im Wesentlichen verstehen und der Verhandlung inhaltlich folgen können.[95] Insbesondere Dialekte, Slangs oder die Verwendung von Umgangssprache können nicht nur für die Spracherkennung, sondern auch für die maschinelle Translation selbst, erhebliche Herausforderungen bereiten. Dies gilt ebenfalls für kulturelle Besonderheiten sowie die nonverbale Kommunikation.[96]

Zudem muss insbesondere bei Translationen zugunsten beschuldigter Personen die effektive Ausübung der Frage- und Erklärungsrechte gemäß §§ 240 Abs. 2 Satz 1, 257 Abs. 1 StPO in der Hauptverhandlung möglich sein, um auf die Überzeugungsbildung des Gerichts einwirken zu können.[97] Dies ist nur gewährleistet, wenn das Gericht bzw. die Ermittlungspersonen die Aussagen entsprechend verstehen können.[98] Dazu ist eine umfangreiche Erprobung in der Praxis erforderlich. Hier könnte sich ein Rückgriff auf die Erkenntnisse bei der geplanten automatischen Transkription von Verhandlungen begünstigend auswirken.

(6) Translationen gesprochener Inhalte während Ermittlungsmaßnahmen

Bei den Translationen von gesprochenen Inhalten bei Ermittlungsmaßnahmen stehen nicht die Beschuldigtenrechte im Mittelpunkt, sondern die Verständlichkeit der fremdsprachigen Äußerungen zugunsten der Ermittlungsbeamten. Während bei der Verfahrenskommunikation auch Dialoge ermöglicht werden sollen und zudem aufgrund von Mimik und Gestik die nonverbale Kommunikation übertragen werden muss, ist dies bei einer Observationsmaßnahme nicht der Fall. Hier erfolgt die Translation primär nur aufgrund auditiver Inhalte.[99] Die Ermittlungspersonen nehmen nicht an der abgehörten Konversation teil; vielmehr wissen die Gesprächspartner häufig nichts von den „stillen Zuhörern“. Zudem ist gerade bei der

---

[94] Vgl. BGH, Urteil vom 25.01.1965, Az.: 1 StR 491/65 = BeckRS 1965, 117: *„Wenn der Angeklagte der deutschen Sprache nicht mächtig ist und daher der Verhandlung allein nicht folgen kann, hat er nur Anspruch darauf, daß der Dolmetscher den wesentlichen Inhalt der wichtigsten Verhandlungsteile in eine für ihn verständliche Sprache überträgt.“* (Hervorhebungen wurden nachträglich ergänzt); *Oğlakcıoğlu* in: MünchKomm-StPO, 2. Aufl. 2025, GVG § 185 Rn. 45; vgl. auch zum FG: FG Düsseldorf, Urteil vom 17.11.2010, Az.: 4 K 1775/10 Erb = BeckRS 2011, 94223; *Gräber*, Finanzgerichtsordnung mit Nebengesetzen, 9. Aufl. 2019, Vor § 76 Rn. 22: *„Es muss am Ende nur eine Verständigung […] möglich sein.“*

[95] Vgl. OLG Nürnberg, Beschluss vom 03.03.2014, Az.: 2 Ws 63/14 = NStZ-RR 2014, 183; OLG München, Beschluss vom 18.11.2013, Az.: 4 StRR 120/13 = StV 2014, 532, 533; *Allgayer* in: BeckOK-GVG, Stand: 15.08.2025, § 185 Rn. 4; *Frister* in: SK-StPO, 6. Aufl. 2023, GVG § 185 Rn. 3; *Mayer* in: Kissel/Mayer, GVG, 10. Aufl. 2021, § 185 Rn. 10; *Oğlakcıoğlu* in: MünchKomm-StPO, 2. Aufl. 2025, GVG § 185 Rn. 43.

[96] Vgl. hierzu auch Abschnitt C.II.2.a.cc.

[97] *Eisenberg*, Beweisrecht, 10. Aufl. 2017, Rn. 792.

[98] Vgl. *Simon* in: LR-StPO, 27. Aufl. 2022, GVG § 185 Rn. 16.

[99] *Capus/Havlka*, trans-kom 2021, 175, 190.

klassischen Telekommunikationsüberwachung nur ein Ton vorhanden, sodass die nonverbale Kommunikation für die Translatoren gerade nicht sichtbar wird.[100] Die technische Leistungsfähigkeit hängt hier sehr stark vom individuellen Einzelfall ab. Zum einen von der Verständlichkeit der Artikulation der abgehörten Personen sowie von den technischen Rahmenbedingungen wie der Qualität der Tonübermittlung, zum anderen aber auch zu welchem Zweck die Translation angefertigt wird. Soll die Relevanz nur eingeschätzt werden oder sollen die Translationen als entscheidende Beweismittel in die Hauptverhandlung eingebracht werden.

(7) Bewertung

Die Leistung und Qualität der jeweils erforderlichen Translationen hängen im Strafverfahren sehr stark vom Einzelfall ab. So gibt es Dokumente, welche sich im Einzelfall kaum unterscheiden und deshalb sehr gut bereichsspezifisch trainierbar sind. Auf der anderen Seite können einzelne Dokumente auch für große Schwierigkeiten sorgen, insbesondere wenn die Inhalte Umgangssprache enthalten oder keine klare Struktur aufweisen. Genauso zeigt sich für die Translationen gesprochener Inhalte kein einheitliches Bild, auch wenn diese im Vergleich zu geschriebenen Inhalten technisch gesehen wesentlich anspruchsvoller sind.

ee. Überblick über derzeitige Anwendungen

Es sind derzeit zahlreiche kommerzielle Softwarelösungen am Markt erhältlich, welche zufriedenstellende Ergebnisse produzieren könnten. So kann etwa eine Anwendung von *Microsoft* in Echtzeit Dolmetschleistungen bewerkstelligen und unterstützt über 100 Sprachen und Dialekte bei laufenden Erweiterungen.[101] Dieselbe Feststellung gilt auch für den Übersetzer von *Google*.[102] Bei reinen Übersetzungsprogrammen ist die Anwendung *DeepL* in der Lage, ganze Word- oder PDF-Dokumente in Sekundenschnelle zu übertragen. Die Anwendung ist in der Lage die Quellsprache selbst zu erkennen und optimiert sich laufend weiter.[103]

---

[100] *Capus/Havlka*, trans-kom 2021, 175, 190.

[101] *Humpa/Westenthanner*, Handy als Live-Dolmetscher, chip.de, 12.10.2021, abrufbar unter: https://www.chip.de/news/Uebersetzer-von-Microsoft-Simultandolmetscher-fuer-Android-und-iOS_105442911.html (zuletzt abgerufen am: 30.05.2026).

[102] Vgl. die Eigenangaben unter: https://translate.google.com/intl/de/about/languages/ (zuletzt abgerufen am: 30.05.2026).

[103] *Finsterbusch*, Besser als Google, FAZ.net, 01.09.2017, abrufbar unter: https://www.faz.net/aktuell/wirtschaft/unternehmen/start-up-deepl-die-zukunft-der-uebersetzung-von-sprachen-15174164.html (zuletzt abgerufen am: 30.05.2026); *Merkert*, Maschinelle Übersetzer, heise.de, 29.08.2017, abrufbar unter: https://www.heise.de/newsticker/meldung/Maschinelle-Uebersetzer-DeepL-macht-Google-Translate-Konkurrenz-3813882.html (zuletzt abgerufen am: 30.05.2026); vgl. auch unter https://www.deepl.com/de/features/document-translation/pdf.

Neben den Softwarelösungen existieren auch Hardware-Lösungen. Hierbei handelt es sich um Geräte, welche Translationen unmittelbar vornehmen können. Diese sind zum Teil auch mit Kameras für eine Texterkennung und Mikrofonen, etwa zum Dolmetschen von Telefonaten oder Gesprächen ausgestattet.[104]

Staatliche und zwischenstaatliche Stellen verwenden bereits maschinelle Translationen oder beabsichtigen diese zu verwenden. Hierbei kommen häufig spezialisierte Programme für bestimmte Bereiche zum Einsatz. Die Europäische Kommission stellt so etwa ebenfalls eine Anwendung („*eTranslation*") frei zur Verfügung, welche hohe Sicherheits- und Datenschutzstandards einhält und Übersetzungen in sämtliche EU-Amtssprachen sowie weiterer Sprachen ermöglicht.[105]Auf dieser Basis werden die Webseiten der EU-Institutionen zum Teil übersetzt. Weiterhin plant die Europäische Union, Pressemitteilungen vollkommen automatisiert in sämtliche Amtssprachen zu transferieren.[106] Die Europäische Staatsanwaltschaft verwendet bereits maschinelle Übersetzungen über den Dienst „*Custom Machine Translation as a Service*".[107] Hierbei handelt es sich um eine spezielle angepasste Version der eTranslation-Anwendung, welche lokal im Intranet eingebunden wurde.[108] Die Bereitstellung und Verwaltung der Anwendung erfolgt durch das Übersetzungszentrum für die Einrichtungen der Europäischen Union, welches auch regelmäßige Qualitätskontrollen durchführt, insbesondere in linguistische Hinsicht.[109] Der Verwendungsumfang der Anwendung ist nicht öffentlich publiziert.

Beim IStGH werden über die Plattform „OTP-Link" der Anklagebehörde des IStGH fremdsprachige Inhalte, auch aus Video und Ton-Dateien, automatisch transkribiert und anschließend übersetzt.[110] Eine „händische" Übersetzung erfolgt bei Bedarf in späteren

---

[104] *Baumann*, Die besten elektronischen Sprachübersetzer im Test Vergleich, Home & Smart, 20.11.2022, abrufbar unter: https://www.homeandsmart.de/sprachuebersetzer-test-vergleich (zuletzt abgerufen am: 30.05.2026); *Winkelman*, Pocketalk Classic Review, PCMag, 31.01.2020 https://www.pcmag.com/reviews/pocketalk-classic (zuletzt abgerufen am: 30.05.2026).

[105] *Europäische Kommission*, eTranslation, Stand: unbekannt, abrufbar unter: https://commission.europa.eu/resources-partners/etranslation_de (zuletzt abgerufen am: 30.05.2026).

[106] *Sorgi*, EU gives more power to AI translation machines, Politico.eu, 15.06.2023, abrufbar unter: https://www.politico.eu/article/ai-technology-eu-commission-parliament-gives-more-power-to-ai-translation-machines/ (zuletzt abgerufen am: 30.05.2026).

[107] *The Translation Centre for the Bodies of the European Union,* The European Public Prosecutor's Office becomes the Centre's 69th client, 20.11.2020, abrufbar unter: https://cdt.europa.eu/en/news/european-public-prosecutors-office-becomes-centres-69th-client (zuletzt abgerufen am: 30.05.2026).

[108] *The Translation Centre for the Bodies of the European Union*, Consolidated Annual Activity Report Of The Translation Centre 2020, 2021, S. 27.

[109] *The Translation Centre for the Bodies of the European Union*, Consolidated Annual Activity Report Of The Translation Centre 2020, 2021, S. 27.

[110] Vgl. hierzu bereits Abschnitt A.I.2.a.bb.(2); *Office of the Prosecutor*, Policy on Complementarity and Cooperation, April 2024, Ziff. 66.

Verfahrensstadien.[111] Die maschinellen Übersetzungen werden von Sprachexperten regelmäßig untersucht und Verbesserungen in das System eingepflegt.[112] Weiterhin werden maschinelle Übersetzungen in Wirtschaftskanzleien bereits im weiten Umfang verwendet. Auch andere Behörden, wie das Europäische Patentamt, verwenden solche Anwendungen, indem dort etwa automatisierte Übersetzungen der Patente angeboten werden.[113]

c. Output: Wie erfolgt die Ausgabe des Ergebnisses?

Nachdem der Inhalt nun in der Zielsprache vorliegt, muss er wieder ausgegeben werden. Entweder erfolgt dies als Text oder bei einer Sprachübertragung als Ton. Im ersten Fall müssen neue Textdateien mit dem transferierten Inhalt generiert werden, welche im Idealfall das ursprüngliche Layout beibehalten sollten. Beim zweiten Fall ist eine Sprachsynthese notwendig. Als Input für die Sprachsynthese dient das Ergebnis der maschinellen Translation. Die Sprachsynthese läuft in zwei Schritten ab. Zunächst muss der Inhalt mittels NLP für das Programm verständlich gemacht werden. Im Anschluss erfolgt die sog. *Digital Signal Processing*-Phase.[114] Hierbei werden die Daten in Laute umgewandelt. Dies kann unter Zuhilfenahme einer Datenbank mit Sprachbeispielen für die einzelnen Wörter oder Phoneme (die kleinste bedeutungsunterscheidende Einheit des gesprochenen Wortes) geschehen oder mittels eines sog. *Rule-Based Synthesizer* ohne Sprachbeispiele.

Die Qualität der Sprachsynthese kann mittels des *Mean Opinion Score* ermittelt werden. Dieser Bewertungsmaßstab wurde ursprünglich von der Internationalen Fernmeldeunion („ITU") entwickelt, um die Qualität von Sprach – und Bildübertragungen zu messen. Der Score reicht von 1 (nicht verständlich) bis 5 (ohne Anstrengung verständlich).[115] Die Qualität der Sprachsynthese lag etwa für ein von *Google* entwickeltes Programm bereits 2017 bei einem guten Bereich (4,53 von 5); nur bei der Ausgabe von Fremdwörtern oder dem Ausdruck von Emotionen und Stimmungen bestanden damals Schwierigkeiten.[116] Schwierigkeiten bestehen weiterhin bei der Erzeugung eines natürlichen Klangs sowie einer natürlichen Betonung.[117] Hierbei sind jedoch aufgrund der weiten Verbreitung von entsprechenden KI-Systemen große Fortschritte sichtbar.

---

[111] *Office of the Prosecutor*, Policy on Complementarity and Cooperation, April 2024, Ziff. 66.

[112] *Office of the Prosecutor*, Policy on Complementarity and Cooperation, April 2024, Ziff. 67.

[113] *Europäische Kommission*, eTranslation Stand: unbekannt, abrufbar unter: https://commission.europa.eu/resources-partners/etranslation_de (zuletzt abgerufen am: 30.05.2026).

[114] Zum gesamten: *Taylor*, Text-to-Speech Synthesis, 2009, Kap. Z.3.4.1; vgl. auch *Härtel*, Lebende Sprachen, 2016, 67, 93 f. m. w. N.

[115] *ITU*, Methods for subjective determination of transmission quality; Recommendation P.800 (08/96), S. 19; abrufbar unter: https://www.itu.int/rec/T-REC-P.800-199608-I/en (zuletzt abgerufen am: 30.05.2026).

[116] *Shen et al.*, Natural TTS Synthesis by Conditioning WaveNet on Mel Spectrogram Predictions, 2018, S. 3

[117] *Härtel*, Lebende Sprachen 2016, 67, 98 f.

3. Ausblick auf die generellen Entwicklungsperspektiven

Aktuell erfolgen große technologische Fortschritte im Bereich der Künstlichen Intelligenz, insbesondere im Bereich der Sprachverarbeitung.[118] Die kommerzielle Nachfrage nach solchen Anwendungen ist sehr hoch. Entsprechend besteht auch ein sehr hohes Investitionsvolumen, welches in die Forschung und Entwicklung fließt.[119] Durch häufige Verwendung optimieren und verbessern sich die Softwarelösungen laufend. Aufgrund des kontinuierlichen Anwachsens der Datenbasis und des wiederholten Trainings, sind KI-Programme immer besser dazu in der Lage, auch verschiedenste Sprachnuancen und Dialekte zu erkennen sowie generell bessere Ergebnisse zu erzielen.[120] Auch wenn einige der notwendigen Komponenten aktuell möglicherweise noch nicht komplett ausgereift sind, ist in den kommenden Jahren mit weiteren Entwicklungen und Optimierungen zu rechnen. Dies gilt insbesondere, wenn ein spezifisches Training für einen bestimmten Anwendungsbereich erfolgt.

Auf Landesebene befindet sich derzeit etwa beim *Ministerium der Justiz und für Europa* des Landes Baden-Württemberg ein Übersetzungsservice für die Justiz in der Pilotphase.[121] Diese Anwendung soll im Bereich der internationalen Rechtshilfe sowie bei Justizverfahren substituierend zu Menschen eingesetzt werden.[122] Die Translationen sollen bei der Ausgabe die ursprüngliche Formatierung beibehalten und es soll ein Training speziell mit Texten aus dem Justizbereich erfolgen. Auch soll ein sog. *Translation-Memory* für dokumentenübergreifende konsistente Translationen sorgen. Die Lösung soll insbesondere bei Informativübersetzungen zum Einsatz kommen, für welche ein schneller Überblick notwendig, aber auch ausreichend ist. Auch die Fortentwicklung des sog. Generativen Sprachmodells der Justiz[123] dürfte maschinellen Translationen zugutekommen.

Der Einsatz von KI-Anwendungen im Justizbereich bedarf jedoch einer sorgfältige Prüfung, insbesondere hinsichtlich ungewollter Konsequenzen.[124] Welche Anforderungen die Dolmetsch- und Übersetzungsprogramme erfüllen müssen, um einen rechtssicheren Einsatz im Bereich der Strafjustiz zu garantieren, wird in den folgenden Abschnitten untersucht.

---

[118] *OECD*, KI in der Gesellschaft, 2020, S. 21.

[119] *OECD*, KI in der Gesellschaft, 2020, S. 42 ff.

[120] *Schmalz* in: Wittpahl, Künstliche Intelligenz, 2019, S. 201, 206; *Holzki*, Das Ende der Sprachgrenze, Handelsblatt, 29.01.2020, S. 20.

[121] Vgl. *OLG-Arbeitsgruppe*, Einsatz von KI und algorithmischen Systemen in der Justiz, 2022, Anhang, S. VI; *Bornscheuer/Beck*, DiRZ 2023, 388, 389.

[122] Zum Ganzen: *Engelmann/Puntschuh*, KI im Behördeneinsatz - Erfahrungen und Empfehlungen, 2020, S. 32, abrufbar unter: https://www.oeffentliche-it.de/publikationen/ki-im-behoerdeneinsatz-erfahrungen-und-empfehlungen/ (zuletzt abgerufen am: 30.05.2026).

[123] Vgl. hierzu bereits Abschnitt A.I.2.a.cc.

[124] *OECD*, KI in der Gesellschaft, 2020, S. 77.

II. Grundsätzliche rechtliche Anforderungen an die Verwendung von KI-Anwendungen im Strafverfahren sowie die Einordnung und Bewertung maschineller Translationen bezüglich allgemeiner KI-Risiken

1. Rechtsrahmen für den Einsatz von Künstlicher Intelligenz im Strafverfahren und Einordnung maschineller Translationen

Der Rechtsrahmen zur Regulierung von KI-Anwendungen befindet sich derzeit in der Entstehungsphase. Es bestehen sowohl zahlreiche staatliche und zwischenstaatliche Regulierungsvorhaben als auch private Initiativen.[125] Als wesentlicher Meilenstein dürfte die Verabschiedung der europäischen KI-Verordnung gelten.

a. KI-Verordnung der Europäischen Union

Die KI-Verordnung wurde 2024 verabschiedet und soll ab dem 2. August 2026 vollumfänglich Geltung erlangen (Art. 113 Abs. 2 KI-Verordnung). Die KI-Verordnung findet nicht nur für Anbieter von KI-Systemen Anwendung, sondern auch für Betreiber (Art. 2 Abs. 1 lit. b KI-Verordnung). Betreiber ist dabei gemäß Art. 3 Nr. 4 KI-Verordnung eine *„natürliche oder juristische Person, Behörde, Einrichtung oder sonstige Stelle, die ein KI-System in eigener Verantwortung verwendet, es sei denn, das KI-System wird im Rahmen einer persönlichen und nicht beruflichen Tätigkeit verwendet*“. Dies bedeutet, dass auch die Ermittlungsbehörden und Gerichte in ihrer Eigenschaft als Betreiber einer KI-Anwendung dem Anwendungsbereich der Verordnung unterfallen.

aa. Sind Anwendungen für maschinelle Translationen KI-Systeme i. S. d. der KI-Verordnung?

Eine maschinelle Translation stellt, aufgrund der oben beschriebenen technischen Ausgestaltung, ein KI-System dar.[126] Die Anwendungen sind für einen gewissen autonomen Betrieb angelegt und erstellen aus den Eingaben bestimmte generierte Inhalte. Für die Qualifizierung als KI-System spricht auch, dass sowohl Übersetzungsanwendungen als auch Text- und Sprachverarbeitung in Erwägungsgrund Nr. 53 KI-Verordnung exemplarisch als KI-Systeme benannt werden: „*Diese Bedingung umfasst u. a. intelligente Lösungen für die Bearbeitung von Dossiers, wozu verschiedene Funktionen wie Indexierung, Suche, <u>Text- und Sprachverarbeitung</u> oder Verknüpfung von Daten mit anderen Datenquellen gehören, oder <u>KI-Systeme, die für die Übersetzung von Erstdokumenten</u> verwendet werden.*“

---

[125] Vgl. die Auflistung in *OECD*, KI in der Gesellschaft, 2020, S. 148 ff.; *Ebers* in: KI und Robotik, 2020, § 3 Rn. 153 ff.; 160 ff.; 170 ff.; 175 ff.; *Lohse* in: Chibanguza/Kuß/Steege, KI, 2020, § 2.B Rn. 38 ff.
[126] So auch in: *OLG-Arbeitsgruppe,* Einsatz von KI und algorithmischen Systemen in der Justiz, 2022, S. 3.

bb. Einordnung maschineller Translationen im Rahmen der KI-Verordnung

Die KI-Verordnung verfolgt einen risikobasierten Ansatz. KI-Anwendungen werden in verschiedene Kategorien eingestuft.[127] So bestehen KI-Systeme mit einem unannehmbaren Risiko („verbotene Praktiken", Art. 5 KI-Verordnung), Hochrisiko-KI-Systeme, an welche besondere Anforderungen zu stellen sind (Art. 6 ff. KI-Verordnung), sowie KI-Systeme, welche einen allgemeinen Verwendungszweck verfolgen, wobei diese gegebenenfalls mit einem systemischen Risiko behaftet sein können (vgl. Art. 51 Abs. 1 KI-Verordnung).

(1) Eine maschinelle Translation ist keine verbotene Praxis i. S. v Art. 5 KI-Verordnung

Bei maschinellen Translationen handelt es sich um keine verbotene Praxis i. S. v. Art. 5 KI-Verordnung. Insbesondere handelt es sich bei dem Unterfall der Spracherkennung nicht um einen Fall der biometrischen Echtzeit-Fernidentifizierung, welche gemäß Art. 5 Abs. 1 lit. h KI-Verordnung grundsätzlich nicht gestattet ist. Es ist zwar denkbar, dass im Rahmen einer maschinellen Übersetzung bei einer Wohnraum- oder Telekommunikationsüberwachung eine Sprecherzuordnung erfolgt. Hierbei handelt es sich jedoch nicht um ein biometrisches Echtzeit-Fernidentifizierungssystem i. S. d. Art. 5 Abs. 1 lit. h i. V. m. Art. 3 Nr. 42 KI-Verordnung. Es erfolgt kein Abgleich mit anderen biometrischen Daten aus einer Datenbank, sondern lediglich eine lokale situationsgebundene Zuordnung der jeweiligen Stimme zur jeweiligen Rolle und Sprache. Es erfolgt keine Verknüpfung i. S. d. KI-Verordnung mit weiteren biometrischen Daten.

(2) Eine maschinelle Translation ist kein Hochrisiko-KI-System i. S. v. Art. 6 KI-Verordnung

Die hier relevanten Anwendungen stellen ebenfalls keine Hochrisiko-KI-Systeme i. S. v. Art. 6 KI-Verordnung dar. Im Rahmen des Art. 6 werden verschiedene Systeme und Anwendungsfelder aufgeführt, in denen erweiterte Anforderungen für die Verwendung erfüllt werden müssen (vgl. Art. 8 ff. KI-Verordnung). Zwar sind insbesondere im Anhang III, auf welchen Art. 6 Abs. 2 KI-Verordnung Bezug nimmt, mehrere potenzielle Bereiche genannt, welche vorliegend einschlägig sein könnten, hier greift jedoch die in Art. 6 Abs. 3 KI-Verordnung geregelte Rückausnahme.

Im Anhang III der KI-Verordnung sind zum einen biometrische Fernidentifizierungssysteme (Nr. 1 lit. a) aber auch KI-Systeme, die bestimmungsgemäß zur Emotionserkennung eingesetzt

---

[127] Vgl. Erwägungsgrund Nr. 26 KI-Verordnung; *Geber*, ZdiW 2023, 26.

werden (Nr. 1 lit. c) aufgeführt. Bei Anwendungen zur maschinellen Translation kann unter Umständen eine Sprecherkennung oder eine Bewertung von Emotionen erfolgen, um bessere Ergebnisse zu erzielen. Hierbei handelt es sich jedoch nur um Nebenfunktionen und nicht um die bestimmungsgemäße Primärfunktion.[128]

Die in Nr. 6 des Anhangs III aufgeführten Verwendungszwecke im Rahmen der Strafverfolgung sind ebenfalls nicht erfüllt. In diese Kategorie fallen KI-Systeme, welche von Strafverfolgungsbehörden verwendet werden zur Bewertung des Risikos, dass eine natürliche Person Opfer von Straftaten wird (lit. a), als Lügendetektoren (lit. b), zur Bewertung der Verlässlichkeit von Beweismitteln (lit. c) oder zur Bewertung von Risiken und der Profilerstellung (lit. d und e). Die Translationen bereiten Beweismitteln vor, indem fremdsprachige Inhalte für die Strafverfolgungsbehörden "lesbar" gemacht werden. Es erfolgt jedoch gerade keine Bewertung dieser. Dies ist und bleibt originäre Aufgabe der Behörden und Gerichte.

Allerdings unterfallen Anwendungen für maschinelle Translationen grundsätzlich den unter Nr. 8 lit. a umschriebenen KI-Systemen[129]. Demnach sind KI-Systeme, welche Justizbehörden bei der Ermittlung und Auslegung von Sachverhalten unterstützen, grundsätzlich Hochrisiko-KI-Systeme. In lit. a sind entgegen dem Wortlaut „und“ jeweils alternative Voraussetzungen aufgelistet.[130] Da die Ermittlungsgegenstände wie Urkunden oder Beschuldigten-/Zeugenaussagen erst durch die Translationen „verständlich“ werden, ist hier zumindest die Fallgruppe der Unterstützung bei der Ermittlung erfüllt.

(3) Greift die Rückausnahme des Art. 6 Abs. 3 KI-Verordnung?

Der Art. 6 KI-Verordnung sieht allerdings in Abs. 3 UAbs. 1 eine Rückausnahme vor. Diese greift ein, wenn durch das KI-System „*kein erhebliches Risiko der Beeinträchtigung in Bezug auf die Gesundheit, Sicherheit oder Grundrechte natürlicher Personen birgt, indem es unter anderem nicht das Ergebnis der Entscheidungsfindung wesentlich beeinflusst.*“ Ferner sind in UAbs. 2 zusätzliche alternative Bedingungen aufgeführt, welche erfüllt sein müssen. Im Falle maschineller Translationen kommen hierbei insbesondere die Bedingungen aus lit. a (Durchführung eng gefasster Verfahrensaufgaben) und lit. d (vorbereitende Aufgaben für eine Bewertung, die für in Anhang III aufgeführte Anwendungsfälle relevant sind) in Betracht.

In den Erwägungsgründen für diese Rückausnahme werden dabei KI-Systeme für Translationen zu Recht ausdrücklich als Beispiel genannt für diese Bedingungsgruppe („*Diese*

---

[128] Vgl. zur Auslegung des Begriffes „*bestimmungsgemäße Verwendung*“: *Wachter/Leeb*, RDi 2024, 440, 444.
[129] Vgl. *Bronner*, KIR 2024, 55, 58; *Wachter/Leeb*, RDi 2024, 440, 446 Rn. 42.
[130] *Wachter/Leeb*, RDi 2024, 440, 444 Rn. 31.

Bedingung umfasst u. a. […] KI-Systeme, die für die Übersetzung von Erstdokumenten verwendet werden.“, Erwägungsgrund Nr. 53, Satz 13).[131] Hier ist festzustellen, dass durch maschinelle Translationen nur eine einzelne Verfahrensaufgabe (die Translation), sei es auf Ebene der Kommunikation oder der Auswertung, übernommen wird. Es handelt sich dabei nur um eine verfahrensvorbereitende Handlung, wobei das Produkt der Anwendung nur ein einzelnes Puzzlestücke darstellt, welche sich noch bei einer eigenständigen Entscheidungsfindung in das Gesamtbild einfügen muss. Auch besteht durch den Einsatz von KI-Systemen zur maschinellen Translation kein erhebliches Risiko für die Beeinträchtigung von Grundrechten (hierzu im Einzelnen noch unter Abschnitt C.).

Die Rechtsfolge dieser Rückausnahme ist, dass die Anwendungen von den erweiterten Vorgaben für hochriskante KI-Systeme befreit werden.[132]

(4) KI-System mit allgemeinem Verwendungszweck i. S. v. Art. 51 ff. KI-Verordnung

Die Rückausnahme hat zur Folge, dass die allgemeinen Vorgaben für KI-Systeme weiterhin zu beachten sind. Auf dieser Ebene erfolgt eine Unterdifferenzierung zu KI-Modellen mit einem systemischen Risiko. Ein solches Risiko liegt gemäß Art. 51 Abs. 1 KI-Verordnung vor, wenn es „*über Fähigkeiten mit hohem Wirkungsgrad, die mithilfe geeigneter technischer Instrumente und Methoden, einschließlich Indikatoren und Benchmarks, bewertet werden*“, besitzt (lit. a) oder die Kommission oder ein wissenschaftliches Gremium eine solche Einschätzung vornimmt (lit. b). Die Pflichten für allgemeine KI-Systeme und solche mit systemischem Risiko richten sich primär an die Anbieter der KI-Systeme und nicht an die Betreiber, sodass eine genaue Unterdifferenzierung an dieser Stelle unerheblich ist. Auch lösen diese primär nur weitere Dokumentations- und Bewertungspflichten aus, welche eine Verwendung im vorliegenden Anwendungsbereich nicht ausschließen.

Zusätzlich sollte bei KI-Systemen zwecks maschineller Translationen jedoch die Transparenzpflicht gemäß Art. 50 KI-Verordnung berücksichtigt werden. Für Verwender muss deutlich werden, dass Audio- oder Textinhalte synthetisch erstellt wurden, vgl. Art. 50 Abs. 2 KI-Verordnung. Aufgrund des Interpretationsvorgangs im Rahmen der Translationsleistung und der Ausgabe als authentisch wirkendes Dokument oder Tondatei dürfte das Translat als solches einen synthetischen Audio- bzw. Textinhalt darstellen.

---

[131] Vgl. *Bronner*, KIR 2024, 55, 58 f.; *Wachter/Leeb*, RDi 2024, 440, 446 Rn. 42.
[132] *Ebers/Streitbörger*, RDi 2024, 393 Rn. 25 f.

b. KI-Konvention des Europarates

Als weitere Organisation beabsichtigt der Europarat mittels einer Konvention einen internationalen Rechtsrahmen für die Verwendung von KI-Systemen zu schaffen und wesentliche Grundprinzipien festzulegen.[133] Hierzu wurden Verhandlungen im Januar 2022 aufgenommen, welche im Frühjahr 2024 abgeschlossen wurden (CETS Nr. 225).[134] Die Ratifizierung auf nationaler Ebene steht noch aus.[135] Der Europarat hat dabei die folgenden Grundprinzipien erarbeitet, welche speziell bei dem Einsatz von Künstlicher Intelligenz im Justizbereich eingehalten werden sollen:

- Grundsatz der Achtung der Menschenrechte (Art. 4 CETS Nr. 225);
- Grundsatz der Gewährleistung der menschlichen Kontrolle (Art. 7 CETS Nr. 225);
- Grundsatz der Transparenz, Unabhängigkeit und Fairness (Art. 8 f. CETS Nr. 225);
- Grundsatz der Nichtdiskriminierung (Art. 10 CETS Nr. 225); und der
- Grundsatz der Qualität und Sicherheit (Art. 11 ff. CETS Nr. 225).[136]

2. Generelle Anforderungen und Herausforderungen für maschinelle Translationen

Im Anschluss werden die grundlegenden endogenen Risikofaktoren und untersucht und die Anforderungen aufgezeigt, welche eine Anwendung für maschinelle Translationen im Strafverfahren erfüllen sollte. Hierzu gehört insbesondere die Sicherstellung der Einhaltung von Qualitäts- und Sicherheitsstandards. Für qualitativ hochwertige Ergebnisse muss ein ordnungsgemäßes und effektives Training möglich sein. Die Anwendung darf zudem keine diskriminierende Wirkung entfalten. Zusätzlich müssen grundsätzliche Anforderungen an die Betriebssicherheit erfüllt werden. Insbesondere im Justizbereich ist es wichtig, dass die Ergebnisse nachvollziehbar und kontrollierbar sind. Exogene Faktoren, etwa Haftungsfragen, lassen sich durch weitere regulatorische Regelungen lösen und werden daher an dieser Stelle nicht vertieft betrachtet. Dies gilt auch für Fragen des Datenschutzes.[137]

---

[133] Vgl. *Europarat*, CAI(2023)01, Art. 1.

[134] CETS No. 225; *BMJ*, Vertrauenswürdige Künstliche Intelligenz, 14.03.2023, abrufbar unter: https://www.bmj.de/DE/themen/digitales/digitale_wirtschaft_gesellschaft/kuenstliche_intelligenz/kuenstliche_intelligenz_artikel.html (zuletzt abgerufen am: 30.05.2026).

[135] Stand ist einsehbar unter: https://www.coe.int/en/web/conventions/full-list?module=signatures-by-treaty&treatynum=225.

[136] *The European Commission for the Efficiency of Justice*, Ref. DC 172 (2018) [Council of Europe adopts first European Ethical Charter on the use of artificial intelligence in judicial systems], abrufbar unter: https://search.coe.int/directorate_of_communications/Pages/result_details.aspx?ObjectId=09000016808fed10 (zuletzt abgerufen am: 30.05.2026).

[137] Vgl. hierzu vertieft *Cebulla*, Sprachmittlung und Datenschutz, 2015; *Ebers* in: KI und Robotik, 2020, § 3; *Valkanova* in: Kaulartz/Braegelmann, Rechtshandbuch AI und ML, 2020, Kap. 8.1.

a. Einhaltung von Qualitäts- und Sicherheitsstandards

aa. Verfügbarkeit hochwertiger Trainingsdaten

(1) Notwendigkeit hochwertiger Datensätze

Für ein qualitativ hochwertiges Arbeitsergebnis einer Künstlichen Intelligenz sind die Trainings-, Validierungs- und Testdatensätze (hier vereinfacht zusammen als „Datensätze" bezeichnet) fundamental wichtig. Damit eine Künstliche Intelligenz robuste und sichere Modelle entwickeln kann, sind sehr große Datenmengen notwendig. Nur so können später bei unbekannten Eingaben hochwertige und genaue Ergebnisse produziert werden.[138] Diese Datensätze müssen inhaltlich korrekt, aktuell, repräsentativ sowie vollständig sein.[139] Insbesondere können nur durch repräsentative Datensätze, welche das gesamte gesellschaftliche Spektrum abbilden, diskriminierende Effekte reduziert oder gar verhindert werden.[140]

Diese Anforderungen können durch eine entsprechende Aufbereitung und Kontrolle der zugrundeliegenden Datensätze erreicht werden.[141] Weiterhin sind auch bezüglich der Trainingsdaten datenschutzrechtliche Vorgaben zu beachten.[142]

(2) Bewertung im konkreten Fall

Der Vorteil von Anwendungen für maschinelle Übersetzungen i. e. S. sowie der Text- und Spracherkennung bzw. -ausgabe ist, dass diese im Gegensatz zu anderen Programmen, welche etwa Kriminalitätsprognosen erstellen sollen, nicht erst speziell für die Anwendung in der Justiz entwickelt werden müssen. Für diese Programme besteht ein großer Markt mit vielen Entwicklern, welche bereits gut trainierte Grundprodukte anbieten, auf welche zurückgegriffen werden kann. Insbesondere für maschinelle Translationen i. e. S. ist eine große Anzahl an Datensätzen verfügbar, welche etwa von den Vereinten Nationen oder der Europäischen Union frei zur Verfügung gestellt werden und durch professionelle Übersetzende in verschiedenen Sprachen erstellt wurden.[143]

---

[138] *Lenzen*, Künstliche Intelligenz, 2020, S. 51; *Niederée/Nejdl* in: KI und Robotik, 2020, § 2 Rn. 102.
[139] *Niederée/Nejdl* in: KI und Robotik, 2020, § 2 Rn. 84 ff.; *Nink*, Justiz und Algorithmen, 2021, S. 391; *Bundesregierung*, Stellungnahme zum Weißbuch zur KI, 2020, S. 12, abrufbar unter: https://www.ki-strategie-deutschland.de/files/downloads/Stellungnahme_BReg_Weissbuch_KI.pdf (zuletzt abgerufen am: 30.05.2026); Art. 10 Abs. 3 KI-Verordnung.
[140] *Bundesregierung*, Stellungnahme zum Weißbuch zur KI, 2020, S. 13; Weißbuch EU KI, S. 22 f.
[141] *Niederée/Nejdl* in: KI und Robotik, 2020, § 2 Rn. 103.
[142] Weißbuch EU KI, S. 22 f.
[143] Vgl. *Schmalz* in: Wittpahl, Künstliche Intelligenz, 2019, S. 203.

Eine Künstliche Intelligenz kann noch bessere Ergebnisse produzieren, wenn sie für die jeweiligen Anwendungsdomänen spezifisch trainiert wurde, sodass auch ein gezieltes Training einer maschinellen Translation, sowie der Input- und Output-Programme empfehlenswert sein könnte. Die Texterkennung und die Spracherkennung könnten für die Anwendungsfelder in der Justiz spezifisch trainiert werden. Diese Datensätze könnten weiterhin auch für das Training einer maschinellen Translation weiterverwendet werden.

Für das Training einer Texterkennung sind viele Textdokumente erforderlich. Hierbei könnten Besonderheiten, welche sich aus Ermittlungsakten oder Urteilen ergeben, besonders trainiert werden. Zwar ist derzeit eine quantitative Datenauswertung in den deutschen Rechtswissenschaften selten,[144] zudem sind häufig Urteile nur unvollständig oder gar nicht publiziert.[145] Durch die Umstellung auf E-Akten könnten große Datenmengen gewonnen werden, welche für ein Training weiter verwertet werden könnten. Auch Hauptverhandlungsprotokolle oder Urteile sollten für das Training verwertbar gemacht werden.[146] Weiterhin ergeben sich neue Anwendungsfelder, aus denen Synergieeffekte gezogen werden können. So bestehen Bestrebungen, Verhandlungen aufzuzeichnen und automatisch zu transkribieren.[147] Durch die Verwendung dieser Daten können insbesondere „dynamische" Vernehmungssituationen für die Spracherkennung trainiert werden, insbesondere die Sprecherzuordnung.[148] Diese Datensätze können in einem zweiten Schritt auch als Basis für das Translationstraining verwendet werden. Durch die Verwendung solcher Datensätze können qualitativ hochwertige und aktuelle, auf den speziellen Anwendungsfall angepasste Grundlagen gewonnen werden.

bb. Grundsatz der Nichtdiskriminierung

Grundsätzlich stellt eine KI-Anwendung bei einer ordnungsgemäßen Entwicklung sowie Verwendung ein neutrales und objektives Werkzeug dar. Diese arbeiten frei von persönlichen Vorurteilen oder Gefühlen, welche das Ergebnis beeinflussen könnten. Das ausgegebene Ergebnis ist grundsätzlich die Folge von festgeschriebenen Regeln und Handlungsanweisungen.[149]

---

[144] *Coupette/Fleckner*, JZ 2018, 379, 389.
[145] *Coupette/Fleckner*, JZ 2018, 379, 380 ff.
[146] So auch die Empfehlung in: *OLG-Arbeitsgruppe,* Einsatz von KI und algorithmischen Systemen in der Justiz, 2022, S. 38 f.; *Nink*, Justiz und Algorithmen, 2021, S. 391.
[147] *BMJ*, Referentenentwurf, Entwurf eines Gesetzes zur digitalen Dokumentation der strafgerichtlichen Hauptverhandlung vom 22.11.2022; Landtag NRW, Vorlage 17/1463.
[148] Vgl. Landtag NRW, Vorlage 17/1463; *Nink*, Justiz und Algorithmen, 2021, S. 392.
[149] Vgl. *Rollberg*, Algorithmen in der Justiz, 2020, S. 39.

Dennoch besteht bei dem Einsatz von Künstlicher Intelligenz die Gefahr, dass (ungewollte) Diskriminierungen erfolgen.[150] Diese Gefahr besteht auch bei Anwendungen, welche bei einer maschinellen Translation verwendet werden. Sowohl die Europäische Kommission[151] als auch der Europäische Rat[152] zeigen die Sicherstellung einer diskriminierungsfreien Funktionsweise als eine der Kernanforderungen zur Verwendung einer Künstlichen Intelligenz auf. Insbesondere verdeckte Diskriminierungen müssen vermieden werden – gerade beim Einsatz in der Justiz.[153]

(1) Ursachen für Diskriminierung durch Künstliche Intelligenz

Für eine diskriminierungsfreie Künstliche Intelligenz muss der zugrundeliegende Algorithmus frei von ungewünschten Verzerrungen sein. Es dürfen auch nicht durch das Training oder durch die spätere Verwendung solche Verzerrungen erzeugt werden.

Die Grundsätze, nach welchen eine Künstliche Intelligenz arbeitet, werden von Menschen entwickelt und festgelegt. Hierbei wird bestimmt, welche grundsätzlichen Kriterien und Variablen relevant sind und wie diese bei der Ergebnisberechnung zu gewichten sind.[154] Dabei kann es bereits zu unbewussten Beeinflussungen des späteren Ergebnisses kommen, wobei die Korrelationen häufig nur schwer feststellbar sind.[155]

Weiterhin können durch Trainingsdaten oder durch die Verwendung der KI-Anwendungen Verzerrungen entstehen. Eine Künstliche Intelligenz folgt nicht nur dem klassischen „Wenn-Dann-Schema", sondern lernt durch das Training und bei der Verwendung weitere Kriterien kennen, welche das Ergebnis beeinflussen können, indem etwa die einzelnen Gewichtungen selbstständig geändert oder verstärkt werden.[156] Eine Diskriminierungsgefahr besteht insbesondere, wenn bei der Entwicklung Datensätze verwendet werden, welche bereits mit Stereotypen vorbelastet sind oder bestimmte Faktoren oder Bevölkerungsgruppen unter- bzw. überrepräsentiert oder bestimmte Bevölkerungsgruppen insgesamt nicht abgebildet sind.[157]

---

[150] Vgl. *Ebers* in: KI und Robotik, 2020, § 3 Rn. 101.

[151] *Europäische Kommission*, COM(2019) 168 final, S. 4; *HEG-KI*, Ethik-Leitlinien für eine vertrauenswürdigere KI, 2018, S. 15.

[152] *The European Commission for the Efficiency of Justice (CEPEJ) of the Council of Europe*, Ref. DC 172(2018), abrufbar unter: https://go.coe.int/1KRsa (zuletzt abgerufen am: 30.05.2026).

[153] Vgl. *Datenschutzkonferenz*, Hambacher Erklärung zur Künstlichen Intelligenz, 03.04.2019, II.4, S. 3.

[154] *Pohlink/Fischer* in: Künstliche Intelligenz erfolgreich umsetzen, 2021, S. 61; *Rollberg*, Algorithmen in der Justiz, 2020, S. 39.

[155] *Dzida/Groh*, NJW 2018, 1917, 1917; *Graichen*, Automatisierung der Justiz, 2022, S. 342; *Lauscher/Legner*, ZfDR 2022, 367, 372; *Rollberg*, Algorithmen in der Justiz, 2020, S. 39.

[156] *Graichen*, Automatisierung der Justiz, 2022, S. 343; *Rollberg*, Algorithmen in der Justiz, 2020, S 40; *Steege*, MMR, 716, 716.

[157] *Beck et al.:* Künstliche Intelligenz und Diskriminierung, 2019, S. 12; *Lauscher/Legner*, ZfDR 2022, 367, 371; *Paul*, Digitale Welt, 2021, 3, 54; *Pohlink/Fischer* in: Künstliche Intelligenz erfolgreich umsetzen, 2021, S. 61; *Scheer*, Algorithmen und ihr Diskriminierungsrisiko, 2019, S. 12; *Schiedermeier* in: Mensch und KI, 2021, S. 16; *Ebers* in: KI und Robotik, 2020, § 3 Rn. 126.

Eine solche Gefahr kann bestehen, wenn aufgrund der benötigten Datenmenge Datensätze direkt und ohne vorherige Prüfung aus öffentlich zugänglichen Texten des Internets gewonnen[158] oder veraltete Daten aus einer bestimmten Zeitperiode verwendet werden, welche nicht mehr aktuelle Gesellschaftsbilder widerspiegeln.[159]
Ferner kann sich eine diskriminierende Wirkung einer Künstlichen Intelligenz während der Verwendung entwickeln, wenn diese selbstständig durch die Verwendung weiterlernt oder die Künstliche Intelligenz selbstständig neue Trainingsdaten sammelt und diese Daten ebenfalls keiner Qualitätskontrolle unterliegen.[160] Es sind auch Szenarien denkbar, in denen eine KI-Anwendung gezielt durch Verwender oder Dritte dahingehend manipuliert wird, dass sie schließlich diese Eingaben repliziert und unerwünschte Ergebnisse ausgibt.[161]

(2) Bewertung der Diskriminierungsgefahr bei maschinellen Translationen

Nahezu jedes KI-System kann anfällig für Diskriminierungen sein.[162] Die Diskriminierungsgefahr bei maschinellen Translationen ist mit Blick auf die Ziele im Strafverfahren als gering einzustufen. Die Ergebnisse der maschinellen Translation stellen keine Prognose, etwa zum Wahrheitswert einer Aussage oder zur Rückfälligkeitswahrscheinlichkeit, dar, sondern heben „lediglich" die Sprachbarrieren auf. Dabei wird nicht unmittelbar oder mittelbar an Kriterien angeknüpft, welche in Art. 3 Abs. 3 GG beschrieben sind, und Diskriminierungen auslösen können.[163] Diskriminierungswirkungen können jedoch bei sog. seltenen Sprachen entstehen, indem die Anwendung oder die Trainingsdaten hier nicht in der gleichen Qualität zur Verfügung steht oder etwa aufgrund sog. *gender bias*, was zu Fehlübersetzungen führen kann. Diese Risiken müssen bei der Verwendung berücksichtigt werden, gefährden jedoch nicht das Ziel eines fairen und objektiven Strafverfahrens. Im Folgenden wird das Risiko bei der maschinellen Translation i. e. S. einschließlich der Spracherkennung auf der „*Input-Ebene*" untersucht.

---

[158] *Lauscher/Legner*, ZfDR 2022, 367, 371; *Scheer*, Algorithmen und ihr Diskriminierungsrisiko, 2019, S. 12.
[159] *Lauscher/Legner*, ZfDR 2022, 367, 371; so wurde etwa das System COMPAS, welches von US-Gerichten für die Berechnung der Rückfallwahrscheinlichkeit von TäterInnen berechnet, mit historischen Daten trainiert; mit der Folge, dass die Hautfarbe einen erheblichen Einfluss auf das Ergebnis nimmt, vgl. *Angwin et al.*, Machine Bias, ProPublika.org, 23.05.2016, abrufbar unter: https://www.propublica.org/article/machine-bias-risk-assessments-in-criminal-sentencing (zuletzt abgerufen am: 30.05.2026).
[160] *Lauscher/Legner*, ZfDR 2022, 367, 373; *Scheer*, Algorithmen und ihr Diskriminierungsrisiko, 2019, S. 13.
[161] Vgl. *Pohlink/Fischer* in: Künstliche Intelligenz erfolgreich umsetzen, 2021, S. 58.
[162] *Pohling/Fischer* in: Künstliche Intelligenz erfolgreich umsetzen, 2021, S. 58, *Orwat*, Diskriminierungsrisiken durch Verwendung von Algorithmen, 2019, S. 34 ff.
[163] Als Gegenbeispiel wird in den USA zum Teil eine KI-Anwendung verwendet, um die Rückfallwahrscheinlichkeit von Straffälligen vorherzusagen. Da diese mit historischen Daten trainiert wurde, besteht hier eine überhöhte Wahrscheinlichkeit für Minderheiten oder Menschen aus einkommensschwachen Schichten, vgl. *Hao*, AI is sending people to jail—and getting it wrong, MIT Technology Review, 21.01.2019, abrufbar unter: https://www.technologyreview.com/2019/01/21/137783/algorithms-criminal-justice-ai/ (zuletzt abgerufen am: 29.12.2024).

(a) Spracherkennung

Sowohl bei maschinellen Dolmetschleistungen als auch bei maschinellen Übersetzungen von aufgezeichneten gesprochenen Inhalten ist eine Spracherkennung erforderlich, welche KI-basiert ist. Damit ein Spracherkennungssystem zuverlässig funktionieren kann, ist eine große Datenmenge mit Sprachbeispielen erforderlich. Diese Sprachbeispiele müssen möglichst divers sein, d. h. sie sollten möglichst viele Akzente, Dialekte oder auch Beispiele mit Sprachfehlern, wie Stottern, enthalten.[164] Insbesondere aufgrund der hohen Belastung bei Beschuldigten- oder Zeugenaussagen können unzureichende Trainingsdaten sonst zu fehlerhaften Erkennungen führen.

Im Rahmen der Spracherkennung kommt es vor, dass Frauenstimmen schlechter erkannt werden als Männerstimmen.[165] Dies gilt auch für Dialekte.[166] Weiterhin kann es auch passieren, dass die Spracheingaben von „*weißen*" Personen besser erkannt werden als von *People of Colour*.[167] Eine KI-Anwendung sollte vor der Verwendung entsprechend getestet werden, damit diese Risken abgestellt werden können.

(b) Maschinelle Translationen i. e. S.

Auch bei der maschinellen Translation i. e. S. kann ein Diskriminierungsrisiko bestehen. So kann etwa ein sog. *gender bias* beobachtet werden. Hierbei können im Rahmen der Translation geschlechtsbezogene Stereotypen übermittelt werden, indem sich etwa Berufsbezeichnungen an tradierten Rollenbildern orientieren.[168] Die Ursache für solche *gender bias* findet sich ebenfalls in den verwendeten Trainingsdaten. Für maschinelle Translationen sind sehr große Datenmengen (auch historische) erforderlich und das Training erfolgt zudem häufig in der Form des *Unsupervised Learnings*.[169] Die Künstliche Intelligenz analysiert im Rahmen der Translation die Wahrscheinlichkeit der entsprechenden Sprachpaare. Wenn sie mit älteren

---

[164] *Schiedermeier* in: Mensch und KI, 2021, S. 15.

[165] *Schiedermeier* in: Mensch und KI, 2021, S. 17; *Palmiter Bajorek*, Voice Recognition Still Has Significant Race and Gender Biases, 10.05.2019, Harvard Business Review, abrufbar unter: https://hbr.org/2019/05/voice-recognition-still-has-significant-race-and-gender-biases (zuletzt abgerufen am: 30.05.2026); *Orwat*, Diskriminierungsrisiken durch Verwendung von Algorithmen, 2019, S. 72; *Tatman* in: Proceedings of the First ACL Workshop on Ethics in Natural Language Processing, 2017, S. 55 f.

[166] *Orwat*, Diskriminierungsrisiken durch Verwendung von Algorithmen, 2019, S. 72 ff. (mit verschiedensten Beispielen und weiteren Nachweisen), *Tatman* in: Proceedings of the First ACL Workshop on Ethics in Natural Language Processing, 2017, S. 55 f.

[167] *Koenecke* et al., PNAS 117 (2020), 7684, hiernach liegt die Fehlerrate (*Average word error rate*) bei 0,19 zu 0,35.

[168] *Caliskan/Bryson/Narayanan*, Science, 356, 6334 (2017), 183, 183 ff.; *Orwat*, Diskriminierungsrisiken durch Verwendung von Algorithmen, 2019, S. 69 f.; *Schiedermeier* in: Mensch und KI, 2021, S. 19; *Ullmann* in: Artificial Intelligence and Its Discontents, 2022, S. 130 ff.

[169] *Ullmann* in: Artificial Intelligence and Its Discontents, 2022, S. 123; *Orwat*, Diskriminierungsrisiken durch Verwendung von Algorithmen, 2019, S. 71 f.; *Garg/Schiebinger/Jurafsky/Zou,* Proceedings of the National Academy of Sciences 2017, E3635 ff.

Daten trainiert wurde, ist die Wahrscheinlichkeit erheblich höher, dass es sich bei dem beispielhaften Begriff „*judge*" um einen *Richter* anstelle einer *Richterin* handelt.[170] Dies gilt insbesondere bei genderneutralen Pronomen in der Ausgangssprache.[171] Solche Fehlinterpretationen könnten bei Ermittlungsmaßnahmen und der Beweismittelauswertung zu fehlerhaften Schlussfolgerungen führen, wirken sich jedoch nicht diskriminierend für das Strafverfahren aus.

Bei maschinellen Translationen kann es ferner zu Benachteiligungen kommen, indem für Minderheitensprachen (sog. *Low Ressource Languages*) weniger Trainingsdaten verfügbar sind oder diese mit einem geringeren Aufwand und Umfang trainiert werden.[172] Dies liegt primär sowohl an dem viel geringeren öffentlich zugänglichen Trainingsdatenbestand[173] als auch an dem wirtschaftlich geringeren Interesse der Betreiber und Entwickler. Die Unterschiede zwischen den einzelnen Sprachen zu beseitigen, ist daher eine „Mammutaufgabe".[174] Trotzdem besteht die Möglichkeit, dass die Unterschiede in näherer Zukunft, durch Projekte wie dem „*No Language Left Behind*"-Projekt, welches von der *Meta Platforms, Inc.* sowie der *University of California, Berkeley,* und der *John Hopkins University* betrieben werden, reduziert werden. Im Rahmen dieses Projektes wird daran geforscht, wie für über 200 Sprachen automatisch Trainingsdaten generiert werden und multilinguale Trainings stattfinden könnten.[175]

Damit bei dem Einsatz von maschinellen Translationen im Strafverfahren keine diskriminierenden Effekte ausgelöst werden, sollten die verwendeten Softwarelösungen hinreichend geprüft werden. So sollte im Rahmen eines Auswahl- und Zertifizierungsprozesses sichergestellt werden, dass die Trainingsdaten zeitgemäß und divers sind sowie ggf. erforderliche normative Korrekturen vorgenommen werden, damit es zu keinen Über- oder Unterrepräsentationen kommt.[176] Dies gilt insbesondere für sog. seltene Sprachen. Hierbei

---

[170] *Ullmann* in: Artificial Intelligence and Its Discontents, 2022, S. 123; *Orwat*, Diskriminierungsrisiken durch Verwendung von Algorithmen, 2019, S. 71 f.; *Garg/Schiebinger/Jurafsky/Zou,* Proceedings of the National Academy of Sciences 2017, E3635 ff.

[171] *Farkas/Németh,* Social Sciences & Humanities Open 5 (2022), 100239.

[172] *Vgl. Paasch-Kaiser, Hoberg*, Maschinelle Übersetzung und romanische Minderheitensprachen, -Hypotheses, 23.03.2021, abrufbar unter: https://lingdrafts.hypotheses.org/1917 (zuletzt abgerufen am: 30.05.2026).

[173] *Ranathunga/Lee/et. al.*, ACM Computing Surveys 55, 11, Art. 229 (2023), 2; *Costa-Jussà/et al.,* No Language Left Behind: Scaling Human-Centered Machine Translation, 2022, S. 13 ff., mit Übersicht über Sprachen mit vielen/wenigen Ressourcen und ob diese von von üblichen maschinellen Translations-Systemen unterstützt werden.

[174] *Costa-Jussà/et al.,* No Language Left Behind: Scaling Human-Centered Machine Translation, 2022, S. 130.

[175] Vgl. mit weiteren Ausführungen: *Costa-Jussà/et al.,* No Language Left Behind: Scaling Human-Centered Machine Translation, 2022, S. 1 ff.

[176] Vgl. *Paul*, Digitale Welt, 2021, 3, 54; *Orwat*, Diskriminierungsrisiken durch Verwendung von Algorithmen, 2019, S. 79; *Koenecke* et al., PNAS 117 (2020), 7684; *Beck et al.*: Künstliche Intelligenz und Diskriminierung, 2019, S. 14 f.

handelt es sich, jedoch noch nicht um eine kritische Diskriminierung für das Strafverfahren, da in solchen Fällen auf menschliche Translatoren zurückgegriffen werden kann.

cc. Betriebssicherheit

Eine KI-Anwendung muss betriebssicher sein. Das bedeutet, dass diese in allen Lebenszyklen robuste und genaue, reproduzierbare Ergebnisse liefert.[177] Hierzu gehört insbesondere, dass auch bei bewusst oder unbewusst fehlerhaften Nutzereingaben die Ergebnisse nicht verzerrt werden und dass die Anwendung sowohl gegen gezielte interne als auch externe Manipulationen geschützt ist.[178]

Auch kann durch schlechte oder bewusst verfälschte Trainingsdaten Einfluss auf den Trainingsprozess und somit mittelbar auf die späteren Ergebnisse genommen werden.[179] Ferner können bei der späteren Verwendung manipulierte Daten verwendet werden. Hierbei ist es etwa möglich, Bilddateien, für das menschliche Auge unsichtbar, so zu manipulieren, dass ein gewünschtes abweichendes Ergebnis geliefert wird.[180] Auch bei Tondateien können gezielte Störmuster implementiert werden, um Ergebnisse zu verfälschen.[181] So könnte die theoretische Gefahr bestehen, dass unbemerkt Namen oder Orte im Umwandlungsprozess geändert werden. Dies könnte insbesondere bei der Auswertung von Beweismitteln zu Herausforderungen führen, indem die manipulierten Ergebnisse zunächst überhaupt erkannt werden müssen. Bei einer ungeprüften Übernahme der Produkte kann dies zu einer fehlerbehafteten Beweisführung, aufgrund fehlerhafter oder unvollständiger Beweismittel, führen.

Eine robuste Künstliche Intelligenz sollte im Idealfall selbstständig solche Angriffe oder Fehler, welche im Ablauf auftreten, erkennen und die Tätigkeit in dem Fall unterbrechen.[182] Auch eine Anwendung für maschinelle Translationen sollte entsprechende Sicherheitsvorkehrungen enthalten, laufend kontrolliert und angepasst werden sowie unstimmige oder mehrdeutige Ergebnisse entsprechend markieren.

---

[177] *Europäische Kommission*, COM(2020) 65 final, S. 24 f.; *Wittenbrink/Demirci/Wischmann* in: Wittpahl, Resilienz, 2023, S. 200.

[178] *Bundesregierung*, Stellungnahme zum Weißbuch zur KI, 2020, S. 15 f.; *Wittenbrink/Demirci/Wischmann* in: Wittpahl, Resilienz, 2023, S. 201.

[179] *Wostry/Priewer*, ZdiW 2022, 230, 233.
Rollberg, Algorithmen in der Justiz, 2020, S. 47; *OECD*, KI in der Gesellschaft, 2020, S. 113.

[180] *Höhne*, DuD 2021, 453, 453 f.; *Stein/Fischer/Pohlink* in: Bitkom, Blick in die Blackbox, 2019, S. 46; jeweils mit Illustration; *Wittenbrink/Demirci/Wischmann* in: Wittpahl, Resilienz, 2023, S. 203.

[181] *Stein/Fischer/Pohlink* in: Bitkom, Blick in die Blackbox, 2019, S. 47 f. mit Illustration.

[182] *Engelmann/Puntschuh*, KI im Behördeneinsatz - Erfahrungen und Empfehlungen, 2020, S. 8; *HEG-KI*, Ethik-Leitlinien für eine vertrauenswürdigere KI, 2018, S. 20 f., Rn. 66 ff.; Erwägungsgrund Nr. 75 der KI-Verordnung.

dd. Zwischenergebnis

Insgesamt zeigt sich, dass die Verwendung von maschinellen Translationen insbesondere bei den Trainingsdaten grundsätzlich dadurch begünstigt wird, dass diese Anwendungen auch im Bereich außerhalb der Justiz ein breites Anwendungsspektrum genießen. Bei einem domänenspezifischen Training müssen die Trainingsdaten speziellen Anforderungen Genüge tragen. Das Diskriminierungsrisiko ist – im Vergleich zu anderen KI-Anwendungen – bei maschinellen Translationen i. w. S. als gering zu bewerten, solange bei den Trainingsdaten eine umfangreiche Kontrolle und Vorauswahl getroffen wurde. Bei der generellen Anwendung muss beachtet werden, dass die Verarbeitungsprozesse eine ausreichende Betriebssicherheit aufweisen.

b. Nachvollziehbarkeit der Ergebnisse sowie Kontrolle

Bei der Verwendung von KI-Anwendungen müssen die Arbeitsergebnisse regelmäßig auf ihre Zuverlässigkeit hin geprüft werden. Hierfür müssen die Arbeitsergebnisse nachvollziehbar sowie reproduzierbar sein.[183] Dies ist insbesondere wichtig, wenn die Translationen später in die richterliche Beweiswürdigung einfließen sollen. Auch empfiehlt sich eine generelle Zertifizierung der Anwendung dahingehend, dass diese sicher und ordnungsgemäß arbeiten[184] sowie regelmäßige Funktionsüberprüfungen.[185] Post-Kontrollen sind weiterhin notwendig, da Lücken bei den Ausgangsdaten häufig nicht durch die Künstliche Intelligenz erkannt oder geschlossen werden können.[186]

Ergebnisse von maschinellen Translationen können sehr plausibel und flüssig klingen, sodass ein fehlerhafter Input oder das Fehlen einzelner Wörter oder Sätze gegebenenfalls nicht auffallen, ohne grobe Kontrollen.[187] Bei einer groben Kontrolle sollte der Umfang des Ausgangsinhaltes und des Translats gegenübergestellt werden, wobei sowohl der Umfang als auch bei einem groben Überfliegen der Inhalt plausibel erscheinen muss. Je nach Ausgangssprache können auch in beiden Sprachen ähnlich klingende Schlagwörter abgeglichen werden. Damit solche Kontrollen möglich sind, ist eine transparent arbeitende KI-Anwendung notwendig. Weiterhin sollte auf die Urheberschaft der Translationen transparent hingewiesen werden, damit ein solcher Abgleich überhaupt erst erfolgt.

---

[183] *HEG-KI*, Ethik-Leitlinien für eine vertrauenswürdigere KI, 2018, S. 20 f., Rn. 66 ff.; *Europäische Kommission,* COM(2020) 65 final, S. 24 f.
[184] Vgl. *Ellert/Reese* in: Bitkom, Blick in die Blackbox, 2019, S. 97, 99, 102.
[185] *Engelmann/Puntschuh*, KI im Behördeneinsatz – Erfahrungen und Empfehlungen, 2020, S. 8.
[186] *Rollberg*, Algorithmen in der Justiz, 2020, S. 81.
[187] *VVU e.V.*, Vorsicht beim Einsatz maschineller Übersetzung, 02.09.2020, abrufbar unter: https://www.vvu-bw.de/cms/iwebs/download.aspx?id=121440 (zuletzt abgerufen am: 30.05.2026).

aa. Nachvollziehbarkeit des Arbeitsergebnisses

(1) Die Black-Box Problematik

Eine große Herausforderung bei der Verwendung von KI-basierten Programmen ist die fehlende oder nur schwierige Nachvollziehbarkeit der Ergebnisse. Da die Algorithmen, welche hinter den Programmen stehen, sehr komplexe Strukturen annehmen und sich zudem auch selbstlernend an ihre Aufgaben anpassen können, ist es zuweilen selbst für die Programmierenden nicht mehr möglich, die interne Logik hinter dem Programm zu verstehen. Es tritt ein sog. *Black-Box*-Effekt ein.[188] Infolge dieses Effektes kann nicht mehr nachvollzogen werden, wie das Programm zu einem bestimmten Ergebnis gelangt ist.

Wird etwa eine Künstliche Intelligenz eingesetzt, um die Kreditwürdigkeit oder die Wahrscheinlichkeit einer Strafrückfälligkeit vorherzusagen, kann es geschehen, dass die genauen Kriterien und Gewichtungen, die Grundlage der Entscheidung sind, unbekannt bleiben. Zur Veranschaulichung kann auch auf folgendes Beispiel zurückgegriffen werden: Eine KI-Anwendung wird dahingehend trainiert, auf Bildern einen Eisbären zu finden und diese von Braunbären zu unterscheiden. Aufgrund der Trainingsdaten kommt sie jedoch zu dem Schluss, dass Eisbären immer vorliegen, wenn ein weißer Hintergrund mit Schnee vorhanden ist.[189] Das Ergebnis mag zwar in den meisten Fällen „richtig“ sein, die Anwendung knüpft aber an das falsche Indiz an.[190] Eine KI-Software stellt eher Korrelationen anstelle von Kausalitäten fest, was zu der Gefahr führt, dass ein Ergebnis fehlerbehaftet ist.[191] Dies eröffnet die Gefahr für potenzielle Fehler, welche nicht auf Anhieb sichtbar sind. Gerade bei Datengrundlagen mit minderer Qualität kann ein sog. Rauschen („*Noise*“) entstehen, was zu fehlerhaften Korrelationen führt.[192] Dieser Mikrobereich ist nicht wirklich steuerbar und es können ungewollte Verstärkungen von Fehlern entstehen.[193] Als Lösung soll hier eine sog. *Explainable AI* bevorzugt werden, wobei zumindest eine partielle Nachvollziehbarkeit der Ergebnisse durch Transparenz der Daten, Algorithmen und Ergebnisse erzielt werden.[194]

---

[188] Vgl. *Bauer/Rothmund/Rohnfelder* in: Blick in die Blackbox, 2019, S. 12; *Castelvecchi*, Nature, 536, 7623, (2016), 20, 21; *Yu/Alì*, Legal Information Management, 19 (2019), 2, 4.; *Ibold*, ZStW 134 (2022), 504, 512 f.; *Rühl* in: Kaulartz/Braegelmann, Rechtshandbuch AI und ML, 2020, Kap. 14.1 Rn. 19.

[189] Hier abgewandeltes Beispiel von *Ribeiro/Singh/Guestrin,* in: Proceedings of the 22nd ACM SIGKDD international conference on knowledge discovery and data mining, 2016. S. 1135, 1143 f. Im Original sollte die KI-Anwendung Huskies von Wölfen unterscheiden.

[190] *Lenzen*, Künstliche Intelligenz, 2020, S. 54; *Ibold*, ZStW 134 (2022), 504, 511 f.

[191] *Yu/Alì*, Legal Information Management, 19 (2019), 2, 4.

[192] *Ribeiro/Singh/Guestrin,* in: Proceedings of the 22nd ACM SIGKDD international conference on knowledge discovery and data mining, 2016. S. 1135, 1143 f.

[193] *Kreutzer/Sirrenberg*, Künstliche Intelligenz verstehen, 2019, S. 12 f.

[194] *Körner* in: Kaulartz/Braegelmann, Rechtshandbuch AI und ML, 2020, Kap. 2.4 Rn. 5.

Bei maschinellen Translationen besteht insoweit die Black-Box-Problematik, indem die Ergebnisse ohne weitergehende Erklärungen erzeugt werden. Die Ziel- oder Ausgangssprache ist meistens nicht verständlich. Es kann auch zu einem Verlust des Kontextes kommen, wenn nur Teile eines Textes übersetzt werden oder wenn bei mehrdeutigen Inhalten eine Übersetzung durchgeführt wird, ohne klarzustellen, dass alternative Übersetzungen möglich gewesen wären. Dies könnte dazu führen, dass die beabsichtigte Bedeutung verloren geht.

Diese *Black-Box*-Problematik stellt gerade beim Einsatz im Bereich der Strafverfolgung eine Herausforderung dar. Es muss sichergestellt werden, dass durch die Verwendung von KI-Anwendungen gesetzliche Vorgaben eingehalten werden.[195] Das Ergebnis der KI-Anwendung muss erklärbar und inhaltlich nachvollziehbar sein, insbesondere, warum das Programm welche Schlüsse aus den Eingaben gezogen hat.[196] Ein Gericht kann nur dann ein KI-generiertes Ergebnis in die Entscheidungsfindung einfließen lassen und die Verantwortung für dieses Ergebnis übernehmen[197] oder aber Fehler und Manipulationen erkennen und die Einbeziehung ablehnen.[198] Weiterhin fördert eine transparente und nachvollziehbare Künstliche Intelligenz das Vertrauen in diese und steigert somit letztlich die Akzeptanz.[199]

(2) Explainable AI als Lösungsweg

Um die Ergebnisse einer Künstlichen Intelligenz transparent und nachvollziehbar zu halten, werden mehrere Ansätze verfolgt, welche sich unter dem Oberbegriff „*Explainable AI*" zusammenfassen lassen.[200] Hierbei bestehen verschiedene Stufen der Erklärbarkeit und Ansätze, um die Ergebnisse von KI-Anwendungen nachvollziehbar zu gestalten.[201] So kann es möglich sein, dass Daten, welche bei der Entwicklung und für das Training verwendet wurden, erklärt und dargestellt werden, aber auch, dass eine Künstliche Intelligenz die Gründe für eine konkrete Entscheidung mit darstellt.[202]

Weiterhin besteht die Möglichkeit, dass Entscheidungen nachträglich visualisiert werden. So können etwa beispielhaft im Rahmen einer Text- oder Bilderkennung in der sog. *Layer-Wise Relevance Propagation* die Beziehungen zwischen den einzelnen Datenpunkten und dem

---

[195] *Europäische Kommission*, COM(2020) 65 final, S. 14.
[196] *Nink*, Justiz und Algorithmen, 2021, S. 334; *Rühl* in: Kaulartz/Braegelmann, Rechtshandbuch AI und ML, 2020, Kap. 14.1 Rn. 20.
[197] *OECD*, KI in der Gesellschaft, 2020, S. 109; *Rühl* in: BMJV, Künstliche Intelligenz, 2022, S. 279 f.
[198] Vgl. *Niederée/Nejdl* in: KI und Robotik, 2020, § 2 Rn. 125 f.; *Körner* in: Kaulartz/Braegelmann, Rechtshandbuch AI und ML, 2020, Kap. 2.4 Rn. 11.
[199] *Rollberg*, Algorithmen in der Justiz, 2020, S. 46; *Niederée/Nejdl* in: KI und Robotik, 2020, § 2 Rn. 125 f.
[200] *Ibold*, ZStW 134 (2022), 504, 524.
[201] Vgl. hierzu: *Körner* in: Kaulartz/Braegelmann, Rechtshandbuch AI und ML, 2020, Kap. 2.4 Rn. 19.
[202] *Körner* in: Kaulartz/Braegelmann, Rechtshandbuch AI und ML, 2020, Kap. 2.4 Rn. 23 f.; *Engelmann/Puntschuh*, KI im Behördeneinsatz - Erfahrungen und Empfehlungen, 2020.

Verhalten der Künstlichen Intelligenz als eine Art Wärmebild dargestellt werden.[203] So lässt sich etwa bei einer Bild- bzw. Texterkennung anhand einer Einfärbung anzeigen, welcher Bildpunkt der Eingangsquelle welche Relevanz für die Vorhersage am Ende hat. Eine andere Möglichkeit stellt die *Local Interpretable Model-agnostic Explanation* (LIME) dar. Hierbei wird dargestellt, welche Bildbereiche beachtet wurden und unwichtige Merkmale werden ausgeblendet.[204]

Durch solche Darstellungen kann nachvollzogen werden, aufgrund welcher Faktoren eine Künstliche Intelligenz zu dem jeweiligen Ergebnis gelangt ist und es kann kontrolliert werden, ob etwa Textbereiche fehlerhafterweise nicht erfasst wurden. Die Anwender können so die Ergebnisse stichprobenhaft auch auf ihre Plausibilität hin kontrollieren.

Weiterhin kann die Konsistenz der Ergebnisse geprüft werden und es wird nachvollziehbar, warum eine Künstliche Intelligenz bei gleichen Eingaben in dem einem Fall zum gleichen und in einem anderen Fall zu einem anderen Ergebnis gelangt ist.[205] Dies ist insbesondere bei variierenden Übersetzungen relevant oder wenn – wie im zu untersuchenden Fall – möglicherweise mehrere Verarbeitungsprozesse hintereinandergeschaltet sind, wie zunächst die Texterkennung und im zweiten Schritt die Sprachumwandlung.

Der Vorteil maschineller Translationen liegt darin, dass das Ergebnis vergleichsweise einfach plausibilisiert werden kann. Anders als bei anderen KI-Anwendungen, wo ein bloßer Wahrscheinlichkeitswert herausgegeben wird, kann bei Translationen zum einen bereits die äußere Kongruenz zwischen Original und Translat bewertet werden. Aber es kann auch beurteilt werden, ob der Inhalt stringent ist und ob dieser zum Kontext anderer Unterlagen passt. Eine geeignete Dokumentation ermöglicht die Überprüfung, ob sämtliche Text- und Toninhalte der Ausgangsquelle erkannt und übersetzt wurden und ob an bestimmten Stellen mehrdeutige Übersetzungsmöglichkeiten bestanden, beispielsweise durch die Verwendung von farblichen Markierungen an den betroffenen Stellen.

bb. Organisatorische Transparenz

Neben der Erklärbarkeit der KI-Ergebnisse ist eine organisatorische Transparenz wichtig.[206] So sollte ein deutlicher Hinweis erfolgen, dass Ergebnisse unter Verwendung eines KI-System erzeugt werden. Dies gilt insbesondere bei Interaktionen mit KI-Anwendungen,[207] wozu wohl

---

[203] Zum gesamten *Höhne*, DuD 2021, 453, 453 f.; *Bauer/Rothmund/Rohnfelder* in: Blick in die Blackbox, 2019, S. 17, mit jeweils grafischer Darstellung.
[204] *Höhne*, DuD 2021, 453, 453, mit grafischer Darstellung; *Bauer/Rothmund/Rohnfelder* in: Blick in die Blackbox, 2019, S. 16.
[205] *OECD*, KI in der Gesellschaft, 2020, S. 109.
[206] Vgl. *Nink*, Justiz und Algorithmen, 2021, S. 334, 338 ff., ferner die Wertungen in Art. 50 KI-Verordnung.
[207] *Europäische Kommission*, COM(2020) 65 final, S. 24.

auch eine maschinelle Dolmetschleistung gezählt werden könnte. Durch diese Darstellung kann auch ein faires Verfahren sichergestellt werden, indem es zu Verteidigungszwecken ermöglicht wird, die Ergebnisse besser nachzuvollziehen und zu kontrollieren.[208]

Auch besteht ohne Hinweis die Gefahr, dass Ergebnisse einer KI-Anwendung unreflektiert übernommen werden. Besonders Laien bewerten die Fähigkeiten und die Zuverlässigkeit von Ergebnissen einer Künstlichen Intelligenz häufig als zu hoch.[209] Im Rahmen der organisatorischen Transparenz sollte die verwendete KI-Anwendung und deren Fähigkeiten, Funktionsweise und Einsatzzweck offengelegt werden.[210]

Insbesondere im Strafverfahren sollte, wenn die Arbeitsergebnisse für Ermittlungszwecke zur Bildung des Tatverdachtes oder später zu Beweiszwecken verwendet werden, sichergestellt sein, dass das Ergebnis vollständig ist und keine relevanten Informationen fehlen, gelöscht oder verändert wurden. Zudem muss die Vollständigkeit vor Gericht laiengerecht prüfbar sein. Ferner sollte das Ergebnis reproduzierbar sein sowie die Authentizität und Integrität sichergestellt sein und die Verfahrens- und Verarbeitungsschritte dokumentiert werden.[211] Der Grad der Anforderungen ist hierbei jeweils vom individuellen Kontext und der jeweiligen Relevanz und Tragweite abhängig.[212]

Zu berücksichtigen ist, dass eine vollständige Transparenz nie erreicht werden kann. Zum einen besteht bereits stellenweise, zum Schutze der Geschäftsgeheimnisse der KI-Anbieter, eine Schwelle zur vollständigen Offenlegung der Funktionsweisen.[213] Es kann aber auch Fälle geben, in denen eine vollständige Offenlegung ein großes Missbrauchsrisiko entfalten würde, indem die Ergebnisse mit diesem Wissen speziell manipuliert werden könnten.[214] Des Weiteren unterliegen die der künstlichen Intelligenz zugrunde liegenden Algorithmen einer kontinuierlichen, selbstständigen Entwicklung.[215] Ferner sind die Entscheidungen häufig

---

[208] *Rückert* in: Hoven/Kudlich, Digitalisierung und Strafverfahren, 2020, S. 29 f.

[209] *Rückert* in: Hoven/Kudlich, Digitalisierung und Strafverfahren, 2020, S. 30.

[210] Vgl. *HEG-KI*, Ethik-Leitlinien für eine vertrauenswürdigere KI, 2018, S. 16; *Europäische Kommission*, COM(2020) 65 final, S. 24.

[211] *Rückert* in: Hoven/Kudlich, Digitalisierung und Strafverfahren, 2020, S. 27 f.; *Engelmann/Puntschuh*, KI im Behördeneinsatz - Erfahrungen und Empfehlungen, 2020.

[212] Vgl. *HEG-KI*, Ethik-Leitlinien für eine vertrauenswürdigere KI, 2018, S. 16; *Europäische Kommission*, COM(2020) 65 final, S. 24.

[213] *Nink*, Justiz und Algorithmen, 2021, S. 334 f.; *Peters* in: Kaulartz/Braegelmann, Rechtshandbuch AI und ML, 2020, Kap. 12 Rn. 65; *Ebers* in: KI und Robotik, 2020, § 3 Rn. 31, 33; *Rollberg*, Algorithmen in der Justiz, 2020, S. 44;

[214] Vgl. *Nink*, Justiz und Algorithmen, 2021, S. 334 f.

[215] *Nink*, Justiz und Algorithmen, 2021, S. 334 f.; *Beck et al.*: Künstliche Intelligenz und Diskriminierung, 2019, S. 14 f.; *Lenzen*, Künstliche Intelligenz, 2020, S. 54.

Resultat komplexer interner Prozesse, deren Nachvollziehung ohne (und zum Teil auch mit) technisches Fachwissen zu komplex sind.[216]

c. Zwischenergebnis

Bei der Verwendung von maschinellen Translationen sowie der dafür erforderlichen Vorprodukte ist das *Black-Box*-Risiko als eher gering einzuschätzen. Anders als dies bei anderen KI-Anwendungen der Fall sein mag, welche numerische Wahrscheinlichkeitswerte ausgeben, sind die Ergebnisse bei Translationen gut interpretierbar und nachvollziehbar. Auch sind die vollständigen Eingabedaten bekannt und aufgrund der weiten Verbreitung von maschinellen Translatoren die grundsätzliche Funktionsweise auch im Wesentlichen nachvollziehbar. Es sollte jedoch hinreichend geprüft und sichergestellt werden, dass die Translationen keine diskriminierenden Tendenzen aufweisen und auf mehrdeutige Übersetzungsmöglichkeiten hinweisen.

---

[216] *Beck et al.*, Künstliche Intelligenz und Diskriminierung, 2019, S. 14 f.; *Ebers* in: KI und Robotik, 2020, § 3 Rn. 32; *Rollberg*, Algorithmen in der Justiz, 2020, S. 44; *OECD*, KI in der Gesellschaft, 2020, S. 95.

B. Technisch-organisatorische Umsetzbarkeit

Die Folgen der Corona-Pandemie haben für eine Beschleunigung der Digitalisierung bei Gerichten gesorgt.[1] Dies fördert die Möglichkeiten der Verwendung von maschinellen Translationen.

I. Übersetzungen

Die Unterlagen, welche schriftlich übersetzt werden, liegen bereits heute Großteils in digitaler Form vor. Ab dem 1. Januar 2026 sollen grundsätzlich alle Straf- und Bußgeldsachen verpflichtend elektronisch als E-Akte geführt werden.[2] Ab diesem Zeitpunkt wird die Datenerfassung für eine maschinelle Übersetzung erheblich vereinfacht sein. Die Bundesländer verwenden hierfür verschiedene technische Lösungen.[3] Die Länder Bremen, Niedersachsen, Nordrhein-Westfalen, Hessen, Saarland und Sachsen-Anhalt haben sich so etwa zu dem e²-Verbund zusammengeschlossen, zur Entwicklung von Software und Umsetzung der elektronischen Aktenführung.[4] Die Ermittlungsakten werden für die digitale Aktenführung digitalisiert und als PDF-Datei auf Servern gespeichert und durch eine Texterkennung durchsuchbar gemacht.[5] Im Rahmen der Digitalisierungsinitiative des Bundesministeriums für Justiz sowie der Länder sollen die eAkten zusätzlich durch das KI-System „StruKI" strukturiert und aufbereitet werden.[6] Dies dürfte eine Verarbeitung durch eine Übersetzungsanwendung ebenfalls erheblich fördern. Auch Spracherkennungssoftware wird bereits erfolgreich verwendet.[7] Damit sind wichtige Voraussetzungen für die technisch-organisatorische Umsetzung einer maschinellen Übersetzung bereits geschaffen.

---

[1] Vgl. *Rebehn*, DRiZ 2021, 8; *Sommerer*, ZStW 133 (2021), 403, 411 f.

[2] Vgl. Art. 2 des Gesetzes zur Einführung der elektronischen Akte in der Justiz und zur weiteren Förderung des elektronischen Rechtsverkehrs vom 05.07.2017 (BGBl. I S. 2208 ff.); BT-Drucks. 18/9416, S. 32. Mit dem Gesetz zur Änderung der Vorschriften über die Einführung der elektronischen Akte in der Justiz und über die allgemeine Beeidigung von Gerichtsdolmetschern sowie zur Änderung des Stiftungsregisterrechts (BGBl. 2025 I Nr. 319) wurde erneut die verplfichtene Einführung verschoben.

[3] Der Austausch zwischen den drei Arten der Verfahrensakten soll über einen einheitlichen Datensatz mit der Bezeichnung *X-Justiz* ermöglicht werden, wo auch die Ermittlungsbehörden einbezogen werden sollen (*X-Polizei*), vgl. *Gründler* in: Hoven/Kudlich, Digitalisierung und Strafverfahren, 2020, S. 40, 46.

[4] *Niedersächsisches Justizministerium*, EDV-Länderbericht Niedersachsen, Stand August 2024, S. 4 f., abrufbar unter: https://justiz.de/laender-bund-europa/BLK/laenderberichte/niedersachsen.pdf (zuletzt abgerufen am: 30.05.2026); In Baden-Württemberg, Schleswig-Holstein, Sachsen und Thüringen, sowie am Bundesgerichtshof und bei dem Generalbundesanwalt wird eine an die Bedürfnisse der Justiz angepasste Standardlösung Namens eAS (*E-Akte as a service*) eingesetzt. In den restlichen Bundesländern kommt das sog. elektronische Integrationsportal (*eIP*) zu Anwendung.

[5] *Niedersächsisches Justizministerium*, EDV-Länderbericht Niedersachsen, Stand: August 2024, S. 21 f.

[6] *BMJ*, Strukturierung von Justizverfahrensakten mit Hilfe von KI und KI-Apps, Stand: unbekannt, abrufbar unter: https://www.bmj.de/DE/themen/digitales/digitalisierung_justiz/digitalisierungsinitiative/laendervorhaben/_doc/artikel_vorhaben_07_struki.html (zuletzt abgerufen am: 31.12.2024).

[7] Vgl. Abschnitt A.I.2.bb.

Weiterhin ist Teil dieses Verbundes auch die Entwicklung einer Textverarbeitung als Standardsoftware (*Texterzeugungssystem e²T*), womit diverse Dokumente automatisiert erstellt werden können.[8] In diese Anwendung könnte sich auch eine Übersetzungsfunktion, etwa über eine API-Schnittstelle eines Übersetzungssoftware-Anbieters, implementieren lassen. Der Austausch zwischen den verschiedenen bundesländereigenen Formaten der Verfahrensakten soll über einen einheitlichen Datensatz namens *X-Justiz*[9] ermöglicht werden, wo auch die Ermittlungsbehörden einbezogen werden sollen („*X-Polizei*").[10]

Zum Einsatz maschineller Translationen kann entweder die Infrastruktur der Gerichte und Staatsanwaltschaften verwendet werden oder es könnten entsprechende Applikationen auf den Dienst-Smartphones installiert werden.

So ist die Polizei in Nordrhein-Westfalen bereits mit Smartphones ausgestattet, auf denen spezielle Apps installiert sind, wie Dokumentenscanner oder eine Übersetzungsapp.[11]

Maschinelle Übersetzungen sind ferner bei zwischenstaatlichen Institutionen bereits im Einsatz. So werden beim Europäischen Patentamt bereits seit 2011 die Übersetzungen der Patentdokumente durch ein maschinelles Übersetzungsprogramm („*Patent Translate*") erzeugt, welches zusammen mit *Google* entwickelt wurde und speziell für Patente trainiert wurde.[12] Auch die *Europäische Kommission* verwendet und bietet ein maschinelles Übersetzungssystem („*eTranslation*") für Rohübersetzungen an.[13] Ebenso bei der europäischen Staatsanwaltschaft.[14] Ferner testet die Justiz des Bundeslandes Baden-Württemberg seit 2024 einen Dienst für maschinelle Übersetzungen mit dem Ziel, rechtliche Dokumente, Urteile oder etwa auch Zeugenaussagen zu übersetzen.[15] Die Anwendung soll von einem zentralen Server im Landesrechnungszentrum aus operieren und eine Übersetzung von mindestens 40 Sprachen in das Deutsche oder Englische unterstützen. Hierbei handelt es sich um eine geeignete Standardanwendung, für die eine Lizenz erworben und deren Übersetzungsqualität durch ein

---

[8] *Niedersächsisches Justizministerium*, e²-Verbund und die Verbundprodukte, Stand: unbekannt, abrufbar unter: https://www.mj.niedersachsen.de/startseite/themen/programm_ejuni_elektronische_justiz_niedersachsen/e_verbund_und_die_verbundproduktion/e-verbund-129200.html (zuletzt abgerufen am: 30.05.2026).

[9] Vgl. hierzu: https://xjustiz.justiz.de (zuletzt abgerufen am: 30.05.2026).

[10] *Gründler* in: Hoven/Kudlich, Digitalisierung und Strafverfahren, 2020, S. 40, 46.

[11] *Polizei NRW*, Einsatz-Apps auf dem Smartphone für die NRW-Polizei, Stand: Unbekannt, abrufbar unter: https://polizei.nrw/einsatz-apps-auf-dem-smartphone-fuer-die-nrw-polizei (zuletzt abgerufen am: 30.05.2026).

[12] *EPO*, Patent Translate, Stand: unbekannt, abrufbar unter: https://www.epo.org/de/searching-for-patents/helpful-resources/patent-translate (zuletzt abgerufen am: 30.05.2026).

[13] *Europäische Kommission*, eTranslation, Stand: unbekannt.

[14] *IATE*, The European Public Prosecutor's Office becomes the Centre's 69th client, 20.11.2020, abrufbar unter: https://cdt.europa.eu/en/news/european-public-prosecutors-office-becomes-centres-69th-client (zuletzt aufgerufen am: 30.05.2026).

[15] Zum Ganzen: LT-BW, Drucks. 17/4790, S. 12; *BJM*, Maschinelle Übersetzungsplattform der Justiz, Stand: unbekannt, abrufbar unter: https://www.bmj.de/DE/themen/digitales/digitalisierung_justiz/digitalisierungsinitiative/_doc/artikel_vorhaben_08_maschinell.html (zuletzt abgerufen am: 30.05.2026); *Bornscheuer/Beck*, DiRZ 2023, 388, 389.

spezifisches „*Translation Memory*" gesteigert wird. Die Anwendung soll im Laufe des Jahres 2025 dem Bund und den Ländern bereitgestellt und im Betrieb laufend optimiert werden.

II. Dolmetschleistungen

Für die Vornahme von maschinellen Dolmetschleistungen zwecks Kommunikationsermöglichung sind Mikrofone und Lautsprecher notwendig. Diese technischen Grundvoraussetzungen für die mündliche maschinelle Übertragung sind inzwischen in immer mehr Gerichten vorhanden. So könnte auf die bei den Gerichten vorhandene Videokonferenztechnik zurückgegriffen werden. Der Gesetzgeber sieht bereits seit über einem Jahrzehnt[16] den Einsatz von Bild-Ton-Übertragungen vor. Diese Übertragungsmöglichkeiten sollen neben dem Gericht auch der Staatsanwaltschaft und der Polizei bei Vernehmungen und Anhörungen zur Verfügung stehen.[17] Hierbei ist insbesondere nach § 185 Abs. 1a GVG auch die Zuziehung eines Dolmetschenden im Wege der Videokonferenz bei gerichtlichen Vernehmungen möglich. Eine Künstliche Intelligenz, welche die Gespräche in die jeweiligen Sprachen überträgt, könnte hier ebenso wie ein menschlicher Dolmetscher auf diese Tondateien zugreifen bzw. ihre Ergebnisse mittels Sprachsynthese ausgegeben.

Der Ausbau der technischen Anlagen wurde durch die Corona-Pandemie erheblich beschleunigt. Konkrete Zahlen für die Strafgerichtsbarkeit sind nicht vorhanden. Jedoch hat sich etwa die Zugriffsmöglichkeit von Richtern in der Zivilgerichtsbarkeit von 18 % auf ca. 46 % erhöht.[18] Die Werte dürften für den anderen Strang der ordentlichen Gerichtsbarkeit, aufgrund der selbigen Gerichtsstandorte, ähnlich sein. Die Nutzung von Videotechniken betrug in der Strafgerichtsbarkeit in den 2020ern einen Anteil von ungefähr 13 %, was nicht an der fehlenden Nutzungsabsicht liegen dürfte, sondern an den prozessualen Besonderheiten, so die Feststellung von *Duhe* und *Weißenberger*.[19] Inzwischen ist an jedem Oberlandesgericht und nahezu jedem Landgericht die Technik für Videokonferenzen vorhanden. Bei Amtsgerichten ist die Ausstattungsquote derzeit noch geringer, auch wenn etwa in Niedersachsen an jedem Justizstandort die Technologie für Videoverhandlungen zur Verfügung steht, und auch

---

[16] Gesetz zur Intensivierung des Einsatzes von Videokonferenztechnik in gerichtlichen und staatsanwaltschaftlichen Verfahren (VidVerfG) vom 25.04.2013 (BGBl. I 2013 Nr. 20, S. 935).

[17] *Maier* in: MünchKomm-StPO, 2. Aufl. 2023, § 58b Rn. 5, 9: Die Videokonferenz ist hierbei u.a. bei der richterlichen Vernehmung eines Zeugen außerhalb der Hauptverhandlung (§ 58b StPO), durch die Staatsanwaltschaft (§ 163a Abs. 3 Satz 1 i. V. m. § 58b StPO), oder durch die Polizei (§ 163 Abs. 3 Satz 2 i. V. m. § 58b StPO), der Vernehmung des Beschuldigten (§ 163a Abs. 1 i. V. m. § 58b StPO) oder eines Sachverständigen (§ 72 StPO) möglich sein.

[18] *Duhe/Weißenberger,* RDi 2022, 176, 179 Rn. 21 f.

[19] *Duhe/Weißenberger*, RDi 2022, 176 Rn. 38 f.

Nordrhein-Westfalen plant, jedes Gericht zeitnah mit mindestens einem Zugang auszustatten.[20] Zusätzlich bestehen Ad-hoc Lösungen, bei denen mobile Geräte verwendet werden.[21] Unabhängig von der tatsächlichen technischen Ausstattung der Gerichte sind diese seit 2018 verpflichtet, die erforderliche Technik vorzuhalten, sodass für eine Ermessensentscheidung bzgl. des Ob des Einsatzes von Bild-Ton-Übertragungen ohne Belang ist, ob die Technik tatsächlich vorhanden ist.[22] Auch auf der Ermittlungsebene bestehen solche technischen Möglichkeiten. So sind etwa bei der nordrhein-westfälischen Polizei Videovernehmungen möglich.[23]

Die Verwendung von Spracherkennungssoftware, welche im Rahmen von maschinellen Translationen ebenfalls verwendet wird, ist bereits bei Gerichten vorhanden.[24] So knüpfte etwa der Referentenentwurf des Bundesjustizministeriums zum Entwurf eines Gesetzes zur digitalen Dokumentation der strafgerichtlichen Hauptverhandlung (DokHVG) vom 22.11.2022 an die Verwendung solcher technischen Gegebenheiten an. Der Entwurf sah vor, dass der § 271 Abs. 2 StPO dahingehend geändert werden sollte, dass „[e]*ine Hauptverhandlung, die erstinstanzlich vor dem Landgericht oder dem Oberlandesgericht stattfindet,* […] *in Bild und Ton aufzuzeichnen* [ist]“ sowie, dass „[d]*ie Tonaufzeichnung* […] *automatisiert in ein elektronisches Textdokument zu übertragen (Transkript)* [ist]“ (Art. 1 Nr. 2 lit. c). Die Transkription sollte dabei mittels einer Software automatisch erfolgen.[25]

Im Ermittlungsverfahren wären für die Staatsanwaltschaft und die Ermittlungsbeamten entsprechende Lösungen denkbar, um die Verfahrenskommunikation mit Sprachunkundigen zu ermöglichen. Auch ist hier eine Verwendung der Diensttelefone möglich.

III. Ergebnis

Die grundsätzlichen technisch-organisatorischen Voraussetzungen für den Einsatz von maschinellen Translationen bei Gericht oder anderen Akteuren des Strafverfahrens sind vorhanden. Die Länder müssten bei einer Umsetzung von maschinellen Translationen im

---

[20] Länderliste der Standorte der Videokonferenzanlagen bei den Gerichten und Staatsanwaltschaften, Stand. 21.07.2022, abrufbar unter: https://justiz.de/service/verzeichnisse/videokonferenzanlagen_gerichte_staatsanwaltschaften.pdf (zuletzt abgerufen am: 30.05.2026); *Brand/Skowronek*, RDi 2021, 178 Rn. 26; *Bialdiga*, Prozesse per Video in jedem Gericht, Rheinische Post, 24.02.2021, abrufbar unter: https://rp-online.de/politik/nrw-schafft-flaechendeckend-voraussetzungen-fuer-video-gerichtsverhandlungen_aid-56394915 (zuletzt abgerufen am: 30.05.2026); *Rebehn*, DRiZ 2021, 8, 8 f. mit einem Überblick über die jeweiligen Ausstattungen nach Bundesländern.

[21] *Mantz/Spoenle,* MDR 2020, 637 Rn. 17 ff.

[22] *Windau*, NJW 2020, 2753, 2755 f.

[23] Vgl. *Polizei NRW*, Aussagen digital!, Stand: unbekannt, abrufbar unter: https://polizei.nrw/artikel/aussagen-digital (zuletzt abgerufen am: 30.05.2026).

[24] Vgl. u.a. für die Sozialgerichtsbarkeit: *Leopold*, NZS 2013, 847, 847.

[25] *BMJ*, Referentenentwurf, Entwurf eines Gesetzes zur digitalen Dokumentation der strafgerichtlichen Hauptverhandlung vom 22.11.2022, S. 1, 3, 12.

Strafverfahren bei entsprechenden Anbietern von maschinellen Translationslösungen eine entsprechende Softwarelizenz erwerben, wie dies bereits vom Land Baden-Württemberg erprobt wird.[26]

[26] LT-BW, Drucks. 17/4790, S. 12; *BJM*, Maschinelle Übersetzungsplattform der Justiz, Stand: unbekannt, abrufbar unter: https://www.bmj.de/DE/themen/digitales/digitalisierung_justiz/digitalisierungsinitiative/_doc/artikel_vorhaben_08_maschinell.html (zuletzt abgerufen am: 30.05.2026); *Bornscheuer/Beck*, DiRZ 2023, 388, 389.

C. Einsatz maschineller Translationen bei der Verfahrenskommunikation am Beispiel der Beschuldigtenkommunikation

Im Folgenden soll am Beispiel der Beschuldigtenkommunikation der Frage nachgegangen werden, ob unter den derzeitig geltenden gesetzlichen Vorgaben (*de lege lata*) die erforderlichen Translationen maschinell – also an der Stelle von Menschen – angefertigt werden könnten. Die Frage stellt sich getrennt für Übersetzungs- und Dolmetschleistungen. Auch soll die Frage beantwortet werden, ob maschinelle Translationen unabhängig vom Stand *de lege lata* wünschenswert wären und welche Anforderungen an die maschinellen Translationen im Stadium *de lege ferenda* gesetzt werden müssen.

I. Rechtliche Umsetzbarkeit: Übersetzungsleistungen

1. De lege lata

a. Europäisches Recht

Der Anspruch des Beschuldigten auf Translationen ergibt sich primär aus dem Gerichtsverfassungsgesetz. Bei der Auslegung sind zudem die Vorgaben der EMRK sowie der Richtlinie 2010/64/EU über das Recht auf Dolmetschleistungen und Übersetzungen in Strafverfahren zu berücksichtigen. Die EMRK hat eine hohe Bedeutung für Auslegungsfragen im Rahmen eines fairen Verfahrens. Bei Verfahrenstranslationen kommt dem Art. 6 Abs. 3 lit. e EMRK eine besondere Orientierungs- und Leitfunktion zu.[1]

Auf europäischer Ebene genießen die Grundrechte und -freiheiten, welche durch die Charta der Grundrechte der Europäischen Union („GRCh“) und durch die EMRK gewährt werden, den gleichen Rang (vgl. Art. 6 EUV).[2] Auch die GRCh ist im Einklang mit der EMRK auszulegen, wobei die Grundrechte innerhalb der GRCh die gleiche Bedeutung haben wie die der EMRK (Art. 52 Abs. 3, Art. 53 GRCh). Dies gilt ebenfalls für die Auslegung der Richtlinie 2010/64/EU, welche unter anderem zu dem Zweck erlassen wurde, die Ausübung der Rechte aus Art. 6 Abs. 3 lit. e EMRK zu erleichtern („*Diese Richtlinie erleichtert die praktische Anwendung dieses Rechts* [Art. 6]“, Erwägungsgrund Nr. 14 Satz 2 der Richtlinie 2010/64/EU, vgl. ferner Erwägungsgründe Nr. 5 und 7).

---

[1] Vgl. zu Art. 6 EMRK generell: *Lohse/Jakobs* in: KK-StPO, 9. Aufl. 2023, MRK Art. 6 Rn. 5.
[2] *Schmitt* in: Schmitt/Köhler, StPO, 69. Aufl. 2026, EMRK Vor Art. 1 Rn. 8.

Auf nationaler Ebene hat die EMRK ebenfalls eine hohe Bedeutung. Auch wenn diese in Deutschland nur den Rang eines einfachen Bundesgesetzes (Art. 59 Abs. 2 GG) einnimmt,[3] kommt ihr bei der Auslegung von Grundrechten und rechtsstaatlichen Grundsätzen eine verfassungsähnliche Bedeutung zu.[4] Dies gilt insbesondere unter Berücksichtigung des Grundsatzes der völkerrechtsfreundlichen Auslegung.[5] Die Entscheidungen des EGMR genießen eine Orientierungs- und Leitfunktion[6] – trotz ihres grundsätzlich „bloß deklaratorischen" Charakters.[7]

Das Gerichtsverfassungsgesetz muss wiederum im Lichte der EMRK[8] und des Grundgesetzes ausgelegt werden, sowie unter Berücksichtigung der Richtlinie 64/2010/EU, welche im Wesentlichen durch die Regelungen des Gerichtsverfassungsgesetzes in nationales Recht transformiert wurde.

aa. Europäische Menschenrechtskonvention (Art. 6 Abs. 3 lit. e EMRK)

Im Folgenden wird der Art. 6 Abs. 3 lit. e EMRK nach Wortlaut, Sinn und Zweck und in seinem Zusammenhang mit weiteren Mindestrechten aus der EMRK ausgelegt, um der Frage nachzugehen, ob maschinelle Übersetzungsleistungen mit den Vorgaben der EMRK vereinbar sind.

(1) Auslegung des Wortlauts

Der Wortlaut des Art. 6 Abs. 3 lit. e EMRK spricht nur von einer „Unterstützung durch einen *Dolmetscher*", nicht hingegen von Übersetzungen. Auch die verbindliche[9] englische („assistance of an *interpreter*") bzw. französische Fassung („se faire assister […] d'un

---

[3] BVerfG, Beschluss vom 14.10.2004, Az.: 2 BvR 1481/04 = BVerfGE 111, 307, 315 f.; *Schmitt* in: Schmitt/Köhler, StPO, 69. Aufl. 2026, EMRK Vor Art. 1 Rn. 3.

[4] BVerfG, Urteil vom 04.05.2011, Az.: 2 BvR 2365/09 u. a. = BVerfGE 128, 326, 367 f.; *Schmitt* in: Schmitt/Köhler, StPO, 69. Aufl. 2026, EMRK Vor Art. 1 Rn. 3.

[5] *Schmitt* in: Schmitt/Köhler, StPO, 69. Aufl. 2026, EMRK Vor Art. 1 Rn. 4; vgl. BVerfG, Urteil vom 04.05.2011, Az.: 2 BvR 2365/09, 740/10, 2333/08, 1152/10, 571/10 = BVerfGE 128, 326, 367 ff.; BVerfG, Beschluss vom 14.10.2004, Az.: 2 BvR 1481/04 = BVerfGE 111, 307, 317; BVerfG, Beschluss vom 26.03.1987, Az.: 2 BvR 589/79, 740/81, 284/85 = BVerfGE 74, 358, 370; *Lohse/Jakobs* in: KK-StPO, 9. Aufl. 2023, MRK Art. 6 Rn. 5.

[6] BVerfG, Urteil vom 04.05.2011, Az.: 2 BvR 2365/09 u. a. = BVerfGE 128, 326, 367 f.; *Schmitt* in: Schmitt/Köhler, StPO, 69. Aufl. 2026, EMRK Vor Art. 1 Rn. 4a.

[7] EGMR, Entscheidung vom 06.07.2010, Az.: 5980/07 (Öcalan / Türkei) = NJW 2010, 3704, 3704; *Schmitt* in: Schmitt/Köhler, StPO, 69. Aufl. 2026, EMRK Vor Art. 1 Rn. 4a.

[8] Vgl. *Schmitt* in: Schmitt/Köhler, StPO, 69. Aufl. 2026, EMRK Vor Art. 1 Rn. 4 ff.

[9] Vgl. Schlussformel der EMRK.

interprète“) ergibt insoweit kein anderes Bild.[10] Dies führt dazu, dass der Wortlaut grundsätzlich nur eine mündliche Dolmetschleistung vor Ort gewährleistet.[11]

Möglicherweise kann die EMRK so ausgelegt werden, dass maschinelle Übersetzungsleistungen ebenfalls den beabsichtigten Schutzzweck erfüllen könnten. Die EMRK ist unter Verweis auf Art. 33 Abs. 1 WVRK[12] *„im Lichte* [ihres] *Zieles und Zweckes auszulegen*“.[13] Die EMRK wird jedenfalls vom EGMR als *„living instrument*“ objektiv nach dem jeweils vorherrschenden aktuellen Verständnis ausgelegt und nicht nach dem jeweiligen historischen Verständnis.[14] Es besteht daher keine starre Wortlautgrenze.

Der EGMR hat jedoch unter Bezug auf den Wortlaut bislang einen zwingenden Anspruch auf schriftliche Übersetzungsleistungen nicht anerkannt, sondern vielmehr Folgendes festgestellt:

> *„In that connection, it should be noted that the text of the relevant provisions refers to an ‚interpreter‘, not a ‚translator‘. This suggests that oral linguistic assistance may satisfy the requirements of the Convention“.*[15]

(2) Auslegung nach Sinn und Zweck

Der Anspruch aus Art. 6 Abs. 3 lit. e EMRK verfolgt das Ziel, sprachbedingte Nachteile zu reduzieren und so die Verteidigungsmöglichkeiten zu verbessern.[16] Für eine effektive Verteidigung ist es notwendig, dass es der beschuldigten Person[17] durch entsprechende

---

[10] Insbesondere im Vergleich zur Art. 8 Abs. 2 S. 2 lit. a der Amerikanischen Menschenrechtskonvention: „[…]. *The right to be assisted without charge by a translator or interpreter, if he does not understand or does not speak the language of the tribunal or court.*”

[11] Vgl. EGMR, Urteil vom 18.10.2006, Az.: 18114/02 (Hermi / Italien) = BeckRS 2006, 142454 Rn. 70; EGMR, Entscheidung vom 24.02.2005, Az.: 18913/03 (Husain / Italien) = BeckRS 2005, 158598 Rn. 24; EGMR, Urteil vom 28.08.2018, Az.: 59868/08 (Vizgirda / Slowenien), Rn. 78; BGH, Urteil vom 18.02.2020, Az.: 3 StR 430/19 = juris, Rn. 50 f.; *Meyer* in: SK-StPO, 5. Aufl. 2019, EMRK Art. 6 Rn. 536; vgl. auch *Cras/Matteis*, eucrimv2010, 153, 159; *Vogiatzis*, Human Rights Law Review, 2022, Ausgabe 22, 1, 10; a. A. aufgrund der häufig synonymen Verwendung von Übersetzen und Dolmetschen: *Braitsch*, Gerichtssprache für Sprachunkundige im Lichte des "fair trial", 1991, S. 181; *Villiger*, Hdb. EMRK, 3. Aufl. 2020, Rn. 608; *Staffler*, ZStrR 2020, 21, 42.

[12] Wiener Vertragsrechtskonvention vom 23.05.1969.

[13] Vgl. EGMR, Urteil vom 21.02.1975, Az.: 4451/70 (Golder / Großbritannien) = BeckRS 1975, 107576 Rn. 35 f.; *Grabenwarter/Pabel*, EMRK, 7. Aufl. 2021, § 5 Rn. 3 f.; *Mayer* in: Karpenstein/Mayer, EMRK, 3. Aufl. 2022, Einleitung Rn. 56.

[14] Vgl. EGMR, Urteil vom 25.04.1978, Az.: 5856/72 (Tyrer / Großbritannien) = BeckRS 1978, 108297 Rn. 31; *Grabenwarter/Pabel*, EMRK, 7. Aufl. 2021, § 5 Rn. 5, 14; *Klocke*, EuR 2015, 148, 149; *Mayer* in: Karpenstein/Mayer, EMRK, 3. Aufl. 2022, Einleitung Rn. 45 ff.

[15] EGMR, Urteil vom 18.10.2006, Az.: 18114/02 (Hermi / Italien) = BeckRS 2006, 142454 Rn. 70; ferner: *Gaede* in: MünchKomm-StPO, 2. Aufl. 2025, EMRK Art. 6 Rn. 274; *Meyer* in: Karpenstein/Mayer, EMRK, 3. Aufl. 2022, Art. 6 Rn. 260; *Brannan*, “Identifying written translation in criminal proceedings as a separate right: scope and supervision under European law”, 2013, S. 8.

[16] *Meyer* in: SK-StPO, 5. Aufl. 2019, EMRK Art. 6 Rn. 525; *Braitsch*, Gerichtssprache für Sprachunkundige im Lichte des "fair trial", 1991, S. 166 f.; *Setsevits*, MDR 1976, 545, 546.

[17] Art. 3 Abs. 3 EMRK spricht zwar vom Angeklagten, jedoch wird dieser Begriff für die EMRK autonom und weiter ausgelegt und erfasst daher auch solche Personen, welche im deutschen Recht „nur“ Beschuldigte sind, vgl. *Kirchhoff*, HRRS 2015, 506, 508, m. w. N.

Translationsleistungen ermöglicht wird, dem Verfahren in jeder Lage zu folgen und sachgerecht an dieser zu partizipieren.[18]

Eine schriftliche Übersetzung von Dokumenten bzw. Unterlagen ist grundsätzlich nicht erforderlich, sofern bereits durch eine mündliche Übertragung der relevanten Dokumente das Verständnis der beschuldigten Person sichergestellt ist.[19] Trotzdem sollten schriftliche Übersetzungen über den Wortlaut hinaus, insbesondere unter Berücksichtigung des angestrebten Schutzzweckes der Norm, in den Schutzbereich fallen.[20] Die Schutzziele der EMRK enthalten ein sog. Optimierungsgebot.[21] Es werden zwar primär Mindestrechte gewährleistet, jedoch besteht auch ein Gestaltungsauftrag, diese Garantien möglichst effektiv innerhalb des tatsächlich Möglichen auszugestalten.[22]

Meyer stellt fest, dass der EGMR davor zurückschreckt, diese Mindestgarantie ausdrücklich weiterzuentwickeln und vermutet, dass dies vor allem daran liegt, dass der EGMR den Mitgliedstaaten keine *„erhebliche Kosten und längere Verfahrensdauern* [zumuten]" möchte.[23] Weiterhin wirft *Meyer* die Frage auf, *„ob sich die Situation mit fortschreitender Verbesserung von (kostengünstigen) Übersetzungsalgorithmen* [entspannen könnte]."[24]

Maschinelle Translationen könnten die Zweckerreichung der Norm fördern und die Umsetzung eines fairen Verfahrens in einem größeren Maße ermöglichen. Maschinelle Übersetzungsleistungen dürfen sich im Vergleich zu konventionellen Übersetzungen nicht negativ auf die Fairness des Verfahrens auswirken.

(3) Systematische Auslegung unter Berücksichtigung der weiteren Mindestrechte

Der Art. 6 Abs. 3 lit. e EMRK muss für eine systematische Auslegung mit den anderen Verfahrensrechten des Art. 6 Abs. 3 EMRK im Zusammenhang betrachtet werden.[25] Der Art. 6 Abs. 3 EMRK erweitert und konkretisiert innerhalb des allgemeinen fair-trial Grundsatzes aus

---

[18] *Meyer* in: SK-StPO, 5. Aufl. 2019, EMRK Art. 6 Rn. 525; *Gaede* in: MünchKomm-StPO, 2. Aufl. 2025, EMRK Art. 6 Rn. 272; *Meyer* in: Karpenstein/Mayer, EMRK, 3. Aufl. 2022, Art. 6 Rn. 257.

[19] EGMR, Urteil vom 19.12.1989, Az.: 9783/82 (Kamasinski / Österreich) = BeckRS 1989, 113179 Rn. 74 = EGMR-E 4, 450, 474 Rn. 74, 77, 81, 85; EGMR, Urteil vom 28.08.2018, Az.: 59868/08 (Vizgirda / Slowenien), Rn. 78; *Satzger* in: SSW-StPO, 6. Aufl. 2025, EMRK Art. 6 Rn. 70; *Harrendorf/König/Voigt* in: HK-EMRK, 5. Aufl. 2023, Art. 6 Rn. 235; *Meyer* in: Karpenstein/Mayer, EMRK, 3. Aufl. 2022, Art. 6 Rn. 260; kritisiert durch *Staffler*, ZStrR 2020, 21, 42 ff.

[20] *Meyer* in: Karpenstein/Mayer, EMRK, 3. Aufl. 2022, Art. 6 Rn. 260; *Schmitt* in: Schmitt/Köhler, StPO, 69. Aufl. 2026, EMRK Art. 6 Rn. 26 f.

[21] *Jahn,* ZStW 2015, 549, 577; *Möstl* in: Stern/Sodan/Möstl, Das Staatsrecht der Bundesrepublik Deutschland im europäischen Staatenverbund, 2. Aufl. 2022, § 68 Rn. 13.

[22] *Jahn*, ZStW 2015, 549, 577, 615.

[23] *Meyer* in: Karpenstein/Mayer, EMRK, 3. Aufl. 2022, Art. 6 Rn. 260.

[24] *Meyer* in: Karpenstein/Mayer, EMRK, 3. Aufl. 2022, Art. 6 Rn. 260.

[25] *Meyer* in: Karpenstein/Mayer, EMRK, 3. Aufl. 2022, Art. 6 Rn. 257.

Abs. 1 die *Mindest*rechte, welche die Vertragsstaaten garantieren.[26] Neben den geschriebenen Rechten aus Abs. 3 bestehen ungeschriebene, etwa das Schweigerecht oder das Recht eigene Ermittlungen vorzunehmen.[27] Prüfungen der EMRK durch den EGMR erfolgen daher, systematisch bedingt, sinnvoll nur zusammen.[28] Auch für eine Auslegung, ob ein faires Verfahren gesichert werden kann, muss, aufgrund der jeweiligen Wechselwirkungen, eine Gesamtbetrachtung mit den einzelnen gewährleisteten Mindestrechten vorgenommen werden. So gewinnen Übersetzungsansprüche bei dem Recht auf Unterrichtung über die erhobenen Beschuldigungen sowie dem Recht zur Möglichkeit auf ausreichend Zeit und Gelegenheit zur Vorbereitung der Verteidigung besondere Bedeutung, bei denen maschinell erzeugte Übersetzungen ausreichend sein müssten.

(a) Unterrichtung über die Beschuldigung (Art. 5 Abs. 2, Art. 6 Abs. 3 lit. a EMRK)

Die beschuldigte Person muss in einer für sie verständlichen Sprache über die Beschuldigungen unterrichtet werden (vgl. Art. 5 Abs. 2, Art. 6 Abs. 3 lit. a EMRK). Für die „verständliche Sprache“ sind gegebenenfalls Translationen notwendig.[29] In Deutschland erfolgt diese Unterrichtung in der Regel im Rahmen der Vernehmung (vgl. § 163a Abs. 4 StPO).

(aa) Grundsätzliche Vorgaben zu den Unterrichtungen

Art. 5 Abs. 2 EMRK gibt vor, dass einer festgenommenen Person in einer “*ihr verständlichen Sprache*“[30] die Gründe sowie die genaue Anschuldigung mitgeteilt werden sollen. Zweck dieser Norm ist es, der festgenommenen Person möglichst zügig die Ungewissheit über ihre aktuelle Lage zu nehmen und es ihr zu ermöglichen, Rechtsschutz zu ersuchen.[31] Die Mitteilung muss

---

[26] EGMR, Bericht vom 18.05.1977, Az.: 6210/73, 6877/75; 7132/75 = NJW 1978, 477, 477; *Braitsch*, Gerichtssprache für Sprachunkundige im Lichte des "fair trial", 1991, S. 188; *Gaede* in: MünchKomm-StPO, 2. Aufl. 2025, EMRK Art. 6 Rn. 140; *Schmitt* in: Schmitt/Köhler, StPO, 69. Aufl. 2026, EMRK Art. 6 Rn. 16.

[27] *Augustin*, Das Recht des Beschuldigten auf effektive Verteidigung, 2013, S. 56 ff.

[28] EGMR, Entscheidung vom 18.10.2001, Az.: 37225/97 (N.F.B. / Deutschland) = NJW 2003, 2297, 2297; EGMR, Urteil vom 13.02.2001, Az.: 29731/96 (Krombach / Frankreich) = NJW 2001 2387, 2390; *Schmitt* in: Schmitt/Köhler, StPO, 69. Aufl. 2026, EMRK Art. 6 Rn. 16; *Gaede* in: MünchKomm-StPO, 2. Aufl. 2025, EMRK Art. 6 Rn. 140.

[29] *Staffler*, ZStrR 2020, 21, 24.

[30] Englische-Fassung: “*Everyone who is arrested shall be informed promptly, in a language which he understands, of the reasons for his arrest and of any charge against him.*” / Französische-Fassung: “*Toute personne arrêtée doit être informée, dans le plus court délai et dans une langue qu'elle comprend, des raisons de son arrestation et de toute accusation portée contre elle.*“

[31] EGMR, Urteil vom 21.02.1990, Az.: 11509/85 (Van der Leer / Niederlande) = BeckRS 1990, 116993 Rn. 27 f.; EGMR, Urteil vom 30.08.1990, Az.: 12244/86, 12245/86, 12383/83 (Fox, Campbell, Hartley / Großbritannien) = BeckRS 1990, 116810 Rn. 40; *EGMR*, Guide on Article 5 of the Convention, Stand: 31.08.2022, Rn. 161; *Elberling* in: Karpenstein/Mayer, EMRK, 3. Aufl. 2022, Art. 5 Rn. 91.

so erfolgen, dass die Person die Lage zutreffend erfassen kann.[32] Es ist keine besondere Form, insbesondere keine Schriftlichkeit, vorgesehen.[33]
Auch für den Art. 6 Abs. 3 lit. a EMRK gilt ähnliches. Nach dieser Norm muss die beschuldigte Person „*innerhalb möglichst kurzer Frist in einer ihr verständlichen Sprache in allen Einzelheiten über Art und Grund der gegen sie erhobenen Beschuldigung unterrichtet* […] *werden*“.[34] Dies gilt sowohl im Ermittlungs- als auch im Hauptverfahren.[35] Der EGMR stellt auch hierzu fest, dass die Information nicht schriftlich erfolgen muss,[36] wobei jedoch zugestanden wird, dass für die angeklagte Person Nachteile entstehen könnten bei einer rein mündlichen Übertragung.[37] Dies führt dazu, dass es sich in der Praxis empfiehlt, etwa der Anklageschrift eine schriftlichen Übersetzung beizufügen, ohne dass ein solcher Anspruch aus der EMRK direkt hergeleitet wird.[38] Dies ist auch die grundsätzliche Rechtspraxis in Deutschland.[39] Das Recht zur Bekanntgabe der Beschuldigung selbst gewährt ferner kein Recht auf Übersetzungen über den notwendigsten Inhalt der Akten hinaus oder für Urteile.[40]

---

[32] *Meyer* in: SK-StPO, 5. Aufl. 2019, EMRK Art. 5 Rn. 199.

[33] Vgl. EGMR, Entscheidung vom 13.09.2011, Az.: 33655/06 (Kane / Zypern) = BeckRS 2011, 143805 Rn. 136: “*Article 5 § 2 does not require the reasons to be given in writing to the detained person or otherwise in a particular form*”; EGMR, Urteil vom 05.04.2001, Az.: 26899/95 (H.B./Schweiz) = BeckRS 2001, 165573 Rn. 47; EGMR, Urteil vom 08.02.2005, Az.: 49491/99 (Bordovskiy / Russland), Rn. 56 (keine bestimmte Form); *Elberling* in: Karpenstein/Mayer, EMRK, 3. Aufl. 2022, Art. 5 Rn. 95; *Gaede* in: MünchKomm-StPO, 2. Aufl. 2025, EMRK Art. 5 Rn. 72; *Meyer* in: SK-StPO, 5. Aufl. 2019, EMRK Art. 5 Rn. 199; *Satzger* in: SSW-StPO, 6. Aufl. 2025, EMRK Art. 5 Rn. 49; *Villiger*, Hdb. EMRK, 3. Aufl. 2020, Rn. 582.

[34] Englische-Fassung: “*Everyone charged with a criminal offence has the following minimum rights: a) to be informed promptly, in a language which he understands and in detail, of the nature and cause of the accusation against him.*” / Französische-Fassung: “*Tout accusé a droit notamment à: a) être informé, dans le plus court délai, dans une langue qu'il comprend et d'une manière détaillée, de la nature et de la cause de l'accusation portée contre lui.*”

[35] EGMR, Urteil vom 14.10.2014, Az.: 45440/04 (Baytar / Türkei) = BeckRS 2014, 129620 Rn. 50; EGMR, Urteil vom 18.10.2006, Az.: 18114/02 (Hermi / Italien) = BeckRS 2006, 142454 Rn. 69.

[36] Vgl. EGMR, Urteil vom 18.10.2006, Az.: 18114/02 (Hermi / Italien) = BeckRS 2006, 142454 Rn. 68: “*Whilst this provision does not specify that the relevant information should be given in writing or translated in written form for a foreign defendant, it does point to the need for special attention to be paid to the notification of the “accusation” to the defendant.*” (Hervorhebungen nur hier); vgl. auch *Grabenwarter/Pabel*, EMRK, 7. Aufl. 2021, § 24 Rn. 114; *Meyer* in: SK-StPO, 5. Aufl. 2019, EMRK Art. 6 Rn. 381; *Brannan*, “Identifying written translation in criminal proceedings as a separate right: scope and supervision under European law”, 2013, S. 7.

[37] Vgl. EGMR, Urteil vom 18.10.2006, Az.: 18114/02 (Hermi / Italien) = BeckRS 2006, 142454 Rn. 68: „*A defendant not familiar with the language used by the court may be at a practical disadvantage if the indictment is not translated into a language which he understands.*“ (Hervorhebungen nur hier); EGMR, Urteil vom 19.12.1989, Az.: 9783/82 (Kamasinski / Österreich) = BeckRS 1989, 113179 Rn. 79 ff.; *Meyer* in: SK-StPO, 5. Aufl. 2019, EMRK Art. 6 Rn. 381.

[38] *Meyer* in: Karpenstein/Mayer, EMRK, 3. Aufl. 2022, Art. 6 Rn. 192.

[39] *Schmitt* in: Schmitt/Köhler, StPO, 69. Aufl. 2026, EMRK Art. 6 Rn. 17; BGH, Beschluss vom 10.07.2014, Az.: 3 StR 262/14 = NStZ 2014, 725; OLG Hamburg, Beschluss vom 14.09.1992, Az.: 2 Ws 396/92 H = NStZ 1993, 53; wenn rechtl. und tats. leicht überschaubar: OLG Düsseldorf, Beschluss vom 02.07.2003, Az.: III-2 Ss 88/03-41/03 II = NJW 2003, 2766; OLG Hamburg, Beschluss vom 17.05.2005, Az.: 1 Ss 61/05 = StV 2006, 175, 177; erfordert auf bei einfachen Sachverhalt eine schriftliche Übersetzung: OLG Hamm, Beschluss vom 27.11.2003, Az.: 4 StVK 3/04 = StV 2004, 364.

[40] *Schmitt* in: Schmitt/Köhler, StPO, 69. Aufl. 2026, EMRK Art. 6 Rn. 18; OLG Düsseldorf, Beschluss vom 19.03.1986, Az.: 1 Ws 182/86 = JZ 1986, 508; OLG Hamm, Beschluss vom 16.02.1999, Az.: 2 Ws 595–98 = NStZ-RR 1999, 158, 159.

(bb) Zügige Bekanntgabe bei Verwendung einer maschinellen Übersetzung

Da eine Bekanntgabe *zügig* erfolgen muss, ergibt die systematische Auslegung an diesen Punkt, dass maschinelle Übersetzungen zulässig sein sollten. Durch eine möglichst unverzügliche Bekanntgabe („*promptly*"/„*le plus court délai*") der Beschuldigung sowie der näheren Angaben hierzu, wird es der beschuldigten Person ermöglicht als Verfahrenssubjekt an dem Strafverfahren zu partizipieren, die staatlichen Maßnahmen einzusortieren und entsprechende eigene Handlungsmöglichkeiten vorzubereiten.[41] Insbesondere in Konstellationen, in denen eine Untersuchungshaft angeordnet wurde, ist die vorherige Ungewissheit psychologisch betrachtet äußerst belastend und lähmend, weshalb die zeitnahe Bekanntgabe und Übersetzung der Informationen äußerst wichtig ist.[42] Der Aufschub der Bekanntgabe der Informationen ist nur in Fällen zulässig, wenn dies strikt erforderlich ist.[43] Ein vorhersehbarer Übersetzungsbedarf stellt keinen solchen Fall dar und kann daher grundsätzlich keine Verzögerung begründen.[44]

Bei der Verwendung von maschinellen Translationen könnten die Informationen nahezu ohne zeitliche Verzögerung in die jeweilige Zielsprache der beschuldigten Person übertragen werden und so für eine möglichst schnelle Gewährleistung dieser Rechte sorgen.

(cc) Verständliche und einfache Sprache bei Verwendung einer maschinellen Übersetzung

Für die Bekanntgabe ist keine bestimmte Art und Weise vorgeschrieben.[45] Die beschuldigte Person sollte insoweit über Einzelheiten bezüglich der Art der Anklage, bzw. Beschuldigung, der tatsächlichen Vorkommnisse und der zur Last gelegten Tat informiert werden, sodass eine Vorbereitung der Verteidigung möglich ist.[46] Dies sollte in einer verständlichen und einfachen Sprache erfolgen.[47] Im Falle einer Haftsache sollte der Inhalt der Bekanntgabe die Person in die Position versetzen, eine Haftprüfung einleiten zu können.[48]

---

[41] *Elberling* in: Karpenstein/Mayer, EMRK, 3. Aufl. 2022, Art. 5 Rn. 91; *Gaede* in: MünchKomm-StPO, 2. Aufl. 2025, EMRK Art. 5 Rn. 62; 70; Art. 6 Rn. 143; *Valerius* in: BeckOK-StPO, Stand: 01.04.2026, EMRK Art. 6 Rn. 36.

[42] *Gaede* in: MünchKomm-StPO, 2. Aufl. 2025, EMRK Art. 5 Rn. 62.

[43] *Gaede* in: MünchKomm-StPO, 2. Aufl. 2025, EMRK Art. 5 Rn. 70.

[44] *Gaede* in: MünchKomm-StPO, 2. Aufl. 2025, EMRK Art. 5 Rn. 74.

[45] EGMR, Urteil vom 25.03.1999, Az.: 25444–94 (Pélissier / Sassi) = NJW 1999, 3545, 3546; *Gaede* in: MünchKomm-StPO, 2. Aufl. 2025, EMRK Art. 6 Rn. 149; *Meyer* in: Karpenstein/Mayer, EMRK, 3. Aufl. 2022, Art. 6 Rn. 191; *Staffler,* ZStrR 2020, 21, 25.

[46] *Schmitt* in: Schmitt/Köhler, StPO, 69. Aufl. 2026, EMRK Art. 6 Rn. 17.

[47] EGMR, Urteil vom 01.03.2006, Az.: 56581/00 (Sejdovic / Italien) = BeckRS 2006, 143932 Rn. 89; *Elberling* in: Karpenstein/Mayer, EMRK, 3. Aufl. 2022, Art. 5 Rn. 97; *Meyer* in: Karpenstein/Mayer, EMRK, 3. Aufl. 2022, Art. 6 Rn. 191.

[48] EGMR, Urteil vom 30.08.1990, Az.: 12244/86, 12245/86, 12383/83 (Fox, Campbell, Hartley / Großbritannien) = BeckRS 1990, 116810 Rn. 40; *Elberling* in: Karpenstein/Mayer, EMRK, 3. Aufl. 2022, Art. 5 Rn. 94.

Bereits bei der Bekanntgabe der Information auf Deutsch sollen Fehler im Detail nicht relevant sein, soweit die beschuldigte Person diese „*durch ein Mindestmaß an Aufmerksamkeit hätte bemerken müssen*".[49] Bei schriftlichen Übersetzungen kann durch maschinelle Translation ein hohes sog. *Gisting*, also Verständnis des Inhaltes, erreicht werden.

Eine Information über die Beschuldigungen zur Ausübung einer effektiven Verteidigung dürfte daher durch eine maschinelle Translation sichergestellt werden können. Für die Unterrichtung ist es für die beschuldigte Person nicht relevant, ob die Translation durch einen Menschen oder durch eine Software generiert wurde, solange der Vorwurf sowie der Grund und der grundlegende Sachverhalt in einem hinreichenden Ausmaß erkennbar werden. Insbesondere aufgrund des Zeitfaktors könnte eine maschinelle Übersetzung dieses Mindestrecht noch effektiver gewährleisten.

(b) Zeit und Gelegenheit zur Vorbereitung der Verteidigung (Art. 6 Abs. 3 lit. b EMRK)

Es besteht das Recht, die Verteidigung hinreichend vorbereiten zu können (vgl. Art. 6 Abs. 3 lit. b EMRK). Durch dieses Recht soll Waffengleichheit zwischen der Anklage- und Verteidigungsseite hergestellt werden, indem beide Seiten in gleicher Weise Zugang zu den Vorträgen und Beweismitteln der Gegenseite erlangen.[50] Auch das rechtliche Gehör soll gestärkt werden.[51]

(aa) Grundsätzliche Vorgaben

Die beschuldigte Person, bzw. deren Verteidigung, sollte Zugang zu allen relevanten Beweismitteln erlangen können, auf welche die Staatsanwaltschaft ihre Anklage stützt.[52]

Hierzu gehört grundsätzlich die Möglichkeit zur Einsicht in die Verfahrensakten, unabhängig von einer vorhandenen Verteidigung.[53] Die beschuldigte Person hat in der Regel selbst die größte Tatsachenkenntnis und kann die für die Verteidigung wichtigsten Stellen daher am besten herausfiltern für eine effektive und faire Verteidigungsvorbereitung.[54]

---

[49] *Gaede* in: MünchKomm-StPO, 2. Aufl. 2025, EMRK Art. 6 Rn. 147, m. w. N.

[50] EGMR, Urteil vom 28.08.1991, Az.: 11170/84, 12876/87, 13468/87 (Brandstetter / Österreich), BeckRS 1991, 119959 Rn. 67; *Satzger* in: SSW-StPO, 6. Aufl. 2025, EMRK Art. 6 Rn. 40.

[51] *Satzger* in: SSW-StPO, 6. Aufl. 2025, EMRK Art. 6 Rn. 40.

[52] EGMR, Urteil vom 16.12.1992, Az.: 13071/87 (Edwards / Großbritannien) = BeckRS 1992, 122366. Rn. 36; EGMR, Urteil vom 16.02.2000, Az.: 28901/95 (Rowe, Davis / Großbritannien) = BeckRS 2000, 171438 Rn. 60; EGMR, Urteil vom 16.11.2006, Az.: 46503/99 (Klimentyev / Russland) = BeckRS 2006, 142262 Rn. 109; *Meyer* in: SK-StPO, 5. Aufl. 2019, EMRK Art. 6 Rn. 165; *Satzger* in: SSW-StPO, 6. Aufl. 2025, EMRK Art. 6 Rn. 40; *Gaede* in: MünchKomm-StPO, 2. Aufl. 2025, EMRK Art. 6 Rn. 158 f.

[53] *Meyer* in: Karpenstein/Mayer, EMRK, 3. Aufl. 2022, Art. 6 Rn. 196.

[54] EGMR, Urteil vom 18.03.1997, Az.: 22209/93 (Foucher / Frankreich), Rn. 36; *Meyer* in: SK-StPO, 5. Aufl. 2019, EMRK Art. 6 Rn. 165; *Satzger* in: SSW-StPO, 6. Aufl. 2025, EMRK Art. 6 Rn. 43.

Wenn sich die sprachunkundige Person selbst verteidigen möchte, muss ihr die Möglichkeit eingeräumt werden, von der Ermittlungsakte und weiteren relevanten Schriftsätzen, Beweismitteln und Protokollen in einer für sie verständlichen Sprache Kenntnis zu erlangen. Hier können für verschiedenste Unterlagen Translationen erforderlich werden.

Häufig erfolgt vor der Anfertigung der notwendigen Übersetzungen eine Vorselektion der Unterlagen, mit Blick auf die vermutete Relevanz durch die Behörden. Dies ist sehr kritisch zu sehen.[55] Für die effektive Wahrnehmung dieser Garantie sollten die Akten vollständig sein, ansonsten könnte die Verfahrensfairness erheblich gefährdet sein.[56] Dieser Grundsatz muss unabhängig von den individuellen Sprachkenntnissen gelten. Jedoch kann das Erfordernis Übersetzungen anfertigen zu lassen, mit dem Beschleunigungsgrundsatz in Konflikt treten,[57] was insbesondere bei umfangreichen Akten eine Herausforderung darstellen kann.

(bb) Umsetzbarkeit durch eine maschinelle Translation

Die Anfertigung der Übersetzungen mittels maschineller Übersetzungen könnte ein probates Mittel sein, um diesen Konflikt aufzulösen.

Zunächst muss die beschuldigte Person zuverlässige Kenntnis über den Inhalt erlangen, um eigene Argumente und Beweismittel zur Entlastung vorzubringen.[58] Maschinelle Übersetzungen müssten in der Lage sein, dies zu ermöglichen. Auf der ersten Stufe sind hierfür bereits Informativübersetzungen ausreichend,[59] welche bereits einen guten Überblick über Sinn und Inhalt der betroffenen Dokumente gewährleisten – gerade, wenn es nur um eine Sichtung und erste Einordnung für die Entscheidungen über das weitere Vorgehen geht.[60] Solche Informativübersetzungen kann eine maschinelle Übersetzung gut bewältigen.[61] Für die Eigenverteidigung und die Vorbereitung macht es für eine effektive Wahrnehmung der Rechte keinen Unterschied, ob die Unterlagen an einen menschlichen Übersetzer zwecks Translation übergeben werden oder in eine KI-Anwendung eingespeist werden. Bei der KI-Anwendung

[55] Vgl. EGMR, Urteil vom 04.04.2017, Az.: 2742/12 (Matanović / Kroatien) = BeckRS 2017, 162588 Rn. 158; *Meyer* in: SK-StPO, 5. Aufl. 2019, EMRK Art. 6 Rn. 400; *Meyer* in: Karpenstein/Mayer, EMRK, 3. Aufl. 2022, Art. 6 Rn. 199.

[56] Vgl. EGMR, Urteil vom 18.03.1997, Az.: 22209/93 (Foucher / Frankreich), Rn. 36; *Meyer* in: SK-StPO, 5. Aufl. 2019, EMRK Art. 6 Rn. 165.

[57] Vgl. *Meyer* in: Karpenstein/Mayer, EMRK, 3. Aufl. 2022, Art. 6 Rn. 196; *Satzger* in: SSW-StPO, 6. Aufl. 2025, EMRK Art. 6 Rn. 41.

[58] *Meyer* in: Karpenstein/Mayer, EMRK, 3. Aufl. 2022, Art. 6 Rn. 196.

[59] EGMR, Entscheidung vom 12.01.2010, Az.: 22738/08 (H. K. / Belgien), zit. nach: *Brannan*, "Identifying written translation in criminal proceedings as a separate right: scope and supervision under European law", 2013, S. 10.

[60] Hierzu auch *Bornscheuer/Beck*, DiRZ 2023, 388, 389; *Unbekannt*, Gerichtsdolmetscher fürchten schärfere Zugangsbedingungen zu Beruf, 08.04.2024, Staatsanzeiger, abrufbar unter: https://www.staatsanzeiger.de/nachrichten/politik-und-verwaltung/gerichtsdolmetscher-fuerchten-schaerfere-zugangsbedingungen-zu-beruf/ (zuletzt abgerufen am: 31.12.2024).

[61] *Gregorio*, Bericht DeepL-Test, 19.11.2019, S. 52, abrufbar unter: https://www.newsd.admin.ch/newsd/message/attachments/59735.pdf (zuletzt abgerufen am: 30.05.2026).

besteht der Vorteil, dass das Translat ohne merkliches Abwarten bereitsteht und Translationen in einem größeren Umfang vorgenommen werden können, wenn der Zeit- und Kostendruck abnimmt. Es ist gerade keine Vorselektion der Unterlagen, welche übersetzt werden sollen, durch die Behörden oder durch andere sprachkundige Personen erforderlich. Die sprachunkundige Person kann sich aufgrund der maschinellen Übersetzungen ein eigenes Bild der umfassenden Unterlagen bilden. Auch maschinelle Übersetzungen könnten daher eine Grundlage zur Vorbereitung der eigenen Verteidigung bieten.

(4) Zwischenergebnis

Durch die EMRK werden keine unmittelbaren Anforderungen oder Qualitätsstandards an Übersetzungsleistungen aufgestellt, es muss lediglich sichergestellt sein, dass ein faires Verfahren gewährleistet werden kann. [62] Es lässt sich festhalten, dass durch die EMRK nur niedrige Anforderungen an Übersetzungen im Strafverfahren gestellt werden. So wird nicht bereits aufgrund des Anspruchs auf einen Dolmetscher nach Art. 3 Abs. 3 lit. e EMRK zwingend ebenfalls ein Anspruch auf Übersetzungen begründet. Jedoch ergibt sich aus den weiteren Garantien für ein faires Verfahren die Notwendigkeit zur Anfertigung von schriftlichen Übersetzungen, etwa indem die Beschuldigungen in einer verständlichen Sprache bekannt gegeben (Art. 5 Abs. 2, Art. 6 Abs. 3 lit. a EMRK) oder die erforderlichen Unterlagen für eine effektive Verteidigung überlassen werden. Hier steht insbesondere die Informationsübermittlung als solche im Vordergrund. Eine maschinelle Übersetzung könnte grundsätzlich die erforderlichen Informationen ebenfalls zugänglich machen.

Weiterhin ist nicht zu verkennen, dass die EMRK nur Mindestrechte gewährleistet und den jeweiligen Mitgliedstaaten ein großer Ermessensspielraum für die konkrete Umsetzung und Ausgestaltung der Maßnahmen zur Gewährleistung dieser Mindestrechte überlassen wird.[63] Dabei sollten vorhandene technische Möglichkeiten genutzt werden, wenn hierdurch eine größere Effektivität der Verfahrensrechte erreicht werden kann. Die EMRK steht maschinell angefertigten Übersetzungen nicht entgegen.

bb. Keine Besonderheiten aus Art. 14 Abs. 3 IPbpR

In Art. 14 Abs. 3 IPbpR[64] finden sich nur grundlegende Mindestvoraussetzungen für ein faires Strafverfahren.[65] Die Regelungen in Art. 14 Abs. 3 lit. f (Dolmetscheranspruch) und lit. a

---

[62] Vgl. EGMR, Entscheidung vom 24.01.2002, Az.: 44234/98 (Ucak / Großbritannien) = BeckRS 2002, 163917 Rn. 31; *Meyer* in: SK-StPO, 5. Aufl. 2019, EMRK Art. 6 Rn. 530.

[63] EGMR, Urteil vom 28.08.2018, Az.: 59868/08 (Vizgirda / Slowenien) = NLMR 2018, 347, 349.

[64] Internationaler Pakt über bürgerliche und politische Rechte vom 19.12.1966 (BGBl. II S. 1534).

[65] Vgl. auch *Hofmann/Boldt*, Internationaler Bürgerrechtepakt, 2005, Art. 14 Rn. 4.

(Information über Art und Grund der Anklage) IPbpR entsprechen im Wesentlichen den in der EMRK getroffenen Gewährleistungen,[66] weshalb auf das bereits oben Festgestellte verwiesen werden kann. Es bestehen keine eigenständig bedeutsamen gerichtlichen Entscheidungen.[67]

cc. Charta der Grundrechte der Europäischen Union

Die GRCh steht einer Verwendung von maschinellen Übersetzungen nicht entgegen. So ist auch hier in Art. 47 Abs. 2 GRCh ein faires Verfahren garantiert, wozu eine Waffen- und Chancengleichheit gehört,[68] sowie der Anspruch auf rechtliches Gehör, inklusive der Bereitstellung von Informationen und der Ermöglichung der Partizipation an den Verhandlungen.[69] Zudem müssen nach Art. 48 Abs. 2 GRCh die Verteidigungsrechte geachtet werden, wobei zur Konkretisierung auf Art. 6 Abs. 3 EMRK zurückgegriffen wird.[70] In diesem Rahmen sind auch Translationsleistungen erforderlich. Für die Ausgestaltung der Translationsanfertigung wurden keine Konkretisierungen getroffen.

dd. Richtlinie 2010/64/EU

Die maschinelle Durchführung schriftlicher Übersetzungen muss mit den weiteren europäischen Vorgaben vereinbar sein. Hierbei ist insbesondere eine Vereinbarkeit mit der Richtlinie 2010/64/EU über das Recht auf Dolmetschleistungen und Übersetzungen in Strafverfahren notwendig, welche im Wesentlichen durch Änderung des Gerichtsverfassungsgesetzes in deutsches Recht umgesetzt wurde. Die Vorgaben, welche durch Richtlinien aufgestellt werden, müssen zudem bei der Auslegung der jeweiligen Normen berücksichtigt werden (sog. Gebot der richtlinienkonformen Interpretation von nationalem Umsetzungsrecht).[71] Weiterhin können Richtlinien eine unmittelbare Wirkung entfalten, wenn diese nach Ablauf der Umsetzungsfrist nicht (ausreichend) umgesetzt wurde und sie geeignet ist, innerstaatlich eine unmittelbare Regelungswirkung zu erzielen, d. h. sie uneingeschränkt sowie hinreichend genau bestimmt ist.[72]

---

[66] *Ingerl*, Sprachrisiko im Verfahren, 1988, S. 22 Fn. 64; *Kranjčić*, „…dass er treu und gewissenhaft übertragen werde.“, 2010, S. 32; *Schmitt* in: Meyer Goßner/Schmitt, StPO, 67. Aufl. 2024, EMRK Vor. Art. 1 Rn. 7; *Weith*, Gerichtssprachenproblematik im Straf- und Bußgeldverfahren, 1991, S. 61.

[67] *Brown-Blake*, International Journal on Minority and Group Rights, 13 (2006), 391, 409.

[68] *Jarass*, GRCh, 4. Aufl. 2021, Art. 47 Rn. 39.

[69] *Jarass*, GRCh, 4. Aufl. 2021, Art. 47 Rn. 40 ff.

[70] *Kubiciel/Großmann* in: Meyer/Hölscheidt, GRCh, 6. Aufl. 2024, Art. 48 Rn. 28; *Jarass*, GRCh, 4. Aufl. 2021, Art. 48 Rn. 26.

[71] Vgl. nur *Nettesheim* in: Grabitz/Hilf/Nettesheim, Das Recht der EU, 48. EL, Stand: August 2012, AEUV Art. 288 Rn. 133.

[72] *Nettesheim* in: Grabitz/Hilf/Nettesheim, Das Recht der EU, 48. EL, Stand: August 2012, AEUV Art. 288 Rn. 142 ff. Weiterhin kann eine Richtlinie bereits während der laufenden Umsetzungsfrist eine Vorwirkugn auslösen.

(1) Auslegung des Wortlauts

Der Wortlaut der Richtlinie nimmt im wesentlichen Bezug auf das Endprodukt und spricht insoweit neutral von „Übersetzungen“, bzw. „Übersetzungsleistungen“, vgl. etwa den Titel der Richtlinie, Art. 1 Abs. 1, 3, 4 oder Art. 5 Abs. 1.[73]

Jedoch wird in der Richtlinie in Art. 5 Abs. 2 und Abs. 3 auch Bezug auf die Berufsträger genommen. Insoweit soll nach Art. 5 Abs. 2 die Angemessenheit der Übersetzungen durch ein Register mit qualifizierten Berufsträgern sichergestellt werden und nach Abs. 3, dass die „Übersetzer“ die Vertraulichkeit wahren. Dies entspricht auch der Wortwahl in der englischsprachigen Ausfertigung der Richtlinie.

Bei dem Art. 5 Abs. 2 Satz 1 ist zu berücksichtigen, dass sich – ausweislich des Wortlautes – die Mitgliedstaaten lediglich um die Einrichtung eines solchen Registers „bemühen“ sollen. Hierbei handelt es sich nach Wertungen des EuGHs *„eher* [um] *ein programmatisches Erfordernis als eine Ergebnispflicht, die im Übrigen als solche keine unmittelbare Wirkung hat*“.[74] Bei der unmittelbaren Umsetzung zur Sicherstellung einer angemessenen Qualität verbleibt den Mitgliedstaaten ein Ermessensspielraum.[75]

(2) Historische Auslegung

(a) Historische Einordnung

Bei der Wahl des Wortlautes ist der Entstehungszeitraum in den frühen Zweitausendern zu berücksichtigen. Deshalb ist anzunehmen, dass der Richtliniengeber bei der Anfertigung von Übersetzungen davon ausgegangen ist, dass menschliche Berufsträger tätig werden und keine technischen Anwendungen. Die Richtlinie wurde im Rahmen des *„Fahrplans zur Stärkung der Verfahrensrechte von Verdächtigen oder Beschuldigten in Strafverfahren*“[76] erlassen und erfolgte zur schrittweisen Umsetzung dieser Ziele[77] und nicht der Umsetzung von Maßnahmen zur Digitalisierung im Strafverfahren.

---

[73] Normen ohne Angabe eines Gesetzes in diesem Unterabschnitt sind solche der Richtlinie 2010/64/EU.

[74] EuGH, Urteil vom 23.11.2021, Az.: C-564/19 = juris, Rn. 105.

[75] Vgl. EuGH, Schlussanträge des Generalstaatsanwalts vom 15.04.2021, Az.: C-564/19, Rn. 64.

[76] Abl. der EU C 295/1 vom 04.12.2009, Anhang, Maßnahme A: *„Der Verdächtige oder Beschuldigte muss verstehen können, was geschieht, und er muss sich verständlich machen können. Ein Verdächtiger oder Beschuldigter, der die Verfahrenssprache nicht spricht oder versteht, benötigt einen Dolmetscher sowie eine Übersetzung der wichtigsten Verfahrensunterlagen*“ (Hervorhebungen nur hier).

[77] Vgl. Erwägungsgrund Nr. 10, RL 2010/64/EU.

(b) Heutige positive Einstellung der EU-Institutionen gegenüber KI-Anwendungen

Die Institutionen der Europäischen Union zeigen sich heute offen für technische Ansätze.[78] Der Europäische Rat lässt erkennen, dass *„alle modernen elektronischen Kommunikationsmittel in volle*[m] *Umfang genutzt werden sollen*“ und dass ferner zur Umsetzung des Aktionsplans für die sog. E-Justiz insbesondere *„die Entwicklung von Übersetzungswerkzeugen“* durch die Union schwerpunktmäßig unterstützt werden sollte, *„damit diese so korrekt wie möglich arbeiten*“.[79]

Auch das Europäische Parlament führt als Ziel für die E-Justiz, zumindest bei der Beschreibung zur justiziellen Zusammenarbeit in Zivilsachen, folgendes auf:

> *„Zu den Instrumenten der E-Justiz gehören: […], die Vernetzung der nationalen Strafregister auf europäischer Ebene, eine stärkere Nutzung von Videokonferenzen in Gerichtsverfahren, innovative Übersetzungswerkzeuge, etwa die maschinelle Übersetzung, dynamische elektronische Formblätter und eine europäische Datenbank von Gerichtsübersetzern und -dolmetschern“.*[80]

(3) Systematische Auslegung und Verwirklichung des *Effet-utile*-Grundsatzes

Die Verwendung von maschinellen Übersetzungen könnte mit der Richtlinie unter Berücksichtigung der zwischenzeitlich geschaffenen technischen Möglichkeiten vereinbar sein. Dem oben untersuchten Wortlaut der Richtlinien kommt bereits aufgrund der verschiedenen sprachlichen Fassungen, welche grundsätzlich gleichrangig nebeneinander bestehen, nur eine reduzierte Bedeutung zu.[81] Der Wortlaut bestimmt aber die äußerste Grenze.[82] Da dieser primär von dem Endprodukt „Übersetzung“ ausgeht, welches auch grundsätzlich durch eine maschinelle Übersetzung herstellbar ist, ergibt sich die Frage, ob durch eine maschinelle Übersetzung die Ratio der mit dieser Richtlinie verfolgten Ziele effektiv und zweckmäßig erreicht werden kann (vgl. *effet utile*-Grundsatz).[83] Bei dieser Auslegung kommt insbesondere auch den Erwägungsgründen eine herausragende Stellung zu.[84]

---

[78] Vgl. etwa: *Europäisches Parlament*, P9_TA(2021)0405 (*Künstliche Intelligenz im Strafrecht und ihre Verwendung durch die Polizei und Justizbehörden in Strafsachen).*

[79] Europäischer Rat, Abl. der EU, 2010/C 115/01 vom 04.05.2020, 3.2.3 („Das Stockholmer Programm“).

[80] *Bux/Maciejewski*, Justizielle Zusammenarbeit in Zivilsachen, Juni 2022, S. 7 abrufbar unter: https://www.europarl.europa.eu/erpl-app-public/factsheets/pdf/de/FTU_4.2.5.pdf (zuletzt abgerufen am: 30.05.2026)(Hervorhebung nur hier).

[81] *Wegener* in: Calliess/Ruffert, EUV/AEUV, 6. Aufl. 2022, EUV Art. 19 Rn. 28.

[82] *Wegener* in: Calliess/Ruffert, EUV/AEUV, 6. Aufl. 2022, EUV Art. 19 Rn. 28.

[83] EuGH, Urteil vom 23.11.2021, Az.: C-564/19, = juris, Rn. 104; *Potacs*, EuR 2009, 465, 469; *Wegener* in: Calliess/Ruffert, EUV/AEUV, 6. Aufl. 2022, EUV Art. 19 Rn. 32.

[84] *Wegener* in: Calliess/Ruffert, EUV/AEUV, 6. Aufl. 2022, EUV Art. 19 Rn. 32.

Die Richtlinie verfolgt das Ziel, eine angemessene sprachliche Unterstützung sprachunkundiger Beschuldigter sicherzustellen und so den sprachlichen Nachteil auszugleichen, was wiederum die effektive Wahrnehmung der Verteidigungsrechte sowie ein faires Verfahren gewährleisten soll.[85]

(a) Richtlinie stellt nur Mindestvorgaben auf

Es ist zu beachten, dass die Richtlinie Mindestvorschriften aufstellt.[86] Diese dürfen durch Maßnahmen, welche ein höheres Schutzniveau gewährleisten, übertroffen werden.[87] Die Richtlinie enthält keine Präzisierungen dazu, wie die schriftlichen Übersetzungen konkret angefertigt werden sollen. Es ist lediglich festgelegt, dass die Qualität ausreichend sein muss, um ein faires Verfahren sicherzustellen und dass die sprachunkundigen Beschuldigten darüber Kenntnis erlangen, was ihnen zur Last gelegt wird, damit sie ihre Verteidigungsrechte interessengerecht ausüben können, vgl. Art. 3 Abs. 9.[88] Maschinelle schriftliche Übersetzungen können ein ausreichendes Maß an Verständnis des Inhaltes gewährleisten.[89]

Durch den Einsatz von maschinellen Übersetzungen besteht die Möglichkeit, den Zweck der Richtlinie effektiver umzusetzen und über das Mindestschutzniveau hinauszugehen. Es müssen derzeit nur die wesentlichen Unterlagen übersetzt werden, d.h. es besteht keine erschöpfende Übersetzungspflicht, sondern nur das Erfordernis von Informativübersetzungen.[90] Zum Teil genügt gar eine mündliche Zusammenfassung des wesentlichen Inhaltes, Art. 3 Abs. 7. Diese Einschränkung des Übersetzungsumfanges wurde ursprünglich auf Druck der Mitgliedstaaten in die Richtlinie primär implementiert, um tagelange Unterbrechungen der Verfahren für die Anfertigung der schriftlichen Übersetzungen zu vermeiden sowie um befürchtete Kosten zu senken.[91] Durch eine maschinelle Übersetzung können schriftliche Übersetzungen in kurzer Zeit umfassend verfügbar gemacht werden, ohne dass dies zu einer erheblichen finanziellen Mehrbelastung führt.

---

[85] Erwägungsgründe Nr. 14 und 17; EuGH, Urteil vom 01.08.2022, Az.: C-242/22 = BeckRS 2022, 18606; EuGH, Schlussanträge des Generalstaatsanwalts vom 15.04.2021, Az.: C-564/19, Rn. 62; *Fingas*, European Criminal Law Review 2019, 178, 180.
[86] Vgl. Erwägungsgründe Nr. 3, 8, 9, 12 und 32; BGH, Urteil vom 18.02.2020, Az.: 3 StR 430/19 = juris, Rn. 24.
[87] Vgl. Erwägungsgrund Nr. 32 Satz 1.
[88] Vgl. auch *Esser* in: Herrnfeld/Esser, Europäische Staatsanwaltschaft, 2022, § 11 Rn. 160.
[89] Vgl. Abschnitt A.I.b.dd.
[90] Erwägungsgrund Nr. 30 Satz 1; EuGH, Schlussanträge des Generalstaatsanwalts vom 15.04.2021, Az.: C-564/19, Rn. 62.
[91] *Cras/Matteis*, eucrim 2010, 153, 160.

(b) Zügige Bekanntgabe der Übersetzungen

Ferner sollen die schriftlichen Übersetzungen „*innerhalb einer angemessenen Frist*" (Art. 3 Abs. 1) angefertigt werden. Dies gilt insbesondere bei Belehrungen, vgl. Art. 4 Abs. 1, 5 Richtlinie 2012/13/EU. Diese Frist ließe sich durch maschinelle Übersetzungen erheblich verkürzen, was zu einer Steigerung der Beschuldigtenrechte führen kann, indem diese sich aufgrund der schnelleren Information schneller und umfassender verteidigen können. Ferner könnte durch eine maschinelle Übersetzung zudem eine Übersetzung in der Muttersprache (vgl. Erwägungsgrund Nr. 22) anstelle einer Relaissprache erfolgen; dies gilt insbesondere bei sog. seltenen Sprachen. Wenn die Ausgangssprache noch nicht für eine maschinelle Übersetzung verfügbar oder ausreichend trainiert ist, besteht alternativ die Möglichkeit, den Übersetzungsprozess zu beschleunigen, indem eine maschinelle Übersetzung aus der Relaissprache in die Zielsprache durchgeführt wird.

(4) Zwischenergebnis

Durch den Einsatz von maschinellen Übersetzungen könnten die Ziele der Richtlinie effektiver umgesetzt werden. Es sind schnellere und umfassendere Informativübersetzungen möglich, was dazu führt, dass die beschuldigten Personen wesentlich mehr Informationen erhalten, um sich auf ein faires Verfahren vorzubereiten. Bei einer Verwendung von maschinellen Übersetzungen muss aber sichergestellt werden, dass die Qualität angemessen ist, d. h. vor allem nicht unter das derzeitige Schutzniveau herabsinkt (Art. 5 Abs. 1) sowie die Vertraulichkeit der Inhalte gewahrt wird (Art. 5 Abs. 3).

b. Nationales Recht

aa. Grundgesetz

Normen auf niedrigeren Rangstufen müssen so ausgelegt werden, dass sie höheren Rangstufen, insbesondere dem Verfassungsrecht, nicht widersprechen.[92] Die Herstellung von Übersetzungen zum Zwecke der Verfahrenskommunikation mittels Künstlicher Intelligenz darf daher nicht mit verfassungsrechtlichen Grundsätzen in Konflikt treten oder grundrechtlich geschützte Rechtspositionen beeinträchtigen. Hierbei stellt sich die Frage, welche Grundrechte zum einen die Anfertigung von Übersetzungen erfordern und ob das Grundgesetz Anforderungen an die Art und Weise der Übersetzungsherstellung aufstellt, welche auch bei maschinell angefertigten Übersetzungen erfüllt werden müssen.

---

[92] *Bydlinski, Juristische Methodenlehre und Rechtsbegriffe, 2. Aufl. 1991, S. 456; Rüthers/Fischer/Birk* in: Rechtstheorie 12. Aufl. 2021, § 22 Rn. 763.

(1) Kein Objekt des Verfahrens (Art. 1 GG)

Eine sprachunkundige Person darf durch eine maschinelle Übersetzung nicht zum Objekt des Verfahrens gemacht werden. Die beschuldigte Person ist nur ein Prozesssubjekt, wenn diese aktiv an dem Verfahren partizipieren kann und als Subjekt wahrgenommen wird.[93] Die Möglichkeit auf die Kommunikationsprozesse im Strafprozess einzuwirken, ist eine wesentliche Grundlage für die Legitimation von Handlungen im Strafverfahren.[94] Damit die Person sachgerecht partizipieren kann, muss sie Kenntnis der Inhalte der schriftlichen Verfahrensunterlagen erhalten, sodass eigenständige Entscheidungen über das Vorgehen getroffenen werden können, um gegebenenfalls auf die Sachverhaltsaufklärung[95] sowie den Gang des Verfahrens Einfluss zunehmen.[96] So führt das BVerfG aus, dass es sich verbietet, *„den der deutschen Sprache nicht oder nicht hinreichend mächtigen Angeklagten zu einem unverstandenen Objekt des Verfahrens herabzuwürdigen; er muß in die Lage versetzt werden, die ihn betreffenden wesentlichen Verfahrensvorgänge verstehen und sich im Verfahren verständlich machen zu können.“*[97] Hierfür müssen die notwendigen Translationen bereitgestellt werden, wobei die konkrete Ausgestaltung dem Gesetzgeber sowie den Gerichten bei der konkreten Rechtsauslegung sowie -anwendung überlassen ist.[98] Bei den schriftlichen Übersetzungen ist es für die Prozessstellung nicht maßgeblich, durch wen oder wie die Translationen angefertigt wurden. Die fremdsprachigen Inhalte werden dem Übersetzenden häufig (als Abschrift) vor der Hauptverhandlung als Anknüpfungstatsachen überlassen,[99] damit er die Übersetzungsleistungen eigenverantwortlich erbringen kann. In der Hauptverhandlung wird dann die schriftliche Übersetzung als Urkunde verlesen und nicht der Übersetzende als Sachverständiger vernommen.[100] Der Produktionsprozess ist somit für die Betroffenen nicht unbedingt sichtbar. Ob die schriftlichen Übersetzungen durch einen Menschen oder durch eine Software angefertigt wurden, beeinflusst nicht die Subjektstellung, solange eine solche

---

[93] BVerfG, Beschluss vom 17.05.1983, Az.: 2 BvR 731/80 = BVerfGE 64, 135, 145; BVerfG, Beschluss vom 09.03.1983, Az.: 2 BvR 315/83 = BVerfGE 63, 332, 337; BVerfG, Beschluss vom 26.05.1981, Az.: 2 BvR 215/81 = BVerfGE 57, 250, 275; *Römer*, NStZ 1981, 474, 475; *Schuhr* in: MünchKomm-StPO, 2. Aufl. 2023, Vor § 133 Rn. 118; *Zuck*, ZAP 2009, 515, 525.

[94] Vgl. *Christl*, NStZ 2014, 376, m. w. N.

[95] BGH, Beschluss vom 18.02.2020, Az.: 3 StR 430/19 = BGHSt 64, 283, 286 Rn. 32; *Römer*, NStZ 1981, 474, 475.

[96] BVerfG, Beschluss vom 18.10.1983, Az.: 2 BvR 462/82 = BVerfGE 65, 171, 174 f.; BVerfG, Beschluss vom 12.04.1983, Az.: 2 BvR 1304/80, 2 BvR 432/81 = BVerfGE 63, 380, 390 f.; BVerfG, Beschluss vom 03.06.1969, Az.: 1 BvL 7/68 = BVerfGE 26, 66, 71; vgl. auch *Augustin*, Das Recht des Beschuldigten auf effektive Verteidigung, 2013, S. 53.

[97] BVerfG, Beschluss vom 17.05.1983, Az.: 2 BvR 731/80 = BVerfGE 64, 135, 145.

[98] BVerfG, Beschluss vom 17.05.1983, Az.: 2 BvR 731/80 = BVerfGE 64, 135, 145.

[99] *Trück* in: MünchKomm-StPO, 2. Aufl. 2023, § 78 Rn. 8; *Rogall* in: SK-StPO, 5. Aufl. 2018, § 80 Rn. 9, 15.

[100] *Kreicker* in: MünchKomm-StPO, 2. Aufl. 2024, § 249 Rn. 16, 19.

angemessene Qualität der Übersetzungen vorliegt, welche eine hinreichende Partizipation am Verfahren gewährleistet.

(2) Grundsatz des fairen Verfahrens (Art. 2 Abs. 1 GG i. V. m. Art. 20 Abs. 3 GG)

Durch automatisierte schriftliche Übersetzungen muss der Grundsatz des fairen Verfahrens gewahrt werden. Dieser Grundsatz ergibt sich aus der allgemeinen Handlungsfreiheit sowie dem Rechtsstaatsprinzip.[101] Welche Hilfestellungen für sprachunkundige Beschuldigte geleistet werden, kann durch den Gesetzgeber sowie durch die Judikatur bei der Rechtsauslegung konkretisiert werden.[102] Bei dieser einfachgesetzlichen Umsetzung müssen die Zielrichtungen der Verfassung berücksichtigt werden. Das hier zugrunde liegende Rechtsstaatsprinzip enthält ein sog. Optimierungsgebot.[103] Die Reichweite der Zielbestimmung beschränkt sich nicht nur auf die Gewährleistung eines Mindestmaßes, sondern gibt vielmehr die Vorgabe zum Erreichen eines möglichst hohen Schutzniveaus, unter Berücksichtigung des rechtlich und tatsächlich Möglichen.[104] Wenn eine angemessene Übersetzung auch durch eine maschinelle Übersetzung erzeugt werden kann, ergibt sich insoweit keine nachteilige Veränderung der Rechtsposition der beschuldigten Person.

(3) Grundrecht auf informationelle Selbstbestimmung (Art. 2 Abs. 1 i. V. m. Art. 1 Abs. 1 GG)

Die Verwendung maschineller Übersetzungen darf nicht in ungerechtfertigter Weise in das Recht auf informationelle Selbstbestimmung eingreifen, welches sich aus dem allgemeinen Persönlichkeitsrecht (Art. 2 Abs. 1 i. V. m. Art. 1 Abs. 1 GG) ableitet. Durch dieses von Rechtsprechung[105] und Literatur[106] anerkannte Recht, soll das einzelne Individuum grundsätzlich selbst entscheiden können, gegenüber wem und zu welchem Zweck Informationen aus dem allgemeinen und privaten Leben offenbart werden.[107] Das Recht auf informationelle Selbstbestimmung hat einen weiten sachlichen Schutzbereich, sodass

[101] Statt aller: BVerfG, Beschluss vom 26.05.1981, Az.: 2 BvR 215/81 = BVerfGE 57, 250, 275, m. w. N.
[102] BVerfG, Beschluss vom 17.05.1983, Az.: 2 BvR 731/80 = NJW 1983, 2762, 2763.
[103] *Schulze-Fielitz* in: Dreier, GG, 3. Aufl. 2015, Art. 20 Rn. 44.
[104] *Hofmann* in: Schmidt-Bleibtreu, GG, 15. Aufl. 2022, Art. 20 GG, Rn. 3; *Möstl* in: Stern/Sodan/Möstl, Das Staatsrecht der Bundesrepublik Deutschland im europäischen Staatenverbund, 2. Aufl. 2022, § 68 Rn. 14; *Neuhaus*, StV 2010, 45, 52.
[105] Vgl. nur BVerfG, Urteil vom 16.02.2023, Az.: 1 BvR 1547/19, 1 BvR 2634/20 = NJW 2023, 1196; BVerfG, Urteil vom 15.12.1983, Az.: 1 BvR 209, 269, 362, 420, 440, 484/83 = BVerfGE 65, 1, 41 ff.; BVerfG, Urteil vom 11.03.2008, Az.: 1 BvR 2074/05, 1 BvR 1254/07 = BVerfGE 120, 378, 397, m. w. N.
[106] Statt aller *Barczak* in: Dreier, GG, 4. Aufl. 2023, Art. 2 Abs. 1 Rn. 90, m. w. N.
[107] *Barczak* in: Dreier, GG, 4. Aufl. 2023, Art. 2 Abs. 1 Rn. 92; *Di Fabio* in: Dürig/Herzog/Scholz, GG, 39. EL, Stand: Juli 2001, GG Art. 2 Abs. 1 Rn. 175; BVerfG, Urteil vom 15.12.1983, Az.: 1 BvR 209, 269, 362, 420, 440, 484/83 = BVerfGE 65, 1, 42 f.; BVerfG, Beschluss vom 04.04.2006, Az.: 1 BvR 518/02 = BVerfGE 115, 320, 341.

grundsätzlich auch die staatliche Erhebung und Verarbeitung personenbezogener Daten erfasst ist.[108] Umfasst sind alle Maßnahmen innerhalb des Datenkreislaufs, also die Erhebung, Verarbeitung und Nutzung der Daten.[109]

Auch bei einem automatisierten Translationsprozess erfolgt eine Datenverarbeitung. Die fremdsprachigen Daten, seien es digitale Dokumente, physische, zunächst zu digitalisierende, oder Tonaufnahmen in einem Ermittlungsprozess, können persönliche Daten enthalten. Diese werden bei der Erfassung und anschließend beim Translationsprozess verarbeitet. Es besteht je nach Umfang der Datenmengen die Gefahr, dass durch diese Persönlichkeitsprofile erstellt werden oder ein kaum nachvollziehbarer Datenabgleich erfolgt.[110]

In den Fällen, in denen Daten übersetzt werden, um die Kommunikation im Verfahren zu ermöglichen, liegt zumindest eine konkludente Einwilligung des Betroffenen in den Grundrechtseingriff vor. Eine solche liegt nach Auffassung des BVerfG in einem Verfahren vor, in dem aufgrund des schweigenden Mithörens bei einer TKÜ-Maßnahme eine Einwilligung in den Persönlichkeitseingriff angenommen wurde, „*wenn ein bestimmtes Verhalten in einem solchen Maße üblich und geradezu selbstverständlich ist, dass entsprechend dem Grundgedanken des § 157 BGB nach Treu und Glauben und mit Rücksicht auf die Verkehrssitte vernünftigerweise nur von einer Zustimmung des Betroffenen ausgegangen werden kann, sofern er dem Verhalten nicht widerspricht*“.[111] So dürfte dies auch bei maschinellen Übersetzungen liegen. Es handelt sich hierbei um ein Recht, welches der betroffenen Person weitere Möglichkeiten eröffnet, auf welches aber auch verzichtet werden kann (vgl. § 187 Abs. 3 GVG). Die Datenverarbeitung ist jedoch notwendig, um – auch bei menschlichen Übersetzenden – die Gewährleistung dieses Rechts überhaupt zu ermöglichen. Von einer konkludenten Einwilligung ist daher auszugehen.

(4) Diskriminierungsverbot aufgrund der Sprache (Art. 3 Abs. 1 und Abs. 3 Satz 1, Alt. 4 GG)

Auch wenn die Festlegung der deutschen Sprache als Gerichtssprache in § 184 Satz 1 GVG als solche keine direkte Diskriminierung entgegen Art. 3 Abs. 3 Satz 1, 4. Alt. GG darstellen soll, kann sich jedoch in Verbindung mit Art. 103 Abs. 1 GG ein verfassungsrechtlicher Anspruch

---

[108] Vgl. *Barczak* in: Dreier, GG, 4. Aufl. 2023, Art. 2 Abs. 1 Rn. 93; *Di Fabio* in: Dürig/Herzog/Scholz, GG, 39. EL, Stand: Juli 2001, GG Art. 2 Abs. 1 Rn. 176, Fn. 7; BVerfG, Beschluss vom 09.03.1988, Az.: 1 BvL 49/86 = BVerfGE 78, 77, 84; OLG Frankfurt/Main, Urteil vom 18.01.1994, Az.: 3 Vas 29/95 = NJW 1996, 1484, 1484.

[109] *Di Fabio* in: Dürig/Herzog/Scholz, GG, Werkstand: 97. EL Jan. 2022; GG Art. 2 Abs. 1, Lfg. 39, Juli 2001, Rn. 176, Fn. 8 m. w. N. insb. aus Rspr.; *Singelnstein*, NStZ 2012, 593, 605.

[110] Vgl. *Golla*, Lernfähige Systeme, 2020, S. 7, 12.

[111] BVerfG, Beschluss vom 09.10.2002, Az.: 1 BvR 1611/96, 805/98 = BVerfGE 106, 28, 45 f.; vgl. ferner *Jarass* in: Jarass/Pieroth, GG, 18. Aufl. 2024, Art. 2 Rn. 61.

auf Translationsleistungen ergeben.[112] Grundsätzlich müssen nicht alle tatsächlichen sprachbedingten Erschwernisse ausgeglichen werden.[113] So ist es möglich, dass für schriftliche Urteile keine schriftliche Übersetzung angefertigt werden muss, da die Urteile jedermann – auch der sprachunkundigen Person – grundsätzlich nur in dieser Form bekannt gegeben werden; die Sprache mithin nicht unmittelbar Anknüpfungspunkt für Rechtsnachteile darstellt.[114] So kann eine mündliche zusammenfassende Übersetzung ausreichend sein.

Technische Hilfsmittel können eine geeignete Möglichkeit sein, um Benachteiligungen auszugleichen. Eine maschinelle Übersetzung ist ausreichend, wenn diese eine solche Qualität aufweist, dass der sprachunkundigen Person keine Nachteile entstehen. Es muss sichergestellt sein, dass sich die Anwendung wertneutral verhält[115] und keine fehlerhaften Trainingsdaten verwendet wurden, welche eine diskriminierende Wirkung auslösen könnten. Das Risiko für strafprozessual relevante Diskriminierungen ist bei Anwendungen für maschinelle Übersetzungen als gering zu bewerten.[116]

(5) Anspruch auf rechtliches Gehör (Art. 103 Abs. 1 GG)

Weiterhin darf der Anspruch auf rechtliches Gehör gemäß Art. 103 Abs. 1 GG nicht verletzt werden. Auch dieser Anspruch ist Teil des fairen Verfahrens.[117] Durch das Recht auf richterliches Gehör sind nur Beteiligte des gerichtlichen Verfahrens selbst oder vom Verfahren rechtlich unmittelbar betroffene andere Personen geschützt.[118] Die Norm schützt nur das Gehör „vor Gericht“[119], also in jedem Verfahren, in dem ein Richter tätig wird und bindende Entscheidungen trifft.[120] Diese können auch schriftlich ergehen.

---

[112] BVerfG, Beschluss vom 27.08.2003, Az.: 2 BvR 2032/01= NJW 2004, 50, 50; *Heun* in: Dreier, GG, 3. Aufl. 2013, Art. 3 Rn. 130.

[113] BGH, Beschluss vom 18.02.2020, Az.: 3 StR 430/19 = BGHSt 64, 283, 300 f. Rn. 57; *Weith*, Gerichtssprachenproblematik im Straf- und Bußgeldverfahren, 1991, S. 47 f.

[114] BVerfG, Beschluss vom 17.05.1983, Az.: 2 BvR 731/80 = BVerfGE 64, 135, 156 f.; BGH, Beschluss vom 18.02.2020, Az.: 3 StR 430/19, Rn. 57 = BGHSt 64, 283, 300 f.; BGH, Beschluss vom 13.09.2018, Az.: 1 StR 320/17 = BGHSt 63, 192 Rn. 36; *Basdorf* in: GS Meyer, 1990, S. 20.

[115] *OLG-Arbeitsgruppe*, Einsatz von KI und algorithmischen Systemen in der Justiz, S. 17 f.

[116] Vgl. hierzu Abschnitt A.II.2.a.bb.

[117] *Ipsen*, Staatsrecht II, 24. Aufl. 2021, § 22 Rn. 914.

[118] BVerfG, Beschluss vom 18.01.2000, Az.: 1 BvR 321/96 = BVerfGE 101, 397, 404, m. w. N.; BVerfG, Beschluss vom 07.03.1995, Az.: 1 BvR 790/91/ 540; 866/92 = BVerfGE 92, 158, 183; *Schmahl* in: Schmidt-Bleibtreu, GG, 15. Aufl. 2022, Art. 103 Rn. 12, 38.

[119] BVerfG, Beschluss vom 18.01.2000, Az.: 1 BvR 321/96 = BVerfGE 101, 397, 404, m. w. N.; *Schmahl* in: Schmidt-Bleibtreu, GG, 15. Aufl. 2022, Art. 103 Rn. 13; *Schulze/Fielitz* in: Dreier, GG, 3. Aufl. 2018, Art. 103 Abs. 1 Rn. 16.

[120] *Schmahl* in: Schmidt-Bleibtreu, GG, 15. Aufl. 2022, Art. 103 Rn. 16; *Schulze/Fielitz* in: Dreier, GG, 3. Aufl. 2018, Art. 103 Abs. 1 Rn. 16.

Das Gericht muss der beschuldigten Person die Möglichkeit geben, vor der Entscheidung durch eigene Beiträge auf das Verfahren Einfluss zunehmen.[121] Damit diese Beiträge substantiiert sein können, sollten auch die entsprechenden Informationen, etwa Beweismittel, zugänglich sein (Recht auf Information).[122] Zur Zugänglichkeit ließe sich auch die Verständnismöglichkeit in einer eigenen Sprache zählen. Jedoch begründet der Art. 103 Abs. 1 GG nach der Rechtsprechung ein Anspruch auf Übersetzung. Der BGH führt hierzu Folgendes aus:

> *„Vom Schutzbereich des Verfahrensgrundrechts auf rechtliches Gehör wird jedoch die Frage nicht mehr umgriffen, ob und in welchem Umfang ein der deutschen Sprache nicht oder nicht hinreichend mächtiger Verfahrensbeteiligter einen Anspruch darauf hat, daß das Gericht ihm über einen Dolmetscher oder Übersetzer zur Überbrückung von Verständigungsschwierigkeiten verhilft.“*[123]

Vielmehr ergebe sich der Anspruch auf Übersetzungen und Dolmetschleistungen demnach aus dem Anspruch auf Gewährleistung des rechtsstaatlichen fairen Verfahrens.[124] Es muss nach Ansicht der Rechtsprechung daher nicht ohne Weiteres aufgrund des Art. 103 Abs. 1 GG eine schriftliche Übersetzung erfolgen.[125] In der Literatur wird der Art. 103 Abs. 1 GG hingegen für die speziellere und dogmatisch saubere Anknüpfung gehalten.[126] Dies wird auch damit begründet, da in den „menschenrechtlichen Parallelnormen“ Art. 6 Abs. 3 lit. e EMRK und Art. 14 Abs. 3 lit. f IPbpR das Translationsrecht speziell geregelt wird.[127]

---

[121] BVerfG, Beschluss vom 29.05.1991, Az.: 1 BvR 1383/90 = BVerfGE 84, 188, 190; BVerfG, Beschluss vom 26.05.1981, Az.: 2 BvR 215/81 = BVerfGE 57, 250, 274; BVerfG, Beschluss vom 13.02.1958, Az.: 1 BvR 56/57 = BVerfGE 7, 275, 276 f.; *Hufen*, Staatsrecht II, 11. Aufl. 2025, § 21 Rn. 32, 36; *Ipsen*, Staatsrecht II, 24. Aufl. 2021, § 22 Rn. 914.

[122] *Hufen*, Staatsrecht II, 11. Aufl. 2025, § 21 Rn. 37.

[123] BVerfG, Beschluss vom 17.05.1983, Az.: 2 BvR 731/80 = NJW 1983, 2762, 2763; vgl. auch BGH, Beschluss vom 18.02.2020, Az.: 3 StR 430/19 = BGHSt 64, 283, 300 Rn. 53 f.; BGH, Beschluss vom 13.09.2018, Az.: 1 StR 320/17 = BGHSt 63, 192, 202 Rn. 34.

[124] BVerfG, Beschluss vom 17.05.1983, Az.: 2 BvR 731/80 = NJW 1983, 2762, 2763; BGH, Beschluss vom 13.09.2018, Az.: 1 StR 320/17 = BGHSt 63, 192, 202 Rn. 34; BGH, Beschluss vom 18.02.2020, Az.: 3 StR 430/19 = BGHSt 64, 283, 300 Rn. 53 f.

[125] Vgl. *Remmert* in: Dürig/Herzog/Scholz, GG, 78. EL, Stand: September 2016, Art. 103 Abs. 1 Rn. 72; *Aust* in: Huber/Voßkuhle, GG, 8. Aufl. 2024, Art. 103 Rn. 75.

[126] *Brüning* in: Stern/Becker, GG, 4. Aufl. 2024, Art. 103 Rn. 39; *Ingerl*, Sprachrisiko im Verfahren, 1988, S. 105 ff.; *Kment* in: Jarass/Pieroth, GG, 18. Aufl. 2024, Art. 103 Rn. 50; *Saliger* in: v. Münch/Kunig, GG, 8. Aufl. 2025, Art. 103 Rn. 28; *Aust* in: Huber/Voßkuhle, GG, 8. Aufl. 2024, Art. 103 Rn. 72 f.; *Remmert* in: Dürig/Herzog/Scholz, GG, 78. EL, Stand: September 2016, Art. 103 Abs. 1 Rn. 31, 71; *Schmahl* in: Schmidt-Bleibtreu, GG, 15. Aufl. 2022, Art. 103 Rn. 37; *Schulze-Fielitz* in: Dreier, GG, 3. Aufl. 2018, Art. 103 Abs. 1 Rn. 55.

[127] *Schmahl* in: Schmidt-Bleibtreu, GG, 15. Aufl. 2022, Art. 103 Rn. 37; *Brüning* in: Stern/Becker, GG, 4. Aufl. 2024, Art. 103 Rn. 39.

Auch im Rahmen des Art. 103 Abs. 1 GG sollte daher sowohl eine Information als auch eine Äußerungsmöglichkeit gewährleistet werden. Den beschuldigten Personen müssen die Informationen über die entscheidungsrelevanten Tatsachen zugänglich gemacht werden und es muss ihnen die Möglichkeit eingeräumt werden, sich über den Verfahrensstoff zu informieren.[128] Zum Verfahrensstoff zählen sowohl Ladungen oder Schriftsätze der Beteiligten als auch der Akteninhalt, in den die beschuldigte Person Einsicht verlangen kann.[129]
Die konkrete Ausgestaltung des rechtlichen Gehörs überlässt das Grundgesetz den jeweiligen Verfahrensordnungen;[130] bezüglich Translationen etwa durch das Gerichtsverfassungsgesetz.[131] Das rechtliche Gehör ist aber auch mit dem Interesse an einem zügigen Verfahren der anderen Beteiligten in Einklang zu bringen.[132] Grundsätzlich ist der unterstützende Einsatz von KI-basierten Programmen mit Art. 103 Abs. 1 GG vereinbar, solange das rechtliches Gehör sichergestellt ist und die Ergebnisse nicht automatisch, ohne weitere Würdigung, in die richterliche Entscheidung Eingang finden.[133] Diese Gefahr besteht allerdings gerade bei den Übersetzungen nicht, welche zugunsten der beschuldigten Person zwecks Information angefertigt wurden. Auch handelt es sich bei den maschinellen Übersetzungsleistungen lediglich um unterstützende technische Hilfsmittel.

(6) Belehrung bei der Festnahme (Art. 104 Abs. 3 Satz 1 GG)

Der Art. 104 Abs. 3 Satz 1 GG ist ein Spezialfall des rechtlichen Gehörs im Falle einer Freiheitsentziehung.[134] Dort ist geregelt, dass die Gründe der Festnahme zu nennen sind und Gelegenheit zur Stellungnahme gegeben werden muss. Auch hierfür können Übersetzungen notwendig werden.[135] Besonderheiten zu dem bereits zu Art. 103 Abs. 1 GG sowie zu Art. 5 Abs. 2, Art. 6 Abs. 3 lit. a EMRK Festgestellten bestehen nicht. Die Translationen sollten möglichst zeitnah aufgrund des Freiheitsentzuges vorliegen. Durch eine maschinelle Übersetzung könnte dem damit verbundenen Beschleunigungsgebot gerecht werden.

---

[128] Vgl. BVerfG, Beschluss vom 08.06.1993, Az.: 1 BvR 878/90 = BVerfGE 89, 28, 35; *Radtke* in: BeckOK-GG, Stand: 01.03.2026, Art. 103 Rn. 8.
[129] *Remmert* in: Dürig/Herzog/Scholz, GG, 78. EL, Stand: September 2016, Art. 103 Abs. 1 Rn. 86 f.
[130] BVerfG, Beschluss vom 24.03.1982, Az.: 2 BvH 1/82, 2 BvH 2/82, 2 BvR 233/82 = BVerfGE 60, 175, 210; BVerfG, Beschluss vom 09.03.1965, Az.: 2 BvR 176/63 = BVerfGE 18, 399, 405; BVerfG, Beschluss vom 08.01.1959, Az.: 1 BvR 396/55 = BVerfGE 9, 89, 95 f.
[131] *Brüning* in: Stern/Becker, GG, 4. Aufl. 2024, Art. 103 Rn. 40.
[132] *Remmert* in: Dürig/Herzog/Scholz, GG, 78. EL, Stand: September 2016, Art. 103 Abs. 1 Rn. 71.
[133] *Rühl* in: BMJV, Künstliche Intelligenz, 2022, S. 283.
[134] *Remmert* in: Dürig/Herzog/Scholz, GG, 78. EL, Stand: September 2016, Art. 103 Abs. 1 Rn. 33.
[135] *Ingerl*, Sprachrisiko im Verfahren, 1988, S. 148 f.; vgl. ferner *Müller-Franken* in: Stern/Becker, GG, 4. Aufl. 2024, Art. 104 Rn. 111.

(7) Zwischenergebnis

Durch die Vorgaben im Grundgesetz werden zwar an verschiedenen Stellen Übersetzungen für beschuldigte Personen mittelbar garantiert, es finden sich jedoch keine Vorgaben zur konkreten Umsetzung und Ausgestaltung. An dieser Stelle sollte das aus dem Rechtsstaatsgebot abgeleitete Optimierungsgebot berücksichtigt werden. Der Staat ist angehalten, die verfassungsrechtlichen Schutzpflichten unter Berücksichtigung der *„rechtlich und tatsächlichen Möglichkeiten* [in einem] *möglichst hohem Maße*" zu realisieren.[136] Gerade technisch mögliche adäquate maschinelle Übersetzungen dürften daher diese verfassungsrechtlichen Ziele verwirklichen. Die einfachgesetzliche Ausgestaltung obliegt dem Gesetzgeber.

bb. Gerichtsverfassungsgesetz: Vereinbarkeit mit § 187 GVG

Die zentrale einfachgesetzliche Regelung für schriftliche Übersetzungsansprüche zugunsten sprachunkundiger Beschuldigter findet sich in § 187 GVG. Fraglich ist, ob diese Norm auch maschinell angefertigte schriftliche Übersetzungen erlaubt oder solche zwingend durch einen Menschen erfolgen müssen. Die Zulässigkeit maschineller Übersetzungen setzt voraus, dass diese geeignet sind, die Zwecke der Norm zu erfüllen, d. h. insbesondere die schriftliche Verfahrenskommunikation zur Sicherstellung eines umfassenden Verständnisses der Inhalte für die Wahrnehmung der eigenen Rechte. Durch Auslegung von § 187 GVG ist daher zu ermitteln, ob durch eine maschinelle Übersetzung der Normzweck genauso gut verwirklicht werden kann und den Beteiligten keine Nachteile entstehen.

(1) Auslegung des Wortlauts

Nach § 187 Abs. 1 Satz 1 GVG zieht das Gericht für eine beschuldigte oder verurteilte Person, welche „[…] *der deutschen Sprache nicht mächtig ist, einen Dolmetscher oder Übersetzer heran, soweit dies zur Ausübung seiner strafprozessualen Rechte erforderlich* [ist]." Nach Satz 2 soll ein Hinweis erfolgen, dass die unentgeltliche Hinzuziehung *„eines Dolmetschers oder Übersetzers beansprucht*" werden kann. Die Sätze 2 und 3 des § 187 GVG verweisen auf das Endprodukt *„schriftliche Übersetzung*".

Es stellt sich die Frage, ob der Wortlaut der Norm zwingend von der Beteiligung eines menschlichen Übersetzers ausgeht oder ob auch eine maschinelle Übersetzung mit der bereits

[136] *Hofmann* in: Schmidt-Bleibtreu, GG, 15. Aufl. 2022, Art. 20 Rn. 3; ferner *Neuhaus*, StV 2010, 45, 52; *Möstl* in: Stern/Sodan/Möstl, Das Staatsrecht der Bundesrepublik Deutschland im europäischen Staatenverbund, 2. Aufl. 2022, § 68 Rn. 14.

vorhandenen Normausgestaltung und der Wortlautgrenze vereinbar wäre. Der Wortlaut lässt mehrere Auslegungsmöglichkeiten zu.

Eine Übersetzung ist etwa nur notwendig, wenn die betroffene Person der Sprache unkundig ist, was der Fall ist, wenn die Person nicht in der Lage ist, der Verhandlung zu folgen oder selbst das vorzubringen, was sie vortragen möchte.[137] Durch eine maschinelle Übersetzungshilfe könnte eine solche „Sprachmacht" erzeugt werden, welche dazu führt, dass die betroffene Person dank der technischen Hilfe der deutschen Sprache mächtig wird. Jedoch sind Anknüpfungspunkt der Norm die Sprachfähigkeiten der Person ohne Hilfsmittel. Ein Zirkelschluss wäre daher das Abstellen auf Fähigkeiten, welche erst durch die Unterstützungsleistungen gewonnen werden.

Der Einsatz eines maschinellen Übersetzers könnte jedoch durch den Begriff „Übersetzer" in § 187 Abs. 1 Satz 1 und 2 GVG gedeckt sein, falls dieser nicht an eine bestimmte Subjekteigenschaft einer Person anknüpft. Ursprünglich wurde das Wort „Übersetzer" als Berufsbezeichnung für eine Person verwendet, welche schriftliche Übersetzungen anfertigt.[138] Dieser Begriff wird inzwischen für zahlreiche kommerzielle Übersetzungsprogramme genutzt, wie etwa dem „*DeepL Übersetzer*", „*Google Übersetzer*" oder „*Microsoft Übersetzer*". Er wird im allgemeinen Sprachgebrauch nicht mehr exklusiv mit einem menschlichen Berufsträger assoziiert. Allerdings ist die begriffliche Gleichsetzung noch nicht so weit fortgeschritten ist, wie bei anderen Berufsbezeichnungen, etwa die des „Rechners"[139] oder des „Druckers"[140]. Diese werden im heutigen allgemeinen Sprachgebrauch fast nur noch für die technischen Geräte verwendet und nur noch selten für die ausübenden Personen als solche. Eine begriffliche Gleichsetzung für die Tätigkeit des Übersetzers kann in einer solchen Allgemeinheit daher bis dato nicht erfolgen.

Das Gerichtsverfassungsgesetz dürfte aber von einem menschlichen Übersetzenden ausgehen. Dies ergibt sich zum einen aus einem Vergleich mit § 189 Abs. 4 Satz 1 GVG, wonach die übersetzende Person die Verschwiegenheit wahren soll sowie aus dem technischen Stand zum Zeitpunkt des Gesetzeserlasses. Ferner ist zu berücksichtigen, dass § 187 Abs. 2 und 3 GVG

---

[137] *Schmitt* in: Schmitt/Köhler, StPO, 69. Aufl. 2026, GVG § 185 Rn. 4.

[138] *Duden*, Artikel: Übersetzer, Stand: unbekannt, abrufbar unter: https://www.duden.de/rechtschreibung/Uebersetzer (zuletzt abgerufen am: 30.05.2026); *Brockhaus*, Artikel: Übersetzer, Stand: unbekannt, abrufbar unter: https://brockhaus.de/ecs/permalink/4E141CF4AC721BA56B39805300D79A79.pdf zuletzt abgerufen am: 30.05.2026).

[139] Vgl. Person, die berufsmäßig mittels Rechenmaschinen Berechnungen durchführt: *Wikipedia*, Artikel: Rechner, Bearbeitungsstand: 22.06.2024, abrufbar unter: https://de.wikipedia.org/wiki/Rechner (zuletzt abgerufen am: 30.05.2026).

[140] Vgl. etwa die Verordnung über die Berufsausbildung zum Drucker/zur Druckerin (DruckAusbV), V. v. 02.05.2000 (BGBl. I S. 654); aufgehoben durch § 13 V. v. 07.04.2011 (BGBl. I S. 570).

auf das Produkt „schriftliche Übersetzung“ verweisen und insoweit von der Begriffswahl des Absatzes 1 abweichen und sich gerade nicht auf eine Person bezieent.

Aufgrund der gegenwärtigen begrifflichen Entwicklung könnte auch eine ergebnisoffene Interpretation möglich sein, wonach eine maschinell erfolgende Übersetzung nicht schlichtweg bereits durch die Wortlautgrenze ausgeschlossen erscheint.

Eine weite Interpretation wird auch durch die Anknüpfung an die Formulierung *„soweit dies zur Ausübung seiner strafprozessualen Rechte erforderlich ist“* in § 187 Abs. 1 Satz 1 a. E. GVG ermöglicht. Hierdurch wird grundsätzlich der Umfang der Übersetzungen bestimmt. *„Soweit“* lässt sich auch mit *„in dem Maße wie“* umschreiben,[141] d. h. die Norm ließe sich auch so interpretieren, dass ein „[menschlicher] *Übersetzer“* nur erforderlich ist, *„soweit dies* […] *notwendig“* ist zur Ausübung der Rechte. Wenn automatisierte Übersetzungen die erforderliche Qualität erreichen, um die Ausübung der strafprozessualen Rechte sicherzustellen, wäre ein menschlicher Übersetzer demnach möglicherweise nicht mehr notwendig. Diese Interpretation steht auch im Einklang mit dem prozessökonomischen Gedanken des Regel-Ausnahme-Systems in § 187 Abs. 2 GVG bezüglich des Übersetzungsumfangs. Schriftliche Übersetzungen sind bei Vorhandensein eines Verteidigers nicht erforderlich. Die Information zur Ausübung prozessualer Rechte ist dann nicht erforderlich (§ 187 Abs. 2 Satz 5 GVG), da dies durch den Verteidiger gewährleistet wird.

Dennoch sind bei extensiver Interpretation des Wortlauts "Übersetzer" sowie einer entsprechenden Auslegung der Einschränkung "soweit" maschinelle schriftliche Übersetzungen vom Wortlaut erfasst.

Der Wortlaut trifft keine Aussage zu der Art und Weise wie Translationen angefertigt werden sollen. In der Praxis werden bei der Auftragsdurchführung von Berufsträgern bereits heute Anwendungen für maschinelle Translationen verwendet.[142]

(2) Historische Auslegung

Es ist davon auszugehen, dass der Gesetzgeber bei der Schaffung der Norm und der Begriffswahl „Übersetzer“ bei schriftlichen Übersetzungen von der Vornahme durch menschliche Übersetzende ausgegangen ist. Im Rahmen der teleologischen Extension können neue technische Entwicklungen berücksichtigt werden, welche bei Erlass des jeweiligen Gesetzes noch nicht vorhersehbar waren.[143] Rechtsnormen unterliegen nach Inkrafttreten einem

---

[141] *Duden*, Artikel: Soweit, Stand: unbekannt, abrufbar unter: https://www.duden.de/rechtschreibung/soweit (zuletzt abgerufen am: 30.05.2026).

[142] Siehe hierzu bereits 1. Teil, Abschnitt A.VII.

[143] Vgl. *Rüthers/Fischer/Birk*, Rechtstheorie, 12. Aufl. 2021, § 32 Rn. 872.

Alterungsprozess, wobei zwischen dem Erlass- und Anwendungszeitpunkt zahlreiche Entwicklungen eintreten können, wie soziale, ökonomische, aber auch technologische.[144] Daher ist bei der Rechtsanwendung eine mögliche technische Veränderung zu berücksichtigen und inwieweit diese Veränderung sich auf die Verwirklichung des ursprünglichen Normzwecks auswirken kann.

Ein kodifizierter Anspruch auf schriftliche Übersetzungen hat erstmals – in der Form des § 187 GVG a. F. aufgrund des Opferrechtsreformgesetzes[145] – im Jahr 2004 in das Gerichtsverfassungsgesetz Einzug erhalten. Die Einfügung diente nach der Gesetzesbegründung primär der Klarstellung der bisherigen ständigen Rechtsprechung und sollte zudem mehr Opferschutz durch den damaligen Abs. 2 (heutiger Abs. 4) bewirken.[146]

Vor der Einführung des Opferrechtsreformgesetzes bestand ein eingeschränkter Anspruch auf schriftliche Übersetzungen aufgrund konventionskonformer Auslegung (Art. 6 Abs. 3 lit. e EMRK) des § 185 GVG.[147] Hierbei hat etwa das *Oberlandesgericht Frankfurt* festgestellt, dass sich der Anspruch vor allem auf die Anklageschrift und den Haftbefehl beschränkt. Bei anderen schriftlichen Entscheidungen des Gerichts oblag es der sprachunkundigen Person selbst, sich über den Inhalt unterrichten zu lassen.[148] Auch der BGH bestätigte, dass schriftliche Erklärungen und Entscheidungen des Gerichts grundsätzlich in Deutsch zu ergehen haben und das Gerichtsverfassungsgesetz (außerhalb der Ausnahmen aufgrund der EMRK) keine zusätzlichen Übersetzungen vorsah.[149]

Die letzte größere Neufassung der Norm erfolgte im Jahr 2013 aufgrund des Gesetzes zur Stärkung der Verfahrensrechte von Beschuldigten im Strafverfahren,[150] welches zwecks Umsetzung zweier EU-Richtlinien erlassen wurde.[151] Im Zuge dessen wurde auch der heutige Absatz 2 eingefügt, mit dem abgestuften System für schriftliche Übersetzungen. Seitdem erfolgten nur noch kleinere Änderungen, etwa die Ausgliederung von Übersetzungen zugunsten

---

[144] *Rüthers/Fischer/Birk*, Rechtstheorie, 12. Aufl. 2021, § 22 Rn. 721; 730d.

[145] Gesetz zur Verbesserung der Rechte von Verletzten im Strafverfahren (Opferrechtsreformgesetz - OpferRRG) vom 24. Juni 2004 (BGBl. 2004, I, S. 1357).

[146] BR-Drucks. 829/03, S. 45; *Ferber*, NJW 2004, 2562, 2563.

[147] BVerfG, Beschluss vom 17.05.1983, Az.: 2 BvR 731/80 = BVerfGE 64, 135, 145 ff.; *Oğlakcıoğlu* in: MünchKomm-StPO, 2. Aufl. 2025, GVG § 185 Rn. 5.

[148] OLG Frankfurt/Main, Beschluss vom 16.10.1979, Az.: 3 Ws 830/79 = NJW 1980, 1238, 1239; vgl. auch exemplarisch folgende ältere Kommentierung: *Schäfer* in: LR-StPO, 21. Aufl. 1965, GVG, Vor § 184 Rn. 2.

[149] BGH, Urteil vom 13.09.1968, Az.: 4 StR 250/68, Rn. 6 ff. = WKRS 1968, 13052.

[150] Gesetz zur Stärkung der Verfahrensrechte von Beschuldigten im Strafverfahren vom 02.07.2013 (BGBl. I S. 1934).

[151] Umsetzung der Richtlinie 2010/64/EU (Recht auf Dolmetschleistungen und Übersetzungen in Strafverfahren) und der Richtlinie 2012/13/EU (Recht auf Belehrung und Unterrichtung in Strafverfahren).

Hör- und Sprachbehinderter aus dem § 187 Abs. 1 Satz 1 GVG a. F. in den heutigen § 186 GVG.[152]

Die letzte größere relevante Gesetzesänderung erging daher im Jahr 2013. Der technische Stand von maschinellen Übersetzungen war zu diesem Zeitpunkt bei Weitem nicht so fortgeschritten wie heute, weshalb davon auszugehen ist, dass der Gesetzgeber von Menschen ausgegangen ist, welche die Übersetzungen im Strafverfahren anfertigen, und maschinelle Übersetzungen weder im positiven noch im negativen Sinn speziell bedachte.

Inzwischen wird auf europäischer[153] und nationaler Ebene[154] aktiv die Verwendung von KI-basierten Übersetzungsanwendungen, auch im Strafverfahren, diskutiert und erprobt. Aufgrund der damaligen technischen Gegebenheiten konnte der Einsatz von Künstlicher Intelligenz für schriftliche Übersetzungen noch nicht berücksichtigt werden.

Es ist jedoch auch zu berücksichtigen, dass der Gesetzgeber es bis heute vermieden hat, konkrete Anweisungen bezüglich der Art und Weise der Übersetzungen vorzunehmen, sodass grundsätzlich Ergebnisoffenheit bezüglich des Verfahrens besteht, insbesondere unter Beachtung der zwischenzeitlich technischen und politischen Entwicklungen sowie des Alterungsprozesses der Norm.

(3) Systematische Auslegung

Weiter ist entscheidend, inwieweit andere Normen, welche systematisch mit der Regelung des § 187 GVG verbunden sind, offen für eine maschinelle Übersetzung sind.

(a) Weitere unmittelbare Vorgaben für Übersetzungen im Gerichtsverfassungsgesetz

In § 189 Abs. 1 Satz 1 GVG wird festgelegt, dass „*Dolmetsch*er […] *einen Eid*" zu leisten haben. Unabhängig von der Frage, inwieweit die Vereidigung auch Übersetzende trifft, kann ein Eid nur durch einen Menschen geleistet werden. Der Gesetzgeber lässt Ausnahmen grundsätzlich zu. Dies wird etwa daran deutlich, dass auch Urkundsbeamte die Tätigkeit von Dolmetschenden übernehmen dürfen, wobei hierbei eine Vereidigung gemäß § 190 Satz 2 GVG entfällt.[155] Durch den 2013 nachträglich eingeführten § 189 Abs. 4 Satz 1 GVG[156] wird

[152] Gesetz vom 08.10.2017 (BGBl. I S. 3546).

[153] *Europäisches Parlament*: Entschließung des Europäischen Parlaments vom 06.10.2021 zu dem Thema: Künstliche Intelligenz im Strafrecht und ihre Verwendung durch die Polizei und Justizbehörden in Strafsachen (2020/2016(INI)) (https://www.europarl.europa.eu/doceo/document/TA-9-2021-0405_DE.html.

[154] *Bundesregierung*, Strategie Künstliche Intelligenz, Stand: November 2018, S. 33; oder auch Projekte bezüglich automatischer Anonymisierung und Auswertung von Gerichtsentscheidungen, vgl. *Bundestag,* WD 7 – 3000 – 017/21, S. 5 f.

[155] Wobei sich auch diese Norm vom Wortlaut her nur auf Dolmetschende bezieht.

[156] Eingeführt durch das Gesetz zur Stärkung der Verfahrensrechte von Beschuldigten im Strafverfahren vom 02.07.2013 (BGBl. I S. 1938).

der „Übersetzer" zur Verschwiegenheit über solche Umstände verpflichtet, welche sich aus der Ausübung der Tätigkeit ergeben. Diese Norm richtet sich an einen menschlichen Übersetzer. Für die Regelung über die Ausschließung von Dolmetschenden in § 191 GVG ist zwar unklar, inwieweit diese auf Übersetzende anzuwenden ist. Der Wortlaut geht jedenfalls von einem menschlichen Akteur aus.

Es lässt sich zusammenfassend feststellen, dass die Vorschriften des Gerichtsverfassungsgesetzes, welche die Pflichten von Translatoren weiter ausgestalten, von einem menschlichen Translator ausgehen.

(b) Strafprozessuale Annexvorschriften

Die sog. strafprozessualen Annexvorschriften,[157] welche auf den § 187 GVG verweisen, ergeben ein ergebnisoffenes Bild. Während einige Normen, wie der § 163a Abs. 5 StPO bloß die Anwendbarkeit des § 187 Abs. 1 GVG klarstellen, weisen andere Normen, wie der § 114b Abs. 2 Satz 3 StPO darauf hin, dass nach den Maßgaben des Gerichtsverfassungsgesetzes die *„unentgeltliche Hinzuziehung eines* […] *Übersetzers"* beansprucht werden kann, wobei hier wohl ein menschlicher Übersetzer gemeint ist.

Andere Vorschriften sehen hingegen nur die Bereitstellung des Produktes „Übersetzung" vor. So ist in § 37 Abs. 3 Satz 1 StPO bestimmt: *„Ist einem Prozessbeteiligten gemäß § 187 Absatz 1 und 2 des Gerichtsverfassungsgesetzes eine Übersetzung des Urteils zur Verfügung zu stellen, so ist das Urteil zusammen mit der Übersetzung zuzustellen*" oder nach § 114a Satz 1 StPO der Haftbefehl mit einer „*Übersetzung in einer für ihn verständlichen Sprache*" auszuhändigen. In dem Fall steht primär das Produkt und der verfolgte informatorische Zweck der Übersetzung im Vordergrund. Die Normen machen keine Vorgaben, wie die Übersetzung zu produzieren ist. Grundsätzlich dürfte an dieser Stelle eine maschinelle Übersetzung mit dem Wortlaut vereinbar sein. Stellenweise werden in der Praxis auch vorgefertigte Vordrucke mit Übersetzungen verwendet oder die Übersetzungen durch Ermittlungsbeamte erstellt.[158]

(c) RiStBV

In Nr. 181 Abs. 2 Satz 1 RiStBV wird eine Regelung zur grundsätzlich schriftlich[159] erfolgenden Übersetzung getroffen, welche sich grundsätzlich an die Staatsanwaltschaft richtet. Hiernach sind *„Ladungen, Haftbefehle, Strafbefehle, Anklageschriften, nicht rechtskräftige Urteile und sonstige schriftlich abgefasste Sachentscheidungen* […] *einem Sprachunkundigen*

---

[157] *Oğlakcıoğlu* in: MünchKomm-StPO, 2. Aufl. 2025, GVG § 187 Rn. 10.
[158] Vgl. Abschnitt A.I.2.b.dd.(1).
[159] *Meyberg* in: BeckOK-StPO, Stand: 01.04.2026, RiStBV Nr. 181 Rn. 9.

im Sinne des Absatzes 1 mit einer Übersetzung in eine ihm verständliche Sprache bekanntzugeben, wenn er nicht wirksam auf eine Übersetzung verzichtet hat." Die RiStBV haben keine strikte Bindungswirkung und enthält bloße Hinweise für die Rechtsanwendung im Einzelfall.[160] Die Regelung trifft keine Aussage bezüglich der Modalitäten, also dem „Wie" der Übersetzung, sondern nur bezüglich des „Ob". Aber auch dieser Anspruch soll unter dem Gesichtspunkt des Gebotes der Verfahrensbeschleunigung nur eingeschränkt gelten und ggf. durch eine mündliche Bekanntgabe erfüllt werden.[161] Eine adäquate maschinelle Übersetzung könnte diese Empfehlung erfüllen.

(d) Systematischer Vergleich mit der Zugänglichmachung von Schriftstücken für blinde oder taube Personen

Gegen die obige extensive Wortlautauslegung spricht, dass der Gesetzgeber die Existenz von technischen Hilfsmitteln bei der Verfahrenskommunikation mit tauben oder blinden Personen kennt und benennt sowie das Gesetz extra angepasst hat, um die Verwendung von technischen Hilfsmitteln anstelle von Menschen zur Unterstützung zu ermöglichen. So sollen für taube Personen nach § 186 Abs. 1 Satz 2 GVG für *„die mündliche und schriftliche Verständigung* [...] *geeignete technischen Hilfsmittel bereit* [gestellt werden]". Zu solchen technischen Hilfsmitteln zählen etwa Hörgeräte, Kehlkopfmikrofone oder Schriftwandler.[162] Zudem sollen blinden Personen Schriftsätze und andere Dokumente gemäß § 191a Abs. 1 Satz 2 GVG barrierefrei zugänglich gemacht werden. Zur konkreten Umsetzung hat der Gesetzgeber die Zugänglichmachungsverordnung („ZMV")[163] erlassen, auf welche auch in § 191a Abs. 2 GVG verwiesen wird. Durch diese Regelung soll blinden Personen die Kenntnisnahme (und Einreichung) von aus gerichtlichen Verfahren herrührenden Dokumenten erleichtert werden.[164] Die Regelung ist auch auf Dokumente der Staatsanwaltschaft anzuwenden.[165] Es werden alle Dokumente barrierefrei zur Verfügung gestellt, welche notwendig sind, um die Rechte im Verfahren wahrzunehmen.[166] Insoweit besteht eine Parallele zu dem Übersetzungsanspruch aus § 187 GVG, wobei der Anspruch für blinde zusätzlich auch die Ermittlungsakten umfasst und

---

160 Einführung Abs. 2 der RiStBV; ferner *Kubli* in: Hilgendorf/Kudlich/Valerius, Hdb. des Strafrechts, Bd. 7, 1. Aufl. 2020, § 7 Rn. 58.
161 *Meyberg* in: BeckOK-StPO, Stand: 01.04.2026, RiStBV Nr. 181 Rn. 14.
162 *Frister* in: SK-StPO, 6. Aufl. 2023, GVG § 186 Rn. 5.
163 Verordnung zur barrierefreien Zugänglichmachung von Dokumenten für blinde und sehbehinderte Personen im gerichtlichen Verfahren (Zugänglichmachungsverordnung - ZMV) vom 26.02.2007 (BGBl. I S. 215), zuletzt geändert durch Art. 20 des Gesetzes vom 10.10.2013 (BGBl. I S. 3786).
164 *Simon* in: LR-StPO, 27. Aufl. 2022, GVG § 191a Rn. 1.
165 *Frister* in: SK-StPO, 6. Aufl. 2023, GVG § 191a Rn. 1.
166 BT-Drucks. 17/12634, S. 40; *Oğlakcıoğlu* in: MünchKomm-StPO, 2. Aufl. 2025, GVG § 191a Rn. 13; *Rosenau* in: SSW-StPO, 6. Aufl. 2025, GVG § 191a Rn. 7; *Simon* in: LR-StPO, 27. Aufl. 2022, GVG § 191a Rn. 12.

daher weitergehender ist.[167] Die barrierefreie Zugänglichmachung kann gemäß § 3 ZMV *„schriftlich, elektronisch, akustisch, mündlich, fernmündlich oder in anderer geeigneter Weise"* erfolgen.

Der Gesetzgeber hat die Umsetzung in der ZMV detailliert geregelt. Da sowohl bei Sprachunkenntnis als auch bei Blindheit Wahrnehmungsbarrieren für die Kenntnisnahme von Dokumenten bestehen, ist die Sachlage vergleichbar. Beide Akteure sind auf Unterstützung angewiesen, um Kenntnis des Inhaltes zu erlangen. Da jedoch im Rahmen des § 191a GVG für die (vornehmlich elektronische) Umsetzung spezifische Regelungen erlassen wurden, sollten solche Regelungen auch für maschinelle schriftliche Übersetzungen vorgesehen werden. Hierdurch kann Rechtssicherheit geschaffen werden.

(4) Sinn und Zweck

Der Anspruch auf schriftliche Übersetzungen setzt die oben erläuterten Vorgaben, insbesondere auf ein faires Verfahren, in einfaches Recht um. Solange die Translationen eine hinreichende Qualität haben, damit die betroffene Person den wesentlichen Inhalt verstehen kann und dadurch in die Lage versetzt wird, am Verfahren zu partizipieren,[168] sind die Herstellungsmodalitäten der Übersetzung nachrangig. Grundsätzlich könnten vom Sinn und Zweck der Norm auch maschinell erstellte Übersetzungen ausreichend sein, wie die Ausführungen zur EMRK aufzeigen.

(5) Zwischenergebnis

Das Gerichtsverfassungsgesetz geht in der derzeitigen Fassung davon aus, dass Übersetzungsleistungen durch Menschen vorgenommen werden. Zwar ließe sich der Wortlaut entsprechend auslegen und es erfolgen auch keine konkreten Vorgaben zur konkreten Herstellung der Übersetzung. Jedoch zeigt ein systematischer Vergleich insbesondere mit § 186 Abs. 1 Satz 1 und § 191a Abs. 1 Satz 2 GVG, dass der Gesetzgeber bereits in der Vergangenheit das Gerichtsverfassungsgesetz explizit geändert und modernisiert hat, speziell um technische Hilfsmittel vorzusehen. Für maschinelle Übersetzungsanwendungen sind solche Änderungen bisher nicht erfolgt.

c. Ergebnis

Ein derzeitiger, umfassender Einsatz maschineller Übersetzungen scheitert im Ergebnis bei einer systematischen Gesamtschau des Gerichtsverfassungsgesetzes. Zwar ist es Übersetzenden

---

[167] *Oğlakcıoğlu* in: MünchKomm-StPO, 2. Aufl. 2025, GVG § 191a Rn. 13.

[168] Vgl. *Frister* in: SK-StPO, 6. Aufl. 2023, GVG § 187 Rn. 7; *Rosenau* in: SSW-StPO, 6. Aufl. 2025, GVG § 187 Rn. 4.

freigestellt, sich technischen Hilfsmitteln zur Ausführung des Auftrages zu bedienen,[169] jedoch ist eine substituierende Verwendung maschineller Übersetzungsleistungen im Status quo nicht vorgesehen. Der Gesetzgeber zeigte sich jedoch bei Änderungen des Gerichtsverfassungsgesetzes offen für technische Entwicklungen.

Im Grundgesetz werden für die Art und Weise von Übersetzungen keine konkreten Vorgaben getroffen. Ebenso stellt die Richtlinie 2010/64/EU keine konkreten Anforderungen an die Anfertigung schriftlicher Übersetzungen. Vielmehr nimmt der Wortlaut weitläufig lediglich Bezug auf Übersetzungsleistungen. Auch die Institutionen der Europäischen Union stehen grundsätzlich dem Einsatz von maschinellen Übersetzungen offen gegenüber, als Instrument der E-Justiz. Unter Berücksichtigung des *effet utile*-Grundsatzes könnte der verfolgte Zweck der Richtlinie durch den Einsatz solcher technischer Hilfsmittel erheblich gefördert werden. Translationen könnten wesentlich schneller und in einem wesentlich größeren Umfang bereitgestellt werden, wodurch die sprachbedingten Nachteile, welche bei Sprachunkundigen bestehen, in einem höheren Maße ausgeglichen werden. Für die Sicherstellung eines fairen Verfahrens sowie für die effektive Wahrnehmung der Verteidigungsrechte macht es grundsätzlich keinen Unterschied, ob die Übersetzung menschlichen oder maschinellen Ursprungs ist.

Dies gilt ebenfalls für die Vorgaben, welche durch die EMRK getroffen werden. Zwar sieht diese in Art. 6 Abs. 3 lit. e EMRK nicht ausdrücklich schriftliche Übersetzungsleistungen vor, jedoch sind solche aufgrund der Gewährleistungen in Art. 6 Abs. 3 lit. a sowie Art. 5 Abs. 2 EMRK erforderlich. Konkrete Vorgaben zu den Modalitäten der Übersetzungen werden hier ebenfalls nicht getroffen, außer dass diese möglichst zeitnah und in einer verständlichen Art erfolgen sollen. Dies steht dem Einsatz von maschinellen Übersetzungsleistungen nicht entgegen.

2. De lege ferenda

a. Sollte der derzeitige Stand geändert werden?

Bevor untersucht wird, wie eine mögliche zukünftige rechtliche Regelung aussehen könnte, muss abgewogen werden, ob der Einsatz von maschinellen Übersetzungsleistungen anstelle oder ergänzend zu menschlichen Übersetzungen wünschenswert ist.

aa. Prozessökonomische Vorteile

[169] Hierzu Teil 1, Abschnitt C.5.a.aa.

Für die Ermöglichung des weiträumigen Einsatzes von maschinellen Übersetzungen sprechen zunächst die bereits angesprochenen prozessökonomischen Vorteile gegenüber der Erbringung der Leistungen durch Menschen. Von diesen Vorteilen profitieren beschuldigte Personen ebenfalls unmittelbar.

(1) Verfügbarkeit

Im Vergleich zu Übersetzungsleistungen, welche durch Menschen erbracht werden, entfällt bei maschinellen Übersetzungen das Verfügbarkeitsproblem. In bestimmten Situationen ist es erforderlich, dass die Translationen so zeitnah wie möglich erfolgen. Dies ist etwa bei einer Inhaftierung der Fall. So sollte ein Haftbefehl im Idealfall bereits mit einer schriftlichen Übersetzung übergeben werden[170] und ferner grundsätzlich eine umfangreiche schriftliche Belehrung über die Rechte enthalten.[171] An dieser Stelle hat das Bundesministerium für Justiz zwar vorgesorgt und Vordrucke in den geläufigen Sprachen zur Verfügung gestellt.[172] Wenn solche Vordrucke jedoch nicht vorhanden sind, hat eine mündliche Belehrung (unter Zuhilfenahme von Dolmetschleistungen) zu erfolgen und die schriftliche Übersetzung sollte zeitnah nachgereicht werden.[173] Herausforderungen bestehen, wenn eine Translation zeitnah an Feiertagen, Wochenenden oder Nachtzeiten erbracht werden muss. Auch bei sog. seltenen Sprachen kann die Verfügbarkeit zu Problemen führen.[174]

Das Verfügbarkeitsproblem wird sich in den kommenden Jahren voraussichtlich noch verschärfen. Der Berufszweig der Translatoren ist, wie auch viele andere Berufe, vom demografischen Wandel betroffen.[175] So sinkt seit 2017 die Zahl der sozialversicherungspflichtig beschäftigten Translatoren kontinuierlich,[176] bei einem

---

[170] *Böhm* in: MünchKomm-StPO, 2. Aufl. 2023, § 114a Rn. 6 f.

[171] *Böhm* in: MünchKomm-StPO, 2. Aufl. 2023, § 114b Rn. 6.

[172] Vgl. die Formulare, welche beim *BMJ* abrufbar sind unter: https://www.bmj.de/DE/service/formulare/form_strafverfahren/form_strafverfahren_node.html (zuletzt abgerufen am: 30.05.2026).

[173] *Böhm* in: MünchKomm-StPO, 2. Aufl. 2023, § 114b Rn. 5, 8.

[174] *Härdi* in: Obergericht des Kantons Zürich, Der Richter und sein Dolmetscher, 2015, S. 26.

[175] *Unbekannt*, Gerichtsdolmetscher fürchten schärfere Zugangsbedingungen zu Beruf, 08.04.2024, Staatsanzeiger, abrufbar unter: https://www.staatsanzeiger.de/nachrichten/politik-und-verwaltung/gerichtsdolmetscher-fuerchten-schaerfere-zugangsbedingungen-zu-beruf/ (zuletzt abgerufen am: 31.12.2024).

[176] Vgl. *Statista*, Anzahl der sozialversicherungspflichtig beschäftigten Dolmetscher und Übersetzer in Deutschland von 2012 bis 2022, 2023, abrufbar unter: https://de.statista.com/statistik/daten/studie/243308/umfrage/anzahl-der-beschaeftigten-dolmetscher-und-uebersetzer-in-deutschland/ (zuletzt abgerufen am: 30.05.2026), auch wenn anzumerken ist, dass der Großteil der Translatoren dies als selbständige Arbeit ausübt, vgl. BDÜ, Hintergrundinformationen zum BDÜ und zur Branche, Juli 2021, S. 4, abrufbar unter: https://bdue.de/fileadmin/files/PDF/Presseinformationen/Pressemappen/BDUe_Hintergrundinformationen.pdf (zuletzt abgerufen am: 30.05.2026).

zeitgleichen Anstieg des Durchschnittsalters der Berufsgruppe.[177] Gleichzeitig nimmt auf der anderen Seite, aufgrund der fortschreitenden Technisierung und Globalisierung, der Anteil an fremdsprachigen Sachverhalten in Strafverfahren zu.[178]

Vor diesem Hintergrund bietet der Einsatz maschineller Übersetzungsleistungen Vorteile. Die Übersetzungsanwendung kann in bereits vorhandene Anwendungen implementiert werden und stünde so jederzeit zur Verfügung, auch wenn sehr spontan schriftliche Übersetzungen im Rahmen der schriftlichen Verfahrenskommunikation erforderlich werden.

Herausforderungen können derzeit noch bei maschinellen Übersetzungen aus oder in seltene Sprachen bestehen. Jedoch dürfte sich diese Problematik in der Zukunft auch durch zahlreiche Projekte, wie dem bereits beschriebenen „*No Language Left Behind*"-Projekt,[179] erheblich reduzieren lassen.

(2) Reduzierung des Zeitaufwandes

Eng mit dem Verfügbarkeitsproblem verbunden ist der ebenfalls bereits beschriebene[180] zeitliche Aufwand, welcher für die Anfertigung von schriftlichen Übersetzungen benötigt wird. Bei der Verwendung maschineller Übersetzungen können die Übersetzungen innerhalb eines sehr kurzen Zeitraumes generiert und zur Verfügung gestellt werden. Insbesondere bei umfangreichen Ermittlungsakten oder längeren Urteilen könnte dies zu einer erheblichen Zeitersparnis[181] im Sinne des Beschleunigungsgrundsatzes führen.

Auch bei sog. seltenen Sprachen, die zunächst mit Hilfe einer Relaissprache übersetzt werden, besteht die Möglichkeit der Beschleunigung, indem als Zwischenlösung bei softwareseitig noch nicht verfügbaren oder noch nicht ausreichend trainierten Sprachen die weitere Übersetzung von der Relaissprache in die Zielsprache automatisiert erfolgen kann.

(3) Kostensenkung

Auch auf Kostenseite besteht, wie bereits in der Einleitung zum zweiten Teil beschrieben, ein erhebliches Kosteneinsparpotential. Die Kosten, welche Übersetzungen verursachen, führen dazu, dass Übersetzungsleistungen in einem geringeren Umfang angefertigt werden oder durch mündliche Zusammenfassungen ersetzt werden. Gerade im Kontext der

---

[177] Arbeitsagentur, Suchwort: „Dolmetscher/in/Übersetzer/in" Stand: 22.06.2022, abrufbar unter: https://statistik.arbeitsagentur.de/DE/Navigation/Statistiken/Interaktive-Statistiken/Berufe-auf-einen-Blick/Berufe-auf-einen-Blick-Anwendung-Nav.html (zuletzt abgerufen am: 30.05.2026).

[178] *Hugger/Weiß*, Strafverfolgung über Grenzen hinweg bleibt ein Thema, Börsen-Zeitung, 23.11.2024, S. 14; *Bornscheuer/Beck*, DiRZ 2023, 388, 388.

[179] Vgl. hierzu Abschnitt A.II.2.a.bb.(2)(b).

[180] Vgl. hierzu Teil 1, Abschnitt D.II.1.b.aa.

[181] Vgl. hierzu die Einleitung zu Teil 2.

Verfahrenskommunikation entstehen zahlreiche vergleichbare standardisierte Dokumente, die effizient und kostengünstig automatisiert übersetzt werden können. Auf der Gegenseite entstehen Kosten für die Lizenzen der Anwendungen sowie für Qualitätskontrollen der Ergebnisse, welche für hochwertige Ergebnisse durchgeführt werden müssen. Die Gesamtkosten dürften im Ergebnis aber deutlich unter denen liegen, welche eine manuelle Übersetzungsleistung veranschlagt werden.

bb. Grundsätzliche Möglichkeit der Verbesserung des fairen Verfahrens für beschuldigte Personen

Die Vorteile, welche bei der Verwendung maschineller Übersetzungen für Verfügbarkeit, Geschwindigkeit und Kosten entstehen, können zugleich zu einer Verbesserung der Position des Beschuldigten führen. Derzeit erfolgen schriftliche Übersetzungen häufig, wie bereits im ersten Teil kritisiert, in einem geringeren Umfang als möglich oder sie nehmen eine bloß subsidiäre Stellung zu den mündlichen Übertragungen oder mündlichen Zusammenfassungen ein.[182] Dies gilt insbesondere für Akten und Urteile. Aufgrund des teilweisen erheblichen Umfangs dieser Dokumente, benötigt eine Übersetzung eine nicht unerhebliche Zeit. Unter Umständen wird das Begehren auf eine (vollständige) Übersetzung unter anderem unter Berufung auf den Beschleunigungsgrundsatz abgelehnt, um Verfahrensverzögerungen zu vermeiden.[183] Ein Recht auf Übersetzungsleistungen ergibt sich an mehreren Stellen mittelbar aus dem Grundgesetz und der EMRK. Im Rahmen des sog. Optimierungsgebotes besteht das Gebot Schutzpflichten in einem möglichst hohen Maße zu verwirklichen.[184] Hierbei sind technische Möglichkeiten eine Chance zur Verwirklichung der Schutzpflichten. Wenn der Kosten- und Zeitaspekt an Bedeutung verliert, können die Übersetzungen in einem größeren Umfang angefertigt werden. Beschuldigte könnten sich bei der Verwendung von maschinellen Übersetzungen schneller einen umfassenden Überblick darüber verschaffen, was ihnen vorgeworfen wird und die eigene Verteidigung effektiver Vor- (und Nach)bereiten. Für die beschuldigte Person können zudem (zusätzliche) schriftliche Übersetzungen der verschiedensten Schriftstücke entlastend wirken. Der Person wird die Chance gegeben – im Gegensatz zur bloß mündlichen Übermittlung des wesentlichen Inhalts – sich intensiver mit den jeweiligen Unterlagen auseinanderzusetzen, diese in Ruhe zu lesen und zu verstehen, sowie

---

[182] Vgl. *Christl*, NStZ 2014, 376, 378; *Papenfuß*, GVRZ 2023, 5.

[183] *Makepeace*, StV 2020, 570, 573; *Simon* in: LR-StPO, 27. Aufl. 2022, GVG § 187 Rn. 10; vgl. auch für Rechtsprechung: BGH, Beschluss vom 18.02.2020, Az.: 3 StR 430/19 = BGHSt 64, 283, 290 Rn. 21; BT-Drucks. 17/12578, S. 12.

[184] *Hofmann* in: Schmidt-Bleibtreu, GG, 15. Aufl. 2022, Art. 20 Rn. 3; *Schulze-Fielitz* in: Dreier, GG, 3. Aufl. 2015, Art. 20 Rn. 44; *Möstl* in: Stern/Sodan/Möstl, Das Staatsrecht der Bundesrepublik Deutschland im europäischen Staatenverbund, 2. Aufl. 2022, § 68 Rn. 14; *Jahn*, ZStW 2015, 549, 577, 615.

daraufhin die eigene Verteidigungstaktik zu entwickeln bzw. mit dem Verteidiger entsprechend Rücksprache zu halten. Schließlich darf gerade in komplizierten Situationen nicht der drohende Verständnisverlust unterschätzt werden, welcher bei einer bloß zusammenfassenden mündlichen Übertragung auftritt.[185]

Weiterhin besteht die langfristige Perspektive den Gebrauch von Relaissprachen bei seltenen Sprachen zu reduzieren. Es besteht grundsätzlich kein Anspruch auf eine Translation in die Muttersprache, gerade bei seltenen Sprachen ist eine Translation in eine beherrschte Drittsprache möglich.[186] Dies kann zu gravierenden Verständigungsproblemen führen.[187] So können bei der Drittsprache viele grammatikalische oder sprachliche Ungenauigkeiten auftreten[188] oder schlicht die passenden Vokabeln fehlen,[189] was die Verständnis- und schriftliche Äußerungsmöglichkeit des Sprachunkundigen mindert. Durch fortschreitende technische Möglichkeiten und den Effekten des maschinellen Lernens bei KI-Anwendungen kann es möglich werden, seltenere Sprachen direkt zu übersetzen und somit von der Verwendung von Drittsprachen abzusehen. Hierdurch kann die beschuldigte Person die Unterlagen direkt in der Muttersprache zur Kenntnis nehmen, was letztlich die Beschuldigtenrechte ebenfalls steigert.

cc. Risiko für die Qualität

Die Verwendung von maschinellen Übersetzungen kann im Vergleich zu von Menschen angefertigten Übersetzungen Nachteile aufweisen. So fehlt einer KI-Anwendung die menschliche Intuition. Feinheiten der Sprache, welche durch Sprachbilder oder stilistische Elemente geprägt sind, werden möglicherweise nicht korrekt gedeutet und übersetzt. Auch kann eine maschinelle Übersetzungsanwendung nicht immer den richtigen Kontext erfassen, da sich dieser oftmals nur aus außerhalb des Textes liegenden äußeren Umständen ergibt. Ferner können bei einer maschinellen Übersetzungsleistung möglicherweise lokale oder kulturelle Differenzierungen nicht richtig erfasst und daher auch nicht einwandfrei übertragen werden.[190] Dies kann zu unpräzisen Translationen führen. Zudem besteht die Gefahr, dass die

---

[185] *Meyer* in: Karpenstein/Mayer, EMRK, 3. Aufl. 2022, Art. 6 Rn. 261; *Rüther*, MschrKrim (Sonderheft) 1999, S86, S90.

[186] BGH, Urteil vom 25.01.1965, Az.: 1 StR 491/65 = BeckRS 1965, 117; *Schmidt*, Verteidigung von Ausländern, 4. Aufl. 2016, Rn. 264; *Kulhanek*, Die Sprach- und Ortsfremdheit von Beschuldigten im Strafverfahren, 2019, S. 322; vgl. auch Erwägungsgrund 22 der Richtlinie 2010/64/EU.

[187] OLG Karlsruhe, Beschluss vom 24.01.1980, Az.: 4 Ss 255/79 = FHZivR 26 Nr. 6153; *Oğlakcıoğlu* in: MünchKomm-StPO, 2. Aufl. 2025, GVG § 185 Rn. 35; *Schmidt*, Verteidigung von Ausländern, 4. Aufl. 2016, Rn. 264; *Kulhanek*, Die Sprach- und Ortsfremdheit von Beschuldigten im Strafverfahren, 2019, S. 323.

[188] *Rittsteuer*, Stichproben 2010, 103, 105.

[189] *Rittsteuer*, Stichproben 2010, 103, 106.

[190] Hierzu bereits Abschnitt A.I.2.b.dd.

Übersetzungen Fehler enthalten oder unvollständig sind, da etwa ein einzelner Absatz nicht vollständig erkannt oder eingegeben wurde. Diese Fehler bleiben möglicherweise verborgen, wenn die Translation ohne Kontrolle, im blinden Vertrauen auf deren Richtigkeit, an die sprachunkundige Person weitergegeben wird.

Das Gerichtsverfassungsgesetz stellt an die Qualität der Übersetzung keine unmittelbaren Voraussetzungen.[191] Die Übersetzungen müssen nur von einer solchen Qualität sein, dass die Ausübung der strafprozessualen Rechte hinreichend ermöglicht wird. Dies soll bereits dann erfüllt sein, wenn die beschuldigte Person aus den Übersetzungen lediglich den wesentlichen Inhalt verstehen kann und so in die Lage versetzt wird, eine effektive Verteidigung vornehmen zu können.[192] Dies entspricht auch den Vorgaben, welche die Europäische Richtlinie 2010/64/EU macht. Nach deren Art. 3 Abs. 9 müssen die *„zur Verfügung gestellte[n] Übersetzungen […] eine für die Gewährleistung eines fairen Verfahrens ausreichende Qualität aufweisen, insbesondere indem sichergestellt wird, dass verdächtige oder beschuldigte Personen wissen, was ihnen zur Last gelegt wird, und imstande sind, ihre Verteidigungsrechte wahrzunehmen.*“ Das kann auch dann noch gewährleistet werden, wenn die Übersetzung möglicherweise Defizite in der Präzision hat.[193]

Dies zeigt auch ein vergleichender Blick zu den Anforderungen, welche an die Zustellung gerichtlicher und außergerichtlicher Schriftstücke in Zivil- oder Handelssachen gestellt werden. So stellen die Gerichte in diesem Bereich keine besonders hohen Anforderungen an die Güte der Übersetzungen.[194] Es ist ausreichend, wenn die Übersetzung es dem Empfänger ermöglicht, den Sinngehalt zu erfassen oder, etwa bei einer Terminladung, wenn sich Ort und Datum aus dem Kontext ergeben.[195] So wird in der Literatur zur EU-ZVO bereits (allerdings an die Anwaltschaft gerichtet) empfohlen, bei besonderer Eilbedürftigkeit oder einfachen Inhalten, die

---

[191] Hierzu bereits Teil 1, Abschnitt C.I.5.aa.

[192] Vgl. EuGH, Urteil vom 15.10.2015, Az.: C-216/14 = NJW 2016, 303 Rn. 39; BGH, Beschluss vom 13.09.2018, Az.: 1 StR 320/17 = NJW 2018, 3790, 3793; EGMR, Entscheidung vom 12.01.2010, Az.: 22738/08 (H. K. / Belgien), zit. nach: *Brannan*, "Identifying written translation in criminal proceedings as a separate right: scope and supervision under European law", 2013, S. 10; *Allgayer* in: BeckOK-GVG, Stand: 15.08.2025, § 187 Rn. 3; *Herrnfeld/Esser*, Europäische Staatsanwaltschaft, 2022, § 11 Rn. 160; vgl. auch *Fingas*, European Criminal Law Review 2019, 178, 184; LG Nürnberg-Fürth, Beschluss vom 02.09.2024, Az.: 18 Qs 41/24 = juris, Rn. 25.

[193] EGMR, Entscheidung vom 12.01.2010, Az.: 22738/08 (H. K. / Belgien), zit. nach: *Brannan*, "Identifying written translation in criminal proceedings as a separate right: scope and supervision under European law", 2013, S. 10: "*[H]e must have understood the gist of the translation* […], *even though it was clearly far from accurate*."

[194] Vgl. *Ruster/Lahme* in: BeckOK-ZPO, Stand: 01.03.2026, EuZVO 2022 Art. 12 Rn. 24; *Fabig*, NJW 2021, 1598, 1603.

[195] Vgl. BGH, Beschluss vom 18.09.2001, Az.: IX ZB 104/00 = NJW-RR 2002, 1151; OLG Nürnberg, Beschluss vom 15.02.2005, Az.: 4 VA 72/05 = BeckRS 2011, 18315; "*Wesentlich ist, dass die Übersetzung - wenn auch mühsam - einen Sinn ergibt, der den Empfänger in die Lage versetzt, das Ziel des zugestellten Schriftstückes zu erkennen und sachgerecht zu reagieren.*“; vgl. auch EuGH, Urteil vom 08.05.2008, Az.: C-14/07 = NJW 2008, 1721 Rn. 91; *Fabig/Windau*, NJW 2017, 2502, 2504.

notwendige Translation mittels maschineller Übersetzung anzufertigen.[196] Das Europäischen Patentamt schließt sich diesen Anforderungen an, dass es genügt, wenn der Inhalt verständlich ist.[197]

(1) Anklageschrift

Wenn eine Anklageschrift nicht ordnungsgemäß mitgeteilt wurde, so kann eine Aussetzung der Hauptverhandlung beantragt werden, bis eine effektive Verteidigung sichergestellt ist.[198] Dies gilt grundsätzlich auch bei fehlender Übersetzung der Anklageschrift. Es handelt sich hierbei um ein Dokument, welches samt Übersetzung überreicht werden muss (vgl. § 187 Abs. 2 GVG).[199] Unterbleibt die Übersetzung gänzlich, liegt ein Verstoß gegen Art. 6 Abs. 3 lit. a EMRK vor.[200] Jedoch stellt die Rechtsprechung an die Heilung der fehlenden Übersetzung keine hohen Anforderungen: Die Anklageschrift soll die angeschuldigte Person über den gegen sie erhobenen Vorwurf informieren. Hiermit wird auch das rechtliche Gehör gewährt.[201] Wenn die Übersetzung nicht vorliegt, kommt diese Information bei der sprachunkundigen Person nicht an, die Anklageschrift entfaltet damit faktisch keine Wirkung.[202] Trotz dieser (ausbleibenden) Wirkung wird vertreten, dass die fehlende Übersetzung noch *in* der Hauptverhandlung nachgereicht werden kann, insbesondere wenn eine Verteidigung vorhanden ist.[203] Hierbei wird auch vertreten, dass (vor allem in einfachen Konstellationen) eine bloß

---

[196] So etwa: *Ruster/Lahme* in: BeckOK-ZPO, Stand: 01.03.2026, EuZVO 2022 Art. 12 Rn. 24: „*In gängigen Sprachen (zB Englisch, Spanisch, Französisch) dürften regelmäßig auch kostengünstige automatisierte Übersetzungstools (zB DeepL) die erforderliche Qualität erreichen, jedenfalls nach einer gewissen manuellen Nachkontrolle.*"; *Fabig*, NJW 2021, 1598, 1603: „*Ist der Zustellungsveranlasser besonders an einer Beschleunigung des Verfahrens interessiert oder rechnet er konkret mit einer Annahmeverweigerung, sollte er erwägen, die Übersetzungen selbst beizubringen. Praktisch bedeutsam ist dabei inzwischen die Möglichkeit, Übersetzungen sofort, kostengünstig und auch die Vertraulichkeit wahrend mit einem der im Internet verfügbaren Übersetzungsdienste wie beispielsweise DeepL zu erstellen* […]. *Diese automatisierten Übersetzungen erreichen bereits heute in gängigen Sprachen (zB Englisch, Französisch oder Spanisch) oft die Qualität eines Übersetzungsbüros*"; ferner: *Anton* in: Ory/Weth, jurisPK-ERV Bd. 1, 1. Aufl. 2020, Kapitel 5.1.1, Rn. 25.

[197] Vgl. EPA, Richtlinien für die Prüfung im Europäischen Patentamt, Stand: März 2024, Teil G, Kapitel 4.1.

[198] Vgl. BGH, Beschluss vom 14.09.1977, Az.: 3 StR 278/77 = *Holtz*, MDR 1978, 108, 111 f.; OLG Celle, Beschluss vom 24.06.1997, Az.: 21 Ss 73/97 = StV 1998, 531, 532; *Stuckenberg* in: LR-StPO, 27. Aufl. 2018, § 201 Rn. 46; *Schmitt* in: Schmitt/Köhler, StPO, 69. Aufl. 2026, § 201 Rn. 10; *H. Schneider* in: KK-StPO, 9. Aufl. 2023, § 201 Rn. 11.

[199] BGH, Urteil vom 23.12.2015, Az.: 2 StR 457/14 = NStZ 2017, 63, 63 f.; *Oğlakcıoğlu* in: MünchKomm-StPO, 2. Aufl. 2025, GVG § 187 Rn. 35; *Schmidt*, Verteidigung von Ausländern, 4. Aufl. 2016, Rn. 311.

[200] BGH, Urteil vom 23.12.2015, Az.: 2 StR 457/14 = NStZ 2017, 63, 64.

[201] OLG Rostock, Beschluss vom 10.08.2010, Az.: I Ws 193/10 = NStZ-RR 2010, 382; *Schmidt*, Verteidigung von Ausländern, 4. Aufl. 2016, Rn. 304; *H. Schneider* in: KK-StPO, 9. Aufl. 2023, § 201 Rn. 1; *Wenske* in: MünchKomm-StPO, 2. Aufl. 2024, § 201 Rn. 2, m. w. N.

[202] *Rüther*, Strafverteidigung von Ausländern, 1999, Rn. 216; *Schmidt*, Verteidigung von Ausländern, 4. Aufl. 2016, Rn. 304.

[203] Vgl. OLG Karlsruhe, Beschluss vom 27.06.2005, Az.: 1 Ss 184/04 = StraFo 2005, 370; OLG Celle, Beschluss vom 23.08.2004, Az.: 22 Ss 81/04 = StraFo 2005, 30; OLG Düsseldorf, Beschluss vom 29.10.1984, Az.: 5 Ss 369/84, 289/84 I = JZ 1985, 200; *Kempf* in: Wolf, Kriminalität im Grenzgebiet, Bd. 3, 2000, S. 248; *Paeffgen* in: SK-StPO, 6. Aufl. 2024, § 201 Rn. 7; *Schmitt* in: Schmitt/Köhler, StPO, 69. Aufl. 2026, § 201 Rn. 10;

mündliche Übersetzung der Anklageschrift ausreichend ist,[204] insbesondere unter Berücksichtigung der Vorgaben in § 187 Abs. 2 Satz 4 GVG.[205]
Eine fehlerhafte Übersetzung ist erst dann erheblich, wenn durch sie nicht mehr die Informations- und Umgrenzungsfunktion der Anklage verwirklicht werden kann. In dem Fall ist eine effektive Vorbereitung der Verteidigung nicht möglich.[206] Unter Beachtung der geringen Rechtsfolgen, welche eine gänzlich unterbliebene Übersetzung nach sich zieht, sind die Folgen einer stellenweise unpräzisen Übersetzung gering, bzw. problemlos in der Hauptverhandlung heilbar. Es fällt auf, dass in der Rechtsprechung und in der Literatur – soweit ersichtlich – das Thema der mangelhaften schriftlichen Übersetzung keine Relevanz zu haben scheint. Dies könnte ein Indiz dafür sein, dass an solchen Mängeln keine unmittelbaren prozessualen Folgen geknüpft sind, wie auch die folgenden Ausführungen zeigen.

(2) Freiheitsentziehende Anordnungen

Von freiheitsentziehenden Anordnungen müssen grundsätzlich ebenfalls Übersetzungen angefertigt werden (vgl. § 114a StPO). Unterbleibt eine Übersetzung dieses Inhaltes, ist eine Beschwerde statthaft.[207] Orientiert an den Vorgaben in Art. 5 Abs. 2 EMRK muss die Unterrichtung lediglich in einer verständlichen Weise erfolgen.[208] Hierbei ist eine einfache untechnische Sprache ausreichend, welche den rechtlichen und tatsächlichen Grund der Haftanordnung für die sprachunkundige Person erkennen lässt.[209] Der deutsche Gesetzgeber hat sich bei der Schaffung des § 114 StPO an der in der EMRK normierten Informationspflicht orientiert,[210] sodass eine Informativübersetzung auch bei möglichen sprachlich unpräzisen Formulierungen ausreichend sein kann.

Revisionsgrund bei fehlender Verteidigung, in dem Fall Aussetzung der Verhandlung und Nachholung: OLG Hamm, Beschluss vom 14.08.2002, Az.: 3 Ss 636/02 = StV 2003, 490, 491.

[204] BGH, Urteil vom 23.12.2015, Az.: 2 StR 457/14 = NStZ 2017, 63, 64; BGH, Beschluss vom 10.07.2014, Az.: 3 StR 262/14 = StV 2015, 345, 345 f. (nur bei einfachen Fällen); *Schmitt* in: Meyer Goßner/Schmitt, StPO, 67. Aufl. 2024, EMRK Art. 6 Rn. 18; OLG Düsseldorf, Beschluss vom 02.07.2003, Az.: III-2 Ss 88/03-41/03 II = NJW 2003, 2766; OLG Hamburg, Beschluss vom 17.05.2005, Az.: 1 Ss 61/05 = Hamburg StV 2006, 175, 177; a. A.: OLG Hamm, Beschluss vom 27.11.2003, Az.: 4 StVK 3/04 = StV 2004, 364, 364 f.; OLG Karlsruhe, Beschluss vom 27.06.2005, Az.: 1 Ss 184/04 = StraFo 2005, 370.

[205] Vgl. *Schmidt*, Verteidigung von Ausländern, 4. Aufl. 2016, Rn. 304.

[206] Vgl. BGH, Urteil vom 23.12.2015, Az.: 2 StR 457/14 = NStZ 2017, 63, 64.

[207] *Schmidt*, Verteidigung von Ausländern, 4. Aufl. 2016, Rn. 311; *Oğlakcıoğlu* in: MünchKomm-StPO, 2. Aufl. 2025, GVG § 187 Rn. 35.

[208] *Satzger* in: SSW-StPO, 6. Aufl. 2025, EMRK Art. 5 Rn. 49, m. w. N.; *Meyer* in: SK-StPO, 5. Aufl. 2019, EMRK Art. 5 Rn. 199 ff., m. w. N.

[209] EGMR, Urteil vom 05.04.2001, Az.: 26899/95 (H.B. / Schweiz) = BeckRS 2001, 165573 Rn. 47; *Meyer* in: SK-StPO, 5. Aufl. 2019, EMRK Art. 5 Rn. 201; *Elberling* in: Karpenstein/Mayer, EMRK, 3. Aufl. 2022, Art. 5 Rn. 94, m. w. N.

[210] Vgl. BT-Drucks. 16/11644, S. 15.

(3) Strafbefehle

Wenn Strafbefehle ohne die erforderliche schriftliche Übersetzung an die beschuldigte Person zugestellt werden, liegt nach inzwischen herrschender Ansicht keine wirksame Zustellung aufgrund einer analogen Anwendung des § 37 Abs. 3 StPO vor.[211] Die Einspruchsfrist für den Beschuldigten beginnt erst, wenn der Strafbefehl vorliegt und der Inhalt bekannt ist.[212] Die Übersetzung muss Kenntnis von dem Inhalt vermitteln, Fehler in der Ausdrucksweise dürften hingegen unerheblich sein.

(4) Nicht rechtskräftige Urteile

Auch bei der direkten Anwendung des § 37 Abs. 3 StPO, d. h. bei Urteilen selbst, sind sprachliche Ungenauigkeiten unerheblich. In der Praxis entfallen, unter Berücksichtigung des Stufensystems des § 187 Abs. 2 GVG, bereits die schriftlichen Übersetzungen, sobald eine Verteidigung vorhanden ist[213] oder es erfolgt lediglich eine auszugsweise Übersetzung.[214] Dies bedeutet jedoch auch, dass der Gesetzgeber an dieser Stelle ebenfalls eine Inkenntnissetzung für ausreichend hält, ohne dass es auf die exakte wortlautgetreue Übersetzung ankäme.
Fehlende Übersetzungen können Auswirkungen haben, Mängel oder Ungenauigkeiten in der schriftlichen Übersetzung sind dagegen unerheblich. Die Sorge, dass eine maschinelle Übersetzung möglicherweise an qualitativen Mängeln leiden könnte, führt zumindest zu keinem beträchtlichen rechtlichen Risiko, solange der Inhalt verständlich bleibt.

(5) Zwischenergebnis zu den Qualitätsanforderungen

Die nach § 187 Abs. 2 GVG regelmäßig zu übersetzenden Unterlagen sind grundsätzlich für eine maschinelle Übersetzung gut geeignet.[215] Bei den von den Behörden bzw. Gerichten an die beschuldigte Person gerichteten Schriftsätzen handelt es sich zumeist (mit Ausnahme einzelner Bestandteile der Ermittlungsakte) um Dokumente, welche jeweils eine ähnliche

---

[211] LG Stuttgart, Beschluss vom 12.05.2014, Az.: 7 Qs 18/14 = BeckRS 2014, 9908 (wobei das LG Stuttgart zwischenzeitlich dieses Ergebnis revidierte: LG Stuttgart, Beschluss vom 13.09.2016, Az.: 19 Qs 49/16 = NJW-Spezial 2016, 730); LG Gießen, Beschluss vom 29.04.2014, Az.: 7 Qs 48/15 = NJW-Spezial 2015, 441; LG Stade, Beschluss vom 08.06.2020, Az.: 302 Qs 151 Js 21404/19 (6/20) = BeckRS 2020, 36784 Rn. 12; *Valerius* in: MünchKomm-StPO, 2. Aufl. 2023, § 37 Rn. 73a, vgl. ferner EuGH, Urteil vom 12.10.2017, Az.: C-278/16 = NZV 2017, 530, 531; eine ältere Ansicht vertritt, dass das Fehlen lediglich zu einer unverschuldeten Fristversäumnis analog § 44 Satz 2 StPO führt: *Eckstein* in: MünchKomm-StPO, 2. Aufl. 2024, § 409 Rn. 24; BVerfG, Beschluss vom 07.04.1976, Az.: 2 BvR 728/75 = BVerfGE 42, 120, 124; BVerfG, Beschluss vom 19.04.1995, Az.: 2 BvR 2295/94 = NVwZ-RR 1996, 120.

[212] EuGH, Urteil vom 15.10.2015, Az.: C-216/14 = NJW 2016, 303 Rn. 66 ff.

[213] Std. Rspr.: BGH, Beschluss vom 18.02.2020, Az.: 3 StR 430/19 = NJW 2020, 2041 Rn. 7; OLG Braunschweig, Beschluss vom 11.05.2016, Az.: 1 Ws 82/16 = BeckRS 2016, 9258; OLG Hamm, Beschluss vom 26.01.2016, Az.: 1 Ws 8/16 = BeckRS 2016, 6053; OLG Celle, Beschluss vom 22.07.2015, Az.: 1 Ss (OWi) 118/15 = BeckRS 2015, 15987.

[214] Vgl. *Valerius* in: MünchKomm-StPO, 2. Aufl. 2023, § 37 Rn. 72.

[215] Vgl. Abschnitt A.I.2.b.dd.

inhaltliche Gestaltung aufweisen. Ferner sind diese in Hochdeutsch verfasst und daher grundsätzlich frei von der Verwendung von Umgangssprache oder lokalen Besonderheiten, welche eine maschinelle Umwandlung erschweren würden. Aufgrund dieser Grundstruktur der Ausgangstexte sind diese gut geeignet für eine maschinelle Übersetzung. Auch profitiert hier die maschinelle Übersetzung durch automatische Korrekturschleifen von einer Verbesserung, je mehr übersetzt wird.[216]

Die Gefahr, dass die Übersetzungen möglicherweise stellenweise unpräzise oder nur sinngemäß erfolgen, kann im Rahmen des § 187 Abs. 2 GVG aufgrund des oben Festgestellten sowie dem generell subsidiären Charakter von schriftlichen Übersetzungen nachrangig sein, sofern das Verständnis des Inhaltes (sog. Informativübersetzung) gewährleistet wird. Der informatorische Charakter steht regelmäßig bei Übersetzungen im Vordergrund. Trotzdem sollte sichergestellt sein, dass die Qualität der Übersetzungsleistungen nicht unter den derzeitigen Standard absinkt.[217]

Zudem muss transparent aufgezeigt werden, wenn eine Übersetzung maschinell erfolgte, um kein blindes Vertrauen in deren Richtigkeit zu erzeugen (welches ebenfalls nicht bei von Menschen erzeugten Übersetzungen bestehen sollte) und zu verdeutlichen, dass anders als durch einige Landesgesetzgeber (vgl. § 34 Abs. 1 JustG NRW) vorgesehen, keine Richtigkeits- und Vollständigkeitsgewähr durch einen Menschen übernommen wird.[218]

dd. Zwischenergebnis

Im Ergebnis lässt sich feststellen, dass es sich bei den Dokumenten, welche zugunsten sprachunkundiger Beschuldigter schriftlich übersetzt werden, abgesehen von der Ermittlungsakte und dem Urteil, um sehr ähnliche, jeweils gleichförmige Dokumente handelt. Durch maschinelles Lernen können hier sehr gute Ergebnisse erreicht werden. Auch sind die Folgen bei einer Fehlübersetzung nicht allzu gravierend. Durch eine maschinelle Übersetzung kann der Umfang der erreichbaren Übersetzungen erheblich gesteigert werden, da der Kostenfaktor erheblich reduziert wird. Eine einzelne zusätzliche maschinelle Übersetzung wirkt sich finanziell nicht aus. Auch werden die Rechte der beschuldigten Person in erheblichem Umfang gesteigert.

Bei den komplexeren Übersetzungen von Ermittlungsakten oder Urteilen könnten Ungenauigkeiten auftreten, dennoch stellen diese aufgrund des bisher nicht gegebenen Anspruchs (sofern das Urteil noch nicht rechtskräftig ist und auch die mündliche Übertragung

[216] Vgl. *Holzki*, Das Ende der Sprachgrenze, Handelsblatt, 29.01.2020, S. 20, 21.
[217] Hierzu Abschnitt C.I.2.b.bb.(2)(b).
[218] Hierzu Abschnitt C.I.2.b.bb.(2)(a).

genügt), eine erhebliche Steigerung der Rechtsposition Sprachunkundiger dar. Aber selbst hier besteht – aufgrund der Einführung der E-Akte und der Möglichkeiten durch maschinelles Lernen, u. a. auf Basis der großen bestehenden Datengrundlagen auf EU-Ebene mit hochqualitativen Übersetzungen – ein hohes Entwicklungspotential. Im Ergebnis lässt sich feststellen, dass der Normzweck des § 187 GVG, die Ausübung der strafprozessualen Zwecke und der sprachlichen Partizipation, durch eine KI-basierte maschinelle Übersetzung erheblich gefördert wird. Dies gilt auch für die Vorgaben der EU und der EMRK.

b. Wie sollte eine zukünftige Rechtslage aussehen?

aa. Orientierung: Wie sind andere KI-Anwendungen und technische Hilfsmittel im Justizbereich geregelt?

Derzeit werden bereits Anwendungen in der Justiz verwendet, welche auf Künstlicher Intelligenz basieren. Bereits seit einigen Jahren werden in mehreren Bundesländern erfolgreich Spracherkennungsprogramme als Alternative zu herkömmlichen Diktiergeräten verwendet.[219] Ferner bestehen diverse Forschungsprojekte für KI-Anwendungen, welche zum Teil auch in der Praxis getestet und angewendet werden.[220] So sollen mithilfe von Programmen Unterlagen in zivilrechtlichen Massenverfahren[221] oder im Rahmen der Strafverfolgung besser aufbereitet werden.[222] Auch befinden sich Programme in der Testphase, welche langfristig Gerichtsentscheidungen automatisch anonymisieren sollen.[223] Gesonderte spezielle rechtliche Regelungen für diese Anwendungen, welche in der Praxis verwendet oder erprobt werden, sind oft nicht vorhanden.

Im vorliegenden Fall widerspricht der Stand *de lege lata* der grundsätzlichen Verwendung maschineller Übersetzungen zum Zwecke der schriftlichen Verfahrenskommunikation. Auch an anderen Stellen musste aufgrund einer entgegenstehenden *de lege lata* das jeweilige Gesetz angepasst werden, um die technischen Entwicklungen zu berücksichtigen und die sich daraus ergebende Verwendung zu ermöglichen. Beispielhaft seien hier die Änderungen genannt zur Einführung der E-Akte in den §§ 32 ff. StPO,[224] zur Ermöglichung der Verwendung technischer Hilfsmittel für hörbeeinträchtigte Personen in § 186 Abs. 3 GVG und für sehbeeinträchtigte

---

[219] *Bundestag*, WD 7 – 3000 – 017/21, S. 7; *Schmees/Dreyer in*: Arbeitswelt und KI 2030, 2022, S. 125.
[220] *Schmees/Dreyer* in: Arbeitswelt und KI 2030, 2022, S. 125.
[221] *OLG-Arbeitsgruppe*, Einsatz von KI und algorithmischen Systemen in der Justiz, 2022, Anhang S. I.
[222] *Bundestag*, WD 7 – 3000 – 017/21, S. 6, m. w. N.
[223] *Bundestag*, WD 7 – 3000 – 017/21, S. 5, m. w. N; *OLG-Arbeitsgruppe*, Einsatz von KI und algorithmischen Systemen in der Justiz, 2022, Anhang S. II.
[224] Art. 1 Nr. 2, Gesetz zur Einführung der elektronischen Akte in der Justiz und zur weiteren Förderung des elektronischen Rechtsverkehrs vom 05.07.2017 (BGBl. I S. 2208).

Personen in § 191a GVG sowie für eine überlegte[225] Einführung automatisierter Transkriptionen der Hauptverhandlung nach Art. 1 Nr. 5 lit. c) DokHVG. Bei den ersten beiden Beispielen wurde jeweils eine Verordnungsermächtigung i. S. d. Art. 80 Abs. 1 Satz 1 GG implementiert, um im Rahmen von Rechtsverordnungen (vgl. § 32 Abs. 2 Satz 1 StPO[226], § 186 Abs. 3 GVG[227], § 191a Abs. 2 GVG[228]) weitere Details zur konkreten Umsetzung zu regeln. Der Entwurf zum DokHVG, welcher die automatisierte Anfertigung von Transkripten ermöglichen soll, sieht wesentliche Regelungen in der Strafprozessordnung selbst vor.

bb. Wie könnte eine künftige Rechtslage geregelt werden?

– Hinweis: Ein konkreter Änderungsentwurf befindet sich am Ende des Buches. –

(1) Konkrete Umsetzung im Rahmen einer Rechtsverordnung

Für die Ermöglichung maschineller Übersetzungsleistungen im Rahmen der schriftlichen Verfahrenskommunikation könnte eine Verordnungsermächtigung im Gerichtsverfassungsgesetz sowie die Vornahme einer Konkretisierung durch die Exekutive durch Erlass einer entsprechenden Rechtsverordnung zweckmäßig sein.

Der Vorteil von Rechtsverordnungen ist, dass die Erarbeitung der Details vom parlamentarischen Gesetzgeber auf die Exekutive übertragen werden kann, was auch kurzfristige Anpassungen der rechtlichen Vorgaben an aktuelle Entwicklungen ermöglicht (die sog. Entlastungs- und Flexibilitätswahrungsfunktion von Rechtsverordnungen).[229] Gerade im Bereich von KI-basierten Anwendungen, wie maschinellen Übersetzungen, können so flexible Anpassungen an kurzfristige Entwicklungen vorgenommen werden.

---

[225] BT-Drucks. 20/9359, S. 3; liegt derzeit beim Vermittlungsausschuss: BR-Drucks. 603/23.

[226] § 32 Abs. 2 Satz 1 StPO: *„Die Bundesregierung und die Landesregierungen bestimmen […] durch Rechtsverordnung die für die elektronische Aktenführung geltenden organisatorischen und dem Stand der Technik entsprechenden technischen Rahmenbedingungen einschließlich der einzuhaltenden Anforderungen des Datenschutzes, der Datensicherheit und der Barrierefreiheit.“*

[227] § 186 Abs. 3 GVG: *„Das Bundesministerium der Justiz und für Verbraucherschutz bestimmt durch Rechtsverordnung, […], 1. den Umfang des Anspruchs auf Bereitstellung von geeigneten Kommunikationshilfen […], 2. die Grundsätze einer angemessenen Vergütung für den Einsatz von Kommunikationshilfen […], 3. die geeigneten Kommunikationshilfen, mit Hilfe derer die […] Verständigung zu gewährleisten ist, und 4. ob und wie die Person mit Hör- oder Sprachbehinderung mitzuwirken hat.“*

[228] § 191a Abs. 2 GVG: *„Das Bundesministerium der Justiz und für Verbraucherschutz bestimmt durch Rechtsverordnung, […], unter welchen Voraussetzungen und in welcher Weise die in Absatz 1 genannten Dokumente und Dokumente, die von den Parteien zur Akte gereicht werden, einer blinden oder sehbehinderten Person zugänglich gemacht werden, sowie ob und wie diese Person bei der Wahrnehmung ihrer Rechte mitzuwirken hat.“*

[229] *Bauer* in: Dreier, GG, 3. Aufl. 2015, Art. 80 Rn. 12; *Remmert* in: Dürig/Herzog/Scholz, GG, 70. EL, Stand: Dezember 2013, Art. 80 Rn. 7.

Im Gerichtsverfassungsgesetz sollte im Rahmen des § 187 GVG zunächst bestimmt werden, dass die Anfertigung der schriftlichen Übersetzungen auf maschinelle Weise zulässig ist. Ferner sollte, wie dies auch bereits bei den §§ 186 und 191a GVG erfolgte, eine Verordnungsermächtigung eingefügt werden, welche Inhalt, Zweck und Ausmaß der zu erlassenden Rechtsverordnung gemäß Art. 80 Abs. 1 Satz 2 GG angibt, um die einzelnen Details zu regeln. Die Verordnungsermächtigung sollte bestimmen, dass die Exekutive, im konkreten Fall das Bundesministerium für Justiz, durch Rechtsverordnung bestimmen darf, wie die unter § 187 Abs. 2 GVG genannten Unterlagen durch eine maschinelle Übersetzungsleistung erbracht werden können und welche weiteren Modalitäten und Anforderungen zu beachten sind.

(2) Wesentliche inhaltliche Regelungen

(a) Vorgaben in welchen Fällen und wie eine Übersetzung zur Verfügung gestellt wird

Im Rahmen der Rechtsverordnung muss zunächst geregelt werden, für welche Inhalte, in welcher Form und in welchem Umfang eine maschinelle Translation vorgesehen ist, ähnlich wie dies im Rahmen der Zugänglichmachungsverordnung zur barrierefreien Zugänglichmachung von Dokumenten für blinde und sehbehinderte Personen im Rahmen des § 191a GVG der Fall ist.

Zudem sollten spezifische Vorgaben zu der konkreten Umsetzung einer maschinellen Übersetzung gemacht werden. Die verwendete Anwendung muss allgemeine (gesetzliche) Anforderungen erfüllen, die an KI-Anwendungen und den Datenschutz gestellt werden. Diese Vorgaben könnten auch rein deklaratorisch sein.[230]

Um die Transparenz sowie Übereinstimmung mit dem Originaldokument in Bezug auf Umfang sowie erkannte Textbereiche auf dem Ausgangsdokument und etwaiger sprachübergreifender verständlicher Schlagwörter auf einen Blick zu verdeutlichen, empfiehlt sich eine doppelseitige Darstellung. Auf der linken Hälfte des Dokuments ist das Originaldokument abgebildet, auf der rechten Seite die automatisch angefertigte Übersetzung. Dadurch können fehlerhafte Bereiche transparent und schnell erkannt werden, sodass bedarfsgerecht Korrekturen vorgenommen werden können.

Aus Transparenzgründen muss zudem auf jeder maschinell übersetzten Datei ein klarer Hinweis erfolgen, dass die Übersetzung maschinell angefertigt wurde und nicht durch einen

[230] Vgl. hierzu: BT-Drucks. 18/12203, S. 73 zur Einführung der E-Akte: „*Weitere Konkretisierungen im Bereich des Datenschutzes und der Datensicherheit sind nicht erforderlich. Die aufgrund der Verordnungsermächtigung festzulegenden Rahmenbedingungen treten insoweit lediglich ergänzend neben die geltenden Bestimmungen des allgemeinen Datenschutzrechts.*“

menschlichen Berufsträger.[231] Hierdurch wird optisch klargestellt, dass die Richtigkeit und Vollständigkeit nicht durch einen Menschen, anders als etwa nach §§ 33, 34 Abs. 1 JustG NRW i. V. m. § 142 ZPO, abschließend geprüft wurde.

(b) Vorgaben zur Sicherstellung der Qualität

Neben den allgemeinen Bestimmungen müssen– in Anlehnung an Art. 5 der Richtlinie 2010/64/EU – Vorgaben zur Qualitätssicherung erfolgen. Die Übersetzungen müssen einen ausreichenden Qualitätsstandard einhalten und dies sollte laufend kontrolliert werden. Hierzu sollte vorab bei der Auswahl der Anwendung ein hinreichender Auswahl- und Testprozess vorgesehen werden. [232] Auch könnte zur Qualitätssicherung etwa eine Plausibilitätskontrolle durch einen Abgleich der ursprünglichen Daten mit dem erzeugten Translat hinsichtlich einer optischen Übereinstimmung erfolgen. Es muss sichergestellt sein, dass durch die Bereitstellung maschineller Übersetzungen nicht eine Herabsenkung des Niveaus unter den *Status quo* erfolgt. Ferner sollte in Anlehnung an Art. 6 der Richtlinie 2010/64/EU sowie Art. 4 der KI-Verordnung Fortbildungsmaßnahmen für die an Strafverfahren beteiligten Personen erfolgen, unter Berücksichtigung der sich aus maschinellen Translationen ergebenden Besonderheiten.

Damit keine unerkannten und vermeidbaren fehlerhaften Übersetzungen produziert werden, muss sichergestellt sein, dass die Übersetzungsanwendung die Programmausführung bei erkannten Fehlern selbstständig abbricht[233] und bei mehrdeutigen Übersetzungen eine klare Kennzeichnung erfolgt,[234] wie dies etwa für menschliche Übersetzende auf landesrechtlicher Basis in § 34 Abs. 2 Satz 2 JustG NRW vorgesehen ist.

Sollte die Person, der die Übersetzung übermittelt wurde, begründete Zweifel an der Richtigkeit der Übersetzung hegen, ist ihr ein entsprechender Schutzmechanismus zur Verfügung zu stellen. Dieser muss im Einklang mit Art. 3 Abs. 5 der Richtlinie 2010/64/EU die Möglichkeit einer Kontrolle der Translate eingeräumt werden. Um prozesstaktische Verzögerungen zu vermeiden, muss dieses Begehren jedoch unverzüglich nach Auftreten der Zweifel bezüglich der Übersetzung, unter konkreter Angabe der betroffenen Textstelle sowie der Unstimmigkeiten angemeldet werden. In der Hauptverhandlung könnte, bei tatsächlicher Verwertung des entsprechenden Beweisdokumentes, bzw. einer fehlerhaft übersetzten

---

[231] Vgl. Abschnitt A.II.2.b.bb.

[232] Vgl. hierzu: *Piotti*, Wie KI in der Justiz einsetzen?, Zukunftsblog, 05.05.2023, abrufbar unter: https://ethz.ch/de/news-und-veranstaltungen/eth-news/news/2023/05/blog-wie-ki-in-der-justiz-einsetzen.html (zuletzt abgerufen am: 30.05.2026).

[233] Vgl. Abschnitt A.II.2.a.cc.; Erwägungsgrund Nr. 75 der KI-Verordnung.

[234] Die derzeit üblichen Übersetzungsanwendungen, wie *DeepL, Google Übersetzer* oder *Systran,* zeigen mehrdeutige Möglichkeiten nur an, wenn der Benutzer aktiv auf das entsprechende Wort in der Übersetzung klickt.

Belehrung, eine Orientierung an den Rechtsgedanken des Widerspruchs wegen eines Beweisverwertungsverbots bis zum Zeitpunkt des § 257 StPO erfolgen.[235]

[235] *Niehaus* in: MünchKomm-StPO, 2. Aufl. 2024, § 257 Rn. 19 ff.; *Knauer/Kudlich* in: MünchKomm-StPO, 2. Aufl. 2024, § 337 Rn. 22 f.

II. Rechtliche Umsetzbarkeit: Dolmetschleistungen

1. De lege lata

a. Europäisches Recht

aa. Europäische Menschenrechtskonvention

Der Einsatz maschineller Dolmetschleistungen muss mit den Vorgaben des Art. 6 Abs. 3 lit. e EMRK vereinbar sein. Nach dieser Norm hat eine angeklagte Person das Recht auf die „*Unterstützung durch einen Dolmetscher*“. Dieses Recht besteht auch im Ermittlungsverfahren sowie für vorbereitende Handlungen.[236]

(1) Wortlaut des Art. 6 Abs. 3 lit. e EMRK

Der Wortlaut dieser Norm nimmt Bezug auf einen Menschen. Die nach der Schlussklausel der EMRK verbindlichen Fassungen in englischer („*interpreter*“) oder französischer („*interprète*“) Sprache, ergeben ebenfalls keine anderen Wortlautauslegungen. Auch in diesen Sprachen besteht – anders als bei Übersetzern – (noch) keine Synonymität im alltäglichen Sprachgebrauch zwischen menschlichen und maschinellen Dolmetschern.

Möglicherweise könnte die EMRK so ausgelegt werden, dass maschinelle Dolmetschleistungen ebenfalls erfasst werden. Hierbei ist zu beachten, dass bei Art. 6 Abs. 3 lit. e EMRK seit der Ursprungsfassung vom 4. November 1950 lediglich leichte sprachliche Anpassungen erfolgten. Zu dem Zeitpunkt der Ursprungsfassung konnten die Möglichkeiten, welche KI-Anwendungen eröffnen, noch nicht erahnt werden. Möglicherweise wäre die Formulierung bei damaligen entsprechenden technischen Möglichkeiten anders ausgefallen. Gerade bei einer Auslegung nach dem jeweils vorherrschenden aktuellen Verständnis und nicht nach dem jeweiligen historischen.[237] Es besteht daher keine starre Wortlautgrenze.

(2) Auslegung nach Sinn und Zweck

Vor diesem Hintergrund muss beachtet werden, dass die in der EMRK geschützten Rechte möglichst praktisch und wirksam geschützt werden sollen.[238] An die Dolmetschleistung selbst

---

[236] EGMR, Urteil vom 05.04.2011, Az.: 35292/05 (Şaman / Türkei) = BeckRS 2011, 144860 Rn. 30 f.; BGH, Beschluss vom 26.10.2000, Az.: 3 StR 6/00 = BGHSt 46, 178, 185 f.; *Brown-Blake*, International Journal on Minority and Group Rights 13 (2006), 391, 407; *Meyer* in: Karpenstein/Mayer, EMRK, 3. Aufl. 2022, Art. 6 Rn. 259; *Vogiatzis*, Human Rights Law Review, 2022, Ausgabe 22, 1, 16.

[237] Vgl. EGMR, Urteil vom 25.04.1978, Az.: 5856/72 (Tyrer / Großbritannien) = BeckRS 1978, 108297 Rn. 31; *Grabenwarter/Pabel*, EMRK, 7. Aufl. 2021, § 5 Rn. 5, 14; *Klocke*, EuR 2015, 148, 149; *Mayer* in: Karpenstein/Mayer, EMRK, 3. Aufl. 2022, Einleitung Rn. 45 ff.

[238] Vgl. EGMR, Urteil vom 09.10.1979, Az.: 6289/73 (Airey / Irland) = BeckRS 1979, 108525 Rn. 24; *Mayer* in: Karpenstein/Mayer, EMRK, 3. Aufl. 2022, Einleitung Rn. 48; *Vogiatzis*, Human Rights Law Review, 2022, Ausgabe 22, 1, 8.

werden durch die EMRK keine unmittelbaren formellen Voraussetzungen erhoben, auch nicht für die Unabhängigkeit oder Unparteilichkeit.[239] Es muss sichergestellt sein, dass tatsächlich effektive Translationen erfolgen, wobei kein Recht auf eine durchgehend wörtliche oder simultane Übertragung besteht.[240] Technische Möglichkeiten können dafür sorgen, dass die gewährleisteten Rechte noch effektiver umgesetzt werden. Bei der Beurteilung dieser Leistungsfähigkeit handelt es sich primär um eine Frage der technischen Leistung und nicht der rechtlichen Vereinbarkeit. Die weitere Auslegung kann nur im systematischen Zusammenhang mit den weiteren Mindestrechten erfolgen.

(3) Systematische Auslegung unter Berücksichtigung der weiteren Mindestrechte aus Art. 6 Abs. 3 EMRK

Eine maschinelle Erzeugung der Dolmetschleistungen müsste mit den weiteren – zwecks Sicherstellung eines fairen Verfahrens – gewährleisteten Rechten vereinbar sein.

(a) Unterrichtung über die Anschuldigungen (Art. 5 Abs. 2, Art. 6 Abs. 3 lit. a EMRK)

Nach Art. 5 Abs. 2 EMRK muss jede festgenommene Person bzw. nach Art 6 Abs. 3 lit. a EMRK jede beschuldigte Person unverzüglich über die Gründe der Festnahme und die Anschuldigungen informiert werden. Diese Inkenntnissetzung kann grundsätzlich auch mündlich erfolgen[241] oder bei einfachen Sachverhalten gar konkludent im Rahmen der Hauptverhandlung.[242]

Die Information muss so erfolgen, dass die betroffene Person sie tatsächlich verstehen kann und erfährt, wogegen sie sich wehren muss.[243] Hierzu muss die Information in einer der betroffenen Person „verständlichen Sprache“, mitgeteilt werden, wobei nicht zwingend eine dolmetschende Person beizuziehen ist.[244]

An dieser Stelle könnte eine maschinelle Dolmetschleistung ausreichend sein. Die Norm bezweckt die Beseitigung der Ungewissheit über die Inhaftierung[245] bzw. über die erhobenen

---

[239] EGMR, Entscheidung vom 24.01.2002, Az.: 44234/98 (Ucak / Großbritannien) = BeckRS 2002, 163917 Rn. 34; *Vogiatzis*, Human Rights Law Review, 2022, Ausgabe 22, 1, 20.

[240] *Gaede* in: MünchKomm-StPO, 2. Aufl. 2025, EMRK Art. 6 Rn. 274, w. w. N.

[241] Vgl. EGMR, Urteil vom 25.01.2018, Az.: 22696/16 (J.R. u. a. / Griechenland) = NVwZ 2018, 1375 Rn. 121; *Satzger* in: SSW-StPO, 6. Aufl. 2025, EMRK Art. 5 Rn. 49.

[242] EGMR, Urteil vom 28.10.1994, Az.: 14310/88 (Murray / Großbritannien) = BeckRS 1994, 124111 Rn. 71 ff.; EGMR, Urteil vom 23.07.2013, Az.: 41872/10, (M. A. / Zypern) = BeckRS 2013, 202706 Rn. 234; *Meyer* in: SK-StPO, 5. Aufl. 2019, EMRK Art. 5 Rn. 199; *Harrendorf/König/Voigt* in: HK-EMRK, 5. Aufl. 2023, Art. 6 Rn. 206.

[243] *Meyer* in: SK-StPO, 5. Aufl. 2019, EMRK Art. 5 Rn. 199.

[244] *Meyer* in: SK-StPO, 5. Aufl. 2019, EMRK Art. 5 Rn. 200.

[245] *Elberling* in: Karpenstein/Mayer, EMKR, 3. Aufl. 2022, Art. 5 Rn. 91; *Gaede* in: MünchKomm-StPO, 2. Aufl. 2025, EMRK Art. 5 Rn. 62.

Anschuldigungen, damit ein effektiver Rechtsschutz ersucht und erarbeitet werden kann.[246] Hierbei ist es aufgrund der psychologischen Drucksituation von hoher Bedeutung, dass die Informationen möglichst ohne Zeitverzögerung gewährt werden.[247] Zu der konkreten Art der Informationsübermittlung werden keine Vorgaben getroffen. Der Vorteil maschineller Dolmetschleistungen wäre, dass diese ohne zeitliche Verzögerung unmittelbar zu dem Zeitpunkt erfolgen können, in dem auch eine sprachkundige Person die Informationen erhalten würde.

(b) Zeit und Gelegenheit zur Vorbereitung der Verteidigung, Gelegenheit zur eigenen Verteidigung sowie der Beistand durch einen Verteidiger (Art. 6 Abs. 3 lit. b und lit. c EMRK)

Dolmetschleistungen können zudem notwendig werden, damit sich die beschuldigte Person Kenntnis über den Fall verschaffen und selbst verteidigen kann.[248] Besonders relevant werden Dolmetschleistungen, wenn die beschuldigte Person sich durch einen Verteidiger vertreten lässt. Es besteht zu jeder Lage des Verfahrens das Recht auf Verteidigerkonsultation sowie Anwesenheit und Beratungsmöglichkeit mit diesem.[249] Damit eine Kommunikation zwischen der beschuldigten Person und ihrem Rechtsbeistand für eine effektive Verteidigung möglich ist, sind zwingend Translationen erforderlich,[250] auch wenn der EGMR dies bislang nicht ausdrücklich entschieden hat.[251] Auch hier schränkt eine maschinelle Translation das Recht zur effektiven Verteidigung grundsätzlich – einer technischen Leistbarkeit unterstellt – nicht ein. Vielmehr können bei der Verwendung von maschinellen Translationen auch spontane Termine zwischen der beschuldigten Person und dem Rechtsbeistand durchgeführt werden, da nicht zunächst das Hinzukommen eines Menschen für die Dolmetschleistungen abgewartet werden müsste.

Allerdings ist wesentlicher Bestandteil des Rechts auf Verteidigerkonsultation eine ungestörte und unüberwachte Kommunikation.[252] Die Effektivität der Verteidigung wird bereits akut

---

[246] *Elberling* in: Karpenstein/Mayer, EMRK, 3. Aufl. 2022, Art. 5 Rn. 91.

[247] Vgl. bereits oben zu Übersetzungsleistungen unter der EMRK; *Harrendorf/König/Voigt* in: HK-EMRK, 5. Aufl. 2023, Art. 6 Rn. 206.

[247] *Meyer* in: SK-StPO, 5. Aufl. 2019, EMRK Art. 5 Rn. 199.

[248] EGMR, Entscheidung vom 24.01.2002, Az.: 44234/98 (Ucak / Großbritannien) = BeckRS 2002, 163917 Rn. 31: "*The interpretation assistance provided should be such to enable the defendant to have knowledge of the case against him and to defend himself, notably by being able to put before the court his version of events*".

[249] *Augustin*, Das Recht des Beschuldigten auf effektive Verteidigung, 2013, S. 66 f.; vgl. ferner die Regelungen der StPO hierzu: §§ 137 Abs. 1 Satz 1; 163a Abs. 3 Satz 2; 168c Abs. 1, 2; 168d Abs. 1 StPO.

[250] So auch *Staffler*, ZStrR 2020, 21, 35.

[251] *Staffler*, ZStrR 2020, 21, 35.

[252] *Meyer* in: Karpenstein/Mayer, EMRK, 3. Aufl. 2022, Art. 6 Rn. 196; *Harrendorf/König/Voigt* in: HK-EMRK, 5. Aufl. 2023, Art. 6 Rn. 217; hierzu noch Abschnitt C.II.2.dd.

gefährdet, wenn bloß die Befürchtung besteht, dass das Gespräch überwacht werden könnte.[253] Hier könnte – wie später noch beschrieben – eine Schwäche bei maschinellen Dolmetschleistungen bestehen.

(c) Fragerecht (Art. 6 Abs. 3 lit. d EMRK)

Beschuldigte haben nach Art. 6 Abs. 3 lit. d EMRK grundsätzlich ein Fragerecht,[254] Hierbei handelt es sich um ein umfassendes Examinierungsrecht, auch um Irrtümer oder falsche Verdächtigungen aufzudecken.[255] Die beschuldigte Person hat durch die unmittelbare Befragung auch die Möglichkeit, die Glaubwürdigkeit eines Belastungszeugen infrage zu stellen.[256] Hierzu muss in ausreichender und angemessener Weise die Chance gegeben werden, dieses Recht auszuüben.[257] Dabei reicht es grundsätzlich aus, wenn der Verteidigung die Möglichkeit eingeräumt wird, zu irgendeinem Zeitpunkt des Verfahrens die Zeugen direkt zu befragen.[258] Bei einer sprachunkundigen beschuldigten Person (ohne Verteidigung) müssen die Sprachbarrieren durch Translationsleistungen aufgehoben werden. Durch Dolmetschleistungen müssen Zeugenaussagen unverfälscht übertragen werden, damit dieses Recht effektiv ausgeübt werden kann.[259] Spezielle Anforderungen, welche über die Bereitstellung einer ausreichenden Dolmetschleistung hinausgehen, werden an dieser Stelle nicht getroffen. Eine maschinelle Dolmetschleistung, welche eine entsprechende Leistungsfähigkeit besitzt, könnte grundsätzlich ein geeignetes Mittel für die Übertragung darstellen.

(4) Zwischenergebnis

Durch die Gewährleistung von Dolmetschleistungen soll ein faires Verfahren und die sachgerechte Partizipation der sprachunkundigen beschuldigten Person sichergestellt werden.[260] Es lässt sich festhalten, dass für die Unterpunkte des Rechts auf effektive Verteidigung zwar diverse Translationen notwendig sind, es für eine zielführende Umsetzung aber grundsätzlich nicht von Relevanz ist, wie die Translationen erzeugt wurden. Es muss nur sichergestellt werden, dass die Translationen eine hinreichende Qualität besitzen, um das Recht

---

[253] EGMR, Urteil vom 13.03.2007, Az.: 23393/05 (Castraveţ / Moldau) = BeckRS 2007, 152407 Rn. 55; *Meyer* in: Karpenstein/Mayer, EMRK, 3. Aufl. 2022, Art. 6 Rn. 221.

[254] BVerfG, Beschluss vom 08.10.2009, Az.: 2 BvR 547/08 = StV 2010, 337; *Schmitt* in: FS Rissing-van Saan, 2011, S. 618.

[255] *Gaede*, Fairness als Teilhabe, 2007, S. 278.

[256] *Schmitt* in: FS Rissing-van Saan, 2011, S. 618.

[257] *Schmitt* in: FS Rissing-van Saan, 2011, S. 623 f.

[258] BGH, Beschluss vom 29.11.2006, Az.: 1 StR 493/06 = BGHSt 51, 150, 154 f.; BGH, Urteil vom 25.07.2000, Az.: 1 StR 169/00 = BGHSt 46, 93, 97; *Schmitt* in: FS Rissing-van Saan, 2011, S. 624.

[259] *Oğlakcıoğlu* in: MünchKomm-StPO, 2. Aufl. 2025, GVG § 185 Rn. 3.

[260] Statt aller *Vogiatzis*, Human Rights Law Review, 2022, Ausgabe 22, 1, 24.

auf effektive Verteidigung zu gewährleisten.[261] Es ist auch festzuhalten, dass lediglich eine effektive Verteidigung möglich sein muss, nicht die bestmögliche.[262] Trotzdem besteht ein Gestaltungsauftrag an den Gesetzgeber dahingehend, dass die Gewährleistung der Garantien, so gut wie möglich optimiert wird.[263] Die konkrete Ausgestaltung ist den nationalen Gesetzgebern überlassen. In dem Bereich muss insbesondere die Vertraulichkeit der Kommunikation mit der Verteidigung sichergestellt werden.

bb. Charta der Grundrechte der Europäischen Union

Aus der GRCh ergeben sich keine weiteren Besonderheiten.

cc. Richtlinie 2010/64/EU

Der Einsatz maschineller Dolmetschleistungen muss unionsrechtskonform sein. Maßgeblich ist hierbei, wie bereits bei Übersetzungsleistungen,[264] eine Vereinbarkeit mit der Richtlinie 2010/64/EU, welche auch das Recht auf Dolmetschleistungen regelt.[265]

(1) Auslegung des Wortlauts

Der Wortlaut der Richtlinie nimmt – ebenso wie bei Übersetzungen – Bezug auf das Produkt „Dolmetschleistung“, vgl. Art. 1 Abs. 1, Art. 2, Art. 4, Art. 5 Abs. 1.[266] Grundsätzlich kann eine maschinelle Dolmetschleistung hierunter genauso subsumiert werden, wie eine durch Menschen erbrachte Dolmetschleistung. Unter Berücksichtigung von Art. 5 Abs. 2 und 3, welcher Bezug auf die „Dolmetscher“ als Berufsträger nimmt, und dem Entstehungszeitpunkt ist jedoch davon auszugehen, dass bei Erlass der Richtlinie maschinelle Dolmetschleistungen nicht berücksichtigt wurden.[267]

(2) Systematische Auslegung und Verwirklichung des *Effet-utile*-Grundsatzes

Möglicherweise können bei maschinellen Dolmetschleistungen die Ziele der Richtlinie wirksamer – im Sinne des *effet utile*-Grundsatzes – erreicht werden. Erwägungsgrund Nr. 9 gibt vor, dass die Richtlinie nur Mindestvorschriften für Dolmetschleistungen festschreibt und der

---

[261] *Gaede* in: MünchKomm-StPO, 2. Aufl. 2025, EMRK Art. 6 Rn. 274;
EGMR, Urteil vom 14.01.2003, Az.: 26891/95 (Lagerblom / Schweden) = BeckRS 2003, 158266 Rn. 61: „ *The interpretation assistance provided should be such as to enable the accused to have knowledge of the case against him and to defend himself, notably by being able to put before the court his version of the events.*“
[262] BGH, Beschluss vom 18.02.2020, Az.: 3 StR 430/19 = BGHSt 64, 283, 298 Rn. 46.
[263] *Jahn,* ZStW 2015, 549, 577. 615.
[264] Siehe bereits hierzu Abschnitt C.I.1.a.
[265] Normen ohne Angabe eines Gesetzes in diesen Unterabschnitt, sind solche der Richtlinie 2010/64/EU.
[266] Ebenso in der englischen („*interpretation*“) oder in der französischen („*services d'interprétation*“) Ausfertigung.
[267] Hierzu bereits unter Abschnitt C.I.1.a.cc.

Erwägungsgrund Nr. 32 stellt klar, dass auch ein höheres Schutzniveau durch weitere über die Richtlinie hinausgehende Maßnahmen erreicht werden kann.[268]

(a) Angemessene sprachliche Unterstützung

Die Dolmetschleistung muss eine solche Qualität erreichen, dass ein faires Verfahren gewährleistet werden kann.[269] Hierzu muss eine angemessene sprachliche Unterstützung erfolgen. Ziel der Richtlinie ist es nicht, durchgängig einen umfassenden Anspruch auf Dolmetschleistungen zu schaffen.[270] Beschuldigte Personen müssen Kenntnis darüber erlangen, was ihnen zur Last gelegt wird und sie müssen sich unter Zuhilfenahme von Dolmetschleistungen adäquat verteidigen können, vgl. Art. 2 Abs. 8.[271] Wie bereits aufgezeigt, könnte eine technisch ausgereifte maschinell erbrachte Dolmetschleistung dies grundsätzlich gewährleisten.[272] Grundsätzlich ist keine persönliche Anwesenheit eines Dolmetschenden notwendig, ein solcher kann auch bloß per Telefon zugeschaltet werden (vgl. Art. 2 Abs. 6). Bei einer rein telefonischen Zuschaltung besteht eine ähnliche Situation, wie wenn eine Computerstimme die Translationen einspricht.

(b) Sicherstellung einer angemessenen Qualität

Zur Sicherstellung der ausreichenden Qualität haben die Mitgliedstaaten nach Art. 5 Abs. 1 konkrete Maßnahmen zu ergreifen. Die Richtlinie schlägt hierfür insbesondere die Erstellung eines Registers mit angemessen qualifizierten Berufsträgern vor, Art. 5 Abs. 2, wobei jedoch keine weiteren Konkretisierungen an die Ausgestaltung der Dolmetschleistung selbst getroffen werden. Hinsichtlich des Umfangs der Dolmetschleistungen besteht für die Behörden und Gerichte die Möglichkeit diese einzuschränken, wenn dadurch vermeidbare Prozessverlängerungen verhindert werden, solange ein faires Verfahren sichergestellt bleibt.[273] So sind auch gegebenenfalls zusammenfassende Übertragungen möglich. Ferner ergibt sich als Umkehrschluss zu Art. 2 Abs. 6, dass keine physische Präsenz der dolmetschenden Person erforderlich ist.[274] Dies könnte ebenfalls für den Einsatz von maschinellen Dolmetschleistungen sprechen.

[268] BGH, Beschluss vom 18.02.2020, Az.: 3 StR 430/19 = BGHSt 64, 283, 286 Rn. 24
[269] Erwägungsgrund 14 der Richtlinie.
[270] BGH, Beschluss vom 18.02.2020, Az.: 3 StR 430/19 = BGHSt 64, 283, 286 Rn. 24
[271] EuGH, Urteil vom 23.11.2021, Az.: C-564/19 (IS) = NJW 2022, 601 Rn. 110 ff.
[272] Vgl. hierzu bereits unter Abschnitt C.I.2.A.cc.
[273] *Cras/Matteis*, eucrim 2010, 153, 159.
[274] *Cras/Matteis*, eucrim 2010, 153, 159.

(c) Jederzeitige und unverzügliche Verfügbarkeit

Dolmetschleistungen sind grundsätzlich zu jedem Zeitpunkt des Strafverfahrens unverzüglich zur Verfügung zu stellen, Art. 2 Abs. 1. Erwägungsgrund Nr. 18 stellt klar, dass in Fällen, in denen ein gewisser Zeitraum vergeht, noch kein Verstoß gegen die Richtlinie vorliegt. Dennoch könnte eine jederzeitige Verfügbarkeit bei maschinellen Dolmetschleistungen die Wirksamkeit der Verfolgung der Richtlinienziele in diesen Bereichen stärken. Auch könnte gerade bei sog. seltenen Sprachen das Verfügbarkeitsproblem von Translatoren in der Muttersprache der betroffenen Person gesenkt werden, womit das Ziel aus Erwägungsgrund Nr. 22 gestärkt werden könnte.

(d) Praktische Bedenken

Gegen den ersetzenden Einsatz von maschinellen Dolmetschleistungen spricht, dass nach Art. 2 Abs. 2 und unter Berücksichtigung von Art. 4 der Richtlinie 2013/48/EU jederzeit eine das faire Verfahren sichernde vertrauliche Kommunikation mit dem Rechtsbeistand gewährleistet sein sollte.[275] Dies könnte aus den unter unten noch aufgezeigten Bedenken kritisch sein.
Auch ist zu beachten, dass bei Dolmetschleistungen häufig Rückfragen erforderlich sind sowie der situative Kontext und die nonverbale Kommunikation berücksichtigt werden müssen.[276] Anders als bei schriftlichen Übersetzungen, bei denen etwa behördliche Schreiben übersetzt werden oder die Urheber anderweitiger Schreiben oder Beweismittel für Rückfragen nicht zur Verfügung stehen, kann bei Dolmetschleistungen auf diese Quellen zurückgegriffen werden. Durch Rückfragen können erkennbare Unklarheiten beseitigt werden und – soweit mit der Prozessrolle vereinbar – Hintergründe zu kulturellen Besonderheiten bestimmter Ausdrücke für eine richtige Einordnung gegeben werden.[277] Bei einer maschinellen Dolmetschleistung ist dies nicht möglich. Daher könnte es bei einer maschinellen Dolmetschleistung zu einer Verschlechterung der Übertragung kommen.

(3) Zwischenergebnis

Eine maschinelle Dolmetschleistung ist grundsätzlich geeignet, die Erreichung der Ziele der Richtlinie 2010/64/EU zu fördern. Insbesondere könnte eine dauerhafte und spontane Unterstützung erfolgen. Eine maschinelle Dolmetschleistung kann erfolgen, um über das garantierte Mindestmaß hinausgehend Leistungen zu erbringen, etwa für Belehrungszwecke,

---

[275] Vgl. hierzu *Bîrzu*, Juridical Tribune, 2016, 137, 141; *Fingas*, European Criminal Law Review 2019, 178, 183; wobei in den einzelnen Mitgliedstaaten bei der Umsetzung jedoch Unterschiede bestehen: *Cras/Matteis*, eucrim 2010, 153, 158.

[276] Hierzu noch Abschnitt C.II.2.a.cc.(2).

[277] *Muñoz/Cebrián* in: Procedural Safeguards for Suspects and Accused Persons in Criminal Proceedings, 2021, S. 11 ff.

während auf einen menschlichen Dolmetschenden gewartet werden müsste, oder für umfangreichere Übertragungen, in Fällen, in denen ansonsten nur eine mündliche Zusammenfassung erfolgen würde. Allerdings können gerade bei sprachlichen und kulturellen Unklarheiten menschliche Berufsträger flexibler reagieren und diese Hindernisse beseitigen, sodass bei rein maschinellen Dolmetschleistungen ebenfalls die Gefahr einer Verschlechterung der Dolmetschleistung bestünde.

Zu den restlichen Erwägungen der Unionskonformität wird auf die Ausführungen, welche im Rahmen der Übersetzungsleistungen getroffen wurden, verwiesen.

b. Nationales Recht

aa. Grundgesetz

Auch bei Dolmetschleistungen dürfen die Vorgaben der Verfassung einer automatisierten Erzeugung nicht entgegenstehen. Das Grundgesetz enthält kein spezielles Recht, welches Dolmetschleistungen garantiert. Vielmehr ergibt sich dieses Recht nur mittelbar, etwa aus dem Anspruch auf rechtliches Gehör (Art. 103 Abs. 1 GG) oder auf ein faires Verfahren (Art. 2 Abs. 1 i. V. m. dem Rechtsstaatsprinzip).[278]

(1) Kein Objekt des Verfahrens (Art. 1 GG)

Bei maschinellen Dolmetschleistungen muss die beschuldigte sprachunkundige Person Subjekt des Prozesses bleiben. Hierzu muss die betroffene Person aktiv an der Verhandlung teilnehmen und auf das Geschehen einwirken können.[279] Dolmetschleistungen sind unmittelbar notwendig für eine aktive Teilnahme der beschuldigten Person. Die Möglichkeit auf den Gang des Verfahrens Einfluss zu nehmen, muss gewährleistet sein. [280]

Die Position als Subjekt im Prozess hängt nicht davon ab, ob die Sprachmittlung durch eine menschlich physisch anwesende dolmetschende Person oder durch eine „virtuelle“ vermittelt wird. Insbesondere könnte die betroffene Person auch bei einer durch eine technisch ausgereifte maschinell erbrachte Translationsleistung die wesentlichen Verfahrensschritte verstehen und sich entsprechend verständlich machen.

---

[278] *Grabenwarter/Pabel* in: EMRK/GG Konkordanzkommentar, 3. Aufl. 2022, Kap. 14 Rn. 162.

[279] BVerfG, Beschluss vom 26.05.1981, Az.: 2 BvR 215/81= BVerfGE 57, 250, 274; BVerfG, Beschluss vom 09.03.1983, Az.: 2 BvR 315/83 = BVerfGE 63, 332, 337 f.; BVerfG, Beschluss vom 17.05.1093, Az.: 2 BvR 731/80 = BVerfGE 64, 135, 145; BVerfG, Beschluss vom 19.10.1977, Az.: 2 BvR 462/77 = BVerfGE 46, 202; *Römer*, NStZ 1981, 474, 475; *Schuhr* in: MünchKomm-StPO, 2. Aufl. 2023, Vor § 133 Rn. 118; *Zuck*, ZAP 2009, 515, 525; *Kranjčić*, NStZ 2011, 657, 658.

[280] BVerfG, Beschluss vom 18.10.1983, Az.: 2 BvR 462/82 = BVerfGE 65, 171, 174 f.; BVerfG, Beschluss vom 12.04.1983, Az.: 2 BvR 1304/80, 2 BvR 432/81 = BVerfGE 63, 380, 390 f.; BVerfG, Beschluss vom 03.06.1969, Az.: 1 BvL 7/68 = BVerfGE 26, 66, 71; BGH, Beschluss vom 18.02.2020, Az.: 3 StR 430/19 = BGHSt 283, 286 Rn. 32; vgl. auch *Augustin*, Das Recht des Beschuldigten auf effektive Verteidigung, 2013, S. 53.

Eine automatisierte Verdolmetschung reduziert nicht die Subjektstellung, solange eine hinreichende Qualität gewährleistet werden kann. Es macht aus rechtlicher Perspektive keinen Unterschied, ob die Stimme, welche die Übertragungen vornimmt, menschlich oder maschinell ist. Insbesondere ist zu beachten, dass Dolmetschenden grundsätzlich lediglich die Sprachbarriere überbrücken sollen.[281]

(2) Grundsatz des fairen Verfahrens (Art. 2 Abs. 1 GG i. V. m. Art. 20 Abs. 3 GG)

Die Gewährleistung eines fairen Verfahrens wird durch den Einsatz maschineller Dolmetschleistungen, unter Verweis auf die Ausführungen zur EMRK, nicht beeinträchtigt.[282] Insbesondere ist ein persönlicher Kontakt zum Dolmetscher für ein faires Verfahren nicht erforderlich. So hat der Gesetzgeber zum einen die Zuschaltung von Dolmetschern per Bild- und Tonübertragung zugelassen (§ 185a Abs. 1a Satz 1 GVG), zum anderen werden aber auch bei internationalen Gerichten wie dem EuGH oder dem EGMR Dolmetscher eingesetzt, welche ohne persönlichen Kontakt von Kabinen aus arbeiten.[283] Auch bei der Zusammenarbeit von Personen aus verschiedenen Staaten, etwa bei den Vereinten Nationen[284] oder im Europäischen Parlament[285], ist es üblich, dass die Translationen durch Dolmetscher erfolgen, welche in Kabinen sitzen und den Beteiligten nur über Kopfhörer „zugeschaltet" sind.

(3) Grundrecht auf informationelle Selbstbestimmung (Art. 2 Abs. 1 i. V. m. Art. 1 Abs. 1 GG)

Zum Grundrecht auf informationelle Selbstbestimmung ergeben sich im Vergleich zu den maschinellen Übersetzungen keine Besonderheiten.[286]

(4) Diskriminierungsverbot (Art. 3 GG)

Wie bereits bei den Ausführungen zu Übersetzungsleistungen aufgezeigt, verbietet Art. 3 Abs. 3 Satz 1, 4. Var. GG Diskriminierungen aufgrund der Sprache. Sprachunkundigen sollen keine Nachteile im Vergleich zu Sprachkundigen entstehen.[287] Benachteiligungen können auch

---

[281] Vgl. *Römer*, NStZ 1981, 474, 475.
[282] Vgl. hierzu bereits Abschnitt C.II.1.a.aa.
[283] *Wissen.de*, Übersetzung von Verträgen, Dokumenten und Urteilen für den Europäischen Gerichtshof, Stand: unbekannt, abrufbar unter: https://www.wissen.de/uebersetzung-von-vertraegen-dokumenten-und-urteilen-fuer-den-europaeischen-gerichtshof (zuletzt abgerufen am: 30.05.2026).
[284] *Paque*, Vereinte Nationen (Zeitschrift), 1980, Heft 5, S. 165, 168.
[285] *Europäisches Parlament*, Dolmetschdienst des EP, Stand: unbekannt, abrufbar unter: https://www.europarl.europa.eu/interpretation/de/interpreting-in-the-parliament (zuletzt abgerufen am: 31.12.2024).
[286] Vgl. hierzu bereits Abschnitt C.I.1.b.aa.(3).
[287] Vgl. BVerfG, Beschluss vom 27.08.2003, Az.: 2 BvR 2032/01= NJW 2004, 50, 50.

durch geeignete technische Maßnahmen ausgeglichen werden. Die konkrete Ausgestaltung ist hier dem Gesetzgeber überlassen.

(5) Rechtliches Gehör und Belehrungen (Art. 103, Art. 104 GG)

Das Recht auf rechtliches Gehör hat drei Verwirklichungsstufen, welche nicht durch eine maschinelle Übersetzung beeinträchtigt werden dürften. Außerdem muss im Rahmen des Art. 103 Abs. 1 GG gewährleistet werden, dass die Beschuldigten sämtliche relevante Informationen erhalten und sich hinreichend äußern können.[288]

Auf erster Stufe steht das Äußerungsrecht, d. h. die hinreichende Möglichkeit, sich in tatsächlicher und rechtlicher Hinsicht zu äußern und Anträge zu stellen sowie Ausführungen zum Vorgetragenen zu machen.[289] Ferner existiert das Informationsrecht,[290] d. h. dass die betroffene Person erkennbar sein muss, auf welchen Tatsachenvortrag es ankommt und das Recht sich über den gesamten relevanten Verfahrensstoff unterrichten zu lassen.[291] Hierzu wird auch das Recht auf Akteneinsicht gezählt.[292] Die dritte Verwirklichungsstufe ist das Recht auf Berücksichtigung durch das Gericht.[293] Das Gericht muss die Ausführungen tatsächlich zur Kenntnis nehmen können und bei der Rechtsfindung berücksichtigen.[294]

Im Rahmen des Informationsrechtes genügt eine solche Translation, durch welche die Verständigung über die wesentlichen Verfahrensvorgänge möglich wird.[295] Im Rahmen des Äußerungsrechtes muss nur die Äußerungsmöglichkeit sichergestellt werden, es besteht kein Anspruch, sich in einer bestimmten Form äußern zu dürfen.[296] Im Rahmen der dritten Verwirklichungsstufe muss die maschinell durchgeführte Dolmetschleistung technisch in der

---

[288] Vgl. hierzu bereits Abschnitt C.I.1.b.aa.

[289] Std. Rspr., vgl. BVerfG, Beschluss vom 07.10.1980, Az.: 2 BvR 1581/79 = BVerfGE 55, 95, 98; BVerfG, Beschluss vom 05.10.1976, Az.: 2 BvR 558/75 = BVerfGE 42, 364, 369 f.; BVerfG, Beschluss vom 08.12.1970, Az.: 2 BvR 210/70 = BVerfGE 29, 345, 347; BVerfG, Beschluss vom 25.10.1956, Az.: 1 BvR 440/54 = BVerfGE 6, 12, 14; *Schmahl* in: Schmidt-Bleibtreu, GG, 15. Aufl. 2022, Art. 103 Rn. 19; *Schulze/Fielitz* in: Dreier, GG, 3. Aufl. 2018, Art. 103 Abs. 1 Rn. 48.

[290] *Schmahl* in: Schmidt-Bleibtreu, GG, 15. Aufl. 2022, Art. 103 Rn. 23; *Schulze/Fielitz* in: Dreier, GG, 3. Aufl. 2018, Art. 103 Abs. 1 Rn. 33.

[291] BVerfG, Urteil vom 08.07.1997, Az.: 1 BvR 1934/93 = BVerfGE 96, 189, 204; BVerfG, Beschluss vom 08.06.1993, Az.: 1 BvR 878/90 = BVerfGE 89, 28, 35; BVerfG, Beschluss vom 19.05.1992, Az.: 1 BvR 986/91 = BVerfGE 86, 133, 144; BVerfG, Beschluss vom 29.05.1991, Az.: 1 BvR 1383/90 = BVerfGE 84, 188, 190.

[292] BVerfG, Beschluss vom 12.01.1983, Az.: 2 BvR 864/81 = BVerfGE 63, 45, 60 f.; BVerfG, Beschluss vom 09.03.1965, Az.: 2 BvR 176/63 = BVerfGE 18, 399, 405.

[293] *Schulze/Fielitz* in: Dreier, GG, 3. Aufl. 2018, Art. 103 Abs. 1 Rn. 60.

[294] BVerfG, Beschluss vom 02.05.1995, Az.: 1 BvR 2174/94 u. a. = NJW 1995, 2095, 2096; *Graichen*, Automatisierung der Justiz, 2022, S. 252.

[295] *Brüning* in: Stern/Becker, GG, 4. Aufl. 2024, Art. 103 Rn. 40; *Schmahl* in: Schmidt-Bleibtreu, GG, 15. Aufl. 2022, Art. 103 Rn. 37; vgl. ferner, allerdings nicht über Art. 103 sondern als Ausprägung des fairen Verfahrens: BVerfG, Beschluss vom 17.05.1983, Az.: 2 BvR 731/80 = BVerfGE 64, 135, 145; BGH, Beschluss vom 01.03.2018, Az.: IX ZR 179/17 = NJW-RR 2018, 506 Rn. 15.

[296] *Remmert* in: Dürig/Herzog/Scholz, GG, 78. EL, Stand: September 2016, Art. 103 Abs. 1 Rn. 65; vgl. ferner unter Berücksichtigung der obigen Anmerkung: BVerfG, Beschluss vom 08.02.1994, Az.: 1 BvR 765, 766/89 = BVerfGE 89, 381, 391.

Lage sein, die Ausführungen in einer solchen Qualität zu erbringen, dass das rechtliche Gehör gewährleistet werden kann.

Die konkrete Ausgestaltung des rechtlichen Gehörs überlässt das Grundgesetz auch hierbei den jeweiligen Verfahrensordnungen.[297] Eine Information über die wesentlichen Verfahrensvorgänge kann durch ein entsprechend leistungsfähiges Dolmetsch-System umgesetzt werden, genauso wie die Möglichkeit, Äußerungen zu tätigen und zu berücksichtigen. Dies gilt auch im Rahmen des spezielleren Art. 104 GG entsprechend.[298]

bb. Gerichtsverfassungsgesetz

Die einfachgesetzliche Ausgestaltung des Anspruchs auf Dolmetschleistungen ergibt sich primär aus § 185 Abs. 1 Satz 1 GVG (insb. bei gerichtlichen Verhandlungen und Vernehmungen)[299] sowie aus § 187 Abs. 1 Satz 1 GVG (insb. bei staatsanwaltlichen oder polizeilichen Vernehmungen).[300] Sofern keine Gesetzesänderung durchgeführt werden soll, müssten maschinelle Dolmetschleistungen mit diesen Normen vereinbar sein.

(1) § 185 GVG

(a) Auslegung des Wortlauts

Der § 185 Abs. 1 Satz 1 GVG bestimmt, dass bei einer Verhandlung unter Beteiligung sprachunkundiger Personen ein Dolmetscher zuzuziehen ist. Hierbei regelt die Norm nur das „Ob" der Dolmetschleistungen, nicht hingegen das „Wie".[301] Relevanter Anknüpfungspunkt für die Zuziehung ist die jeweilige Sprachmacht.[302] Es könnte zunächst die Überlegung angestellt werden, ob durch die Zurverfügungstellung von technischen Hilfsmitteln, etwa einer Dolmetschsoftware und -hardware, eine Person einer „*Sprache […] mächtig*" wird, sodass das Erfordernis der Bestellung einer dolmetschenden Person entfällt. Dies wäre – ebenfalls wie bei Übersetzungsleistungen – eine über die beabsichtigte Wortlautgrenze hinausgehende Auslegung.[303] Es könnte überlegt werden, ob eine maschinelle Dolmetschleistung unter den Begriff des „Dolmetschers" im Sinne des § 185 Abs. 1 Satz 1 GVG subsumiert werden könnte.

[297] BVerfG, Beschluss vom 24.03.1982, Az.: 2 BvH 1/82, 2 BvH 2/82, 2 BvR 233/82 = BVerfGE 60, 175, 210; BVerfG vom 09.03.1965, Az.: 2 BvR 176/6318, 399, 405; BVerfG, Beschluss vom 08.01.1959, Az.: 1 BvR 396/55 = BVerfGE 9, 89, 95 f.

[298] Vgl. hierzu bereits Abschnitt C.I.1.b.aa.(6).

[299] Vgl. *Simon* in: LR-StPO, 27. Aufl. 2022, GVG § 185 Rn. 7; *Oğlakcıoğlu* in: MünchKomm-StPO, 2. Aufl. 2025, GVG § 185 Rn. 32 f.

[300] *Simon* in: LR-StPO, 27. Aufl. 2022, GVG § 185 Rn. 7; *Weingarten* in: KK-StPO, 9. Aufl. 2023, § 163a Rn. 30b.

[301] Vgl. bereits Teil 1 Abschnitt C.I.5; sowie statt aller: *Oğlakcıoğlu* in: MünchKomm-StPO, 2. Aufl. 2025, GVG § 185 Rn. 52.

[302] Vgl. *Diemer* in: KK-StPO, 9. Aufl. 2023, GVG § 185 Rn. 5; *Oğlakcıoğlu* in: MünchKomm-StPO, 2. Aufl. 2025, GVG § 185 Rn. 37.

[303] Vgl. hierzu Abschnitt C.I.1.b.bb.(1).

Anders als beim Übersetzer ist beim Dolmetscher jedoch keine solche Gleichstellung im allgemeinen Sprachgebrauch zu beobachten.
Die unmittelbare Verwendung von maschinellen Dolmetscherleistungen ist grundsätzlich nicht vom Wortlaut gedeckt. Möglicherweise könnte eine teleologische Extension – als Spezialfall der Analogie – vorgenommen werden. In diesem Fall sind die Konstellationen vom Normtatbestand eigentlich nicht gedeckt, obwohl sie vom Normzweck erfasst werden und diesen auch auf verfassungsgemäße Weise fördern würden.[304] Die Norm trifft keine Aussage dazu, wie die Dolmetschenden ihre Tätigkeit ausüben. In der Praxis verwenden diese z. T. bereits KI-Anwendungen.[305]

(b) Historische Auslegung

Die Regelung in § 185 Abs. 1 Satz 1 GVG ist abgesehen von sprachlichen Anpassungen in ihrer heutigen Version bereits seit der Ursprungsfassung des Gerichtsverfassungsgesetzes von 1877 enthalten.[306] Zu diesem Zeitpunkt, immerhin 64 Jahre vor der Entwicklung des „modernen" Computers (1941),[307] war an maschinelle Dolmetschleistungen, welche erst in den letzten Jahren einen alltagstauglichen Zustand angenommen haben, nicht zu denken.
Ursprünglich wurde die Hinzuziehung von Dolmetschenden zudem vor allem als Sachaufklärungsmaßnahme zugunsten der Gerichte eingeordnet, um das Sprachhindernis bei Vernehmungen zu überwinden.[308] In der hypothetischen Annahme, dass bereits zum Zeitpunkt des Erlasses der Norm eine Parität zwischen menschlichen und maschinellen Dolmetschleistungen erreicht worden wäre, dürfte die Überlegung nicht fernliegend sein, dass der damalige Gesetzgeber auf diese technischen Hilfsmittel zurückgegriffen hätte. Dies gilt insbesondere vor dem Hintergrund, dass dies für die „einfache" Sachaufklärung bei einer – unterstellten – paritätischen Leistung von maschinellen zu menschlichen Dolmetschleistungen

---

304 *Rüthers/Fischer/Birk*, Rechtstheorie, 12. Aufl. 2021, § 23 Rn. 904; vgl. zur Rechtsprechung nur: BFH, Urteil vom 28.10.2020, Az.: X R 29/18 = juris, Rn. 33; BGH, Urteil vom 15.10.2019, Az.: XI ZR 759/17, Rn. 25 = NJW 2020, 148, 150; BSG, Urteil vom 13.11.1990, Az.: 1 RA 55/88, = juris, Rn. 12, 24; ablehnend: *Wank*, Die Auslegung von Gesetzen, 7. Aufl. 2023, S. 46: kein Bedürfnis, da die klassische weite Wortauslegung als Auslegungsmethode und die Analogie als Rechtsfortbildung genügen.
305 Vgl. hierzu bereits 1. Teil, Abschnitt A.VII.
306 Ursprünglich als § 187 Abs. 1 Satz 1 GVG (1877): „*Wird unter Betheiligung von Personen verhandelt, welche der deutschen Sprache nicht mächtig sind, so ist ein Dolmetscher zuzuziehen.*"; vgl. auch *Frister* in: SK-StPO, 6. Aufl. 2023, GVG § 185 Rn. 1; *Lässig*, Deutsch als Gerichts- und Amtssprache, 1980, S. 11.
307 1941 hat Konrad Zuse den ersten funktionsfähigen, frei programmierbaren, binär arbeitenden Computer erfunden, vgl. *Potthast*, Konrad Zuse, Stand: 18.05.2022, abrufbar unter: https://www.dpma.de/dpma/veroeffentlichungen/meilensteine/computer-pioniere/zuse/index.html (zuletzt abgerufen am: 30.05.2026); DPMA, Alt-Patentanmeldung, 15.11.1951, Az.: Z 391 IXb/42m.
308 RG, Urteil vom 14.06.1910, Az.: I 467/10 = RGSt 43, 441, 442 f.; RG, Urteil vom 08.06.1942, Az.: 3 D 260/42 = RGSt 76, 177, 178; *Kallee*, Der Uebersetzer im Strafprozess, 1911, S. 32 ff.; *Ingerl*, Sprachrisiko im Verfahren, 1988, S. 107; *Christl*, NStZ 2014, 376, 376.

kein Unterschied darstellt und zudem die Belange der beschuldigten Person ursprünglich nur nachrangig zu beachten waren.
Später erfolgte ein Paradigmenwechsel und dieser Aspekt wurde durch die primär zu verfolgende Gewährleistung des fairen Verfahrens zugunsten der Beschuldigten zurückgedrängt. So muss die sprachunkundige Person in die Lage versetzt werden, die wesentlichen Verfahrensvorgänge zu verstehen und sich selbst verständlich zu machen.[309] Dies spiegelt die Ziele des Art. 6 Abs. 3 lit. e EMRK und der Richtlinie 2010/64/EU wider.[310] Ein faires Verfahren könnte durch eine – paritätisch leistungsfähige – maschinelle Dolmetschleistung gewährleistet werden. Die historische Perspektive spricht daher grundsätzlich nicht gegen die Verwendung von maschinellen Dolmetschleistungen.

(c) Systematische Auslegung

Es dürfen keine systematischen Erwägungen gegen eine maschinelle Dolmetschleistung sprechen. Das Gerichtsverfassungsgesetz sieht zahlreiche Ausnahmen zur (physischen) Hinzuziehung eines Dolmetschenden vor; d. h. das Gesetz geht davon aus, dass es Fälle gibt, in denen es nicht zwingend auf die menschliche Person des Dolmetschenden ankommt, sondern die Sprachmittlung auch auf anderen Wegen erfolgen kann. Dies spricht jedoch nur im Grundsatz für die Zulässigkeit von maschinell erfolgenden Dolmetschleistungen.

(aa) Entfall des Dolmetschens bei Fremdsprachenkenntnis aller Beteiligten

Durch die Bestimmung in § 185 Abs. 2 GVG kann die Zuziehung eines Dolmetschenden unterbleiben, wenn sämtliche beteiligte Personen der jeweiligen fremden Sprache mächtig sind. Diese Entscheidung ist in das Ermessen des Gerichtes gestellt.[311] Diese Ausnahmevorschrift kommt aufgrund des Öffentlichkeitsprinzips und des Grundsatzes des § 184 Satz 1 GVG nur für Vernehmungen oder andere Beweiserhebungen außerhalb der Hauptverhandlung in Betracht.[312] Es ist an dieser Stelle darauf hinzuweisen, dass genauso wie die sprachunkundige beschuldigte Person keine Sprachkenntnis durch die maschinelle Translationen erlangt, auch die anderen Beteiligten durch dieses technische Hilfsmittel keine solche erlangen.

---

[309] BVerfG, Beschluss vom 17.05.1983, Az.: 2 BvR 731/80 = BVerfGE 64, 135, 145.
[310] Vgl. *Christl*, NStZ 2014, 376, 376, m. w. N.
[311] *Mayer* in: Kissel/Mayer, GVG, 10. Aufl. 2021, § 185 Rn. 9; *Rosenau* in: SSW-StPO, 6. Aufl. 2025, GVG § 185 Rn. 13.
[312] *Diemer* in: KK-StPO, 9. Aufl. 2023, GVG § 185 Rn. 5; *Frister* in: SK-StPO, 6. Aufl. 2023, GVG § 185 Rn. 6; *Oğlakcıoğlu* in: MünchKomm-StPO, 2. Aufl. 2025, GVG § 185 Rn. 65; *Rosenau* in: SSW-StPO, 6. Aufl. 2025, GVG § 185 Rn. 13; *Simon* in: LR-StPO, 27. Aufl. 2022, GVG § 185 Rn. 9.

(bb) Möglichkeit des Ferndolmetschens

Das Gerichtsverfassungsgesetz setzt nicht die zwingende physische Anwesenheit einer dolmetschenden Person voraus. Nach § 185 Abs. 1a GVG besteht die Möglichkeit des Ferndolmetschens, wobei der Berufsträger bloß per Ton-Bild-Übertragung zugeschaltet wird. Der § 185 Abs. 1a GVG gilt nur für gerichtliche Verhandlungen[313] und stellt keine Anforderungen an den Aufenthaltsraum der dolmetschenden Person.[314] Die Entscheidung über die Hinzuziehung eines Ferndolmetschenden steht im Ermessen des Gerichtes,[315] wobei dieses sicherstellen muss, dass die notwendigen Rahmenbedingungen vorhanden sind und die Kommunikation in der Hauptverhandlung durch die „digitale Hinzuziehung" nicht beeinträchtigt wird.[316] Hierzu gehört, dass die Sicherheit der Datenübertragung sowie die prozessualen Rechte der Verfahrensbeteiligten gesichert sind.[317] Es wird kritisiert, dass die Qualität der Dolmetschleistung bei dieser Methode beeinträchtigt wird.[318] Bei der Ton-Bild-Übertragung ist in der Regel lediglich das Gesicht des Sprechenden sichtbar, während die nonverbale Kommunikation aufgrund der eingeschränkten Bildqualität nur unzureichend übertragen wird. Die Gestik liegt außerhalb des Bildbereichs und die Mimik ist aufgrund der Bildgröße nur schwer erkennbar. Bei maschinellen Dolmetschleistungen wäre ebenfalls nur eine Ton-Übertragung vorhanden und keine physische Anwesenheit einer Person.

(cc) Ersetzung durch andere Personen

Der Gesetzgeber sieht Möglichkeiten vor, bei denen das Dolmetschen durch andere Personen durchgeführt werden kann. Nach § 190 Satz 1 GVG kann etwa der Urkundsbeamte die Dolmetschleistungen durchführen. Der Urkundsbeamte darf aber nur die mündlichen Äußerungen in der Verhandlung transferieren und nicht Urkunden oder weiteres schriftliches Beweismaterial, da er in diesem Fall unzulässigerweise als Sachverständiger tätig werden würde.[319] Auch muss der Urkundsbeamte keinen Dolmetschereid nach § 189 Abs. 1 GVG leisten. Die Leistung wird an dieser Stelle immer noch durch einen Menschen vorgenommen

---

[313] *Diemer* in: KK-StPO, 9. Aufl. 2023, GVG § 185 Rn. 1a; *Simon* in: LR-StPO, 27. Aufl. 2022, GVG § 185 Rn. 21; *Frister* in: SK-StPO, 6. Aufl. 2023, GVG § 185 Rn. 12a.

[314] *Frister* in: SK-StPO, 6. Aufl. 2023, GVG § 185 Rn. 12a.

[315] BT-Drucks. 17/1224, S. 11; *Simon* in: LR-StPO, 27. Aufl. 2022, GVG § 185 Rn. 21; *Frister* in: SK-StPO, 6. Aufl. 2023, GVG § 185 Rn. 12a; *Jacobs* in: Stein/Jonas, ZPO, 23. Aufl. 2020, GVG § 185 Rn. 13.

[316] *Duttge/Kangarani* in: HK-GS, 5. Aufl. 2022, GVG § 185 Rn. 7; *Jacobs* in: Stein/Jonas, ZPO, 23. Aufl. 2020, GVG § 185 Rn. 13.

[317] *Simon* in: LR-StPO, 27. Aufl. 2022, GVG § 185 Rn. 21.

[318] Zum gesamten: *Keßler*, Stellungnahme des Bundesverbandes der Dolmetscher und Übersetzer e. V. (BDÜ) zum „Entwurf eines Gesetzes zur Förderung des Einsatzes von Videokonferenztechnik in der Zivilgerichtsbarkeit und den Fachgerichtsbarkeiten", 13.01.2023, abrufbar unter: https://bdue.de/fileadmin/files/PDF/Positionspapiere/BDUe_Stellungnahme_Gesetzentwurf_BMJ_Videokonferenztechnik_2023.pdf (zuletzt abgerufen am 30.12.2024).

[319] *Frister* in: SK-StPO, 6. Aufl. 2023, GVG § 190 Rn. 2; *Simon* in: LR-StPO, 27. Aufl. 2022, GVG § 190 Rn. 2.

und nicht durch eine Software. Der Gesetzgeber sieht also Ausnahmen von der Hinzuziehung eines menschlichen Dolmetschenden, benennt diese allerdings auch konkret.

(dd) Technische Hilfsmittel an anderen Stellen

Im Gerichtsverfassungsgesetz wurden Gesetzesänderungen vorgenommen, um die Verwendung von technischen Hilfsmitteln zu fördern. Eine maschinelle Dolmetschleistung könnte ebenfalls grundsätzlich ein technisches Hilfsmittel darstellen.
So ist unter anderem Zweck des § 186 GVG das rechtliche Gehör[320] sowie ein faires Verfahren[321] von hör- und sprachbehinderten Personen sicherzustellen, indem die Verständigungsschwierigkeiten reduziert werden. Hierzu können gemäß § 186 Abs. 1 Satz 2 GVG seit 2002[322] auch geeignete technische Hilfsmittel verwendet werden. Bei solchen Hilfsmitteln handelt es sich etwa um Mikrofone, Hörgeräte, Schriftwandler oder Stimmerzeuger.[323]
Zu beachten ist, dass der § 186 GVG im Rahmen der Einführung der technischen Hilfsmöglichkeiten in einem relevanten Maße geändert wurde. So bestand die Norm vor 2002 nur aus einem Absatz und lautete wie folgt:

> *„Zur Verhandlung mit tauben oder stummen Personen ist, sofern nicht eine schriftliche Verständigung erfolgt, eine Person als* <u>*Dolmetscher*</u> *zuzuziehen, mit deren Hilfe die Verständigung in anderer Weise erfolgen kann.“*[324]

Durch eine Gesetzesänderung wurde ein zweiter Absatz hinzugefügt und der bisherige Wortlaut des Absatzes 1 entscheidend geändert und ergänzt:

> *„(1) $_1$Die Verständigung mit einer hör- oder sprachbehinderten Person in der Verhandlung erfolgt nach ihrer Wahl mündlich, schriftlich oder mit Hilfe einer die Verständigung ermöglichenden Person, die vom Gericht hinzuzuziehen ist. $_2$Für die mündliche und schriftliche Verständigung hat das Gericht die geeigneten technischen Hilfsmittel bereitzustellen. $_3$Die hör- oder sprachbehinderte Person ist auf ihr Wahlrecht hinzuweisen.*

---

[320] Vgl. *Simon* in: LR-StPO, 27. Aufl. 2022, GVG Vor § 184 Rn. 3.
[321] Vgl. BVerfG, Beschluss vom 17.05.1983, Az.: 2 BvR 731/80 = BVerfGE 64, 135, 144 ff.; *Meyer,* ZStW 93 (1981), 508, 511 ff.; *Simon* in: LR-StPO, 27. Aufl. 2022, GVG Vor § 184 Rn. 3.
[322] Seit dem 01.08.2002, geändert durch Gesetz vom 23.07.2002 (BGBl. I S. 2850).
[323] *Frister* in: SK-StPO, 6. Aufl. 2023, GVG § 186 Rn. 5; *Diemer* in: KK-StPO, 9. Aufl. 2023, GVG § 186 Rn. 2; *Oğlakcıoğlu* in: MünchKomm-StPO, 2. Aufl. 2025, GVG § 186 Rn. 12; *Simon* in: LR-StPO, 27. Aufl. 2022, GVG § 186 Rn. 14.
[324] § 186 GVG in der Fassung vom 01.01.1975 (Hervorhebungen nur hier).

(2) Das Gericht kann eine schriftliche Verständigung verlangen oder die Hinzuziehung einer Person als Dolmetscher anordnen, wenn die hör- oder sprachbehinderte Person von ihrem Wahlrecht nach Absatz 1 keinen Gebrauch gemacht hat oder eine ausreichende Verständigung in der nach Absatz 1 gewählten Form nicht oder nur mit unverhältnismäßigem Aufwand möglich ist.“[325]

Ferner wurde mit Wirkung zum 19. Oktober 2017[326] ein weiterer Absatz eingefügt, welcher bestimmt, dass durch Rechtsverordnung Anspruch und Eignung der Kommunikationshilfen konkretisieren soll. Anders als im Rahmen des § 191a Abs. 2 GVG wurde bislang von dieser Ermächtigung kein Gebrauch gemacht.[327]

Die Norm hatte zuvor eine ähnliche Struktur zu der des § 185 GVG und hat grundsätzlich die Bereitstellung eines menschlichen Gebärdendolmetschers zur Kommunikationsermöglichung vorgesehen. Aufgrund technisch fortschreitender Möglichkeiten hat sich der Gesetzgeber entschieden, diese neuen Möglichkeiten ebenfalls zu berücksichtigen und positiv zu erlauben. Diese Möglichkeiten wurden allerdings durch spezielle Gesetzesänderungen in das Gesetz eingefügt. Die Änderungsgeschichte des § 186 GVG spricht daher zugleich gegen eine teleologische Extension des § 185 Abs. 1 Satz 1 GVG.

(d) Sinn und Zweck

Die Erfüllung des Sinn und Zwecks der Bereitstellung von Dolmetschleistungen kann durch eine maschinelle Durchführung gewährleistet werden.[328] Es ist grundsätzlich möglich, dass bei einer technisch ausreichenden Leistung ein faires Verfahren gewährleistet wird und die Sprachbarrieren überwunden werden.

(e) Zwischenergebnis

Die Verwendung von maschinellen Dolmetschleistungen im Rahmen von gerichtlichen Verhandlungen und Vernehmungen ist mit dem Wortlaut nicht vereinbar. Anders als bei Übersetzern findet im allgemeinen Sprachgebrauch keine synonyme Verwendung der Begrifflichkeiten bei menschlicher und maschineller Leistungserbringung statt. Auch erfolgt bei § 185 Abs. 1 GVG, anders als im Rahmen des § 187 Abs. 1 und 2 GVG, keine

---

[325] § 186 GVG in der Fassung vom 01.08.2002 (Hervorhebungen nur hier).

[326] Gesetz zur Erweiterung der Medienöffentlichkeit in Gerichtsverfahren und zur Verbesserung der Kommunikationshilfen für Menschen mit Sprach- und Hörbehinderungen (Gesetz über die Erweiterung der Medienöffentlichkeit in Gerichtsverfahren - EMöGG), (BGBl. I S. 2850).

[327] *Frister* in: SK-StPO, 6. Aufl. 2023, GVG § 186 Rn. 11a; *Rosenau* in: SSW-StPO,6. Aufl. 2025, GVG § 186 Rn. 6.

[328] Hierzu Abschnitt C.I.1.b.bb(4); C.II.1.a.aa.(2).

Einschränkung auf das für die Ausübung der strafprozessualen Rechte Notwendige der Translationsleistungen. Zudem sprechen systematische Erwägungen gegen eine grundsätzliche Zulässigkeit. Ohne eine vorherige Gesetzesänderung ist die Verwendung von maschinellen Dolmetschleistungen im Rahmen des § 185 Abs. 1 GVG daher kritisch zu bewerten.

(2) § 187 GVG

Nach § 187 Abs. 1 Satz 1 GVG wird eine dolmetschende Person für die sprachunkundige beschuldigte Person herangezogen, soweit dies zur Ausübung deren strafprozessualer Rechte notwendig ist. Die Norm findet ihren primären Anwendungsbereich bei Kommunikationen im Ermittlungsverfahren, insbesondere gegenüber der Staatsanwaltschaft oder Polizei. In diesem Bereich kommt es derzeit vor, dass anstelle von professionellen Berufsträgern auch Familienmitglieder oder Freunde die Translationen übernehmen.

(a) Auslegung des Wortlauts

Für die Auslegung des Wortlautes kann weitestgehend auf die Ausführungen zu den Übersetzungsleistungen im Rahmen des § 187 GVG verwiesen werden, wobei – wie zu § 185 festgestellt – die Erwägungen zum Alltagswortgebrauch von maschinellen Dolmetschleistungen, anders als beim Übersetzer, nicht übernommen werden können.

(b) Weitere Auslegung

Zur Entstehungsgeschichte kann im Wesentlichen auf die Ausführungen zu den Übersetzungsleistungen verwiesen werden. Ebenfalls kann für die systematischen Erwägungen sowie für den Sinn und Zweck, welcher primär in der Gewährleistung eines fairen Verfahrens liegt, auf die obigen Erwägungen verwiesen werden.

Es ist festzustellen, dass die Erforderlichkeit der Hinzuziehung eines Dolmetschenden grundsätzlich nur in der Art und Weise erfolgen muss, wie dies zur Wahrnehmung der strafprozessualen Rechte erforderlich ist.[329] Die Entscheidung über die Erforderlichkeit ist stets vom Einzelfall abhängig zu machen.[330] Dies lässt darauf schließen, dass in einigen Fällen die Hinzuziehung eines menschlichen Dolmetschers nicht erforderlich ist, um eine effektive Verteidigung zu gewährleisten. In solchen Fällen dürfte die Bereitstellung maschineller Dolmetschleistungen ausreichend sein.

---

[329] Vgl. bereits unter Teil 1 Abschnitt C.I.4; statt aller: *Simon* in: LR-StPO, 27. Aufl. 2022, GVG § 187 Rn. 4.

[330] *Rosenau* in: SSW-StPO, 6. Aufl. 2025, GVG § 187 Rn. 4.

cc. Weitere rechtliche Vorgaben

In der Strafprozessordnung finden sich an verschiedenen Stellen Normen, welche einen Anspruch auf eine Dolmetschleistung gewähren, allerdings ohne eine Konkretisierung vorzunehmen. Nach § 114a Satz 2 und § 114b Abs. 1 StPO sollen bei einer Verhaftung der Haftbefehl sowie die Belehrung und Nennung der Gründe in einer verständlichen Sprache mitgeteilt werden, hilfsweise auch mündlich. Die Information soll hierbei schnellstmöglich erfolgen, auch um der psychischen Ausnahmesituation bei einer Festnahme gerecht zu werden.[331] Zur Umsetzung sind keine näheren Vorgaben vorhanden, jedoch lässt sich nicht bestreiten, dass auch durch eine maschinelle mündliche Translation dieser Zweck zeitnah erfüllt werden kann. In § 163a Abs. 5 StPO wird für Vernehmungen auf die Vorschriften des Gerichtsverfassungsgesetzes verwiesen, ebenfalls ohne weitere Konkretisierungen, welche einer maschinellen Translation im Wege stehen würden.

Ferner wird durch § 259 Abs. 1 StPO eine Einschränkung[332] des Anspruchs auf Dolmetschleistungen vorgenommen. Hiernach ist eine „Bekanntmachung“ der Schlussvorträge ausreichend, d. h. die Bekanntgabe des wesentlichen Inhalts.[333] Die Einschränkung wurde bereits in der Ursprungsfassung der Strafprozessordnung von 1877 eingeführt mit der Begründung, dass zum einen die Hauptverhandlung so entlastet würde[334] und zum anderen eine vollständige Translation nahezu nicht zu realisieren sei.[335] Vor dem heutigen Verständnis des fairen Verfahrens und der Teilhabemöglichkeit der beschuldigten Personen wird diese Norm nicht mehr als zeitgemäß betrachtet.[336] Die Norm gibt keine Vorgaben zu dem „Wie“ des Dolmetschens, geht allerdings beim Wortlaut von der Vornahme durch einen „Dolmetscher“ aus, welcher entsprechend extensiv ausgelegt werden müsste.

Gleiches gilt für § 272 Nr. 2 StPO, wonach der Name der zugezogenen Person, welche die Dolmetschleistungen erbringt, in das Hauptverhandlungsprotokoll aufzunehmen ist.

---

[331] BT-Drucks. 16/11644, S. 15 f.; *Böhm* in: MünchKomm-StPO, 2. Aufl. 2023, § 114b Rn. 7; *Graf* in: KK-StPO, 9. Aufl. 2023, § 114b Rn. 4.

[332] *Feilcke* in: SSW-StPO, 6. Aufl. 2025, § 259 Rn. 1; *Stuckenberg* in: KMR-StPO, 51. EL, Stand: 01.11.2008 § 259 Rn. 1; *Velten* in: SK-StPO, 6. Aufl. 2026, § 259 Rn. 1; *Tiemann* in: KK-StPO, 9. Aufl. 2023, § 259 Rn. 1.

[333] BVerfG, Beschluss vom 17.05.1983, Az.: 2 BvR 731/80 = BVerfGE 64. 135, 148; RG, Urteil vom 14.06.1910, Az.: I 467/10 = RGSt 43, 441, 443; *Tiemann* in: KK-StPO, 9. Aufl. 2023, § 259 Rn. 1.

[334] *Oğlakcıoğlu* in: MünchKomm-StPO, 2. Aufl. 2024, § 259 Rn. 1.

[335] *Hahn*, Die gesammten Materialien zu den Reichs-Justizgesetzen, 1885, Band 3, Abtheilung 1, S. 196; BGH, Urteil vom 16.10.1962, Az.: 5 StR 405/62 = GA 1963, 148, 149; *Stuckenberg* in: KMR-StPO, 51. EL, Stand: 01.11.2008, § 259 Rn. 1

[336] *Kotz*, StV 2012, 626, 628.

Zudem empfiehlt Nr. 181 Abs. 1 RiStBV, dass bei der ersten Vernehmung aktenkundig gemacht wird, ob ein „Dolmetscher" hinzugezogen werden muss und nicht eine „Dolmetschleistung". Die RiStBV entfalten jedoch keine verbindliche Außenwirkung.[337]

c. Ergebnis

Im Rahmen der § 185 GVG und § 187 GVG wird die unmittelbare Vornahme der Dolmetschleistungen durch einen Menschen vorgesehen, ohne dass konkrete Vorgaben oder Konkretisierungen erfolgen. Das Gesetz sieht zudem ausdrückliche Ausnahmen von der Hinzuziehung von Dolmetschenden vor, etwa in § 185 Abs. 2 oder § 190 Satz 1 GVG. Ferner wurden im Rahmen des § 186 GVG spezielle Gesetzesänderungen vorgenommen, um technische Möglichkeiten zu nutzen. Daher wäre für die Verwendung von maschinellen Dolmetschleistungen ebenfalls eine Anpassung erforderlich. Eine substituierende Verwendung maschineller Dolmetschleistungen ist daher im Status quo nicht möglich.

Das Grundgesetz trifft keine konkretisierten Vorgaben an Dolmetschleistungen. Ebenso könnte die Richtlinie 2010/64/EU grundsätzlich weit ausgelegt werden, spricht diese doch weitläufig von Dolmetschleistungen und nicht von Dolmetschenden. Auch dem *effet utile*-Grundsatz würde eine maschinelle Dolmetschleistung grundsätzlich nicht widersprechen, sofern eine solche Qualität gewährleistet werden kann, als dass das faire Verfahren nicht gefährdet wird.

Der Art. 6 Abs. 3 lit. e EMRK spricht hingegen ausdrücklich von der Unterstützung „durch einen Dolmetscher". Allerdings könnten hier dieselben Wertungen gelten wie für die Richtlinie, sodass die EMRK der Verwendung von maschinellen Dolmetschleistungen nicht bereits im Grundsatz entgegensteht. Insbesondere ist nur eine effektive Verteidigungsmöglichkeit gewährleistet, nicht jedoch die bestmögliche Leistung.

2. De lege ferenda

a. Sollte der derzeitige Stand geändert werden?

aa. Prozessökonomische Vorteile

Aus der Perspektive der Prozessökonomie betrachtet, erscheint die Verwendung von maschinellen Translationen für das Dolmetschen durchaus sinnvoll. Die Erwägungen, welche bereits für schriftliche Übersetzungsleistungen angestellt wurden, lassen sich dabei größtenteils auch auf Dolmetschleistungen übertragen.

---

[337] Vgl. Einführung Abs. 2 RiStBV.

(1) Verfügbarkeit

Das Verfügbarkeitsproblem kann sich für Dolmetschleistungen ebenfalls ergeben. Dies gilt insbesondere, wenn spontane Vernehmungssituationen auftreten oder diese zu späten Abendzeiten oder am Wochenende durchgeführt werden müssen.

Ein relevantes Beispiel hierfür ist die Vorführung vor einem Haftrichter. Spätestens mit Ablauf des folgenden Tages nach der Festnahme hat eine Vorführung beim Haftrichter zu erfolgen, in der sich die beschuldigte Person äußern können muss, vgl. § 115 Abs. 1, 2 StPO.[338] Bei Sprachunkundigen muss die Kommunikation mittels Dolmetschleistungen sichergestellt werden,[339] damit diese sich adäquat äußern und die Vorwürfe verstehen kann, vgl. § 115 Abs. 3 StPO. Die Haftvorführung hat auch an Sonn- oder Feiertagen zu erfolgen. Hierfür ist bei Gericht extra ein Bereitschaftsdienst eingerichtet.[340] Dies muss jedoch nicht für die Translatoren gelten. Bei der Untersuchungshaft bestehen so mehrere Zeitpunkte, an welchen eine Translation dringend erforderlich ist und Verzögerungen zu verhindern sind. Aber auch bei „regulären" Vernehmungen von sprachunkundigen Zeugen oder Beschuldigten etwa durch Ermittlungspersonen ist innerhalb kurzer Zeit für Dolmetschleistungen zu sorgen, um eine Verständigung und die Ausübung strafprozessualer Rechte zu ermöglichen, vgl. § 163a Abs. 5 StPO i. V. m. § 187 Abs. 1 GVG.[341] Ebenso ist aus ermittlungstaktischen Gründen für möglichst zeitnahe Translation zu sorgen, um eine möglichst ungetrübte Erinnerung zu gewährleisten.

Auch wenn Translatoren beauftragt werden, mit denen Rahmenverträge bestehen oder diese in der Translatoren-Datenbank der Länder gelistet sind, bedeutet dies keine unverzügliche Verfügbarkeit.[342] Dies kann gerade in Eilfällen zu ungewollten Verzögerungen führen. Eine Anfrage eines Abgeordneten des Abgeordnetenhauses von Berlin bei der Berliner Polizei ergab, dass zwar keine Statistiken zu Wartezeiten vorhanden sind, jedoch Wartezeiten über eine Stunde durchaus vorkommen.[343]

Zudem ist zu beachten, dass die Einsatzzeit aus arbeitsmedizinischen Gründen nicht unendlich ist. Bei längeren Vernehmungen oder Verhandlungen kann es daher notwendig werden, einen zweiten Dolmetschenden hinzuzuziehen.[344]

---

[338] *Böhm* in: MünchKomm-StPO, 2. Aufl. 2023, § 115 Rn. 22; *Graf* in: KK-StPO, 9. Aufl. 2023, § 115 Rn. 5.
[339] *Böhm* in: MünchKomm-StPO, 2. Aufl. 2023, § 115 Rn. 28.
[340] *Graf* in: KK-StPO, 9. Aufl. 2023, § 115 Rn. 4.
[341] *V. Häfen* in: BeckOK-StPO, Stand: 01.04.2026, § 163a Rn. 18; *Kölbel/Ibold* in: MünchKomm-StPO, 2. Aufl. 2024, § 163a Rn. 17.
[342] *Stanek*, Dolmetschen bei der Polizei, 2011, S. 67.
[343] Berliner Abgeordnetenhaus, Drucks. 18/20022, S. 5.
[344] *Gradinčević-Savić*, Babel 66, 2, (2020), 172, 176 f., mit weiteren Ausführungen zu den Einsatzzeiten.

(2) Verfügbarkeit bei seltenen Sprachen

Das Verfügbarkeitsproblem besteht nicht nur hinsichtlich zeitlicher Eilfälle, sondern auch bezüglich seltener Sprachen. Bei Sprachen, welche in Deutschland nicht geläufig sind, besteht ebenso wie bei Übersetzenden, die Schwierigkeit, qualifizierte Personen für ein spezielles Sprachpaar zu finden.[345] Es besteht grundsätzlich kein Anspruch auf eine Translation in die Muttersprache, gerade bei seltenen Sprachen ist daher eine Translation in eine beherrschte Drittsprache möglich.[346] Dies kann jedoch zu gravierenden Verständigungsproblemen führen.[347] Besonders häufig wird dabei als Drittsprache Englisch verwendet.[348] Schwierigkeiten können dabei entstehen, da außerhalb des US- oder britischen Englisch viele weitere Varietäten vorhanden sind und insbesondere bei der Verwendung von Drittsprache zudem grammatikalische oder (aus)sprachliche Ungenauigkeiten[349] oder Schwierigkeiten hinsichtlich der passenden Vokabeln auftreten.[350] Dies kann die Kommunikation erheblich beeinträchtigen und fördert nicht die Verständnis- und Äußerungsmöglichkeiten des Sprachunkundigen.

(3) Kostensenkung

Es besteht die Möglichkeit, Kosten durch die Verwendung maschineller Dolmetschleistungen einzusparen. Die Kosten, welche für die Dolmetschleistungen zugunsten der beschuldigten Personen entstehen, werden – unabhängig von einer Verurteilung – durch den Staat übernommen,[351] weshalb sie nicht ohne Anlass und nur in einem möglichst ökonomischen Rahmen erbracht werden.[352] Die jährlich anfallenden Kosten für die Dolmetschleistungen befinden sich im Millionenbereich.[353] Der Gesetzgeber hat in der Vergangenheit bereits u. a. aus ökonomischen Gesichtspunkten die Translationsansprüche angepasst. So hat der § 259 StPO einen prozessökonomischen Hintergrund.[354] Ebenso die Einfügung des § 185 Abs. 1a GVG, welche die Zuschaltung von Dolmetschern per Video erlaubt.[355] Beide Normen wurden

---

[345] *Wendler* in: Wolf, Kriminalität im Grenzgebiet, Bd. 3, 2000, S. 219, 220.
[346] *Schmidt*, Verteidigung von Ausländern, 4. Aufl. 2016, Rn. 264; *Staffler*, ZStrR 2020, 21, 39 f.
[347] OLG Karlsruhe, Beschluss vom 24.01.1980, Az.: 4 Ss 255/79 = FHZivR 26 Nr. 6153; *Oğlakcıoğlu* in: MünchKomm-StPO, 2. Aufl. 2025, GVG § 185 Rn. 35; *Schmidt*, Verteidigung von Ausländern, 4. Aufl. 2016, Rn. 264.
[348] *Rittsteuer*, Stichproben 2010, 103, 104; vgl. auch die kleine Anfrage vom 15.02.2023 im Hessischen Landtag: LT-Drucks. 20/9604, S. 2.
[349] *Rittsteuer*, Stichproben 2010, 103, 105.
[350] *Rittsteuer*, Stichproben 2010, 103, 106.
[351] Vgl. Art. 6 Abs. 3 lit. e EMRK; Art. 4 Richtlinie 2010/64/EU; *Meyer* in: SK-StPO, 5. Aufl. 2019, EMRK Art. 6 Rn. 532; *Satzger* in: SSW-StPO, 6. Aufl. 2025, EMRK Art. 6 Rn. 71.
[352] *Basdorf* in: GS Meyer, 1990, S. 20; *Beukelmann*, NJW-Spezial 2020, 568.
[353] So beispielsweise für Hessen, 2021: 9,68 Mio. Euro (Hessischer Landtag, LT-Drucks. 20/9604, S. 2) oder für Baden-Württemberg, 2006: 4,2 Mio. Euro (Landtag BW, LT-Drucks. 14/2073, S. 8).
[354] *Eschelbach* in: BeckOK-StPO, Stand: 01.04.2026, § 259 Rn. 1.
[355] Eingefügt durch das Gesetz vom 24.04.2013 zur Intensivierung des Einsatzes von Videokonferenztechnik in gerichtlichen und staatsanwaltschaftlichen Verfahren vom 25.04.2013 (BGBl. I S. 935).

u. a. zur „Erhöhung der Wirtschaftlichkeit“ eingefügt.[356] Die Kosten, welche für Dolmetschleistungen anfallen, könnten durch den Einsatz von maschinellen Dolmetschleistungen erheblich gesenkt werden.

bb. Nachteile der menschlichen Dolmetschleistungen könnten behoben werden

(1) Unmittelbarkeit und Neutralität

Ein Ziel der Vernehmungen im Strafverfahren ist es, dass sich das Gericht bzw. die Ermittlungspersonen einen möglichst unmittelbaren Eindruck von den Aussagen machen können. So kann das Gericht am besten die Plausibilität und Glaubwürdigkeit des Vorgebrachten sowie eine Kategorisierung der Relevanz vornehmen.[357] Im Idealfall sollte dafür die dolmetschende Person hinter der Aussageperson „verschwinden“ und so ein möglichst unverfälschtes direktes Gespräch stattfinden.[358]

In der Praxis sieht dies oftmals anders aus. Durch die Teilnahme einer physischen dolmetschenden Person tritt ein weiterer Akteur dem Dialog bei. Das führt zu einer „*Umweg-Kommunikation über Dritte*“[359]. Bei polizeilichen Vernehmungen ist für die dolmetschende Person kein fester Platz vorgesehen, obwohl die Sitzposition eine Auswirkung auf das sog. Vernehmungssetting hat. Sitzt die dolmetschende Person in der Mitte zwischen Vernehmendem und Vernommenem, so kann diese wie eine neutrale Person wirken. Sitzt sie hingegen aufseiten der Polizisten, wird ein „*zwei gegen eins*“ Eindruck erzeugt, was sich negativ auf die Gesprächs- und Kooperationsbereitschaft der zu vernehmenden Person auswirkt.[360]

Zudem ist häufig zu beobachten, dass sowohl die sprachkundigen als auch die sprachunkundigen Personen jeweils direkt mit der dolmetschenden Person kommunizieren und nicht mit dem eigentlichen Gegenpart des Dialogs.[361] Dies kann so weit gehen, dass über den eigentlichen Gesprächspartner in dritter Person gesprochen wird („*Fragen Sie ihn/sie, ob…*“).[362] Dadurch werden die Chancen erheblich reduziert eine unmittelbare Beziehung zum jeweils anderen aufzubauen.[363] Auch erschwert diese Dreieckskommunikation die Einschätzung der jeweiligen Reaktionen.[364]

---

[356] BT-Drucks. 17/1224, S. 12.
[357] *Hoffmann* in: Felder/Vogel, Handbuch Sprache im Recht, 2017, S. 70.
[358] *Kulhanek*: Die Sprach- und Ortsfremdheit von Beschuldigten im Strafverfahren, 2019, S. 51.
[359] Vgl. *Schröder* in: Wolf, Kriminalität im Grenzgebiet, Bd. 3, 2000, S. 276; *Koerfer*, in: Texte und Diskurse, 1994, S. 365.
[360] *Schumann*, Polizei 2018, 49, 50 f.
[361] *Stanek*, Dolmetschen bei der Polizei, 2011, S. 75; *Rittsteuer*, Stichproben 2010, 103, 111.
[362] *Rittsteuer*, Stichproben 2010, 103, 111.
[363] *Stanek*, Dolmetschen bei der Polizei, 2011, S. 75; *Makepeace*, StV 2020, 570, 571; *Hermanutz/Litzcke/Kroll*, Strukturierte Vernehmung und Glaubhaftigkeit, 4. Aufl. 2018, S. 40.
[364] *Hermanutz/Litzcke/Kroll*, Strukturierte Vernehmung und Glaubhaftigkeit, 4. Aufl. 2018, S. 40.

Es kommt durch die Übertragungen – insbesondere beim konsekutiven Dolmetschen – zu Verzögerungen des Kommunikationsflusses.[365] Die Unterbrechungen des Kommunikationsflusses lähmen zum einen die Ausführungen,[366] können aber auch durch die Pausierungen dazu führen, dass die Erinnerungsleistung beeinträchtigt werden[367] oder Aussagen wohlüberlegter und gekürzt erfolgen.[368] Auch ist aufgrund der fehlenden Unmittelbarkeit zwischen Frage und Antwort die Einschätzung der Reaktion erschwert.[369] Dies kann dazu führen, dass bestimmte Vernehmungsmethoden nicht einsetzbar sind oder zumindest stark an Wirkung verlieren, etwa bei der Stellung von Suggestivfragen.[370]
Da bei der Kommunikation unter Zuhilfenahme von maschinellen Dolmetschleistungen die Übertragung ohne die Zwischenschaltung eines Menschen erfolgt, könnte die Chance bestehen, dass die Kommunikation direkter abläuft und nicht die Gefahr besteht, dass die Beteiligten jeweils mit der dolmetschenden Person reden. Auch könnte der psychologische Effekt behoben werden, dass bei der Teilnahme möglichst weniger Personen Beschuldigte in der Regel eher bereit sind, unangenehme Fehler oder Umstände kundzutun.[371] Hierdurch könnte das Verfahren unmittelbarer, aber auch neutraler ausgestaltet werden.

(2) Kontrollierbarkeit

Bislang besteht kein effektiver Weg zur Überprüfung der Dolmetschleistungen.[372] Wenn die Dolmetschleistungen durch eine KI-Anwendung erbracht werden, besteht theoretisch die Möglichkeit, die Translationen bis zum vollständigen Abschluss des Prozesses zu speichern und so für etwaige Rechtsmittel zu dokumentieren. Eine solche Dokumentation würde auch dem Rekonstruktionsverbot nicht entgegenstehen.[373] Es könnte bei dem Vorwurf einer Fehlinterpretation, auf die Dokumentation zurückgegriffen werden und zumindest die Tatsache, ob eine Fehlübersetzung vorlag, überprüft werden. Dies könnte dazu dienen, Beschuldigte in ihren Rechten zu stärken, indem eine effektive Kontrolle der Translationen erwirkt werden

---

365 *Braun/Kohn/Mikasa* in: Gerzymisch-Arbogast/Gile/House/Rothkegel, Neuere Fragestellungen der Übersetzungs- und Dolmetschforschung, 1999, S. 28 (Anm.: Seitenzahl bezieht sich auf die unter: https://www.researchgate.net/publication/309736326_Kommunikation_in_der_mehrsprachigen_Videokonferenz_Implikationen_fur_das_Dolmetschen abrufbare Version (zuletzt abgerufen am: 30.05.2026) angegebenen Werte).
366 *Lankisch*, Der Dolmetscher in der Hauptverhandlung, 2004, S. 46.
367 *Stempkowski/Grafl* in: Kaindl/Pöllabauer/Mikić, Dolmetschen als Dienst am Menschen, 2021, S. 167; *Heghmanns*, Strafverfahren, 2014, Rn. 787.
368 *Wendler* in: Wolf, Kriminalität im Grenzgebiet, Bd. 3, 2000, S. 219, 224.
369 *Hermanutz* et al., Polizeiliche Vernehmung und Glaubhaftigkeit, 3. Aufl. 2011, S. 114.
370 *Stempkowski/Grafl* in: Kaindl/Pöllabauer/Mikić, Dolmetschen als Dienst am Menschen, 2021, S. 166 f.; *Schumann*, Polizei 2018, 49, 49.
371 *Krauthan*, Psychologisches Grundwissen für die Polizei, 5. Aufl. 2013, S. 211 f.
372 *Kotzurek*, eucrim 2020, 314, 318.
373 Vgl. *Norouzi* in: Wehe dem, der beschuldigt wird, 2011, S. 215 ff.

kann. Hierdurch wird auch kein unerträgliches Revisionsrisiko verursacht, da weiterhin dargelegt werden muss, wie sich die Fehlübertragung im konkreten Fall auf die Entscheidungsfindung des Gerichtes ausgewirkt haben könnte. Auch während der Vernehmung oder Verhandlung könnte auf die zwischengespeicherte Translation zurückgegriffen werden, um diese zu kontrollieren und gegebenenfalls die Vernehmung inklusive Dolmetschleistung erneut auszuführen.

cc. Qualität und die Erfassung nonverbaler Kommunikation

(1) Qualitätsanforderungen

Bei dem Einsatz von maschinellen Translationen für die Kommunikationsermöglichung besteht die Gefahr, dass die Qualität nicht an die von menschlichen Dolmetschenden heranreicht.
Auch wenn der Gesetzgeber keine unmittelbaren Anforderungen an die Qualität der Dolmetschleistungen oder Kriterien zur Messung und Sicherstellung dieser aufstellt,[374] fehlt bei einer maschinellen Dolmetschleistung die menschliche Intuition sowie die sprachliche Sensibilität. Zudem kann eine maschinelle Dolmetschleistung möglicherweise kulturelle und lokale Besonderheiten in der Sprache nicht richtig interpretieren. Dies gilt insbesondere, wenn hierfür wenig Trainingsdaten zur Verfügung stehen. Dies kann zu Fehlinterpretationen und damit zu relevanten Fehlübertragungen führen. Weiterhin besteht die Gefahr, dass bei technischen Problemen schnell eine Frustration bei den Beteiligten eintritt, welche sich negativ auf die weitere Kommunikationsstruktur auswirkt, und das Gefühl vermittelt, nicht verstanden zu werden oder die Ausführungen der anderen nicht verstehen zu können.

(2) Nonverbale und interkulturelle Kommunikation

Für das Dolmetschen ist nicht nur das unmittelbar gesprochene Wort relevant, sondern auch die nonverbale Kommunikation. Die nonverbale Kommunikation besteht aus Elementen, welche nicht unmittelbar verschriftlicht werden können.[375] Dies sind visuell wahrnehmbare Aspekte wie Mimik, Gestik und Körperhaltung,[376] aber auch die sog. Parasprache. Zur Parasprache gehört etwa Tonfall, Lautstärke, Sprechgeschwindigkeit, Klangfarbe, Stimmhöhe oder die Verwendung von Pausen.[377] Eine unterschiedliche Betonung kann die Bedeutung einer Aussage

---

[374] *Schulte* in: MAH StV, 3. Aufl. 2022, § 18 Rn. 38; *Oğlakcıoğlu* in: MünchKomm-StPO, 2. Aufl. 2025, GVG § 185 Rn. 45; *Mayer* in: Kissel/Mayer, GVG, 10. Aufl. 2021, § 185 Rn. 10.
[375] *Wiechmann*, Nonverbale Verhaltensweisen im Strafprozess, 2022, S. 23, m. w. N.
[376] Vgl. *Felgner*, Nonverbale Kommunikation beim medizinischen Dolmetschen, 2017, S. 49; *Wiechmann*, Nonverbale Verhaltensweisen im Strafprozess, 2022, S. 25, m. w. N.; *Krauthan*, Psychologisches Grundwissen für die Polizei, 5. Aufl. 2013, S. 123 f.
[377] Vgl. *Felgner*, Nonverbale Kommunikation beim medizinischen Dolmetschen, 2017, S. 24 f.; *Krauthan*, Psychologisches Grundwissen für die Polizei, 5. Aufl. 2013, S. 123 f.

zum Gegenteil wandeln,[378] wie folgendes Beispiel zeigt: „Ich wollte sie *um*fahren". Dies kann entweder bedeuten, dass ein Ausweichen oder ein Überfahren beabsichtigt war.
Neben den gesprochenen Wörtern enthalten nonverbale Elemente wichtige Informationen, weshalb diese ebenfalls beim Dolmetschen berücksichtigt werden müssen.[379] Je authentischer die nonverbalen Kommunikationsinhalte übertragen werden, desto unmittelbarer kann von der individuellen Aussage ein Eindruck gewonnen werden.[380] Teilweise können nonverbale Informationen auch verbalisiert werden.[381] Auch können unter Berücksichtigung der nonverbalen Kommunikation verbale Äußerungen beim Dolmetschen verstärkt, aber auch relativiert werden.[382] Wenn die nonverbale Kommunikation beim Dolmetschen nur in einem unzureichenden Maße berücksichtigt wird, besteht die hohe Gefahr, dass auf Seiten der Mitteilungsempfänger Fehlinterpretationen auftreten.[383]
Die (nonverbale) Kommunikation kann kulturelle Unterschiede aufweisen.[384] Diese Unterschiede müssen beim Dolmetschen berücksichtigt werden. So bedeutet etwa in einigen Ländern das Kopfschütteln „Ja" und das Kopfnicken „Nein". Interkulturelle Differenzen haben ein hohes Potential für Missverständnisse. Hierbei stellen kulturell bedingte verschiedene Erwartungen an die Kommunikationssituation, verschiedene Annahmen über angemessene Verhaltensweisen und auch verschiedene Strukturierungen von Aussagen sowie die unterschiedlichen nonverbalen Mittel für die Dolmetschleistung Herausforderungen dar.[385] Wenn diese nicht sachgerecht berücksichtigt werden, kann dies gerade bei Vernehmungen erhebliche Auswirkungen zeigen.[386] Es stellt sich deshalb die Frage, ob eine maschinelle Dolmetschleistung diese Hürde überwinden können.

(a) Lösungsmöglichkeit Emotional AI

Die nonverbale Kommunikation könnte zukünftig im Rahmen von maschinellen Translationen einbezogen werden. Derzeit werden Anwendungen entwickelt, welche Emotionen erkennen können (sog. *Emotional AI*), wodurch mittelfristig auch eine höhere Qualität der

---

[378] Vgl. auch mit weiteren Ausführungen in *Härtel*, Lebende Sprachen 2016, 67, 81.
[379] *Kinnuen*, trans-kom 2017, 45, 47, m. w. N.
[380] *Kabbani*, StV 1987, 410, 412 f.
[381] *Kinnuen*, trans-kom 2017, 45, 47.
[382] *Krauthan*, Psychologisches Grundwissen für die Polizei, 5. Aufl. 2013, S. 123 f.
[383] *Frister* in: SK-StPO, 6. Aufl. 2023, GVG § 185 Rn. 6; *Lankisch*, Der Dolmetscher in der Hauptverhandlung, 2004, S. 45.
[384] *Wiechmann*, Nonverbale Verhaltensweisen im Strafprozess, 2022, S. 30; vgl. auch *Frister* in: SK-StPO, 6. Aufl. 2023, GVG § 185 Rn. 12; *Katholnigg*, Strafgerichtsverfassungsrecht, 3. Aufl. 1999, GVG § 185 Rn. 3; *Wendler* in: Wolf, Kriminalität im Grenzgebiet, Bd. 3, 2000, S. 219, 229 f.; *Helfrich* in: Gerechtigkeit aus der Ferne?, 2023, S. 159, 165 ff.
[385] *Öncü*, Probleme interkultureller Kommunikation bei Gerichtsverhandlungen mit Türken und Deutschen, 2011, S. 66 f.
[386] Vgl. *Helfrich* in: Gerechtigkeit aus der Ferne?, 2023, S. 159, 170.

Dolmetschleistungen erreicht werden dürfte. Emotionale Faktoren können unter anderem durch eine Gesichtsanalyse per Video oder durch eine Stimmbildanalyse erfolgen.[387] Dies erfolgt dadurch, dass insbesondere kulturspezifische Gesten, Stimmbilder oder parasprachliche Elemente analysiert und in das Training einer Künstlichen Intelligenz einbezogen werden.[388] Unter Laborbedingungen können für einzelne Emotionen sehr zuverlässige Klassifizierungen vorgenommen werden.[389] Eine umfassende Deutung ist jedoch schwer und steht bislang nicht auf einer ausgereiften wissenschaftlichen Grundlage.[390] Dies würde insbesondere für Probleme sorgen, wenn die Aussagen durch das Gericht be- und verwertet werden sollen.

Diese Anwendungen bergen aber die Gefahr, dass die persönliche Einstellung zum jeweiligen Gesprächspartner sowie die jeweilige Persönlichkeit des Sprechers analysiert werden und so ungewollt eine Auskunft über die innere Gefühlsregung ermittelt wird.[391] Hierbei muss jedoch gerade im Rahmen der Verfahrenskommunikation sichergestellt werden, dass keine zusätzliche verborgene zweckfremde Persönlichkeitsanalyse durchgeführt wird. Insbesondere darf eine solche KI-Anwendung nicht dazu führen, dass aufgrund der nonverbalen Merkmale ein Rückschluss auf die subjektive Richtigkeit der Aussage geschlossen werden kann.[392] Ähnlich wie bereits für Polygrafen entschieden,[393] würde hier die Gefahr eines unzulässigen Eingriffs in das allgemeine Persönlichkeitsrecht (Art. 2 Abs. 1 i. V. m. Art. 1 Abs. 1 GG) im Raum stehen. Eine solche Anwendung wäre weiterhin in diesem Kontext nicht geeignet, die neutrale Rolle des Sprachmittlers zu gewährleisten und diesen zu substituieren.

(b) Praktische Probleme

Weiterhin könnten sich beim Einsatz von maschinellen Dolmetschleistungen zusätzliche Problematiken zeigen, welche mittelbar im Zusammenhang mit der nonverbalen Kommunikation stehen.

---

[387] Vgl. *Karaboga et al.,* Automatisierte Erkennung von Stimme, Sprache und Gesicht, 2022, S. 176 ff., m. w. N.

[388] *Härtel*, Lebende Sprachen 2016, 67, 83 f.; *Karaboga et al.,* Automatisierte Erkennung von Stimme, Sprache und Gesicht, 2022, S. 180; *Saxena et al.,* AIS 2020, 53, 73.

[389] *Saxena et al.*, AIS 2020, 53, 61, 73 (99,47 %).

[390] *Hagerty/Albert,* AI is increasingly being used to identify emotions – here's what's at stake. The Conversation, 15.04.2021, abrufbar unter: https://theconversation.com/ai-is-increasingly-being-used-to-identify-emotions-heres-whats-at-stake-158809 (zuletzt abgerufen am: 30.05.2026); *Karaboga et al.,* Automatisierte Erkennung von Stimme, Sprache und Gesicht, 2022, S. 175; vgl. auch Erwägungsgrund Nr. 44 der KI-Verordnung.

[391] Vgl. *Härtel*, Lebende Sprachen 2016, 67, 83; *Karaboga et al.,* Automatisierte Erkennung von Stimme, Sprache und Gesicht, 2022, S. 181 ff.

[392] Vgl. zum Polygraphen: *Diemer* in: KK-StPO, 9. Aufl. 2023, § 136a Rn. 34.

[393] BVerfG, Beschluss vom 18.08.1981, Az.: 2 BvR 166/81 = NJW 1982, 375; BGH, Beschluss vom 30.11.2010, Az.: 1 StR 509/10 = NStZ 2011, 474; BGH, Urteil vom 17.12.1998, Az.: 1 StR 156-98 = BGHSt 44, 308; BGH, Urteil vom 16.02.1954, Az.: 1 StR 578/53 = NJW 1954, 649.

Damit eine dolmetschende Person wirkungsvoll arbeiten kann, sollte diese in Seh- und Hörweite der weiteren Beteiligten sein. Dies gilt insbesondere vor dem Hintergrund, damit durch aktives Feedback die Sicherstellung einer hohen Qualität ermöglicht werden kann.[394]
Ein menschlicher Dolmetscher kann anhand der Reaktionen der Mitteilungsempfänger intuitiv erkennen, ob das Gesagte verstanden wurde oder ob Unklarheiten verbleiben. Auch sind bei Verständnis- oder Verständigungsschwierigkeiten Nachfragen möglich und es kann versucht werden, Übertragungen mithilfe von Synonymen vorzunehmen (möglicherweise auch in einer einfacheren Sprache ohne technische Termini).[395] Eine KI-Anwendung könnte an dieser Stelle zwar inhaltliche Übertragungen in die Zielsprache liefern, jedoch nicht bewerten, ob der Output auch verstanden wurde. Dies kann zu Missverständnissen führen.[396] Auch können mehrdeutige und daher falsch übertragene Begriffe unerkannt bleiben, da bei einer maschinellen Übertragung die Wahrscheinlichkeit des richtigen Äquivalents in der Zielsprache bloß berechnet wird.
Zudem müssen Dolmetschende das Gespräch teilweise mitlenken, etwa indem durch Blickkontakt Gesprächspausen eingeleitet werden, damit eine sinnvolle Sprachübertragung erfolgen kann oder wenn der Sprachempfänger den Übertragungen nicht mehr folgen kann.[397] Insbesondere bei einer simultanen Übertragung besteht hier das Risiko, dass ohne Intervention längere Ausführungen am Stück übertragen werden und am Ende nur die Hälfte verstanden wird.

(c) Kritik am Ferndolmetschen

Eine Dolmetschleistung, welche mittels maschineller Translation erfolgt, ähnelt in Ansätzen der Situation des Ferndolmetschens. Das Gerichtsverfassungsgesetz sieht die Möglichkeit des Ferndolmetschens ausdrücklich in § 185 Abs. 1a GVG – bereits über ein Jahrzehnt[398] – vor. Beim Ferndolmetschen wird die dolmetschende Person lediglich per Bild-Ton-Übertragung zugeschaltet und ist nicht vor Ort präsent. Ähnlich wie bei der Verwendung einer KI-Anwendung erfolgt die Wahrnehmung primär über Ton und die Artikulation über einen Lautsprecher bzw. Kopfhörer. Für die Empfänger macht es – bei einer ausreichenden

394 *Kinnuen*, trans-kom 2017, 45, 70; *Bundesforum Justizdolmetscher und -übersetzer*, Zum Einsatz von Videodolmetschen vor Gericht, 2019, S. 2, 4, abrufbar unter: https://www.vvu-bw.de/cms/iwebs/download.aspx?id=121442 (zuletzt abgerufen am: 30.05.2026).
395 *Wendler* in: Wolf, Kriminalität im Grenzgebiet, Bd. 3, 2000, S. 219, 222 f.
396 *Härtel*, Lebende Sprachen 2016, 67, 83.
397 *Kinnuen*, trans-kom 2017, 45, 47, m. w. N.
398 Eingeführt wurde diese Möglichkeit mit dem Gesetz zur Intensivierung des Einsatzes von Videokonferenztechnik in gerichtlichen und staatsanwaltschaftlichen Verfahren (VidVerfG) vom 25.04.2013 (BGBl. I 2013 S. 935).

Sprachqualität – keinen erheblichen Unterschied, ob ein Mensch das Translat einspricht oder ob die Stimme maschinell erzeugt wurde. Die Möglichkeit des Ferndolmetschens hat sich jedoch aus den noch folgenden praktischen Erwägungen bislang nicht durchgesetzt. Aufgrund der grundsätzlichen Vergleichbarkeit müssen diese Kritikpunkte auch in die Abwägung einfließen, ob eine Verdolmetschung über eine KI-Anwendung erfolgen sollte.

Der Gesetzgeber hatte bei der Schaffung der Möglichkeit des Ferndolmetschens grundsätzlich die Konstellation im Auge, dass für seltene Sprachen kurzfristig die entsprechenden Experten beschafft werden könnten.[399] Entsprechend empfiehlt die überwiegende Ansicht in der Literatur auch nur einen sehr zurückhaltenden Gebrauch dieser Möglichkeit.[400]

Beim Ferndolmetschen entsteht ein anderer Eindruck, welcher die Ergebnisse des Dolmetschens beeinträchtigen kann.[401] Durch die *„zweidimensionale Betrachtung ohne Beziehungsebenen“*[402] und die fehlenden oder nur eingeschränkten Interaktionen wird das Dolmetschen zu einer rein mechanischen Tätigkeit reduziert. Dies gewährleistet jedoch nicht die Einbeziehung der speziellen situativen und kulturellen Besonderheiten, welche bei dieser Tätigkeit beachtet werden müssen,[403] weshalb eine physisch anwesende dolmetschende Person vorzugswürdig ist.

Zudem ist ein großer Kritikpunkt, dass der beschuldigten Person eine vertrauliche Kommunikation mit deren Verteidigung ermöglicht werden muss. Dies ist bei einer Fernzuschaltung nur eingeschränkt garantiert.[404]

Diese Kritikpunkte gelten entsprechend außerhalb der richterlichen Vernehmung.

(d) Kritik am Kabinendolmetschen

Nicht nur das Ferndolmetschen wird kritisiert, sondern bereits das hierzu ähnliche Kabinendolmetschen. Hierbei sitzen die Dolmetschenden in sog. Dolmetschkabinen, wobei deren Translationen nur über Kopfhörer von den Betroffenen gehört werden können. Insofern besteht eine ähnliche Lage wie beim zu untersuchenden Einsatz von maschinellen Translationen.

---

[399] BT-Drucks. 17/1224, S. 11.

[400] *Oğlakcıoğlu* in: MünchKomm-StPO, 2. Aufl. 2025, GVG § 185 Rn. 64; *Schmitt* in: Schmitt/Köhler, StPO, 69. Aufl. 2026, GVG § 185 Rn. 8a; *Rosenau* in: SSW-StPO, 6. Aufl. 2025, GVG § 185 Rn. 10; *Simon* in: LR-StPO, 27. Aufl. 2022, GVG § 184 Rn. 21; ebenfalls so auch zivilrechtliche Stimmen: *Jacobs* in: Stein/Jonas, ZPO, 23. Aufl. 2020, GVG § 185 Rn. 13.

[401] *Schmidt/Schliemann* in: HeidelbergerKomm-StPO, 7. Aufl. 2023, GVG § 185 Rn. 10; *Oğlakcıoğlu* in: MünchKomm-StPO, 2. Aufl. 2025, GVG § 185 Rn. 64.

[402] *Simon* in: LR-StPO, 27. Aufl. 2022, GVG § 184 Rn. 21.

[403] *Simon* in: LR-StPO, 27. Aufl. 2022, GVG § 184 Rn. 21; vgl. auch *Jacobs* in: Stein/Jonas, ZPO, 23. Aufl. 2020, GVG § 185 Rn. 13.

[404] Vgl. auch *Frister* in: SK-StPO, 6. Aufl. 2023, GVG § 185 Rn. 12a; *Rosenau* in: SSW-StPO, 6. Aufl. 2025, GVG § 185 Rn. 10; *Simon* in: LR-StPO, 27. Aufl. 2022, GVG § 184 Rn. 21.

Auch wenn auf diese Methode beim EuGH[405] oder dem IStGH[406] zurückgegriffen wird, wird die Eignung infrage gestellt. So ist beim Kabinendolmetschen die Sicherstellung der Unmittelbarkeit der Übertragung der nonverbalen Kommunikation bereits erschwert.[407] Auch eignet sich diese Methode grundsätzlich nur für informatorische Zwecke, etwa zugunsten von Zeugen, nicht jedoch, wenn eine unmittelbare kommunikative „Brücke" zwischen der beschuldigten Person und dem Gericht bzw. den Vernehmungspersonen hergestellt werden muss.[408]

dd. Psychologische Bedeutung

(1) Gewährleistung der Vertraulichkeit der Mandanten-Verteidiger-Kommunikation

Wenn das Dolmetschen im Strafverfahren durch eine KI-Anwendung durchgeführt wird, ist hiervon zwangsläufig auch die Kommunikation von sprachunkundigen Mandanten mit deren Verteidigung (vgl. § 148 StPO) betroffen. Bei der Verwendung von maschinellen Dolmetschleistungen müsste die Vertraulichkeit dieser Kommunikation sichergestellt sein. Im Rahmen eines maschinellen Dolmetschvorgangs ist eine temporäre Zwischenspeicherung der gesprochenen Inhalte für die Dauer der Verarbeitung erforderlich. Diese umfasst die Transkription, Übersetzung sowie die anschließende Verbalisierung.[409]

Das Vertrauen des Mandanten in dessen Verteidigung ist essenzielle Voraussetzung für die Gewährleistung einer effektiven Zusammenarbeit. Neben dem Vertrauen in Kompetenz und Integrität,[410] stellt eine unüberwachte und vertrauliche Kommunikation zu jeglichem Zeitpunkt[411] im Verfahren ein Kernelement dar.[412] Der BGH hat hierzu festgestellt, dass dem *„vertraulichen Gespräch des Beschuldigten mit seinem Strafverteidiger, die wichtige Funktion*

---

[405] *Wissen.de*, Übersetzung von Verträgen, Dokumenten und Urteilen für den Europäischen Gerichtshof, Stand: unbekannt; *EuGH*, Jahresbericht 2020 Jahresüberblick, S. 80, https://curia.europa.eu/jcms/upload/docs/application/pdf/2021-05/qd-aq-20-101-de-n.pdf (zuletzt abgerufen am: 15.12.2024).

[406] Vgl. *The Registry of the International Criminal Court*, Behind the Scenes, 2010, S. 25, abrufbar unter: https://www.icc-cpi.int/sites/default/files/iccdocs/PIDS/docs/behindTheSce.pdf (zuletzt abgerufen am: 30.05.2026).

[407] *Lankisch*, Der Dolmetscher in der Hauptverhandlung, 2004, S. 44.

[408] *Kabbani*, StV 1987, 410, 413.

[409] Hierzu Abschnitt A.I.2.

[410] *Böhm*, Effektive Strafverteidigung und Vertrauen, 2021, S. 147.

[411] *Lesch* in: HdB FA Strafrecht, 8. Aufl. 2021, 29. Kap. Rn. 15; *Andra/Tischer* in: HdB StA-Tätigkeit, 7. Aufl. 2023, Teil 1 Rn. 30, vgl. auch Art. 4 der Richtlinie 2013/48/EU.

[412] OLG Hamm, Beschluss vom 19.11.1984, Az.: 1 Vollz(Ws) 195/84 = StV 1985, 241, 242; LG Augsburg, Beschluss vom 02.04.2014, Az.: 8 Ks 401 Js 139206/13 = StV 2014, 468, 469; *Wahle* in: FS Hanack, 1999, S. 112; *Augustin*, Das Recht des Beschuldigten auf effektive Verteidigung, 2013, S. 66 f.; *Winkler*, Das Vertrauensverhältnis zwischen Anwalt und Mandant, 2014, S. 126; *Böhm*, Effektive Strafverteidigung und Vertrauen, 2021, S. 30, 148, 173 f.; *Fingas*, European Criminal Law Review 2019, 178, 184.

zu [kommt], *darauf hinwirken zu können, dass er nicht zum bloßen Objekt im Strafverfahren wird."*[413] Auch muss eine vertrauliche Kommunikation sichergestellt sein, damit eine wirkungsvolle Verteidigung im Sinne des Art. 6 Abs. 3 lit. b. EMRK erfolgen kann.[414] Nur so ist der Mandant bereit Informationen mit dem Verteidiger zu teilen, welche für die Vorbereitung und aktuelle Einschätzung der Rechtspositionen notwendig sind sowie für die Beratungen über das weitere Vorgehen.[415] Insbesondere kann auch während einer Vernehmung das Bedürfnis bestehen sich zu beraten, ob über bedeutsame Fragen ausgesagt werden sollte.[416] Daher muss auch in der Verhandlung selbst ein ungehinderter Kontakt zum Verteidiger möglich sein.[417]

Bei sprachunkundigen Mandanten wird die dolmetschende Person über § 189 Abs. 4 Satz 1[418] GVG, durch das in § 53a Abs. 1 StPO garantierte Schweigerecht und durch die Einbeziehung in den § 203 Abs. 3 Satz 1 StGB,[419] ebenfalls in dieses Vertrauensverhältnis integriert.[420] Dies gilt unabhängig davon, ob die dolmetschende Person durch den Verteidiger selbst oder durch das Gericht bestellt wurde.[421] Bei Situationen mit Dolmetschleistungen ist entscheidend, dass auch zu der dolmetschenden Person ein Vertrauensverhältnis besteht. Ansonsten liegt ein erhebliches Kommunikationshindernis zum Verteidiger vor, was die Möglichkeit der effektiven Verteidigung maßgeblich reduziert.[422]

Wie bereits erwähnt, sieht das Gesetz gemäß § 185 Abs. 1a GVG die Möglichkeit des Ferndolmetschens vor. Von der Ingebrauchnahme dieser Möglichkeit wird in der Literatur, häufig aus dem Grund abgeraten, dass hierbei die vertrauliche Kommunikation zum Verteidiger beeinträchtigt werden könnte.[423]

---

[413] BGH, Urteil vom 04.07.2018, Az.: 2 StR 485/17 = JR 2019, 205, 206; vgl. ferner BVerfG, Beschluss vom 12.10.2011, Az.: 2 BvR 236, 237, 422/08 = BVerfGE 129, 208, 263; BVerfG, Urteil vom 03.03.2004, Az.: 1 BvR 2378/98, 1084/99 = BVerfGE 109, 279, 322.

[414] EGMR, Urteil vom 07.11.2017, Az.: 37717/05 (Dudchenko / Russland) = AnwlBl. 1/2018, 38; BGH, Urteil vom 04.07.2018, Az.: 2 StR 485/17 = JR 2019, 205, 206.

[415] Vgl. OLG Hamm, Beschluss vom 19.11.1984, Az.: 1 Vollz(Ws) 195/84 = StV 1985, 241, 242; *Lesch* in: HdB FA Strafrecht, 8. Aufl. 2021, 29. Kap. Rn. 15.

[416] Vgl. BGH, Beschluss vom 10.01.2006, Az.: 5 StR 341/05 = NJW 2006, 1008, 1010; BGH, Urteil vom 29.10.1992, Az.: 4 StR 126/92 = BGHSt 38, 372, 373.

[417] *Malek*, Verteidigung in der Hauptverhandlung, 5. Aufl. 2017, Rn. 74.

[418] Die konkrete Herleitung ist streitig.: *Oğlakcıoğlu* in: MünchKomm-StPO, 2. Aufl. 2025, GVG § 189 Rn. 22: im Lichte der EU-VO Art. 5 zu lesen; *Christl*, NStZ 2014, 376, 382: soweit als Berufshelfer des Verteidigers; a. A: *Allgayer* in: BeckOK-GVG, Stand: 15.08.2025, § 189 Rn. 10, da § 189 Abs. 4 als Ordnungsvorschrift.

[419] Vgl. *Cierniak/Niehaus* in: MünchKomm-StGB, 5. Aufl. 2025, § 203 Rn. 134.

[420] LG Verden, Beschluss vom 06.03.1996, Az.: 1 Qs 57/96 = StV 1996, S. 371 (371); *Böhm*, Effektive Strafverteidigung und Vertrauen, 2021, S. 156; *Schmidt*, Verteidigung von Ausländern, 4. Aufl. 2016, Rn. 268.

[421] *Bader* in: KK-StPO, 9. Aufl. 2023, § 53a Rn. 4; *Schmidt*, Verteidigung von Ausländern, 4. Aufl. 2016, Rn. 268.

[422] *Schulte* in: MAH StV, 3. Aufl. 2022, § 18 Rn. 39.

[423] *Frister* in: SK-StPO, 6. Aufl. 2023, GVG § 185 Rn. 12a; *Simon* in: LR-StPO, 27. Aufl. 2022, GVG § 184 Rn. 21; *Rosenau* in: SSW-StPO, 6. Aufl. 2025, GVG § 185 Rn. 10; *Keßler*, Stellungnahme des Bundesverbandes der Dolmetscher und Übersetzer e. V. (BDÜ) zum „Entwurf eines Gesetzes zur Förderung des Einsatzes von Videokonferenztechnik in der Zivilgerichtsbarkeit und den Fachgerichtsbarkeiten" vom 13.01.2023, S. 9, wobei letzterer auch gesonderte „Videoräume" nicht für gleich geeignet hält.

Sprachunkundige, welche sich nur unter Zuhilfenahme einer maschinellen Dolmetschleistung mit ihrem Verteidiger unterhalten können, müssten der KI-Anwendung das gleiche Vertrauen bezüglich ihrer Vertraulichkeit und Integrität entgegenbringen wie einem menschlichen Dolmetschenden. Vertrauen ist sehr subjektiv geprägt. Damit die Person sich ihrem Verteidiger anvertrauen kann, muss sie davon überzeugt sein, dass die Daten, welche in die Anwendung „eingesprochen" werden, nicht zweckwidrig verwendet werden. Da eine Anwendung für maschinelle Dolmetschleistungen in Vernehmungs- oder Verhandlungssituationen jedoch durch den Staat gestellt werden würde, müsste diesem ein großes Vertrauen entgegengebracht werden. Unabhängig von möglichen technischen Sicherungsmaßnahmen, dürfte das latente Gefühl stets verbleiben, dass die Daten zweckwidrig verwendet werden, wenn die Person in ein „staatliches" Mikrofon sprechen muss. Die Nutzung separater, isolierter Anwendungen für die Kommunikation mit Behörden und Gerichten sowie mit der Verteidigung stellt sich aufgrund des hohen administrativen und technischen Aufwands als ineffizient dar. Zudem würde das Problem des Misstrauens gegenüber Abhörmaßnahmen nicht gelöst.

Hierbei besteht die Gefahr, dass die beschuldigte Person aufgrund des Misstrauens in die Technik sich nicht in der Lage sieht, sich dem Verteidiger vollständig zu anzuvertrauen. Dies kann im schlimmsten Fall dazu führen, dass der Verteidiger keine effektive Verteidigung vornehmen kann.[424] Daher ist grundsätzlich im Rahmen der Mandanten-Verteidiger-Kommunikation bei Vernehmungen oder Verhandlungen von maschinellen Dolmetschleistungen abzusehen. Es steht den Betroffenen jedoch frei, außerhalb der Ansprüche aus dem GVG privat maschinelle Dolmetschleistungen in Anspruch zu nehmen.

(2) Änderung der Verhaltensweise bei der Verwendung von Technik

Die ausschließliche Verwendung von maschinellen Übersetzungen zur Kommunikationsermöglichung kann weitere negative psychologische Effekte nach sich ziehen, welche im Folgenden überblicksartig angerissen werden:

(a) Vorbehalte gegen Technik

Nicht wenige Menschen haben Vorbehalte gegen KI-Anwendungen.[425] Neben grundsätzlichen Vorbehalten oder der Sorge, dass generierte Daten zweckwidrig verwendet werden,[426] bestehen häufig Zweifel bezüglich der Leistungsfähigkeit. Eine Umfrage zum Thema Spracherkennung

---

[424] Vgl. *Böhm*, Effektive Strafverteidigung und Vertrauen, 2021, S. 148, 173 ff.

[425] Vgl. *K. Fischer*, Künstliche Intelligenz im Gerichtssaal, National Geographic, 11.05.2022, abrufbar unter: https://www.nationalgeographic.de/wissenschaft/2022/05/kuenstliche-intelligenz-im-gerichtssaal-wie-weit-darf-legal-tech-gehen (zuletzt abgerufen am: 30.05.2026); *Christoph* in: Strafrecht im Angesicht der Digitalisierung, 2022, S. 64.

[426] Vgl. *Karaboga et al.*, Automatisierte Erkennung von Stimme, Sprache und Gesicht, 2022, S. 254.

ergab, dass eine von fünf Personen die Sorge hat, nicht richtig verstanden zu werden, insbesondere bei Dialekten.[427] Wenn in einem zweiten Schritt noch die Translation als solche hinzukommt, dürften die Vorbehalte entsprechend größer sein. Anders als bei maschinellen Übersetzungen, bei welchen nur das fertige Endprodukt übermittelt wird, kommen die jeweiligen Personen bei einer maschinellen Dolmetschleistung unmittelbar in Kontakt mit der KI-Anwendung. Dies gilt insbesondere auch, wenn die Tonausgabe mittels einer künstlich generierten Stimme erfolgt. Hierbei dürfte eine deutlich kritischere Auseinandersetzung mit dem Produkt zu erwarten sein.

(b) Veränderung der Verhaltensweise

Der Einsatz von KI-Anwendungen für die Kommunikationsermöglichung könnte zu einer veränderten Verhaltensweise der betroffenen Person führen. So wird etwa in der Diskussion, ob Verhandlungen aufgezeichnet werden sollten, häufig als Gegeneinwand eingebracht, dass sich die Aussagebereitschaft der betroffenen Person reduziert oder diese ihre Aussagen ändert, wenn sie befürchtet, dass die Aussagen (auch ungewollt) an dritte Personen gelangen könnten.[428] Insbesondere kann beobachtet werden, dass sich das Sprechverhalten verändert. Es wird oftmals versucht besonders klar und deutlich zu sprechen, damit eine bessere Spracherkennung erfolgen kann. Zu diesen Fragen liegen jedoch noch keine spezifischen aussagepsychologischen Erkenntnisse vor.[429] Auch bei Ferndolmetschern besteht die Befürchtung, dass das geänderte Kommunikationssetting die Verhaltensweise verändert.[430]. Diese Bedenken lassen sich ebenfalls bei dem Einsatz von maschinellen Translationen erheben. Vor dem vollständigen Austausch von maschinellen Translatoren anstelle von Menschen sollten solche Gefahren der Verhaltens- und Aussageveränderung ausgeschlossen sein.

[427] *Karaboga et al.,* Automatisierte Erkennung von Stimme, Sprache und Gesicht, 2022, S. 250 f.

[428] BR-Drucks. 603/23, S. 2; *Bartel*, StV 2018, 678, 681; *Sabel* in: Hoven/Kudlich, Digitalisierung und Strafverfahren, 2020, S. 153, 156; *Sommerer*, ZStW 133 (2021), 403, 420 f.; vgl. auch die Diskussion rund um den Gesetzesentwurf zur digitalen Dokumentation der strafgerichtlichen Hauptverhandlung: LTO, Videoaufzeichnung nur noch Optional, in: LTO.de, 06.04.2923, abrufbar unter: https://www.lto.de/recht/justiz/j/aufzeichnung-bild-ton-strafverfahren-buschmann-kompromiss-video-optional/ (zuletzt abgerufen am: 30.05.2026).

[429] BRAK, Stellungnahme Nr. 61, 11.2021, S. 4; *Knauer*, BRAK-Mitteilungen, 2022, 244, 246; zumindest beim IStGH wurden keine auffälligen negativen Veränderungen beobachtet, vgl. *Chaitidou* in: Hoven/Kudlich, Digitalisierung und Strafverfahren, 2020, S. 196.

[430] Vgl. *Jacobs* in: Stein/Jonas, ZPO, 23. Aufl. 2020, GVG § 185 Rn. 13.

(3) Der positive psychologische Wert der dolmetschenden Person

Der positive psychologische Wert und die „soziale Komponente“[431] der dolmetschenden Person ist nicht zu missachten. Die sprachunkundigen Personen befinden sich in einer Sondersituation, wenn sie vernommen werden, ohne die Sprache der anderen Beteiligten zu verstehen. Auch wenn die Dolmetschenden neutral handeln, besteht zwischen der sprachunkundigen Person und den Dolmetschenden eine besondere Kommunikationsbeziehung.[432] Zwar besteht die Möglichkeit, dass sich durch diesen Umstand die Struktur der Gespräche verändert und der Grad der Vertraulichkeit der Gespräche reduziert wird,[433] jedoch handelt es sich um die einzige Person, mit der unmittelbar in der eigenen Sprache kommuniziert werden kann.[434]

Auch wenn eine maschinelle Translation das Gesagte zutreffend übertragen kann, ist – wie oben festgestellt – die nonverbale Kommunikation zu berücksichtigen. Diese wird nicht nur für die unmittelbare Übersetzung des Gesagten benötigt, sondern auch zur Prüfung, ob die sprachunkundige Person das Gesagte verstehen konnte. Ein Teil der Tätigkeit der Dolmetscher ist es daher auf nonverbale Reaktionen zu achten. Auch hilft die physische Anwesenheit bei der Lösung von Kommunikationsproblemen.[435]

ee. Zwischenergebnis

Maschinelle Dolmetschleistungen sollten derzeit grundsätzlich nicht anstelle menschlicher Leistungen zur Kommunikationsermöglichung im Strafverfahren zugunsten beschuldigter Personen verwendet werden.

Es bestehen zwar Vorteile gegenüber menschlichen Leistungen. Hierzu gehören zum einen prozessökonomische Vorteile, wie geringere Kosten und die jederzeitige Verfügbarkeit. Auch könnten durch den Einsatz maschineller Dolmetschleistungen Nachteile, welche bei menschlichen Translatoren bestehen, reduziert werden. Es könnte möglicherweise eine unmittelbarere und direktere Kommunikationssituation geschaffen werden sowie die Kontrollmöglichkeiten erhöht werden.

Die Nachteile überwiegen derzeit noch. Zwar lassen sich keine klaren Kriterien ermitteln, die für die Bewertung von Dolmetschleistungen herangezogen werden sollen. Derzeit besteht

---

[431] *BDÜ Berlin-Brandenburg*, Leitlinie Gerichtsdolmetschen für allgemein beeidigte Dolmetscher, Stand: 03.2021, S. 6, abrufbar unter: https://bb.bdue.de/fileadmin/verbaende/bb/Dateien/PDF-Dateien/sonstiges/BB_Leitlinie_Gerichtsdolmetschen.pdf (zuletzt abgerufen am 31.12.2024)

[432] *Artkämper* in: Rinklin, Strategie und Taktik in der Hauptverhandlung, 2020, S. 323.

[433] Vgl. hierzu Abschnitt C.II.2.a.bb.(1).

[434] *Kinnuen*, trans-kom 2017, 45, 47.

[435] Vgl. *Bundesforum Justizdolmetscher und -übersetzer*, Zum Einsatz von Videodolmetschen vor Gericht, 2019, S. 2; *Braun* in: Videoconference and remote interpreting in criminal proceeding, 2012, S. 313.

jedoch das Risiko, dass maschinelle Dolmetschleistungen möglicherweise nicht die erforderliche Qualität bieten und damit zur Förderung von Missverständnissen beitragen. Anders als bei der schriftlichen Kommunikation, welche im Strafverfahren zumeist in einer förmlichen Sprache gehalten ist, stehen sich bei Dolmetschleistungen Personen direkt gegenüber. In diesem Fall kommt dem nonverbalen Anteil der Kommunikation eine entscheidende Bedeutung zu. Ebenso besteht die Gefahr interkultureller Missverständnisse. In der Praxis wird aufgrund dieser Herausforderungen bereits empfohlen, von Ferndolmetschen durch Menschen abzusehen. Eine fehlerfreie, zutreffende Übertragung stellt eine Künstliche Intelligenz in dem Fall ebenfalls vor Herausforderungen. Zwar wird an Lösungsmöglichkeiten geforscht, allerdings dürfte die Verwendung insbesondere einer *Emotional AI* vor Gericht sehr kritisch zu sehen sein. Ferner ist der Aspekt der Kommunikationssteuerung durch einen menschlichen Dolmetscher relevant. Bei der Sprachmittlung können diese anhand der Reaktionen der Gesprächspartner erkennen, ob der Inhalt verständlich ist oder sprachliche bzw. kulturell bedingte Missverständnisse bestehen. Sprachliche Missverständnisse können insbesondere bei der Verwendung von Umgangssprachen auftreten. Auch die Verwendung von Eigennamen oder Dialekten kann eine maschinelle Dolmetschleistung vor erhebliche Herausforderungen stellen.

Schließlich darf der psychologische Aspekt nicht außer Acht gelassen werden. Viele Personen verspüren ein gewisses Misstrauen gegenüber technischen Einrichtungen, insbesondere, wenn diese auf Künstlicher Intelligenz basieren. Dieses Misstrauen kann dazu führen, dass die Möglichkeit der ungestörten vertraulichen Kommunikation mit der eigenen Verteidigung erheblich eingeschränkt wird. Dies würde letztlich die Verteidigungsmöglichkeiten und damit die Chance auf ein faires Verfahren einschränken. Zudem lässt sich bei der Verwendung von Dolmetsch-Anwendungen beobachten, dass Personen versuchen, besonders klar und deutlich zu sprechen. Dies könnte eine ungehinderte Vernehmung sowie das Aussageverhalten ebenfalls beeinflussen.

Es bestehen jedoch auch Chancen. So könnten Anwendungen für maschinelle Dolmetschleistungen zusätzlich zu menschlichen Leistungen verwendet werden, etwa in Eilfällen. Hierdurch kann eine Qualitätssicherung, insbesondere zur Überprüfung der Leistungen, gesichert werden.

b. Wie sollte eine zukünftige Rechtslage aussehen?

Aufgrund des obigen Ergebnisses besteht kein Erfordernis für Änderungen der derzeitigen Gesetzeslage. Es könnte überlegt werden, für Eil- und Notfälle einen Rückgriff auf maschinelle

Dolmetschleistungen vorzusehen. Ferner könnte für die Zwecke der Kontrollierbarkeit auf Teilsysteme der maschinellen Translation zurückgegriffen werden.

Es müssen jedoch die technischen Entwicklungen im Auge behalten werden. Ein wesentliches Fortschreiten der technischen Mittel muss zu einer Neueinschätzung führen. Insbesondere können maschinelle Dolmetschleistungen bereits heute eine sinngemäße Unterhaltung ermöglichen.

D. Einsatz maschineller Translationen für Beweismittel- und Ermittlungszwecke

Im Folgenden sollen die rechtliche Einordnung maschineller Translationen sowie die Zulässigkeit unter dem derzeit geltenden Recht beschrieben werden bei Beweismittel- und Ermittlungszwecken. Dies erfolgt, ebenso wie bereits im ersten Teil, getrennt für den Einsatz bei Ermittlungsbehörden und Gerichten. Anders als bei der Verfahrenskommunikation müssen für die Beweistranslation auf die allgemein für Sachverständige geltenden Regelungen zurückgegriffen werden. In dem Rahmen stellen sich für die jeweiligen handelnden Akteure Besonderheiten, welche unabhängig von der jeweiligen Translationsmodalität gelten.

I. Ermittlungsbehörden

1. De lege lata

Im ersten Teil wurde festgestellt, dass für die Anfertigung von Translationen keine genauen Vorgaben bestehen. Die Ermittlungsbehörden können notwendige Translationen entweder selbst vornehmen oder hierzu Sachverständige beauftragen. In der Praxis wird bereits stellenweise der Einsatz maschineller Translationen erprobt.[1] Es stellen sich jedoch Folgefragen, insbesondere nach der Vereinbarkeit mit dem informationellen Selbstbestimmungsrecht bei einer Datenverarbeitung und ob die Nutzung von den Eingriffsermächtigungen für Ermittlungsmaßnahmen erfasst wird. Diese Untersuchung erfolgt, wie bereits im zweiten Teil, exemplarisch anhand der Durchsuchung und Telekommunikationsüberwachung.

a. Der Einsatz von maschinellen Translationen und das Grundrecht auf informationelle Selbstbestimmung

Durch die Verwendung maschineller Translationen darf nicht in ungerechtfertigter Weise in das Recht auf informationelle Selbstbestimmung (Art. 2 Abs. 1 i. V. m. Art. 1 Abs. 1 GG) eingegriffen werden. Auch Befragungen oder persönliche Informationen aus zielgerichteten Ermittlungsmaßnahmen sind hier erfasst.[2] Anders als bei der offenen Verwendung im Rahmen der Verfahrenskommunikation liegt bei der Beweisauswertung, insbesondere im Ermittlungsverfahren, in der Regel keine konkludente Einwilligung des Betroffenen in die

---

[1] Vgl. *OLG-Arbeitsgruppe*, Einsatz von KI und algorithmischen Systemen in der Justiz, 2022, S. 4, Anhang S. VI; *Bornscheuer/Beck*, DiRZ 2023, 388, 389; sowie Abschnitte A.I.12.b.ee und B.I.

[2] *Di Fabio* in: Dürig/Herzog/Scholz, GG, 39. EL, Stand: Juli 2001; GG Art. 2 Abs. 1 Rn. 176; *Singelnstein* in: Wider die wildwüchsige Entwicklung des Ermittlungsverfahrens, 2015, S. 251.

staatliche Datenerhebung und -verarbeitung vor.[3] Entweder hat die betroffene Person keine Kenntnis von der Verarbeitung und wenn doch, dürfte sie ein Interesse daran haben, dass durch die Verarbeitung keine sie belastenden Informationen bekannt werden.
Das BVerfG zeigte sich zuletzt beim Einsatz von Software im Ermittlungsbereich technologieoffen, wenn bestimmte Anforderungen erfüllt werden, um das Recht auf die informationelle Selbstbestimmung zu schützen:[4]

> *„Ein Grundrechtseingriff durch automatisierte Datenanalyse oder -auswertung durch Polizeibehörden ist grundsätzlich verfassungsrechtlich rechtfertigbar. Die verfassungsrechtlichen Anforderungen an die Rechtfertigung einer automatisierten Datenanalyse oder -auswertung richten sich nach der konkreten Reichweite der Befugnis und sind entsprechend variabel* […]. *“*[5]

Auch bei einem automatisierten Translationsprozess erfolgt eine Datenverarbeitung, wobei je nach Umfang der Datenmengen die Gefahr besteht, dass durch diese Persönlichkeitsprofile erstellt werden oder ein kaum nachvollziehbarer Datenabgleich erfolgt.[6] Diese Gefahr einer unzulässigen Datenverarbeitung liegt insbesondere bei Unterlagen vor, welche nur vorläufig sichergestellt wurden und über deren Beweiserheblichkeit oder Verwertbarkeit (welche grundsätzlich ausgeschlossen ist, wenn diese Informationen über den höchstpersönlichen Lebensbereich enthalten[7]) noch nicht entschieden wurde. Auch Daten aus Telekommunikationsüberwachungen (§ 100a StPO), Online-Durchsuchungen (§ 100b StPO) oder akustischen Wohnraumüberwachungen (§ 100c StPO) können den Kernbereich privater Lebensgestaltung betreffen und daher höchst sensibel sein. Der Gesetzgeber hat in diesen Fällen bereits die Erhebungsmaßnahmen für unzulässig erklärt (vgl. § 100d Abs. 1 StPO) und für Maßnahmen nach § 100b und § 100c StPO angeordnet, dass sicherzustellen ist, dass keine unzulässigen Eingriffe erfolgen (§ 100d Abs. 3 Satz 1, Abs. 4 Satz 1 StPO), sowie eine unverzügliche Löschung etwaiger Aufzeichnungen (§ 100d Abs. 2 Satz 2 StPO). Durch den maschinellen Übersetzungsprozess kann ein Eingriff in den Schutzbereich des Rechts auf informationelle Selbstbestimmung vorliegen.

---

[3] Vgl. *Barczak* in: Dreier, GG, 4. Aufl. 2023, Art. 2 Abs. 1 Rn. 93; *Di Fabio* in: Dürig/Herzog/Scholz, GG, 39. EL, Stand: Juli 2001, GG Art. 2 Abs. 1 Rn. 176, Fn. 7; BVerfG, Beschluss vom 09.03.1988, Az.: 1 BvL 49/86 = BVerfGE 78, 77, 84; OLG Frankfurt/Main, Urteil vom 18.01.1994, Az.: 3 Vas 29/95 = NJW 1996, 1484, 1484.
[4] *Manns*, LTZ 2023, 122, 144; *Vasel*, NJW 2023, 1174 Rn. 26.
[5] BVerfG, Urteil vom 16.02.2023, Az.: 1 BvR 1547/19, 1 BvR 2634/20 = NJW 2023, 1196 Rn. 49.
[6] Vgl. *Golla*, Lernfähige Systeme, 2020, S. 7, 12.
[7] BVerfG, Beschluss vom 31.01.1973, Az.: 2 BvR 454/71 = BVerfGE 34, 238, 245 ff.; BVerfG, Beschluss vom 14.09.1989, Az.: 2 BvR 1062/87 = BVerfGE 80, 367, 373 ff.

Für den zulässigen Eingriff in das Recht ist eine gesetzliche Grundlage erforderlich,[8] wobei die Verarbeitung und Nutzung der Informationen grundsätzlich nur im Rahmen des Erhebungszweckes erlaubt ist.[9] Ferner muss der Eingriff in das Recht auf informationelle Selbstbestimmung durch die Verarbeitung verhältnismäßig sein, wobei auch die Interessen des Allgemeinwohls zu berücksichtigen sind.[10]

aa. Gesetzliche Grundlage für die Translationen

Weder für die Umsetzung von Translationen bei Ermittlungsmaßnahmen[11] noch für die generelle Anwendung von technischen Mitteln zur Auswertung bestehen spezielle Gesetzesgrundlagen. Vielmehr sind diese Befugnisse grundsätzlich bereits in den der originären Datenerhebung zugrunde liegenden Maßnahmen enthalten.[12]

Im Rahmen der §§ 474 ff. StPO sind zwar Regelungen bezüglich der Datenverarbeitung im Strafverfahren getroffen worden, diese sind allerdings für die vorliegende Konstellation nicht einschlägig. So erlaubt der § 483 StPO zwar die Datenverarbeitung zum Zwecke des Strafverfahrens, wobei auch erhobene personenbezogene Daten in Dateisystemen verarbeitet werden können.[13] Die Norm bezieht sich jedoch nicht auf die als Beweismittel sichergestellten Daten selbst,[14] sondern vielmehr auf Daten, welche aufgrund der Auswertung der Beweise erzeugt wurden, etwa eine Liste der Beweisdaten oder Zusammenstellungen und deren Weiterverarbeitung.[15]

Die Zulässigkeit der Translationen ist anhand der unmittelbaren Ermächtigungsnorm zu bewerten, aufgrund der die Daten erlangt wurden. Bei Sicherstellungen und Beschlagnahmungen wäre dies etwa der § 94 StPO. Allerdings trifft diese Norm, wie auch andere Ermächtigungsgrundlagen, keine ausdrückliche Regelung zur Auswertung der jeweiligen erlangten Daten.[16] Den Ermittlungsbehörden ist ein weiter Ermessensspielraum zu gewähren.[17] Es sind Maßnahmen erlaubt, welche dem Zweck des Ermittlungsverfahrens

---

[8] *Ludewig*, KriPoZ 2019, 293, 295; *Singelnstein* in: Wider die wildwüchsige Entwicklung des Ermittlungsverfahrens, 2015, S. 251.

[9] *Singelnstein* in: Wider die wildwüchsige Entwicklung des Ermittlungsverfahrens, 2015, S. 251 f.

[10] *Singelnstein* in: Wider die wildwüchsige Entwicklung des Ermittlungsverfahrens, 2015, S. 252.

[11] Vgl. *Cebulla*, Sprachmittlung und Datenschutz, 2015, S. 90.

[12] Vgl. zur grundsätzlichen Technikoffenheit vorhandener Ermächtigungen: *Roggan*, NJW 2015, 1995, 1999.

[13] *Wittig* in: BeckOK-StPO, Stand: 01.04.2026, § 483 Rn. 1.

[14] *Wittig* in: BeckOK-StPO, Stand: 01.04.2026, § 483 Rn. 1; OLG Karlsruhe, Beschluss vom 21.10.2014, Az.: 2 Vas 10/14 = NStZ 2015, 606, 608 Rn. 6; vgl. auch OLG Rostock, Beschluss vom 29.06.2017, Az.: 20 Vas 5/16 = BeckRS 2017, 119395, Rn. 13 ff.; *Basar/Hiéramente*, NStZ 2018, 681, 684; *Wolter* in: SK-StPO, 5. Aufl. 2020, § 483 Rn. 5, Fn. 11.

[15] *Wittig* in: BeckOK-StPO, Stand: 01.04.2026, § 483 Rn. 1; vgl. *Köhler* in: Schmitt/Köhler, StPO, 69. Aufl. 2026, § 483 Rn. 1.

[16] Vgl. *Ludewig*, KriPoZ 2019, 293, 297; *Bär* in: HdB Wirtschafts- und Steuerstrafrecht, 6. Aufl. 2025, 30. Kap. Rn. 59; *Fährmann*, MMR 2020, 228, 232.

[17] *Ludewig*, KriPoZ 2019, 293, 298; *Zerbes/El-Ghazi*, NStZ 2015, 425, 426.

dienen,[18] solange die Beweiskraft der Beweismittel gewahrt wird.[19] Die Auswertung der Inhalte muss innerhalb des Beweiszweckes erfolgen.[20]

bb. Die Verwendung von KI-Anwendungen dient einem legitimen Zweck

Translationsmaßnahmen durch KI-Anwendungen müssen einem legitimen Zweck dienen. Dies ist der Fall, da zum einen das allgemeine Interesse an der Aufklärung von Straftaten gefördert sowie beschleunigt wird und zum anderen Kosten gegenüber einer herkömmlichen Übersetzung eingespart werden.

cc. Verarbeitung innerhalb des Zweckbindungsgrundsatzes

Die Verarbeitung im Rahmen des Erfassungs- und Übersetzungsprozesses muss innerhalb des Zweckbindungsgrundsatzes erfolgen.[21] Dieser begrenzt die Eingriffstiefe in das Recht auf informationelle Selbstbestimmung[22] und erlaubt die Verarbeitung von Beweismitteln nur zur Verfolgung des jeweiligen Erhebungszweckes der konkreten Daten, also zur Aufklärung der jeweils vorliegenden prozessualen Tat, die Gegenstand des Strafverfahrens ist.[23] Dies hat zur Folge, dass sichergestellt werden muss, dass die Daten grundsätzlich nicht für andere Verfahren, der allgemeinen Gefahrenabwehr, zum sog. *Data Mining* oder zum Abgleich mit anderen staatlich gespeicherten Daten verwendet werden.[24] Auch die Schaffung neuen Wissens durch eine automatisierte Datenanalyse und -auswertung, indem Strukturen und Zusammenhänge ausgewertet werden, etwa zur Erstellung von Bewegungsprofilen, stellt ein großes Eingriffsgewicht dar.[25]

Im vorliegenden Fall werden keine Daten in dieser Tiefe analysiert, sondern „nur" durch die Sprachumwandlung zugänglich gemacht. In einem solchen Fall kann die Einhaltung der Zweckbindung der originären Datenerhebung für eine weitergehende Verarbeitung der Daten ausreichend sein. So hat das BVerfG nachfolgendes festgestellt:

---

[18] Vgl. *Erb* in: LR-StPO, 27. Aufl. 2018, § 160 Rn. 68.

[19] *Ludewig*, KriPoZ 2019, 293, 297.

[20] Vgl. *Ludewig*, KriPoZ 2019, 293, 297.

[21] Vgl. BVerfG, Urteil vom 16.02.2023, Az.: 1 BvR 1547/19, 1 BvR 2634/20 = NJW 2023, 1196 Rn. 57.

[22] *Singelnstein* in: Wider die wildwüchsige Entwicklung des Ermittlungsverfahrens, 2015, S. 252.

[23] BVerfG, Urteil vom 03.03.2004, Az.: 1 BvR 2378/98, 1 BvR 1084/99 = BVerfGE 109, 279, 375 f.; BVerfG, Beschluss vom 12.04.2005, Az.: 2 BvR 1027/02 = BVerfGE 113, 29, 51 f.; BVerfG, Urteil vom 02.03.2006, Az.: 2 BvR 2099/04 = BVerfGE 115, 166, 191; vgl. auch *Gieg* in: KK-StPO, 9. Aufl. 2023, § 483 Rn. 3; *Singelnstein* in: Wider die wildwüchsige Entwicklung des Ermittlungsverfahrens, 2015, S. 259; *Singelnstein* in: MünchKomm-StPO, 2. Aufl. 2024, § 483 Rn. 5; *Wittig* in: BeckOK-StPO, Stand: 01.04.2026, § 483 Rn. 4; vgl. auch BVerfG, Urteil vom 16.02.2023, Az.: 1 BvR 1547/19, 1 BvR 2634/20 = NJW 2023, 1196 Rn. 57.

[24] *Vogel*, ZIS 2012, 480, 483 f.

[25] BVerfG, Urteil vom 16.02.2023, Az.: 1 BvR 1547/19, 1 BvR 2634/20 = NJW 2023, 1196 Rn. 67 ff., 77.

„Sind hingegen die Möglichkeiten der Erkenntnisgewinnung so eingegrenzt, dass kein besonders schwerer eigenständiger Eingriff in die informationelle Selbstbestimmung der Betroffenen erfolgen kann, kann die Befugnis zur automatisierten Datenanalyse oder -auswertung an eine niedrigere Eingriffsschwelle geknüpft werden oder kann die Polizei davon auch zum Schutz von weniger gewichtigen Rechtsgütern Gebrauch machen [...] *Unter Umständen kann dann schon die Einhaltung des Grundsatzes der Zweckbindung zur verfassungsrechtlichen Rechtfertigung der weiteren Verarbeitung der Daten in einer automatisierten Anwendung ausreichen* [...]. *“*[26]

Durch entsprechende organisatorische Maßnahmen kann zudem die Gefahr einer zweckwidrigen Verwertung reduziert werden.[27] Insbesondere bei KI-basierten Anwendungen, die bei der Erfassung von Inhalten und bei der Übersetzung selbst eingesetzt werden, kann die Gefahr bestehen, dass die Daten zum selbstständigen Training der Software verwendet und nach dem Verarbeitungsvorgang nicht vollständig gelöscht werden. Diesem Risiko kann durch technische Maßnahmen wirksam begegnet werden, so dass die Einhaltung des Zweckbindungsgrundsatzes softwareseitig sichergestellt werden kann.

dd. Verhältnismäßigkeit

Der Eingriff in das Grundrecht der informationellen Selbstbestimmung muss verhältnismäßig sein. Die konkreten Anforderungen an die Verhältnismäßigkeit bestimmen sich nach dem konkreten „*Eingriffsgewicht der Maßnahme*“.[28] Es darf keine Ausforschung des Kernbereiches der privaten Lebensführung erfolgen.[29] So wird sowohl im Rahmen des § 94 als auch beim § 110 StPO kritisiert, dass den Normen Regelungen zum Schutz des Kernbereiches fehlen.[30] Auch ist zu beachten, dass bei der Durchsicht der Inhalt der Dateien noch nicht bekannt ist und daher erst im Rahmen der Durchsicht beurteilt werden kann, ob der Kernbereich betroffen ist.[31] Es ist anerkannt, dass Sachverständigen für die Anfertigung ihrer Gutachten sämtliche

---

[26] BVerfG, Urteil vom 16.02.2023, Az.: 1 BvR 1547/19, 1 BvR 2634/20 = NJW 2023, 1196 Rn. 74.
[27] BVerfG, Urteil vom 16.02.2023, Az.: 1 BvR 1547/19, 1 BvR 2634/20 = NJW 2023, 1196 Rn. 80.
[28] BVerfG, Urteil vom 16.02.2023, Az.: 1 BvR 1547/19, 1 BvR 2634/20 = NJW 2023, 1196 Rn. 54; BVerfG, Urteil vom 20.04.2016, Az.: 1 BvR 966/09, 1 BvR 1140/09 = BVerfGE 141, 220, 267 ff.; BVerfG, Beschluss vom 27.05.2020, Az.: 1 BvR 1873/13, 2618/13 = BVerfGE 155, 119, 178 ff.; BVerfG, Urteil vom 26.04.2022, Az.: 1 BvR 1619/17 = NJW 2022, 1583 Rn. 152.
[29] *Vogel*, ZIS 2012, 480, 482.
[30] *Ludewig*, KriPoZ 2019, 293, 300.
[31] *Ludewig*, KriPoZ 2019, 293, 299.

notwendigen Anknüpfungstatsachen zur Verfügung gestellt werden können.[32] Dies gilt auch bei der Anfertigung von Übersetzungen im Rahmen der Durchsicht. Es sprechen keine Gründe dafür, eine Softwareanwendung anders als menschliche Translatoren zu behandeln, um die gewünschten Arbeitsergebnisse zu produzieren. Vielmehr könnte der Einsatz von auf KI-basierten Übersetzungsprogrammen hier ein deutlich milderes Mittel gegenüber der Einschaltung von menschlichen Translatoren darstellen.[33] Gerade im Rahmen der Durchsicht ist es für die Betroffenen, in deren Grundrechte eingegriffen wird, wesentlich weniger belastend, wenn Inhalte, die möglicherweise die innerste Gedanken- und Gefühlswelt widerspiegeln, von möglichst wenig Personen gesichtet werden. Wenn diese nur durch eine KI-Anwendung erfasst und übersetzt werden und die Ergebnisse anschließend nur von einer Ermittlungsperson beurteilt werden, welche die Eingriffsintensität sowie die Beweiserheblichkeit feststellt, ist dies wesentlich milder, als wenn eine weitere natürliche Person diese Inhalte in ihre Gewahrsamsphäre bekommt und die Inhalte komplett durchlesen muss, um die Translation anzufertigen.[34] Bei einer maschinellen Translation lässt sich softwareseitig sicherstellen, dass diese kritische Inhalte komplett „vergisst", d. h. die Daten nach Abschluss des Verarbeitungsvorgangs vollständig löscht und diese insbesondere auch nicht für ein weiteres Training verwendet.[35] Bei einem menschlichen Translator ist dies nicht möglich. Dies gilt auch unter der Berücksichtigung der Tatsache, dass eine Ermittlungsperson im Anschluss an die Translation die potenzielle Eingriffsintensität sowie die Beweiserheblichkeit oftmals bereits bei einem Überfliegen des Inhaltes beurteilen kann. Eine Translation kann jedoch nicht durch ein bloßes Überfliegen durch einen Menschen erreicht werden. Translatoren müssen sich intensiv mit dem Inhalt auseinandersetzen, um den Inhalt zutreffend übertragen zu können.

Aber auch, wenn die Beschlagnahmung erfolgte, kann es für die betroffenen Personen einen geringeren Eingriff darstellen, wenn die Inhalte nur von Ermittlungspersonen und nicht von externen Dienstleistern begutachtet werden. Die Verwendung von KI-Anwendungen ist ein geeignetes Mittel und zugleich im Vergleich zur konventionellen Übersetzung ein wesentlich milderes Mittel, um die Beeinträchtigungen in privaten Bereichen zu reduzieren.

---

[32] *Rogall* in: SK-StPO, 5. Aufl. 2018, Vor § 72 StPO, Rn. 61.

[33] Vgl. zur Vorselektion bei der TKÜ-Überwachung: *Esser/Reißmann,* StV 2021, 526.

[34] Vgl. hierzu generell *Banert*, KI-gestützte Ermittlungen und der Kernbereich privater Lebensgestaltung, 2025, S. 266 ff.

[35] Vgl. hierzu *Banert*, KI-gestützte Ermittlungen und der Kernbereich privater Lebensgestaltung, 2025, S. 266 f.; sowie als Beispiele kommerzieller Anbieterer: *DeepL SE*, Privacy Policy DeepL, Ziff. 4, Stand: 11.2024, abrufbar unter: https://www.deepl.com/de/privacy (zuletzt abgerufen am 29.12.2024); *Systran*, Translating Sensitive Data in a Regulated Context, 2022, S. 9, abrufbar unter: https://ressources.chapsvision.com/download-ebook-translating-sensitive-data (zuletzt abgerufen am 31.12.2024).

Eine Verarbeitung von Inhalten zum Zwecke der maschinellen Translation würde grundsätzlich einen gerechtfertigten Eingriff in das Recht auf informationelle Selbstbestimmung darstellen.

b. Vergleich zur Möglichkeit der automatisierten Datenauswertung in der allgemeinen Ermittlungsarbeit

Im Rahmen der allgemeinen Ermittlungsarbeiten müssen Daten von den Ermittlungsbeamten ausgewertet und bewertet werden. Vor dem Hintergrund zunehmend umfangreicher und möglicherweise verschlüsselter Datenmengen werden in der Fachliteratur, Rechtsprechung und Praxis Überlegungen dazu angestellt, wie diese automatisiert aufbereitet und lesbar gemacht werden können. Diese Überlegungen lassen sich auf die maschinelle Erzeugung von Translationen übertragen.

aa. Verwendung von KI-Anwendungen zur Datenaufbereitung

Im *Status quo* werden oft private IT-Forensiker als Sachverständige beauftragt, welche große Datenmengen aufbereiten und strukturieren.[36] Hierbei werden gelegentlich auch sensible Daten an private Dienstleister weitergegeben.[37] Diese Daten sind zunächst für die Ermittlungspersonen unverständlich. Der Inhalt erschließt sich erst infolge der Aufbereitung. Eine vergleichbare Lage besteht, wenn im Rahmen einer Durchsicht Daten an Translatoren weitergeleitet werden. Diese Daten sind für die Behörden ebenfalls, aufgrund der Sprachbarriere, unverständlich. Durch die Entschlüsselung – bzw. Translationsleistung – werden diese Daten in einer für die Ermittlungspersonen verständlichen Sprache aufbereitet. Diese Auslagerung zur „Datenaufbereitung" wird zum Teil kritisch gesehen. Hierdurch kann schnell ein unzulässiges *„Outsourcing genuiner Ermittlungsarbeit"* erfolgen, insbesondere, wenn die Aufbereitung mit einer Vorselektion verbunden ist.[38]

Es besteht aber ein entscheidender Unterschied: Während bei der Aufbereitung von (verschlüsselten) Daten oftmals keine sinnliche Wahrnehmung der Dienstleister vom individuellen Inhalt erforderlich ist, müssen Translatoren zwangsläufig den Inhalt sinnlich erfassen, um ihre Dienstleistungen ausüben zu können.

Zur Datenaufbereitung werden schon heute teilweise Softwarelösungen – anstelle der Beauftragung von Sachverständigen – direkt von den Ermittlungsbehörden verwendet, welche die Daten entschlüsseln sowie systematisch analysieren und auswerten können, etwa bei Meta-

---

[36] *Wackernagel/Graßie*, NStZ 2021, 12, 12 f.

[37] *Stoffer*, Privatisierung im Ermittlungsverfahren, 2016 Rn. 143; *Beukelmann*, NJW-Spezial 2008, 280.

[38] Für IT-Forensiker: *Wackernagel/Graßie*, NStZ 2021, 12, 13; vgl. auch *Momsen* in: Chibanguza/Kuß/Steege, KI, 2022, § 2 Kap. G. Rn. 20.

Daten von Fotos.[39] Die Verwendung einer solchen tauglichen Software steht im Einklang mit der Empfehlung Nr. 69 RiStBV, wonach eine Beauftragung von Sachverständigen nur erfolgen soll, wenn dies *„für die vollständige Aufklärung des Sachverhalts unentbehrlich“* ist. Die Ermittlungsbehörden können dank der Software den Sachverhalt eigenständig aufklären. So kann eine Software Vorarbeiten leisten, zu denen früher Sachverständige beauftragt werden mussten, etwa indem sie nicht geläufige Dateiformate umwandelt und den Inhalt der Dateien so erst „lesbar“ macht.[40] Durch die Verwendung von maschinellen Translationen könnte eine solche Datenaufbereitung, in Form der Translation, durch die Ermittlungsbehörden ebenfalls selbständig durchgeführt werden.

Weiterhin finden bei den Ermittlungsbehörden Testläufe statt, KI-basierte Software für Auswertungsarbeiten zu verwenden,[41] wobei allerdings die weiterführenden gesetzlichen Grundlagen für den Einsatz noch entwickelt werden müssen.[42] So wurde bei der Analyse der sog. *Panama Papers* durch das *Bundeskriminalamt* erfolgreich ein KI-basiertes Programm verwendet. Mehr als 41 Millionen Dokumente, wie Mails, Text-Dokumente oder eingescannte Verträge, wurden zunächst mittels automatischer Texterkennung aufbereitet und in eine maschinenlesbare durchsuchbare Form gewandelt.[43] Zudem werden KI-basierte Programme verwendet, um Dateien nach bestimmten Strukturen oder Merkmalen zu durchsuchen und so eine Datenreduktion zu erreichen.[44]

Auch an anderen Stellen haben KI-basierte Programme in der alltäglichen Anwendung festen Einzug bei den Justizbehörden gehalten. So werden beispielsweise Spracherkennungsprogramme verwendet,[45] welche inzwischen ebenfalls auf Künstlicher Intelligenz basieren und mittels *Deep-Learning* trainiert werden.[46]

Gemeinsam haben die verwendeten Programme, dass sie nur Teilbereiche wie die Datenauswertung, bzw. -verarbeitung übernehmen und die menschlichen

---

[39] *Singelnstein*, NStZ 2012, 593, 605, vgl. auch generell hierzu: BT-Drucks. 17/8544, S. 20.
[40] *Wackernagel/Graßie*, NStZ 2021, 12, 14.
[41] Vgl. nur *OLG-Arbeitsgruppe,* Einsatz von KI und algorithmischen Systemen in der Justiz, 2022, Anhang; *Niedersächsisches Ministerium für Wirtschaft, Arbeit, Verkehr und Digitalisierung (Hrsg.),* Die Strategie Niedersachsens zu Künstlichen Intelligenz, Stand: 04.2022, S. 87 ff.
[42] Vgl. *Esser*, StV 2022, 600, 602; vgl. ferner *Blechschmitt*, MMR 2018, 361, 364.
[43] *Golla* in: Chibanguza/Kuß/Steege, KI, 2022, § 9 Teil. A Rn. 2; *Schattauer*, So knackten BKA-Fahnder das weltweit größte Daten-Rätsel der Kriminalgeschichte, Focus-Online, 30.04.2019.
[44] *Bundestag*, WD 7 – 3000 – 017/21, S. 6; *Staffler/Jany*, ZIS 2020, 164, 169; *Jahn/Brodowski* in: Hoven/Kudlich, Digitalisierung und Strafverfahren, 2020, S. 80.
[45] *Bundestag*, WD 7 – 3000 – 017/21, S. 7; *IT-Stelle der hessischen Justiz*, IT-Anwendung: Digitaldiktat und Spracherkennung, Stand: unbekannt, abrufbar unter: https://it-stelle-justiz.hessen.de/it-anwendungen/digitaldiktat-und-spracherkennung (zuletzt abgerufen am: 30.05.2026); *Niedersächsisches Ministerium für Wirtschaft, Arbeit, Verkehr und Digitalisierung (Hrsg.),* Die Strategie Niedersachsens zu Künstlichen Intelligenz, Stand: 04.2022, S. 88.
[46] So die Eigenbeschreibung des Herstellers *Nuance*, abrufbar unter: https://www.nuance.com/de-de/dragon/business-solutions/dragon-legal-individual.html (zuletzt abgerufen am: 30.05.2026).

Ermittlungstätigkeiten unterstützen, jedoch keine finalen Entscheidungen anstelle eines Menschen treffen.[47] Ähnlich ist dies bei einer maschinellen Translation der Fall. Zudem bestehen für beide Fälle keine genaueren Vorgaben in der Strafprozessordnung, vielmehr stehen die notwendigen Maßnahmen für den Auswertungsprozess im Ermessen der Ermittlungspersonen und haben sich nach der Erforderlichkeit im Einzelfall zu richten.[48]

bb. Vergleichbarkeit maschineller Translationen

Im Rahmen der Verwendung maschineller Translationen müssen einzelne Daten zunächst mittels automatischer Texterkennung aufbereitet werden. Dieser erste „Input"-Schritt ist relativ identisch mit den erprobten Softwarelösungen. Der zweite Schritt der Sprachumwandlung ist mit einer Entschlüsselung von verschlüsselten Daten vergleichbar. Durch die Verwendung von maschinellen Translationen könnte insbesondere das kritisierte *„Outsourcing genuiner Ermittlungsarbeiten"* vermieden werden. Es erfolgt keine Auswahl oder Selektion durch die Translatoren bzw. der maschinellen Translation, sondern durch die Ermittlungspersonen selbst, welche nach dem Translationsprozess Zugriff auf sämtliche Daten in einer für sie verständlichen Sprache erhalten könnten. Auch die Daten bleiben bei einer zentralen Anwendung, welche durch den Staat kontrolliert wird, auf Bundes- bzw. Landeseigenen-Servern gespeichert und gelangen für die Verarbeitung nicht in die Hände von Dritten.[49]

c. Ist der Einsatz maschineller Translationen von den Eingriffsermächtigungen für spezielle Ermittlungsmaßnahmen gedeckt?

aa. Die Verwendung bei der Durchsicht im Rahmen von Durchsuchungsmaßnahmen

Im Rahmen der Durchsicht bei Durchsuchungen könnten KI-basierte Translationsprogramme verwendet werden. Aufgrund der Übersetzung kann die jeweilige Ermittlungsperson die Beweiserheblichkeit des potenziellen Beweisstückes vor Ort beurteilen. Hierfür genügen grundsätzlich bereits einfache Informativübersetzungen, welche ein grobes Verständnis des Inhalts ermöglichen. Applikationen, welche die Ermittlungsarbeit unterstützen können, werden bereits heute erprobt. So gibt es Programme, welche die Möglichkeit zur Abnahme von Fingerabdrücken vor Ort ermöglichen oder den Zugriff auf Wissensdatenbanken

---

[47] *Golla* in: Chibanguza/Kuß/Steege, KI, 2022, § 9 Teil. A Rn. 3.

[48] Für Daten: *Blechschmitt*, MMR 2018, 361, 364.

[49] So die aktuellen Planungen für eine maschinelle Übersetzungsplattform der Justiz, vgl. hierzu Abschnitt B.I. am Ende; LT-BW, Drucks. 17/4790, S. 12; *BJM*, Maschinelle Übersetzungsplattform der Justiz, Stand: unbekannt, abrufbar unter: https://www.bmj.de/DE/themen/digitales/digitalisierung_justiz/digitalisierungsinitiative/_doc/artikel_vorhaben_08_maschinell.html (zuletzt abgerufen am: 30.05.2026).

vereinfachen.[50] Bestandteil dieser Anwendung ist auch eine Übersetzungsfunktion, welche auch für diese Zwecke verwendet werden könnte.

(1) Generelle Zulässigkeit von Bild- und Tonaufnahmen während der Durchsicht

Durch Bildaufnahmen innerhalb einer Wohnung – ohne Erlaubnis – erfolgt grundsätzlich ein schwerwiegender Eingriff in das geschützte Recht zur freien Entfaltung der Persönlichkeit (insb. Art. 2 Abs. 1 GG und Art. 13 GG).[51] Ob im Rahmen einer Durchsuchung Bildaufnahmen getätigt werden dürfen, ist nicht gesetzlich geregelt. Bildaufnahmen des Wohnraums stellen Zeugnisse der besonders geschützten Lebenssphäre dar und sind daher nicht bedingungslos zulässig.[52] Es besteht Einigkeit, dass Bildaufnahmen im Rahmen von Durchsuchungen getätigt werden können, wenn diese als unerlässliche Begleitmaßnahmen zu qualifizieren sind. So sind Aufnahmen gestattet, wenn diese zur Dokumentation von Spuren erfolgen und die Bilder selbst später als Augenscheinbeweise dienen sollen.[53] Auch können Bildaufnahmen erfolgen, um eine Beschlagnahme zu vermeiden, da dies insoweit ein milderes Mittel zur Beweissicherung darstellt.[54] In diesem Fall muss eine Abwägung zwischen der Beweismittelfunktion und der Bewahrung der Privatsphäre der Bewohner vorgenommen werden.[55] Unzulässig sind Bildaufnahmen, welche lediglich dazu dienen sollen, die ordnungsgemäße Durchführung der Durchsuchung zu dokumentieren.[56]

Wenn Bildaufnahmen bereits anstelle einer Beschlagnahme von Objekten als milderes Mittel möglich sind, so sollte dies auch für die temporäre Aufnahme zwecks Verarbeitung des

---

[50] *Münch*, Kriminalitätsbekämpfung Weiterdenken, BKA-Herbsttagung, 21-22.11.2018, S. 10, abrufbar unter: https://www.bka.de/SharedDocs/Downloads/DE/Publikationen/Herbsttagungen/2018/herbsttagung2018Muench Kurzfassung.html (zuletzt abgerufen am: 30.05.2026).

[51] LG Hamburg, Beschluss vom 19.03.2004, Az.: 622 Qs 11/04 = StV 2004, 368, 368 f.; OLG Celle, Beschluss vom 11.01.1985, Az.: 3 VAs 20/84 = StV 1985, 137, 139.

[52] Vgl. *Park,* Durchsuchung und Beschlagnahme, 5. Aufl. 2022, § 2 Rn. 224; OLG Celle, Beschluss vom 11.01.1985, Az.: 3 VAs 20/84 = StV 1985, 137, 139.

[53] OLG Celle, Beschluss vom 11.01.1985, Az.: 3 VAs 20/84 = StV 1985, 137, 139; LG Hamburg, Beschluss vom 19.03.2004, Az.: 622 Qs 11/04 = StV 2004, 368, 369; *Eisenberg*, Beweisrecht, 10. Aufl. 2017, Rn. 2442a; *Hegmann* in: BeckOK-StPO, Stand: 01.04.2026, § 105 Rn. 19; *Köhler* in: Schmitt/Köhler, StPO, 69. Aufl. 2026, § 105 Rn. 8b; *Wohlers/Jäger* in: SK-StPO, 6. Aufl. 2023, § 105 Rn. 70; *Tsambikakis* in: LR-StPO, 27. Aufl. 2019, § 105 Rn. 128; *Hauschild* in: MünchKomm-StPO, 2. Aufl. 2023, § 105 Rn. 30; *Park,* Durchsuchung und Beschlagnahme, 5. Aufl. 2022, § 2 Rn. 226.

[54] *Eisenberg*, Beweisrecht, 10. Aufl. 2017, Rn. 2442a; *Park*, Durchsuchung und Beschlagnahme, 5. Aufl. 2022, § 2 Rn. 226; *Hauschild* in: MünchKomm-StPO, 2. Aufl. 2023, § 105 Rn. 30; OLG Celle, Beschluss vom 11.01.1985, Az.: 3 VAs 20/84 = StV 1985, 137, 139.

[55] *Hegmann* in: BeckOK-StPO, Stand: 01.04.2026, § 105 Rn. 19; *Tsambikakis* in: LR-StPO, 27. Aufl. 2019, § 105 Rn. 128; OLG Celle, Beschluss vom 11.01.1985, Az.: 3 VAs 20/84 = StV 1985, 137, 139; LG Hamburg, Beschluss vom 19.03.2004, Az.: 622 Qs 11/04 = StV 2004, 368, 369; vgl. ferner BVerfG, Beschluss vom 10.12.2010, Az.: 1 BvR 2020/04 = NJW 2011, 1863, 1866 Rn. 38; vgl. Trüg in: MAH StV, 3. Aufl. 2022, § 24 Rn. 108.

[56] LG Hamburg, Beschluss vom 19.03.2004, Az.: 622 Qs 11/04 = StV 2004, 368, 368 f.; OLG Celle, Beschluss vom 11.01.1985, Az.: 3 VAs 20/84 = StV 1985, 137, 139; *Wohlers/Jäger* in: SK-StPO, 6. Aufl. 2023, § 105 Rn. 70; *Park,* Durchsuchung und Beschlagnahme, 5. Aufl. 2022, § 2 Rn. 225; *Hartmann* in: HK-GS, 5. Aufl. 2022, StPO § 105 Rn. 13.

Textinhaltes gelten, um so die Beweisrelevanz im Rahmen der Durchsicht zu überprüfen und bei fehlender Relevanz von weiteren Eingriffen abzusehen. Es erfolgt zudem keine dauerhafte Aufnahme des Inhaltes. Vielmehr wird diese am Ende des Verarbeitungs- und Auswertungsprozesses wieder gelöscht,[57] da die Bilder gerade nicht zum Zweck gemacht werden, um später als Augenscheinbeweis zu dienen. Auch kann so die Durchsicht beschleunigt werden und unnötige vorläufige Sicherstellungen vermieden werden.

Genauso wie Bildaufnahmen können auch Tonaufnahmen während der Durchsuchung erlaubt sein. Es ist etwa anerkannt, dass Filmaufnahmen während einer Durchsuchung getätigt werden können.[58] Filmaufnahmen stellen einen intensiveren Eingriff dar, da durch die Bild- und Bildtonabfolge ein anderer Eindruck gewonnen werden kann.[59] Als Minus zu Filmaufnahmen, welche aus Bild und Ton bestehen, müssen daher auch Tonaufnahmen isoliert zulässig sein. Sollte das (vor Ort) gesprochene Wort betroffen sein, sind spezielle Ermächtigungsgrundlagen, wie etwa § 163a Abs. 1 Satz 2 i. V. m. § 58a Abs. 1 Satz 1 StPO zu beachten.[60] Hier ist jedoch die Aufnahme, etwa einer gespeicherten Sprachnachricht oder Nachricht auf einem Anrufbeantworter, zum Zwecke der Übersetzung im Rahmen der Durchsicht ebenfalls ein geringeres und milderes Mittel gegenüber der Mitnahme des Tonträgers. Auch hier gilt das Erfordernis, dass die Aufnahmen nicht dauerhaft, sondern nur zum Zwecke der Übersetzung temporär gespeichert werden und anschließend, nachdem die Ermittlungsperson die Beweiserheblichkeit beurteilt hat, wieder gelöscht werden.

(2) Zulässigkeit der maschinellen Anfertigung der Translationen während der Durchsicht

Die Verwendung von maschinellen Übersetzungsprogrammen stellt im Vergleich zur Heranziehung von menschlichen Sachverständigen zwecks Translationen ein deutlich milderes, jedoch ähnlich effektives Mittel dar. Ziel einer Durchsuchung ist es, eine Entscheidung über die Beschlagnahme zu treffen; es erfolgt noch keine detaillierte inhaltliche Auswertung des Beweismittels selbst.[61] Solange der Inhalt im Wesentlichen aus der Übersetzung ersichtlich wird, ist dies für die Durchsicht ausreichend. Für solche Übersetzungen stellt die maschinelle Translation ein geeignetes Werkzeug dar. Im Gegensatz zu Alternativen, wie einer

---

[57] Vgl. generell zu Kopien von Dokumenten und Daten im Rahmen der Durchsuchung: *Cordes/Reichling*, NStZ 2022, 712, 716 f.

[58] *Park*, Durchsuchung und Beschlagnahme, 5. Aufl. 2022, § 2 Rn. 227; *Hauschild* in: MünchKomm-StPO, 2. Aufl. 2023, § 105 Rn. 30.

[59] Vgl. *Park*, Durchsuchung und Beschlagnahme, 5. Aufl. 2022, § 2 Rn. 227 unter Verweis auf *Bullinger* in: Wandtke/Bullinger, UrhR, 6. Aufl. 2022, § 2 Rn. 120.

[60] *Park*, Durchsuchung und Beschlagnahme, 5. Aufl. 2022, § 2 Rn. 227.

[61] Vgl. *Park*, Durchsuchung und Beschlagnahme, 5. Aufl. 2022, § 2 Rn. 283.

umfangreichen Mitnahme von potenziellen Beweisstücken zwecks späterer Durchsicht oder der Teilnahme eines Sachverständigen als weitere Person an der Durchsuchung, ist die Verwendung von maschinellen Übersetzungen wesentlich milder. Dies gilt insbesondere unter der Berücksichtigung, dass für die Durchsicht keine Regelung zur Dauer besteht.[62] Vielmehr muss diese nur innerhalb einer angemessenen Zeit abgeschlossen sein. Hierzu hat etwa das Landgericht Frankfurt/Main eine Durchsicht auch nach 15 Monaten, aufgrund „*internationaler Bezüge*“, noch als angemessen angesehen.[63] Die betroffenen Personen haben regelmäßig ein starkes Interesse daran, ihre Unterlagen und Gegenstände behalten zu können.

Die betroffenen Personen haben zudem das Interesse, dass im Rahmen der Ermittlungsmaßnahme der Eingriff in ihre Privatsphäre möglichst niedrig gehalten wird. Dies folgt auch aus dem Verhältnismäßigkeitsprinzip, wodurch der Rechtsstaat verpflichtet wird, Eingriffe möglichst gering zu halten.[64] Die zusätzliche Teilnahme weiterer Personen ist für die Betroffenen häufig unangenehm, da diese ein Interesse an einer möglichst diskreten Durchführung der Durchsuchung haben.[65] Je mehr Personen vor Ort sind, desto mehr Aufmerksamkeit wird generiert. Die vorliegende Problematik kann eine Diskriminierung der Betroffenen zur Folge haben, beispielsweise im sozialen Kontext ihrer Nachbarschaft.[66] Auch Dritte, nur mittelbar betroffene Personen, haben ein Interesse daran, dass Unterlagen, welche sie betreffen (etwa wegen Geschäftsinteressen bzw. -geheimnisse), nur möglichst wenigen Personen bekannt werden.[67]

Die Verwendung von maschinellen Übersetzungsprogrammen sollte im Rahmen von Durchsuchungen möglich sein, insbesondere da durch deren Verwendung die Eingriffsintensität in die Privat- und Intimsphäre durch die Durchsuchung der Wohnung für die betroffenen Personen reduziert werden kann.

bb. Die Verwendung bei einer Telekommunikationsüberwachungsmaßnahme

Im ersten Teil wurde bereits dargestellt, dass bei TKÜ-Maßnahmen in Grundrechte eingegriffen wird. Eine wesentliche Minderung des Eingriffs würde durch den gezielten Einsatz von maschinellen Translationen im Rahmen der Erhebungsphase erreicht werden, anstelle der Einbeziehung von weiteren Personen.

---

[62] *Peters*, NZWiSt 2017, 465, 469.

[63] LG Frankfurt/Main, Beschluss vom 04.09.1996, Az.: 5/29 Qs 16/96 = NStZ 1997, 564, 565; *Peters*, NZWiSt 2017, 465, 469; vgl. auch *Cordes/Reichling*, NStZ 2022, 712, 714.

[64] Vgl. *Gleizer* in: Digitalisierung, Automatisierung, KI und Recht, 2020, S. 535.

[65] *Andrejtschitsch/Degenhard* in: BeckRA-HdB, 12. Aufl. 2022, § 11 Rn. 7; *Park*, Durchsuchung und Beschlagnahme, 5. Aufl. 2022, § 2 Rn. 185.

[66] Vgl. *Frister* in: Lisken/Denninger/Bäcker, HdB Polizeirecht, 8. Aufl. 2026, Kap. 5 Rn. 257.

[67] Vgl. *Frister* in: Lisken/Denninger/Bäcker, HdB Polizeirecht, 8. Aufl. 2026, Kap. 5 Rn. 257.

Die Aufnahme des Inhalts erfolgt mithilfe einer Spracherkennungssoftware. Solche Programme werden bereits in der Verwaltung und in der Justiz seit Jahren erfolgreich verwendet.[68] Es ist davon auszugehen, dass bisherige Schwächen, gerade bei verschiedenen Dialekten oder seltenen Sprachen, aufgrund der Erfolge im Bereich des maschinellen Lernens mit der Zeit abnehmen werden. Dasselbe gilt für den anschließenden Übersetzungsprozess. Die Ausgabe kann entweder mittels Sprachsynthese als Ton oder in Schriftform als Echtzeit-Transkript erfolgen. Aufgrund dieser Erkenntnisse sind die Ermittlungspersonen in der Lage, den Inhalt zu würdigen und zu klassifizieren, als wäre das Gesprochene in deutscher Sprache. Auf die Hinzuziehung von fremden Personen zwecks Übertragung kann in der Erhebungsphase verzichtet werden, wodurch der Eingriff in seiner Intensität abgemildert wird. Auch die Schwierigkeiten mit verschiedenen plötzlich auftretenden Sprachen und Dialekten werden abgemildert.[69]

Wo derzeit nur die Möglichkeit besteht, alles komplett aufzuzeichnen und in der Auswertungsphase zu analysieren, würden bei der Verwendung einer maschinellen Translation auch wechselnde Sprachen geringere Herausforderungen darstellen. In der Erhebungsphase geht es primär um ein inhaltliches Verständnis der Gespräche; auf eine exakte Übersetzung kommt es in dieser Phase also noch nicht an. Dennoch können mit fortschreitender Verbesserung der hinter der maschinellen Translation stehenden Künstlichen Intelligenz solche Ergebnisse direkt erzeugt werden, sodass eine „feinere" weitere Übersetzung – wie dies derzeit auch bei Humanübersetzern der Fall ist – in der Auswertungsphase entbehrlich wird.

Die Verwendung einer maschinellen Translation im Rahmen einer Telekommunikationsüberwachung erscheint zum einen mit Art. 10 GG vereinbar und zum anderen eine gebotene und geeignete Maßnahme, um die unvermeidlichen Eingriffe in den Kernbereich der privaten Lebensführung abzumildern. Insbesondere könnte die Eingriffsintensität abgemildert werden.[70]

Esser und *Reißmann* machen in ihrem Aufsatz den Vorschlag, dass – sobald dies technisch ausgereift ist – im Rahmen von Observationen eine Simultanüberwachung (nicht zu verwechseln mit Simultandolmetschen) mittels Künstlicher Intelligenz erfolgen sollte. Hierbei wird der mitgeschnittene Inhalt direkt durch eine Künstliche Intelligenz klassifiziert, sodass nur solche Aussagen aufgenommen werden, welche nicht dem Kernbereich privater Lebensführung

---

[68] Vgl. etwa: Landtag NRW, 16. Wahlperiode, Vorlage 16/1872, 05.05.2014, Anhang, Lfd.-Nr. 20 (abrufbar unter: https://www.landtag.nrw.de/portal/WWW/dokumentenarchiv/Dokument/MMV16-1872.pdf; siehe auch bereits oben unter Abschnitt A.I.2.a.bb.

[69] Vgl. zu den derzeitigen Herausforderungen *Stanek*, Dolmetschen bei der Polizei, 2011, S. 102.

[70] Siehe zum geringeren Eingriffsgewicht bei KI-gestützter Ermittlungstätigkeiten auch: *Banert*, KI-gestützte Ermittlungen und der Kernbereich privater Lebensgestaltung, 2025, S. 265 ff.

zuzuordnen sind.[71] Dies könnte im Nachgang zu einer maschinellen Translation ebenfalls erfolgen, um den Eingriff so noch weiter abzumildern.

Ferner stellen die beiden Autoren fest, dass es ein Gebot der Verfassung ist, technische Möglichkeiten zur Abmilderung eines Eingriffes regelmäßig zu prüfen und ggf. in die Praxis umzusetzen.[72] Dem ist zuzustimmen. Auch durch den Einsatz von maschinellen Translationen können funktionierende technische Maßnahmen verwendet werden, um einen aus einer Notwendigkeit herrührenden „geduldeten" Eingriff abzumildern. Gerade bei Aussagen, welche dem Kernbereich des Betroffenen zuzuordnen sind, besteht eine hohe Notwendigkeit jede Maßnahme zur Reduzierung dieses Eingriffs zu ergreifen. Dazu gehört es auch, den Personenkreis, welcher Einblick in diese Sphäre erlangt, möglichst klein zu halten.[73]

Eine Auswertung der Aufzeichnungen in der Auswertungsphase erfolgt entweder durch eine Ermittlungsperson oder bei unzureichender Fremdsprachenkenntnis unter Vorschaltung eines Sachverständigen. Bei fremdsprachigen Inhalten kann das übertragene Gesprächsprotokoll als Urkundenbeweis in die Hauptverhandlung eingeführt werden.[74] Auch in der Auswertungsphase ist sicherzustellen, dass mit Daten, welche einen Bezug zum Kernbereich der privaten Lebensführung aufweisen, so umgegangen wird, dass *„die Intensität der Kernbereichsverletzung und* [deren] *Auswirkungen für die Persönlichkeit und Entfaltung des Betroffenen so gering wie möglich bleiben*".[75] Bei der Durchsicht der erhobenen Daten und der Anfertigung dieser Übersetzung ergeben sich zu einem sonstigen Urkundenbeweis keine wertungsmäßigen Unterschiede, weshalb nach oben zu verweisen ist.

d. Für Ermittlungstätigkeit ausreichende Qualität

Die Ermittlungspersonen können bei einer technisch ausgereiften maschinellen Translation den Inhalt der jeweiligen Daten zuverlässig dem Sinn nach erfassen und einordnen. Dies ist besonders bei der Durchsicht von Daten relevant, um deren Beweiserheblichkeit einzuschätzen. Es ist ferner zu berücksichtigen, dass es nicht immer möglich ist, einen Sachverhalt zu 100 % aufzuklären. Aus prozessökonomischen Gesichtspunkten kann oftmals nur eine

---

[71] *Esser/Reißmann*, StV 2021, 527, 530; vgl. auch zur Reduzierung eines Eingriffs bei einer Online-Durchsuchung mittels KI: *Gleizer* in: Digitalisierung, Automatisierung, KI und Recht, 2020, S. 552

[72] *Esser/Reißmann*, StV 2021, 527, 532.

[73] Vgl. *Cebulla*, Sprachmittlung und Datenschutz, 2015, S. 89; *Brink/Wybitul*, ZD 2014, 225, 230.

[74] BGH, Urteil vom 09.07.1991, Az.: 1 StR 666/90 = StV 1991, 517, 517; *Eschelbach* in: SSW-StPO, 6. Aufl. 2025, § 100a Rn. 35; vgl. auch generell zur Verschriftlichung: *Eisenberg*, Beweisrecht, 10. Aufl. 2017, Rn. 2089.

[75] BVerfG, Beschluss vom 12.10.2011, Az.: 2 BvR 236/08 u. a. = NJW 2012, 833, 837 Rn. 212; BVerfG, Urteil vom 27.02.2008, Az.: 1 BvR 370, 595/07= BVerfGE 120, 274, 338.

verdachtsproportionale Sachverhaltserforschung stattfinden.[76] In der Regel ist der hinreichende Tatverdacht auf einem ganzen Bündel an Indizien begründet, welche bei der letztlichen Würdigung und Entscheidung der Staatsanwaltschaft miteinander in Einklang zu bringen sind.[77] Dies gilt auch für die anderen Verdachtsstufen. In der Regel genügen sog. Informativübersetzungen, um zu einer Einschätzung zu gelangen.[78] Diese Übersetzungen sind besonders bei den Ermittlungsmaßnahmen selbst relevant und ausreichend. Wenn sich im späteren Ermittlungsablauf herausstellen sollte, dass es sich bei dem fremdsprachigen Datum um das einzige belastbare Beweismittel handelt oder Zweifel an dem Translat bestehen, liegt es im freien Ermessen der Ermittlungspersonen, eine genauere Untersuchung vorzunehmen oder eine weitere Translation anfertigen zu lassen.[79] Hierzu macht es im Ergebnis keinen Unterschied, ob die erste Translation von einem Translator, den Ermittlungspersonen oder einer KI-Anwendung erzeugt wurde. Eine intensivere Beurteilung obliegt erst später dem Gericht.

e. Chance bei Zusammenarbeit mit Behörden anderer Staaten

Beim Austausch mit Behörden anderer Staaten besteht eine Sprachbarriere. Die Verwendung von Anwendungen für maschinelle Translationen bietet den Ermittlungsbehörden die Chance, die internationale Zusammenarbeit mit diesen Behörden zu vereinfachen. Die Anfragen sowie die relevanten Dokumente können einfacher und schneller übersetzt und übermittelt werden, ebenso Antworten.

f. Zwischenergebnis

Die Ermittlungsbehörden verwenden bereits KI-basierte Anwendungen. Grundsätzlich ist die Verwendung von technischen Hilfsmitteln im Ermittlungsverfahren in das Ermessen der jeweiligen Ermittlungsbehörden gestellt. Die Anwendungen müssen verfassungsrechtliche Anforderungen einhalten. Dies ist bei der Verwendung maschineller Translationsanwendungen möglich. Vielmehr können verschiedene Grundrechtseingriffe hierdurch in ihrer Intensität wesentlich abgemildert werden, im Vergleich zu der Hinzuziehung menschlicher Translatoren.

---

[76] *Deiters* in: SK-StPO, 6. Aufl. 2025, Vorbemerkungen vor § 151, Rn. 8; vgl. auch *Erb* in: LR-StPO, 27. Aufl. 2018, § 160 Rn. 48; a. A. *Kölbel/Ibold* in: MünchKomm-StPO, 2. Aufl. 2024, § 160 Rn. 40, sieht dies als Verstoß gegen den Legalitätsgrundsatz.

[77] *Sättele* in: SSW-StPO, 6. Aufl. 2025, § 244 Rn. 36; *Velten* in: SK-StPO, 6. Aufl. 2026, § 261 Rn. 4; *Stuckenberg* in: KMR-StPO, 68. EL, Stand: 01.08.2013, § 261 Rn. 38; *Schweizer*, Die Logik der richterlichen Überzeugungsbildung, 2011, abrufbar unter: https://www.coll.mpg.de/193457/research_report_4671010?c=2541&force_lang=de (zuletzt abgerufen am: 30.05.2026); *Wimmer*, DRZ 1950, 390, 394.

[78] Zum ganzen bereits Teil 1, Abschnitt D.I.1.b.aa.

[79] Allgemein zur Erhöhung der Qualität der Entscheidungsgrundlage bei der Sachverhaltserforschung durch das Gericht: *Sättele* in: SSW-StPO, 6. Aufl. 2025, § 244 Rn. 38, 40

Die angefertigten Translationen werden häufig zunächst nur für interne Ermittlungszwecke verwendet, insofern genügen oftmals Informativübersetzungen für eine Ersteinschätzung. Im Rahmen der Auswertungsphase ist es in das Ermessen der Ermittlungspersonen gestellt, ob weitere oder detailliertere Translationen erforderlich sind, wobei in der Regel der fremdsprachige Inhalt nur eines von vielen Indizien darstellt. Hierbei erfolgt häufig auch nur eine sog. verdachtsproportionale Ermittlung. Ob eine maschinelle Translation ausreichend ist, sollte daher ebenfalls in das Ermessen der jeweiligen Ermittlungsperson gestellt sein.

2. De lege ferenda

Auch wenn, aufgrund der obigen Feststellungen, maschinelle Translationen bereits möglich sind und zum Teil bereits verwendet werden, sollten gesetzliche Konkretisierungen vorgenommen werden, um ein hohes Maß an Rechtssicherheit zu erreichen. Hierzu sind insbesondere Maßnahmen zu ergreifen, die bei maschinellen Translationen einen hohen Beweiswert sowie eine hohe Transparenz im weiteren Verfahren sicherstellen.

a. Sicherstellung des Beweiswertes maschinell erzeugter Translationen

Bei einer Datenverarbeitung ist es wichtig sowohl die Datenauthentizität als auch die Datenintegrität sicherzustellen.[80] Hierdurch kann das Gericht später im Rahmen der Beweiswürdigung auch den Beweiswert der durch die Ermittlungsbehörden verarbeiteten Daten besser nachvollziehen und diese umso eher verwerten.[81] Dies gilt auch bei Verarbeitungen zwecks Durchführung einer Translation sowie für vorgelagerte Verarbeitungen, wie die Umwandlung in eine maschinenlesbare Form durch Text- oder Spracherkennung. Bei Daten besteht stets die Gefahr von (un)beabsichtigten Veränderungen oder Verlusten während der Verarbeitungsprozesse, weshalb eine genaue Dokumentation für den Erhalt des Beweiswertes erheblich sein kann,[82] für den Fall, dass sich die Daten nach weiteren Ermittlungen als bedeutsam herausstellen. Auch im Rahmen einer maschinellen Translation erfolgen mehrere solcher Verarbeitungsprozesse.

aa. Keine Vorgaben zur Sicherstellung der Datenauthentizität

In der Strafprozessordnung ist derzeit kein Verfahren zur Sicherstellung der Datenauthentizität vorgesehen, vielmehr ist diese im Rahmen der Hauptverhandlung bei der freien

---

[80] *Jahn/Brodowski* in: Hoven/Kudlich, Digitalisierung und Strafverfahren, 2020, S. 75.
[81] *Kipker/Bruns*, MMR 2022, 363, 365.
[82] *Kipker/Bruns*, MMR 2022, 363, 365; *Führmann*, MMR 2020, 228, 229, vgl. auch *Marberth-Kubicki*, Computer- und Internetstrafrecht, 2. Aufl. 2010, Rn. 477; *Warken*, NZWiSt 2017, 329, 332.; *Bär* in: HdB Wirtschafts- und Steuerstrafrecht, 6. Aufl. 2025, 30. Kap. Rn. 59.

Beweiswürdigung zu bewerten.[83] Generell bestehen für Datenverarbeitungsvorgänge nur wenige Vorgaben, etwa in § 100a Abs. 5 oder § 496 Abs. 2 StPO. Der Gesetzgeber sieht für eine detaillierte Regelung hierzu bis dato keinen Handlungsbedarf. Dies sei vielmehr Aufgabe der Gerichte.[84] So heißt es etwa im Rahmen des Gesetzesentwurfes zur Einführung der elektronischen Akte zu gescannten Dokumenten:

> *„Auch auf die Authentizität und Integrität des betreffenden Dokuments kommt es in diesem Zusammenhang nicht an. Hierbei handelt es sich um nachgelagerte Fragen, die die richterliche Aufklärungspflicht (§ 244 Absatz 2 StPO, § 244 Absatz 5 StPO-E) und die freie Beweiswürdigung (§ 261 StPO) betreffen."*[85]

bb. Lösungsmöglichkeit

Zur Sicherstellung eines hohen Beweiswertes und einer hohen Qualität der verarbeiteten Daten empfiehlt sich eine Kombination aus technischen sowie organisatorischen Maßnahmen.[86] Die Datenerhebung und Verarbeitung sollte von Anfang bis Ende chronologisch dokumentiert werden, um ungewünschte Veränderungen auszuschließen.[87] Jeder Verarbeitungsschritt muss lückenlos reproduzierbar sein.[88] Es sollte beim Endprodukt nachvollziehbar sein, welche Ausgangsdaten verwendet wurden. Ferner empfiehlt es sich zu dokumentieren, wer Zugang zu den Daten hat und wer sie verändert hat,[89] sowie mit welchem Programm dies erfolgt ist. Auch sollten die Daten nur auf besonders geschützten Servern gespeichert und verarbeitet werden, gerade, wenn es sich um hochsensible Daten handelt.[90]

Als Orientierung können die Anforderungen dienen, welche das Bundesamt für Sicherheit in der Informationstechnik („BSI") bei forensischen Untersuchungen empfiehlt:

> *„Akzeptanz. Die angewandten Methoden und Schritte müssen in der Fachwelt beschrieben und allgemein akzeptiert worden sein. Der Einsatz*

[83] *Fährmann*, MMR 2020, 228, 231; *Sieber*, Straftaten und Strafverfolgung im Internet, 2012, S. C 68.
[84] *Fährmann*, MMR 2020, 228, 231.
[85] BT-Drucks. 18/9416, 63.
[86] *Fährmann*, MMR 2020, 228, 239; *Warken*, NZWiSt 2017, 329, 332.
[87] *Fährmann*, MMR 2020, 228, 230; vgl. auch *BSI*, Leitfaden IT-Forensik, Stand: März 2011, S. 23, abrufbar unter: https://www.bsi.bund.de/SharedDocs/Downloads/DE/BSI/Cyber-Sicherheit/Themen/Leitfaden_IT-Forensik.pdf?__blob=publicationFile&v=1 (zuletzt abgerufen am: 30.05.2026); *Momsen* in: Beck/Meier/Momsen, Cybercrime und Cyberinvestigations, 2015, S. 89 f.
[88] *Warken*, NZWiSt 2017, 329, 330; *Fährmann*, MMR 2020, 228, 230; vgl. auch *BSI*, Leitfaden IT-Forensik, Stand: März 2011, S. 23; *Momsen* in: Beck/Meier/Momsen, Cybercrime und Cyberinvestigations, 2015, S. 85 f.
[89] *Fährmann*, MMR 2020, 228, 230, *Aden/Fährmann*, ZRP 2019, 175, 177 f.
[90] *Fährmann*, MMR 2020, 228, 230; *Sieber*, Straftaten und Strafverfolgung im Internet, 2012, S. C 68.

neuer Verfahren und Methoden ist zwar prinzipiell nicht ausgeschlossen, jedoch sollte dann ein Nachweis der Korrektheit dieser erfolgen.

Glaubwürdigkeit. Die Robustheit und Funktionalität von Methoden wird gefordert und muss ggf. nachgewiesen werden.

Wiederholbarkeit. Die eingesetzten Hilfsmittel und Methoden müssen bei der Anwendung Dritter auf dem gleichen Ausgangsmaterial dieselben Ergebnisse liefern.

Integrität. Sichergestellte Spuren dürfen durch die Untersuchung nicht unbemerkt verändert worden sein. Die Sicherung der Integrität digitaler Beweise muss jederzeit belegbar sein.

Ursache und Auswirkungen. Durch die Auswahl der Methoden muss es möglich sein, logisch nachvollziehbare Verbindungen zwischen Ereignissen und Beweisspuren und evtl. auch an Personen herzustellen.

Dokumentation. Jeder Schritt des Ermittlungsprozesses muss angemessen dokumentiert werden.“[91]

Auch bei einer maschinellen Translation erfolgen mehrere Verarbeitungsschritte. In einigen Fällen muss die Ausgangsdatei zunächst in einer maschinenlesbaren Form erfasst werden und durch die maschinelle Übersetzung erfolgt eine umfassende Veränderung. Zur Sicherstellung eines hohen Beweiswertes einer maschinellen Translation sollte ebenfalls eine Dokumentation erfolgen. Eine solche könnte – unter Rückgriff auf die Anforderungen für forensische Untersuchungen – wie folgt aussehen:

- Akzeptanz: Die Translationsanwendung sollte nach anerkannten Methoden der Translationswissenschaften arbeiten.
- Glaubwürdigkeit: Die Translationsanwendung sollte mit ausreichenden spezifischen Trainingsdaten trainiert sowie hinreichend geprüft werden. Die Ergebnisse müssen den fremdsprachigen Inhalt verständlich machen und adäquat wiedergeben.
- Wiederholbarkeit: Die Translationsanwendung sollte, sofern der Inhalt zu einem späteren Zeitpunkt erneut eingegeben werden sollte, erneut das gleiche Ergebnis liefern.
- Integrität: Es darf keine Veränderung am Inhalt – abgesehen von der Sprachumwandlung – erfolgen. Es sollte deutlich dargestellt werden, wenn einzelne

---

[91] *BSI*, Leitfaden IT-Forensik, Stand: März 2011, S. 23.

Passagen eines Ausgangsinhaltes nicht übersetzt wurden. Auch sollte bei Stellen, an denen die Anwendung auf Schwierigkeiten trifft, etwa unübersetzbare oder uneindeutige Stellen, ein klarer Hinweis im Endprodukt erscheinen.

- Ursache und Auswirkungen: Es muss nachvollziehbar sein, welche Stellen transferiert wurden. Das Format der Translation sollte dem des Ausgangsproduktes entsprechen, damit eine optische Gegenüberstellung erfolgen kann.
- Dokumentation: Es sollten sowohl die Anwendung als auch das Ausgangsmaterial und die ausführende Person dokumentiert werden.

b. Maßnahmen zur Schaffung von Transparenz

Bei dem Einsatz von KI-Software in der Strafverfolgung muss ferner die sog. algorithmische Fairness und Transparenz sichergestellt werden.[92] Hierzu muss sichergestellt werden, dass die Ermittlungspersonen – aber auch bei der späteren Verwertung in der Hauptverhandlung das Gericht – erinnert werden, dass die Übersetzungen durch eine KI-Anwendung erzeugt wurden und keine Kontrolle durch einen Menschen auf Richtigkeit erfolgte. Dies sollte transparent durch einen spezifischen Hinweis auf dem jeweiligen Dokument oder Tondatei klargestellt werden. Auch bietet sich eine entsprechende Darstellung der angefertigten Translation an. Bei Textdokumenten könnte, um auf einen Blick die Übereinstimmung mit dem Originaldokument in Bezug auf den Umfang sowie die erkannten Textbereiche des Ausgangsdokuments und eventuell sprachübergreifend verständliche Schlüsselwörter zu verdeutlichen, eine doppelseitige Darstellung erfolgen. Auf der linken Seite wird das Originaldokument angezeigt, auf der rechten Seite die automatisch generierte Übersetzung. Auf diese Weise lassen sich fehlerhafte Bereiche schnell und transparent erkennen. Bei Tondateien könnte die Bereitstellung einer zusätzlichen Transkription in beiden Sprachen die Transparenz erhöhen.

Je nach Inhalt und Relevanz des einzelnen Beweisstückes lässt sich dann ein weiteres Vorgehen besser abwägen. Sollte die Translation nur für eine erste Einschätzung des Inhalts dienen oder der Inhalt recht eindeutig sein, kann diese so übernommen werden. Ist die übersetzte Urkunde hingegen das einzige belastbare Beweisstück, so sollten sich die Ermittlungspersonen (aber auch später das Gericht) mit dem Translat kritisch auseinandersetzen und dieses prüfen; insbesondere, ob der Inhalt plausibel erscheint und der Textumfang in etwa mit dem des Originals übereinstimmt. Hierbei sind auch die Kenntnisse, welche sich aus dem Kontext oder anderen Beweisstücken ergeben, zu berücksichtigen. Bei Zweifeln sollte eine Prüfung durch

[92] Vgl. Abschnitt A.II.2.b.bb.

einen Sprachkundigen oder eine weitere Übersetzung veranlasst werden, ggf. auch durch einen menschlichen Übersetzer.

II. Gericht

Wie bereits im ersten Teil beschrieben, ist das primäre Untersuchungsziel für das Gericht im Hauptverfahren die Feststellung, ob die angeklagte Tat rechtswidrig und schuldhaft begangen wurde. Hiervon muss sich das Gericht aus dem Inbegriff der Verhandlung – insbesondere durch die Beweisaufnahme – eine Überzeugung bilden. Dabei müssen die Vorgaben des Strengbeweisverfahrens beachtet werden.[93] Auch wenn im Folgenden das Hauptaugenmerk auf der Hauptverhandlung liegt, können Ermittlungsrichter ebenfalls auf Translationen angewiesen sein.

Es stellt sich die Frage, ob maschinelle Translationen in zulässiger Weise in die Verhandlung eingebracht werden dürfen und ob deren Verwertung mit der richterlichen Aufklärungspflicht (§ 244 Abs. 2 StPO) vereinbar ist, sowie ob diese Translate in der Lage sind, zur richterlichen Überzeugung (§ 261 StPO) beizutragen.

1. De lege lata

a. Können bereits vorhandene maschinell angefertigte Translationen durch das Gericht verwertet werden?

Eine vorhandene schriftliche Übersetzung kann in der Hauptverhandlung wie eine Urkunde verlesen werden.[94] Die Quelle der Translation ist hierbei nachrangig, insbesondere muss diese nicht durch allgemein vereidigte oder öffentlich bestellte Translatoren angefertigt worden sein. Das Gericht muss sich aber von der Richtigkeit überzeugen.[95] Wie dies geschieht, ist in dessen Ermessen gestellt.[96]

Das Tatgericht ist grundsätzlich nicht an Beweisregeln oder Richtlinien gebunden, welche Vorgaben machen, unter welchen Voraussetzungen eine Tatsache für erwiesen gehalten werden darf oder welchen Wert einem einzelnen Beweismittel zuzumessen ist.[97] Im Urteil sollte allerdings eine rational nachprüfbare Begründung erfolgen und die Sachverhaltsannahme muss

---

[93] Vgl. *Geppert*, JURA 1993, 249, 249.

[94] Hierzu bereits Teil 1, Abschnitt D.I.2.c.aa; ferner statt aller BGH, Urteil vom 03.03.1977, Az.: 2 StR 390/76 = BGHSt 27, 135; 137 m. w. N.

[95] Vgl. bereits oben unter Teil 1, Abschnitt D.I.2.c.aa, sowie statt aller: *Kreicker* in: MünchKomm-StPO, 2. Aufl. 2024, § 249 Rn. 17 ff.

[96] Vgl. bereits oben unter Teil 1 Abschnitt D.I.2.c.aa, sowie statt aller: BGH, Urteil vom 24.08.1993, Az.: 1 StR 380/93= NJW 1993, 3337, 3337 f.; BGH, Beschluss vom 27.11.2018, Az.: 3 StR 339/18 = NStZ-RR 2019, 57.

[97] BGH, Beschluss vom 24.06.1982, Az.: 4 StR 183/82 = NJW 1982, 2882, 2882 f.; *Sättele* in: SSW-StPO, 6. Aufl. 2025, § 244 Rn. 37; *Velten* in: SK-StPO, 6. Aufl. 2026, § 261 Rn. 6 ff.; *Stuckenberg* in: KMR-StPO, 68. EL, Stand: 01.08.2013, § 261 Rn. 19; *Tiemann* in: KK-StPO, 9. Aufl. 2023, § 261 Rn. 87; *Maier*, NStZ 2005, 246. 250.

in einem hohen Maße wahrscheinlich sein.[98] Für die Legitimität und Rationalität der Entscheidung ist eine hohe Qualität der Entscheidungsgrundlage wesentlich.[99]

Zur Beurteilung von Translationen wird häufig auf die Reaktionen von Beteiligten abgestellt, welche der jeweiligen Sprache kundig sind. Für deren Reaktionen ist es unerheblich, ob die bereits vorhandene und in der Hauptverhandlung vorgelesene Translation durch einen menschlichen oder maschinellen Übersetzer angefertigt wurde. Die Gerichte können zur Bewertung der Translation auf die beruflichen und fachlichen Qualifikationen der ursprünglich mit der Translation betrauten Person abstellen.

Bei einer maschinellen Translation muss für die Qualitätsbeurteilung auf andere Parameter zurückgegriffen werden. Anstelle von Qualitätsparametern wie spezielle Ausbildungen und berufliche Referenzen könnte bei einer maschinellen Übersetzung eine Angabe des Programmes und dessen aktuelle Zuverlässigkeit etwa in der Angabe des jeweiligen BLEU-Scores[100] für das jeweilige Sprachenpaar angegeben werden. Solange der BLEU-Score ein hinreichendes Maß erreicht und auch die Übersetzung aus sich heraus verständlich ist sowie im Kontext zu den weiteren Beweismitteln plausibel erscheint, dürfte die Übersetzung grundsätzlich im Rahmen der freien Beweiswürdigung verwertet werden. Auch sollte der Translationsvorgang nachvollziehbar bleiben durch eine entsprechende transparente Dokumentation. Ferner hat in die Bewertung einzufließen, ob die äußere Form mit dem Ursprungsinhalt übereinstimmt.

Die bloße denkbare Möglichkeit eines anderslautenden Beweisergebnisses, ohne konkretisierbare Anhaltspunkte, begründet keine Verpflichtung zu weiteren Sachverhaltsausklärungen.[101] Dies gilt auch, wenn eine menschlich angefertigte Translation möglicherweise nicht exakt gleichlautend wäre zu der maschinellen Translation. Hierbei ist zu berücksichtigen, dass selbst bei verschiedenen menschlichen Translatoren eine sehr hohe Wahrscheinlichkeit besteht, dass ab einem gewissen Umfang des Inhalts das Translat nicht wortgleich ausfällt.

Ein Beweismittel und dessen Translation ist zumeist nur ein einzelnes „Puzzlestück" bei einem Bündel von Beweisen, welches der richterlichen Überzeugungsbildung zugrunde gelegt wird. Die Beweisaufnahme und Überzeugungsbildung ist ein dynamischer Prozess, welcher sich mit

---

[98] BVerfG, Beschluss vom 30.04.2003, Az.: 2 BvR 2045/02 = NJW 2003, 2444, 2445; BGH, Urteil vom 18.12.1958, Az.: 4 StR 399/58 = BGHSt 12, 311, 314 ff.; *Sättele* in: SSW-StPO, 6. Aufl. 2025, § 244 Rn. 37; *Krehl* in: KK-StPO, 9. Aufl. 2023, § 244 Rn. 29; vgl. ferner *Kargl*, ARSP 2019, 171, 197.

[99] *Sättele* in: SSW-StPO, 6. Aufl. 2025, § 244 Rn. 37.

[100] Vgl. Abschnitt A.I.2.b.bb.

[101] *Herdegen*, NStZ 1984, 97, 98; *Sättele* in: SSW-StPO, 6. Aufl. 2025, § 244 Rn. 39.

jedem neuen Hinweis fortentwickelt und stets eine Gesamtwürdigung erfordert.[102] Es muss stets geprüft werden, ob das einzelne Puzzlestück zu dem Gesamtbild passt. So kann eine maschinelle Übersetzung, welche im Ermittlungsverfahren noch plausibel erschien, möglicherweise aufgrund weiterer Erkenntnisse zusätzlicher Untersuchungen bedürfen.[103] Hierbei hat das Gericht insbesondere wesentliche von unwesentlichen Fakten zu trennen, um die wesentlichen Indizien für die Schuld- und Rechtsfolgenfrage zu klären.[104] Wenn eine Vielzahl von Beweismitteln vorliegen ist es eher vertretbar, die maschinell angefertigten Übersetzungen so zu würdigen, wie sie vorliegen; sollte sich jedoch im Prozess herauskristallisieren, dass dieser Inhalt das entscheidende oder gar einzige sichere Beweismittel darstellt, so sollte die Verwendung einer besonders kritischen Prüfung unterliegen. Dies gilt auch, wenn ein einzelner Richter Zweifel an der Richtigkeit erhebt[105] oder andere am Verfahren Beteiligte ihre Bedenken mitteilen.

b. Besteht die Möglichkeit zur aktiven Anfertigung maschineller Translation durch das Gericht?

aa. Vereinbarkeit mit verfassungsrechtlichen Grundsätzen

Die Verwendung von maschinellen Translationen zur Unterstützung bei der Sachverhaltsaufklärung stellt keine eigenständig automatisierte Entscheidung dar. Solange das Gericht weiterhin die Letztentscheidung trifft und KI-Anwendungen nur als Hilfsmittel verwendet, ist keine Verfassungsänderung erforderlich.[106] Die Verwendung muss aber mit den Vorgaben der Verfassung vereinbar sein.[107]

(1) Richterliche Unabhängigkeit (Art. 97 Abs. 1 GG)

Der Art. 97 Abs. 1 GG schützt die sachliche Unabhängigkeit der Richter. Diesen dürfen keine Weisungen erteilt werden, welche sich auf ihre Entscheidungstätigkeit auswirken könnten, insbesondere zur Auslegung und Anwendung von Recht.[108]

---

[102] *Sättele* in: SSW-StPO, 6. Aufl. 2025, § 244 Rn. 36; *Velten* in: SK-StPO, 6. Aufl. 2026, § 261 Rn. 4; *Stuckenberg* in: KMR-StPO, 68. EL, Stand: 01.08.2013, § 261 Rn. 38; *Schweizer*, Die Logik der richterlichen Überzeugungsbildung, 2011, abrufbar unter: https://www.coll.mpg.de/193457/research_report_4671010?c=2541&force_lang=de (zuletzt abgerufen am: 30.05.2026); *Wimmer*, DRZ 1950, 390, 394.

[103] *Sättele* in: SSW-StPO, 6. Aufl. 2025, § 244 Rn. 38; *Schweizer*, Die Logik der richterlichen Überzeugungsbildung, 2011.

[104] BGH, Beschluss vom 30.05.2018, Az.: 3 StR 486/17 = NStZ-RR 2018, 256; *Baur*, ZIS 2019, 119, 119.

[105] Vgl. *Baur*, ZIS 2019, 119, 124 f.

[106] *Bernzen*, RDi 2023, 132, 136 Rn. 23.

[107] *Bernzen*, RDi 2023, 132, 136 Rn. 23.

[108] *Schulze-Fielitz* in: Dreier, GG, 3. Aufl. 2018, Art. 97 Rn. 19; *Bernzen*, RDi 2023, 132, 137 Rn. 24; BVerfG, Urteil vom 17.12.1953, Az.: 1 BvR 335/51 = BVerfGE 3, 213, 224; BVerfG, Beschluss vom 22.03.2018, Az.: 2

Maschinelle Translationen geben, genauso wie durch Menschen angefertigte Translationen, keine Auskunft zur Auslegung und Anwendung des Rechts. Vielmehr bewegen sich diese auf der Ebene der Sachverhaltsaufklärung. Wie das Gericht die Wahrheit im Rahmen der Amtsaufklärungspflicht (§ 244 Abs. 2 StPO) erforscht, liegt allein im Ermessen und Verantwortungsbereich des Gerichts.[109] Auch hier darf keine Anweisung erfolgen, welche das Gericht verpflichten würde, eine KI-Anwendung zur Aufklärung zugrunde zu legen.[110] Dasselbe gilt, wenn bei einer grundsätzlich freiwilligen Nutzung ein faktischer Zwang geschaffen würde.[111]

Weiterhin darf die freie Beweiswürdigung des Gerichts (§ 261 StPO) nicht eingeschränkt werden. Das Gericht muss frei darin bleiben, wie es die Ergebnisse der Sachverhaltsaufklärung würdigt, ähnlich wie bei der Entscheidung über die Verwendung eines Sachverständigengutachtens.[112] Somit darf für die richterliche Unabhängigkeit keine Bindung an die Ergebnisse einer KI-Anwendung bestehen, vielmehr muss die Übernahme dieser in die Beweiswürdigung freiwillig erfolgen.[113]

Dies bedeutet für den vorliegenden Fall, dass maschinelle Translationen die richterliche Unabhängigkeit grundsätzlich nicht einschränken, soweit die Verwendung der Anwendungen und der daraus gewonnenen Ergebnisse auf einer freiwilligen Basis erfolgt. Es besteht für die richterliche Unabhängigkeit kein Unterschied, ob die Translation durch einen Menschen oder durch eine KI-Anwendung angefertigt wurde. Vielmehr eröffnen KI-Anwendungen den Gerichten die Möglichkeit, einen Sachverhalt wesentlich umfassender aufzuklären, indem weitere potenziell bedeutsame Beweismittel auch kurzfristig mit einbezogen werden können. Maschinelle Translationen bieten die Chance, die Sachverhaltsaufklärung von prozessökonomischen Zwängen ein Stück weit zu befreien, was sich im Ergebnis auch positiv auf die richterliche Unabhängigkeit auswirkt.

BvR 780/16 = BVerfGE 148, 69, 90 f.; BVerfG, Beschluss vom 04.05.2020, Az.: 2 BvL 4/18 = BVerfGE 155, 1, 42 f.

[109] *Valerius*, ZStW 133 (2021), 152, 159.

[110] *Bernzen*, RDi 2023, 132, 137 Rn. 24; *Poseck*, LTZ 2023, 73, 74; *OLG-Arbeitsgruppe*, Einsatz von KI und algorithmischen Systemen in der Justiz, 2022, S. 12; *Rühl* in: Kaulartz/Braegelmann, Rechtshandbuch AI und ML, 2020, Kap. 14.1 Rn. 28.

[111] *Bernzen*, RDi 2023, 132, 137 Rn. 25; *Nink*, Justiz und Algorithmen, 2021, S. 297; *OLG-Arbeitsgruppe*, Einsatz von KI und algorithmischen Systemen in der Justiz, 2022, S. 12 f.; *Rühl* in: Rechtshandbuch AI und ML, 2020, Kap. 14.1 Rn. 29

[112] Hierzu im Detail noch unten unter Abschnitt D.II.2; *Valerius*, ZStW 133 (2021), 152, 161; BGH, Urteil vom 26.04.1955, Az.: 5 StR 86/55 = BGHSt 8, 113, 117 f.; BGH, Beschluss vom 19.08.1993, Az.: 4 StR 627/92 = BGHSt 39, 291, 297; vgl. auch *Rühl* in: BMJV, Künstliche Intelligenz, S. 284.

[113] *Bernzen*, RDi 2023, 132, 137 Rn. 26.

(2) Recht auf rechtliches Gehör (Art. 103 Abs. 1 GG) und ein faires Verfahren (Art. 2 Abs. 1 GG i. V. m. Art. 20 Abs. 1 GG; Art. 6 EMRK)

Ein Einsatz von maschinellen Translationen darf weder das Recht auf rechtliches Gehör noch das faire Verfahren als solches beeinträchtigen. Ergebnisse und Auswertungen einer KI-Anwendung dürfen nicht ungeprüft und intransparent direkt in die Entscheidung des Gerichts Eingang finden.[114] Vielmehr muss die grundlegende Entscheidungsfindung für die betroffenen Personen nachvollziehbar bleiben. Hierzu gehört auch, dass kommuniziert wird, inwieweit eine KI-Anwendung eingesetzt wurde, wie diese arbeitet und wie deren Ergebnisse bei der Entscheidung berücksichtigt wurden.[115]

Vorliegend würden positive Effekte für das rechtliche Gehör und die Fairness des Verfahrens bestehen. Durch die Verwendung von KI-Anwendungen kann ein Sachverhalt, auch bei begrenzten personellen Ressourcen, deutlich umfassender aufgeklärt werden.[116] Gerade beim Einsatz von maschinellen Translationen können so weitere be- und entlastende Tatsachen ermittelt werden und in die Entscheidung Eingang finden, welche ansonsten ausgeschlossen wären. Bei den angefertigten Translationen sollte jedoch stets ein klarer Hinweis vorhanden sein, welcher die maschinelle Herkunft aufzeigt.

(3) Menschenwürde (Art. 1 Abs. 1 GG)

Die Menschenwürde verbietet es, dass eine beschuldigte Person aufgrund von ungeprüften KI-erzeugten Ergebnissen verurteilt wird. Dies würde eine Objektivierung des Menschen, entgegen seiner Stellung als Prozesssubjekt, bedeuten.[117]

Maschinelle Translationen machen hingegen nur Beweismaterialien zugänglich, auch wenn die Translationen selbst im gebotenen Maße plausibilisiert werden sollten. Sie erzeugen keine Empfehlung zur Verurteilung oder eine Prognose der Belastbarkeit der Beweismaterialien. Vielmehr entscheidet das Gericht aufgrund einer eigenen Entscheidung unter Kenntnisnahme der Translation.

(4) Zwischenergebnis

Es lässt sich als Zwischenergebnis festhalten, dass auch maschinelle Übersetzungen, welche aus dem Ermittlungsverfahren stammen, im Rahmen der Beweiswürdigung in der Hauptverhandlung verwertet werden können und das Gericht diese Inhalte auch in die

---

[114] *Valerius*, ZStW 133 (2021), 152, 165.

[115] *Poseck*, LTZ 2023, 73, 74; *Valerius*, ZStW 133 (2021), 152, 164 ff.; *OLG-Arbeitsgruppe*, Einsatz von KI und algorithmischen Systemen in der Justiz, 2022, S. 16.

[116] *Valerius*, ZStW 133 (2021), 152, 167.

[117] *Bernzen*, RDi 2023, 132, 138 Rn. 29.

Überzeugungsbildung einfließen lassen darf. Es gelten die gleichen Grundsätze, wie wenn die Übersetzungen im Ermittlungsverfahren von Menschen angefertigt worden wären. Letztlich muss das Gericht von der Richtigkeit und der Qualität der Übersetzung überzeugt sein. Dabei sind insbesondere die Relevanz des einzelnen Beweismittels sowie etwaige geäußerte Bedenken einzelner Gerichtsmitglieder oder anderer am Verfahren Beteiligter zu berücksichtigen. Es sind keine Gründe ersichtlich, warum eine bereits im oder außerhalb des Ermittlungsverfahrens erzeugte maschinelle Übersetzung anders zu behandeln sein sollte, als eine durch Menschen erzeugte Übersetzung.

bb. Welche Möglichkeiten zur aktiven Anfertigung maschineller Translationen durch das Gericht bestehen?

(1) Sind Translationen offenkundig durch den Zugriff auf maschinelle Translationen?

Durch die ständige Verfügbarkeit und der daraus resultierenden Möglichkeit auf maschinelle Weise Translationen anzufertigen, könnte ein jederzeit „ermittelbares", allgemeinkundiges Tatsachenwissen im Sinne des § 244 Abs. 3 Satz 1 Nr. 1 StPO vorliegen. Offenkundige Tatsachen bedürfen keines Beweises, soweit deren Richtigkeit nicht infrage steht.[118] Damit eine Translation offenkundig ist, müsste sich diese einer bekannten,[119] allgemein zugänglichen und als zuverlässig anerkannten Quelle[120] entnehmen lassen. Möglicherweise könnte eine solche Quelle ein Translationsprogramm darstellen.

In der Rechtsprechung ist inzwischen anerkannt, dass auch Tatsachen, welche sich einfach im Internet auffinden lassen, offenkundige Tatsachen sein können.[121] Zu diesem über die einzelnen Gerichtsbarkeiten hinaus geltenden Grundsatz führt das Verwaltungsgericht Magdeburg aus, dass

---

[118] BGH, Beschluss vom 27.07.2012, Az.: 1 StR 68/12 = NStZ 2013, 121; *Bartel* in: MünchKomm-StPO, 2. Aufl. 2024, § 261 Rn. 27; *Sättele* in: SSW-StPO, 6. Aufl. 2025, § 244 Rn. 31.

[119] Vgl. *McCorkle,* Allgemeinkundigkeit, 2018, S. 91.

[120] Vgl. *McCorkle*, Allgemeinkundigkeit, 2018, S. 89 f.; *Graul*, Systematische Untersuchungen zur Offenkundigkeit im Strafprozess, S. 59 ff., 65 ff.

[121] KG, Beschluss vom 22.07.2009, Az.: (4) 1 Ss 181-09 (130/09) = K&R 2009, 807, 808 (Geschäftsmodell); OLG Düsseldorf, Beschluss vom 17.03.2011, Az.: 3 RBs 25/11 = BeckRS 2011, 6244 (Feststellung Parkgröße); OLG Düsseldorf, Beschluss vom 05.01.2021, Az.: 2 RBs 191/20 = MMR 2021, 495 Rn. 7; OLG Köln, Beschluss vom 20.03.2012, Az.: III-1 RBs 65/12 = DAR 2012, 271, 273 (Satellitenbilder); Urteil im Zivilrecht: BGH, Beschluss vom 27.01.2022, Az.: III ZR 195/20 = openJur 2022, 5057 Rn. 14 (Organigramm einer Gesellschaft); ferner für andere Gerichtsbarkeiten: FG Hamburg, Urteil vom 05.02.2015, Az.: 3 K 45/14 = BeckRS 2015, 95121; FG Hamburg, Urteil vom 18.02.2014, Az.: 3 K 257/13 = BeckRS 2014, 95427 (Satellitenbilder); VG Gelsenkirchen, Beschluss vom 08.09.2011, Az.: 5 L 754/11 = BeckRS 2011, 54893 (Street View).

„gerade dem Internet aktuelle und aussagefähige statistische Werte und Materialien zu entnehmen [sind], *so dass diese Informationen allgemeinkundig sind. Es ist nicht ersichtlich, welche Erkenntnisse sich darüber hinaus aus* [einem] *begehrten Sachverständigengutachten ergeben sollen."*[122]

Grundsätzlich könnte argumentiert werden, dass sich durch die Verwendung von Translationsprogrammen angefertigte Übersetzungen, aufgrund diverser im Internet verfügbarer Übersetzungsanwendungen, dem Internet einfach entnehmen lassen und durch die Beauftragung eines Sachverständigengutachtens keine weiteren Erkenntnisse gewonnen werden würden. Mit den bloßen Translationen selbst geht tatsächlich häufig kein weiterer Erkenntnisgewinn einher, welcher über die Zugänglichmachung des fremdsprachigen Textes hinausgeht.[123]

Allerdings ist fraglich, ob etwa Übersetzungen ganzer Texte in dieser Form noch als allgemeinkundig qualifizierbar sind. Der Unterschied zu Satellitenbildern oder anderen im Internet auffindbaren Fakten ist, dass bei Translationen ein bestimmter fremdsprachiger Inhalt aus Beweismaterialien dem Gericht (und der Gerichtsöffentlichkeit) zugänglich gemacht werden soll. Diese Inhalte sind in dieser statischen und konkreten Form so nicht im Internet oder bei maschinellen Translationsprogrammen ohne weitere umfangreiche Eingaben auffindbar. Das allgemeinkundige Wissen wird daher nicht ohne zusätzlichen Input durch den Anwender von den Programmen abgebildet.[124] Dies ist ein entscheidender Unterschied zu Enzyklopädie-Einträgen oder Satellitenbildern. Es ist zunächst eine sehr konkrete umfangreiche Inhaltseingabe der zugrundeliegenden fremdsprachigen Daten erforderlich, wodurch erst nach einer weiteren Datenverarbeitung das Translat erzeugt wird. Insoweit kann nicht von einer Allgemeinkundigkeit solcher Übersetzungen gesprochen werden. Auch wäre die Transparenz der Herkunft sowie die Möglichkeit der Wiederholbarkeit nur eingeschränkt gegeben.[125]

Andere Wertungen können sich ergeben, wenn gezielt bestimmte Wörter oder bestimmte Ausdrücke übersetzt werden, um deren Bedeutung zu erfassen. Hierbei handelt es sich jedoch um keine spezifische Frage der maschinellen Übersetzung, sondern diese Situation ist vielmehr

---

[122] VG Magdeburg, Urteil vom 03.02.2009, Az.: 5 A 126/08 = juris, Rn. 32.
[123] Vgl. hierzu bereits Teil 1 Abschnitt D.I.2.b.aa.
[124] Vgl. *McCorkle*, Allgemeinkundigkeit, 2018, S. 21.
[125] Vgl. hierzu Abschnitt D.I.2.a.bb.

mit solchen vergleichbar, in denen ein Sprachwörterbuch verwendet wird, da hier keine spezielle KI-basierte Umwandlungsarbeit erforderlich ist.

(2) Vermittelt die Verwendung maschineller Translationen eine eigene Sachkunde des Gerichts?

Es könnte die Überlegung eingebracht werden, dass die Verwendungsmöglichkeit von Translationsprogrammen dem Gericht eine eigene Sachkunde i. S. d. § 244 Abs. 4 Satz 1 StPO über die betreffende Fremdsprache verschafft. In einem solchen Fall kann auf die Bestellung eines Sachverständigen verzichtet werden.

Das Gericht hat im eigenen, pflichtgemäßen Ermessen über die eigene Sachkunde zu befinden.[126] Grundsätzlich ist diese ausreichend, wenn das Gericht davon ausgeht, dass durch die Heranziehung eines Sachverständigen kein weiterer Tatsachenstoff aufgedeckt wird.[127] Die Sachkunde muss nicht allgemein und umfassend vorhanden sein, sondern nur insoweit wie dies für die konkrete Beweisfrage erforderlich ist.[128] Die Zugriffsmöglichkeit auf Translationsprogramme befähigt das Gericht, die erforderlichen Translationen anzufertigen, um den zuvor verschlossenen Inhalt verstehen zu können. Eine maschinelle Translation ist grundsätzlich dazu in der Lage, fremdsprachige Beweisstücke zugänglich zu machen.

Es bestehen keine konkreten Vorgaben, wie sich das Gericht die Sachkunde zu verschaffen hat. Das Gericht ist frei in der Wahl der Mittel und Wege zur Erlangung der Sachkunde.[129] So kann die Sachkunde etwa erst im Rahmen der Vorbereitung zur Hauptverhandlung erlangt werden.[130] Es darf nur nicht die gebotene förmliche Vernehmung des ansonsten beauftragten

---

[126] Vgl. BGH, Urteil vom 24.06.1952, Az.: 1 StR 130/52 = BGHSt 3, 27, 28; *Trüg/Habetha* in: MünchKomm-StPO, 2. Aufl. 2024, § 244 Rn. 64; *König* in: HK-GS, 5. Aufl. 2022, StPO § 244 Rn. 75; *Güntge* in: Alsberg, Beweisantrag im Strafprozess, 8. Aufl. 2022, Kap. 6 Rn. 8; *Becker* in: LR-StPO, 27. Aufl. 2019, § 244 Rn. 69; *Schmitt* in: Schmitt/Köhler, StPO, 69. Aufl. 2026, § 244 Rn. 73; *Krehl* in: KK-StPO, 9. Aufl. 2023, § 244 Rn. 42 und 44; *Bachler* in: BeckOK-StPO, Stand: 01.04.2026. § 244 Rn. 100; *Arbab-Zadeh*, NJW 1970, 1214, 1215.

[127] *Sättele* in: SSW-StPO, 6. Aufl. 2025, § 244 Rn. 249, vgl. BGH, Beschluss vom 20.06.2017, Az.: 4 StR 575/16 = juris, Rn. 3.

[128] *Trüg/Habetha* in: MünchKomm-StPO, 2. Aufl. 2024, § 244 Rn. 66; BGH, Urteil vom 05.07.1955, Az.: 1 StR 195/55 = BGHSt 8, 130 f.; BGH, Urteil vom 18.04.1984, Az.: 2 StR 103/84 = NStZ 1984, 467; OLG Hamm, Urteil vom 30.10.1969, Az.: 2 Ss 594/69 = NJW 1970, 907, 908; *Güntge* in: Alsberg, Beweisantrag im Strafprozess, 8. Aufl. 2022, Kap. 6 Rn. 8.

[129] Vgl. hierzu die Ausführungen von *Niemöller*, NStZ 2015, 16, 17.

[130] *Trüg/Habetha* in: MünchKomm-StPO, 2. Aufl. 2024, § 244 Rn. 68; vgl. BGH, Urteil vom 15.12.1982, Az.: 2 StR 83/82 = NStZ 1983, 325; *Güntge* in: Alsberg, Beweisantrag im Strafprozess, 8. Aufl. 2022, Kap. 6 Rn. 11; *Becker* in: LR-StPO, 27. Aufl. 2019, § 244 Rn. 71; *Schmitt* in: Schmitt/Köhler, StPO, 69. Aufl. 2026, § 244 Rn. 72; *Krehl* in: KK-StPO, 9. Aufl. 2023, § 244 Rn. 46.

Sachverständigen hierdurch umgangen werden.[131] Es ist entscheidend, dass die Sachkunde *tatsächlich* bei einem der Richter vorliegt.[132]

Ein solches tatsächliches Vorliegen dürfte bei der Bedienung eines Translations-Programmes nicht der Fall sein. Hierdurch wird keine hinreichende eigene Sachkunde begründet, welche auf den Fall individuell und flexibel angewendet werden könnte.[133] Die Sachkunde wird erst durch die Bedienung eines Programmes vermittelt und ist nicht individuell und flexibel verfügbar.

Auch der Zeitpunkt der Sachkundegewinnung könnte problematisch sein. Wenn dies in der Hauptverhandlung geschieht, besteht die Gefahr, dass das Strengbeweisverfahren umgangen wird, welches gerade für solche Konstellationen die Heranziehung eines Sachverständigen vorsieht.[134] Problematisch ist hier, dass bei einer Übersetzung ein bestimmter Inhalt zielgerichtet übertragen und somit dem Gericht zugänglich gemacht wird. Zu einer ähnlichen Situation wurde vom BGH entschieden, dass zumindest soweit ein Antrag auf die Einholung eines Sachverständigengutachtens vorliegt, es rechtsfehlerhaft wäre, diesen abzulehnen, wenn sich das Gericht vor der Verhandlung zielgerichtet durch die Befragung eines Sachverständigen im Freibeweisverfahren bereits die Sachkunde verschafft hat, um einen solchen antizipierten Antrag abzulehnen.[135] Wenn das Gericht die Anhörung eines Sachverständigen benötigt, um sich die Sachkunde zu verschaffen, muss dies in der Hauptverhandlung im Strengbeweisverfahren geschehen.[136]

Die Verwendung einer auf KI-basierenden maschinellen Translation verleiht dem Gericht nicht die erforderliche Sachkunde, um die Übersetzung ohne Beauftragung eines Sachverständigen als Übersetzer vorzunehmen, soweit die Übersetzung noch nicht den Akten beilag.

(3) Könnten KI-Anwendungen *wie* im Verfahren beauftragte Sachverständige behandelt werden?

Möglicherweise könnte das Gericht eine Translationsanwendung auch *wie* einen Sachverständigen einsetzen. *Valerius* zieht eine Parallele zwischen Sachverständigen als „*Gehilfen des Gerichts*" und Legal Tech als „*Hilfsprogramme des Gerichts*".[137]

---

[131] *Krehl* in: KK-StPO, 9. Aufl. 2023, § 244 Rn. 46; *Eisenberg*, Beweisrecht, 10. Aufl. 2017, Rn. 253; *Neuhaus* in: HK-GS, 5. Aufl. 2022, StPO § 73 Rn. 2; BGH, Beschluss vom 03.07.2018, Az.: 4 StR 621/17 = StV 2019, 811, 812.

[132] *Trüg/Habetha* in: MünchKomm-StPO, 2. Aufl. 2024, § 244 Rn. 68.

[133] Vgl. *McCorkle*, Allgemeinkundigkeit, 2018, S. 33 f.

[134] *Neuhaus* in: HK-GS, 5. Aufl. 2022, StPO § 73 Rn. 2; BGH, Beschluss vom 03.07.2018, Az.: 4 StR 621/17 = StV 2019, 811, 812.

[135] BGH, Beschluss vom 03.07.2018, Az.: 4 StR 621/17 = StV 2019, 811, 812.

[136] BGH, Beschluss vom 03.07.2018, Az.: 4 StR 621/17 = StV 2019, 811, 812; BGH, Beschluss vom 26.03.2014, Az.: 2 StR 274/13 = StV 2015, 84, 84; BGH, Urteil vom 15.03.1995, Az.: 2 StR 702/94, = StV 1995, 339; *Schmitt* in: Schmitt/Köhler, StPO, 69. Aufl. 2026, § 244 Rn. 72.

[137] *Valerius*, ZStW 133 (2021), 152, 162.

Der Begriff des Sachverständigen ist in der Strafprozessordnung nicht legaldefiniert.[138] Es wird allgemein darunter eine Person verstanden, welche aufgrund ihrer überdurchschnittlichen Kenntnisse und Erfahrungen in einem bestimmten Fachgebiet die fehlende Sachkunde des Gerichts durch ihr Gutachten ergänzt und ausgleicht.[139] Das Ziel des Gutachtens ist es dem Gericht im Rahmen der freien Beweiswürdigung, eine eigenständige Überzeugungsbildung zu ermöglichen.[140] Der BGH hat die sachverständige Person auch als „*Wahrnehmungsorgan des Gerichtes*“ bezeichnet.[141] Möglicherweise könnte eine KI-Anwendung diesen Sachkundemangel ebenfalls ausgleichen, wenn diese wie ein Sachverständiger behandelt und das Produkt der Künstlichen Intelligenz wie ein Sachverständigengutachten in die Beweisaufnahme eingeführt werden könnte.

(a) Aufgaben eines Sachverständigen und grundsätzliche Voraussetzungen

Es bestehen grundsätzlich verschiedene Aufgabenfelder für Sachverständige. Diese können von der bloßen Verrichtung einer Aufgabe, wie etwa einer Blutentnahme;[142] über Tatsachenbekundungen, wenn aufgrund einer besonderen Sachkunde Tatsachen festgestellt und mitgeteilt werden, wie etwa der Blutalkoholwert;[143] über die Vermittlung von Erfahrungswissen wie der Erläuterung von Fachausdrücken oder Handelsbräuchen;[144] bis zur Gutachtenerstellung reichen, bei der Sachverständige aufgrund zuvor mitgeteilter Anknüpfungstatsachen und seiner besonderen Sachkunde Schlüsse zieht und im Gutachten niederlegt.[145]

Bei Translationen handelt es sich zumeist um die letzte Fallgruppe.[146] Hier werden dem Sachverständigen Beweismittel, wie Urkunden oder Videoaufnahmen, überlassen, damit dieser davon Translationen anfertigt und dem Gericht so den Inhalt in einer verständlichen Form

---

[138] *Rogall* in: SK-StPO, 5. Aufl. 2018, Vor § 72, Rn. 6; *Trück* in: MünchKomm-StPO, 2. Aufl. 2023, § 72 Rn. 2.

[139] BGH, Urteil vom 24.06.1952, Az.: 1 StR 130/52 = BGHSt 3, 27, 30 Rn. 2; *Rogall* in: SK-StPO, 5. Aufl. 2018, Vor § 72, Rn. 7.

[140] BGH, Urteil vom 26.04.1955, Az.: 5 StR 86/55 = BGHSt 8, 113, 118 8; BGH, Beschluss vom 14.05.1975, Az.: 3 StR 113/75 = juris, Rn. 8; BGH, Beschluss vom 07.07.1999, Az.: 1 StR 207/99 = NStZ 1999, 630, 631; BGH, Beschluss vom 25.05.2011, Az.: 2 StR 585/10 = StV 2011, 709; *Trück* in: MünchKomm-StPO, 2. Aufl. 2023, § 72 Rn. 2.

[141] BGH, Urteil vom 07.06.1956, Az.: 3 StR 136/56 = BGHSt 9, 292, 296.

[142] *Neubeck* in: KMR-StPO, 130. EL, Stand: 01.08.2024, Vor § 72 Rn. 5; *Krause* in: LR-StPO, 27. Aufl. 2018, Vor § 72, Rn. 7.

[143] *Neubeck* in: KMR-StPO, 130. EL, Stand: 01.08.2024, Vor § 72 Rn. 6; *Krause* in: LR-StPO, 27. Aufl. 2018, Vor § 72, Rn. 9.

[144] *Neubeck* in: KMR-StPO, 130. EL, Stand: 01.08.2024, Vor § 72 Rn. 7; *Krause* in: LR-StPO, 27. Aufl. 2018, Vor § 72, Rn. 8.

[145] *Neubeck* in: KMR-StPO, 130. EL, Stand: 01.08.2024, Vor § 72 Rn. 8; *Krause* in: LR-StPO, 27. Aufl. 2018, Vor § 72, Rn. 10.

[146] Wohingegen Sprachsachverständige auch ihr Erfahrungswissen im Rahmen der Erläuterung bestimmter Äußerungen vermitteln.

mitteilt. Eine solche Auswertung von Anknüpfungstatsachen könnte – technisch betrachtet – auch durch eine maschinelle Translation vorgenommen werden. Anstelle der Übergabe der Anknüpfungstatsachen an eine sachverständige Person, könnten diese auch direkt von dem Gericht in ein Translations-Programm eingespeist werden. Die Ausgabe der Translation würde dann dem Gutachten entsprechen. Die grundlegende Funktion eines Sachverständigen könnte ein Translation-Programm damit erfüllen.

Ein Sachverständiger benötigt die erforderliche fachliche Sachkunde, um dem Gericht die fehlenden Kenntnisse zu vermitteln.[147] Eine maschinelle Translation kann bei fremdsprachigen Inhalten die fehlenden Fremdsprachenkenntnisse des Gerichts ausgleichen.

Ferner muss eine persönliche Eignung gewährleistet sein. Diese festzustellen, liegt im Ermessen des Gerichts. So muss der Sachverständige zuverlässig sein, neutral handeln und es muss eine sachgerechte Aufgabenerfüllung gewährleistet sein.[148] Hierfür könnten bei KI-Anwendungen geeignete technische Maßnahmen implementiert werden, indem zum einen sichergestellt wird, dass die Anwendung die notwendigen Standards erfüllt und zum anderen der maschinelle Translationsvorgang dokumentiert und offengelegt wird.[149]

(b) Vornahme der Gutachten nur durch natürliche Personen

Die aktuellen gesetzlichen Vorgaben (§§ 72 ff. StPO) gehen von der Vornahme durch eine individuelle, natürliche Person aus.[150] Es handelt sich bei dem Sachverständigenbeweis um einen Personalbeweis,[151] bei dem die Beweiserhebung grundsätzlich durch die mündliche Befragung der Beweisperson in der Hauptverhandlung erfolgt. Bei einer KI-Anwendung handelt es sich nicht um eine solche natürliche Person.

Es ist auch nicht vorgesehen, juristische Personen oder Organisationen mit der (ggf. automatisierten) Erstellung eines Sachverständigengutachtens zu beauftragen. Es können nur deren Mitarbeiter selbst unmittelbar beauftragt werden.[152]

---

[147] *Trück* in: MünchKomm-StPO, 2. Aufl. 2023, § 73 Rn. 18.
[148] *Trück* in: MünchKomm-StPO, 2. Aufl. 2023, § 73 Rn. 19, m. w. N.
[149] Vgl. hierzu bereits Abschnitt D.I.2.a.bb und D.I.2.b.
[150] Vgl. *Rogall* in: SK-StPO, 5. Aufl. 2018, Vor § 72, Rn. 10; *Monka* in: BeckOK-StPO, Stand: 01.04.2026, § 72 Rn. 1; *Szesny* in: Esser/Rübenstahl/Saliger/Tsambikakis, Wirtschaftsstrafrecht, 2017, StPO § 72 Rn. 1; *Soiné,* StPO, 150. EL, Stand: Juni 2025, Vor. §§ 72–93, Rn. 4; *Neubeck* in: KMR-StPO, 130. EL, Stand: 01.08.2024, Vor § 72 Rn. 4; *Krause* in: LR-StPO, 27. Aufl. 2018, Vor § 72, Rn. 2; *Jessnitzer*, NJW 1971, 1075, 1075; *Hanack* NJW 1961, 2041, 2041; *Dippel,* Stellung des Sachverständigen im Strafprozeß, 1986, S. 89; *K. Müller*, Der Sachverständige im gerichtlichen Verfahren, 3. Aufl. 1988, Rn. 172 f., 148; *Rogall* in: FS Gössel, 2002, S. 511.
[151] *Trück* in: MünchKomm-StPO, 2. Aufl. 2023, § 72 Rn. 1.
[152] *Szesny* in: Esser/Rübenstahl/Saliger/Tsambikakis, Wirtschaftsstrafrecht, 2017, StPO § 72 Rn. 1; *Neubeck* in: KMR-StPO, 130. EL, Stand: 01.08.2024, Vor § 72 Rn. 4; *Rogall* in: SK-StPO, 5. Aufl. 2018, Vor § 72, Rn. 11; *K. Müller*, Der Sachverständige im gerichtlichen Verfahren, 3. Aufl. 1988, Rn. 173 i. V. m. Rn. 155; auch wenn in der Praxis wohl häufig auch Klinken o.ä. beauftragt werden, vgl. im Detail hierzu: *Dippel*, Stellung des Sachverständigen im Strafprozeß, 1986, S. 90, m. w. N.; *Jessnitzer*, NJW 1971, 1075, 1076; *Hanack*, NJW 1961, 2041, 2041.

Als Ausnahme von diesem Grundsatz ist das Behördengutachten anerkannt. Die Behörde wird unmittelbar mit der Gutachtenerstellung beauftragt und nicht deren Beschäftigte (vgl. §§ 83 Abs. 3, 92 Abs. 1 Satz 2, 256 Abs. 1 Nr. 1 lit. a, Abs. 2 StPO). Jedoch lassen sich einer Software ebenfalls nicht die Eigenschaften einer Behörde unterstellen, sodass man die unmittelbare Erstellung eines Gutachtens durch eine vom Gericht gesteuerte KI-basierte Anwendung auch nicht als Behördengutachten qualifizieren könnte.

Eine Künstliche Intelligenz kann nach den derzeitigen gesetzlichen Regelungen ein durch einen menschlichen Sachverständigen angefertigtes Gutachten im Rahmen des Strengbeweisfahrungsverfahrens nicht ersetzen. Auch sind keine Vorschriften für Anwendungen vorhanden, welche menschliche Sachverständige substituieren.

cc. Zwischenergebnis

Im Rahmen der förmlichen Beweisaufnahme kann die Beweiserhebung von Tatsachen und Erfahrungssätzen zur Klärung des Schuld- und Strafausspruchs nur im Rahmen eines abschließenden Beweismittelkatalogs erfolgen.[153]

Diese Beschränkungen sollen garantieren, dass das Gericht seine Überzeugung nur aus dem Inbegriff der Hauptverhandlung schöpft (vgl. § 261 StPO). Dies hat zur Folge, dass andere Beweismittel, wie Auskunftspersonen, neben Zeugen oder Sachverständigen oder anderweitige Beweismittel bzw. Hilfsmittel zur Wahrheitserforschung nicht vorgesehen sind, soweit sich diese nicht in den Beweismittelkatalog (Zeugen-, Sachverständigen-, Urkunden- oder Augenscheinbeweis) einordnen lassen.[154]

Fremdsprachige Beweismittel können, sofern sie entscheidend zu dem Schuld- und Strafausspruch beitragen, nur im Rahmen des *numerus clausus* der Beweismittel eingeführt werden. Fremdsprachige Inhalte sind jedoch nicht unmittelbar verwertbar. Wenn die Sachkunde nicht bei dem Gericht vorhanden ist oder eine Übersetzung nicht bereits vorliegt, bleibt derzeit nur der Weg, die fehlende erforderliche Sachkunde über die Bestellung eines Sachverständigen zu gewinnen. Insbesondere sind derzeit keine anderweitigen „Hilfsmittel" zur Wahrheitserforschung vorgesehen. Dem Gericht ist es insbesondere nicht erlaubt, sich die fehlende Sachkunde gezielt anderweitig im Freibeweisverfahren auszugleichen.[155]

---

[153] *Trüg/Habetha* in: MünchKomm-StPO, 2. Aufl. 2024, § 244 Rn. 34; *Krehl* in: KK-StPO, 9. Aufl. 2023, § 244 Rn. 8 f.; *Bachler* in: BeckOK-StPO, Stand: 01.04.2026, § 244 Rn. 8; BGH, Urteil vom 15.03.1995, Az.: 2 StR 702/94 = StV 1995, 339; OLG Oldenburg, Urteil vom 19.04.1977, Az.: Ss 98/77 = MDR 1977, 775; OLG Celle, Beschluss vom 07.11.1994, Az.: 3 Ss 285/94 = StV 1995, 292.

[154] BGH, Urteil vom 20.06.1961, Az.: 1 StR 212/61 = NJW 1961, 1486, 1487; *Trüg/Habetha* in: MünchKomm-StPO, 2. Aufl. 2024, § 244 Rn. 35; *Krehl* in: KK-StPO, 9. Aufl. 2023, § 244 Rn. 18.

[155] BGH, Beschluss vom 03.07.2018, Az.: 4 StR 621/17 = StV 2019, 811, 812; *Neuhaus* in: HK-GS, 5. Aufl. 2022, StPO § 73 Rn. 2.

Etwas anderes gilt für Tatsachen, welche im Rahmen des Freibeweises eingeführt werden dürfen. Hier kann das Gericht die Überzeugung von Tatsachen im pflichtgemäßen Ermessen erlangen und ist bei der Wahl des Beweismittels, der Form oder Art nicht eingeschränkt, solange das Gebot des fairen Verfahrens beachtet wird. Insbesondere wird das Gericht nicht durch das Gebot der Mündlichkeit, Unmittelbarkeit und Öffentlichkeit bei der Erforschung beschränkt.[156] Im Rahmen des Freibeweises dürften daher mithilfe von Künstlicher Intelligenz angefertigte maschinelle Übersetzungen zulässig sein, um Kenntnis über fremdsprachige Inhalte zu erlangen.

2. De lege ferenda

a. Der derzeitige Stand hinterlässt ein unbefriedigendes Ergebnis

Die derzeitige Situation ist unbefriedigend. Es hängt für die Verwendung einer maschinellen Translation letztlich vom Zufall ab, wann die Translation angefertigt wurde und durch wen. Wenn die Translation bereits während des Ermittlungsverfahrens oder sogar außerhalb des Verfahrens mithilfe KI-Anwendung angefertigt wurde und somit bereits zur Hauptverhandlung vorliegt, kann diese regulär verwertet werden. Die Herkunft der vorhandenen Translation ist sekundär, soweit das Gericht von der inhaltlichen Richtigkeit überzeugt ist.

Insbesondere wird bei Translationen, wenn diese beauftragten Gutachten entspringen, grundsätzlich auf eine mündliche Verlesung durch den Translator selbst verzichtet, da hierbei kein großer individueller Einschlag vorhanden sein sollte und die Gutachtenerstellung daher nicht durch die persönlichen Eindrücke und Kenntnisse des jeweiligen Sachverständigen so stark determiniert ist, wie dies bei anderen Gutachten der Fall wäre.[157] Vielmehr ist die Person des Gutachters beliebig austauschbar bei einem ähnlich bleibenden Ergebnis.

Wenn ein menschlicher Translator als Sachverständiger durch das Gericht bestellt wird, so dürfte dieser ferner innerhalb seiner Gutachtenerstellung ebenfalls eine maschinelle Translation verwenden.[158] Das Gericht muss aktuell einen Zwischenschritt gehen, um an eine Translation zu gelangen.

Es handelt es sich bei Translationen nicht um eine Fallgruppe, für die zwingend Sachverständige herangezogen werden müssen. Besitzt das Gericht eine hinreichende Sachkunde betreffend der jeweiligen Sprache, so kann es die Translationen auch selbst vornehmen. Ob es eines Sachverständigen als „Gehilfen“ für die Translation bedarf, steht –

[156] *Krehl* in: KK-StPO, 9. Aufl. 2023, § 244 Rn. 16.
[157] Siehe hierzu Teil 1, Abschnitt D.I.2.c.aa.
[158] Hierzu 1. Teil, Abschnitt D.II.1.b.bb.

genauso wie die Verwertung einer bereits vorhandenen Translation – im pflichtgemäßen Ermessen des Gerichts.[159] Es könnte daher sinnvoll sein, dem Gericht zu ermöglichen, auch Translationen mittels KI-Anwendungen anzufertigen. Durch diese technische Möglichkeit würde es dem Gericht zudem ermöglicht, das Verfahren zu beschleunigen und kurzfristig weitere Erkenntnismöglichkeiten zu schaffen.[160] Diese Translationen könnten genauso wie reguläre Sachverständigengutachten[161] im Rahmen der freien Beweiswürdigung gewertet und verwertet werden und in die Urteilsbildung einfließen.

Der Sinn und Zweck von Sachverständigengutachten ist es, dem Gericht die fehlende Sachkunde zu verschaffen. Die fehlende Sachkunde über Fremdsprachen könnte durch eine maschinelle Translation vermittelt werden. Eine KI-Anwendung erfüllt dabei grundsätzlich die Voraussetzungen eines Sachverständigen, bis auf die Bedingung, dass es sich bei dem Sachverständigen um eine natürliche Person handeln muss. Möglicherweise kann von dieser Bedingung eine Ausnahme gemacht werden.

b. Der Gesetzgeber sieht Ausnahmen der Anfertigung von Gutachten durch natürliche Personen für Behörden vor

aa. Wie sind diese Ausnahmen ausgestaltet?

Der Gesetzgeber sieht an anderer Stelle, aufgrund des Bedürfnisses nach einer Maximierung der Effizienz, für Behördengutachten (vgl. §§ 83 Abs. 3, 92 Abs. 1 Satz 2, 256 Abs. 1 Nr. 1 lit. a, Abs. 2 StPO) eine Ausnahme vor.[162] Die dort getroffenen Wertungen können möglicherweise auf die unmittelbare Verwendung von KI-Anwendungen als „Sachverständigensubstitut" übertragen werden.

Ein Behördengutachten kann in wichtigen Fällen beauftragt werden (vgl. § 82 Abs. 3 StPO), wobei weder das Gesetz noch die Gesetzesmaterialien einen weiteren Hinweis geben, wann ein solcher Fall vorliegen soll.[163] Bei dem Behördengutachten handelt es sich um einen Sonderfall, da dieses nicht wie ein Personalbeweis, sondern wie ein reiner Urkundenbeweis behandelt

---

[159] Generell zu Sachverständigen auch BGH, Urteil vom 24.06.1952, Az.: 1 StR 130/52 = BGHSt 3, 27, 30 Rn. 2.
[160] Zu dem bestehenden Bedürfnis: *Bornscheuer/Beck*, DiRZ 2023, 388, 389.
[161] Vgl. *Rogall* in: SK-StPO, 5. Aufl. 2018, Vor § 72, Rn. 119; *Bockelmann*, GA 1955, 321, 326 f.
[162] *K. Müller*, Der Sachverständige im gerichtlichen Verfahren, 3. Aufl. 1988, Rn. 172.
[163] *Seyler*, GA, 546, 549.

wird.[164] Dies hat zur Folge, dass die Auswahl und Bestellung des personalen Beweismittels (= der Sachverständige) nach §§ 73, 75 StPO keine Voraussetzung ist.[165]

Die Behörde als solche erbringt die Sachverständigenleistung i. S. d. § 1 Abs. 2 Satz 1 JVEG, sie hat jedoch nicht die verfahrensrechtliche Position eines „klassischen" Sachverständigen. Das Behördengutachten selbst kann durch Verlesung zum Beweis gemacht werden.[166] Wenn ein Behördenmitglied in der Hauptverhandlung anwesend ist, gibt dieses vielmehr eine freibeweisliche Auskunft und Erläuterungen des im Strengbeweisverfahren verwertbaren und vorliegenden Gutachtens, welche dem besseren Verständnis des zu verlesenden schriftlichen Behördengutachtens dient.[167] Im Gesetzesentwurf der Strafprozessordnung war zudem keine Vertretung durch ein Behördenmitglied vorgesehen.[168] Diese Wertungen könnten auf ein KI-generiertes Ergebnis übertragen werden.

Für eine Adaption der Wertungen aus dem Bereich des Behördengutachtens müsste ein durch eine KI-Anwendung erzeugtes Gutachten wertungsmäßig näher an den Gründen stehen, warum solche erlaubt sind, als an denen, warum juristische Personen nicht unmittelbar mit der Anfertigung von Sachverständigengutachten beauftragt werden können.

Grundsätzlich können nur natürliche Personen mit der Gutachtenerstellung beauftragt werden, da die jeweilige persönliche Verantwortung des Sachverständigen gewahrt werden muss.[169] Dies gilt vor allem, da die durch das Gutachten vermittelte Sachkunde nicht ohne Weiteres durch das Gericht selbst kontrollierbar ist.[170] Nach der Vorstellung des Gesetzgebers kann grundsätzlich nur bei einer natürlichen Person sichergestellt werden, dass ein objektives und unbefangenes Gutachten erstellt wurde. Soweit juristische Personen oder Organisationen im Ganzen mit der Sachverständigentätigkeit unmittelbar betraut werden, bestehe hierfür keine Garantie;[171] insbesondere bleiben die persönlichen Umstände der jeweiligen konkreten Person unklar, welche das Gutachten erstellt hat.[172] So kann etwa nicht sichergestellt werden, dass

---

[164] Vgl. BGH, Urteil vom 04.04.1951, Az.: 1 StR 54/51 = BGHSt 1, 94, 96 ff.; BGH, Urteil vom 16.03.1993, Az.: 1 StR 829/92 = NStZ 1993, 397, 397; BGH, Beschluss vom 25.10.2011, Az.: 3 StR 315/11 = NStZ 2012, 585, 587 Rn. 15; *Gössel*, DRiZ, 1980, 363, 373; *Ahlf*, MDR 1978, 981, 982; *Stuckenberg* in: LR-StPO, 27. Aufl. 2021, § 256 Rn. 2 m. w. N., *Rogall* in: SK-StPO, 5. Aufl. 2018, Vor § 72, Rn. 109, § 83 Rn.11.

[165] *Gössel*, DRiZ, 1980, 363, 373.

[166] *Rogall* in: SK-StPO, 5. Aufl. 2018, Vor § 72, Rn. 109; § 83 Rn. 20.

[167] *Rogall* in: SK-StPO, 5. Aufl. 2018, Vor § 72, Rn. 12; *Rogall* in: FS Gössel, 2002, S. 519 ff.; vgl. auch *Leineweber*, MDR 1980, 7, 9.

[168] Vgl. hierzu: *Rogall* in: FS Gössel, 2002, S. 515, 534.

[169] *Bosch* in: SSW-StPO, 6. Aufl. 2025, § 73 Rn. 3.

[170] *Döhring*, Erforschung des Sachverhalts im Prozess, 1964, S. 268 ff.

[171] *K. Müller*, Der Sachverständige im gerichtlichen Verfahren, 3. Aufl. 1988, Rn. 173 i. V. m. Rn. 154; *Rogall* in: FS Gössel, 2002, S. 511.

[172] *K. Müller*, Der Sachverständige im gerichtlichen Verfahren, 3. Aufl. 1988, Rn. 173 i. V. m. Rn. 153 i. V. m. Rn. 149a.

keine Ablehnungsgründe vorliegen[173] und eine Vereidigung (§ 79 StPO) kann ebenfalls nur bei der natürlichen Person erfolgen, die das Gutachten unmittelbar erstellt hat.[174]
Bei Behörden wird diese Gefahr nicht gesehen, da die Behörde die alleinige Verantwortung dafür trägt, dass die Erstellung durch unbefangene, neutrale Behördenangehörige erfolgt und diese nach bestem Wissen und Gewissen arbeiten.[175] Die Behördenangehörigen üben bei der Gutachtenerstellung nur ihre Dienstpflicht aus und dies unterliegt daher wohl keinen Ablehnungsgründen.[176]

bb. Übertragung auf KI-Anwendungen

Die Wertungen, welche die Ausnahme für Behördengutachten zulassen, sollten entsprechend für die Anfertigung des Gutachtens durch eine KI-Anwendung gelten. Eine KI-Anwendung arbeitet unbefangen und unparteiisch, soweit sie entsprechend neutral programmiert und trainiert wurde.[177] Dies gilt insbesondere bei Translationen, welche einen vorhandenen Sachverhalt zugänglich machen und keine eigenen, über die Translation selbst hinausgehenden Wertungen enthalten sollen. Wenn sich das Gericht einer KI-Anwendung zwecks Sachkundevermittlung bedient, werden keine unbekannten dritten Mitarbeiter eingeschaltet, wie es die Befürchtung bei juristischen Personen ist, sondern eine Software, welche im Idealfall zuvor bereits geprüft und generell für ihren Einsatz in der Justiz zertifiziert wurde. Dabei sollte die Verwendung einer solchen Software offengelegt werden. Bei Bedenken anderer Beteiligter des Verfahrens an dem Einsatz von KI-Anwendungen für die Translation, könnte eine Ablehnung erfolgen, wie dies bereits bei einem „klassischen" Sachverständigen möglich ist (vgl. § 74 StPO).
Gegen die Zulässigkeit von nicht-natürlichen Personen als Sachverständige wird eingewandt, dass diese keinen Eid leisten können, da ein solcher nur höchstpersönlich leistbar ist.[178] Bei Behördengutachten ist jedoch ebenfalls keine Vereidigung notwendig.[179] Anders als bei Translationen, welche zum Zwecke der Verfahrenskommunikation entstehen, ist bei Translationen, welche durch Sachverständige erfolgen, die Vereidigung, entgegen der ursprünglichen Fassung des heutigen § 79 StPO, nicht mehr zwingend vorgesehen, sondern

---

[173] *K. Müller*, Der Sachverständige im gerichtlichen Verfahren, 3. Aufl. 1988, Rn. 173 i. V. m. Rn. 155.
[174] Vgl. *K. Müller*, Der Sachverständige im gerichtlichen Verfahren, 3. Aufl. 1988, Rn. 173 i. V. m. Rn. 153 i. V. m. Rn. 148.
[175] *Rogall* in: SK-StPO, 5. Aufl. 2018, § 83 StPO, Rn. 20.
[176] *Leineweber*, MDR 1980, 7, 9; vgl. auch *Gössel*, DRiZ, 1980, 363, 375.
[177] Vgl. Abschnitt A.II.2.a.aa. f.
[178] Vgl. *Gössel*, DRiZ, 1980, 363, 376; *Leineweber*, MDR 1980, 7, 8; *Rogall* in: FS Gössel, 2002, S. 523.
[179] Vgl. *Rogall* in: FS Gössel, 2002, S. 523.

stellt vielmehr einen Ausnahmefall dar.[180] Bei der Verwendung von KI-Anwendungen für die Schließung von Sachkundelücken könnte anstelle einer allgemeinen Vereidigung i. S. d. § 79 Abs. 3 StPO eine allgemeine Zertifizierung der entsprechenden Programme vorgenommen werden. Teil dieser Zertifizierung muss es sein, entsprechend des § 79 Abs. 2 StPO sicherzustellen, dass die KI-Anwendung ihr Gutachten unparteiisch und nach bestem Wissen und Gewissen erstattet, wobei eine Maschine wohl freilich kein Gewissen hat, an dieser Stelle müsste auf die Programmierung und das Training abgestellt werden.

Damit die Verwendung ermöglicht werden kann, sollte eine Gesetzesänderung unter Berücksichtigung der Überlegungen zum Ermittlungsverfahren[181] vorgenommen werden. Solche Anpassungen würden sich zum einen im Rahmen des § 244 StPO anbieten, indem dort ausdrücklich Ausnahmen eingefügt werden sowie systematisch in den Regelungen zu Sachverständigengutachten. Eine Konkretisierung sollte, wie auch bei den Verfahrenstranslationen, durch eine Rechtsverordnung erfolgen, welche die obigen Vorgaben umsetzt. Ein Vorschlag, wie eine solche Änderung aussehen könnte, befindet sich am Ende dieses Werkes.

c. Sicherstellung, dass das Ergebnis der maschinellen Translation aus dem Inbegriff der Verhandlung gewonnen wird

Das Ergebnis einer maschinellen Translation müsste „*aus dem Inbegriff der Verhandlung*" in die richterliche Beweiswürdigung eingehen. Damit dies möglich ist, muss das Gericht in die Lage versetzt werden, die Entstehung des Translats nachvollziehen zu können.[182] Hierbei muss das Gericht nicht sämtliche technischen Prozesse im Einzelnen nachvollziehen können.[183] Aber das Gericht muss in die Lage versetzt werden, die Ergebnisse im generellen nachzuvollziehen und zu überprüfen.[184] So sollte erkennbar sein, warum aus bestimmten Anknüpfungstatsachen bestimmte Erkenntnisse gezogen wurden.[185] Die Anwendung sollte nach wissenschaftlich anerkannten Methoden arbeiten sowie in nachgewiesener Weise zuverlässig sein.[186] Hierfür sollten die Translationsanwendungen entsprechend zertifiziert sein und nach anerkannten

---

[180] Vgl. BGH, Urteil vom 22.02.1967, Az.: 2 StR 2/67 = BGHSt 21, 227, 228; *Bosch* in: SSW-StPO, 6. Aufl. 2025, § 79 Rn. 2; vgl. allg. mit Gründen der damaligen Reform: *Boehringer*, Die Eidesreform im Strafprozess und Strafrecht, 1931, S. 136 ff.

[181] Hierzu Abschnitt D.I.2.

[182] Vgl. generell zu Legal Tech Anwendungen *Valerius*, ZStW 133 (2021), 152, 163.

[183] BGH, Urteil vom 16.06.1953, Az.: 1 StR 809/52 = NJW 1954, 83, 83; BGH, Urteil vom 18.03.1954, Az.: 3 StR 87/53 = NJW 1954, 1336, 1337; BGH, Beschluss vom 21.02.1978, Az.: 1 StR 624/77 = NJW 1978, 1207; *Ibold*, ZStW 134 (2022), 504, 519.

[184] *Valerius*, ZStW 133 (2021), 152, 163.

[185] Vgl. BGH, Urteil vom 30.07.1999, Az.: 1 StR 618/98 = NStZ 2000, 100, 104; *Ibold*, ZStW 134 (2022), 504, 520 f.; *Rollberg*, Algorithmen in der Justiz, 2020, S. 102 ff.

[186] *Ibold*, ZStW 134 (2022), 504, 520.

Arbeitsweisen der Translationswissenschaften funktionieren. Das Gericht sollte die Ergebnisse, welche ausgegeben werden, nicht ungeprüft hinnehmen.[187] So muss sichergestellt sein, dass kein überhöhtes Vertrauen (sog. *Automation Bias*) in die unfehlbare Richtigkeit des Ergebnisses eintritt.[188] Hierfür könnten auf jedem Produkt deutliche Hinweise erfolgen, um zum einen die notwendige Transparenz zu sichern, aber auch die kritische Distanz zu wahren.[189]

Übertragen auf maschinelle Translationen sollten diese transparent angefertigt werden. Es muss zunächst offengelegt werden, dass eine maschinelle Übersetzung vorliegt. Auch muss das Originaldokument sowie das verwendete Programm ersichtlich sein, da so die Qualität und Leistungsfähigkeit der verwendeten Software sowie die Kongruenz zwischen dem Original und dem Translat (zumindest optisch) beurteilt werden kann. Zudem sollte dokumentiert sein, wie das Programm den Inhalt des Originaldokumentes erfassen konnte, d. h., ob dieses bereits in digitaler Form vorlag oder zunächst maschinell lesbar gemacht werden musste, da hier eine weitere potenzielle Fehlerquelle liegen könnte, welche bei der Beweiswürdigung zu berücksichtigen ist.

Wenn das Gericht von der Plausibilität auch unter diesen Aspekten überzeugt ist, dürfte die maschinelle Übersetzung, welche aus dem Ermittlungsverfahren stammt, so wie ihr menschlich erzeugtes Äquivalent, entsprechend berücksichtigt werden.[190]

---

[187] *Kahle*, LTZ 2022, 170, 173; *Poseck*, LTZ 2023, 73, 74.

[188] *Bernzen*, RDi 2023, 132, 137 Rn. 27.

[189] *Poseck*, LTZ 2023, 73, 74; *Bernzen*, RDi 2023, 132, 137 f. Rn. 28.

[190] Vgl. *Rollberg*, Algorithmen in der Justiz, 2020, S. 104 f.

Fazit

A. Zum ersten Teil

I. Zusammenfassung in Thesen

1. Bei Translationsleistungen ist auf linguistischer Ebene zwischen Übersetzen und Dolmetschen zu trennen. Die Unterscheidung erfolgt nicht nur nach dem bloßen Kriterium, ob das Ausgangsmaterial in geschriebener oder gesprochener Form vorliegt, sondern auch danach, ob ein fixierter Inhalt oder flüchtiger Inhalt vorliegt. Auch der Empfängerkreis und der Zeitpunkt des Konsums sowie der Adressatenkreis kann sich unterscheiden. Bei Translationen bestehen Herausforderungen, wenn etwa aus kulturellen, pragmatischen oder sprachlichen Gründen kein eindeutiges Translat hergestellt werden kann. Beim Dolmetschen kommen häufig erschwerte Rahmenbedingungen oder unterschiedliche kulturelle und soziale Hintergründe der jeweiligen Adressaten hinzu. In Deutschland besteht kein Berufsschutz. Auch ist die Qualitätsmessung schwer, da es in den meisten Fällen nicht das eine richtige Translat gibt. Vielmehr kann nur eine möglichst hohe Äquivalenz und Adäquanz des Translats erreicht werden.[1]
2. Im Strafverfahren muss bei Translationen nach dem verfolgten Zweck unterschieden werden. Es können sog. Verfahrenstranslationen und sog. Beweistranslationen erfolgen. Die Differenzierung ist erforderlich, da diese Arten auf verschiedenen rechtlichen Grundlagen erfolgen und die Berufsträger unterschiedliche Verfahrensrollen einnehmen. Verfahrenstranslationen erfolgen primär nach den Vorgaben des Gerichtsverfassungsgesetzes und die Translatoren haben die Stellung als „Beteiligte eigener Art“. Beweistranslationen werden hingegen durch Sachverständige nach den Vorgaben der Strafprozessordnung vorgenommen. Diese sind „Gehilfen des Richters“.[2]
3. Verfahrenstranslationen werden für Personen gewährt, welche keine ausreichende Sprachkunde der deutschen Sprache haben. Die Feststellung obliegt dem Gericht und den Ermittlungspersonen. Dies gilt auch für die Auswahl der Person, welche die Translationen durchführen soll, ebenso wie der weiteren Modalitäten. Das Gesetz sieht keine näheren, konkreten Vorgaben vor. Der Umfang der Leistungen sollte das allgemeine Verständnis sowie die Wahrnehmung der Verteidigungsrechte sicherstellen.

---

[1] Hierzu 1. Teil, Abschnitt A.
[2] Hierzu 1. Teil, Abschnitt B.

J. K. Jurgschat, *Künstliche Intelligenz bei Dolmetsch- und Übersetzungsleistungen im Strafverfahren*, Juridicum – Schriften zu Recht und Digitalisierung,
https://doi.org/10.1007/978-3-658-52619-1_4

Vorgaben zur Sicherstellung einer ausreichenden Qualität bleiben unbestimmt und vage.[3]

4. Der aktuelle Zustand ist sehr kritisch zu sehen. Die konkreten Translationsleistungen hängen maßgeblich vom Ermessen der staatlichen Stellen ab. Dies steht im Widerspruch zu der Stellung der Translatoren als neutrale Brücke, weshalb auch die sprachunkundigen Personen ein größeres Mitspracherecht erhalten sollten. Weiterhin sollten strengere Vorgaben hinsichtlich der Qualifizierung der Berufsträger gelten. Fehler fallen insbesondere beim Dolmetschen nur schwer auf und sind nachträglich nur selten korrigierbar. Auch der Umfang schriftlicher Übersetzungen sollte erheblich angehoben werden. Derzeit haben Übersetzungen nur eine subsidiäre Stellung, wodurch die Gefahr besteht, dass die Vorgaben der Richtlinie 2010/64/EU sowie der Anspruch auf kostenlose Dolmetschleistungen aus Art. 6 Abs. 3 lit. e EMRK ausgehöhlt werden.[4]
5. Wenn Ermittlungspersonen Beweistranslationen vornehmen, gilt für diese das Gerichtssprachenpostulat nicht unmittelbar. Ermittlungspersonen können Translationen selbst vornehmen. Dies kann auch rein gedanklich geschehen. Sofern die Fremdsprachkenntnisse nicht ausreichend sind, werden fremdsprachige Inhalte Translatoren übergeben, welche als Sachverständige Translationen anfertigen. Zum Teil nehmen diese auch unmittelbar an Ermittlungsmaßnahmen teil, etwa damit im Rahmen der Durchsicht die Relevanz einzelner Unterlagen bestimmt werden kann oder damit bei TKÜ-Maßnahmen der Inhalt verstanden werden kann und kein unerlaubter Eingriff in die Intimsphäre erfolgt, bzw. vertieft wird.[5]
6. Gerichte hingegen sind an das Gerichtssprachenpostulat gebunden. Wenn fremdsprachige Beweismittel in die richterliche Überzeugung einfließen, müssen zunächst Translationen im Rahmen der Sachverhaltsaufklärung angefertigt werden. Wenn eine Translation bereits vorhanden ist, kann diese verwendet werden, solange das Gericht sich von der Richtigkeit dieser überzeugt. Dies gilt auch für Fragen, welche sich durch das Freibeweisverfahren klären lassen. In anderen Fällen muss hingegen grundsätzlich ein Translator beauftragt werden. Dies kann unterbleiben, wenn die Translation offenkundig ist oder das Gericht eine eigene ausreichende Sprachsachkunde hat.[6]

---

[3] Hierzu 1. Teil, Abschnitt C.I.
[4] Hierzu 1. Teil, Abschnitt C.II.
[5] Hierzu 1. Teil, Abschnitt D.I.1.
[6] Hierzu 1. Teil, Abschnitt D.I.2.

7. Bei Beweistranslationen besteht aufgrund der hohen Kosten und des Zeitaufwandes ein hoher Selektionsdruck. Dies führt dazu, dass in der Praxis häufig nur auszugsweise Translationen angefertigt werden. Problematisch ist, dass aufgrund der Unkenntnis des restlichen Inhalts eine Auswahl häufig nur willkürlich getroffen werden kann und wesentliche Beweise so unerkannt bleiben. Auch wird durch die Anfertigung von Beweistranslationen oftmals in Grundrechte Beteiligter eingegriffen. Dokumente werden für nicht unerhebliche Zeiträume ausgewertet oder Sachverständige erhalten von besonders geschützten Inhalten Kenntnis, welche bei deutschsprachigem Inhalt bereits nicht hätten beschlagnahmt werden dürfen.[7]

II. Bewertung

Die derzeitige Umsetzung von Translationen zeigt sowohl auf der Seite der Verfahrenskommunikation als auch bei den Beweistranslationen erhebliche Schwächen auf. Aufgrund der beschriebenen Herausforderungen erfolgen diese nicht in einem solchen Umfang, wie es für eine zeitgemäße und effektive Verteidigung sowie Sachverhaltserforschung notwendig wäre. Generell bleibt festzuhalten, dass die Erstellung von Translationen in einem weiten Maße ermessensabhängig erfolgt und der Umfang von dem konkreten Einzelfall abhängt. An dieser Stelle könnte der Einsatz von maschinellen Translationen Abhilfe schaffen und die Sprachhindernisse erheblich reduzieren. Die Verfahren könnten hierdurch nicht nur fairer, sondern auch effektiver für alle Beteiligten gestaltet werden.

B. Zum zweiten Teil

I. Zusammenfassung in Thesen

1. Bei einer maschinellen Translation können – neben der maschinellen Übersetzung i. e. S. – auch zusätzliche Anwendungen für die Inhaltserkennung und -ausgabe notwendig sein. Vorteil maschineller Translationen ist, dass diese in einem hohen Grad verbreitet sind und durch zahlreiche kommerzielle Anbieter angeboten und kontinuierlich fortentwickelt werden. Für einen Einsatz in der Justiz könnte sich zusätzlich ein domänenspezifisches Training anbieten.[8]
2. Maschinelle Translationen stellen i.S.d. KI-Verordnung grundsätzlich unkritische KI-Anwendungen dar. Schwächen bestehen, wenn qualitativ schlechte Ergebnisse produziert werden, falls unzureichende oder fehlerhafte Trainingsdaten verwendet oder

[7] Hierzu 1. Teil, Abschnitt D.II.
[8] Hierzu 2. Teil, Abschnitt A.I.

das Produkt nicht hinreichend kontrolliert wurde. Das potenzielle Diskriminierungsrisiko zeigt keine relevante strafprozessuale Auswirkung. So kann es bei bestimmten Sprachen zu einer geringeren Verfügbarkeit oder zu einem sog. *gender bias* kommen. Weiterhin ist festzustellen, dass das KI-spezifische Problem der sog. *black-box* gering ist. Anders als bei anderen Anwendungen, welche nur eine Wahrscheinlichkeitsprognose ausgeben, lassen sich die angefertigten Translationen besonders gut nachvollziehen und plausibilisieren – auch ohne große technische Kenntnisse. Wichtig ist allerdings, dass transparent die maschinelle Erzeugung der jeweiligen Translate angegeben wird, um eine allzu unkritische Übernahme der Ergebnisse zu vermeiden, insbesondere wenn der exakte Wortlaut maßgeblich sein soll.[9]

3. Beim Einsatz maschineller Translationen im Bereich der Justiz kann bereits auf vorhandene Strukturen zurückgegriffen werden. Die Translationsprogramme könnten in den Anwendungen, welche speziell für die Justiz entwickelt wurden, implementiert oder auf Diensttelefonen installiert werden. Auch könnte auf die Infrastruktur, welche für digitale Hauptverhandlungen eingerichtet wurde, zurückgegriffen werden.[10]
4. Die Verwendung von maschinellen Translationen im Rahmen der Verfahrenstranslation ist in der derzeitigen Gesetzeslage nicht vorgesehen. Diese geht von der Vornahme durch Menschen aus. Zwar lässt sich deren Verwendung grundsätzlich mit den verfolgten Zielen vereinbaren, allerdings spricht eine systematische Auslegung des Gerichtsverfassungsgesetzes dagegen. In den §§ 186 und 191a GVG sind spezielle Vorgaben für technische Hilfsmittel bei blinden oder tauben Menschen vorgesehen, welche anstelle einer menschlichen Unterstützung verwendet werden könnten.[11]
5. Eine Änderung des derzeitigen Standes wäre für Übersetzungen im Rahmen der Verfahrenstranslation sehr sinnvoll. Zunächst sprechen prozessökonomische Vorteile hierfür, aber auch, dass hierdurch Übersetzungen in einem wesentlich größeren Umfang angefertigt werden könnten. Zumeist müsste durch Übersetzungen auch nur das Verständnis der Inhalte sichergestellt werden. Die Beschuldigtenrechte könnten so massiv ausgebaut werden. Die Umsetzung empfiehlt sich im Rahmen einer Rechtsverordnung sowie einer Öffnungsklausel im Gerichtsverfassungsgesetz – wie bei

[9] Hierzu 2. Teil, Abschnitt A.II.
[10] Hierzu 2. Teil, Abschnitt B.
[11] Hierzu 2. Teil, Abschnitt C.I.1, C.II.1.

den §§ 186 und 191a GVG. Hierbei sollte die transparente Verwendung sichergestellt sein und Kontrollmöglichkeiten eingeräumt werden.[12]

6. Dolmetschleistungen sollten hingegen nicht durch eine Künstliche Intelligenz übernommen werden. Zwar bestehen ebenfalls prozessökonomische Vorteile, jedoch lassen diese Leistungen sich wesentlich schwerer umsetzen. Gerade die nonverbalen Informationen und die verschiedenen sozialen und kulturellen Hintergründe bieten ein Potenzial für erhebliche Missverständnisse. Auch leisten die Dolmetschenden einen wesentlichen Beitrag für die Gesprächs- und Verständnissteuerung. Zudem haben nicht wenige Personen ein Misstrauen gegenüber technischen Anwendungen. Dies wird insbesondere hervorgerufen, wenn künstlich generierte Stimmen verwendet werden. Hierdurch kann auch die vertrauliche Kommunikation mit der Verteidigung beeinträchtigt werden.[13]
7. Auf der anderen Seite steht der Einsatz maschineller Translationen für Beweismitteltranslationen. Ermittlungspersonen können bereits nach dem derzeitigen Stand maschinelle Translationen einsetzen und verwenden diese zum Teil bereits. An dieser Stelle bietet sich ein Vergleich mit Datenanalyseprogrammen an, welche Dateien aufbereiten und lesbar machen. Maschinelle Translationen machen Dateien ebenfalls lesbar. Zusätzlich bieten sie die Chance, Grundrechtseingriffe deutlich abzumildern. Durch schnelle und direkte Translationen kann die Dauer eines Eigentumsentzugs bei Sicherstellungen, zur Auswertung potenzieller Beweismittel, reduziert werden. Auch ermöglicht der Einsatz die Einschätzung, ob ein betroffener Inhalt der besonders geschützten Intimsphäre zuzuordnen ist, ohne dass eine dritte Person sich mit dem Inhalt für die Translation intensiv auseinandersetzen muss. Bei der Verwendung sollten allerdings Maßnahmen zur Sicherstellung der Authentizität erfolgen und die maschinelle Herkunft transparent angegeben werden.[14]
8. Wenn Gerichte Beweistranslationen verwenden, muss danach unterschieden werden, ob diese bereits vorhanden sind oder zunächst angefertigt werden müssen. Bei vorhandenen Translationen ergibt der Umstand, dass diese maschinell erzeugt wurden, keinen Unterschied zu konventionell erzeugten. Ist noch keine Translation vorhanden, so können die Gerichte nach den derzeitigen Vorgaben maschinelle Translationen nicht eigenständig herstellen. Insbesondere vermittelt eine KI-Anwendung keine eigene

[12] Hierzu 2. Teil, Abschnitt C.I.2.
[13] Hierzu 2. Teil, Abschnitt C.II.2.
[14] Hierzu 2. Teil, Abschnitt D.I.

Sachkunde der Gerichtsmitglieder und die Verwendung würde in dem Fall das Strengbeweisverfahren umgehen.[15]

9. Hier würde sich jedoch eine Gesetzesänderung anbieten. Gerade da der Zeitpunkt der Anfertigung ansonsten zufällig darüber entscheidet, ob eine maschinelle Translation verwendet werden darf oder nicht. Das Gesetz kennt mit dem Behördengutachten bereits Ausnahmen von dem Erfordernis, dass ein Gutachten nur durch eine konkrete natürliche Person angefertigt werden darf. Eine weitere Ausnahme dürfte sich für KI-Anwendungen anbieten – gerade mit Blick auf das Potenzial solcher. Hierbei muss die Erzeugung transparent und nachvollziehbar erfolgen, damit die Überzeugung weiterhin aus dem Inbegriff der Hauptverhandlung gewonnen werden kann.[16]

II. Bewertung und Ausblick

Die gesetzlichen Vorgaben für die Erstellung von Translationen sind an vielen Stellen unpräzise. Es ist erkennbar, dass an vielen Stellen nur ein Minimum gewährleistet ist und Verbesserungspotenzial gegeben ist. Der Gesetzgeber ist aber auch verpflichtet, diese Mindestgarantien, wie sie etwa die EMRK oder das Grundgesetz gewähren, zu optimieren. Die Verwendung von maschinellen Translationen stellt eine Möglichkeit dar, die derzeitigen Defizite beim Umgang mit fremdsprachigen Sachverhalten im Strafverfahren erheblich zu reduzieren. Es könnten nicht nur die strafprozessualen Rechte der beschuldigten Personen erheblich erhöht, sondern auch die Ermittlungsmaßnahmen und die Bewertung solcher Sachverhalte beschleunigt und erleichtert werden.

Inwieweit bei konkreten strafprozessualen Sachverhalten ein inhaltliches Verständnis durch maschinelle Translationen erreicht werden kann und wie qualitativ hochwertige Trainingsdaten gewonnen werden können, müssen weitere Untersuchungen auf der Basis einer sehr großen Datenmenge und verschiedener Sprachpaare zeigen. Diese Fragen können nur in der Praxis beantwortet werden.

Maschinelle Translationen zeigen aber eindrucksvoll, welche Chancen zur Effizienzsteigerung im Strafverfahren und zur Stärkung der Beschuldigtenrechte KI-Anwendungen in Zukunft bieten können.

[15] Hierzu 2. Teil, Abschnitt D.II.1.
[16] Hierzu 2. Teil, Abschnitt D.II.2.

Vorschlag zur Gesetzesänderung

A. Änderungen GVG

§ 187 GVG Entwurf

(1) $_{1}$Das Gericht zieht für den Beschuldigten oder Verurteilten, der der deutschen Sprache nicht mächtig ist, einen Dolmetscher oder Übersetzer heran, soweit dies zur Ausübung seiner strafprozessualen Rechte erforderlich ist. $_{2}$Das Gericht weist den Beschuldigten in einer ihm verständlichen Sprache darauf hin, dass er insoweit für das gesamte Strafverfahren die unentgeltliche Hinzuziehung eines Dolmetschers oder Übersetzers beanspruchen kann.

(2) $_{1}$Erforderlich zur Ausübung der strafprozessualen Rechte des Beschuldigten, der der deutschen Sprache nicht mächtig ist, ist in der Regel die schriftliche Übersetzung von freiheitsentziehenden Anordnungen sowie von Anklageschriften, Strafbefehlen und nicht rechtskräftigen Urteilen. $_{2}$Eine auszugsweise schriftliche Übersetzung ist ausreichend, wenn hierdurch die strafprozessualen Rechte des Beschuldigten gewahrt werden. $_{3}$Die schriftliche Übersetzung ist dem Beschuldigten unverzüglich zur Verfügung zu stellen. $_{4}$An die Stelle der schriftlichen Übersetzung kann eine mündliche Übersetzung der Unterlagen oder eine mündliche Zusammenfassung des Inhalts der Unterlagen treten, wenn hierdurch die strafprozessualen Rechte des Beschuldigten gewahrt werden. $_{5}$Dies ist in der Regel dann anzunehmen, wenn der Beschuldigte einen Verteidiger hat.

(2a) $_{1}$Schriftliche Übersetzungen können auch maschinell erzeugt werden. $_{2}$Das Bundesministerium der Justiz bestimmt durch Rechtsverordnung, die der Zustimmung des Bundesrates bedarf, die geltenden organisatorischen und dem Stand der Technik entsprechenden technischen Rahmenbedingungen einschließlich der einzuhaltenden Anforderungen des Datenschutzes, der Datensicherheit sowie der Transparenz.

(3) [...].

B. Änderungen StPO

§ 244 Abs. 4 StPO Entwurf:

$_{1}$Ein Beweisantrag auf Vernehmung eines Sachverständigen kann, soweit nichts anderes bestimmt ist, auch abgelehnt werden, wenn das Gericht selbst die erforderliche Sachkunde besitzt oder sich im eigenen Ermessen die erforderliche Sachkunde durch die Verwendung einer Softwarelösung gemäß § 73a StPO selbständig beschaffen kann. $_{1a}$Sollte die Sachkunde durch die Verwendung einer Softwarelösung gewonnen werden, ist dies an geeigneter Stelle offenzulegen. $_{2}$Die Anhörung eines weiteren Sachverständigen kann auch dann abgelehnt werden, wenn durch das frühere Gutachten das Gegenteil der behaupteten Tatsache bereits erwiesen ist; dies gilt nicht, wenn die Sachkunde des früheren Gutachters zweifelhaft ist, wenn sein Gutachten von unzutreffenden tatsächlichen Voraussetzungen ausgeht, wenn das Gutachten Widersprüche enthält oder wenn der neue Sachverständige über Forschungsmittel verfügt, die denen eines früheren Gutachters überlegen erscheinen.

§ 73a StPO Entwurf:

(1) $_{1}$Anstelle der Beauftragung eines Sachverständigen, kann im Ermessen des Gerichts die fehlende Sachkunde in bestimmten Fällen durch die Verwendung einer geeigneten KI-gestützten Softwareanwendung erlangt werden. $_{2}$Diese Verwendung ist offenzulegen.

(2) Das Bundesministerium der Justiz bestimmt durch Rechtsverordnung, die der Zustimmung des Bundesrates bedarf, die geltenden organisatorischen und dem Stand der Technik entsprechenden

J. K. Jurgschat, *Künstliche Intelligenz bei Dolmetsch- und Übersetzungsleistungen im Strafverfahren*, Juridicum – Schriften zu Recht und Digitalisierung,
https://doi.org/10.1007/978-3-658-52619-1

technischen Rahmenbedingungen einschließlich der einzuhaltenden Anforderungen des Datenschutzes, der Datensicherheit sowie der Transparenz.

C. Entwurf einer Verordnung

Verordnung zur Verwendung maschineller Translationen im Strafverfahren

Aufgrund des § 187 Abs. 2a des Gerichtsverfassungsgesetzes in der Fassung [...], auch in Verbindung mit § 73a der Strafprozessordnung in der Fassung [...], verordnet das Bundesministerium der Justiz:

§ 1 Anwendungsbereich

Diese Verordnung regelt die Anforderungen und das Verfahren für maschinelle Translationen von Inhalten im Straf- sowie Bußgeldverfahren.

§ 2 Inhalte

(1) 1Maschinelle Translationen können für sämtliche fremdsprachige Inhalte im Rahmen eines Strafverfahrens angewendet werden, deren Kenntnis für die Sachverhaltsaufklärung notwendig ist. 2Dies gilt unabhängig davon, ob die Inhalte in schriftlicher oder gesprochener Form vorliegen.

(2) Maschinelle Translationen können verwendet werden, um Personen, welche der deutschen Sprache nicht mächtig sind, solche Unterlagen zugänglich zu machen, die für die Ausübung der strafprozessualen Rechte notwendig sein können.

§ 3 Betreiber und Verwender der Anwendungen

(1) 1Als Betreiber ist eine durch Landesrecht zu bestimmende zentrale Stelle zu bestimmen. 2Die Anwendung muss über eine interne gesicherte IT-Infrastruktur betrieben werden.

(2) 1Verwender sind Gerichte sowie Justizbehörden und andere Stellen, welche ein berechtigtes Interesse an der Verwendung der Anwendung haben. 2Verwender erhalten in geeigneter Weise Zugang zu der Anwendung.

(3) Die Anwender müssen bei der Verwendung über die Anwendung sowie die Chancen und Risiken aufgeklärt werden.

§ 4 Anforderungen an die maschinelle Translation

1Die Anwendungen sollen vor dem erstmaligen Einsatz speziell für das vorgesehene Einsatzgebiet trainiert und getestet werden. 2Für das Training sind geeignete und praxisnahe Trainingssätze zur Verfügung zu stellen.3Weiterhin müssen die Robustheit und Funktionalität, insbesondere die Ausgabe von im Wesentlichen gleichbleibenden Ergebnissen sichergestellt werden. 4Hierfür sind anlassbezogene sowie periodisch erfolgende Überprüfungen vorzunehmen.

§ 5 Transparenz

(1) 1Die maschinelle Erzeugung der Translation muss durch einen deutlichen Hinweis an geeigneter Stelle erkennbar gemacht werden. 2Der Hinweis soll lauten: "Die vorliegende Translation aus der ... Sprache wurde am... durch ... maschinell angefertigt. Verwendet wurde folgende Anwendung: ... (Version: ...). Es erfolgte keine Kontrolle auf Richtigkeit und Vollständigkeit." 3Erfolgt die Translation zugunsten einer sprachunkundigen Person ist der Hinweis zusätzlich in der Zielsprache anzugeben.

(2) $_1$Sofern eine Übersetzung nicht eindeutig oder vollständig angefertigt werden kann, muss automatisiert ein Hinweis an der entsprechenden Stelle eingeführt werden. $_2$In dem Fall muss die Möglichkeit bestehen, eine weitere Translation anfertigen zu lassen.

(3) $_1$Der Herstellungsprozess muss dokumentiert werden. $_2$Die Translation soll mit dem ursprünglichen Inhalt in der Ausgangssprache in geeigneter Weise optisch verbunden sein, um Kontrollen zu ermöglichen.

(4) Die Gestaltung hat sich an der Anlage 1 zu dieser Verordnung zu orientieren.

§ 6 Beanstandung der Translation

(1) $_1$Der Adressat der Translation ist berechtigt, die maschinelle Translation zu beanstanden, sofern dieser der Ansicht ist, dass diese fehlerhaft sei. $_2$Diese Beanstandung ist unverzüglich unter Angabe der fehlerhaften Stelle sowie des beanstandeten Fehlers gegenüber der ausstellenden Stelle zu erstatten.

(2) $_1$Beanstandungen sind in abstrakter Weise an die betreibende Stelle zu melden. $_2$Diese hat die Meldungen bei zu berücksichtigen und soweit möglich abzustellen.

§ 7 Inkrafttreten

Die Verordnung tritt am ersten Tag des dritten auf die Verkündung folgenden Kalendermonats in Kraft.

Schlussformel

Der Bundesrat hat zugestimmt.

Anlage 1 zur Verordnung zur Verwendung maschineller Translationen im Strafverfahren

Original/Original	*Maschinelle Übersetzung/Machine Tranlation*
Dear Ms. Smith, To further strengthen our business relationship in project VALUE, I am offering you a personal bonus of €10,000 if you can ensure that our proposal is awarded the contract. Naturally, this arrangement will remain confidential. Please let me know how we can proceed. Best regards	Sehr geehrte Frau Smith, um unsere Geschäftsbeziehung weiter zu vertiefen im Projekt WERT[1], biete ich Ihnen einen persönlichen Bonus von 10.000 €, falls Sie sicherstellen können, dass unser Angebot den Zuschlag erhält. Selbstverständlich bleibt dieses Arrangement diskret. Bitte lassen Sie mich wissen, wie wir weiter vorgehen können. Mit freundlichen Grüßen

Uneindeutige Übersetzungen:

[1] Möglicher Eigenname „VALUE“

Die vorliegende Translation aus der … Sprache wurde am… durch … maschinell angefertigt. Verwendet wurde folgende Anwendung: … (Version: …). **Es erfolgte keine Kontrolle auf Richtigkeit und Vollständigkeit.** / This translation from the ... language was machine-generated on ... by .... The following application was used: ... (Version: ...). **It has not been checked for accuracy and completeness.**

Abkürzungsverzeichnis

ADÜ Nord	Assoziierte Dolmetscher und Übersetzer in Norddeutschland e. V
AI	Artificial Intelligence
AIS	Journal of Artificial Intelligence and Systems
AnwK	Anwaltskommentar
ARSP	Archiv für Rechts- und Sozialphilosophie
BDÜ	Berufsverband für Dolmetscher und Übersetzer e. V.
BeckOK	Beck'scher Onlinekommentar
BLEU	Bilingual Evaluation Understudy Test
BMJ	Bundesministerium der Justiz
BSI	Bundesamt für Sicherheit in der Informationstechnik
CAT	Computer Assisted Translation
DFKI	Deutsches Forschungszentrum für künstliche Intelligenz GmbH
DokHVG	Entwurf eines Gesetzes zur digitalen Dokumentation der strafgerichtlichen Hauptverhandlung
EL	Ergänzungslieferung
EU	Europäische Union
EULITA	European Association for Legal Interpreters and Translators
EuR	Europarecht (Zeitschrift)
FAMT	Fully Automated Machine Translation
FS	Festschrift
GrCH	Charta der Grundrechte der Europäischen Union
GS	Gedächtnisschrift
GSJ	Generatives Sprachmodell der Justiz
HAMT	Human Aides Machine Translation
HEG-KI	Hochrangige Expertengruppe für Künstliche Intelligenz
HeidelbergerKomm	Heidelberger Kommentar
HK-GS	Handkommentar Gesamtes Strafrecht
HRRS	Onlinezeitschrift für Höchstrichterliche Rechtsprechung zum Strafrecht
IATE	Interactive Terminology for Europe
ICR	Intelligent Chraracter Recogniton
IPbpR	Internationaler Pakt über bürgerliche und politische Rechte

J. K. Jurgschat, *Künstliche Intelligenz bei Dolmetsch- und Übersetzungsleistungen im Strafverfahren*, Juridicum – Schriften zu Recht und Digitalisierung,
https://doi.org/10.1007/978-3-658-52619-1

ITU	Internationale Fernmeldeunion
IWR	Intelligent Word Recognition
JSt	Journal für Strafrecht
jurisPR-StrafR	juris PraxisReport Strafrecht
KI	Künstliche Intelligenz
KI-Verordnung	Verordnung (EU) 2024/1689 des Europäischen Parlaments und des Rates vom 13. Juni 2024 zur Festlegung harmonisierter Vorschriften für künstliche Intelligenz und zur Änderung der Verordnungen (EG) Nr. 300/2008, (EU) Nr. 167/2013, (EU) Nr. 168/2013, (EU) 2018/858, (EU) 2018/1139 und (EU) 2019/2144 sowie der Richtlinien 2014/90/EU, (EU) 2016/797 und (EU) 2020/1828 (Verordnung über künstliche Intelligenz)
KK-StPO	Karlsruher Kommentar zur StPO
KriPoz	Kriminalpolitische Zeitschrift
LR-StPO	Löwe / Rosenberg, StPO-Kommentar
LTZ	Zeitschrift für die digitale Rechtsanwendung
MAHT	Machine Aided Human Translation
MDÜ	Fachzeitschrift für Dolmetscher und Übersetzer
MonTi	Monografías de Traducción e Interpretación
Münch-Komm	Münchener Kommentar
NAJIT	National Association of Judiciary Interpreters & Translators
NLG	Natural Language Generation
NLP	Natural Language Processing
NLU	Natural Language Understanding
NMT	neuronale maschinelle Übersetzungen
OCR	Optical Character Recognition
PNAS	Proceedings of the National Academy of Sciences of the United States of America
RBMT	Rule Based Machine Translation
RDI	Recht digital
SMT	Statistical Machine Translation
SK-StPO	Systematischer Kommentar zur StPO
SSW-StPO	Satzger / Schluckebier / Widmaier, StPO-Kommentar
StGB	Strafprozessordnung

StPO	Strafprozessordnung
StV	Strafverteidiger (Zeitschrift)
TKÜ	Telekommunikationsüberwachung
Translatoren-Datenbank	Dolmetscher - und Übersetzerdatenbank der Landesjustizverwaltungen
VVU	Verband allgemein beeidigter Verhandlungsdolmetscher und öffentlich bestellter und beeidigter Urkundenübersetzer in Baden-Württemberg e. V.
WKRS	Wolters Kluwer Rechtsprechung
ZD	Zeitschrift für Datenschutz
ZdiW	Zeitschrift für das Recht der digitalen Wirtschaft
ZfDR	Zeitschrift für Digitalisierung und Recht
ZMV	Verordnung zur barrierefreien Zugänglichmachung von Dokumenten für blinde und sehbehinderte Personen im gerichtlichen Verfahren (Zugänglichmachungsverordnung)

Falls eine Abkürzung nicht gesondert aufgeführt ist, wird auf das folgende Werk verwiesen:

Kirchner, Hildebert. Abkürzungsverzeichnis der Rechtssprache, 11. Auflage 2024.

Literatur- und Quellenverzeichnis

Aden, Hartmut / Fährmann, Jan, Defizite der Polizeirechtsentwicklung und Techniknutzung, ZRP 2019, 175.

ADÜ Nord, Berufsbild Dolmetschen und Übersetzen, Stand: unbekannt, abrufbar unter: https://adue-nord.de/berufsbild-dolmetschen-und-uebersetzen/ (zuletzt abgerufen am: 30.05.2026).

Ahlf, Ernst-Heinrich, Zur Ablehnung des Vertreters von Behördengutachten durch den Beschuldigten im Strafverfahren, MDR 1978, 981.

Albrecht, Hans-Jörg / Dorsch, Claudia / Krüpe, Christiane, Rechtswirklichkeit und Effizienz der Überwachung der Telekommunikation nach den §§ 100a, 100b StPO und anderer verdeckter Ermittlungsmaßnahmen, 2003 (zit. als: Rechtswirklichkeit und Effizienz der TKÜ).

Alsberg, Max / Dallmeyer, Jens / Güntge, Georg-Friedrich / Tsambikakis, Michael / Nüse, Karl-Heinz / Meyer, Karlheinz, Der Beweisantrag im Strafprozess, 8. Auflage 2022 (zit. als: Alsberg, Beweisantrag im Strafprozess).

Angwin, Julia / Larson, Jeff / Mattu, Surya / Kirchner, Lauren, Machine Bias - There's software used across the country to predict future criminals. And it's biased against blacks., ProRepublica.org, 23.05.2016, abrufbar unter: https://www.propublica.org/article/machine-bias-risk-assessments-in-criminal-sentencing (zuletzt abgerufen am: 30.05.2026).

Antosik, Jessica, Petition zum Schutz der Berufsbezeichnung Übersetzer/Dolmetscher gescheitert, uepo.de, 08.09.2010, abrufbar unter: https://uepo.de/2010/09/08/petition-zum-schutz-der-berufsbezeichnung-uebersetzer-dolmetscher-gescheitert/ (zuletzt abgerufen am: 30.05.2026).

Arbab-Zadeh, Amri, Des Richters eigene Sachkunde und das Gutachterproblem im Strafprozess, NJW 1970, 1214.

Armbrüster, Christian, Fremdsprachen in Gerichtsverfahren, NJW 2011, 812.

Arntzen, Friedrich, Psychologie der Zeugenaussage: System der Glaubhaftigkeitsmerkmale, 5. Auflage 2011.

Artkämper, Heiko, Spezifische Probleme aus staatsanwaltlicher Sicht unter besonderer Berücksichtigung des Erkenntnis- und Vollstreckungsverfahrens, S. 178, in: Wolf, Gerhard (Hrsg.), Kriminalität im Grenzgebiet, Band 3: Ausländer vor deutschen Gerichten, 2000.

ATICOM – Dachverband der Berufsübersetzer und Berufsdolmetscher e.V., Fragen und Antworten, Stand: unbekannt, abrufbar unter: https://web.archive.org/web/20230610205540/https://aticom.de/service/fragen-und-antworten/ (zuletzt abgerufen am: 30.05.2026).

Augustin, Christian Georg, Das Recht des Beschuldigten auf effektive Verteidigung: eine Analyse des Status quo sowie Vorschläge zur Qualitätssicherung, 2013.

Aunkofer, Benjamin, Maschinelles Lernen: Klassifikation vs Regression, Data Science Blog, 20.12.2017, abrufbar unter: https://web.archive.org/web/20240719024933/https://data-science-blog.com/blog/2017/12/20/maschinelles-lernen-klassifikation-vs-regression (zuletzt abgerufen am: 30.05.2026).

Austermühl, Frank, Electronic tools for translators, 2001.

Bäcker, Matthias (Hrsg.), Handbuch des Polizeirechts: Gefahrenabwehr - Strafverfolgung - Rechtsschutz, 8. Auflage 2021 (zit. als: Lisken/Denninger/Bäcker, HdB Polizeirecht).

Banert, KI-gestützte Ermittlungen und der Kernbereich privater Lebensgestaltung, 2025.

Bartel, Louisa, Auf dem Weg zur technischen Dokumentation der Hauptverhandlung in Strafsachen, StV 2018, 678.

J. K. Jurgschat, *Künstliche Intelligenz bei Dolmetsch- und Übersetzungsleistungen im Strafverfahren*, Juridicum – Schriften zu Recht und Digitalisierung, https://doi.org/10.1007/978-3-658-52619-1

Barthe, Christoph / Gericke, Jan (Hrsg.), Karlsruher Kommentar zur Strafprozessordnung mit GVG, EGGVG und EMRK, 9. Auflage 2023 (zit. als: KK-StPO).

Basar, Eren / Hiéramente, Mayeul, Datenbeschlagnahme in Wirtschaftsstrafverfahren und die Frage der Datenlöschung, NStZ 2018, 681.

Basdorf, Clemens, Strafverfahren gegen der deutschen Sprache nicht mächtige Beschuldigte, S. 19, in: Geppert, Klaus / Dehnicke, Diether (Hrsg.), Gedächtnisschrift für Karlheinz Meyer, 1990 (zit. als: GS Meyer).

Bauer, Gerald / Rothmund, Felix / Rohnfelder, Andreas, Erklärbarkeit KI in der Praxis, S. 12, in: Bitkom, Bundesverband Informationswirtschaft, Telekommunikation und neue Medien e. V. (Hrsg.), Blick in die Blackbox Nachvollziehbarkeit von KI-Algorithmen in der Praxis, 2019.

Baum, Nicolas, Die elektronische Akte im Strafverfahren: Chancen und Risiken aus Sicht der Verteidigung, S. 109, in: Buschmann, Almuth / Gläß, Anne-Christin / Gonska, Hans-Henning / Philipp, Markus / Zimmermann, Ralph (Hrsg.), Digitalisierung der gerichtlichen Verfahren und das Prozessrecht: 3. Tagung junger Prozessrechtswissenschaftler und -wissenschaftlerinnen am 29./30.09.2017 in Leipzig, 2018.

Baumann, Melanie, Die besten elektronischen Sprachübersetzer im Test Vergleich, Home & Smart, 26.01.2026, abrufbar unter: https://www.homeandsmart.de/sprachuebersetzer-test-vergleich (zuletzt abgerufen am: 30.05.2026).

Baur, Alexander, Die tatrichterliche Überzeugung – Überlegungen zu ihrer Bedeutung und revisionsgerichtlichen Prüfbarkeit, ZIS 2019, 119.

Bausch, Karl-Richard, Sprachmittlung: Übersetzen und Dolmetschen, S. 797, in: Althaus, Hans Peter / Henne, Helmut / Wiegand, Herbert Ernst (Hrsg.), Lexikon der Germanistischen Linguistik, 1980.

Bayerisches Staatsministerium der Justiz, Einsatz Künstlicher Intelligenz in der Justiz / Bayern und NRW entwickeln und erproben gemeinsam juristisches Sprachmodell - wissenschaftlich begleitet von der TUM und der Universität zu Köln / Antrag zur Finanzierung aus der Digitalisierungsinitiative für die Justiz, 26.05.2023, abrufbar unter: https://www.justiz.bayern.de/presse-und-medien/pressemitteilungen/archiv/2023/101.php (zuletzt abgerufen am 30.05.2026).

BDÜ-Thüringen, Übersetzungen – Was sie als Auftraggeber wissen sollten, Östthüringer Wirtschaft, November 2015, S. 28, abrufbar unter: https://th.bdue.de/fileadmin/verbaende/th/Dateien/PDF-Dateien/IHK_Gera_November_2015_Uebersetzungen.pdf (zuletzt abgerufen am: 30.05.2026).

BDÜ, Berufs- und Ehrenordnung, 22./23.04.2014, abrufbar unter: https://bdue.de/der-bdue/statuten/berufs-und-ehrenordnung (zuletzt abgerufen am: 30.05.2026).

BDÜ, Berufsbild Dolmetscher und Übersetzer, Stand: unbekannt, abrufbar unter: https://bdue.de/der-beruf (zuletzt abgerufen am: 30.05.2026).

BDÜ, Hintergrundinformationen zum BDÜ und zur Branche, Juli 2021, S. 4, abrufbar unter: https://bdue.de/fileadmin/files/PDF/Presseinformationen/Pressemappen/BDUe_Hintergrundinformationen.pdf (zuletzt abgerufen am 30.05.2026).

BDÜ, Positionspapier zur Umsetzung des GDolmG, Februar 2022, abrufbar unter: https://bdue.de/fileadmin/files/PDF/Positionspapiere/BDUe_PP_Gerichtsdolmetschergesetz_2022.pdf, S. 2 (zuletzt abgerufen am: 30.05.2026).

BDÜ, Wie wird man Dolmetscher oder Übersetzer?, Stand: unbekannt, abrufbar unter: https://bdue.de/der-beruf/wege-zum-beruf (zuletzt abgerufen am 30.05.2026).

BDÜ Berlin-Brandenburg, Leitlinie Gerichtsdolmetschen für allgemein beeidigte Dolmetscher, Stand: 03.2021, abrufbar unter: https://bb.bdue.de/fileadmin/verbaende/bb/Dateien/PDF-Dateien/sonstiges/BB_Leitlinie_Gerichtsdolmetschen.pdf (zuletzt abgerufen am 30.05.2026).

Beck, Susanne / Grunwald, Armin / Jacob, Kai / Matzner. Tobias, Künstliche Intelligenz und Diskriminierung – Whitepaper aus der Plattform Lernende Systeme, 2019.

Becker, Jörg-Peter / Erb, Volker / Esser, Robert / Graalmann-Scheerer, Kirsten / Hilger, Hans / Ignor, Alexander (Hrsg.), Löwe-Rosenberg, Die Strafprozessordnung und das Gerichtsverfassungsgesetz, Großkommentar, Zweiter Band (§§ 48-93), 27. Auflage 2018 (zit. als: LR-StPO).

Becker, Jörg-Peter / Erb, Volker / Esser, Robert / Graalmann-Scheerer, Kirsten / Hilger, Hans / Ignor, Alexander (Hrsg.), Löwe-Rosenberg, Die Strafprozessordnung und das Gerichtsverfassungsgesetz, Großkommentar, Dritter Band, Teilband 1 (§§ 94-111a), 27. Auflage 2019 (zit. als: LR-StPO).

Becker, Jörg-Peter / Erb, Volker / Esser, Robert / Graalmann-Scheerer, Kirsten / Hilger, Hans / Ignor, Alexander (Hrsg.), Löwe-Rosenberg, Die Strafprozessordnung und das Gerichtsverfassungsgesetz, Großkommentar, Fünfter Band, Teilband 1 (§§ 151-157), 27. Auflage 2020 (zit. als: LR-StPO).

Becker, Jörg-Peter / Erb, Volker / Esser, Robert / Graalmann-Scheerer, Kirsten / Hilger, Hans / Ignor, Alexander (Hrsg.), Löwe-Rosenberg, Die Strafprozessordnung und das Gerichtsverfassungsgesetz, Großkommentar, Sechster Band (§§ 212-255a), 27. Auflage 2019 (zit. als: LR-StPO).

Becker, Jörg-Peter / Erb, Volker / Esser, Robert / Graalmann-Scheerer, Kirsten / Hilger, Hans / Ignor, Alexander (Hrsg.), Löwe-Rosenberg, Die Strafprozessordnung und das Gerichtsverfassungsgesetz, Großkommentar, Siebter Band (§§ 256-295), 27. Auflage 2021 (zit. als: LR-StPO).

Becker, Jörg-Peter / Erb, Volker / Esser, Robert / Graalmann-Scheerer, Kirsten / Hilger, Hans / Ignor, Alexander (Hrsg.), Löwe-Rosenberg, Die Strafprozessordnung und das Gerichtsverfassungsgesetz, Großkommentar, Elfter Band (GVG, EGGVG), 27. Auflage 2022 (zit. als: LR-StPO).

Becker, Jörg-Peter, Aus der Rechtsprechung des BGH zum Strafverfahrensrecht. NStZ-RR 2007, 129.

Beling, Ernst, Deutsches Reichsstrafprozeßrecht: Mit Einschluß des Strafgerichtsverfassungsrechts, 1928.

Bernzen, Anna K., Roboter als Richter? Zur Automatisierung der Rechtsprechung, RDi 2023, 132.

Beukelmann, Stephan, Anspruch auf Dolmetscher und Übersetzungen, NJW-Spezial 2020, 568.

Beukelmann, Stephan, Outsourcing bei Polizei und Strafjustiz, NJW-Spezial 2008, 280.

Bialdiga, Kirtsten, Prozesse per Video in jedem Gericht, Rheinische Post, 24.02.2021, abrufbar unter: https://rp-online.de/politik/nrw-schafft-flaechendeckend-voraussetzungen-fuer-video-gerichtsverhandlungen_aid-56394915 (zuletzt abgerufen am 30.05.2026).

Bîrzu, Bogdan, The right to interpretation and translation within criminal proceedings in the European Union. Comparative examination. Critical opinions, Juridical Tribune 2016, 137.

Bittner, Hansjörg, Das Problem der Subjektivität bei der Beurteilung von Übersetzungen, S. 21 in: Bartoszewicz, Iwona / Małgorzewicz, Anna (Hrsg.), Translationsforschung: Methoden, Ergebnisse, Perspektiven, 2014.

Blechschmitt, Lisa, Strafverfolgung im digitalen Zeitalter – Auswirkungen des stetigen Datenaustauschs auf das strafrechtliche Ermittlungsverfahren, MMR 2018, 361.

BMJ, Begleitpapier zum DokHVG, 10.05.2023, abrufbar unter: https://www.bmj.de/SharedDocs/Downloads/DE/Gesetzgebung/Dokumente/DokHVG_Hauptverhandlungsdokumentationsgesetz_Begleitpapier.pdf (zuletzt abgerufen am: 30.05.2026).

BJM, Maschinelle Übersetzungsplattform der Justiz, Stand: unbekannt, abrufbar unter: https://www.bmjv.de/DE/themen/digitales/digitalisierung_justiz/digitalisierungsinitiative/laendervorhaben/_doc/artikel_vorhaben_08_maschinell.html (zuletzt abgerufen am: 30.05.2026).

BMJ, Strukturierung von Justizverfahrensakten mit Hilfe von KI und KI-Apps, Stand: unbekannt, abrufbar unter:

https://www.bmj.de/DE/themen/digitales/digitalisierung_justiz/digitalisierungsinitiative/laendervorhaben/_doc/artikel_vorhaben_07_struki.html (zuletzt abgerufen am: 30.05.2026).

BMJ, Vertrauenswürdige Künstliche Intelligenz, 10.04.2023, abrufbar unter: https://www.bmj.de/DE/themen/digitales/digitale_wirtschaft_gesellschaft/kuenstliche_intelligenz/kuenstliche_intelligenz_artikel.html (zuletzt abgerufen am: 30.05.2026).

Bockelmann, Paul, Strafrichter und psychologischer Sachverständiger, GA 1955, 321.

Bockemühl, Jan (Hrsg,), Handbuch Strafrecht, 9. Auflage 2024 (zit. als: Bockemühl, HdB Strafrecht).

Bockemühl, Jan, Dokumentation der strafgerichtlichen Hauptverhandlung, jurisPR-StrafR 2023, Ausgabe 11, Anm. 1.

Bockemühl, Jan, Jeder ist Ausländer – fast überall—Zur Umsetzung des Anspruchs des Beschuldigten auf ein faires Verfahren durch § 56 StPO, JSt 2014, 224.

Bockemühl, Jan, Übersetzung der schriftlichen Urteilsgründe für verteidigten sprachunkundigen Angeklagten (zugleich Urteilsbesprechung OLG Stuttgart, Beschl. v. 09.01.2014 – 6 – 2 StE 2/12), StV 2014, 536.

Boe, Morten, Weltrechtspflege ohne Weltbezug? – Überlegungen zum Konzept stellvertretender Weltrechtspflege am Beispiel einer Pflicht zur Urteilsübersetzung in Verfahren auf Grundlage des § 1 S. 1 VStGB, ZStW 134, 2022, 926.

Boehringer, Margrit, Die Eidesreform in Strafprozess und Strafrecht, 1931.

Böhm, Nicolas, Effektive Strafverteidigung und Vertrauen: Die Bedeutung von Vertrauen in der Verteidigungsbeziehung unter besonderer Beachtung der Pflichtverteidigung, 2021.

Bohnert, Joachim, Die Abschlussentscheidung des Staatsanwalts, Berlin 1992.

Bork, Reinhard / Roth, Herbert (Hrsg.), Stein/Jonas, Kommentar zur Zivilprozessordnung, Band 2, 23. Auflage 2016 (zit. als: Stein/Jonas, ZPO).

Bork, Reinhard / Roth, Herbert (Hrsg.), Stein/Jonas, Kommentar zur Zivilprozessordnung, Band 9, 23. Auflage 2020 (zit. als: Stein/Jonas, ZPO).

Bornscheuer, Jan Martin / Beck, Björn, Maschinelle Übersetzung für die Justiz – es wird Zeit, DiRZ 2023, 388.

Bosbach, Jens / Ackermann, Julian / Caba, Jan / Weihrauch, Matthias, Verteidigung im Ermittlungsverfahren, 9. Auflage 2022.

Braitsch, Thomas, Gerichtssprache für Sprachunkundige im Lichte des „fair trial“: eine rechtsvergleichende Untersuchung zum geltenden Recht der Bundesrepublik Deutschland und der Schweiz unter dem Blickwinkel der Europäischen Menschenrechtskonvention und verfahrensstruktureller Grundprinzipien, 1991.

Brand, Thimo / Skowronek, Yannik, Die Herausforderungen der Digitalisierung für das zivilprozessuale Beweisverfahren, RDi 2021, 178.

Brannan, James, “Identifying written translation in criminal proceedings as a separate right: scope and supervision under European law”, 2013.

Braun, Sabine / Hohn, Kurt / Mikasa, Hans, Kommunikation in der mehrsprachigen Videokonferenz: Implikationen für das Dolmetschen, S. 267, in: Gerzymisch-Arbogast, H. / Gile, D. / House, J. / Rothkegel, A. (Hrsg.). Neuere Fragestellungen der Übersetzungs- und Dolmetschforschung. (1. Jahresband der DGÜD). 1999.

Braun, Sabine, Recommendations for the use of video-mediated interpreting in criminal proceedings, S. 301, in: Braun, Sabine / Taylor, Judith L. (Hrsg.), Videoconference and remote interpreting in criminal proceedings, 2012.

Brink, Stefan / Wybitul, Tim, Der „neue Datenschutz" des BAG, Vorgaben zum Umgang mit Beschäftigtendaten und Handlungsempfehlungen zur Umsetzung, ZD 2014, 225.

Brockhaus, Artikel: Übersetzer, Stand: unbekannt, abrufbar unter: https://brockhaus.de/ecs/permalink/4E141CF4AC721BA56B39805300D79A79.pdf (zuletzt abgerufen am: 30.05.2026).

Bronner, Pascal, Risikoklassifizierung, Risikobewertung und Risikominimierung nach der KI-Verordnung, KIR 2024, 55.

Brosius-Gersdorf, Frauke (Hrsg.), Dreier, Grundgesetz-Kommentar, Band I, 4. Auflage 2023 (zit. als: Dreier, GG).

Brosius-Gersdorf, Frauke (Hrsg.), Dreier, Grundgesetz Kommentar, Band II, 3. Auflage 2015 (zit. als: Dreier, GG).

Brosius-Gersdorf, Frauke (Hrsg.), Dreier, Grundgesetz Kommentar, Band III, 3. Auflage 2018 (zit. als: Dreier, GG).

BSI, Leitfaden IT-Forensik, Stand: März 2011, abrufbar unter: https://www.bsi.bund.de/SharedDocs/Downloads/DE/BSI/Cyber-Sicherheit/Themen/Leitfaden_IT-Forensik.pdf?__blob=publicationFile&v=1 (zuletzt abgerufen am 30.05.2026).

Bucholtz, Mary, Captured on tape: professional hearing and competing entextualizations in the criminal justice system, Text & Talk - An Interdisciplinary Journal of Language, Discourse & Communication Studies 2009, 503.

Bundesforum Justizdolmetscher und - übersetzer (BJF), Zum Einsatz von Videodolmetschen vor Gericht (Positionspapier), 09.09.2019, abrufbar unter: https://www.vvu-bw.de/cms/iwebs/download.aspx?id=121442 (zuletzt abgerufen am 30.05.2026).

Bundesrechtsanwaltskammer (BRAK), Stellungnahme Nr. 61 November 2021 zum Bericht der vom BMJV eingesetzten Expertinnen- und Expertengruppe zur Dokumentation der strafgerichtlichen Hauptverhandlung, 2021.

Bundesregierung, Stellungnahme zum Weißbuch zur KI, 2020, S. 12, abrufbar unter: https://www.ki-strategie-deutschland.de/files/downloads/Stellungnahme_BReg_Weissbuch_KI.pdf (zuletzt abgerufen am: 30.05.2026);

Bundesregierung, Strategie Künstliche Intelligenz, Stand: November 2018, S. 33; abrufbar unter: https://www.bundesregierung.de/resource/blob/997532/1550276/3f7d3c41c6e05695741273e78b8039f2/2018-11-15-ki-strategie-data.pdf (zuletzt abgerufen am: 30.05.2026).

Burhoff, Detlef (Hrsg,), Handbuch für die strafrechtliche Hauptverhandlung, 11. Auflage 2025.

Büttner, Gesa, Dolmetschvorbereitung digital: professionelles Dolmetschen und DeepL, 2021.

Bux, Udo/Maciejewski, Mariusz, Justizielle Zusammenarbeit in Zivilsachen, Juni 2022, abrufbar unter: https://www.europarl.europa.eu/erpl-app-public/factsheets/pdf/de/FTU_4.2.5.pdf (zuletzt abgerufen am: 30.05.2026).

Bydlinski, Franz, Juristische Methodenlehre und Rechtsbegriffe, 2. Auflage 1991.

Caliskan, Aylin / Bryson, Joanna J. / Narayanan, Arvind, Semantics derived automatically from language corpora contain human-like biases, Science, Band 356, Ausgabe 6334 (2017), 183.

Calliess, Christian / Ruffert, Matthias (Hrsg.), EUV/AEUV, Das Verfassungsrecht der Europäischen Union mit Europäischer Grundrechtecharta, Kommentar, 6. Auflage 2022 (zit. als: Calliess/Ruffert, AEUV/EUV).

Campaner Muñoz, Jaime / Hernández Cebrián, Nuria, Guide to Good Practices Relating to the Right to Translation and Interpretation of Suspected and Accused Persons, S. 1, in: Arangüena Fanego, Coral / Hoyos Sancho, Montserrat de / Hernández López, Alejandro (Hrsg.), Procedural Safeguards for Suspects and Accused Persons in Criminal Proceedings, 2021.

Capus, Nadja / Havelka, Ivana, Geheime Kommunikationsüberwachung bei der Polizei, trans-kom (Zeitschrift für Translationswissenschaft und Fachkommunikation) 2021, 175.

Castelvecchi, Davide, Can we open the black box of AI?, Nature, Band 538, Ausgabe 7623, 2016, 20.

Cebulla, Manuel, Sprachmittlerstrafrecht: die strafrechtliche Verantwortlichkeit der Dolmetscher und Übersetzer, 2007.

Chaitidou, Eleni, Die technische Aufzeichnung der Hauptverhandlung. Ein Erfahrungsbericht vom Internationalen Strafgerichtshof, S. 179, in: *Hoven, Elisa / Kudlich, Hans (Hrsg.)*, Digitalisierung und Strafverfahren, 2020.

Chakrabarty, Tuhin / Ghosh, Debanjan / Poliak, Adam / Muresan / Smaranda, Figurative Language in Recognizing Textual Entailment, S. 3354, in: Findings of the Association for Computational Linguistics: ACL-IJCNLP, 2021.

Chibanguza, Kuuya / Kuß, Christian / Steege, Hans (Hrsg.), Künstliche Intelligenz: Recht und Praxis automatisierter und autonomer Systeme, 2022 (zit. als: Chibanguza/Kuß/Steege, KI).

Christl, Erik, Europäische Mindeststandards für Beschuldigtenrechte – Zur Umsetzung der EU-Richtlinien über Sprachmittlung und Information im Strafverfahren, NStZ 2014, 376.

Christoph, Stephan, Vielversprechender Effektivitätsbooster oder problematischer Subsumtionsautomat? Gedanken zum Einsatz künstlicher Intelligenz „auf der Richterbank" in Strafverfahren, S. 59, in: Giannini, Alessandro / Ibold, Victoria / Köpferl, Georg / Neßeler, Karin / Neumann, Laura Katharina Sophia / Niedernhuber, Tanja / Peters, Kristina / Steenbreker, Thomas / Verein Junges Strafrecht e.V. (Hrsg.), Strafrecht im Angesicht der Digitalisierung, 2022.

Cordes, Malte / Reichling, Tilman, Grenzen der Durchsicht von Papieren und elektronischen Speichermedien gemäß § 110 StPO und Rechtsfolgen von Verstößen, NStZ 2022, 712.

Cornelius, Andrea, Künstliche Intelligenz: Entwicklungen, Erfolgsfaktoren und Einsatzmöglichkeiten, 2019.

Costa-jussà, Marta R. / Cross, James / Çelebi, Onur / Elbayad, Maha / Heafield, Kenneth / Heffernan, Kevin / Kalbassi, Elahe / Lam, Janice / Licht, Daniel / Maillard, Jean / Sun, Anna / Wang, Skyler / Wenzek, Guillaume / Youngblood, Al / Akula, Bapi / Barrault, Loic / Gonzalez, Gabriel Mejia / Hansanti, Prangthip / Hoffman, John / Jarrett, Semarley / Sadagopan, Kaushik Ram / Rowe, Dirk / Spruit, Shannon / Tran, Chau / Andrews, Pierre / Ayan, Necip Fazil / Bhosale, Shruti / Edunov, Sergey / Fan, Angela / Gao, Cynthia / Goswami, Vedanuj / Guzmán, Francisco / Koehn, Philipp / Mourachko, Alexandre / Ropers, Christophe / Saleem, Safiyyah / Schwenk, Holger / Wang, Jeff, No Language Left Behind: Scaling Human-Centered Machine Translation, 2022.

Coupette, Corinna/ Fleckner, Andreas M., Quantitative Rechtswissenschaft, JZ 2018, 379.

Cras, Steven / De Matteis, Luca, The Directive on Interpretation and Translation in Criminal Proceedings: Genesis and Description, eucrim - The European Criminal Law Associations' Forum 2010, 153.

Datenschutzkonferenz (Hrsg.), Hambacher Erklärung zur Künstlichen Intelligenz. Sieben datenschutzrechliche Anforderungen, Entschließung der 97. Konferenz der unabhängigen Datenschutzaufsichtsbehörden des Bundes und der Länder.

De Mas, Sarah, Interpreting and Translation: Meeting the Legal Rights of Non-Native Citizens, 2000, abrufbar unter: http://www.tradulex.com/Actes2000/De%20Mas.pdf (zuletzt abgerufen am 30.05.2026).

DeepL SE, Privacy Policy DeepL, Ziff. 4, Stand: 05.2026, abrufbar unter: https://www.deepl.com/de/privacy (zuletzt abgerufen am 30.05.2026).

Deiters, Mark, Legalitätsprinzip und Normgeltung, 2006.

Deutsch, Andreas, Schriftlichkeit im Recht: Kommunikationsformen/ Textsorten, S. 91, in: Felder, Ekkehard / Vogel, Friedemann (Hrsg.), Handbuch Sprache im Recht, 2017.

DFKI / Bitkom, Künstliche Intelligenz, 2017, abrufbar unter: https://www.dfki.de/fileadmin/user_upload/import/9744_171012-KI-Gipfelpapier-online.pdf (zuletzt abgerufen am: 30.05.2026).

Dilmegani, Cem, State of OCR technology in 2026: Is it dead or a solved problem?, 05.02.2026, abrufbar unter: https://research.aimultiple.com/ocr/ (zuletzt abgerufen am: 30.05.2026).

Dippel, Karlhans, Die Stellung des Sachverständigen im Strafprozess: eine Studie unter besonderer Berücksichtigung der Zulässigkeit und der Folgen eigener Ermittlungen des Sachverständigen nach geltendem und künftigem Recht, 1986.

Döhring, Erich, Die Erforschung des Sachverhalts im Prozess—Beweiserhebung und Beweiswürdigung, 1964.

Dölling, Dieter / Duttge, Gunnar / König, Stefan / Rössner, Dieter (Hrsg.), Gesamtes Strafrecht, StGB, StPO, Nebengesetze, Handkommentar, 5. Auflage 2022 (zit. als: HK-GS).

Dölling, Dieter, Polizei und Legalitätsprinzip – Empirische Befunde zur polizeilichen Ermittlungstätigkeit bei Anzeigedelikten, S. 39, in: Geisler, Claudius (Hrsg.), Das Ermittlungsverhalten der Polizei und die Einstellungspraxis der Staatsanwaltschaften, 1999.

Donath, Annekatrin / Mehle, Bastian, Akteneinsichtsrecht und Unterrichtung des Mandanten durch den Verteidiger, NJW 2009, 1399.

Donk, Ute / Schröer, Norbert, Kommunikationsprobleme in Vernehmungen mit ausländischen Beschuldigten, MschrKrim, Sonderheft 1999, S73.

Donk, Ute, Der Dolmetscher als Hilfspolizist – Zwischenergebnis einer Feldstudie, Zeitschrift für Rechtssoziologie (ZfR) 1994, 37.

Donk, Ute, Dolmetschergestützte Ermittlungsarbeit, S. 101, in: Reichertz, Jo / Schröer, Norbert (Hrsg.), Hermeneutische Polizeiforschung, Bd. 5, Dolmetschergestützte Ermittlungsarbeit, 2003.

Dörndorfer, Josef / Wendtland, Holger / Diehn, Thomas / Uhl, Anja (Hrsg.), Beck'scher Online-Kommentar, Kostenrecht, 52. Edition, Stand: 01.03.2026 (zit. als: BeckOK-KostenR).

Dörr, Oliver / Grote, Rainer / Marauhn, Thilo (Hrsg.), EMRK/GG: Konkordanzkommentar zum europäischen und deutschen Grundrechtsschutz, 3. Auflage 2022.

Driesen, Christiane / Petersen, Haimo-Andreas / Rühl, Werner, Gerichtsdolmetschen: Grundwissen und -fertigkeiten, 2. Auflage 2018.

Duden, Artikel: Soweit, Stand: unbekannt, abrufbar unter: https://www.duden.de/rechtschreibung/soweit (zuletzt abgerufen am 30.05.2026).

Duden, Artikel: Übersetzer, Stand: unbekannt, abrufbar unter: https://www.duden.de/rechtschreibung/Uebersetzer (zuletzt abgerufen am. 30.05.2026).

Duhe, Tobias / Weißenberger, Barbara E., Ein empirischer Blick auf die mündliche Verhandlung per Videokonferenz, RDi 2022, 176.

Dzida, Boris / Groh, Naemi, Diskriminierung nach dem AGG beim Einsatz von Algorithmen im Bewerbungsverfahren, NJW 2018, 1917.

Ebers, Martin / Heinze, Christian / Krügel, Tina / Steinrötter, Björn (Hrsg.), Künstliche Intelligenz und Robotik—Rechtshandbuch, 2020 (zit. als: KI und Robotik).

Ebers, Martin / Streitbörger, Chiara, Die Regulierung von Hochrisiko-KI-Systemen in der KI-Verordnung, RDi 2024, 393.

Edwards, Alicia Betsy, The practice of court interpreting, 1995.

Eisel, Lutz, Übersetzung der schriftlichen Urteilsgründe für Ausländer, zugl. Urteilsbesprechung OLG Hamm, Beschluß vom 22.05.1989 - 2 Ws 267/89, StV 1990, 101.

Eisenberg, Ulrich, »Gesetz zur Stärkung der Verfahrensrechte Beschuldigter im Strafverfahren« – Bedeutung und Unzuträglichkeiten, JR 2013, 442.

Eisenberg, Ulrich, Beweisrecht der StPO: Spezialkommentar, 10. Auflage 2017 (zit. als: Beweisrecht).

Elfenbein, Hillary Anger / Ambady, Nalini, On the universality and cultural specificity of emotion recognition: A meta-analysis., Psychological Bulletin 2002, 203.

Ellert, Kentaro / Reese, Hendrik, Zertifizierung und Attestierung von KI Systemen: Schwerpunkt Nachvollziehbarkeit und Transparenz, S. 97, in: bitkom (Hrsg.), Blick in die Blackbox Nachvollziehbarkeit von KI-Algorithmen in der Praxis, 2019.

Ellscheid, Günter, Sprachprobleme im Gerichtsverfahren, S. 275, in: Grewendorf, Günther (Hrsg.), Rechtskultur als Sprachkultur, Zur forensischen Funktion der Sprachanalyse, 1992.

Ende, Anne-Kathrin, Der Dolmetscher von morgen, Hypotheses, 02.02.2021; abrufbar unter: https://lingdrafts.hypotheses.org/1848 (zuletzt abgerufen am: 30.05.2026).

Engelmann, Jan / Puntschuh, Michael, KI im Behördeneinsatz - Erfahrungen und Empfehlungen, 2020, abrufbar unter: https://www.oeffentliche-it.de/documents/10181/14412/KI+im+Behördeneinsatz+-+Erfahrungen+und+Empfehlungen (zuletzt abgerufen am: 30.05.2026).

EPO, Patent Translate, Stand: unbekannt, abrufbar unter: https://www.epo.org/de/searching-for-patents/helpful-resources/patent-translate (zuletzt abgerufen am: 30.05.2026).

Epping, Volker / Hillgruber, Christian (Hrsg.), Beck'scher Online-Kommentar Grundgesetz, 65. Edition, Stand: 01.03.2026 (zit. als: BeckOK-GG).

Erb, Volker, Legalität und Opportunität: gegensätzliche Prinzipien der Anwendung von Strafrechtsnormen im Spiegel rechtstheoretischer, rechtsstaatlicher und rechtspolitischer Überlegungen, 1999.

Eschelbach, Ralf, Verwendung fremdsprachiger Urkunden in öffentlichen Klagen, HRRS, 2007, 466.

Esser, Robert / Reißmann, Ludwig, Schutz des Kernbereichs privater Lebensgestaltung durch den Einsatz künstlicher Intelligenz (KI) – Neue Perspektiven für Strafverfolgung und Gefahrenabwehr, StV 2021, 526.

Esser, Robert / Rübenstahl, Markus / Saliger, Frank / Tsambikakis, Michael / Bach, Florian / Bott, Ingo, Wirtschaftsstrafrecht: mit Steuerstrafrecht und Verfahrensrecht: Kommentar, 2017.

Esser, Robert, Reformbedürftigkeit des Ermittlungsverfahrens – eine Zwischenbilanz aus Sicht der Wissenschaft, StV 2022, 600.

Ethnologue, What are the top 200 most spoken languages?, 2026, https://www.ethnologue.com/insights/ethnologue200/ (zuletzt abgerufen am: 30.05.2026).

EuGH, Jahresbericht 2020 Jahresüberblick, S. 80 https://curia.europa.eu/jcms/upload/docs/application/pdf/2021-05/qd-aq-20-101-de-n.pdf (zuletzt abgerufen am: 15.12.2024).

Euler, Stephen, Grundkurs Spracherkennung: vom Sprachsignal zum Dialog - Grundlagen und Anwendung verstehen - mit praktischen Übungen, 2006.

EULITA, EULITA Code of Professional Ethics, 06.04.2013, abrufbar unter: https://eulita.eu/en-code-ethics (zuletzt abgerufen am: 30.05.2026).

Europäische Kommission, eTranslation, abrufbar unter: https://commission.europa.eu/resources-partners/etranslation_de (zuletzt abgerufen am: 30.05.2026).

Europäische Kommission, Konferenzdolmetschen – Arten des Dolmetschens und fachspezifische Terminologie, Stand: unbekannt abrufbar unter: https://commission.europa.eu/about-european-commission/departments-and-executive-agencies/interpretation/conference-interpreting-types-and-terminology_de (zuletzt abgerufen am: 30.05.2026).

Europäisches Parlament, Dolmetschdienst des EP, Stand: unbekannt, abrufbar unter: https://www.europarl.europa.eu/interpretation/de/interpreting-in-the-parliament (zuletzt abgerufen am: 30.05.2026).

Fabig, Philine, „Demnächst"-Zustellung in der EU – Übersetzung und Auslagenvorschuss, (Anmerkungen zu BGH, Urteil vom 25.2.2021 Az.: IX ZR 156/19), NJW 2021, 1598.

Fabig, Philine / Windau, Benedikt, Übersetzungen bei Auslandszustellung innerhalb der EU?, NJW 2017, 2502.

Fährmann, Jan, Digitale Beweismittel und Datenmengen im Strafprozess Digitalisierung als rechtsstaatliche Herausforderung an Justiz, Polizei und Gesetzgeber, MMR 2020, 228.

Farkas, Anna / Németh, Renáta, How to measure gender bias in machine translation: Real-world oriented machine translators, multiple reference points, Social Sciences & Humanities Open 2022, 100239.

Felgner, Lars, Nonverbale Kommunikation beim medizinischen Dolmetschen, 2017.

Ferber, Sabine, Das Opferrechtsreformgesetz, NJW 2004, 2562.

Ferber, Sabine, Strafkammerbericht: Fakten und Folgerungen aus einer rechtstatsächlichen Untersuchung landgerichtlicher Strafverfahren (2009-2014), 2017.

Fingas, Maciej, The Right to Interpretation and Translation in Criminal Proceedings – Challenges and Difficulties Stemming from the Implementation of the Directive 2010/64/EU, EUCLR 2019, 175.

Finsterbusch, Stephan, Besser als Google, FAZ.net, 01.09.2017, abrufbar unter: https://www.faz.net/aktuell/wirtschaft/unternehmen/start-up-deepl-die-zukunft-der-uebersetzung-von-sprachen-15174164.html (zuletzt abgerufen am: 30.05.2026).

Fischer, Katharina, Künstliche Intelligenz im Gerichtssaal: Wie weit darf Legal Tech gehen?, National Geographic, 11.05.2022, abrufbar unter: https://www.nationalgeographic.de/wissenschaft/2022/05/kuenstliche-intelligenz-im-gerichtssaal-wie-weit-darf-legal-tech-gehen (zuletzt abgerufen am: 30.05.2026).

Fraunhofer-Gesellschaft (Hrsg.), Maschinelles Lernen, 20.03.2018, abrufbar unter: https://www.bigdata-ai.fraunhofer.de/content/dam/bigdata/de/documents/Publikationen/BMBF_Fraunhofer_ML-Ergebnisbericht_Gesamt.pdf (zuletzt abgerufen am: 30.05.2026).

Fraunhofer-Gesellschaft, Live-Subtitling für Deutsch und Englisch, 2019, abrufbar unter: https://www.digitalmedia.fraunhofer.de/de/veranstaltungen/ibc-2019/live_subtitling_2019.html (zuletzt abgerufen am: 30.05.2026).

Frisch, Wolfgang, Beweiswürdigung und richterliche Überzeugung, ZIS 2016, 707.

Gaede, Karsten, Fairness als Teilhabe: das Recht auf konkrete und wirksame Teilhabe durch Verteidigung gemäß Art. 6 EMRK; ein Beitrag zur Dogmatik des fairen Verfahrens in europäischen Strafverfahren und zur wirksamkeitsverpflichteten Konventionsauslegung unter besonderer Berücksichtigung des Rechts auf Verteidigerbeistand, 2007.

Garg, Nikhil / Schiebinger, Londa / Jurafsky, Dan / Zou, James, Word Embeddings Quantify 100 Years of Gender and Ethnic Stereotypes, Proceedings of the National Academy of Sciences, 2017, E3635.

Geber, Frederic, Die Regulierung künstlicher Intelligenz im internationalen Vergleich, ZdiW 2023, 26.

Geppert, Klaus, Der Sachverständigenbeweis, JURA, 1993, 249.

Gercke, Björn / Temming, Dieter / Zöller, Mark A. (Hrsg.), Heidelberger Kommentar, Strafprozessordnung, 7. Auflage 2023 (zit. als: HeidelbergerKomm-StPO).

Gleizer, Orlandino, Algorithmischer Kernbereichsschutz. Zum Einsatz von Künstlicher Intelligenz in der Online-Durchsuchung als Staatspflicht, S. 535, in: *Beck, Susanne / Kusche, Carsten / Valerius, Brian (Hrsg.)*, Digitalisierung, Automatisierung, KI und Recht, 2020.

Golla, Sebastian, Lernfähige Systeme, lernfähiges Sicherheitsrecht: Regulierung von künstlicher Intelligenz am Beispiel von Videoüberwachung und Datenabgleich, 2020.

Gössel, Karl Heinz, Behörden und Behördenangehörige als Sachverständige vor Gericht, DRiZ 1980, 363.

Grabenwarter, Christoph / Pabel, Katharina, Europäische Menschenrechtskonvention: Ein Studienbuch, 7. Auflage 2021 (zit. als: Grabenwarter/Pabel, EMRK).

Gräber, Fritz (Hrsg.), Finanzgerichtsordnung mit Nebengesetzen: Kommentar, 9. Auflage 2019.

Grabitz, Eberhard / Hilf, Meinhard / Nettesheim, Martin (Hrsg.), Das Recht der Europäischen Union: EUV/AEUV, Stand Gesamtwerk: 87. Ergänzungslieferung Januar 2026 (zit. als: Grabitz/Hilf/Nettesheim, Das Recht der EU).

Grabowski, Stephan, Der „Alleskönner" Maschinenübersetzung seine Grenzen: Ein Erfahrungsbericht aus der Videospiellokalisierung, Hypotheses, 09.03.2021, abrufbar unter: https://lingdrafts.hypotheses.org/1929 (zuletzt abgerufen am: 30.05.2026).

Gradinčević-Savić, Dragoslava, Anforderungsprofil für Polizei, Staatsanwaltschaft, Rechtspflege und Gericht zum Erkennen und Umsetzen des Dolmetsch- und Übersetzungsbedarfs, Babel. Revue internationale de la traduction / International Journal of Translation, Band 66, Ausgabe 2, 2020, 172.

Graf, Jürgen (Hrsg,), Beck'scher Online-Kommentare, GVG, 30. Edition, Stand: 15.02.2026 (zit. als: BeckOG-GVG).

Graf, Jürgen (Hrsg,), Beck'scher Online-Kommentare, StPO mit RiStBV und MiStra, 59. Edition, Stand: 01.04.2026 (zit. als: BeckOK-StPO).

Graichen, Nikolas, Die Automatisierung der Justiz: Untersuchungen zur Verfassungsmäßigkeit der Anwendung von Legal Tech in der Rechtsprechung, 2022.

Graul, Eva, Systematische Untersuchungen zur Offenkundigkeit im Strafprozess, 1996.

Gregorio, Sergio, Bericht DeepL-Test: Auswertung der Testergebnisse und Empfehlungen der Arbeitsgruppe "Maschinelle Übersetzung", 19.11.2019, abrufbar unter: https://www.newsd.admin.ch/newsd/message/attachments/59735.pdf (zuletzt abgerufen am: 30.05.2026).

Gründler, Wolfgang, Die elektronische Akte, S. 39, in: Hoven, Elisa / Kudlich, Hans (Hrsg.), Digitalisierung und Strafverfahren, 2020.

Guckelberger, Annette, Öffentliche Verwaltung im Zeitalter der Digitalisierung: Analysen und Strategien zur Verbesserung des E-Governments aus rechtlicher Sicht, 2019.

Hagerty, Alexa/Albert, Alexandra, AI is increasingly being used to identify emotions – here's what's at stake. The Conversation, 15.04.2021, abrufbar unter: https://theconversation.com/ai-is-increasingly-being-used-to-identify-emotions-heres-whats-at-stake-158809 (zuletzt abgerufen am 30.05.2026).

Haggenmüller, Sarah, Der Europäische Haftbefehl und die Verhältnismäßigkeit seiner Anwendung in der Praxis, 2018.

Hahn, Carl / Kaiserliches Reichs-Justizamt (Hrsg.), Die gesammten Materialien zu den Reichs-Justizgesetzen, Band 1, Abtheilung 1, 1879.

Hahn, Carl, Die gesammten Materialien zu den Reichs-Justizgesetzen, Band 3, Abtheilung 1, 1885.

Hamm, Christoph (Hrsg.), Beck'sches Rechtsanwalts-Handbuch, 12. Auflage 2022 (zit. als: BeckRA-HdB).

Hanack, Ernst-Walter, Zum Problem der persönlichen Gutachterpflicht, insbesondere on Klinken, NJW 1961, 2041.

Hao, Karen, AI is sending people to jail—and getting it wrong, MIT Technology Review, 21.01.2019, abrufbar unter: https://www.technologyreview.com/2019/01/21/137783/algorithms-criminal-justice-ai/ (zuletzt abgerufen am: 30.05.2026).

Härdi, Rolf, Dolmetscherleistungen für geheime Überwachungsmassnahmen – eine Gratwanderung? S. 25, in: Obergericht des Kantons Zürich (Hrsg.) Der Richter und sein Dolmetscher – gut gedolmetscht, fair verhandelt: Gesammelte Referate 2015.

Härtel, Johannes, Qualität von Sprachtechnologie messen, Hypotheses, Blogreihe: Translation und Technologie, 30.03.2021, abrufbar unter: https://lingdrafts.hypotheses.org/1956 (zuletzt abgerufen am: 30.05.2026).

Härtel, Johannes, Vollautomatisches Dolmetschen – Möglichkeiten und Grenzen, Lebende Sprachen, 2016, 67.

Hassan, Hany / Aue, Anthony / Chen, Chang / Chowdhary, Vishal / Clark, Jonathan / Federmann, Christian / Huang, Xuedong / Junczys-Dowmunt, Marcin / Lewis, William / Li, Mu / Liu, Shujie / Liu, Tie-Yan / Luo, Renqian / Menezes, Arul / Qin, Tao / Seide, Frank / Tan, Xu / Tian, Fei / Wu, Lijun / Wu, Shuangzhi / Xia, Yingce / Zhang, Dongdong / Zhang, Zhirui / Zhou, Ming, Achieving Human Parity on Automatic Chinese to English News Translation, 2018.

Heeger, Viola, E-Akte: Wo steht die deutsche Justiz?, Tagesspiegel, 14.06.2022, abrufbar unter: https://background.tagesspiegel.de/digitalisierung/e-akte-wo-steht-die-deutsche-justiz (zuletzt abgerufen am 30.05.2026).

HEG-KI, Ethik-Leitlinien für eine vertrauenswürdigere KI, 2018, S. 5, abrufbar unter: https://op.europa.eu/de/publication-detail/-/publication/d3988569-0434-11ea-8c1f-01aa75ed71a1 (zuletzt abgerufen am: 30.05.2026).

Heghmanns, Michael / Herrmann, Gunnar, Das Arbeitsgebiet des Staatsanwalts, 6. Auflage 2022.

Heghmanns, Michael, Strafverfahren, 2014.

Heldmann, Hans Heinz, Ausländer und Strafjustiz, StV 1981, 251.

Helfrich, Hede, Wahrheitsfindung aus interkultureller Perspektive: Zur Glaubhaftigkeit von Zeugenaussagen, S. 159, in: Bock, Stefanie / Wagner, Markus (Hrsg.), Gerechtigkeit aus der Ferne?, 2023.

Herbst, Christoph / Wess, Norbert, Faires Verfahren ohne umfassende Kenntnis des Akteninhalts? - Zum Anspruch des Beschuldigten auf schriftliche Übersetzungshilfe gemäß § 56 StPO, ZWF 2016, 197 2016, 197.

Herdegen, Gerhard, Bemerkungen zum Beweisantragsrecht -1. Teil - Zugleich Besprechung von BGH-GSSt 1/83, NStZ 1984, 97.

Hermanutz, Max / Litzcke, Sven Max / Kroll, Ottmar / Adler, Frank, Polizeiliche Vernehmung und Glaubhaftigkeit: ein Trainingsleitfaden, 3. Auflage 2011.

Hermanutz, Max / Litzcke, Sven Max / Kroll, Ottmar, Strukturierte Vernehmung und Glaubhaftigkeit: Leitfaden, 2018.

Herrnfeld, Hans-Holger / Esser, Robert (Hrsg.), Europäische Staatsanwaltschaft: Handbuch, 2022.

Hertog, Erik, Directive 2010/64/EU of the European Parliament and of the Council on the Right to Interpretation and Translation in Criminal Proceedings: Transposition Strategies with regard to Interpretation and Translation, MonTI. Monografías de Traducción e Interpretación 2015, 73.

Herzog, Roman / Scholz, Rupert / Herdegen, Matthias / Klein, Hans K. (Hrsg.), Grundgesetz, Stand Gesamtwerk: 109. Ergänzungslieferung Januar 2026 (zit. als: Dürig/Herzog/Scholz, GG).

Hetzer, Wolfgang, Wahrheitsfindung im Strafprozeß: unter Mitwirkung psychiatrisch / psychologischer Sachverständiger, 1982.

Hilgendorf, Eric / Kudlich, Hans / Valerius, Brian (Hrsg.), Handbuch des Strafrechts: Band 7: Grundlagen des Strafverfahrensrechts, 2020.

Hilgendorf, Eric / Kudlich, Hans / Valerius, Brian (Hrsg.), Handbuch des Strafrechts: Band 8: Das strafprozessuale Regelverfahren in erster Instanz, 2022.

Hoffmann, Ludger, Mündlichkeit im Recht: Kommunikationsformen / Gesprächsarten, S. 67 in: *Felder, Ekkehard / Vogel, Friedemann (Hrsg.)*, Handbuch Sprache im Recht, Berlin, 2017.

Hoffmann, Volker H. / Mildeberger, Tobias, Die Vernehmung eines ausländischen Beschuldigten in englischer Sprache, StraFo 2004, 412.

Hofmann, Hans / Henneke, Hans-Günter (Hrsg.), Schmidt-Bleibtreu, Grundgesetz - GG, Kommentar, 15. Auflage 2022 (zit. als: Schmidt-Bleibtreu, GG).

Hofmann, Rainer / Boldt, Nicki, Internationaler Bürgerrechtepakt, 2015.

Höhne, Marina Marie-Claire, Nachvollziehbare Künstliche Intelligenz: Methoden, Chancen und Risiken: Black Box zu White Box, Datenschutz und Datensicherheit (DuD) 2021, 453.

Holtz, Günter, Aus der Rechtsprechung des Bundesgerichtshofs in Strafsachen, MDR 1978, 108.

Holzki, Larissa, Das Ende der Sprachgrenze, Handelsblatt, 29.01.2020, 20.

Hossain, Imran, Supreme Court launches software to translate judgments in Bangla, Dhaka Tribune, 18.02.2021, abrufbar unter: https://www.dhakatribune.com/bangladesh/court/238952/supreme-court-launches-software-to-translate (zuletzt abgerufen am: 30.05.2026).

Huber, Peter M. / Voßkuhle, Andreas (Hrsg.), Grundgesetz, Band 1, 8. Auflage 2024 (zit. als: Huber/Voßkuhle, GG).

Huber, Peter M. / Voßkuhle, Andreas (Hrsg.), Grundgesetz, Band 3, 8. Auflage 2024 (zit. als: Huber/Voßkuhle, GG).

Hufen, Friedhelm, Staatsrecht II: Grundrechte, 11. Auflage, 2025.

Hugger, Heiner / Weiß, Margarete, Strafverfolgung über Grenzen hinweg bleibt ein Thema, Börsen-Zeitung, 23.11.2024, S. 14.

Humpa, Michael / Westenthanner, Marianne, Handy als Live-Dolmetscher: Diese Microsoft-App macht Reisen im Ausland leichter, chip.de, 12.10.2021, abrufbar unter: https://www.chip.de/news/Uebersetzer-von-Microsoft-Simultandolmetscher-fuer-Android-und-iOS_105442911.html (zuletzt abgerufen am: 30.05.2026).

Hutchins, William John / Somers, Harold L., An introduction to machine translation, 1992.

IATE, About IATE, Stand: unbekannt, abrufbar unter: iate.europa.eu/about (zuletzt abgerufen am: 30.05.2026).

IATE, The European Public Prosecutor's Office becomes the Centre's 69th client. 20.11.2020, abrufbar unter: https://cdt.europa.eu/en/news/european-public-prosecutors-office-becomes-centres-69th-client (zuletzt aufgerufen am: 30.05.2026).

IBM, What Is Optical Character Recognition (OCR)?, 18.04.2024, abrufbar unter: https://www.ibm.com/blog/optical-character-recognition/ (zuletzt abgerufen am 30.05.2026).

Ibold, Victoria, Künstliche Intelligenz im Strafprozess – KI-basierte Lügendetektoren zur Tatsachenfeststellung?, Zeitschrift für die gesamte Strafrechtswissenschaft 2022, 504.

Ingerl, Reinhard E., Sprachrisiko im Verfahren: zur Verwirklichung der Grundrechte deutschunkundiger Beteiligter im Gerichts- und Verwaltungsverfahren, 1988.

Ipsen, Jörn, Staatsrecht II: Grundrechte, 24. Auflage 2021.

IStGH, ICC Prosecutor Karim A.A. Khan KC announces launch of advanced evidence submission platform: OTPLink, 24.05.2023, abrufbar unter: https://www.icc-cpi.int/news/icc-prosecutor-karim-aa-khan-kc-announces-launch-advanced-evidence-submission-platform-otplink (zuletzt abgerufen am 30.05.2026).

Istomina, Irina, Wenn Laien dolmetschen, 2000, Ausgabe 12, 1.

IT-Stelle der hessischen Justiz, IT-Anwendung: Digitaldiktat und Spracherkennung, Stand: unbekannt, abrufbar unter: https://it-stelle-justiz.hessen.de/it-anwendungen/digitaldiktat-und-spracherkennung (zuletzt abgerufen am: 30.05.2026).

ITU, Methods for subjective determination of transmission quality; Recommendation P.800 (08/96) S. 19, abrufbar unter: https://www.itu.int/rec/T-REC-P.800-199608-I/en (zuletzt abgerufen am: 30.05.2026).

Jahn, Matthias / Brodowski, Dominik, Digitale Beweismittel im deutschen Strafprozess – Ermittlungsverfahren, Hauptverhandlung und Revision, S. 67, in: Hoven, Elisa / Kudlich, Hans (Hrsg.), Digitalisierung und Strafverfahren, 2020.

Jahn, Matthias, Fair trial als strafprozessuales Leitprinzip im Mehrebenensystem, ZStW 2015, 549.

Jansen, Gabriele, Zeuge und Aussagepsychologie, 3. Auflage 2022.

Jarass, Hans D. / Kment, Martin, Grundgesetz für die Bundesrepublik Deutschland, Kommentar, 18. Auflage 2024 (zit. als: Jarass/Pieroth, GG).

Jarass, Hans D., Charta der Grundrechte der Europäischen Union unter Einbeziehung der sonstigen Grundrechtsregelungen des Primärrechts und der EMRK, Kommentar, 4. Auflage 2021 (zit. als: Jarass, GrCh).

Jessnitzer, Kurt, Dolmetscher: ein Handbuch für die Praxis der Dolmetscher, Übersetzter und ihrer Auftraggeber im Gerichts-, Beurkundungs- und Verwaltungsverfahren, 1982.

Jessnitzer, Kurt, Gerichtliche Sachverständigengutachten von privaten Organisationen, NJW 1971, 1075.

Johnson, Melvin / Schuster, Mike / Le, Quoc V. / Krikun, Maxim / Wu, Yonghui / Chen, Zhifeng / Thorat, Nikhil / Viégas, Fernanda / Wattenberg, Martin / Corrado, Greg / Hughes, Macduff / Dean, Jeffrey, Google's Multilingual Neural Machine Translation System: Enabling Zero-Shot Translation, Transactions of the Association for Computational Linguistics 2017, 339.

Justiz-Portal Hamburg, Verhandlungen in englischer Sprache, Stand: unbekannt, https://justiz.hamburg.de/gerichte/landgericht-hamburg/englischsprachige-verhandlungen/verhandlungen-in-englischer-sprache-576328 (zuletzt abgerufen am: 30.05.2026).

Kabbani, Sam, Dolmetscher im Strafprozess, StV 1987, 410.

Kade, Otto, Zum Verhältnis von Translation und Transformation, S. 7, in: Ammer, Karl / Graul, Walter / Kade, Otto / Kokoschko, Karl / Zikmund, Hans (Hrsg.), Studien zur Übersetzungswissenschaft, Zum Verhältnis von Translation und Transformation, 1971.

Kadrić, Mira, Gerichts- und Behördendolmetschen: prozessrechtliche und translatorische Perspektiven, 2019.

Kahle, Christoph, Legal Tech-Assistenzsysteme im Lichte der richterlichen Unabhängigkeit, LTZ 2023, 170.

Kallee, Albert, Der Uebersetzer im Strafprozess, 1911.

Kamaluddin, Mohamad Ihsan / Rasyid, Wildan Khoerul / Abqoriyyah, Fourus Huznatul Abqoriyyah / Saehu Andang, Accuracy Analysis of DeepL: Breakthroughs in Machine Translation Technology, Journal of Englisch Education Forum (JEFF), Band 4, Ausgabe 2, S. 122.

Kämmerer, Axel / Kotzur, Markus (Hrsg.), v. Münch/Kunig, Grundgesetz-Kommentar: GG, Band 2, 8. Auflage 2025 (zit. als: v. Münch/Kunig, GG).

Kapff, Karl von, Der Dolmetscher im Prozeß, 1911.

Karaboga, Murat / Frei, Nula / Ebbers, Frank / Rovelli, Sophia / Friedewald, Michael / Runge, Greta, Automatisierte Erkennung von Stimme, Sprache und Gesicht: Technische, rechtliche und gesellschaftliche Herausforderungen, 2022.

Kargl, Walter, Wahrheit, Überzeugung und Wissen im Strafverfahren: Über die Voraussetzungen der Erkenntnis im Schatten des Zweifels. On the Preconditions for Rational Cognition in the Shadow of Doubt, Archiv für Rechts- und Sozialphilosophie (ARSP) 2019, 171.

Karpenstein, Ulrich / Mayer, Franz C., Konvention zum Schutz der Menschenrechte und Grundfreiheiten, Kommentar, 3. Auflage 2022 (zit. als: Karpenstein/Mayer, EMRK).

Katholnigg, Oskar, Strafgerichtsverfassungsrecht: Kommentar zu den allgemeinen und den die Strafrechtspflege regelnden Vorschriften des Gerichtsverfassungsgesetzes, des Einführungsgesetzes zum Gerichtsverfassungsgesetz und des Gesetzes zur Wahrung der Einheitlichkeit der Rechtsprechung der obersten Gerichtshöfe des Bundes, 3. Auflage 1999.

Kaulartz, Markus / Braegelmann, Tom (Hrsg.), Rechtshandbuch Artificial Intelligence und Machine Learning, 2020 (zit. als: Kaulartz/Braegelmann, Rechtshandbuch AI und ML).

Kautz, Ulrich, Handbuch Didaktik des Übersetzens und Dolmetschens, 2002.

Kempf, Eberhard, Die fremde Sprache des Beschuldigten als strafprozessuale Aufgabe und Lösung, S. 247, in: *Wolf, Gerhard (Hrsg.)*, Kriminalität im Grenzgebiet, Bd. 3 Ausländer vor deutschen Gerichten, 2000.

Keßler, Norma, Stellungnahme des Bundesverbandes der Dolmetscher und Übersetzer e. V. (BDÜ) zum „Entwurf eines Gesetzes zur Förderung des Einsatzes von Videokonferenztechnik in der Zivilgerichtsbarkeit und den Fachgerichtsbarkeiten“, 13.01.2023, abrufbar unter: https://bdue.de/fileadmin/files/PDF/Positionspapiere/BDUe_Stellungnahme_Gesetzentwurf_BMJ_Videokonferenztechnik_2023.pdf (zuletzt abgerufen am: 30.05.2026).

Kindhäuser, Urs / Schumann, Kay H., Strafprozessrecht, 7. Auflage 2023.

Kinnunen, Tuija, Körperlich-räumliche Aspekte gedolmetschter Interaktion im Gericht, trans-kom (Zeitschrift für Translationswissenschaft und Fachkommunikation) 2017, 45.

Kipker, Dennis-Kenji / Bruns, Hauke, EncroChat und die „Chain of Custody“ Digitale Ermittlungen als Bewährungsprobe für ein Recht auf faires Verfahren?, MMR 2022, 363.

Kirchhoff, Guido, Das Recht auf konfrontative Befragung im Ermittlungsverfahren, HRRS 2015, 506.

Kirste, Moritz / Schürholz, Markus, Einleitung: Entwicklungswege zur KI, S. 21, in: Wittpahl, Volker (Hrsg.), Künstliche Intelligenz, 2019.

Kleih, Björn-Christian, Die strafprozessuale Überwachung der Telekommunikation, 2010.

Kleinfeller, Georg, Die Functionen des Vorsitzenden und sein Verhältnis zum Gericht, 1885.

Klemke, Olaf / Elbs, Hansjörg, Einführung in die Praxis der Strafverteidigung, 4. Auflage 2019.

Klocke, Daniel Matthias, Die dynamische Auslegung der EMRK im Lichte der Dokumente des Europarats, EuR 2015, 148.

Knauer, Christoph (Hrsg.), Münchener Kommentar zur Strafprozessordnung, Band 3 (§§ 333-500 StPO), 2. Auflage 2024 (zit. als: MünchKomm-StPO).

Knauer, Christoph, Digitalisierung des Strafprozesses im Kontext Rechtsstaat und Zugang zum Recht, BRAK-Mitteilung 2022, 244.

Knierim, Thomas C., Digitale Akten und Kommunikation im Strafverfahren, StV-Spezial 2021, 156.

Kober, Jens / Bagnell, J. Andrew / Peters, Jan, Reinforcement learning in robotics: A survey, The International Journal of Robotics Research, Band 32, 2013, 1238.

Koenecke, Allison / Nam, Andrew / Lake, Emily / Nudell, Joe / Quartey, Minnie / Mengesha, Zion / Toups, Connor / Rickford, John R. / Jurafsky, Dan / Goel, Sharad, Racial disparities in automated speech recognition, Proceedings of the National Academy of Sciences (PNAS), Band 117, 2020, 7684.

Koerfer, Armin, Interkulturelle Kommunikation vor Gericht, S. 351, in: Brünner, Giseal / Graefen, Gabriele (Hrsg.), Texte und Diskurse, Methoden und Forschungsergebnisse der funktionalen Pragmatik, 1994.

Korte, Kattrin, Gerichtskundigkeit im Strafprozess, 2007.

Kotz, Peter / Rahlf, Joachim (Hrsg.), Praxis des Betäubungsmittelstrafrechts, 2013.

Kotz, Peter, Anspruch auf Dolmetsch- und Übersetzungsleistungen im Strafverfahren, StV 2012, 626.

Kotzurek, Magdalena, Die Richtlinie 2010/64/EU zum Dolmetschen und Übersetzen in Strafverfahren – Neues Qualitätssiegel oder verpasste Chance?, eucrim 2020, 315.

Kranjčić, Christian, „...dass er treu und gewissenhaft übertragen werde.“: zum Dolmetschen im Strafverfahren, 2010.

Kranjčić, Christian, Dolmetschen im Strafverfahren: wider die Wörtlichkeit und für wirkliche Zweckorientierung (oder: Wem dient der Dolmetscher?), NStZ 2011, 657.

Kränzler, Christopher, Fachübersetzungen mit künstlicher Intelligenz, 2020, abrufbar unter: https://www.bitkom.org/sites/default/files/2020-07/200716_sof8_fachubersetzungen-mit-ki.pdf (zuletzt abgerufen am: 30.05.2026).

Krauthan, Günter, Psychologisches Grundwissen für die Polizei: ein Lehrbuch; mit Online-Materialien, 5. Auflage 2013.

Krekeler, Wilhelm / Löffelmann, Markus / Sommer, Ulrich (Hrsg.), Strafprozessordnung, StPO, Anwaltskommentar, 2. Auflage 2010 (zit. als: AnwK-StPO).

Kreutzer, Ralf T. / Sirrenberg, Marie, Künstliche Intelligenz verstehen: Grundlagen - Use-Cases - unternehmenseigene KI-Journey, 2019.

Krey, Volker, Der Große Lauschangriff im Strafprozess- und Polizeirecht nach dem Urteil des Bundesverfassungsgerichts vom 3.3.2004, S. 725 in: Feltes, Thomas / Pfeiffer, Christian / Steinhilper, Gernot (Hrsg.), Kriminalpolitik und ihre wissenschaftlichen Grundlagen: Festschrift für Professor Dr. Hans-Dieter Schwind zum 70. Geburtstag, 2006 (zit. als: FS Schwind).

Kropp, Christian, Postbeschränkungen bei fremdsprachigen Untersuchungsgefangenen, JR 2003, 53.

Krüger, Wolfgang / Rauscher, Thomas (Hrgs.), Münchener Kommentar zur Zivilprozessordnung, Band 1 (§§ 1-354), 7. Auflage 2025 (zit. als: MünchKomm-ZPO).

Krüger, Wolfgang / Rauscher, Thomas (Hrgs.), Münchener Kommentar zur Zivilprozessordnung, Band 3 (§§ 946-1120, EGZPO, GVG, EGGVG, UKlaG, Internationales und Europäisches Zivilprozessrecht), 6. Auflage 2022 (zit. als: MünchKomm-ZPO).

Kudlich, Hans (Hrsg.), Münchener Kommentar zur Strafprozessordnung, Band 1 (§§ 1-150 StPO), 2. Auflage 2023 (zit. als: MünchKomm-StPO).

Kudlich, Hans (Hrsg.), Münchener Kommentar zur Strafprozessordnung, Band 4 (GVG, EGGVG, GDolmG. EMRK, EGStPO, EGStGB, ZSHG, StrEG, JGG, G10, AO), 2. Auflage 2025 (zit. als: MünchKomm-StPO).

Kulhanek, Tobias, Die Sprach- und Ortsfremdheit von Beschuldigten im Strafverfahren: eine Untersuchung des deutschen Umgangs mit sprach- und ortsfremden Beschuldigten im Lichte des unionsrechtlichen Diskriminierungsverbots, 2019.

Kulhanek, Tobias, Verwertbarkeit von Erkenntnissen einer Telekommunikationsüberwachung (Zugl. KG, Beschl. v. 27.11.2019 – 161 Ss 151/19), NStZ 2020, 563.

Kunze, Ralph, Corona-Glossar in sieben Sprachen veröffentlicht, bundeswehr.de, 10.08.2020, abrufbar unter: https://web.archive.org/web/20240624160629/https://www.bundeswehr.de/de/organisation/personal/organisation-/das-bundessprachenamt/bundessprachenamt/news-rund-um-das-bundessprachenamt/corona-glossar-in-sieben-sprachen-veroeffentlicht-1104036 (zuletzt abgerufen am: 30.06.2026).

Landesregierung NRW, Einsatz Künstlicher Intelligenz in der Justiz / Nordrhein-Westfalen und Bayern entwickeln und erprobe gemeinsam ein juristisches Sprachmodell, 26.05.2023, abrufbar unter: https://www.land.nrw/pressemitteilung/einsatz-kuenstlicher-intelligenz-der-justiz-nordrhein-westfalen-und-bayern (zuletzt abgerufen am: 30.06.2026).

Lankisch, Birgit, Der Dolmetscher in der Hauptverhandlung, 2004.

Larkin, Theresa: Automatisch erstellte Untertitel von Zoom verfügbar für alle Benutzer mit kostenlosem Konto, 25.10.2021, abrufbar unter: https://blog.zoom.us/de/zoom-auto-generated-captions/ (zuletzt abgerufen am: 30.05.2026).

Lässig, Curt Lutz, Deutsch als Gerichts- und Amtssprache, 1980.

Läubli, Samuel / Sennrich, Rico / Volk, Martin, Has Machine Translation Achieved Human Parity? A Case for Document-level Evaluation, S. 4791, in: Proceedings of the 2018 Conference on Empirical Methods in Natural Language Processing, 2018.

Lauscher, Anne / Legner, Sarah, Künstliche Intelligenz und Diskriminierung, ZfDR 2022, 367.

Leineweber, Heinz, Die Rechtsstellung der Polizeibediensteten als Sachverständige vor Gericht, MDR 1980, 7.

Lenzen, Manuela, Künstliche Intelligenz: Fakten, Chancen, Risiken, 2020.

Leopold, Anders, Der neue § 110a SGG – Videokonferenzen im Sozialgerichtsprozess, NZS 2013, 847.

LG Berlin, Internationale Kammern beim Landgericht Berlin II, Stand: unbekannt, https://www.berlin.de/gerichte/landgericht-zivil/das-gericht/zustaendigkeiten/internationale-kammern/artikel.1546518.php (zuletzt abgerufen am: 30.05.2026).

Lippe, Johanna, Was macht eigentlich … eine Übersetzerin?, in: Hamburger Abendblatt, 11.12.2010, abrufbar unter: https://www.abendblatt.de/wirtschaft/karriere/article107897728/Was-macht-eigentlich.html (zuletzt abgerufen am: 30.05.2026).

Löffelmann, Markus, Die Neuregelung der akustischen Wohnraumüberwachung, NJW 2005, 2033.

Lommel, Arle Richard / Burchardt, Aljoscha / Uszkoreit, Hans, Multidimensional Quality Metrics: A Flexible System for Assessing Translation Quality, Proceedings of Translating and the Computer 2013, 1.

Lörscher, Wolfgang, Gegenstandsbestimmung, Definitionen und Modelle der Übersetzung aus sprachwissenschaftlicher Sicht, in: Kittel, Harald / Frank, Armin Paul / Greiner, Norbert / Hermans, Theo / Koller, Werner / Lambert, José / Paul, Fritz (Hrsg.), Übersetzung, 2004.

LTO, Unbekannt Erste Verhandlung auf Englisch beim LG Bonn, LTO.de, 07.05.2010, abrufbar unter: https://www.lto.de/recht/nachrichten/n/gerichte-erste-verhandlung-auf-englisch-beim-lg-bonn/ (zuletzt abgerufen am: 30.05.2026).

LTO, Videoaufzeichnung nur noch optional, in: LTO.de, 06.04.2923, abrufbar unter: https://www.lto.de/recht/justiz/j/aufzeichnung-bild-ton-strafverfahren-buschmann-kompromiss-video-optional/ (zuletzt abgerufen am: 30.05.2026).

Ludewig, Stephan, Die Sicherstellung und Auswertung des Smartphones – Kriminalpolitischer Anpassungsbedarf?, KriPoZ 2019, 293.

Maier, Stefan, Aussage gegen Aussage und freie Beweiswürdigung, NStZ 2005, 246.

Makepeace, Johannes, Ein Beschuldigter zweiter Klasse, StV 2020, 570.

Malek, Klaus, Verteidigung in der Hauptverhandlung, 5. Auflage 2017.

Manns, Luca, Automatisierte Datenanalyse für die vorbeugende Bekämpfung von Straftaten – Anmerkungen zum Urteil, LTZ 2023, 122.

Mantz, Reto / Spoenie, Jan, Corona-Pandemie: Die Verhandlung per Videokonferenz nach § 128a ZPO als Alternative zur Präsenzverhandlung, MDR 2020, 637.

Marberth-Kubicki, Annette, Computer- und Internetstrafrecht, 2. Auflage 2010.

Massion, François, Was müssen Unternehmen beachten, die Übersetzungen in Auftrag geben möchten?, 28.01.2016, abrufbar unter: https://uepo.de/2016/01/28/was-muessen-unternehmen-beachten-die-uebersetzungen-in-auftrag-geben-moechten/ (zuletzt abgerufen am: 30.05.2026).

Mayer, Herbert, Kissel/Mayer, Gerichtsverfassungsgesetz, Kommentar, 10. Auflage 2021 (zit. als: Kissel/Mayer, GVG).

McCarthy, John, What is artificial intelligence?, 12.11.2007, abrufbar unter: https://www-formal.stanford.edu/jmc/whatisai.pdf (zuletzt abgerufen am 30.05.2026).

McCorkle, Alena, Allgemeinkundigkeit: § 291 ZPO als Rechtsgrundlage richterlicher Internetrecherchen?, 2018.

Meier, Patrick, Fremdsprachige Verhandlung vor deutschen Gerichten?, WM 2018, 1827.

Meller-Hannich, Caroline, Die Rolle des Sachverständigen im deutschen Zivilprozess, ZZP 2016, 263.

Merkert, Pina, Maschinelle Übersetzer: DeepL macht Google Translate Konkurrenz, heise.de, 29.08.2017, abrufbar unter: https://www.heise.de/newsticker/meldung/Maschinelle-Uebersetzer-DeepL-macht-Google-Translate-Konkurrenz-3813882.html (zuletzt abgerufen am: 30.05.2026).

Meyer-Ladewig, Jens / Nettesheim, Martin / v. Raumer, Stefan (Hrsg.), EMRK, Europäische Menschenrechtskonvention, Handkommentar, 5. Auflage 2023 (zit. als: HK-EMRK).

Meyer, Jürgen / Hölscheidt, Svern (Hrsg.), Charta der Grundrechte der Europäischen Union, 6. Auflage 2024 (zit. als: Meyer/Hölscheidt, GRCh).

Meyer, Jürgen, "Die Gerichtssprache ist deutsch"—auch für Ausländer?, ZStW 93 (1981), 501.

Michalke, Reinhart, Das Akteneinsichtsrecht des Strafverteidigers – Aktuelle Fragestellungen, NJW 2013, 2334.

Michel, Annegret, Die audiovisuelle Aufzeichnung von Beschuldigtenvernehmungen im Ermittlungsverfahren, 2019.

Momsen, Carsten / Rackow, Peter / Schwarze, Mathis, Dolmetscher und Sprachsachverständige als Ermittlungshelfer? Rechtsfragen des Einsatzes von Sprachsachverständigen beziehungsweise Dolmetschern – zugleich Anmerkung zu dem Urteil des LG Hamburg vom 9.5.2016 – 608 KLs 1/15, NStZ 2018, 625.

Momsen, Carsten, Digitale Beweismittel aus der Sicht der Strafverteidigung, S. 67, in: Beck, Susanne / Meier, Bernd-Dieter / Momsen, Carsten (Hrsg.), Cybercrime und Cyberinvestigations, 2015.

Müller, Eckhart / Schlothauer, Reinhold / Knauer, Christoph (Hrsg.), Münchener Anwaltshandbuch Strafverteidigung, 3. Auflage 2022 (zit. als: MAH StV).

Müller, Kai, Die Stärkung der Beschuldigtenrechte im Strafverfahren – Effektiv und praktikabel?, Die Polizei 2014, 322.

Müller, Klaus, Der Sachverständige im gerichtlichen Verfahren: Handbuch des Sachverständigenbeweises, 3. Auflage 1988.

Münch, Holger, Kriminalitätsbekämpfung weiterdenken, BKA-Herbsttagung, 21-22.11.2018, S. 10; abrufbar unter: https://www.bka.de/SharedDocs/Downloads/DE/Publikationen/Herbsttagungen/2018/herbsttagung2018MuenchKurzfassung.html (zuletzt abgerufen am: 30.05.2026).

Musielak, Hans-Joachim / Voit, Wolfgang (Hrsg.), Zivilprozessordnung, Kommentar, 23. Auflage 2026 (zit. als: Musielak/Voit, ZPO).

National Association of Judiciary Interpreters & Translators (NAJIT), Code of Ethics and Professional Responsibilities, 2016, abrufbar unter: https://najit.org/wp-content/uploads/2016/09/NAJITCodeofEthicsFINAL.pdf (zuletzt abgerufen am: 30.05.2026).

Neuhaus, Ralf, Ungeschriebene Belehrungspflichten im Rahmen des § 136 Abs. 1 S. 2 StPO und die Folgen ihrer Verletzung, StV 2010, 45.

Niedersächsisches Justizministerium, e²-Verbund und die Verbundprodukte, Stand: unbekannt, abrufbar unter: https://www.mj.niedersachsen.de/startseite/themen/programm_ejuni_elektronische_justiz_niedersachsen/e_verbund_und_die_verbundproduktion/e-verbund-129200.html (zuletzt abgerufen am: 30.05.2026).

Niedersächsisches Justizministerium, EDV-Länderbericht Niedersachsen, Stand August 2024, S. 21 f., abrufbar unter: https://justiz.de/laender-bund-europa/BLK/laenderberichte/niedersachsen.pdf;jsessionid=4AF59F032BE141AEE5516736629F0AEE (zuletzt abgerufen am: 30.05.2026).

Niedersächsisches Ministerium für Wirtschaft, Arbeit, Verkehr und Digitalisierung (Hrsg.), Die Strategie Niedersachsens zu Künstlichen Intelligenz, Stand: 04.2022, S. 87 ff., abrufbar unter: https://www.stk.niedersachsen.de/download/183511/Anlage_KI-Strategie_Niedersachsen.pdf (zuletzt abgerufen am: 30.05.2026).

Niemöller, Martin, Zur Ablehnung des Sachverständigenbeweises wegen eigener Sachkunde des Tatrichters (§ 244 IV 1 StPO) – zugleich Besprechung des BGH-Beschl. v. 26.3.2014 – 2 StR 274/13, NStZ 2015, 16.

Nink, David, Justiz und Algorithmen: Über die Schwächen menschlicher Entscheidungsfindung und die Möglichkeiten neuer Technologien in der Rechtsprechung, 2021.

Norouzi, Ali B., Vom Rekonstruktionsverbot zum Dokumentationsgebot: Probleme der mangelnden Transparenz aus Sicht der Revisionsverteidigung, S. 215, in: *Baden-Württembergische Strafverteidiger e.V (Hrsg.)*, Wehe dem, der beschuldigt wird: 34. Strafverteidigertag, Hamburg, 26.2 - 28.2.2010, 2011.

OECD, Künstliche Intelligenz in der Gesellschaft, 2020 (zit. als KI in der Gesellschaft).

Office of the Prosecutor, Policy on Complementarity and Cooperation, April 2024.

Oğlakcıoğlu, Mustafa Temmuz, Der Einsatz von Dolmetschern und der Anspruch auf Übersetzungsleistungen im Strafverfahren als Herausforderungen für den Rechtsstaat, S. 171, in: Bock, Stefanie / Wagner, Markus (Hrsg.), Gerechtigkeit aus der Ferne?, 2023.

OLG-Arbeitsgruppe, Einsatz von KI und algorithmischen Systemen in der Justiz, Grundlagenpapier zur 74. Jahrestagung der Präsidentinnen und Präsidenten der Oberlandesgerichte, des Kammergerichts, des Bayerischen Obersten Landesgerichts und des Bundesgerichtshofs vom 23. bis 25. Mai 2022 in Rostock, abrufbar unter: https://www.justiz.bayern.de/media/images/behoerden-und-gerichte/oberlandesgerichte/nuernberg/einsatz_von_ki_und_algorithmischen_systemen_in_der_justiz.pdf (zuletzt abgerufen am 30.05.2026).

Öncü, Mehmet Tahir, Probleme interkultureller Kommunikation bei Gerichtsverhandlungen mit Türken und Deutschen, 2011.

Orwat, Carsten, Diskriminierungsrisiken durch Verwendung von Algorithmen: Eine Studie, 2019.

Ory, Stephan / Weth, Stephan (Hrsg.), juris PraxisKommentar Elektronischer Rechtsverkehr, Band 1, 2020 (zit. als jurisPK-ERV).

Paasch-Kaiser, Christine / Hoberg, Felix, Maschinelle Übersetzung und romanische Minderheitensprachen, Hypotheses, 23.03.2021, abrufbar unter: https://lingdrafts.hypotheses.org/1917 (zuletzt abgerufen am 30.05.2026).

Palmiter Bajorek, Joan, Voice Recognition Still Has Significant Race and Gender Biases, 10.05.2019, Harvard Business Review, abrufbar unter: https://hbr.org/2019/05/voice-recognition-still-has-significant-race-and-gender-biases (zuletzt abgerufen am: 30.05.2026).

Papenfuß, Judith, Die Gerichtssprache – eine übergeordnete Regel?, Zeitschrift für das gesamte Verfahrensrecht, GVRZ 2023, 28.

Papineni, Kishore / Roukos, Salim / Ward, Todd / Zhu, Wei-Jing, BLEU: a Method for Automatic Evaluation of Machine Translation, S. 311, in: Proceedings of the 40th Annual Meeting of the Association for Computational Linguistics (ACL), 2002.

Paque, Ruprecht, Sprachen und Sprachendienst der Vereinten Nationen, Vereinte Nationen (Zeitschrift), 1980, Heft 5, S. 165.

Park, Tido, Durchsuchung und Beschlagnahme, 5. Auflage 2022.

Paul, Jörg-Alexander, Diskriminierungsfalle Künstliche Intelligenz: So vermeiden Sie Fehler schon beim Anlernen, Digitale Welt 2021, 54.

Penchikala, Srini, Using Deep Learning Technologies IBM Reaches a New Milestone in Speech Recognition, 31.05.2017, abrufbar unter: https://www.infoq.com/news/2017/03/ibm-speech-recognition/ (zuletzt abgerufen am: 30.05.2026).

Peters, Kristina, Anwesenheitsrechte bei der Durchsicht gemäß § 110 StPO: Bekämpfung der Risiken und Nebenwirkungen einer übermächtigen Ermittlungsmaßnahme, NZWiSt 2017, 465.

Pfeiffer, Gerd / Miebach, Klaus, Aus der (vom BGH nicht veröffentlichten) Rechtsprechung des Bundesgerichtshofs in Strafsachen zum Verfahrensrecht 1982, NStZ 1983, 354.

Pfeiffer, Gerd, Aus der (vom BGH nichtveröffentlichten) Rechtsprechung des Bundesgerichtshofs in Strafsachen zum Verfahrensrecht 1980, NStZ 1982, 188.

Piotti, Ayisha, Wie KI in der Justiz einsetzen?, Zukunftsblog, 05.05.2023, abrufbar unter: https://ethz.ch/de/news-und-veranstaltungen/eth-news/news/2023/05/blog-wie-ki-in-der-justiz-einsetzen.html (zuletzt abgerufen am: 30.05.2026).

Pöchhacker, Franz, Dolmetschen. Macht. Asyl. Translatorisches Handeln in Konfliktsituationen, S. 54, in: Kaindl/Pöllabauer/Mikić (Hrsg.) Dolmetschen als Dienst am Menschen, 2021.

Pohlink, Claudia / Fischer, Sebastian, Aus Versehen verzerrt: Wie identifiziert man einen Bias in Machine Learning Modellen?, S. 55 in: *Lichtenthaler, Ulrich (Hrsg.)*, Künstliche Intelligenz erfolgreich umsetzen, 2021.

Polizei NRW, Aussagen digital!, Stand: unbekannt, abrufbar unter: https://polizei.nrw/artikel/aussagen-digital (zuletzt abgerufen am: 30.06.2026).

Polizei NRW, Einsatz-Apps auf dem Smartphone für die NRW-Polizei, Stand: Unbekannt, abrufbar unter: https://polizei.nrw/einsatz-apps-auf-dem-smartphone-fuer-die-nrw-polizei (zuletzt abgerufen am: 30.05.2026).

Poseck, Roman, Zu den Möglichkeiten und Grenzen des Einsatzes von Künstlicher Intelligenz in der Justiz, LTZ 2023, 73.

Potacs, Michael, Effet utile als Auslegungsgrundsatz, EuR 2009, 465.

Potthast, Jan Björn, Konrad Zuse, Stand: 18.05.2022, abrufbar unter: https://www.dpma.de/dpma/veroeffentlichungen/meilensteine/computer-pioniere/zuse/index.html (zuletzt abgerufen am: 30.05.2026).

Prunč, Erich, Einführung in die Translationswissenschaft. 1: Orientierungsrahmen, 5. Auflage 2005.

Radulescu, Adina, The Cognitive Impact of Computer-Assisted Translation (CAT) and Machine (MT) on Professional Legal Translators, Contemp. Readings L. & Soc. Just. 2015, 60.

Ranathunga, Surangika / Lee, En-Shiun Annie / Prifti Skenduli, Marjana / Shekhar, Ravi / Alam, Mehreen / Kaur, Rishemjit, Neural Machine Translation for Low-resource Languages: A Survey, ACM Computing Surveys, Band 55, Ausgabe 11, Artikel 229, 2023, 1.

Rauf, Zaid, Aufzeichnungen von Dolmetschtätigkeiten, S. 99, in: Initiative Bayerischer Strafverteidigerinnen und Strafverteidiger / Vereinigung Österreichischer StrafverteidigerInnen / Forum Strafverteidigung / Vereinigung Baden-Württembergischer Strafverteidiger (Hrsg.), Strafverteidigung ohne Grenzen: 5. Dreiländerforum Strafverteidigung Lindau am Bodensee, 12./13. Juni 2015, Band 27, 2016.

Rebehn, Sven, Corona führt zu Digitalisierungsschub, DRiZ 2021, 8.

Redakion beck-aktuell, Justiz in Baden-Württemberg setzt auf Spracherkennung, becklink 89522, 27.03.2003.

Ribeiro, Marco Tulio / Singh, Sameer / Guestrin, Carlos, "Why should i trust you?" Explaining the predictions of any classifier, S. 1135, in: Proceedings of the 22nd ACM SIGKDD international conference on knowledge discovery and data mining, 2016.

Riemann, Jasper, Übersetzer: von Hartz IV zu 100.000 Euro im Jahr, Zeit Campus, 22.08.2016, abrufbar unter: https://www.zeit.de/campus/2016-08/uebersetzer-gehalt-selbststaendigkeit-verdienst/komplettansicht (zuletzt abgerufen am: 30.05.2026).

Rinklin, Philipp (Hrsg.), Der Strafprozess: Strategie und Taktik in der Hauptverhandlung: Praxisleitfaden mit App und Online-Service, 2. Auflage 2020 (zit. als: Strategie und Taktik in der Hauptverhandlung).

Rittsteuer, Bettina, „Stolpersteine" in der Kommunikation. Erfahrungen einer Gerichtsdolmetscherin mit Englisch als Dolmetschsprache bei Gericht, Stichproben – Wiener Zeitschrift für kritische Afrikastudien 2010, 103.

Rogall, Klaus, Behördengutachten im Strafverfahren, S. 511, in: *Gössel, Karl Heinz / Dölling, Dieter / Erb, Volker (Hrsg.)*, Festschrift für Karl Heinz Gössel zum 70. Geburtstag am 16. Oktober 2002, 2002 (zitiert als FS Gössel).

Roggan, Fredrik, Die „Technikoffenheit" von strafprozessualen Ermittlungsbefugnissen und ihre Grenzen Die Problematik der Auslegung von Gesetzen über ihren Wortlaut oder Wortsinn hinaus, NJW 2015, 1995.

Roggan, Fredrik / Kutscha, Martin / Aden, Hartmut (Hrsg.), Handbuch zum Recht der Inneren Sicherheit, 2. Auflage 2006 (zit. als HdB Innere Sicherheit).

Rollberg, Christoph, Algorithmen in der Justiz: Rechtsfragen zum Einsatz von Legal Tech im Zivilprozess, 2020.

Römer, Wolfgang, Anspruch auf Urteilsübersetzung im Strafverfahren, NStZ 1981, 474.

Rosengrün, Sebastian, Künstliche Intelligenz zur Einführung, 2021.

Rovere, Giovanni, Übersetzen und Dolmetschen im Recht, S. 310, in: Felder, Ekkehard / Vogel, Friedemann (Hrsg.), Handbuch Sprache im Recht, 2017.

Roxin, Claus / Greco, Luis, Strafrecht Allgemeiner Teil, Bd. 1: Grundlagen. Der Aufbau der Verbrechenslehre, 5. Auflage 2020 (zit. als: Strafrecht AT, Bd. 1).

Roxin, Claus / Schünemann, Bernd, Strafverfahrensrecht: ein Studienbuch, 30. Auflage 2022.

Rückert, Christian, Herausforderungen der Digitalisierung für das Strafverfahren, S. 9, in: Hoven, Elisa / Kudlich, Hans (Hrsg.), Digitalisierung und Strafverfahren, 2020.

Rühl, Gisela, Einsatz von KI-Systemen in der Justiz, S. 269, in: Rostalski, Frauke / Bundesministerium der Justiz und für Verbraucherschutz (Hrsg.), Künstliche Intelligenz, 2022 (zit. als: BMJV, Künstliche Intelligenz).

Rüther, Klaus, Ausländer als Mandanten, MschrKrim (Sonderheft) 1999, S86.

Rüther, Klaus, Strafverteidigung von Ausländern, 1999.

Rüthers, Bernd / Fischer, Christian / Birk, Axel, Rechtstheorie: mit Juristischer Methodenlehre, 12. Auflage 2021.

Sabel, Oliver, Technische Aufzeichnung der Hauptverhandlung: Stand der Diskussion und rechtspolitische Überlegungen zur Einführung einer audiovisuellen Dokumentation strafgerichtlicher Hauptverhandlungen, S. 153, in: Hoven, Elisa / Kudlich, Hans (Hrsg.), Digitalisierung und Strafverfahren, 2020.

Sandrini, Peter, Translationspolitik für Regional- oder Minderheitensprachen: unter besonderer Berücksichtigung einer Strategie der Offenheit, 2019.

Sander, Günther M. (Hrsg.), Münchener Kommentar zum Strafgesetzbuch: StGB, Band 4: §§ 185-262, 5. Auflage 2025 (zit. als: MünchKomm-StGB).

Sarstedt, Werner, OLG Köln: Welche Bedeutung kommt der besonderen Sachkunde eines Gerichtsmitglieds im Strafverfahren zu?, Anmerkung, JR 1958, 351.

Satzger, Helmut / Schluckebier, Wilhelm / Widmaier, Gunter (Hrsg.), StPO: Strafprozessordnung mit GVG und EMRK, Kommentar, 6. Auflage 2025 (zit. als: SSW-StPO).

Sauerwein, Fabia, Laiendolmetscher—das Zünglein an der Waage?, MDÜ 2007, Ausgabe 5, 10.

Saxena, Anvita / Khanna, Ashish / Gupta, Deepak, Emotion Recognition and Detection Methods: A Comprehensive Survey, Journal of Artificial Intelligence and Systems (AIS) 2020, 53.

Schäfer, Karl (Hrsg.), Löwe-Rosenberg Die Strafprozessordnung und das Gerichtsverfassungsgesetz, Grosskommentar, Band 2, 21. Auflage 1965 (zit. als LR-StPO).

Schattauer, Göran, So knackten BKA-Fahnder das weltweit größte Daten-Rätsel der Kriminalgeschichte, Focus Online, 30.04.2019, abrufbar unter: https://www.focus.de/politik/sicherheitsreport/so-knackten-bka-fahnder-das-groesste-daten-raetsel-der-kriminalgeschichte_id_10644251.html (zuletzt abgerufen am: 30.05.2026).

Scheer, Judith, Algorithmen und ihr Diskriminierungsrisiko: eine erste Bestandsaufnahme, 2019.

Schellhammer, Kurt, Zivilprozess: Gesetz - Praxis - Fälle, 16. Auflage 2020.

Schiedermeier, Gudrun, Diskriminierende Systeme – Rassismus und Frauenfeindlichkeit in KI-Systemen, S. 11, in: Brandstetter, Nicole / Dobler, Ralph-Miklas / Ittstein, Daniel Jan (Hrsg.), Mensch und Künstliche Intelligenz: Herausforderungen für Kultur, Wirtschaft und Gesellschaft, 2021 (zit. als: Mensch und KI).

Schintler, Laurie A. / McNeely, Connie L. (Hrsg.), Encyclopedia of Big Data, 2022.

Schleiermacher, Friedrich, Ueber die verschiedenen Methoden des Uebersetzens, S. 143, in: Abhandlungen der Königlichen Akademie der Wissenschaften in Berlin. Aus den Jahren 1812-1815, 1816.

Schlothauer, Reinhold / Wollschläger, Sebastian / Piel, Hanna Milena, Verteidigung im Revisionsverfahren, 4. Aufl. 2024.

Schmalz, Antonia, Maschinelle Übersetzung, S. 194, in: Wittpahl, Volker (Hrsg.), Künstliche Intelligenz, 2019.

Schmees, Johannes / Dreyer, Stephan, Rechtliche Anforderungen an KI-Entscheidungen in Verwaltung und Justiz, S. 123, in: Knappertsbusch, Inka / Gondlach, Kai (Hrsg.), Arbeitswelt und KI 2030, Rechtliche Anforderungen an KI-Entscheidungen in Verwaltung und Justiz, 2021.

Schmidt, Jens, Verteidigung von Ausländern: transnationale Verteidigung, 4. Auflage 2016.

Schmitt, Bertram / Köhler, Marcus, Strafprozessordnung mit GVG und Nebengesetzen, 69. Auflage 2026 (zit. als: Schmitt/Köhler, StPO).

Schmitt, Bertram, Zum Konfrontationsrecht nach Art. 6 Abs. 3 lit. d EMRK, S. 617, in: Fischer, Thomas / Bernsmann, Klaus (Hrsg.), Festschrift für Ruth Rissing-van Saan zum 65. Geburtstag am 25. Januar 2011, 2011 (zit. als: FS Rissing-van Saan).

Schneider, Anne, Der Anspruch des Beschuldigten auf schriftliche Übersetzung wesentlicher Unterlagen, StV 2015, 379.

Schneider, Egon, Deutsch als Gerichtssprache, MDR 1979, 534.

Schneider, Hartmut, Grundlegende sowie aktuelle Fragen zum Selbstleseverfahren - Teil 1/2, NStZ 2022, 276.

Schneider, Hartmut (Hrsg.), Münchener Kommentar zur Strafprozessordnung, Band 2 (§§ 151-332 StPO), 2. Auflage 2024 (zit. als: MünchKomm-StPO).

Schneider, Richard, Gerichtsdolmetscher wegen Befangenheit entlassen, weil er auf Zeugenbeeinflussung aufmerksam machte, Hannoversche Allgemeine Zeitung, 19.05.2019, zitiert nach und abrufbar unter: https://uepo.de/2019/05/31/gerichtsdolmetscher-wegen-befangenheit-entlassen-weil-er-auf-zeugenbeeinflussung-aufmerksam-machte/ (zuletzt abgerufen am: 30.05.2026).

Schneider, Richard, Gerichtsdolmetscherin ermittelt auf eigene Faust – Wegen Befangenheit entlassen, Rheinische Post, 14.03.2014, zitiert nach und abrufbar unter: https://uepo.de/2014/03/28/gerichtsdolmetscherin-ermittelt-auf-eigene-faust-wegen-befangenheit-entlassen/ (zuletzt abgerufen am: 30.05.2026).

Schnierer, Madeleine, Qualitätssicherung: die Praxis der Übersetzungsrevision im Zusammenhang mit EN 15038 und ISO 17100, 2019.

Schreiber, Michael, Grundlagen der Übersetzungswissenschaft: Französisch, Italienisch, Spanisch, 2. Auflage 2017.

Schreiber, Oliver, Die Wahrung der Würde des Menschen in der gedolmetschten Kommunikation, S. 134, in: Kaindl, Klaus / Pöllabauer, Sonja / Mikić, Dalibor (Hrsg.), Dolmetschen als Dienst am Menschen, 2021.

Schröder, Hartmut, Sprachliche Aspekte der Kommunikation von Ausländern vor deutschen Gerichten, S. 269, in: Wolf, Gerhard (Hrsg.), Kriminalität im Grenzgebiet, Bd. 3 Ausländer vor deutschen Gerichten, 2000.

Schroeder, Friedrich-Christian / Verrel, Torsten, Strafprozessrecht, 8. Auflage 2022.

Schubert, Klaus, Mehrsprachiges Übersetzen und Dolmetschen, S. 429, in: Földes, Csaba / Roelcke, Thorsten (Hrsg.), Handbuch Mehrsprachigkeit, 2022.

Schumann, Carsten, Zu den Problemen beim Verdolmetschen von kriminalpolizeilichen Vernehmungen – Eine Analyse von Interaktionsstörungen und Handlungsempfehlungen für die Vernehmungsorganisation, Polizei 2018, 49.

Schürholz, Markus / Spitzner, Eike-Christian, Hardware für KI, S. 36, in: Wittpahl, Volker (Hrsg.), Künstliche Intelligenz, 2019.

Schweizer, Mark, Die Logik der richterlichen Überzeugungsbildung, 2011, abrufbar unter: https://www.coll.mpg.de/193457/research_report_4671010?c=2541&force_lang=de (zuletzt abgerufen am: 30.05.2026).

Senge, Lothar, Auswertung von Abrechnungsunterlagen im staatsanwaltschaftlichen Ermittlungsverfahren, jurisPR-StrafR, 2008, Ausgabe 6, Anm. 2.

Setsevits, Siegbert, Der Anspruch des der Gerichtssprache nicht mächtigen Angeklagten auf den unentgeltlichen Beistand eines Dolmetschers, MDR 1976, 545.

Seyler, Wendelin, Das Behördengutachten im Strafprozeß, GA 1989, 547.

Shen, Jonathan / Pang, Ruoming / Weiss, Ron J. / Schuster, Mike / Jaitly, Navdeep / Yang, Zongheng / Chen, Zhifeng / Zhang, Yu / Wang, Yuxuan / Skerry-Ryan, R. J. / Saurous, Rif A. / Agiomyrgiannakis, Yannis / Wu, Yonghui, Natural TTS Synthesis by Conditioning WaveNet on Mel Spectrogram Predictions, 2018, abrufbar unter: http://arxiv.org/abs/1712.05884 (zuletzt abgerufen am 30.05.2026).

Sieber, Ulrich / Satzger, Helmut / v. Heintschel-Heinegg, Bernd / Max-Planck-Institut für Ausländisches und Internationales Strafrecht (Hrsg.), Europäisches Strafrecht, 2. Auflage 2014.

Sieber, Ulrich, Rechtstatsächliche Analyse: Kriminalität und Strafverfolgung im Internet, S. C 18, in: Ständige Deputation des Deutschen Juristentages (Hrsg.), Verhandlungen des 69. Deutschen Juristentages München 2012, Band I Gutachten, 2012.

Sieg, Hans O., Urteilsübersetzung für sprachunkundige Ausländer, MDR 1981, 281.

Singelnstein, Tobias, Informationelle Selbstbestimmung und Sachverhaltserforschung im Ermittlungsverfahren – verfassungsrechtliche Anforderungen an Datenerhebung und Datenverarbeitung, S. 251, in: Barton, Stephan / Kölbel, Ralf / Lindemann, Michael (Hrsg.), Wider die wildwüchsige Entwicklung des Ermittlungsverfahrens, 2015.

Singelnstein, Tobias, Möglichkeiten und Grenzen neuerer strafprozessualer Ermittlungsmaßnahmen – Telekommunikation, Web 2.0, Datenbeschlagnahme, polizeiliche Datenverarbeitung & Co, NStZ 2012, 593.

Sinha, Bhadra, Supreme Court will now translate daily orders and judgments into 9 languages using AI tools, The Print, 26.05.2020, abrufbar unter: https://theprint.in/judiciary/sc-will-now-translate-daily-orders-and-judgments-into-9-languages-using-ai-tools/429597/ (zuletzt abgerufen am 30.05.2026).

Snell-Hornby, Mary / Hönig, Hans G. / Kußmaul, Paul / Schmitt, Peter A. (Hrsg.), Handbuch Translation, 2. Auflage 1999.

Soiné, Michael, Strafprozessordnung: Kommentar für Polizeibeamte im Ermittlungsdienst, Stand Gesamtwerk: 153. Ergänzungslieferung, März 2026 (zit. als: Soiné, StPO).

Sommer, Ulrich, Effektive Strafverteidigung, 5. Auflage 2023.

Sommerer, Lucia, Virtuelle Unmittelbarkeit?: Videokonferenzen im Strafverfahren während und jenseits einer epidemischen Lage von nationaler Tragweite, ZStW 2021, 403.

Sorgi, Gregorio, EU gives more power to AI translation machines, Politico.eu, 15.06.2023, abrufbar unter: https://www.politico.eu/article/ai-technology-eu-commission-parliament-gives-more-power-to-ai-translation-machines/ (zuletzt abgerufen am: 30.05.2026).

Staffler, Lukas / Jany, Oliver, Künstliche Intelligenz und Strafrechtspflege – eine Orientierung, ZIS 2020, 164.

Staffler, Lukas, Das Recht auf Sprachunterstützung im Strafverfahren nach Art. 6 Abs. 3 lit. e EMRK, Schweizerische Zeitschrift für Strafrecht (ZStrR) 2020, 21.

Stähle, Jürgen, Vom Übersetzen zum Simultandolmetschen: Handwerk und Kunst des zweitältesten Gewerbes der Welt, 2009.

Stanek, Małgorzata, Dolmetschen bei der Polizei: zur Problematik des Einsatzes unqualifizierter Dolmetscher, 2011.

Statista, Anzahl der sozialversicherungspflichtig beschäftigten Dolmetscher und Übersetzer in Deutschland von 2012 bis 2022, 2023, abrufbar unter: https://de.statista.com/statistik/daten/studie/243308/umfrage/anzahl-der-beschaeftigten-dolmetscher-und-uebersetzer-in-deutschland/ (zuletzt abgerufen am: 30.05.2026).

Staudinger, Ilka, Dolmetscherzuziehung und/oder Verteidigerbeiordnung bei ausländischen Beschuldigten, StV 2002, 327.

Steege, Hans, Algorithmenbasierte Diskriminierung durch Einsatz von Künstlicher Intelligenz—Rechtsvergleichende Überlegungen und relevante Einsatzgebiete, MMR 2019, 715.

Stein, Horst / Fischer, Sebastian / Pohlink, Claudia, Adversarial AI: Wie können wir Gefahren für KI-Anwendungen durch feindliche Angriffe erkennen und ihnen entgegenwirken?, S. 32 in: Bitkom, Bundesverband Informationswirtschaft, Telekommunikation und neue Medien e. V. (Hrsg.), Blick in die Blackbox Nachvollziehbarkeit von KI-Algorithmen in der Praxis, 2019.

Stempkowski, Monika / Grafl, Christian, Dolmetschen und Lügenerkennung, S. 160, in: Kaindl/Pöllabauer/Mikić (Hrsg.) Dolmetschen als Dienst am Menschen, 2021

Stern, Klaus / Becker, Florian (Hrsg.), Grundrechte-Kommentar, 4. Auflage 2024 (zit. als: Stern/Becker, GG).

Stern, Klaus / Sodan, Helge / Möstl, Markus (Hrsg.), Das Staatsrecht der Bundesrepublik Deutschland im europäischen Staatenverbund, Band III: Allgemeine Lehren der Grundrechte, 2. Auflage 2022.

Stoffer, Hannah, Wie viel Privatisierung „verträgt" das strafprozessuale Ermittlungsverfahren? eine Untersuchung zur Zulässigkeit privater Beweisbeschaffung und zur Verwertbarkeit auf diese Weise erlangter Beweismittel im Strafverfahren, Tübingen 2016 (zit. als: Privatisierung im Ermittlungsverfahren).

Strate, Gerhard, Pflichtverteidigung bei Ausländern, StV 1981, 46.

Systran, Translating Sensitive Data in a Regulated Context, 2022, S. 9, abrufbar unter: https://ressources.chapsvision.com/download-ebook-translating-sensitive-data (zuletzt abgerufen am 30.05.2026).

Tatman, Rachael, Gender and Dialect Bias in YouTube's Automatic Captions, S. 53, in: Proceedings of the First ACL Workshop on Ethics in Natural Language Processing 2017.

Taylor, Paul, Text-to-Speech Synthesis, 2009.

Technische Hochschule Würzburg-Schweinfurt, Schwache vs. Starke KI, Stand: unbekannt, abrufbar unter: https://ki.thws.de/thematik/starke-vs-schwache-ki-eine-definition/ (zuletzt abgerufen am 30.05.2026).

The Registry of the International Criminal Court, Behind the Scenes, 2010, abrufbar unter: https://www.icc-cpi.int/sites/default/files/iccdocs/PIDS/docs/behindTheSce.pdf (zuletzt abgerufen am: 30.05.2026).

The Translation Centre for the Bodies of the European Union, Consolidated Annual Activity Report Of The Translation Centre 2020, 2021.

The Translation Centre for the Bodies of the European Union, The European Public Prosecutor's Office becomes the Centre's 69th client, 20.11.2020, abrufbar unter: https://cdt.europa.eu/en/news/european-public-prosecutors-office-becomes-centres-69th-client (zuletzt abgerufen am: 30.05.2026).

Theile, Hans, Wirtschaftskriminalität und Strafverfahren: systemtheoretische Überlegungen zum Regulierungspotential des Strafrechts, 2009.

Thome, Gisela, Übersetzen als interlinguales und interkulturelles Sprachhandeln: Theorien, Methodologie, Ausbildung, 2012.

Transforum, Berufsfelder Übersetzen und Dolmetschen, Stand: 10.2013, abrufbar unter: https://www.transforum.de/files/2018/12/Berufsbild_Transforum_2018 (zuletzt abgerufen am: 30.05.2026).

Ullmann, Stefanie, Gender Bias in Machine Translation Systems, S. 123, in: Hanemaayer, Ariane (Hrsg.), Artificial Intelligence and Its Discontents, 2022.

Unbekannt, Gerichtsdolmetscher fürchten schärfere Zugangsbedingungen zu Beruf, 08.04.2024, Staatsanzeiger, abrufbar unter: https://www.staatsanzeiger.de/nachrichten/politik-und-verwaltung/gerichtsdolmetscher-fuerchten-schaerfere-zugangsbedingungen-zu-beruf/ (zuletzt abgerufen am: 30.05.2026).

Unbekannt, Polizeidolmetscherin warnt Mutter des Verdächtigen – Zu 70 Tagessätzen verurteil in: Westfalenpost vom 06.09.2019, zitiert nach und abrufbar unter: https://uepo.de/2019/11/01/polizeidolmetscherin-warnt-mutter-des-verdaechtigen-zu-70-tagessaetzen-verurteilt/ (zuletzt abgerufen am: 30.05.2026).

v. Heintschel-Heingg, Bernd / Bockemühl, Jan (Hrsg.), KMR-Kommentar zur Strafprozessordnung, Stand Gesamtwerk: 142. Ergänzungslieferung April 2026 (zit. als. KMR-StPO).

Valerius, Brian, „Legal Tech" im Strafverfahren?, Zeitschrift für die gesamte Strafrechtswissenschaft (ZStW) 2021, 152.

Vasel, Johann Justus, Verfassungsgerichtliche Fesseln? – Das Karlsruher Urteil zur automatisierten Datenanalyse, NJW 2023, 1174.

Villiger, Mark Eugen, Handbuch der Europäischen Menschenrechtskonvention (EMRK), 3. Auflage 2020 (zit. als: Hdb. EMRK).

Vitzthum, Werner, Verwertbarkeit von Angaben eines wegen Besorgnis der Befangenheit abgelehnten Dolmetschers (Zugl. BayObLG, Beschluß vom 13.11.1997 - 4 St RR 239/97), StV 2001, 264.

Vodermayer, Helmut / Heintschel-Heinegg, Bernd / Schnabi, Robert / Beckstein, Wolfgang (Hrsg.), Handbuch für die staatsanwaltliche Tätigkeit, 7. Auflage 2023 (zit. als: HdB StA-Tätigkei).

Vogel, Joachim, Informationstechnologische Herausforderungen an das Strafprozessrecht, ZIS 2012, 480.

Vogiatzis, Nikos, Interpreting the Right to Interpretation under Article 6(3)(e) ECHR: A Cautious Evolution in the Jurisprudence of the European Court of Human Rights?, Human Rights Law Review 2022, Ausgabe 22, 1.

Vorwerk, Volkert / Wolf, Christian (Hrsg.), Beck'scher Online-Kommentar ZPO, 60. Edition, Stand: 01.03.2026 (zit. als: BeckOK-ZPO).

VVU e. V., Vorsicht beim Einsatz maschineller Übersetzung, 02.09.2020, abrufbar unter: https://www.vvu-bw.de/cms/iwebs/download.aspx?id=121440 (zuletzt abgerufen am: 30.05.2026).

VVU e. V., Rechtsanwälte intervenieren gegen Laiendolmetscher bei der Polizei, VVU-Mitteilungen 2008, Ausgabe 6, 13.

Wabnitz, Heinz-Bernd / Janovsky, Thomas / Schmitt, Lothar (Hrsg.), Handbuch Wirtschafts- und Steuerstrafrecht, 6. Auflage 2025 (zit. Hdb Wirtschafts- und Steuerstrafrecht).

Wachter, Martin / Leeb, Christina-Maria, KI-Systeme in der Rechtspflege, RDi 2024, 440.

Wackernagel, Udo / Graßie, Christian, Die Beauftragung von IT-Forensikern im Ermittlungsverfahren: Zulässige Sachverständigenbeauftragung oder unzulässiges Outsourcing originärer Ermittlungstätigkeit?, NStZ 2021, 12.

Wahle, Eberhard, Gedanken zur Beziehung von Mandant und Verteidiger, S. 105, in: Ebert, Udo / Peter Rieß / Claus Roxin / Eberhard Wahle (Hrsg.), Festschrift für Ernst-Walter Hanack zum 70. Geburtstag am 30. August 1999, 1999 (zit. als: FS Hanack).

Walther, Felix, Die strafprozessuale Hausdurchsuchung, JA 2010, 33.

Walther, Harald, Ist die Gerichtssprache wirklich deutsch?, S. 99, in: *Fisch, Rudolf / Margies, Burkhard (Hrsg.)*, Bessere Verwaltungssprache., Ist die Gerichtssprache wirklich deutsch?, 2014.

Wandtke, Artur-Axel / Bullinger, Winfried (Hrsg.), Praxiskommentar Urheberrecht: UrhG, UrhDaG, VGG, InsO, UKlaG, KUG, EVtr, InfoSoc-RL, Portabilitäts-VO, 6. Auflage 2022 (zit. als: Wandtke/Bullinger, UrhR).

Wank, Rolf, Die Auslegung von Gesetzen, 7. Auflage 2023.

Warken, Claudia, Elektronische Beweismittel im Strafprozessrecht – eine Momentaufnahme über den deutschen Tellerrand hinaus, Teil 2 Beweisverwertung im Zeitalter der digitalen Cloud und datenspezifische Regelungen in der StPO, NZWiSt 2017, 329.

Weith, Jürgen, Gerichtssprachenproblematik im Straf- und Bußgeldverfahren, 1991.

Wels, Joana, Mensch versus neuronale Maschine, Analyse je einer Human- und KI-gestützten Übersetzung eines medizinischen Fachtextes vom Deutschen ins Polnische, 2024.

Wendler, Axel / Hoffmann, Helmut, Technik und Taktik der Befragung: Prüfung von Angaben, Gespräche, Interviews und Vernehmungen zielorientiert vorbereiten und führen, Urteile richtig begründen, Fehler in Urteilen aufdecken, Lüge und Irrtum erkennen, 2. Auflage 2015.

Wendler, Axel, § 184 GVG: „Die Gerichtssprache ist deutsch" - Leider nicht immer! Probleme bei der Wahrheitsfindung in Aussagen von Ausländern und Ausländerinnen, S. 219 ff., in: Wolf, Gerhard (Hrsg.), Kriminalität im Grenzgebiet, Bd. 3 Ausländer vor deutschen Gerichten, 2000.

Wenske, Marc, Gerichtsdolmetscher – Ein Plädoyer für gesetzliche Qualitätsstandards –, S. 287, in: Barton, Stephan / Fischer, Thomas / Jahn, Matthias / Park, Tido (Hrsg.), Festschrift für Reinhold Schlothauer zum 70. Geburtstag, München 2018 (zit. als: FS Schlothauer).

Wiechmann, Helge A., Nonverbale Verhaltensweisen im Strafprozess, 2022.

Wikipedia, Artikel: Rechner, Bearbeitungsstand: 22.07.2024, abrufbar unter: https://de.wikipedia.org/wiki/Rechner (zuletzt abgerufen am 30.05.2026).

Wimmer, August, Ueberzeugung, Wahrscheinlichkeit und Zweifel, Deutsche Rechts-Zeitschrift (DRZ) 1950, 390.

Windau, Benedikt, Die Verhandlung im Wege der Bild- und Tonübertragung – Praxisorientierte Überlegungen zu Gegenwartsproblemen des Zivilprozessrechts, NJW 2020, 2753.

Winkelman, Steven, Pocketalk Classic Review, PCMag, 31.01.2020, abrufbar unter: https://www.pcmag.com/reviews/pocketalk-classic (zuletzt abgerufen am: 30.05.2026).

Winkler, Christian, Das Vertrauensverhältnis zwischen Anwalt und Mandant. Die Einbeziehung Dritter in den Schutz von §§ 53, 97, 160a StPO?, 2014.

Wissen.de, Übersetzung von Verträgen, Dokumenten und Urteilen für den Europäischen Gerichtshof, Stand: unbekannt, abrufbar unter: https://www.wissen.de/uebersetzung-von-vertraegen-dokumenten-und-urteilen-fuer-den-europaeischen-gerichtshof (zuletzt abgerufen am: 30.05.2026).

Wittenbrink, Nicole / Demirci, Stefanie / Wischmann, Steffen, Resiliente und robuste KI-Systeme im praktischen Einsatz, S. 199, in: Wittpahl, Volker (Hrsg.), Resilienz, 2023.

Wohlers, Wolfgang / Schlegel, Stephan, Zum Umfang des Rechts der Verteidigung auf Akteneinsicht gemäß § 147 I StPO – Zugleich Besprechung von BGH – Urteil vom 18. 6. 2009 – 3 StR 89/09 – (LG Hannover) –, NStZ 2010, 486.

Wolf, Gerhard, „Waffengleichheit"? „Fairer Prozeß"? „Gerichtliche Fürsorge"?, S. 121, in: Wolf, Gerhard (Hrsg.), Kriminalität im Grenzgebiet, Bd. 3 Ausländer vor deutschen Gerichten, 2000.

Wolter, Jürgen / Deiters, Mark (Hrsg.), Systematischer Kommentar zur Strafprozessordnung. Mit GVG und EMRK, Band I (§§ 1-93 StPO), 5. Auflage 2018 (zit. als: SK-StPO).

Wolter, Jürgen / Deiters, Mark (Hrsg.), Systematischer Kommentar zur Strafprozessordnung. Mit GVG und EMRK, Band II (§§ 94-136a StPO), 6. Auflage 2023 (zit. als: SK-StPO).

Wolter, Jürgen / Deiters, Mark (Hrsg.), Systematischer Kommentar zur Strafprozessordnung. Mit GVG und EMRK, Band III (§§ 137-197 StPO), 6. Auflage 2024 (zit. als: SK-StPO

Wolter, Jürgen / Deiters, Mark (Hrsg.), Systematischer Kommentar zur Strafprozessordnung. Mit GVG und EMRK, Band IV (§§ 198-246 StPO), 6. Auflage 2024 (zit. als: SK-StPO).

Wolter, Jürgen / Deiters, Mark (Hrsg.), Systematischer Kommentar zur Strafprozessordnung. Mit GVG und EMRK, Band V (§§ 246a-295 StPO), 6. Auflage 2026 (zit. als: SK-StPO).

Wolter, Jürgen / Deiters, Mark (Hrsg.), Systematischer Kommentar zur Strafprozessordnung. Mit GVG und EMRK, Band VIII (§§ 374-500 StPO, 5. Auflage 2020 (zit. als: SK-StPO).

Wolter, Jürgen / Deiters, Mark (Hrsg.), Systematischer Kommentar zur Strafprozessordnung. Mit GVG und EMRK, Band IX (GVG/EGGVG), 6. Auflage 2023 (zit. als: SK-StPO).

Wolter, Jürgen / Deiters, Mark (Hrsg.), Systematischer Kommentar zur Strafprozessordnung. Mit GVG und EMRK, Band X (EMRK), 5. Auflage 2019 (zit. als: SK-StPO).

Wolters, Gereon / Gubitz, Michael, Die Anklageschrift in der strafrechtlichen Assessorklausur, JuS 1999, 792.

Wostry, Thomas / Priewer, Mathias, Status quo und Perspektiven des Einsatzes von Künstlicher Intelligenz in der Strafrechtspflege, ZdiW 2022, 230.

Yu, Ronald / Alì, Gabriele Spina, What's Inside the Black Box? AI Challenges for Lawyers and Researchers, Legal Information Management, Band 19, 2019, 2.

Zerbes, Ingeborg / El-Ghazi, Mohamad, Zugriff auf Computer: Von der gegenständlichen zur virtuellen Durchsuchung, NStZ 2015, 425.

Zuck, Rüdiger, Die spezifischen verfassungsrechtlichen Gewährleistungen eines rechtsstaatlichen Strafverfahrens, ZAP 2009, 515.

FSC
www.fsc.org
MIX
Papier | Fördert
gute Waldnutzung
FSC® C083411

Kolibri 360 GmbH
Ferdinand-Jühlke-Straße 7
99095 Erfurt, Deutschland
produktsicherheit@kolibri360.de